U0107262

中华经典名著

全本全注全译丛书

徐正英 常佩雨◎译注

周礼 上

中華書局

图书在版编目(CIP)数据

周礼/徐正英,常佩雨译注. —北京:中华书局,2014.2
(2023.6 重印)
(中华经典名著全本全注全译丛书)
ISBN 978-7-101-09807-5

Ⅰ.周… Ⅱ.①徐…②常… Ⅲ.①礼仪-中国-周代②官制-中国-周代③《周礼》-注释④《周礼》-译文 Ⅳ.K224.06

中国版本图书馆 CIP 数据核字(2013)第 265645 号

书　　名 周　礼(全二册)
译 注 者 徐正英　常佩雨
丛 书 名 中华经典名著全本全注全译丛书
责任编辑 王水涣
责任印制 陈丽娜
出版发行 中华书局
(北京市丰台区太平桥西里 38 号　100073)
http://www.zhbc.com.cn
E-mail:zhbc@zhbc.com.cn
印　　刷 北京中科印刷有限公司
版　　次 2014 年 2 月第 1 版
2023 年 6 月第 9 次印刷
规　　格 开本/880×1230 毫米　1/32
印张 34⅜　字数 560 千字
印　　数 44001-48000 册
国际书号 ISBN 978-7-101-09807-5
定　　价 88.00 元

目录

上　册

前言 …… 1

天官冢宰第一 …… 1
叙官 …… 2
一　大宰 …… 27
二　小宰 …… 48
三　宰夫 …… 62
四　宫正 …… 70
五　宫伯 …… 74
六　膳夫 …… 76
七　庖人 …… 83
八　内饔 …… 86
九　外饔 …… 90
一〇　亨人 …… 93
一一　甸师 …… 94
一二　兽人 …… 96
一三　渔人 …… 98
一四　鳖人 …… 99
一五　腊人 …… 101
一六　医师 …… 102

一七　食医 …… 104
一八　疾医 …… 106
一九　疡医 …… 108
二〇　兽医 …… 110
二一　酒正 …… 111
二二　酒人 …… 117
二三　浆人 …… 118
二四　凌人 …… 119
二五　笾人 …… 121
二六　醢人 …… 124
二七　醯人 …… 127
二八　盐人 …… 128
二九　幂人 …… 129
三〇　宫人 …… 130
三一　掌舍 …… 131
三二　幕人 …… 132
三三　掌次 …… 134
三四　大府 …… 137
三五　玉府 …… 140
三六　内府 …… 142
三七　外府 …… 144
三八　司会 …… 145
三九　司书 …… 147
四〇　职内 …… 150
四一　职岁 …… 151
四二　职币 …… 152
四三　司裘 …… 153

四四　掌皮 …… 156
四五　内宰 …… 157
四六　内小臣 …… 163
四七　阍人 …… 164
四八　寺人 …… 166
四九　内竖 …… 168
五〇　九嫔 …… 169
五一　世妇 …… 170
五二　女御 …… 171
五三　女祝 …… 172
五四　女史 …… 173
五五　典妇功 …… 174
五六　典丝 …… 175
五七　典枲 …… 177
五八　内司服 …… 178
五九　缝人 …… 180
六〇　染人 …… 181
六一　追师 …… 182
六二　屦人 …… 183
六三　夏采 …… 185

地官司徒第二 …… 186
叙官 …… 187
一　大司徒 …… 213
二　小司徒 …… 234
三　乡师 …… 243
四　乡大夫 …… 250

五　州长 …… 255
六　党正 …… 258
七　族师 …… 261
八　闾胥 …… 263
九　比长 …… 265
一〇　封人 …… 266
一一　鼓人 …… 268
一二　舞师 …… 272
一三　牧人 …… 273
一四　牛人 …… 275
一五　充人 …… 278
一六　载师 …… 279
一七　闾师 …… 282
一八　县师 …… 284
一九　遗人 …… 286
二〇　均人 …… 289
二一　师氏 …… 291
二二　保氏 …… 294
二三　司谏 …… 297
二四　司救 …… 298
二五　调人 …… 299
二六　媒氏 …… 302
二七　司市 …… 304
二八　质人 …… 313
二九　廛人 …… 315
三〇　胥师 …… 316
三一　贾师 …… 317

三二　司暴 …… 318
三三　司稽 …… 319
三四　胥 …… 319
三五　肆长 …… 320
三六　泉府 …… 321
三七　司门 …… 323
三八　司关 …… 325
三九　掌节 …… 327
四〇　遂人 …… 329
四一　遂师 …… 334
四二　遂大夫 …… 336
四三　县正 …… 338
四四　鄙师 …… 339
四五　酂长 …… 340
四六　里宰 …… 341
四七　邻长 …… 342
四八　旅师 …… 343
四九　稍人 …… 345
五〇　委人 …… 346
五一　土均 …… 348
五二　草人 …… 349
五三　稻人 …… 351
五四　土训 …… 353
五五　诵训 …… 354
五六　山虞 …… 355
五七　林衡 …… 357
五八　川衡 …… 358

五九　泽虞 …… 359
六〇　迹人 …… 360
六一　矿人 …… 360
六二　角人 …… 361
六三　羽人 …… 361
六四　掌葛 …… 362
六五　掌染草 …… 362
六六　掌炭 …… 363
六七　掌荼 …… 363
六八　掌蜃 …… 364
六九　囿人 …… 364
七十　场人 …… 365
七一　廪人 …… 366
七二　舍人 …… 368
七三　仓人 …… 370
七四　司禄(阙) …… 371
七五　司稼 …… 371
七六　舂人 …… 372
七七　饎人 …… 373
七八　槁人 …… 373

春官宗伯第三 …… 375
叙官 …… 376
一　大宗伯 …… 400
二　小宗伯 …… 416
三　肆师 …… 426
四　郁人 …… 433

五　鬯人 …… 435
六　鸡人 …… 437
七　司尊彝 …… 438
八　司几筵 …… 443
九　天府 …… 446
十　典瑞 …… 450
十一　典命 …… 456
十二　司服 …… 458
十三　典祀 …… 464
十四　守祧 …… 465
十五　世妇 …… 467
十六　内宗 …… 469
十七　外宗 …… 470
十八　冢人 …… 472
十九　墓大夫 …… 475
二十　职丧 …… 476
二一　大司乐 …… 477
二二　乐师 …… 487
二三　大胥 …… 491
二四　小胥 …… 493
二五　大师 …… 494
二六　小师 …… 497
二七　瞽矇 …… 499
二八　视瞭 …… 500
二九　典同 …… 501
三十　磬师 …… 504
三一　钟师 …… 504

三二　笙师 …… 506
三三　镈师 …… 507
三四　韎师 …… 508
三五　旄人 …… 509
三六　籥师 …… 510
三七　籥章 …… 510
三八　鞮鞻氏 …… 511
三九　典庸器 …… 512
四〇　司干 …… 512
四一　大卜 …… 513
四二　卜师 …… 517
四三　龟人 …… 518
四四　菙氏 …… 520
四五　占人 …… 521
四六　筮人 …… 523
四七　占梦 …… 524
四八　视祲 …… 526
四九　大祝 …… 527
五〇　小祝 …… 538
五一　丧祝 …… 541
五二　甸祝 …… 543
五三　诅祝 …… 544
五四　司巫 …… 545
五五　男巫 …… 547
五六　女巫 …… 548
五七　大史 …… 550
五八　小史 …… 554

五九　冯相氏 …… 555
六〇　保章氏 …… 557
六一　内史 …… 560
六二　外史 …… 562
六三　御史 …… 563
六四　巾车 …… 564
六五　典路 …… 574
六六　车仆 …… 575
六七　司常 …… 577
六八　都宗人 …… 581
六九　家宗人 …… 582
七〇　神仕 …… 583

下　册

夏官司马第四 …… 585
叙官 …… 586
一　大司马 …… 609
二　小司马 …… 625
三　军司马(阙) …… 625
四　舆司马(阙) …… 625
五　行司马(阙) …… 626
六　司勋 …… 626
七　马质 …… 627
八　量人 …… 629
九　小子 …… 631
一〇　羊人 …… 633
一一　司爟 …… 634

一二　掌固 …… 635
一三　司险 …… 637
一四　掌疆(阙) …… 638
一五　候人 …… 638
一六　环人 …… 638
一七　挈壶氏 …… 639
一八　射人 …… 640
一九　服不氏 …… 645
二〇　射鸟氏 …… 646
二一　罗氏 …… 647
二二　掌畜 …… 648
二三　司士 …… 648
二四　诸子 …… 652
二五　司右 …… 654
二六　虎贲氏 …… 655
二七　旅贲氏 …… 656
二八　节服氏 …… 656
二九　方相氏 …… 657
三〇　大仆 …… 658
三一　小臣 …… 662
三二　祭仆 …… 664
三三　御仆 …… 665
三四　隶仆 …… 666
三五　弁师 …… 667
三六　司甲(阙) …… 669
三七　司兵 …… 669
三八　司戈盾 …… 671

三九　司弓矢 …… 671
四〇　缮人 …… 676
四一　槁人 …… 677
四二　戎右 …… 679
四三　齐右 …… 680
四四　道右 …… 680
四五　大驭 …… 681
四六　戎仆 …… 683
四七　齐仆 …… 684
四八　道仆 …… 684
四九　田仆 …… 685
五〇　驭夫 …… 685
五一　校人 …… 686
五二　趣马 …… 690
五三　巫马 …… 691
五四　牧师 …… 691
五五　廋人 …… 692
五六　圉师 …… 693
五七　圉人 …… 694
五八　职方氏 …… 695
五九　土方氏 …… 705
六〇　怀方氏 …… 706
六一　合方氏 …… 707
六二　训方氏 …… 707
六三　形方氏 …… 708
六四　山师 …… 708
六五　川师 …… 709

六六　原师 …… 709
六七　匡人 …… 710
六八　撢人 …… 710
六九　都司马(附家司马) …… 710

秋官司寇第五 …… 712
叙官 …… 713
一　大司寇 …… 734
二　小司寇 …… 742
三　士师 …… 749
四　乡士 …… 755
五　遂士 …… 757
六　县士 …… 759
七　方士 …… 761
八　讶士 …… 763
九　朝士 …… 764
一〇　司民 …… 768
一一　司刑 …… 769
一二　司刺 …… 770
一三　司约 …… 771
一四　司盟 …… 773
一五　职金 …… 775
一六　司厉 …… 776
一七　犬人 …… 777
一八　司圜 …… 778
一九　掌囚 …… 779
二〇　掌戮 …… 780

二一　司隶 …… 781
二二　罪隶 …… 782
二三　蛮隶 …… 783
二四　闽隶 …… 784
二五　夷隶 …… 784
二六　貉隶 …… 785
二七　布宪 …… 786
二八　禁杀戮 …… 786
二九　禁暴氏 …… 787
三〇　野庐氏 …… 788
三一　蜡氏 …… 790
三二　雍氏 …… 791
三三　萍氏 …… 792
三四　司寤氏 …… 793
三五　司烜氏 …… 793
三六　条狼氏 …… 795
三七　修闾氏 …… 797
三八　冥氏 …… 798
三九　庶氏 …… 798
四〇　穴氏 …… 799
四一　翟氏 …… 800
四二　柞氏 …… 800
四三　薙氏 …… 801
四四　硩蔟氏 …… 802
四五　翦氏 …… 803
四六　赤发氏 …… 804
四七　蝈氏 …… 804

四八　壶涿氏 …… 805
四九　庭氏 …… 806
五〇　衔枚氏 …… 806
五一　伊耆氏 …… 807
五二　大行人 …… 808
五三　小行人 …… 820
五四　司仪 …… 826
五五　行夫 …… 839
五六　环人 …… 840
五七　象胥 …… 840
五八　掌客 …… 842
五九　掌讶 …… 852
六十　掌交 …… 854
六一　掌察(阙) …… 856
六二　掌货贿(阙) …… 856
六三　朝大夫 …… 856
六四　都则(阙) …… 857
六五　都士(阙) …… 857
六六　家士(阙) …… 857

冬官考工记第六 …… 858
总叙 …… 859
一　轮人 …… 875
二　舆人 …… 892
三　辀人 …… 896
四　筑氏 …… 910
五　冶氏 …… 913

六　桃氏 …… 916
七　凫氏 …… 918
八　栗氏 …… 925
九　段氏(阙) …… 929
一〇　函人 …… 929
一一　鲍人 …… 932
一二　㯶人 …… 935
一二　韦氏(阙) …… 939
一四　裘氏(阙) …… 939
一五　画缋 …… 939
一六　钟氏 …… 944
一七　筐人(阙) …… 946
一八　㡛氏 …… 946
一九　玉人 …… 949
二〇　椊人(阙) …… 960
二一　雕人(阙) …… 960
二二　磬氏 …… 961
二三　矢人 …… 962
二四　陶人 …… 968
二五　旊人 …… 969
二六　梓人 …… 971
二七　庐人 …… 982
二八　匠人 …… 987
二九　车人 …… 1007
三〇　弓人 …… 1015

主要征引书目 …… 1046

前言

《周礼》，亦称《周官》、《周官经》、《周官礼》，是现存儒家十三经中的一部经典，我国第一部系统、完整叙述国家机构设置、职能分工的专书。它涉及古代官制、军制、田制、税制、礼制等国家重要政治制度，为我国秦汉以来历代国家机构建制提供了全面的参照体系，可谓研究上古文明的百科全书，在中国古代政治思想文化史上影响深远。

一、《周礼》的发现、书名及篇数

在儒学经典中，《周礼》是最晚出的一种，该书仅有古文，没有今文。

据《汉书·景十三王传》记载："献王所得书皆古文先秦旧书，《周官》、《尚书》、《礼》、《礼记》、《孟子》、《老子》之属，皆经传说记，七十子之徒所论。"则《周官》是西汉初期景武之际河间献王刘德从民间献书中收集所得，藏于汉宫秘府中，长期未曾公之于世。

《史记·封禅书》载，武帝与公卿诸生议封禅，"群儒采封禅《尚书》、《周官》、《王制》之望祀射牛事"，贾公彦《周礼疏序》则称"《周官》，孝武之时始出，秘而不传。《周礼》后出者，以其始皇特恶之故也"。据此，则明确论及《周礼》出于武帝时。史载西汉末成帝时，刘向、刘歆父子校理秘书，发现此书，先后著录于《别录》、《七略》，《周礼》至此正式公开。

《周礼》现世后，先后出现多个名称。初现时，称为《周官》，这是今存史籍对该书最早的称谓。哀平之世，刘歆作《七略》，名之为《周官经》。王莽居摄(公元6年)之后，刘歆为国师，认为该书是“周公致太平之迹”，故更《周官经》为《周礼》，立为官学，成为官方承认的经典。

东汉时期，《周官》、《周礼》二名并用，至汉末郑玄作注，取用《周礼》之名，其《仪礼》注文、《礼记》注文等，亦均称《周礼》。由于郑玄《周礼注》被视为经典，从而使《周礼》之称进一步巩固。

魏晋时，《周官》之称仍时与《周礼》之名并存。南北朝时，有学者综合二名，将其称为《周官礼》。

唐高宗时，贾公彦据郑玄《周礼注》作《周礼疏》五十卷。文宗开成年间刻成的石经，称为《周礼》。至此，《周礼》之名最终确立。然后代注疏，仍偶见有称《周官》者。

自河间献王晚年将此书献于朝廷之后，百余年间，少人问津。迨刘歆将其著录于《七略》中的《六艺略》时，称“《周官经》六篇”及“《周官传》四篇”，然此六篇《周官经》实为五篇，《冬官》一篇以《考工记》补足。刘歆的弟子杜子春作《周官注》，已对《冬官考工记》作注释。但《汉书·艺文志》对此并无说明，而《周官传》四篇又亡于兵燹，东汉之初已不得见。于是众说纷纭。马融以为《考工记》是刘歆所补，陆德明《经典释文》和《隋书·经籍志》则以为是河间献王所补，孔颖达又认为是汉文帝令博士所补(此说不足信)，贾公彦则判定为六国时所补。郑玄《三礼目录》中《冬官考工记第六》下云：“《司空》之篇亡，汉兴，购求千金不得。此前世识其事者，记录以备大数，古《周礼》六篇毕矣。”郑玄之说，较为合理。

二、《周礼》的成书时代与作者

《周礼》面世后，其成书年代和作者问题，就引起了众多学者的激烈争辩，近现代学界依然争论不休，迄无定论。归纳起来，主要有以下几种观点：

1. 西周初年周公手作说

即认为《周礼》是西周周公姬旦亲自撰作。刘歆首创此说。他认定其为“周公致太平之迹，迹具在斯”，即为周公所制官政之法。东汉末年，经学大师郑玄因袭其说，在《周礼·天官·叙官》“惟王建国”之下注曰：

> 周公居摄而作六典之职，谓之《周礼》。营邑于土中。七年，致政成王，以此礼授之，使居雒邑，治天下。

其后一大批学者，如唐代的孔颖达、贾公彦，宋代的王安石、张载、李觏、曾巩、司马光、朱熹，清代的魏源、汪中、惠士奇、江永、孙诒让等也都力主此说。唐贾公彦在《序周礼废兴》中说：“唯有郑玄遍览群经，知《周礼》者乃周公致太平之迹，故能答林硕之论难，使《周礼》义得条通。”南宋朱熹明确指出：“《周礼》是周公遗典也。”称之“盛水不漏”，认为非周公不能作。清末经学大师孙诒让《周礼正义·序》曰：“粤昔周公，缵文武之志，光辅成王，宅中作雒，爰述官政，以垂成宪，有周一代之典，炳然大备”；又在《周礼正义·略例十二凡》中说：“此经为周代法制所总萃，闳章缛典，经曲毕赅。”

周公作《周礼》说在古代影响最大，信从者最多。但各家均未能提供可靠的证据。此说尚存在疑点，如，《周礼》中官职名称、公田大小与周初的实际情况不合，而且文字风格也与当时实际不符。故周公作《周礼》说当存疑。

2. 作于西周、作者不详说

持此说的主要为现当代学者。如蒙文通在《从社会制度及政治制度论周官成书年代》中认为，《周礼》“虽未必即周公之书，然必为西周主要制度，而非东周以下之治”。日本学者林泰辅的《周官著作时代考》，对《周礼》所见天神、地祇、人鬼，以及伦理思想、政治制度等进行了详细分析，认为《周礼》作于西周末的厉王、宣王、幽王时期。陈汉平在《西周册命制度研究》一书中，就册命金文所见西周官制多与《周官》内容相合之现象对《周礼》成书年代进行推断，表示其倾向于《周官》成书在西周之说。李学勤《新出青铜器研究》一书将《周礼》与金文对照研究，通过出土金文“裘卫”考证《周礼》“司裘”，指出“司裘官名只见于《周礼》”，其它任何古书都是没有的，他进而认为这充分表明了《周礼》的真实可据，同意《周礼》一书产生于西周的观点，但不认定它一定是周公所作。汤斌、白玉林《周礼概述》认为，仅就根本制度和经济水平来考察，《周礼》的设官分职是以西周前期的社会现实为基础的。朱谦之《周礼的主要思想》说：“此书中所用古体文字，不见于其他古籍，而独与甲骨文金文相同，又其所载官制与《诗经》之‘大雅’、‘小雅’相合，可见非在西周文化发达的时代不能作。”训诂学者洪诚从语法角度探讨《周礼》的成书年代，他在《读〈周礼正义〉》中指出，《周礼》成书当于西周宣王中兴时代，最晚不会晚于东周惠王后。

3. 作于周室东迁之后，平王至惠王之间说

当代有学者认为，《周礼》“成书最晚不在东周惠王后”。金景芳在《周礼》一文中，详细考察《周礼》的语法、封国之制、畿服之制与周制的差异后推论说：“我认为《周礼》一书是东迁以后某氏所作。作者得见西周王室档案，故讲古制极为纤悉具体。但其中也增入了作者自己的设想。例如封国之制、畿服之制一类的东西，就是作者自己设想所制定的方案。这个方案，具有时代特点，不但西周不能为此方案，即春秋战国时人也不会作此方案。原因是春秋战国时，周室衰微已甚，降为二、三等小国，当时不会幻想它会复兴。而在西周的历史条件下，则不可能产生这样的设想。”

王宁等在《评析本白话十三经》中认为：“《周礼》一书是在周王朝东迁以后，即在东周平王至东周惠王之间（公元前770年—公元前676年）产生的，作者极有可能是管理档案材料的官员。书中所反映的周制，当是西周初期尚未改制，也就是沿用殷制时的周制，同时又有不少内容是作者的设想。”该书还指出，《考工记》本是另外一部书。书中云：“秦之无庐也，非无庐也，夫人而能为庐也。”又云：“郑之刀，宋之斤，鲁之削，吴、粤之剑，迁乎其地而弗能为良，地气然也。”秦封于周孝王时，郑封于周宣王时，则《考工记》书必在西周孝王和西周宣王以后出现。《南齐书》里记文惠太子萧长懋镇雍州时，有盗发楚王冢，得竹简书，青丝编，凡十余编，以示王僧虔。王僧虔曰：“是蝌蚪书《考工记》。”据此可知，《考工记》也绝非秦朝以后的人所作。

4. 作于春秋说

当代学者刘起釪搜集《周礼》以外的所有职官文献，又采用郭沫若《西周金文辞大系图录考释》中的金文官制材料，写出《两周战国职官考》一书。据此研究成果，他在《〈周礼〉真伪之争及其书写成的真实依据》一文中说：“《周礼》一书所有官职资料，都不出春秋时期承自西周的周、鲁、卫、郑四国官制范围。”“所以《周官》一书，最初作为官职之汇编，至迟必成于春秋前期。”王雪萍《〈周礼〉饮食制度研究》认为，《周礼》所叙述的各种制度，主要反映的是西周中后期的典章制度，成书过程中也受春秋时期多种思想观念的影响，由此判断“它成书于春秋时期”。

5. 成书于春秋战国之际，孔子及其弟子为写定者说

谢祥皓、刘宗贤在《中国儒学》中认为，《周礼》是周代典章制度的集结与规划，是周公经国治政的产物，“即使不是周公亲自制定，也必然是在周公的主持或指导之下完成的”。“不论今存《周礼》究竟写于何时，在周公时代必定已经具有了它的雏形。”其结论是：“今存《周礼》乃形成于周公，写定于孔门，传世于刘氏父子。”即《周礼》的最终写定年代当在春秋战国之际，最终写定者可能是孔子及其弟子，刘歆使其在社会上流传开来。唐镜、刘庆华亦认为《周礼》规模宏大，应是周代典章制度的集结与规划。其中既有对夏、殷两代礼制的承袭，又有对周代礼制的改造或新定，更多的则是理想的规划或设想。其写定或当在春秋末到战国时。其书只能是以恢复周礼为己任的孔门弟子所作。而其最后面世，确实经过了刘向、刘歆父子。此说可谓折衷之说。

6. 成书于战国说

此说始于东汉的林孝存(即林硕,或又名临硕,《后汉书·郑玄传》作“临孝存”)和何休。据贾公彦《序周礼废兴》所述,林孝存认为《周礼》是“末世渎乱不验之书”,故作《十论》、《七难》以排弃之。东汉何休认为,《周礼》是“六国阴谋之书”。“末世”、“六国”皆指战国时期。汉儒张禹、包咸,唐朝赵匡、陆淳,宋代刘敞、欧阳修、苏轼,明代季本,清代崔述、皮锡瑞均信从何休说。皮锡瑞指出,《汉书·艺文志》有“六国之君,魏文侯最为好古,孝文帝时得其乐人窦公,献其书,乃《周官·大宗伯》之《大司乐》章也”的记载,由此并根据其他一些记载,认定六国时已有此书。今人郭沫若、范文澜、钱穆、顾颉刚、杨向奎、黄沛荣、金春峰、沈长云、李晶等亦持此说。

此说在具体早晚分期及作者地域等问题上,又有异说。如,沈长云、李晶通过对春秋时期列国官制的清理,并以之与西周官制及《周礼》所记载职官系统仔细比较,发现春秋时期官制无论在整体格局上还是各职官的官称、具体职掌上,都较西周时期更接近于《周礼》,故他们判断《周礼》的成书年代不会早于春秋末叶,或当在战国前期。顾颉刚、杨向奎二位先生把齐国文献《管子》与《周礼》对照,从其什伍组织、授田制度、“足甲兵”的法令与《周礼》所记相似中,断定《周礼》为战国时期齐国人所作。金春峰则认为《周官》是战国晚期、秦统一之前秦地学者的作品。沈长云、金春峰等学者,除注重对文献进行稽考外,还采用了金文、出土秦简等新出土文献材料,这一研究亦具有方法论价值。

按,《周礼》成书于战国说,是目前学术界比较通行的观点。笔者亦赞同《周礼》成书于战国说,而其成书于早期抑或晚期,作者的具体国别,则可作进一步讨论。

7. 成书于秦朝说

南宋魏了翁在《鹤山文钞·师友雅言》中认为,《周礼》为“秦汉间所附会之书”。清代毛奇龄在《经问》卷二中云:“此书系周末秦初儒者所作。”梁启超在《古书真伪及其年代》中断言:“这书总是战国、秦汉之间,一二人或多数人根据从前短篇讲制度的书,借来发表个人的主张。”陈延庆《周礼成书年代的新探索》认为:“《周礼》制作年代的上限,不早于商鞅变法。……它的下限也不会晚于河间献王在位之时。……《周礼》成书年代的最大可能,是在秦始皇帝之世。”史景成《周礼成书年代考》认为,《周礼》作于《吕氏春秋》以后、秦统一天下之前。

8. 成书于汉初、专人写成说

今人彭林持此说。彭氏《〈周礼〉主体思想与成书年代研究》对传统的研究方法进行了反思,他为摆脱传统的注重考证的研究方法束缚,着眼于《周礼》思想体系的研究。他未从考证《周礼》中职官、制度、文字形态、语言风格入手,而从把握全书的思想体系出发,详细剖析了《周礼》的治民、治官、理财、阴阳五行思想及其国家政权模式,认为该书主体思想具有由儒、法、阴阳五行思想三家紧密融合“多元一体”的基本特征,吻合汉初追求思想多功能的时代需求,断定《周礼》当成书于汉初高祖和文帝之间,且出自一人之手,“成书的下限,当不得晚于文景之世,即道家思想尚未成为主流派之前”。

按,凭借一人之力,要对一个国家政治、经济、军事、礼制作全面系统的规划是困难的,同时《周礼》书中多有互相抵牾之处,出自一人之手的可能性不大。《周礼》表现的思想固然与汉初吻合,但其在实践中的表现与理论形成、思想源头与其盛行时间之间,有着漫长的发展过程。追溯其源头,汉初盛行的哲学思想,当在几百年前就早已存在。并且该书是由古文而非汉代隶书写成,故不太可能成书于汉代。此外,撇开传统的考证方法,单纯从书中的思想进行推论,也难以使人信服。

9. 成书于西汉末年、由刘歆伪造说

此说始倡于南宋胡宏,其直接目的是借此反对此前北宋王安石援《周礼》变法的观点。胡宏在《皇王大纪论·极论周礼》中认为,刘歆伪造《周礼》,是为“附会王莽,变乱旧章,残贼本宗,以趋荣利”,故“假托

《周官》之名，剿入私说，希合贼莽之所为耳”。南宋洪迈，清代万斯大，近人康有为、廖平、钱玄同，今人杜国庠等，均持此说。如万氏认为，《周礼》官制过于冗繁，赋税过于苛重，与先秦文献所载多有不合，当是后人伪作。康有为在《新学伪经考》中说：

> 至《周官》经六篇，则自西汉前未之见，《史记·儒林传》、《河间献王传》无之，其说与《公》、《穀》、《孟子》、《王制》、今文博士皆相反。莽《传》所谓“发得《周礼》以明因监”，故与莽所更法立制略同，盖刘歆所伪撰也。歆欲附成莽业而为此书，其伪群经乃以证《周官》者，故歆之伪学此书为首。

刘歆伪造《周礼》说在港台地区比较流行，如徐复观《周礼批判》、侯家驹《周礼思想渊源》等均从此说。徐复观在《周官成立之时代及其思想性格》中，分析了《周礼》一书的思想线索及其背景后，认为此书受到《管子》、《大戴礼记》、《淮南子》以及董仲舒、桑弘羊等人的思想影响，由王莽草创于前，刘歆整理于后，是表达他们政治理想之书。

按，此说不可信。早于刘歆的《大戴礼记·朝市》已记载《周礼》中“大宗伯”、“典命”、“典瑞”、“大行人”、“职方”等职文，刘歆不可能疏忽到有文献材料在前而后伪作的程度。况且《周礼》中有关礼仪的记载，也与当时流行的《仪礼》、《礼记》多有不同。如若《周礼》系刘歆伪作，何以不弥合这些裂缝，而授人以柄？

要之，关于周礼成书年代与作者问题，聚讼纷纭，至今仍是学界讨论的重要话题。相信随着新材料的出现、学界对古书成书过程、作者概念等问题认识的加深，人们将会获得更为符合历史实际的认识。综合考量，当以“《周礼》成书于战国”说较为稳妥。

三、《周礼》的框架、内容与价值

《周礼》全书共6篇：《天官冢宰》、《地官司徒》、《春官宗伯》、《夏官司马》、《秋官司寇》、《冬官司空》。每篇各包括多个官职，每官之下都详细记载其人数、职务等。其中《冬官》存目无文，汉人以《考工记》补入。《周礼》在中国古代思想史上具有重要的史料价值。一些社会改革家和思想家从《周礼》中吸收了许多养料，以进行现实政治改革。

《周礼》的基本框架是政治制度、设官分职。通过各个官职具体职责的说明，显示一个相当完整的政治思想体系。上以神权观念为庇护，下以王权政治为主体，政治、经济、教育、风俗、军事等各个方面，无不在统一的“礼”之下行事。天子、诸侯、公卿、大夫、士，及至“万民”，均依据既定礼仪行事，从而形成上下相安、万民和谐的礼仪之邦，反映了儒家的主要思想倾向及其社会、政治理想。

《周礼》以记述职官职能来汇集当时的各类制度，是一部“设官分职”的国家机构设置、职责分工的法规总集。全书依据职能将政府机构分为六大部门，除冬官全部亡佚外，地官司禄，夏官军司马、舆司马、行司马、掌疆、司甲，秋官掌察、掌货贿、都则、都士、家士等职文也亡佚了。现存的五篇，每篇皆由叙文、叙官、职文三部分组成。叙文简叙该官设置之由，相当于总论，皆以“惟王建国，辨方正位，体国经野，设官分职，以为民极”数语冠其首。叙官列举该官所属之官府、爵位、人员编制并体现领属关系。六大官府各司其职，国有大事，如祭祀、宾客、丧荒、军旅、田役、敛弛，则六官各府协同办理，谓之“六联”。故《周礼》职文多由该官之专职、该官在大事协办中的地位和作用、该官的日常事务和例行事务等三部分组成。职文规定每一官员的具体职责。六大官府所属主要官府的官员设置和人员编制皆有定数，一曰正，总揽全局之正长；二曰师，正长之副；三曰司，掌一部门；四曰旅，掌一专项事务；五曰府，保管文件档案财物；六曰史，处理起草文书；七曰胥，十徒之长；八曰徒，行走传达。此谓之“八职”。各官府系列所属人数不一，天官 63 职，地官 78 职，春官 70 职，夏官 70 职，秋官 66 职，冬官（《考工记》）有工匠 30 职，共 377 职。有的职官有职官名而无职文，明确有职能记载的有 366 职。据孙诒让《周礼正义》统计，五官府可统计之供职人员为 57079 人，估算加上冬官人数，王国境内政府机构供职人员当为六万以上，有爵者约占十分之一。

天官掌“邦治”，又谓之“治官”。地官掌“邦教”，又谓之“教官”。春官掌“邦礼”，又谓之“礼官”。夏官掌“邦政”，又谓之“政官”。秋官掌邦禁，以佐王刑邦国，又谓之“刑官”。冬官亡佚。汉人以《考工记》来弥补。《天官·小宰》中云：“六曰冬官，其属六十，掌邦事。”“六曰事职，以富邦国，以养万民，以生百物。”据此，历来认为冬官当为“司空”还是可信的。“司空”一职，唐虞时代已有。《尚书·舜典》云：“伯禹作司空。”《洪范》列“八政”也有“司空”。郑玄笺《诗经·大雅·绵》云：“司空，卿官也，掌营国邑。”颜师古注《汉书·百官公卿表》云：“空，穴也。古人穴居，主穿土为穴以居人也。”可见“司空”原本掌管营建土穴，后泛指一切工程。而作为“司空”职官替代内容被补入《周礼》的《考工记》，则是另外一部主题集中而有特色的独立科技著作。

《考工记》是我国科学技术史上第一部杰作。其结构可分为两部分：开头为总论，论述百工的重要，提出“国有六职”，即，“坐而论道，谓之王公；作而行之，谓之士大夫；审曲、面埶，以饬五材，以辨民器，谓之百工；通四方之珍异以资之，谓之商旅；饬力以长地财，谓之农夫；治丝麻以成之，谓之妇功”。其后记载轮人、舆人、轵人、筑人、冶人、桃人等当时官营手工业的三十种工匠之职，包括“凡攻木之工七，攻金之工六，攻皮之工五，设色之工五，刮摩之工五，搏埴之工二”，详细记载各种器物的名称、规格、工艺要求及制作过程。

《周礼》体大思精，结构缜密。六官职事复杂繁琐，但作者归纳概括成若干条原则。如天官系统太宰的职务，作者归纳为“六典”（明其统摄其他五官的地位）、“八法”（官员任用、考核、监察等官府治理原则）、“八则”（都鄙治理原则）、“八柄”（辅助君王运用生杀予夺权柄驾驭官吏）、“八统”（驾驭百姓）、“九职”（解决国民生计）、“九赋”（国家财政收入）、“九式”（国家财政支出）、“九贡”（广开财源）、“九两”（联络百姓）等。可以看出,《周礼》全方位汇集了政治、法律、文化、教育、经济、军事、科技等各类典制,具有多方面的史料价值。

《周礼》保存了我国古代政治制度的宝贵资料。《周礼》记载的建国设官,是带有一定民主色彩的君主专制政体。《周礼》反映的政治制度,在我国封建社会中,影响极其深远。如全书对天、地、春、夏、秋、冬六官的设置,在后代基本付诸实施。隋代设置吏、礼、兵、度支(后改为户)、都官(后改为刑)和工六部;唐代在尚书省下,设吏、户、礼、兵、刑、工六部;宋因唐制;元仅改尚书省为中书省;明代废中书省,于是吏部又恢复了统辖地位;清因明制,清末六部才有所增改。我国历代封建王朝的中央官制,都与《周礼》六官框架有关联。历史上不少人在进行社会变革时,往往参用《周礼》。如王莽依据《周礼》改汉制;苏绰借鉴《周礼》改革官制;北宋王安石变法,亦自称取法《周礼》,反对派亦云"王安石以《周礼》乱天下"。

《周礼》保存了我国古代法律制度的宝贵资料。《周礼》的理刑思想重在未犯罪前的纠治。其立足点是以教立国。《秋官·士师》的"五禁"(宫禁、官禁、国禁、野禁、军禁)是为防患于未然。《周礼》对案情的审定十分审慎,订有三刺(讯群臣、群吏、万民,查明实情)、三宥(即宽恕因"不识"、"过失"、"遗忘"而杀人,区分有意行凶、误杀)、三赦(赦免幼弱、老耄和蠢愚)之法。对于万民之间的诉讼,《周礼》依据券书和契约决断。其刑法还体现出恤刑的意向。

《周礼》保存了我国古代文化制度与审美风尚的宝贵资料。《周礼》重视祭祀、卜筮。如《礼记·祭统》说:"礼有五经,莫重于祭。"负责礼制的春官首推大宗伯,所列五礼,祭礼(吉礼)居其首。祭祀对象为天神、人鬼、地祇三类。祭祀方式、祭品、祭器有种种不同。由此后世创造了灿烂的祭祀文化。《周礼》还崇尚乐舞,以之作为陶冶品性、祭祀鬼神、显示等级地位的手段。"大司乐"职以"乐德"、"乐语"、"乐舞"教国子,又明确提出以乐序尊卑,"王出入则令奏《王夏》;尸出入则令奏《肆夏》;

牲出入则令奏《昭夏》”。书中乐器种类、名称繁多，皆有助于考察古代文化风尚。

《周礼》保存了我国古代教育制度的宝贵资料。《周礼》对万民的教化，强调读政令和习礼乐。“大宰”、“大司徒”、“大司马”、“大司寇”分别以各自制订的治法、教法、政法、刑法于夏历十一月宣布于邦国都鄙，并于象魏悬挂，让万民观览。“小宰”、“小司徒”、“小司马”、“小司寇”又于第二年夏历正月再公布一次，并摇动木铎晓谕众官和百姓。习礼乐是对万民的行为、道德规范的熏陶和训练。“大司徒”的十二教，礼教占五条(祀礼、阳礼、阴礼、乐礼、仪辨)。作为乡学教学官法“乡三物”中的“六德”(知、仁、圣、义、忠、和)、“六行”(孝、友、睦、姻、任、恤)也都属于礼的范畴。《周礼》突出道德教育中音乐的感化作用。“大司乐”职掌教国学的教法、治王国的学政，它以“乐德”、“乐语”、“乐舞”教国子，强调乐语盛行，乐舞不衰，以达到处世和谐的目的。《周礼》的教育组织有国学(国家所设，培训贵族子弟)和乡学(地方学校，庶民可入学)等形式。

《周礼》保存了我国古代经济制度的宝贵资料。《天官·太宰》十条官法有四条(九职、九赋、九贡、九式)属于理财范围。《地官》七十八职，除六职掌有关教育事项和六职掌管祭祀外，其余全是执掌有关地政、人力、物产和流通的人员。《周礼》把均分耕地当作经济中的首要问题，“小司徒”一职把土地分成三等，按人口、劳力多少加以分配。《周礼》强调完善水利灌溉系统、选种和注意种植方法，改良土壤和按不同土质施肥，提高土地利用率，“大司徒”、“草人”、“司稼”、“遂人”、“稻人”等职中皆有记载。《周礼》对农民的负担和分配，采取均衡制。《地官》中“司稼”、“均人”、“载师”皆为掌均万民之食、均地守、均地职的官员。《周礼》对经贸工商采取抑制政策，并注意开源节流，重视财富积累与均节财用。通过加强户籍管理，精确统计人口，按人口和土地纳税，强化农民承担的九功、九赋、力征、军赋等多种义务。《周礼》的财经管理制度十分严密。《天官》“大府”、“玉府”、“内府”、“外府”、“司会”、“司书”、

“职内”、“职岁”、“职币”等九职则分掌治藏和会计，各有职司而互相牵制，形成一个严密的财经管理体系。

《周礼》保存了我国古代科学技术的宝贵资料。《考工记》充分体现了当时的工艺水平，在世界科技发展史上占有重要地位。其中所列30个工种6类工匠，包括以“轮人”、“舆人”、“轵人”与“车人”等为代表的制车系统；由“金有六齐”统率，包括“筑氏”、“冶氏”、“桃氏”、“凫氏”、“栗氏”与“段氏”等的铜器铸造系统；以“弓人”、“矢人”、“冶氏”、“桃氏”、“庐人”、“函人”与“鲍人”等为代表的弓矢兵器、制革护甲系统；以“梓人”、“玉人”、“凫氏”、“辉人”、“磬氏”、“画缋”、“钟氏”等为代表的礼乐饮射系统；以“匠人”为代表的建筑水利系统；以“陶人”、“瓶人”为代表的制陶系统等各类工艺技术系统，涉及造车、冶炼、制兵（武器）、治皮、施绘、装饰、雕刻、水利设施、测量、制陶等多种工艺，详细记载了各种工艺的原料、制作过程和制作原理，包含着物理学、生物学、天文学、数学及度量衡等多学科知识。无怪乎《考工记》被英国科学史家李约瑟博士评价为“研究中国古代技术史的最重要的文献”。

《周礼》保存了我国古代文学的宝贵资料，可谓中国早期散文的经典之作。论者指出，《周礼》的文学思想，应包括神话、诗歌、散文思想及其文艺批评思想，具体包括《周礼》对于神话、诗歌、散文的制作者、读者、使用者和批评者的心理、审美趣味等方面的规范与影响；神话与《周礼》的互相关系，包括《周礼》对神话的利用和制约；《周礼》体系中的诗乐构成、适用情况、传播情况；《周礼》规范下的诗歌创作与编纂；《周礼》表现的各种礼乐制度对文章写作的需要，对行政文本、史传、铭文创作的影响等诸多方面。事实上，《周礼》的文学价值，还远不止于此。

《周礼》还保存了丰富的上古语言文字资料。从文字学方面看，该书经文保存了数十个古文字形，有些可以与出土铜器铭文、简帛等文献字形做对比研究。从词汇学角度看，即以汉代郑玄《周礼注》的复音词标准出发，《周礼》复音词一共有3359个，如果不计词性只计词形，则有

3331个。这些都是研究《周礼》时代古代汉语的宝贵语料。对于《周礼》日渐深入的语言文字的研究，必将有助于推进《周礼》成书时代、作者及该书整体思想内涵的研究。

要之，《周礼》汇集了早期国家体制种种典制与设想的宝贵资料，兼具儒家、法家及阴阳五行等思想，对于研究我国古代史具有重要史料价值，可谓中国文化史上的无价之宝。

四、历代对《周礼》的研究

《周礼》体大思精，文繁事富。自刘歆校理《周礼》，并尊之为经以后，历代学者研究训释、考辨《周礼》的成果极为丰硕。据王锷《三礼研究论著提要》统计，汉代至1999年，历代学者研究《周礼》的专著已达551部，单篇论文已达457篇。训释文字以郑玄注、贾公彦疏《十三经注疏》本的《周礼注疏》和孙诒让的《周礼正义》为最精审。考辨性文字从汉代以来也有不少。乾隆十三年鄂尔泰等奉敕撰作的《周官义疏》可作参考。

西汉末期，杜子春师从刘歆研习《周礼》，并撰有《周官注》。东汉郑兴、郑众父子以及贾逵师徒从杜子春研读《周礼》，三人各自撰有《周官解诂》。东汉研究《周礼》的学者还有卫宏(《周官解诂》)、班固(《周礼班氏义》)、张衡(《周官训诂》，佚)、马融(《周官传》)、临硕(《周礼难》)、郑玄等人。马融《周官传》"欲省学者两读，故具载本文，后汉以来始就经为注"。东汉末年经学大家郑玄的《周礼注》成就最显著。郑玄学问渊博，精于"三礼"，其注释功力极深，兼采今古文，"囊括大典，网罗众家"，广泛融会吸取杜子春、郑兴、郑众、卫宏、贾逵、马融等人的研究成果，广搜博稽，训释经文，阐述礼制，正读字音，纠正衍误，可谓是《周礼》学的第一次全面整理和总结，对"三礼"的定型起了重要作用。郑玄注《周礼》、《仪礼》、《礼记》，著《三礼目录》，《周礼》跃居"三礼"之首。他还有《答临硕周礼难》、《周礼郑氏音》、《周礼序》，今各存辑佚本一卷。

魏晋时期，音韵学取得突出的成就，反切注音法广为推广，音义之学(为古书注音释义)大兴。当时出现许多《周礼》的音义之作，如晋王肃、干宝、刘宗昌、徐邈、李轨、聂熊等皆撰有《周礼音》。古文经学家王肃排斥郑注经传，依据马融的经说为古文经重作注解，在《周官礼注》中，曾对《周礼》作全面系统的阐释，与郑玄各自成一家，影响深远(今亡佚)。孙略问、干宝驳、虞喜撰《周官驳难》，“是书盖……四家问难，合为一编”。《周礼》为学者辩难讨论且合为一书，显见深受学界重视。西晋官方以王肃礼学为主，但郑玄礼学仍在学者中流行，尤其是东晋后，郑玄礼学完全占据了主导地位。

南北朝时期，经学有南学、北学之分，然礼学则同尊郑玄。这一时期，南朝宋雷次宗(《周礼注》)、梁崔灵恩(《集注周官礼》)、陈戚袞(《周礼戚氏音》)，北周沈重(《周官礼义疏》)、熊安生(《周官义疏》)等，取得了较高成就。据《周书·熊安生传》，熊氏初从陈达受《三传》，又从房虬受《周礼》，并通大义，后事徐遵明，服膺历年。东魏天平中，受《礼》于李宝鼎，遂通《五经》。然专以《三礼》教授弟子，自远方至者千余人，乃讨论图纬，捃摭异闻，先儒有未悟者，皆发明之。

唐代初年贾公彦的《周礼疏》，是继郑玄《周礼注》之后又一部具有很高学术价值的《周礼》研究著作，可谓汉代以来《周礼》学的第二次全面总结。他本于郑玄《周礼注》，在晋陈邵《周官礼异同评》、北周沈重《周官礼义疏》等的基础上，集合魏晋六朝各家见解阐释郑注，旁征博引，增益阐发。朱熹《朱子语录》称“五经疏中，《周礼疏》最好”。《四库全书总目》云：“公彦之《疏》，亦极博核，足以发挥郑学。”该书推本郑《注》，与后者合刻流行，使郑学益有独尊之势。

宋代经学家的阐释训诂简明而更注重义理之学。《周礼》研究亦然。宋代的《周礼》研究呈现出较为繁盛的局面，研究整理《周礼》的著作约有105部，而今存本不多，仅有不足二十种。其中王安石《周官新义》(书名亦作《周礼新义》)在当时影响较大。其书是为变法服务，然训诂多用字说，依经诠义，发挥经义，不失为儒者之言，亦有可取处。其后，王昭禹《周礼详解》、王与之《周礼订义》、林之奇《周礼讲义》都祖王安石之说以释《周礼》。王与之《周礼订义》是宋代重要集解之作，以宋代诸儒之说为主，附存宋以前旧说，采五十一家之说，其中唐以前仅有六家，其余四十五家为宋人之说，宋人论《周礼》之精华集于是书，宋人《周礼》研究赖此书以存大貌。以图解的形式注释《周礼》，是宋代《周礼》研究的特点之一。主要有：王洙《周礼礼器图》、陈祥道《周礼纂图》、龚原《周礼图》、吴沆《周礼本制图论》、郑伯谦《太平经国之书》(首列成周官制、秦官制、汉官制、汉南北军四图)、项安世《周礼丘乘图说》、郑景炎《周礼开方图说》、聂崇义《三礼图集注》等。此外，《周礼》专题研究著作有：周必大《周礼庖人讲义》、夏休《周礼井田谱》、林亦之《考工记解》、曹叔远《周礼地官讲义》、魏了翁《周礼井田图说》，等等。

元明时期，对《周礼》的研究并未停止，研究整理著作有一百一十余部，但株守宋人之说，多无所发明。元毛应龙《周官集传》十六卷，参考诸家训释，引据广博，于宋郑锷《周礼解义》等人之书，所采尤多，自注亦不苟。宋以来诸儒散佚之书，藉其得存大略。明方孝孺《周礼考次目录》，凡驳而未纯、迂而难信者，皆著论辨析，其考次《周礼》，较王与之、俞庭椿所订者更为有理。王应电《周礼传》十卷、《图说》二卷、《翼传》二卷，论说较为醇正，略于考证，而义理多所发明。《图说》稽考传义，《翼传》为七篇论文。

清代学者在经学研究方面取得了突出成就。这一时期经学研究的特点是：反对宋学，继承、恢复汉学，以训诂考据见长，规避思想义理。《周礼》研究此时也最为昌盛，名家辈出，著作宏富，约有二百五十余部。其中，惠士奇《礼说》，征引广博而皆有本源，辩论繁复而悉有条理。江永《周礼疑义举要》，融会郑注，参以己说，于经义多所阐发，所解《考工记》尤为精核。沈彤《周官禄田考》，搜采慎而会悟妙，次序宜而文词洁，论说精密淹通，可谓特出之作。鄂尔泰等《周官义疏》，采掇群言，分为正义、辩证、通论、余论、存疑、存异及总论等七例,《四库全书简明目录》评之曰:“是编秉承睿鉴,精粗并贯,本末兼核,实为集汉学、宋学之成。”戴震《考工记图》,全录经文及郑注,以己说补注,详于考核训诂,间有新义,且绘图54幅,颇便对照。段玉裁《周礼汉读考》是其治经学、小学集大成之作,摘录经文及旧注,详加疏通证明,辨通精核,阐释明确,于字之正借、声之分合,剖析细密,是便于初学《周礼》的重要典籍。程瑶田《考工创物小记》,详考名物制度及命名精义。阮元博学淹通,精研经学,提倡朴学,长于考据。其《考工记车制图解》,本于郑注,而加以辨析是正,于车制发明新义甚多。阮元《附释音周礼注疏》及其后附的《校勘记》,让人广泛搜校各本及陆德明《音义》,最后由阮氏统稿,此书是清人校勘《周礼》的最佳版本。

清末孙诒让的《周礼正义》,是清代《周礼》学的集大成之作。孙氏费时近三十年,博采历代注疏,详加考核,辨析折中,文极简赅,训释精当,可谓是《周礼》学的第三次总结。全书凡86卷,二百三十余万言。此书有四大特点:其一,提纲挈领,以太宰八法为纲领,抓住《周礼》纲领。对三百余职官详为钩考辨析,展示全书内在联系。其二,征引宏富,博采众长,廓清是非,不强为牵合。采取实事求是的治学态度,对待前人注疏持论客观,正确者详加援引、引申,错误者加以纠正,既吸收以往注疏的正确成果,又澄清误说。群经诸子及唐宋以来至清代各家研究《周礼》的重要成果几乎甄录无遗。引文标明篇目,注明出处,便于读者复查。其三,究极群书,持论宏通,而无门户之见。如对于重要的名物制度,往往加以总结论述。对郑玄与王肃之说,虽然推崇郑注,但又客观指出郑注亦有其短,王注不可尽废,“无所党伐,以示折衷”。其四,释经简单,释注详尽。该书代表了清人经学新疏中的最高成就,梁启超在《中国近三百年学术史》中评价为:“这部书可算清代经学家最后的一部书,也是最好的一部书。”

20世纪以来,对《周礼》的研究更为深入,研究角度侧重在成书年代、思想体系(政治、经济、管理、法律、文学等)、名物典章、语言学诸多方面。较为重要的研究著作有:刘师培《周礼古注集疏》及《西汉周官师说考》(均见于凤凰出版社1997年版《刘申叔遗书》),郭沫若《周官质疑》。顾颉刚《周公制礼的传说和〈周官〉一书的出现》,夏纬瑛《〈周礼〉书中有关农业条文的解释》(农业出版社1979年),周世辅等《〈周礼〉的政治思想》(东大图书公司1981年),钱玄《三礼名物通释》(江苏古籍出版社1987年),侯家驹《周礼研究》(联经出版事业公司1987年),李普国《〈周礼〉的经济制度与经济思想》(中州古籍出版社1987年),彭林《周礼主体思想与成书年代研究》(中国社会科学出版社1991年),金春峰《周官之成书及其反映的文化与时代新考》(东大图书公司1993年),钱玄《三礼通论》(南京师范大学出版社1996年),刘兴均《〈周礼〉名物词研究》(巴蜀书社2001年),朱红林《〈周礼〉中商业管理制度研究》(吉林文史出版社2003年),张全民《〈周礼〉所见法制研究:刑法篇》(法律出版社2004年),李玉平《〈周礼〉复音词郑玄注研究》(天津社会科学院出版社2007年),温慧辉《〈周礼·秋官〉与周代法制研究》(法律出版社2008年),丁进《周礼考论——周礼与中国文学》(上海人民出版社2008年),阎步克《服周之冕——〈周礼〉六冕礼制的兴衰变异》(中华书局2009年)等。日人《周礼》研究著作,则有:林泰辅《周公及其时代》(大仓书店1915年),东川德治《王道最古之法典周礼讲义录》(周礼讲义录发行所1934年),滨薰明《周礼研究》(东京东洋政治学会1949年),加滕虎之亮《周礼经注疏音义校勘记》(无穷会影印,1957、1958年),本田二郎《周礼通释》(秀英出版社1977、1979年)等。诸作多能深入《周礼》内部,反复考辨,精义纷呈,展现了《周礼》研究的新成果。

对《周礼》全文进行注译的著作有:林尹《周礼今注今译》(台湾商务印书馆1972年;书目文献出版社1985年),王宁主编《评析本白话三礼·周礼》(北京广播学院出版社1992年),罗宗阳等《十三经直解·周礼直解》(江西人民出版社1993年),许嘉璐主编《文白对照十三经·周礼》(广东教育出版社等 1995 年),钱玄、钱兴奇、王华宝、谢秉洪《国学基本丛书·周礼》(岳麓书社 2001 年),杨天宇《周礼译注》(上海古籍出版社 2004 年),吕友仁《周礼译注》(中州古籍出版社 2004 年)。重要的《周礼》索引、辞典等工具书有:哈佛燕京学社引得编纂处《周礼引得附注疏引书引得》(上海古籍出版社 1986 年重印),日人野间文史《周礼索引》(日本福冈中国书店 1989 年),栾贵明、田奕《十三经索引·周礼卷》(中国社会科学出版社 2004 年),钱玄、钱兴奇《三礼辞典》(江苏古籍出版社 1998 年),十三经词典编纂委员会《十三经辞典·周礼卷》(陕西人民出版社 2010 年)等,颇便研究参考。

补冬官之缺的《考工记》,是我国最早的手工业工艺技术专著。郭沫若以为其成书于春秋末年之齐国。闻人军指出,"《考工记》采用齐国的度量衡制度,引用不少齐国方言,大部分记载能和战国初期的出土文物资料相印证",推定《考工记》为"战国初期齐国的官书"。闻氏说较为学界认可。历史上专为《考工记》作注释的著作亦很多,如宋人林希逸的《鬳斋考工记解》,清人戴震的《考工记图》,程瑶田的《考工创物小记》,阮元的《车制图考》,郑珍的《轮舆私笺》等。当代亦时有新著,如:贺业钜《考工记营国制度研究》(中国建筑工业出版社 1985 年)。闻人军《考工记译注》(上海古籍出版社 1993 年、2008 年)。戴吾三《考工记图说》(山东画报出版社 2003 年)。刘道广、许旸、卿尚东《图证〈考工记〉:新注、新译及其设计学意义》(东南大学出版社 2012 年)等,均有可观之处。

五、关于本书的译注

本书的注释和翻译,力求通俗流畅。经文以阮元校勘《十三经注疏·周礼注疏》为底本,分节参考了杨天宇先生的《周礼译注》,注释借鉴现有研究成果,而又有所辨析,并注意参考考古新材料及出土古文字文献。译文多用直译,并添加必要的字句以使白话译文完整通顺,这些增添的简短字句一般不另设符号标明。但少数篇目如《秋官·司仪》等礼节繁琐，需要依靠后人注解补充大量原文所无之词句，否则难以达义，此时则将译文中添加的说明文字置于中括号中，并酌情意译，以求行文完整。经文中的异体字，今多作通用字体，少数简化后可能引起误解的字，则保留繁体字形。学界前修大著，启迪良多，谨致谢意！本书注释部分征引历代有关《周礼》研究的文献，为力求简洁一般只标明作者名，若系同一人而引其两种以上著作，则标作者和书名简称，主要征引书目按出现先后顺序附于书后，可以在该书所注解《周礼》相应的篇目章节或条文下检得其说，供有余力的读者作进一步研读。

遥想当年，曾向杨天宇先生问礼学，每每在中州暖阳中，往来答问，如沐春风，其乐融融。而先生已于两年前遽归道山，令人唏嘘叹息，不胜今昔之慨。姑借此小书，表达对先生的深深敬意与悠悠怀念之情！

《周礼》向称古奥难读，历代歧义纷纭。虽有时贤注释可资学习，然要注译畅达殊非易事，笔者深感学力不足，恳请读者诸君指正。

徐正英　常佩雨

2013年8月于京华静园寓所

天官

冢宰第一

【题解】

天官系统的官，掌“邦治”，又谓之“治官”，即治理国政之官。其所属编制，上自大宰，下至夏采，总共六十三种职官。所属官府六十一种。然其实际职掌复杂琐细，可称治官者，仅大宰、小宰、宰夫、大府、内府、外府、司会、司书、职内、职岁、职币等十一官。其长为大宰，亦称冢宰，是六官之首、百官之长，其职掌理天下政务，辅佐王者统治天下，其副为小宰。大宰之职文中以“六典”、“八法”、“八则”、“八柄”、“八统”、“九职”、“九赋”、“九式”、“九贡”、“九两”统括之。其具体职能即为：协助天子综揽朝廷一切重大政务、管理内官一切事务。小宰和内宰统一管理内官各类活动、掌控天下财政收支、保管财物，而以“六叙”、“六属”、“六职”、“六联”、“八成”、“六计”统括之。其他诸官的职掌，大体可分以下几类：第一类是掌饮食的官，包括掌烹煮或制作食物的膳夫、庖人、内饔、外饔、亨人、腊人、醢人等，掌捕获兽类或鱼鳖等以供膳食的兽人、渔人、鳖人等，掌进献食物的笾人和醢人，掌酒浆的酒正、酒人、浆人，以及为王调配饮食的食医，掌盐的盐人，掌供巾冪以覆盖饮食的冪人，掌供冰以冷藏食物的凌人等。第二类是掌服装的官，包括掌王皮裘的司裘，为王、王后缝制衣服的缝人，掌王后、九嫔和内外命妇首服（头上饰物）的追师，为王、王后掌鞋的屦人等。第三类是医官，包括医师、疾医、疡医、兽医等。第四类是掌寝舍的官，包括掌清除宫寝污秽的官人、为王外出设宫舍帷帐等的掌舍、幕人、掌次等。第五类是宫官，包括宫正、宫伯、内宰、内小臣、阍人、寺人、内竖等。第六类是妇官，包括服侍王并协助王后行礼事的九嫔、世妇、女御，以及附列的女祝、女史。第七类是掌妇功的官，包括典妇功、典丝、典枲。此外还有单独成类的甸师（为王掌籍田）、玉府（为王掌收藏）、掌皮（掌皮革）、染人（掌染丝帛）、夏采（大丧为王招魂）等。

据孙诒让统计，天官之属，卿一人，中大夫四人，下大夫十二人，上士四十二人，中士一百一十八人，下士一百七十九人，府八十五人，史一百四十八人，胥一百七十四人，徒二千二百零四人，工二十二人，贾四十四人。凡正官自卿至庶人，总计三千零三十三人。又奄上士四人，寺人、内竖及奄无爵者四十四人。内司服、缝人女御十人，女祝四人，女史八人，女奴一百二十五人，奚六百七十二人，女工八十人。凡女官、女庶人，总计八百九十九人。此外，九嫔、世妇、女御无员数；阍人每门四人，有员数，无总数，不可计。大凡可计者计三千九百八十人。（《周礼正义》，中华书局1987年版，第57页）

叙官

1. 惟王建国①，辨方正位②，体国经野③。设官分职，以为民极④。乃立天官冢宰⑤，使帅其属，而掌邦治⑥，以佐王均邦国⑦。

【注释】

①惟王建国：惟，语首语气助词。建国，建立国城，即王所居之城。

②辨方：辨别四方。正位：确定宫庙、朝廷的位置。《尚书·盘庚》曰："盘庚既迁，……乃正厥位。"其孔颖达《疏》引郑玄《注》云：

“正宗庙、朝廷之位。”与此义同。

③体国经野：体国，主次有别地进行国都建设。郑玄《注》：“体，犹分也。”孙诒让说：体，“本无分义，以总为一体，分为众体，展转引申，亦得训为分”。“彼营国、庙、社、朝、市等，皆分别营之，即此所谓体国。”朱申曰：“体犹分也，经犹画也。城中曰国，郊外曰野。”野，指国都城外半径为五百里的地域。

④“设官”二句：设官，即设置冢宰、司徒、宗伯、司马、司寇、司空，是谓六卿。六卿各有部属。极，屋架最高处的横木。此指中正的准则。俞樾曰：“极有准则之义。”姜兆锡曰：“谓为斯民至极之标准。”

⑤天官冢宰：官名。天官是《周礼》所设计职官体制六官（分别以天地四时命名，即天官、地官、春官、夏官、秋官、冬官）系统之一，天官之长则为冢宰，又叫大宰，亦总辖六官，象天之无所不包，故称天官。故郑《注》引郑司农曰（按，以下凡引郑司农说，皆转引自郑《注》）：“六官皆总属于冢宰。”

⑥“使帅”二句：帅，率领。沈梦兰曰：“王国曰国，曰邦，侯国则谓之邦国。”“掌邦治”同下文“均邦国”互文，皆统言王国与诸侯国，亦即统言全天下。

⑦均邦国：均，此谓治理。方苞曰：“治之使各得其分谓之均。均者，上下、尊卑、贫富、远迩各得其平也。”邦国，统言王国与诸侯国。

【译文】

王建立国都，辨别国都所在地的方向，确定宗庙、朝廷所在的位置，主次有别地划分国都、郊野的界限，进行建设经营。分设百官职位，作为天下民众有所取法的榜样。为了达到此目的，于是设立天官冢宰这一官职，让他率领部属，来掌管天下的治理，以辅佐王治理天下各国。

2. 治官之属[1]：大宰[2]，卿一人；小宰[3]，中大夫二人；宰夫[4]，下大夫四人；上士八人，中士十有六人，旅下士三十有二人[5]，府六人[6]，史十有二人[7]，胥十有二人[8]，徒百有二十人[9]。

【注释】

①治官：即天官，因其“掌邦治”，掌管天下治理，故称天官系统的官为治官。下文从“大宰”到“夏采”，共六十三种官职，皆属治官。按本书六官《叙官》通例，皆先言官名，次陈爵等，次记员数。又，本书王官员之爵位共七等，从高到低依次是：公，卿，中大夫，下大夫，上士，中士，下士。无上大夫，卿即上大夫。

②大(tài)宰：官名。即冢宰，治官之长，六卿之首，总理百官。掌管建邦之六典，以协助天子治理邦国。职位略等于后世的宰相。蒋载康曰：“大，音泰，后放此。”

③小宰：官名。大宰的副职，协助大宰处理治官事务，掌管制定王宫之刑法，管理宫中之政令。

④宰夫：官名。负责对天官系统官吏的考核，是大宰、小宰的助手。贾《疏》曰：“宰夫是大宰之考。”

⑤旅下士：旅，郑《注》曰：“旅，众也。”郝敬曰：“下士独言众，人众也。”下士人数众多，故称“旅下士”。

⑥府：负责收藏文书、财物的小吏。

⑦史：负责撰写文书的小吏。据郑《注》，府、史“皆其长官所自辟除”，由宰夫聘请。

⑧胥：及下文徒，皆是被征调到官府服徭役的平民。郑《注》曰：“此民给徭役者。”胥是徒的头目，一胥率领十徒。郑《注》曰：“(胥)有才知(智)，为什长。”

⑨徒：从平民中征调到官府供役使的勤杂人员。按，《周礼》中府、

史、胥、徒，皆“庶人在官者”，即在官府任职服役的庶人，无爵位，地位低于下士而高于庶人。

【译文】

天官的属官有：大宰，由卿一人担任；小宰，由中大夫二人担任；宰夫，由下大夫四人担任；此外还有上士八人，中士十六人，众下士三十二人递相辅佐，下辖府六人，史十二人，胥十二人，徒一百二十人。

3. 宫正①，上士二人，中士四人，下士八人，府二人，史四人，胥四人，徒四十人。

【注释】

①宫正：官名。负责王宫政令、宿卫的官员，乃宫中官之长。郑《注》曰：“正，长也。宫正，主宫中官之长。”贾《疏》曰：“宫正上士二人为官首，中士四人为之佐，下士八人理众事，府二人主藏文书也，史四人主作文书，胥四人为什长，徒四十人给徭役。诸官皆仿此。”

【译文】

宫正，由上士二人任长官，中士四人任副职，此外还配有下士八人协理众事，下辖府二人，史四人，胥四人，徒四十人。

4. 宫伯①，中士二人，下士四人，府一人，史二人，胥二人，徒二十人。

【注释】

①宫伯：官名。掌管统率王宫中值勤的卿大夫子弟。郑《注》曰：“伯，长也。”按，此宫伯与上文宫正，皆主宫中之长，然职掌有别。

贾《疏》曰："若官正，则主任三官卿大夫士之身，故为官中官之长。……官伯云长者，直主官中卿大夫士之適子、庶子，行其秩叙，授其舍次之事，亦得为长，故云'伯，长也'。"

【译文】

宫伯，由中士二人任长官，下士四人为任副职，下辖府一人，史二人，胥二人，徒二十人。

5. 膳夫[1]，上士二人，中士四人，下士八人，府二人，史四人，胥十有二人，徒百有二十人。

【注释】

①膳夫：官名。主管王的膳食。郑《注》曰："食官之长也。"下文庖人、内饔、外饔、亨人，皆其属官。

【译文】

膳夫，由上士二人任长官，中士四人任副职，下辖下士八人协理众事，府二人，史四人，胥十二人，徒一百二十人。

6. 庖人[1]，中士四人，下士八人，府二人，史四人，贾八人[2]，胥四人，徒四十人。

【注释】

①庖人：官名。负责供给王、王后、世子等的食用牲畜禽兽。贾《疏》曰："庖者，今之厨。……庖人主六兽、六禽，以供庖厨。"

②贾(gǔ)：指熟悉市场物价，负责采购的人。知掌物价者。郑《注》曰："贾主市买，知物贾(价)。"

【译文】

庖人，由中士四人任长官，下士八人任副职，下辖府二人，史四人，贾八人，胥四人，徒四十人。

7. 内饔[1]，中士四人，下士八人，府二人，史四人，胥十人，徒百人。

【注释】

①内饔(yōng)：官名。负责王、王后、世子饮食的烹调，亦称饔人。郑《注》曰："饔，割亨煎和之称。内饔所主在内。""所主在内"，贾《疏》曰："以其掌王及后、世子及宗庙，皆是在内之事。"

【译文】

内饔，由中士四人任长官，下士八人任副职，下辖府二人，史四人，胥十人，徒一百人。

8. 外饔[1]，中士四人，下士八人，府二人，史四人，胥十人，徒百人。

【注释】

①外饔：官名。负责宫外祭祀、宴会招待宾客、耆老孤子的割烹。郑《注》曰："所主在外。"贾《疏》曰："其职云掌外祭祀及邦飨孤子、耆老割亨，皆是在外之事，故云所掌在外也。"

【译文】

外饔，由中士四人任长官，下士八人任副职，下辖府二人，史四人，胥十人，徒一百人。

9. 亨人[1]，下士四人，府一人，史二人，胥五人，徒五十人。

【注释】

①亨(pēng)人：官名。负责为内饔、外饔煮肉。郑《注》曰："主为外内饔煮肉者。"亨，同"烹"。

【译文】

亨人，由下士四人任长官，下辖府一人，史二人，胥五人，徒五十人。

10. 甸师[1]，下士二人[2]，府一人，史二人，胥三十人，徒三百人。

【注释】

①甸师：官名。负责藉田和供给野物的官员之长；王族有罪，负责施刑。下文兽人、渔人、鳖人、腊人，皆甸师属官。郑《注》曰："郊外曰甸。师，犹长也。甸师，主共野物官之长。"

②下士：按，孙诒让认为"下士"或是"上士"、"中士"之误。甸师既为兽人、渔人之长，爵位应高于后二者。

【译文】

甸师，由下士二人任长官，下辖府一人，史二人，胥三十人，徒三百人。

11. 兽人[1]，中士四人，下士八人，府二人，史四人，胥四人，徒四十人。

【注释】

①兽人：官名。负责供给野兽并执掌猎取野兽政令之官。据贾

《疏》,“掌罟田兽”,“供膳羞”。罟(gǔ),网,谓用网捕田兽。

【译文】

兽人,由中士四人任长官,下士八人任副职,下辖府二人,史四人,胥四人,徒四十人。

12. 渔人[1],中士二人,下士四人,府二人,史四人,胥三十人,徒三百人。

【注释】

①渔人:官名。负责供给鱼类并执掌捕鱼政令之官。据贾《疏》,“掌以时渔”、“供鱼物”。

【译文】

渔人,由中士二人任长官,下士四人任副职,下辖府二人,史四人,胥三十人,徒三百人。

13. 鳖人[1],下士四人,府二人,史二人,徒十有六人。

【注释】

①鳖人:官名。负责供给鱼鳖龟蜃等甲虫。孙诒让曰:“掌共介物。”介物,龟鳖之类。此官有府、史、徒而无胥,是因此官职掌简易。

【译文】

鳖人,由下士四人任长官,下辖府二人,史二人,徒十六人。

14. 腊人[1],下士四人,府二人,史二人[2],徒二十人。

【注释】

①腊人：官名。制作供给干肉之官。

②府二人，史二人：据王引之《经义述闻》以为此六字是衍字。此暂保留原文。

【译文】

腊人，由下士四人任长官，下辖府二人，史二人，徒二十人。

15. 医师[1]，上士二人，下士四人，府二人，史二人，徒二十人。

【注释】

①医师：官名。众医之长，掌管医治疾病的政令。下文食医、疾医、疡医、兽医，皆其属官。郑《注》曰："众医(官)之长。"

【译文】

医师，由上士二人任长官，下士四人任副职，下辖府二人，史二人，徒二十人。

16. 食医[1]，中士二人。

【注释】

①食医：官名。掌调和四季众味之宜。负责为王调配食饮膳羞，以祛病健身。按，食医只有中士二人，无府、史、胥、徒。贾《疏》曰："以其专官行事，更无所须故也。"

【译文】

食医，由中士二人任长官。

17. 疾医[1]，中士八人。

【注释】

①疾医：官名。职责如同内科医生。孙诒让曰："若今之内科医也。"

【译文】

疾医，由中士八人担任。

18. 疡医[1]，下士八人。

【注释】

①疡医：官名。职责如同外科医生。孙诒让曰："若今之外科医也。"疡，谓生疮化脓。

【译文】

疡医，由下士八人担任。

19. 兽医[1]，下士四人。

【注释】

①兽医：官名。即今为牛马等牲畜治病的兽医。郑《注》曰："兽，牛马之属。"

【译文】

兽医，由下士四人担任。

20. 酒正[1]，中士四人，下士八人，府二人，史八人，胥八人，徒八十人。

【注释】

①酒正：官名。酒官之长，掌管造酒政令。下文酒人、浆人，皆酒正属官。

【译文】

酒正，由中士四人为长官，下士八人任副职，下辖府二人，史八人，胥八人，徒八十人。

21. 酒人①，奄十人②，女酒三十人③，奚三百人④。

【注释】

①酒人：官名。掌管酿酒，以备祭祀和宾客之需。

②奄：阉割过的男奴，即宦官。郑《注》曰："今谓之宦人。"贾《疏》曰："奄亦府史之类。"

③女酒：通晓酿酒的女奴。女奴是奚的头目，一女奴率领十奚。郑《注》曰："女奴晓酒者。"孙诒让曰，谓女奴而"多才知，知作酒之事者"。按，以下凡曰"女奴晓某者"，义皆放此。

④奚：女奴。孙诒让曰："凡此经之奚皆为女奴，对《秋官》五隶为男奴也。"

【译文】

酒人，由奄十人任长官，下辖女酒三十人，奚三百人。

22. 浆人①，奄五人，女浆十有五人②，奚百有五十人。

【注释】

①浆人：官名。掌管制作饮料。

②女浆：通晓制作饮料的女奴。郑《注》曰："女奴晓浆者。"

【译文】

浆人，由奄五人任长官，下辖女浆十五人，奚一百五十人。

23. 凌人[1]，下士二人，府二人，史二人，胥八人，徒八十人。

【注释】

①凌人：官名。掌管采冰、藏冰、颁冰之事。凌，冰室。

【译文】

凌人，由下士二人任长官，下辖府二人，史二人，胥八人，徒八十人。

24. 笾人[1]，奄一人，女笾十人[2]，奚二十人。

【注释】

①笾人：官名。掌管供给笾中食物以进献之官。笾，一种竹制的高脚盛物器，形如豆，容量四升，祭祀、宴飨时盛放果实脯。《说文》曰："笾，竹豆也。"

②女笾：通晓供给笾中食物的女奴。郑《注》曰："女奴之晓笾者。"

【译文】

笾人，由奄一人任长官，下辖女笾十人，奚二十人。

25. 醢人[1]，奄一人，女醢二十人[2]，奚四十人。

【注释】

①醢(hǎi)人：官名。掌管供给祭祀、宴飨时所需的醢。醢，肉酱，盛于豆中。

②女醢：通晓供给肉酱的女奴。郑《注》曰："女奴晓醢者。"

【译文】

醯人，由奄一人任长官，下辖女醢二十人，奚四十人。

26. 醯人①，奄二人，女醢二十人②，奚四十人。

【注释】

①醯(xī)人：官名。掌管供给醋的官员。掌以醯调制食物者。醯，就是醋。

②女醯：通晓造醋的女奴。郑《注》曰："女奴之晓醯者。"

【译文】

醯人，由奄二人任长官，下辖女醯二十人，奚四十人。

27. 盐人①，奄二人，女盐二十人②，奚四十人。

【注释】

①盐人：官名。掌管有关盐的政令及供给盐。

②女盐：通晓盐事的女奴。郑《注》曰："女奴晓盐者。"

【译文】

盐人，由奄二人任长官，下辖女盐二十人，奚四十人。

28. 幂人①，奄一人，女幂十人②，奚二十人。

【注释】

①幂(mì)人：官名。掌管供给覆盖饮食的布巾。幂，遮盖，以巾覆盖事物。

②女幂：通晓以布巾覆盖饮食的女奴。郑《注》曰："女奴晓幂者。"

【译文】

幂人，由奄一人任长官，下辖女幂十人，奚二十人。

29. 宫人[1]，中士四人，下士八人，府二人，史四人，胥八人，徒八十人。

【注释】

①宫人：官名。掌管王寝宫的清扫、执烛、供炭等事。孙诒让曰："此官掌王寝，亦主服御之事。"下文掌舍、幕人、掌次，皆其属官。

【译文】

宫人，由中士四人任长官，下士八人任副职，下辖府二人，史二人，胥八人，徒八十人。

30. 掌舍[1]，下士四人，府二人，史四人，徒四十人。

【注释】

①掌舍：官名。掌管王与诸侯会同时所居行宫的门禁、警卫事。孙诒让曰："掌王行道馆舍之事。"舍，在外休息之处。

【译文】

掌舍，由下士四人任长官，下辖府二人，史四人，徒四十人。

31. 幕人[1]，下士一人，府二人，史二人，徒四十人。

【注释】

①幕人：官名。掌管供给野外休息等所用帷幕。及下文掌次，孙诒

让曰:“并主张设帷幕之事,以备王舍息。”

【译文】

幕人,由下士一人任长官,下辖府二人,史二人,徒四十人。

32. 掌次[1],下士四人,府四人,史二人[2],徒八十人。

【注释】

①掌次:官名。负责张设帷幕。次,用布帷、竹帘设立的供更衣、修饰、休息的临时处所,《康熙字典·欠字部》:“张幄于所止之处亦曰次。”

②府四人,史二人:王引之《经义述闻》曰:“窃疑掌次等官,‘府四人,史二人’,‘府二人,史一人’(按,后者指《春官·叙官》之《郁人》、《司尊彝》,《司几筵》等的府史数),人数皆上下互讹,《唐石经》已如是。”按,上下互讹,即谓“府四人,史二人”当作“府二人,史四人”;“府二人,史一人”当作“府一人,史二人”。其说当是,下文翻译时即据王引之说。

【译文】

掌次,由下士四人任长官,下辖府二人,史四人,徒八十人。

33. 大府[1],下大夫二人,上士四人,下士八人,府四人,史八人,贾十有六人[2],胥八人,徒八十人。

【注释】

①大府:官名。王的府库总保管,掌管财物收受、发放。下文玉府、内府、外府,皆其属官。郑《注》曰:“为王治藏之长。”

②贾:贾《疏》曰:“有贾者,府官须有市买,并须知物货善恶故也。”

【译文】

大府，由下大夫二人任长官，上士四人任副职，下士八人协理众事，下辖府四人，史八人，贾十六人，胥八人，徒八十人。

34. 玉府①，上士二人，中士四人，府二人，史二人，工八人②，贾八人③，胥四人，徒四十有八人。

【注释】

①玉府：官名。为王保管金玉、玩好、兵器者。

②工：善于治玉的工匠。亦平民在官任事者。郑《注》曰："能攻玉者。"

③贾：贾《疏》曰："有贾者，使辨玉之善恶贵贱也。"

【译文】

玉府，由上士二人任长官，中士四人任副职，下辖府二人，史二人，工八人，贾八人，胥四人，徒四十八人。

35. 内府①，中士二人，府一人，史二人，徒十人。

【注释】

①内府：官名。负责保管贡赋中珍贵之物者。郑《注》曰："主良货贿藏在内者。"良货贿，据《内府》郑《注》说，即"诸侯朝觐所献国珍"。

【译文】

内府，由中士二人任长官，下辖府一人，史二人，徒十人。

36. 外府①，中士二人，府一人，史二人，徒十人。

【注释】

①外府：官名。负责货物、钱帛的回收、发放。郑《注》曰："主泉（钱币）之藏在外者。"

【译文】

外府，由中士二人任长官，下辖府一人，史二人，徒十人。

37. 司会[①]，中大夫二人，下大夫四人，上士八人，中士十有六人，府四人，史八人，胥五人，徒五十人。

【注释】

①司会（kuài）：会，计算。《说文》曰："计，会也，算也。"司会，官名。掌管统计、考核邦国、都鄙、官府等的财政收支，相当于全国总会计。下文司书、职内、职岁、职币，皆其属官。郑《注》曰："会，大计也。主天下之大计，计官之长。"

【译文】

司会，由中大夫二人任长官，下大夫四人任副职，上士八人、中士十六人协理众事，下辖府四人，史八人，胥五人，徒五十人。

38. 司书[①]，上士二人，中士四人，府二人，史四人，徒八人。

【注释】

①司书：官名。掌管各种会计账簿。郑《注》曰："主计会之簿书。"簿书即会计账簿。

【译文】

司书，由上士二人任长官，中士四人任副职，下辖府二人，史四人，徒八人。

39. 职内[1]，上士二人，中士四人，府四人，史四人，徒二十人。

【注释】

①职内：职，主也。内，入也。职内，官名。负责赋税的征收。按，其职文云“掌邦之赋入”，故郑《注》曰：“主入也。”

【译文】

职内，由上士二人任长官，中士四人任副职，下辖府四人，史四人，徒二十人。

40. 职岁[1]，上士四人，中士八人，府四人，史八人，徒二十人。

【注释】

①职岁：官名。掌管年终赋税支出总结算事务。郑《注》曰：“主岁计，以岁断。”赋税结算以年岁丰歉为断。

【译文】

职岁，由上士四人任长官，中士八人任副职，下辖府四人，史八人，徒二十人。

41. 职币[1]，上士二人，中士四人，府二人，史四人，贾四人，胥二人，徒二十人。

【注释】

①职币：币，通“敝”，剩余。职币，官名。掌管各部门经费支出结余部分，以备王用于赏赐。王引之曰：“主余财之官也。职，主也。币，余

也。所主者,财物之余”,“谓为国营造用物有余,并归之于职币”。

【译文】

职币,由上士二人任长官,中士四人任副职,下辖府二人,史四人,贾四人,胥二人,徒二十人。

42. 司裘[1],中士二人,下士四人,府二人,史四人,徒四十人。

【注释】

①司裘:官名。掌管制作皮衣。《说文》曰:“裘,皮衣也。”

【译文】

司裘,由中士二人任长官,下士四人任副职,下辖府二人,史四人,徒四十人。

43. 掌皮[1],下士四人,府二人,史四人,徒四十人。

【注释】

①掌皮:官名。掌管收敛、制作皮革。

【译文】

掌皮,由下士四人任长官,下辖府二人,史四人,徒四十人。

44. 内宰[1],下大夫二人,上士四人,中士八人,府四人,史八人,胥八人,徒八十人。

【注释】

①内宰:官名。总理王内宫事务,为王后辅佐。郑《注》曰:“宫中官

之长。”按，此官后世任以宦官，此则任以士人。下文内小臣、阍人、寺人、内竖，皆其属官。

【译文】

内宰，由下大夫二人任长官，上士四人任副职，中士八人协理众事，下辖府四人，史八人，胥八人，徒八十人。

45. 内小臣[1]，奄上士四人[2]，史二人，徒八人。

【注释】

①内小臣：官名。王后的侍从，掌管传达其旨意。

②奄上士：命名为上士的奄中贤者。贾《疏》曰：“以其有贤行，命为士。”于鬯曰：“此上士与凡称上士、中士、下士者不同”，“此则非爵也，特因奄之贤者为之，故尊其称曰奄上士耳。”

【译文】

内小臣，由奄上士四人领受其事，下辖史二人，徒八人。

46. 阍人[1]，王宫每门四人，囿游亦如之[2]。

【注释】

①阍人：守门人。阍，宫门。阍人无爵位，多以受墨刑者担任。

②囿游：据郑《注》，囿为御苑，游为囿内离宫（正宫外供王出巡时居住的宫室）。

【译文】

阍人，王宫每门设四人，王的御苑、离宫也是如此。

47. 寺人[1]，王之正内五人[2]。

【注释】

①寺人：王后宫寝内以宦官担任的近侍，掌管王宫内女人们的戒令。其职文曰："掌王之内人及女官之戒令。"

②正内：正寝，即路寝，在王宫路门内。郑《注》曰："路寝。"按，王宫五门，据孙诒让引黄度、沈彤说，依次为：皋门、库门、雉门、应门、路门。

【译文】

寺人，在王后的正寝，共设五人。

48. 内竖[1]，倍寺人之数。

【注释】

①内竖：王后宫寝的近侍，由十五岁至十九岁的未成年人担任，便于内外沟通。郑《注》曰："竖，未冠者之官名。"内竖职文郑《注》曰："通王内外之命，给小事者。"

【译文】

内竖，人数设置比寺人多一倍。

49. 九嫔[1]。

【注释】

①九嫔：嫔，王之妾，地位仅次于夫人。按，九嫔与下文世妇、女御皆为王之妃妾。

【译文】

嫔九人。

50. 世妇[1]。

【注释】

①世妇:妇官,王之妃妾,位次于九嫔。按,此官未言员数,郑《注》曰:“君子不苟于色,有妇德者充之,无则阙。”

【译文】

世妇。

51. 女御[1]。

【注释】

①女御:妇官,即御妻,王之妃妾,位在世妇下,亦不言员数。郑《注》曰:“《昏义》所谓御妻。御犹进也,侍也。”

【译文】

女御。

52. 女祝四人[1],奚八人。

【注释】

①女祝:祝,《说文》曰:“祭祀主赞词者。”女祝,官名。负责后宫祈祷之事。郑《注》曰:“女奴晓祝事者。”孙诒让说,当以世代任祝官家之妇女充任。

【译文】

女祝四人,下辖奚八人。

53. 女史八人[1],奚十有六人。

【注释】

①女史：官名。掌管记载史事的女官。郑《注》曰："女奴晓书者。"《说文》曰："史，记事者也。"孙诒让说，以知书达理的妇女充任。

【译文】

女史八人，下辖奚十六人。

54. 典妇功①，中士二人，下士四人，府二人，史四人，工四人②，贾四人③，徒二十人。

【注释】

①典妇功：典，主管，主持。典妇功，官名。后宫女工活计的总管，负责教导、督促后宫妇人纺织，检验成品质量。下文典丝、典枲，皆其属官。郑《注》曰："典，主也。典妇功者，主妇人丝枲（麻）功官之长。"

②工：男工。孙诒让曰："此不言女工，则男工也。"

③贾：贾《疏》曰："以其丝枲有善恶贵贱之事，故须贾人也。"

【译文】

典妇功，由中士二人任长官，下士四人任副职，下辖府二人，史四人，工四人，贾四人，徒二十人。

55. 典丝①，下士二人，府二人，史二人，贾四人，徒十有二人。

【注释】

①典丝：官名。掌管收进、保管蚕丝，并将之分发给内外女工作原料。

【译文】

典丝，由下士二人任长官，下辖府二人，史四人，贾四人，徒十二人。

56. 典枲[1]，下士二人，府二人，史二人，徒二十人。

【注释】

①典枲(xǐ)：枲，大麻雄株，此泛指麻。典枲，官名。掌管收进、保管麻葛等纺织原料，并将之分发给女工使织布。

【译文】

典枲，由下十二人任长官，下辖府二人，史二人，徒二十人。

57. 内司服[1]，奄一人，女御二人[2]，奚八人。

【注释】

①内司服：官名。负责制作、供给王后及内命妇服装。郑《注》曰："主宫中裁缝官之长。"

②奄一人，女御二人：按，孙诒让说，此二女御，实以内官而兼管内司服之事，首长实为女御，故"首列奄，次列女御，亦变例也"。翻译时略作调整。下文缝人官同此例。

【译文】

内司服，由女御二人兼领其事，下辖奄一人，奚八人。

58. 缝人[1]，奄二人，女御八人[2]，女工八十人[3]，奚三十人。

【注释】

①缝人：官名。负责为王、王后缝制衣服之事。

②女御：据孙诒让说，此亦内官而兼领缝人之事者。

③女工：通晓裁缝、手艺工巧的女奴。郑《注》曰："女奴晓裁缝者。"贾《疏》曰："有女工者，谓女奴巧者。"

【译文】

缝人，由女御八人兼领其事，下辖奄二人，女工八十人，奚三十人。

59. 染人[1]，下士二人，府二人，史二人，徒二十人。

【注释】

①染人：官名。负责为丝帛染色。

【译文】

染人，由下士二人任长官，下辖府二人，史二人，徒二十人。

60. 追师[1]，下士二人，府一人，史二人，工二人，徒四人。

【注释】

①追(duī)师：官名。掌管王后、内外命妇的首服(即头饰)。追，雕琢玉器。贾《疏》曰："《诗》云：'追琢其璋'。璋是玉为之，则追与琢皆是治玉石之名也。"

【译文】

追师，由下士二人任长官，下辖府一人，史二人，工二人，徒四人。

61. 屦人[1]，下士二人，府一人，史一人，工八人，徒四人。

【注释】

①屦(jù)人：屦，用草、葛、麻、丝、革等制的鞋子。屦人，官名。负责

制作王、王后的各种鞋子。

【译文】

屦人，由下士二人任长官，下辖府一人，史一人，工八人，徒四人。

62. 夏采[1]，下士四人，史一人，徒四人。

【注释】

①夏采：官名。掌管王丧时招魂之事。

【译文】

夏采，由下士四人任长官，下辖史一人，徒四人。

一 大宰

1. 大宰之职，掌建邦之六典[1]，以佐王治邦国[2]。一曰治典，以经邦国[3]，以治官府，以纪万民。二曰教典[4]，以安邦国，以教官府，以扰万民[5]。三曰礼典[6]，以和邦国，以统百官，以谐万民。四曰政典[7]，以平邦国，以正百官，以均万民。五曰刑典，以诘邦国[8]，以刑百官，以纠万民。六曰事典[9]，以富邦国，以任百官，以生万民[10]。

【注释】

①掌建邦之六典：建，修立、制定。孙诒让曰："经例言建者，并谓修立其政法之书，颁而行之。"邦，国也，谓王国，即天子之国，以别于下文泛指诸侯国的"邦国"。六典，即下文所云治典、教典、礼典、政典、刑典、事典，郑《注》说，此六典皆由大宰所建，分别由天官冢宰、地官司徒、春官宗伯、夏官司马、秋官司寇、冬官司空六官施行，而受大宰总辖。

②以佐王治邦国：邦国，诸侯国。贾《疏》云："《周礼》凡言'邦国'者，皆是诸侯之国。"

③一曰治典，以经邦国：治典，大宰所掌治理政务的法典，包括下文八法、八则、八柄、八统、九职、九赋、九式、九贡、九两等。经，与下文"治"、"纪"，皆治理、统治义。

④教典：大司徒所掌施行教化的各种法典。

⑤以扰万民：扰，驯顺，使驯服。郑《注》曰："犹驯也。"

⑥礼典：大宗伯所掌关于五礼（吉礼、凶礼、宾礼、军礼、嘉礼）的各种法典。

⑦政典：大司马所掌以军事力量安定天下与均平赋税的各种法典。

⑧五曰刑典，以诘邦国：刑典，大司寇所掌刑罚方面的各种法典。诘，禁止，查禁。郑《注》曰："犹禁也。"

⑨事典：大司空所掌营造都邑、城郭、宗庙、宫室以及车服器械的各种法典。

⑩生：养。

【译文】

大宰的职责，是掌管制定和颁行王国的六种法典，以辅佐王统治天下各国。所谓六典，第一是治典，用来统治天下各国，治理官府，管理民众。第二是教典，用来安定天下各国，教育官府百官，使民众驯顺。第三是礼典，用来协和天下各国，统驭官府百官，用使民众和谐。第四是政典，用来平服天下各国，使百官端正政风，民众赋役均平。第五是刑典，用来禁止天下各国的叛逆作乱，惩罚百官的违法分子，纠察民众。第六是事典，用来使天下各国富强，百官胜任职事建立功勋，民众能得生养安居乐业。

2. 以八法治官府[①]。一曰官属，以举邦治[②]。二曰官职，以辨邦治[③]。三曰官联[④]，以会官治。四曰官常，以听官治⑤。五曰官成⑥，以经邦治。六曰官法⑦，以正邦治。七曰官刑⑧，以纠邦治。八曰官计⑨，以弊邦治⑩。

【注释】

①以八法治官府：八法，即下文官属、官职、官联、官常、官成、官法、官刑、官计。按，八法为全书纲领。孙诒让曰："此八法为治百官之通法。全经六篇，文成数万，总其大要，盖不出此八科。……其余三百六十职，虽爵有尊卑，事有繁简，要此八法足以晐之矣。"官府，此谓王朝之官府。

②"一曰官属"二句：官属，指各个官府的统属关系。举，推行，开展，进行。王昭禹曰："举者，有所执而兴起之谓也。"邦治，此指王国治理事务（王国政务）。贾《疏》曰："以下皆单言邦，据王国而言之。"

③"二曰官职"二句：官职，指各官府官吏的职责范围。辨，分别，区别。

④官联：指多个官府为完成任务而联合办事的职责。

⑤"四曰官常"二句：官常，指某官府可独立完成的常规性职责。毛应龙引欧阳谦之曰："官常，一官之常职。"官治，即邦治。

⑥官成：郑《注》曰："谓官府之成事品式也。"即各官府办事的成例定规。

⑦官法：指各官府履行职责时应遵循的法规。

⑧官刑：指赏罚官吏的法规。

⑨官计：定期考核官员政绩的标准。郑《注》曰："谓《小宰》之六计，所以断群吏之治。"（参见《小宰》）

⑩弊：决断，裁决。郑《注》曰："断也。"

【译文】

依据八种法则来治理官府：第一是官属，用来建立统治体系开展王国治理。第二是官职，用来明确划分王国各官府官吏的职责分工。第三是官联，用来会合各官府、协力完成王国治理任务。第四是官常，用来考察各官府常规工作、促进完成王国治理任务；第五是官成，用来遵循成例治理王国政务。第六是官法，用来端正政风依法治理王邦；第七是官刑，用来纠察官员尽力完成王国政务。第八是官计，用来考核百官评断王国的吏治。

3. 以八则治都鄙①。一曰祭祀②，以驭其神③。二曰法则④，以驭其官。三曰废置，以驭其吏⑤。四曰禄位，以驭其士⑥。五曰赋贡⑦，以驭其用。六曰礼俗⑧，以驭其民。七曰刑赏⑨，以驭其威。八曰田役⑩，以驭其众。

【注释】

①以八则治都鄙：八则，则，法则，八则即本段下文所及的八种治理法则。都鄙，指王畿之内的公卿大夫之采邑以及王子弟的食邑。沈梦兰《周礼学·都鄙》曰："都鄙，畿内邑之统称。"

②祭祀：指关于祭祀社稷、先君、五祀等神的制度、法则。按，周代礼制，爵位越高，应当祭祀的神灵就越尊贵而众多。

③驭其神：驭，同"御"。本书"驭"，含义丰富，可据语境理解为：鞭策、节制、控制、操纵、督导、管理、劝励等义。公卿大夫爵位有尊卑，所祀之神亦有尊卑，不得僭越泛滥。李光坡曰："驭其神，使之无僭祀，无淫祀也。"

④法则：指都鄙的官府制度。郑《注》曰："其官之制度。"贾《疏》曰："谓宫室、车旗、衣服之等，皆不得僭也。"

⑤"三曰废置"二句：废置，废，废退无能；置，推举贤能。废置指罢黜、任用官吏的制度。吏，指公卿大夫所用的家臣。

⑥“四曰禄位”二句：禄位，指授予俸禄、爵位的制度。士，郑司农曰：“谓学士。”所谓学士，据孙诒让说，指讲学道艺而养之于学中者，非谓卿大夫士之士。

⑦赋贡：赋，土地税；贡，赋税外进贡的珍宝、特产等物品。此指征收赋贡的制度。

⑧礼俗：谓先王旧礼和当地旧俗。

⑨刑赏：指惩罚、奖励的制度。

⑩田役：指因田猎、征伐、功作而征发民众的制度。

【译文】

依据八种制度治理王畿内的采邑。第一是祭祀制度，用来控制祭祀不使僭越淫祀。第二是关于宫室、车服等级的官府制度，用来统御所设官吏不使僭上逾等。第三是废置制度，用来调控官吏以免随意任免。第四是禄位制度，用来督励学士以便人尽其用。第五是赋贡制度，用来调节财税以便开源节用。第六是礼仪风俗，用来约束民众以便风化向善。第七是刑赏制度，用来控制威势以免擅自作威作福。第八是田役制度，用来调控民力以免随意征调。

4. 以八柄诏王驭群臣①。一曰爵②，以驭其贵。二曰禄，以驭其富。三曰予，以驭其幸③。四曰置④，以驭其行。五曰生，以驭其福⑤。六曰夺⑥，以驭其贫。七曰废，以驭其罪。八曰诛，以驭其过⑦。

【注释】

①以八柄诏王驭群臣：八柄，比喻王掌握的八种权力。详下文。诏，告知，此指辅佐王对群臣施行赏罚。郑《注》曰：“告也，助也。”孙诒让曰：“经例，凡言‘诏’者，并以言语诏告相佐助之谓。”

②爵：爵位，谓公、侯、伯、子、男、卿、大夫、士。

③“三曰予”二句：孙诒让说：“谓诸臣本无功德，以言行偶合于善，则王亦有以赐予之，以广恩泽，并以为后人劝也。”

④“四曰置”二句：置，任用，提拔。贾《疏》曰：“有贤行则置之于位，故云以驭其行。”

⑤“五曰生”二句：生，犯罪当死者有以下情况可免死获生：为王亲属、为王故旧、德行崇高、才能特殊、曾立大功、地位尊贵、为国操劳多年、为先朝之后而今为国宾等等。参见《秋官·小司寇》“八议”。福，谓长寿。据《尚书·洪范》，五福首条为寿。

⑥夺：没收犯罪者的家产。

⑦“八曰诛”二句：诛，处以死刑。过，通“祸”，灾祸。俞樾曰：“此‘过’字当读为‘祸’，古‘祸’、‘过’通用。”

【译文】

用八种权柄辅助王驾驭群臣。第一是授予爵位的权柄，以使得爵位者尊贵。第二是授予俸禄的权柄，以使得俸禄者富裕。第三是赐予的权柄，以使得赐予者受到恩宠。第四是提拔安置官吏的权柄，以使被提拔者砥砺贤行。第五是赦免死罪的权柄，以使被赦免者得免死存活之福。第六是剥夺家产的权柄，以使被抄家者陷入贫穷。第七是废黜的权柄，以使被削职者因罪受罚。第八是诛杀的权柄，以使被处死者因过遭祸。

5. 以八统诏王驭万民①。一曰亲亲②，二曰敬故，三曰进贤，四曰使能，五曰保庸③，六曰尊贵④，七曰达吏⑤，八曰礼宾⑥。

【注释】

①以八统诏王驭万民：八统，谓上以统下的八项原则。乾隆十三年

《钦定周官义疏》引《礼库》曰："八者通于上下，故曰统。"万民，包括庶民百姓与群臣。

②亲亲：亲近亲族（包括九族）。

③保庸：庸，功劳。保庸，郑《注》曰："安有功者。"

④贵：包括有爵位者、有崇高道德者、年长者。

⑤达吏：郑《注》曰："察举勤劳之小吏也。"孙诒让曰："小吏爵秩卑猥，有勤劳者，则亦察举之，俾通于上，故谓之达。"

⑥礼宾：孙诒让曰："凡诸侯来朝会，王待以不纯臣，故谓之礼宾。"

【译文】

用八项原则辅助王统御民众。第一是亲近亲族，第二是敬重故旧，第三是荐举有善行的贤人，第四是任用有才艺的能人，第五是抚慰奖励有功之人，第六是尊敬有声望、地位的尊贵之人，第七是考察提拔勤劳的小吏，第八是礼貌接待来朝的宾客。

6. 以九职任万民①。一曰三农，生九谷②。二曰园圃，毓草木③。三曰虞衡，作山泽之材④。四曰薮牧⑤，养蕃鸟兽。五曰百工，饬化八材⑥。六曰商贾，阜通货贿⑦。七曰嫔妇，化治丝枲⑧。八曰臣妾，聚敛疏材⑨。九曰闲民，无常职，转移执事⑩。

【注释】

①九职：九种职业。详下。按，九职是任民之法，也是征税之法。

②"一曰三农"二句：三农，指在三种地理环境下从事农业生产的农民。郑《注》曰："原（高而平之地）、隰（低而湿之地）及平地。"九谷，九种谷物。据郑《注》，指黍、稷、稻、粱、苽、麻、大豆、小豆、小麦等。

③“二曰园圃”二句：园圃，在园地中种植瓜果蔬菜的人。毓，同“育”，养育，种植。草木，此泛指瓜果。

④“三曰虞衡”二句：虞衡，官名。此指在山林川泽从事生产的人。郑《注》曰：“掌山泽之官，主山泽之民者。”

⑤薮(sǒu)牧：指以畜牧为职业的人。薮，沼泽地，牧，郊外适宜放牧之地。薮牧在此指代畜牧业。郑《注》曰：“泽无水曰薮。牧，牧田，在远郊。皆畜牧之地。”

⑥“五曰百工”二句：百工，各种手工业工匠。贾《疏》曰：“谓百种巧作之工。”饬，整治。饬化，谓通过加工将原材料制造成器物，即制作、制造。八材，据郑司农说，指珠、象(象牙、象骨)、玉、石、木、金、革、羽八者，泛指各种原材料；相应的加工过程称为：切、磋、琢、磨、刻、镂、剥、析。

⑦“六曰商贾(gǔ)”二句：商贾，行商曰商，坐商曰贾。阜，茂盛。货贿，财物钱帛。郑《注》曰：“阜，盛也。金玉曰货，布帛曰贿。”货贿通言皆可谓财，故《说文》货、贿并训云“财也”。

⑧“七曰嫔妇”二句：嫔，即妇女。郑《注》曰：“嫔，妇人之美称也。”枲(xǐ)：大麻雄株，称“枲麻”。此指麻类植物纤维。

⑨“八曰臣妾”二句：臣妾，卖身为奴的贫民。江永曰：“奴婢也。贫民鬻身为人奴婢。”疏材，泛指各种野生草木根茎果实。《地官·委人》“疏材”郑《注》曰：“凡疏材，草木有实者也。”据孙诒让说，此指野生草木的果实。

⑩“九曰闲民”三句：闲民，指无固定职业而为人雇佣的人。转移执事，朱申曰：“若今庸雇为工作者。”

【译文】

以九类职业任用天下民众。第一是三农，在三种地形从事农业，来生产各种谷物。第二是园圃之业，来培育各种瓜果蔬菜。第三是虞衡之业，来开发利用山林川泽资源。第四是薮牧之业，养育繁殖鸟兽。第五是百工之业，加工珍珠、象牙、玉料、石料、木料、金属、兽革、鸟羽等原材料来制造器物。第六是商贾之业，来繁荣市场、流通物资。第七是妇女，来缫丝绩麻，织造布帛。第八是奴婢之业，来采集野生草木的果实。第九是闲民，没有固定职业，四处流动而转换雇主，为人务工。

7. 以九赋敛财贿①。一曰邦中之赋②，二曰四郊之赋③，三曰邦甸之赋④，四曰家削之赋⑤，五曰邦县之赋⑥，六曰邦都之赋⑦，七曰关市之赋⑧，八曰山泽之赋⑨，九曰弊余之赋⑩。

【注释】

①九赋：九种土地税。九赋是国家财政收入的主要来源。财贿：用作经费的财货，包括钱币谷物与其他实物。

②邦中：城郭之内，据孙诒让说，此谓王城之内。

③四郊：指王城之外一百里内的地区。段玉裁《说文解字注》“郊”字下引用杜子春注解说：《周礼》之制，城外五十里为近郊，百里为远郊。郑《注》曰：“去国百里。”按，国即国都，王城。

④邦甸：谓王城外百里至二百里之间的地区。郑《注》曰：“去国二百里。”

⑤家削：谓王城外二百里至三百里之间的地区。郑《注》曰：“去国三百里。”贾公彦说：“三百里之内地名削，其中有大夫采地，谓之家，故名家削。”按，家削之“削”，《说文》作从邑肖声。

⑥邦县：谓王城外三百里至四百里之间的地区。郑《注》曰：“去国四百里。”

⑦邦都：谓王城外四百里至五百里之间的地区。郑《注》曰：“去国五百里。”按，据孙诒让说，自“邦中”至此“邦都”六者，所征皆土

地税。

⑧关市之赋：由司关、司市向商贾征收的赋税。关赋谓货物出入关门之税，市赋如今之市场营业税。

⑨山泽之赋：向山泽生产经营者征收的赋税，如《矿人》所征的金锡玉石，《角人》所征的象牙鹿角等。

⑩弊余之赋：弊，通“币”，本亦作“币”，据王引之说，币当读为“敝”，残余义。币余此指官府每年公用后结余的财物，当交还公家，即“弊余之赋”。（参见《叙官》注）

【译文】

用九种赋税方法征敛财物。第一是王城范围内的土地税，第二是距王都百里的四郊之内的土地税，第三是距王都百里至二百里的邦甸之内的土地税，第四是距王都二百里至三百里的家削之内的土地税，第五是距王都三百里至四百里的邦县之内的土地税，第六是距王都四百里至五百里的邦都之内的土地税，第七是司关、司市负责征收的赋税，第八是山林川泽的赋税，第九是公用后结余物资的回收。

8. 以九式均节财用①。一曰祭祀之式②，二曰宾客之式③，三曰丧荒之式④，四曰羞服之式⑤，五曰工事之式，六曰币帛之式⑥，七曰刍秣之式⑦，八曰匪颁之式⑧，九曰好用之式⑨。

【注释】

①九式：式，《说文》曰：“法也。”九式，九种使用财物的法规。

②祭祀之式：贾《疏》曰：“谓若大祭、次祭用太牢，小祭用特牲之类。”

③宾客之式：不同的宾客，接待规格各不相同。

④丧荒：丧，谓丧事。荒，谓凶年。

⑤羞服：羞，同“馐”，膳羞，指王的饮食之物。服，指王的衣服、车马仪仗。《经典释文》引干宝云：“羞，饮食也。服，车服也。”

⑥币帛：聘问时使者所带礼物。币亦帛，帛即缯，币帛即束帛。《说文》：“币，帛也。”段注曰：“帛者，缯也。《聘礼》注曰：‘币，人所造成以自覆蔽。’”按，束帛谓十端帛，十端即五两。古时折布帛之法，由两端相向卷之，合为一两，一端二丈，一两即四丈。束帛五两，即二十丈。此处币帛泛指王的使者聘问诸侯所带的礼物。

⑦刍秣(chúmò)：喂养牛马的禾谷草料。

⑧匪(fēn)颁：匪，通“分”。郑司农曰：“匪，分也。”郑《注》曰：“谓王所分赐群臣也。”匪颁，金榜《礼笺》以为，此指王分发群臣的俸禄。

⑨好(hào)用：王特恩赏赐宠臣的物品。郑《注》曰：“燕好所赐予。”燕好，孙诒让曰：“谓王燕闲与诸侯及亲贵诸臣为恩好。”按，燕好所赐，是有别于常例“匪颁”的变例颁赐。

【译文】

用九种使用财物的法规来调节、平衡财物用度。第一是大小祭祀使用财物的法规，第二是接待宾客使用财物的法规，第三是治丧或荒年赈灾而使用财物的法规，第四是置备王的饮食、车服、仪仗等使用财物的法规，第五是工匠制造各类器物而使用财物的法规，第六是聘问置备礼品而使用财物的法规，第七是因饲养牛马草料开支而使用财物的法规，第八是王按常例分颁群臣俸禄、赏赐而使用财物的法规，第九是王闲暇时为与诸侯、臣下结恩好，按变例赏赐时使用财物的法规。

9. 以九贡致邦国之用①。一曰祀贡②，二曰嫔贡③，三曰器贡④，四曰币贡⑤，五曰材贡⑥，六曰货贡⑦，七曰服贡⑧，八曰斿贡⑨，九曰物贡⑩。

【注释】

①以九贡致邦国之用：九贡，九种纳贡方法。贡，献也，谓各诸侯国将本国土特产献给王。邦国，此只指各诸侯国，不包括王国。

②祀贡：郑司农曰："祀贡，牺牲、包茅之属。"包茅，祭祀时用以滤去酒滓的菁茅。王引之曰："以供王祭祀之事。"

③嫔(bīn)贡：嫔贡，即宾贡。《经义述闻》"郑《注》曰嫔，故书作'宾'。"王引之以为"宾"是本字，"嫔"是借字，谓"供王宾客之事"。

④器贡：器，谓宗庙之器，如尊、彝等。黄度曰："用器、兵器、礼乐之器。"

⑤币贡：币，指聘问时使者所带礼品。郑司农曰："绣帛。"按，绣帛在此泛指各种丝织物。

⑥材贡：材，指櫄、幹、栝、柏等优质木材。郑《注》曰："櫄、幹、栝、柏、篠、簜也。"篠，小竹。簜，大竹。

⑦货贡：货，谓金玉龟贝等货物。郑司农曰："珠贝自然之物也。"郑《注》曰："金玉龟贝也。"

⑧服贡：进献制作礼服所需的布料，即郑《注》所谓絺、纻等。

⑨斿(yóu)贡：游玩，燕游。斿贡即游贡，进献玩好之物。郑《注》曰："燕好珠玑琅玕也。"按，燕好即玩好，供玩赏之物。玑亦珠。琅玕，美石似玉者。

⑩物贡：指进献本地土特产。郑《注》曰："杂物鱼盐橘柚。"贾《疏》据《尚书·禹贡》，谓徐州贡鱼，青州贡盐，荆、扬贡橘袖。

【译文】

按照九种纳贡方法收纳诸侯国向王进献的财物。第一是让他们进献祭祀所需物品，第二是让他们进献接待宾客所需物品，第三是让他们贡献宗庙所需的各种礼器，第四是让他们进献聘问时所需的馈赠物品，第五是让他们进献各种竹、木材，第六是让他们进献金玉龟贝等之类的自然物品，第七是让他们进献缝制制服用所需的布料，第八是让他们进献燕游玩赏的物品，第九是让他们进献各地土特产。

10. 以九两系邦国之民①。一曰牧，以地得民②。二曰长，以贵得民③。三曰师④，以贤得民。四曰儒⑤，以道得民。五曰宗，以族得民⑥。六曰主，以利得民⑦。七曰吏，以治得民⑧。八曰友，以任得民⑨。九曰薮，以富得民⑩。

【注释】

①以九两系邦国之民：两，谓协调两方关系的方法。郑《注》曰："两犹耦也，所以协耦万民。系，联缀也。"贾《疏》曰："谓王者于邦国之中立法，使诸侯与民相合耦而联缀，不使离散，有九事。"邦国，此指天下。

②"一曰牧"二句：牧，谓牧养下民的有地诸侯。刘敞曰："牧者，司牧也，谓邦国之君也。诸侯世(袭)，故曰以地得民。"孙诒让曰："盖自畿外九州牧伯、五等诸侯及附庸之君与公卿大夫食三等采地，凡世守其国邑者，通谓之牧。"

③"二曰长"二句：长，官长，即公卿大夫士凡有爵位而无国邑者之通称。民，部下或者下属。孙诒让曰："所谓民者，盖兼含不命之士及府、史、胥、徒、工、贾、隶役等，凡执事于百官府者而言。"又曰："长犹言官长，即公卿大夫士凡有爵位而无国邑者之通称……此皆以贵领贱，故曰长以贵得民。"

④师：指有德行才艺而能训导教育别人者。

⑤儒：指通晓儒家经典而能训导教育别人者。

⑥"五曰宗"二句：宗，谓大宗，即族长。《丧服传》云："大宗，收族者也。"按，族长有团结敦睦族人的责任。据郑《注》，宗谓大宗，"收

族者”。收族即亲睦、统率宗族。

⑦“六曰主”二句：主，主人。指异乡客居时所住处的主人和无固定职业者做工所在之家的主人。叶时《礼经会元·系民》曰：“主谓卿大夫食采邑者，有利可依，故以利得民也。”

⑧吏：谓负有治理百姓责任的乡、遂、公邑等官吏。

⑨“八曰友”二句：叶时《系民》曰：“友谓与国人交，相保任者，故以任得民。”保任，谓托付信任。

⑩“九曰薮(sǒu)”二句：薮，本指泽而无水之地，此指管理山林川泽的虞衡之官，故惠士奇《礼说·天官上》曰：“川衡、林衡、山虞、泽虞，皆国之薮，民共之而吏掌之。”富，财富货物。郑《注》曰：“谓薮中财物。”

【译文】

用九种协调两方关系的办法加强天下各国民众的互相联系。第一是有地的诸侯国君，以土地取得民众的拥护。第二是长官，以尊贵的爵位取得民众的敬重。第三是传道的教师，以贤德取得民众的爱戴。第四是授业的儒士，以道艺取得民众的热爱。第五是族长，以团结敦睦族人取得民众的敬爱。第六是主人，以能为客人提供便利有利可依取得民众的感激。第七是各级官吏，以擅长治理取得民众的爱戴。第八是朋友，以可托付信任取得民众的信任。第九是掌管山林川泽的官吏，以能让百姓利用山林川泽的资源取得民众的赞许。

11. 正月之吉①，始和布治于邦国都鄙②，乃县治象之法于象魏③，使万民观治象，挟日而敛之④。

【注释】

①正月之吉：正月，谓周之正月。吉，指朔日，即每月初一。郑《注》曰：“正月，周之正月。吉谓朔日。”按，周历以十一月为岁首，是

周之正月，即夏历之十一月。

②始和布治于邦国都鄙：和（xuān）布，据王引之说，“和”当读为“宣”，即宣布。治，谓治典。邦国都鄙，邦国指畿外诸侯国，都鄙指王畿内公卿大夫之采邑和王子弟之食邑。此处指整个天下。

③县治象之法于象魏：县，同“悬”。治象之法，即书写为文字的法典，简称治象。孙诒让曰：“凡书著文字，通谓之象。”象魏，天子、诸侯宫门上的较高建筑，可悬挂法令以便观看。孙诒让云：“天子、诸侯宫门皆筑台，台上起屋，谓之台门。……天子台门之两旁，特为屋，高出于门屋之上者，谓之双阙，亦谓之两观。……皆可以悬法，即通谓之象魏。象魏之名，起于悬法象。”

④挟日：挟，十天。挟者，匝也。古人以天干记日，从甲日到甲日，恰好周匝一圈，称挟日。郑《注》曰：“从甲至甲谓之挟日，凡十日。”

【译文】

每年周历正月初一，开始向天下各国诸侯、王畿采邑臣民宣布治国法典，把形成文字的法典悬挂在王宫大门的双阙上，让民众观看，十天以后才把它收藏起来。

12. 乃施典于邦国，而建其牧，立其监①，设其参，傅其伍②，陈其殷，置其辅③。乃施则于都鄙④，而建其长⑤，立其两，设其伍，陈其殷⑥，置其辅。乃施法于官府⑦，而建其正，立其贰⑧，设其考，陈其殷，置其辅⑨。

【注释】

①“而建其牧”二句：牧，据郑《注》，牧谓州牧，一州之长，是以诸侯有功德者任之。监，即五等诸侯国君。郑《注》曰：“公侯伯子男，

各监一国。”

②“设其参”二句：参，同“三”，谓辅佐国君理事的三卿。郑《注》曰：“谓卿三人。”傅，是“敷”的借字，设立义。伍，谓协助三卿理事的五个大夫。郑《注》曰：“谓大夫五人。”

③“陈其殷”二句：陈，设也。殷，众也。郑《注》曰：“众也，谓众士也。”辅，助也。据郑《注》，谓府史，即庶人在官者。

④乃施则于都鄙：则，据贾《疏》，即上文“八则”。

⑤而建其长：长，谓都鄙之君。郑《注》曰：“谓公卿大夫，王弟子食采邑者。”按，公卿大夫皆其采邑之主，故谓之长。

⑥“立其两”三句：两，郑《注》曰：“谓两卿。”以上文例之，则伍当为五大夫，殷当为众士。按，此三句中“两”、“伍”、“殷”，含义随“长”爵位高低而有变化。此处仅据公之采邑言，若卿大夫之采邑，则不得如此设官。故沈彤曰：“唯在公，则两为卿，五为大夫，殷为上士。若在卿，则两为大夫，五为上士，殷为下士。……盖爵之等从其长而递降，爵之数从其等而递减也。”

⑦乃施法于官府：法，据贾《疏》，即上文八法。官府，据孙诒让说，谓王朝六官之府。

⑧“而建其正”二句：正，六官府之长官。郑《注》曰：“谓冢宰、司徒、宗伯、司马、司寇、司空也。”贰，副也，六长官的副职，即小宰、小司徒、小宗伯、小司马、小司寇、小司空。

⑨“设其考”三句：考，六官正副长官的助手，位居六贰之下，郑《注》曰：“成也，佐成事者，谓宰夫、乡师、肆师、军司马、士师也。《司空》亡，未闻其考。”按，自宰夫以下，负责考核本系统官吏，故谓之考。

【译文】

在各诸侯国和王畿内的采邑实施治典，为各州设州牧，为各国设国君，为国君设辅佐的三卿，为卿设协助理事的五大夫，为大夫设协助理事的众上士，为众上士配备协助理事的府、史。在王畿的都鄙实施八则，为各采邑设立君长，为君长设辅佐君长的两卿，为卿设协助理事的五大夫，为大夫设协助理事的众上士，为士置协助理事的府、史。在官府实施八法，为各官府设长官，为长官设副职，副职下设考核官，属官下设众士，士下配备府、史。

13. 凡治，以典待邦国之治，以则待都鄙之治，以法待官府之治，以官成待万民之治①，以礼待宾客之治②。

【注释】

①官成：郑《注》曰："成，八成。""八成"，据贾《疏》，即《小宰》"以官府之八成经邦治"之"八成"。详下。阮《校》曰："谓以治官府之八成，待万民之治也。"

②以礼待宾客之治：礼，郑《注》曰："宾礼也。"宾客，指诸侯。详见《春官·大宗伯》"以宾礼亲邦国"。

【译文】

凡治理政务，则依据六典去治理天下各国，依据八则去治理王畿都鄙，依据八法去治理官府，依据八成去治理民众，依据宾礼去接待宾客。

14. 祀五帝①，则掌百官之誓戒，与其具修②。前期十日，帅执事而卜日，遂戒③。及执事，视涤濯④。及纳亨，赞王牲事⑤。及祀之日⑥，赞玉币爵之事⑦。祀大神示亦如之⑧。享先王亦如之。赞玉几玉爵⑨。

【注释】

①祀五帝：五帝，谓五方帝，又称五色帝，指东方青（苍）帝，西方白

帝，南方赤帝，北方黑帝，中央黄帝。

②“则掌百官”二句：誓戒，约束，警戒。具修，具，指供给祭器、祭品。修，指打扫祭祀场地。郑《注》曰：“具，所当共(供)。修，扫除粪洒。”

③“前期十日”三句：前期十日，提前十天。戒，告也。郑《注》曰：“又戒百官以始齐(斋)。”

④“及执事”二句：及，与，同。执事，有关官员，有关部门。郑《注》曰：“宗伯、大卜之属。”据郑《注》，视涤濯谓视察祭器是否洗涤干净，视涤濯时间在祭祀日前夕。

⑤“及纳亨(pēng)”二句：纳亨，即纳牲，谓将祭祀用的牺牲牵至祭祀场所。按，凡大祭祀，王要亲自迎牲、牵牲而纳之于庭，以向神行“告杀”礼，即报告神将杀此牲，即所谓纳牲，然后宰杀、授亨人烹煮，是先纳牲，而后授亨，故通谓之纳亨。据郑《注》，纳亨在祭祀当天黎明进行。

⑥日：郑《注》曰：“旦明也。”

⑦赞玉币爵之事：玉币，用以礼神之物。币，谓皮帛。据郑《注》，玉、币(即束帛)皆为献神，爵则是向神献酒用的，玉和币的颜色皆如其所祭方帝之色(如祭东方之帝就用青色)。这三样东西都由大宰“执以从王，至而授之”，即所谓“赞玉币爵之事”。

⑧大神示(qí)：大神，谓至上神。按，《周礼》中至上神称为“昊天上帝”，或称为“上帝”、“天”或“大神”。示，同“祇”，谓地神。

⑨玉几玉爵：玉几，是供先王的神灵降临后凭依的小矮桌，玉爵，一种酒器，用以向神献酒。

【译文】

王祭祀五帝时，掌管约束告诫百官以防失礼，以及周全具备祭器、祭品，保持祭祀场所整齐干净。举行祭祀前的第十天，要率领有关官员占卜祭祀时日的吉凶，占卜结果若吉利，就告诉百官开始斋戒。到祭祀的前夕，携同有关官员视察祭器、炊具是否洗涤干净。祭祀当天黎明王亲自牵牲行纳亨礼时，要跟在后面帮助。祭祀当天天大亮时，要帮助王拿着玉器、币帛和爵并适时递上。祭祀大神天神、地神时，也是这样。王祭祀列祖列宗时，也是这样。不同的是，还要帮助王放好让神凭依的玉几，当王亲酌献尸时把玉爵递上。

15. 大朝觐会同①，赞玉币、玉献、玉几、玉爵②。

【注释】

①大朝觐会同：《春官·大宗伯》曰："春见曰朝，夏见曰宗，秋见曰觐，冬见曰遇，时见曰会，殷见曰同。"按，春见，即诸侯春天朝见王。余可类推。会，是指王发现某方某国不顺服，就会合当方诸侯兴师征伐，因时间不定，故称时见。殷见曰同，殷，众也。王本有巡守会见四方诸侯之制，若十二年未出巡，四方诸侯要同来朝见。会同，此指大朝觐。孙诒让曰："经云大朝觐，即是会同。"此处省略未提宗、遇。郑《注》曰："举春秋，则冬夏可知，"

②赞玉币、玉献、玉几、玉爵：玉币，诸侯朝见天子时所献的见面礼。郑《注》曰："诸侯享币也。"即诸侯朝王时所献之玉，因玉皆放在币（即束帛）上奉献，故称玉币。玉献，诸侯献玉币致辞后进献的本国珍异之物。郑《注》曰："献国珍异，亦执玉以致之。"玉几，此指王接见诸侯时凭依的小矮桌。玉爵，郑《注》曰："王礼诸侯之酢爵"。按，王为答谢诸侯朝觐，当首先向诸侯献酒，随后诸侯向王回敬酒（称酢酒），玉爵即诸侯酢王时所用的酒杯。又，诸侯酢王时，当先将玉爵授予大宰，而后大宰授予王，故贾《疏》曰："冢宰赞，王受之，故云赞玉爵。"

【译文】

在诸侯朝觐王会同的重大场合，大宰要协助王接受诸侯晋见奉献的玉币与进献的珍异之物，还要协助王准备好玉几，协助王接受诸侯向王进酢酒的玉爵。

16. 大丧[1]，赞赠玉、含玉[2]。

【注释】

①大丧：谓王、王后、世子之丧。此指王丧。

②赞赠玉、含玉：赞，据贾《疏》，谓助嗣王。赠玉，指灵柩放进墓穴后、封墓前，赠送给死者的束帛加璧。孙诒让曰："盖以玉加于币（束帛）以入圹（墓穴）也。赠玉亦用璧。"含玉，人死入殡前往死者口中放玉。李调元曰："含玉，以玉实尸口。"《白虎通义》曰："有益死者形体。"

【译文】

遇到王去世，协助嗣位的王为死者赠玉、含玉。

17. 作大事[1]，则戒于百官，赞王命。

【注释】

①大事：据贾《疏》，此处指征伐。

【译文】

王采取兴兵征伐等大的军事行动，就要告诫百官，协助王施行教令。

18. 王视治朝[1]，则赞听治[2]；视四方之听朝[3]，亦如之。

【注释】

①治朝：又叫正朝，群臣办公处，在路门外。郑《注》曰："在路门外，群臣治事之朝。"按，天子有五门三朝，五门自外而内，是皋门、库门、雉门、应门、路门。三朝即外朝、治朝、燕朝。外朝在皋门内、库门外，治朝在路门外、应门内，燕朝在路门内。

②赞听治：郑《注》曰："王视之，则助王平断。"

③视四方之听朝：视四方，郑《注》曰："谓王巡守在外时。"听朝，孙诒让曰："于所至之国听朝也。"

【译文】

王在治朝处理政事，就要协助王裁决政事。王每十二年外出巡守四方，在所到国家听断政事时，大宰的职责也是这样。

19. 凡邦之小治，则冢宰听之①。待四方之宾客之小治。

【注释】

①"凡邦之小治"二句：指冢宰有权处理王国政务小事。郑《注》曰："大事决于王，小事冢宰专平。"

【译文】

凡是王国政务上的小事，就可由冢宰做主处理。例如接待四方来朝宾客一类的小事情。

20. 岁终①，则令百官府各正其治②，受其会③，听其致事④，而诏王废置。三岁则大计群吏之治而诛赏之⑤。

【注释】

①岁终：王引之说，谓夏历十二月。戴震曰："《周礼》之书，曰岁终，

曰正岁，曰春秋冬夏，皆夏时也。”

②正其治：正，孙诒让曰：“谓平正处制其治也。”按，平正处制，即实事求是地客观处置。治，贾《疏》释为“所治文书”。

③会：郑《注》曰：“大计也。”即年终会计总账。

④听其致事：王安石曰：“听其所致以告于上之事，则其吏之行治可知矣，于是乎诏王废置。”

⑤大计：三年一次的全面考核。

【译文】

夏历年终，要命令所有官府实事求是地整理办公文书资料，接受他们的会计总账，评断官府汇报的政绩，而提请王决定对官吏的罢退或提升。每过三年，就要对内外百官政绩进行全面考核，而提请王对他们予以惩罚或奖励。

二 小宰

1. 小宰之职，掌建邦之宫刑[①]，以治王宫之政令[②]，凡宫之纠禁[③]。

【注释】

①建邦之宫刑：宫刑，谓王宫中的刑法，即对违犯宫禁者的惩罚条例。郑《注》曰：“在王宫中者之刑。建，明布告之。”按，王宫，谓皋门（王宫最外的大门）以内及后宫。在王宫中者，谓在王宫中办公的官吏及其有关人员。

②政令：孙诒让曰：“凡施行为政，布告为令。”

③纠禁：纠，郑《注》曰：“犹割也，察也，若今御史中丞。”毛应龙曰：“纠以察其隐慝，禁以止其邪僻。”

【译文】

小宰的职责，掌管建立、颁布有关王宫中官吏的刑法，以推行王宫中的政令，并纠察、禁止宫中所有违反禁令的不良现象。

2. 掌邦之六典、八法、八则之贰[1]，以逆邦国、都鄙、官府之治[2]。执邦之九贡、九赋、九式之贰[3]，以均财节邦用。

【注释】

①掌邦之六典、八法、八则之贰：六典、八法、八则，分别参见《大宰》第1、2、3节。贰，副也，谓副本。

②逆：考核。贾疏曰："谓迎受句(勾)考之也。"邦国，谓畿外各诸侯国。都鄙，谓畿内公卿大夫采邑和王子弟食邑。官府，谓天、地、春、夏、秋、冬六官及其属下各官。

③九贡、九赋、九式：分见《大宰》第9、7、8节。

【译文】

掌管王国六典、八法、八则的副本，以辅佐大宰考核天下各诸侯国、王畿、朝廷官府的政绩。掌管王国九贡、九赋、九式的副本，以辅佐大宰平衡、节制王国的财政用度。

3. 以官府之六叙正群吏[1]。一曰以叙正其位[2]，二曰以叙进其治[3]，三曰以叙作其事[4]，四曰以叙制其食[5]，五曰以叙受其会[6]，六曰以叙听其情[7]。

【注释】

①叙：谓爵位尊卑的次序。

②以叙正其位：位，百官上朝时所站位置。尊者在前在上，卑者在后在下。《夏官·司士》谓"正朝仪之位，辨其贵贱之等"。贾《疏》曰："谓若卿大夫士朝位尊卑次列。"

③以叙进其治：治，谓上报政绩的文书。郑《注》曰："治，功状也。"贾《疏》曰："谓卿大夫士有治职功状文书进于上，亦先尊后卑也。"

④以叙作其事：作其事，派给他们的任务。所派任务大小，依爵位尊卑而定。贾《疏》曰："谓有所职掌其事，亦先尊后卑也。"按，《秋官·象胥》曰："凡作事，王之大事诸侯，次事卿，次事大夫，次事上士，下事庶子。"即其义。

⑤食：谓无爵位而在官府工作者的月薪。郑《注》食、禄混同，释曰："禄之多少。"孙诒让辨析曰："经典通称禄为食，分言之则食与'禄'别。周制，命士以上，以爵制禄；不命之士及庶人在官者，则以事制食。……此云'以叙制其食'，当专属不命之小吏言之。"又曰："自卿以下至命士，皆有爵者也，故皆给禄不给食；……不命之士及庶子、庶人在官者，皆无爵而有事者也，故皆给食不给禄。"

⑥以叙受其会：朱申曰："谓进会计文书，受之亦以尊卑为叙。"

⑦以叙听其情：俞樾曰："情，当读为'请'，古字通用。"又曰："谓群吏有所陈请，则小宰以叙听之也。"

【译文】

依照官府六个方面的尊卑次序来规正官吏们使尊卑有序。一是依照爵位的尊卑次序来规正百官朝位，二是依照爵位的尊卑次序来排定百官上报政绩的递进先后，三是依照爵位的尊卑次序来分派百官承担任务的轻重，四是依照爵位的尊卑次序来制定小吏月薪的多少，五是依照尊卑次序来安排百官上报年终会计总账的先后，六是依照爵位的尊卑次序来安排百官向王陈述或提出请求的先后。

4. 以官府之六属举邦治①。一曰天官，其属六十②，掌邦治③，大事则从其长④，小事则专达⑤。二曰地官，其属六十，掌邦教，大事则从其长，小事则专达。三曰春官，其属六十，掌邦礼，大事则从其长，小事则专达。四曰夏官，其属六十，掌邦政，大事则从其长，小事则专达。五曰秋官，其属六十，掌邦刑，大事则从其长，小事则专达。六曰冬官，其属六十，掌邦事⑥，大事则从其长，小事则专达。

【注释】

①以官府之六属举邦治：六属，谓有关六官属官的设置法则。按，此即《大宰》八法之“一曰官属，以举邦治”，大宰所掌，小宰则佐其施行之。

②“天官”二句：按，此举成数，实际六官部属不止此数。下凡言“其属六十”，义皆仿此。

③掌邦治：治，谓治典。按，本篇《叙官》曰：“乃立天官冢宰，使帅其属，而掌邦治。”故此处云“掌邦治”。下云地官“掌邦教”，春官“掌邦礼”，夏官“掌邦政”，秋官“掌邦刑”，冬官“掌邦事”，亦皆分据各篇《叙官》而言之。

④大事则从其长：大事，事体重大，需多部门协作才能完成之事，即《大宰》八法之“官联”。长，长官，大事负责人。此谓天官系统中分掌各类职事的诸官之长，如膳夫、庖人、内饔、外饔、亨人等皆负责饮食，但膳夫为庖人等四官之长。皆见《叙官》。按，下凡云“大事则从其长”，义仿此。

⑤小事则专达：小事，谓一部门可独自办理之事。即《大宰》八法之“官常”。达，通也。孙诒让曰：“此专达亦谓修其职事，以自通达于王。”按，上文说“大事则从其长”，而此处说小事可“专达”，贾《疏》曰：“谓若官人、掌舍无大事，无长官可谘，自专行事。”下文凡云“小事则专达”，义皆仿此。

⑥邦事：按，下节云“六曰事职，以富邦国，以养万民，以生百物”，则邦事当谓王邦生产之事。

【译文】

用官府有关六类属官的法则，辅佐大宰完成对王国政事的治理。第一类是天官，下设属官六十个，掌管王国治典的推行，遇到大事要听从各自上级长官的指挥，不设长官的小官遇到小事可自行处置，直接向王报告。第二类是地官，下设属官六十个，掌管王国教典的推行，遇到大事要听从各自上级长官的指挥，不设长官的小官遇到小事可自行处置，直接向王报告。第三类是春官，下设属官六十个，掌管王国礼典的推行，遇到大事要听从各自上级长官的指挥，不设长官的小官遇到小事可自行处置，直接向王报告。第四类是夏官，下设属官六十个，掌管王国政典的推行，遇到大事要听从各自上级长官的指挥，不设长官的小官遇到小事可自行处置，直接向王报告。第五类是秋官，下设属官六十个，掌管王国刑典的推行，遇到大事要听从各自上级长官的指挥，不设长官的小官遇到小事可自行处置，直接向王报告。第六类是冬官，下设属官六十个，掌管王国事典的推行，遇到大事要听从各自上级长官的指挥，不设长官的小官遇到小事可自行处置，直接向王报告。

5. 以官府之六职辨邦治①。一曰治职，以平邦国，以均万民，以节财用②。二曰教职③，以安邦国，以宁万民，以怀宾客④。三曰礼职，以和邦国，以谐万民，以事鬼神⑤。四曰政职⑥，以服邦国，以正万民，以聚百物⑦。五曰刑职⑧，以诘邦国，以纠万民，以除盗贼⑨。六曰事职⑩，以富邦国，以养万民，以生百物。

【注释】

①以官府之六职辨邦治：六职，谓有关六官职责的规定。孙诒让曰："此即《大宰》八法之'二曰官职，以辨邦治'也。"

②“以均万民”二句：按，《大宰》记大宰职责为“均万民”，又曰“以九式均节财用”，故此处统言之为“以均万民，以节财用”。

③教职：谓地官教化方面的职责。

④以怀宾客：安排周到、使宾客有宾至如归的安定感觉。怀，郑《注》曰：“怀亦安也。宾客来，共其委积，所以安之。”

⑤“三曰礼职”四句：礼职，谓春官礼法方面的职责。以事鬼神，大宗伯掌管对天神、人鬼、地祇的祭祀，故云。

⑥政职：谓夏官政务方面的职责。

⑦以聚百物：谓聚集天下物产。按，《夏官》职方氏掌管天下地图，熟悉各地物产，制定贡法，令各地来贡，故云“以聚百物”。郑《注》曰：“司马主九畿，职方制其贡，各以其所有。”

⑧刑职：谓秋官刑法方面的职责。

⑨“以诘邦国”三句：诘，犹禁也。以除盗贼，因《秋官·士师》涉及对邦贼、邦盗的惩治，故云。贼，犯上作乱者。盗，窃取财物者。

⑩事职：谓冬官生产事务方面的职责。按，《冬官》缺，其所掌职事今已不可考。据下文“以富邦国，以养万民，以生百物”推断，当掌管生产事务。

【译文】

用官府六类职责方面的规定辅佐大宰明确辨别王国治理的职责分工。第一是天官的治理职责，以治理天下各国使政治公平，以均平民众的赋役，以调节王国的财用开支。第二是地官的教育职责，以安定天下各国，使民众安宁，安定来朝的宾客使宾至如归。第三是春官的礼仪职责，以协和天下各国，敦睦民众，祭祀天神、人鬼、地祇。第四是夏官的军政职责，以威服天下各国，以使民众循规蹈矩正道而行，以征集各地进贡的财物。第五是秋官的刑罚职责，以禁止天下各国犯上作乱，纠察督正民众，捕除盗贼。第六是冬官的生产事务职责，以使天下各国富足，以养育民众使安居乐业，以生产各种财物。

6. 以官府之六联合邦治[1]。一曰祭祀之联事[2]，二曰宾客之联事，三曰丧荒之联事，四曰军旅之联事，五曰田役之联事[3]，六曰敛弛之联事[4]。凡小事皆有联[5]。

【注释】

①以官府之六联合邦治：孙诒让曰："此即大宰八法之'三曰官联，以会邦治'也。合、会义同。"(参见《大宰》)按，官联，即几个部门联合办理一事。六联，六项会合诸官办事的法则。黄度曰："凡官府之相关通者，联合之。"

②祭祀之联事：郑众曰："大祭祀，大宰赞玉币，司徒奉牛牲，宗伯视涤濯，此所谓官联。"

③田役：孙诒让曰："谓起徒役以田猎。"

④敛弛：弛，通"施"，此谓施予，施惠。郑《注》曰："杜子春'弛'，读为'施'。"(按，下文凡引杜子春说，皆出自郑《注》，直接出注)王引之曰："当以读'施'为是。敛者，聚也。施者，散也。"

⑤凡小事皆有联：按，小事当合办者亦甚多，不可尽举，故笼统言之。

【译文】

用官府的六项联合办事的法则辅佐大宰会同各官合办王国的事务。一是祭祀方面的联合办事，二是接待来朝宾客方面的联合办事，三是王丧和荒年赈灾方面的联合办事，四是军事方面的联合办事，五是田猎、征调民众方面的联合办事，六是聚敛财物、施发救济方面的联合办事。除此以外，凡是小事也都有需联合办理的。

7. 以官府之八成经邦治[1]。一曰听政役以比居[2]，二曰听师田以简稽[3]，三曰听闾里以版图[4]，四曰听称责以傅别[5]，五曰听禄位以礼命[6]，六曰听取予以书契[7]，七曰听卖买以质剂[8]，八曰听出入以要会[9]。

【注释】

①以官府之八成经邦治：成，谓有据可查之文书。方苞《集注》曰："成，谓有成籍可覆按也。"孙诒让曰："此即《大宰》八法之'五曰官成，以经邦治'也。"八成，谓八项成事品式。经，治也。

②听政役以比居：听，谓评断、处理。政，通"征"。政役，征调力役。郑《注》曰："谓赋也。凡其字或作'政'，或作'正'，或作'征'，以多言之宜从'征'。"比居，即伍籍，记录可出劳役者的花名册。比谓校比，居谓居民，比居即定期校比（清查）居民人数、财产，登记入簿册，作为征收赋税徭役的依据，此簿册即谓比要。孙诒让曰："伍籍，谓每地人民可任力役者之姓名，校比之时，亦依军法联其什伍。"又曰："盖每年校比，三年大比，皆有总要（即比要），其征役弛舍，咸具于书（簿册），故具治讼即依此听之。"

③听师田以简稽：师田，贾《疏》曰："谓师出征伐及田猎。"简稽，记载士卒姓名、武器等信息以便查核的簿籍。郑司农曰："简稽士卒、兵器簿书。"

④听闾里以版图：闾里，周代基层行政单位，此泛指平民聚居处。贾《疏》曰："在六乡则二十五家为闾（参见《地官·大司徒》），在六遂则二十五家为里（参见《地官·遂人》）。版图，户籍和地图。郑司农曰："版，户籍。图，地图也。听人讼地者，以版图决之。"

⑤听称责以傅别：责，同"债"。称责，郑司农曰："谓贷子。"按，贷子即借贷、有息贷款。傅别，是记录借贷信息的借券。一般是在一札中间写字，从字中间剖开，双方各执其半，即郑《注》所谓"为大手书于一札，中字别之。"

⑥听禄位以礼命：礼命，国家的礼籍和王的册命文书。郑司农曰："谓九赐也。"按，九赐，即九等封赐。此指记载礼命的策书。贾

《疏》曰："有人争禄之多少，位之前后，则以礼命文书听之。"

⑦听取予以书契：取，谓借取或领取。予，谓借予或授予。借领授予皆有凭证，即书契（登记财物出纳的账簿）。据孙诒让说，书契有两种：一种是簿书之书契，如今之账册；一种是符券之书契，即《地官·质人》郑《注》所谓"书两札，刻其侧"者。此处书契指符券。

⑧质剂：买卖成交的契约。郑《注》曰："谓两书一札，同而别之。长曰质，短曰剂。"即在同一札上，分左右写两段相同文字，从中剖开双方各执其半。这种券书确定买卖关系，故郑《注》曰："傅别、质剂，皆今之券书也，事异，异其名耳。"质剂分长、短两种，长者称质，短者称剂。贾《疏》曰："大市（即大买卖），人民、牛马之属，用长券；小市，兵器、珍异之物，用短券。"按，孙诒让区别质剂、傅别、书契三者异同曰："盖质剂、傅别、书契，同为券书。特质剂，手书一札，前后文同而中别之，使各执其半札。傅别，则为手书大字，中字而别其札，使各执其半字。书契，则书两札，使各执其一札。傅别札、字半别；质剂则唯札半别，而字全具，不半别；书契则书两札，札亦不半别也。"可见，质剂、书契有别：书契书两札，双方各执其一；质剂书一札，左右文同而从中剖开，双方各执其半。

⑨听出入以要会：出入，谓财物收支。要会（kuài），此指会计账册。统计一月的会计文书称要、月要。年终整年结算的会计文书称会、岁会。贾《疏》曰："岁计曰会，月计曰要。此出入者，正是官内自用物。有人争此官物者，则以要会簿书听之。"

【译文】

用官府的八种成事品式辅佐大宰治理王国以处理纠纷。一是登记百姓人口财产的伍籍，据以处理征派赋役方面的纠纷。二是登记人员兵器的简稽，据以查核处理军旅、田猎方面的纠纷。三是版图，据以处理社区闾里之间户口迁移、土地所有权方面的纠纷。四是记录借贷关系的傅别，据以处理借贷方面发生的纠纷。五是礼籍、册命文书礼命，据以处理俸禄多寡、朝位前后方面的纠纷。六是民间书契，据以处理财物的借取授予方面的纠纷。七是记载买卖成交事宜的质剂，据以处理买卖方面的纠纷。八是会计账册，据以处理官府财物收支方面的纠纷。

8. 以听官府之六计，弊群吏之治①。一曰廉善②，二曰廉能③，三曰廉敬④，四曰廉正⑤，五曰廉法⑥，六曰廉辨⑦。

【注释】

①“以听官府”二句：孙诒让曰：“即《大宰》八法之：‘八曰官计，以弊邦治’也。”六计，谓六项评断吏治的标准。听，治理，平正裁决。郑《注》曰：“平治也。”计，考核。弊，判断，评价。郑《注》曰：“断也。”

②廉善：廉，考察。郑《注》曰：“既断以六事，又以廉为本。善，善其事，有辞誉也。”按，王安石、王与义等说，廉为“覝(lián)”之借字，察视、察看义。今不取此说。

③能：郑《注》曰：“政令行也。”

④敬：郑《注》曰：“不解(懈)于位也。”

⑤正：郑《注》曰：“行无倾邪也。”

⑥法：郑《注》曰：“守法不失也。”

⑦辨：有分辨能力。郑《注》曰：“辨然不疑惑也。”

【译文】

用公平治理官府的六条评价标准，辅佐大宰评价官员的治绩。一是考察其是否有廉洁而又良好的声誉，二是考察其是否有廉洁而又能贯彻政令、令行禁止的能力，三是考察其是否有廉洁而又勤勉尽职的态度，四是考察其是否廉洁而又处事公正品行端庄，五是考察其是否廉洁而又守法不苟执法准确，六是考察其是否廉洁而又明辨是非。

9. 以法掌祭祀、朝觐、会同、宾客之戒具[①]，军旅、田役、丧荒，亦如之。七事者[②]，令百官府共其财用[③]，治其施舍[④]，听其治讼[⑤]。

【注释】

①“以法”至“戒具”：法，郑《注》曰：“谓其礼法也。”朝觐、会同：参见《大宰》注。会同，《春官·大宗伯》曰：“时见曰会，殷见曰同。”戒具，即《大宰》之“誓戒、具修”。

②七事：指上文祭祀、朝觐、会同、宾客、军旅、田役、丧荒七件事。按，《周礼》旧本“七事”作“小事”。俞樾云：“七事上文既明列其目，则但云‘令百官府共其财用’云云足矣，不必更斥之曰‘七事者’，全经亦无此例。当从故书为‘小事’。”又曾钊云：“凡非祭祀、朝觐、会同、军旅、田役、丧荒之事，皆谓之小事。”此说亦通，但译文暂按字面翻译。

③共：通“供”，供给。全书皆借“共”为“供”。

④施舍：施，当为“弛”。《释文》引作“弛舍”，阮校曰：“凡经云‘施舍’，《注》皆读‘施’为‘弛’，此经不言‘读为’，盖经本作‘弛’字。”按，弛舍，谓豁免徭役。郑《注》曰：“施（弛）舍，不给役者。”即免除徭役者。据贾《疏》，“国中贵者、老者、疾者、服公事者”皆可免服役。

⑤治讼：谓有所陈诉请求、争讼。孙诒让曰：“此治盖谓以事来咨辩，及有所陈诉、请求。”“讼谓争讼之事。”

【译文】

依据礼法，掌管祭祀、朝觐、会同事务，以及接待宾客时，约束警戒有关官吏保证具备一应物品，如有军事行动、田猎和徒役、死丧和灾荒的事，也是这样做。遇到上面七类事情，就命令有关官府供给财物用具；处理豁免徭役的问题，评断有关的陈请事项和争讼。

10. 凡祭祀[1]，赞王币爵之事[2]，祼将之事[3]。

【注释】

①凡祭祀：实指祭祀五帝、天地和先王。

②赞王币爵之事：小宰执玉币爵以授大宰，大宰执以授王，王献于神。按，此句已见于《大宰》。王，据段玉裁《汉读考》及阮校说，是“玉”字之误。郑《注》曰：“又从大宰助王也。”段玉裁《汉读考》曰：“谓大宰祀五帝之日‘赞玉币爵之事’，是大宰助王，而小宰又从大宰助王也。”

③祼(guàn)将：祼，宗庙祭祀之初献郁鬯酒(一种用黑黍掺郁金香酿造成、味道芬芳调畅的香酒)的降神祭礼。王酌郁鬯献尸，尸灌少许于地以示祭，浅尝后即放席前不再饮。将，即送，亦即献尸。祼将二字倒文。郑《注》曰：“将，送也。祼送，送祼，谓赞王酌郁鬯以献尸谓之祼，祼之言灌也，明不为饮，主以祭祀。”按，周人宗庙祭祀时用尸祭，即用活人扮作已故父祖，代其受祭。

【译文】

凡是遇到王祭祀五帝、天地时，应充当大宰的帮手协助王拿着玉器、币帛和爵等事物礼神，遇到王祭祀先祖时，小宰要协助王酌酒献尸以灌地降神等事情。

11. 凡宾客赞祼[1]；凡受爵之事，凡受币之事[2]。

【注释】

①赞祼：据郑《注》，王设宴招待来朝的诸侯，大宗伯代表王向诸侯献郁鬯酒，小宰协助大宗伯完成此事。

②“凡受爵之事”二句：据郑《注》，在大宰协助王受爵、受币时，小宰在旁边担任大宰的助手。《大宰》云：“大朝觐会同，赞玉币、玉

爵。”受爵指接受宾客的酢酒。按，大宗伯代表王向宾客献酒（即行祼礼）后，宾客要回敬王酒，称酢。此时小宰要协助大宰帮助王行受酢事。币，即币帛、束帛，是宾客进献给王的礼物。受币，谓协助大宰帮助王接受宾客所献币帛。

【译文】

凡是接待宾客时，要从旁协助大宗伯代表王向宾客敬献郁鬯酒；凡是接过宾客向王酢酒、王饮毕递杯子给大宰，小宰应从大宰手中接过杯子的事，凡是接受宾客向王所献币帛的事，都协助去做。

12. 丧荒，受其含、襚、币、玉之事[1]。

【注释】

①含、襚、币、玉之事：含，此指含玉，即为死者行饭含礼所需之珠玉。襚（suì），赠送给死者装敛用的衣服。郑《注》曰：“口食曰含，衣服曰襚。”币、玉，王国遇到荒年，诸侯主要馈赠粮食、金钱等救灾物资，币玉只作致送馈赠的礼品。

【译文】

遇到王丧或荒年，负责接受诸侯、大臣为助丧而赠送的含玉、衣服、以及诸侯用以致送救灾物资的币帛、玉器等事情。

13. 月终，则以官府之叙[1]，受群吏之要[2]。赞冢宰受岁会。岁终，则令群吏致事[3]。

【注释】

①叙：谓尊卑次序。刘沅曰：“以其尊卑之叙，致其簿书之要。”

②要：谓每月的会计结账。

③令群吏致事：贾《疏》曰："谓使六官各致一年功状，将来考之故也。"

【译文】

每月月底，就要以官府的尊卑为序，接受官吏们呈报的当月会计总账。每年年终，要协助大宰接受一年的会计总账。每年年终，就命令官吏们呈报一年来的工作政绩。

14. 正岁①，帅治官之属，而观治象之法②，徇以木铎③，曰："不用法者，国有常刑④。"乃退，以宫刑宪⑤，禁于王宫⑥。令于百官府曰："各修乃职，考乃法，待乃事⑦，以听王命。其有不共，则国有大刑⑧。"

【注释】

①正岁：谓夏历正月。按，本书正岁，皆指夏历正月。孙诒让曰："全经凡言正岁者，并为夏正建寅之月，别于凡言正月者为周正建子之月也。"

②"帅治官"二句：治官，参见本篇《叙官》。治象之法，即治典，悬于象魏之上者（参见《大宰》注）。

③徇以木铎（duó）：徇，巡行时示众并宣布号令。《说文》曰："彻，行示也。""彻"即"徇"的俗字。木铎，一种木舌的摇铃。朱申曰："铎，铃也，金口而木舌。古者有新令，必奋木铎以警众。"

④国有常刑：黄度曰："谓国法掌在司寇。"

⑤以宫刑宪：宫刑，曾钊《周礼注疏小笺》以为即前所云"掌建邦之宫刑"，"但前主建，此主表县（悬）耳。"

⑥禁于王宫：孙诒让曰："即前云'王宫之纠禁'是也。"

⑦"各修乃职"三句：孙诒让曰："职、法，即《大宰》之'官职'、'官

法’，事谓当职之事也。”待，按，徐幹《中论·遣交篇》引此文“待”作“备”，译文从之。

⑧“其有不共”二句：共，通“供”，供职，奉职。大刑，重刑。

【译文】

每年夏历正月，（协助大宰）率领天官的属官观看悬挂在象魏上的治典，边走边摇动木铎，当众大声警告说：“若有不依法行事的，国家自有常刑加以惩处。”于是退下，又将有关王宫中的刑法禁令悬挂公布，纠察王宫中违反禁令者。并向所有官府下令说：“各自恪尽你们的职守，遵守你们应遵守的规章制度，完备你们的职事，而听从王的命令。若有不尽职守法的，国家就自有重刑加以惩处。”

三　宰夫

1. 宰夫之职，掌治朝之法①，以正王及三公、六卿、大夫、群吏之位②，掌其禁令③。

【注释】

①掌治朝之法：治朝，王、群臣治理政务之处，在路门外。郑《注》曰：“治朝，在路门之外，其位司士掌焉，宰夫察其不如仪。”

②“以正”至“之位”：三公，谓太师、太傅、太保。三公爵在六卿之上。六卿，谓六官之长，即大宰、大司徒、大宗伯、大司马、大司寇。其爵位皆卿，故称。大夫，包括中大夫、下大夫。群吏，此指命士及命士以下在朝之小吏。

③掌其禁令：贾《疏》曰：“即察其不如仪耳。”

【译文】

宰夫的职责，掌管有关治朝的法令，在群臣朝见王时，来规正王及三公、六卿、大夫和群吏各就其朝位，维持朝堂秩序，纠察违反禁令的行为。

2. 叙群吏之治[1]，以待宾客之令[2]，诸臣之复[3]，万民之逆[4]。

【注释】

①叙群吏之治：叙，次序。郑《注》曰："恒次叙诸吏之职事。"按，此群吏亦当指命士以下。命士有上中下三等，其下有府、史，秩等尊卑皆不同，故需次序之。

②以待宾客之令：待，处理。此谓向朝廷转达。宾客，指来朝聘的诸侯。待宾客之令，孙诒让曰："犹《大宰》云'待四方宾客之小治'。"宾客之令，谓朝聘宾客之陈诉、请求。

③诸臣之复：诸臣，此亦谓命士以下。公卿大夫、诸侯之复，则由大仆、小臣掌之（参见《夏官》），王与大宰听之。复，报也，即谓向朝廷奏事。

④逆：谓向朝廷上书。郑《注》曰："自下而上曰逆，逆谓上书。"

【译文】

依尊卑安排好群吏的职事，以转达来朝宾客的陈诉、请求等小事，受理群臣的奏事，以及民众的上书。

3. 掌百官府之征令，辨其八职[1]。一曰正，掌官法以治要[2]。二曰师，掌官成以治凡[3]。三曰司，掌官法以治目[4]。四曰旅，掌官常以治数[5]。五曰府，掌官契以治藏[6]。六曰史，掌官书以赞治[7]。七曰胥，掌官叙以治叙[8]。八曰徒，掌官令以征令[9]。

【注释】

①"掌百官府"二句：贾《疏》曰："谓总王朝三百六十官，以备王之所

征召及施令。若不分别其职，则征召无所指斥，故须分辨三百六十职也。”王安石曰：“有官府则有征令，有征令则其所掌治，不可不辨也。”

②“一曰正”二句：正，谓每一官府之最高级官员，下文所云师、司、旅，则为依次降等的官员。官法，参见《大宰》注。要，要领总纲，此谓整体工作安排。郑《注》曰：“若岁计也。”治要，统筹全面工作。

③“二曰师”二句：师，谓小宰、宰夫等次于正之高级官员。郑《注》曰：“辟小宰、宰夫也。”官成，参见上文《大宰》注。治凡，郑《注》曰：“若月计也。”

④“三曰司”二句：司，据贾《疏》，谓官府中如上士、中士所任之中级官员。官法，与上文正所掌官法同，而所掌之详略不同：正掌总纲，司掌细则。治目，郑《注》曰：“若今日计也。”

⑤“四曰旅”二句：旅，谓官府中下士所任之下级官员。郑《注》曰：“辟下士也。”治数，郑《注》曰：“每事多少异也。”

⑥“五曰府”二句：府，主收藏文书、财物等的小吏。参见《大宰》注。下文史、胥、徒，亦参见《大宰》注。官契，孙诒让曰：“即《小宰》八成之书契也。”治藏，郑《注》曰：“藏文书及器物。”

⑦“六曰史”二句：史，掌文书者。赞治，起草文书。郑《注》曰：“若今起文书草也。”

⑧“七曰胥”二句：胥，及下文徒，参见本篇《叙官》注。官叙，犹言叙官，即次序排列官事之轻重缓急。治叙，郑《注》曰：“次序官中。”谓依官府中事情轻重缓急指派属徒。

⑨征令：郑《注》曰：“趋走给召呼。”黄以周《礼书通故·职官礼通故五》曰：“《注》‘趋走’释徒，‘召呼’释征令。”是此处之征令乃供召呼役使义。

【译文】

掌管王对于各官府人员的征召和役使，辨别官府的八类职责。一是正的职责，掌管依照官府法规制度而统筹全面工作。二是师的职责，掌管依照官府成事品式要求而做出月度工作安排。三是司的职责，掌管依照官府法规制度而做出每天的工作安排。四是旅的职责，掌管依照官吏常职要求对工作做出每件事的安排。五是府的职责，掌管书契而负责文书、器物等的收藏。六是史的职责，掌管官府文书的草拟而协助治理。七是胥的职责，掌管依照官府事务的轻重缓急而妥善安排徒属供差使。八是徒的职责，负责依照官府的命令而听候征召与役使。

4. 掌治法，以考百官府、群都、县鄙之治①，乘其财用之出入②。凡失财用、物辟名者③，以官刑诏冢宰而诛之④。其足用、长财、善物者⑤，赏之。

【注释】

①“掌治法”二句：治法，即治典。群都，即都鄙，畿内之采邑。郑玄注《地官·载师》云：“小都，卿之采地。大都，公之采地，王子弟所食邑也。”县鄙，即公邑。王的直辖领地。郑《注》曰：“群都，诸采邑也。六遂五百家为鄙，五鄙为县。言县、鄙而六乡州、党亦存焉。”贾《疏》曰：“宰夫是句考之官，故以治法考百官及群都、县、鄙乡遂之内。”按，采邑谓王畿内公卿大夫及王子弟的食邑。遂是野（即距离王都百里以外、二百里以内）的行政组织，凡六遂，一遂辖五县（参见《地官·遂人》）。乡是都郊（即距离王都百里之内）的行政组织，凡六乡。

②乘其财用：乘，计算，核算。财用，郑《注》曰：“乘，犹计也。财，泉（钱）谷也。用，货贿也。”按，泉即钱。

③辟名：谎报虚假账目。郑《注》曰：“诈为书，以空作见（即以无诈称有），文书与实不相应也。”

④官刑：参见《大宰》第2节注。

⑤善物：物产丰饶，质地精良。

【译文】

掌管治法，用以考核所有官府、采邑、公邑的治绩，计算其钱粮财物的收入、支出情况。凡是钱粮财物支出失当、账目不实者，就要根据官刑报告冢宰来加以惩治。而那些用度充足、能够经营有方而生财有道、能使物产丰饶、质地精良的，就要予以奖赏。

5. 以式法掌祭祀之戒具①，与其荐羞②，从大宰而视涤濯③。

【注释】

①以式法掌祭祀之戒具：式法，式亦法，此谓祭祀之礼法；戒具，祭祀所需用器物。孙诒让曰："戒官有事者所当共(供)。"

②荐羞：指供祭祀用的脯醢和各种美味食物。郑《注》曰："荐，脯醢也。羞，庶羞、内羞。"按，荐，进也；脯是干肉，醢是肉酱，脯醢分盛于笾、豆中荐上，称之为荐脯醢，礼文中每以荐指代脯醢。凌廷堪《礼经释例》卷五曰："脯，笾食；醢，豆食。凡经所谓荐者，皆指脯醢也。"按，羞，美味食物。庶，众也。庶羞谓众多美味之物；内羞谓房中之羞。二者皆祭祀加馔，庶羞为肉食，而内羞为谷食。

③从大宰而视涤濯：视涤濯，视察祭器、炊具的洗涤情况。贾《疏》曰："上《大宰》职已云祀五帝视涤濯，此宰夫又从大宰而视之也。"

【译文】

按照祭祀礼法，掌管祭祀时告诫有关官员应该供给的祭祀牲物，以及祭祀所用的脯醢、各种食物，随从大宰视察祭器等是否洗涤干净。

6. 凡礼事，赞小宰比官府之具[1]。

【注释】

①比官府之具：比，检查，查对。郑《注》曰："比，校次之。"贾《疏》曰："上《小宰》于七事已言以法掌戒具，此宰夫赞小宰校次之，使知善恶足否也。"

【译文】

凡有举行礼仪的事，都要协助小宰检查评比各官府所准备的物资器具是否合适。

7. 凡朝觐、会同、宾客[1]，以牢礼之法[2]，掌其牢礼、委积、膳献、饮食、宾赐之飧牵[3]，与其陈数[4]。

【注释】

①凡朝觐、会同、宾客：朝觐、会同，皆为诸侯朝见王。宾客，诸侯来朝王称宾，卿大夫来聘称客。

②牢礼之法：接待宾客时用牲牢时间、用牲牢多少的礼数。郑《注》曰："多少之差及其时也。三牲牛羊豕具为一牢。"

③牢礼：此指赠送牲肉、活牲之礼。贾《疏》曰："此牢礼谓饔饩之礼。"按，此处饔指已杀的牲，饩指未杀的活牲。《仪礼·聘礼》郑《注》曰："杀曰饔，生曰饩。"委积：指储备在宾客所经路上供其使用的粮食。郑《注》曰："谓牢、米、薪、刍，给宾客道用也。"孙诒让认为凡储聚禾、米、薪、刍之属，通谓之委积。膳献：指宾客及其副手（即介）留居期间，为其供应的牲禽及四时鲜物。王安石曰："膳则'殷膳大牢'之属是也，献则'上介有禽献'之属是也。"饮食：郑《注》曰："燕飨也。"按，燕谓燕礼，是君主闲暇时为安乐臣

下或宾客所举行的饮酒礼,《仪礼·燕礼》记载了此礼仪。飨谓飨礼,亦是用酒食款待宾客之礼。其礼已不可考。飧牵:熟食和活牲口。宾客至致飧,牵牛羊豕以往。飧(sūn),是"飨"的俗字。郑《注》曰:"飧,客始至所致礼。"按,飧犹便宴(参见《秋官·司仪》第3节注)。牵,谓生牲,即活牲。

④陈数:陈列和数量。

【译文】

凡是有朝觐、会同或有宾客到来之事,要按照接待宾客的牢礼之法,掌管供给宾客的牲肉与活牲、路途所需粮食、宾客留居期间所需牲肉、禽与时鲜、燕礼和飨礼所需酒食、宾客初到时所赐便宴的熟食与活牲,以及各种食品、器物的摆放方式和数量多少。

8. 凡邦之吊事①,掌其戒令②,与其币、器、财用③,凡所共者④。

【注释】

①吊事:郑《注》曰:"吊诸侯、诸臣。"

②戒令:将注意事项事先告诫之。

③币、器:币,谓帮助料理丧事的钱财。郑《注》曰:"币,所用赙也。"按,赙(fù),谓赠财物助人料理丧事。器,据郑《注》,谓赠送丧家的随葬明器。

④共:通"供",供给。

【译文】

凡是王国有吊唁诸侯、大臣的事,掌管将注意事项告诫前往吊唁的官员,供给所应提供的币帛、明器、财物,以及凡是应该供给的其他助葬器物。

9. 大丧、小丧[1]，掌小官之戒令[2]，帅执事而治之。三公、六卿之丧，与职丧帅官有司而治之[3]。凡诸大夫之丧，使其旅帅有司而治之[4]。

【注释】

①大丧、小丧：大丧，谓王、王后及太子去世。小丧，谓夫人、九嫔、世妇、妇御等内人去世。郑《注》曰："夫人以下。"

②掌小官之戒令：郑《注》曰："小官，士也。其大官，则冢宰掌其戒令。"

③与职丧帅官有司而治之：职丧，官名。属春官，掌管诸侯、卿大夫、士之丧礼事。孙诒让曰："此与职丧为官联也。"又曰："官有司，谓小官之主共丧事者，亦谓之公有司。"

④使其旅帅有司而治之：贾《疏》曰："大夫之丧卑贱，宰夫不自为，使在己之下其旅三十有二人帅有事于丧家之有司而治之。"按，旅指下士。

【译文】

遇到大丧、小丧，掌管告诫、命令小官，率领有关部门共同操办丧事。遇到三公、六卿的丧事，就与职丧一起率领有关官吏共同操办丧事。凡是大夫的丧事，就使众下士率领有关官吏办理。

10. 岁终则令群吏正岁会[1]，月终则令正月要，旬终，则令正日成，而以考其治。治不以时举者[2]，以告而诛之[2]。

【注释】

①岁终则令群吏正岁会：岁终，夏历年终。王引之曰："为夏(历)之季冬。"正，核定。郑《注》曰："定也。"岁会，全年收支总计及事功

文书;年终总结。贾《疏》曰:“谓一年会计文书。”孙诒让曰:“此总掌治官之岁会,与大宰、小宰通受六官岁会异。”按,下文月要、日成,则为月终、旬终收支及事功会计文书名。

②治不以时举者:郑《注》曰:“谓违时令,失期会。”

③以告而诛之:贾《疏》曰:“谓告冢宰而诛责之。”

【译文】

每到夏历年终,就命令冢宰属下的所有官员们做好全年的会计文书,每到月底就命令做好当月的会计文书,旬终就命令做好这十天的会计文书,而以此作为考核他们治绩优劣的根据。对于属于本职工作而又不按时完成的,就要报告上级给予处分。

11. 正岁①,则以法警戒群吏②,令修宫中之职事。书其能者与其良者,而以告于上③。

【注释】

①正岁:夏历正月。

②群吏:据孙诒让说,指宰夫的属吏及在王宫任职的官吏。

③上:谓其上司小宰、大宰。郑《注》曰:“谓小宰、大宰。”

【译文】

每年夏历正月,就要以法令提醒、告诫冢宰属下所有官吏,责令他们努力做好王宫中各项本职工作。记下他们当中的有才能者和治绩优秀者,而以之报告上级,加以举荐。

四 宫正

1. 宫正掌王宫之戒令、纠禁①,以时比宫中之官府、次舍之众寡②,为之版以待③。夕击柝而比之④。

【注释】

①纠禁：纠察、禁绝。

②以时比宫中之官府：时，据孔广林《臆测》说，是对下“夕”而言，谓昼也。比，检查，查对。郑《注》曰：“校次其人在否。”宫中之官府，郑《注》曰：“官府之在宫中者，若膳夫、玉府、内宰、内史之属。”次舍：次，谓宫中值卫人员执勤之所，多在应门内。舍，谓宫中值卫人员休息之所，多在应门外。通言无别。郑《注》曰：“次，诸吏值宿。……舍，其所居寺。”

③版：名册。

④夕击柝(tuò)而比：柝，巡夜打更或警戒时敲击的木梆。郑《注》曰：“莫(暮)行夜比值宿者，为具有解(懈)惰离部署。”

【译文】

宫正掌管王宫中的戒令、纠察、禁绝之事。按时检查在宫中上班的官员和在宫中值班官员的人数，事先造好所有人员的花名册以备检查。黄昏时敲击木梆边警戒边检查值夜人员是否懈惰。

2. 国有故则令宿①，其比亦如之。

【注释】

①国有故则令宿：故，谓兵寇水火等特殊情况。郑《注》曰：“凡非常也。”则令宿，平时仅宫内官员、贵族子弟中应值班者入宫宿卫，有特殊情况时则令所有宫内官员、贵族子弟皆宿卫王宫。

【译文】

王国若发生特殊情况，就命令所有宫内官员、贵族子弟宿卫王宫，对他们的检查、警戒也像平常一样。

3. 辨外内而时禁①。稽其功绪②，纠其德行③，几其出入④，均其稍食⑤。去其淫怠与其奇邪之民⑥。会其什伍⑦，而教之道艺⑧。月终则会其稍食⑨，岁终则会其行事⑩。

【注释】

①时禁：谓人员出入有规定的时间，非时则禁。郑司农云："禁其非时出入。"

②功绪：功业，功绩。绪，未完成的事业、功业。

③纠其德行：纠，督察，督责。德行，指《地官·师氏》"三德三行"。

④几其出入：几，通"讥"，查问，盘查。据郑《注》，谓检查其所穿衣服、所携带物品是否合规，及出入次数是否异常等。

⑤均其稍食：稍食，发给无爵位而在官府任职者作为月俸的米粟。贾《疏》曰："稍则稍稍，与之，则月俸是也。"按，孙诒让等认为稍食与禄不同：禄是授给命士以上有爵位者的田或米粟；稍则是授给无爵而在官任职事者（所谓庶人在官者）作为报酬的米粟。

⑥去其淫怠与其奇邪之民：宋无名氏《周官集说》引刘氏曰："淫，放滥也。怠，懈慢也。奇，异常也。邪，不正也。"民，郑《注》曰："官中吏之家人也。"

⑦会其什伍：会，合也。什伍，军队基层组织，五人为伍，二伍为什。所会合者，据贾《疏》说，是官中官吏的子弟，会合而对其教育、训练，以便担任王宫宿卫。

⑧道艺：此指《地官·保氏》之六艺：礼、乐、射、驭、书、数。

⑨月终则会其稍食：会（kuài），计，总计。贾《疏》曰："月终会计之。"

⑩岁终则会其行事：行，做，从事某种活动。郑《注》曰："行事，吏职也。"贾《疏》曰："岁终则会计行事吏职，当考知功过也。"

【译文】

辨别宫外、宫内的人，而禁止他们在规定之外的时间出入。考察宫中官吏的功业，督察他们的品德行为防止偏失，严格检查他们出入宫门，合理调整他们的食粮保证均平。驱逐那些放纵无礼、懈怠懒惰的官员，以及官员子弟中那些行为诡异、品行邪恶的人。平时将宫中官员子弟依据军队什伍编制组织起来，用礼、乐、射、驭、书、数等技艺来教育他们。每月月底就统计宫中官员的报酬数额，每年年底就总结他们履行职务的情况。

4. 凡邦之大事①，令于王宫之官府次舍，无去守而听政令。

【注释】

①大事：孙诒让曰："谓有寇戎及大丧之事。"

【译文】

凡是王国发生了战争或王、后、太子去世等大事，就向王宫中所有官府的人员及值夜官员宣令，不得擅离职守而随时听候命令。

5. 春秋，以木铎修火禁①。

【注释】

①修火禁：修，实行。郑《注》曰："火星以春出，以秋入，因天时而以戒。"贾《疏》曰："此谓宫正于宫中特宜慎火，故修火禁。"

【译文】

每年春季和秋季，摇动木铎在宫中巡行，告诫宫中人等严格遵行有关用火的禁令严防火灾。

6. 凡邦之事①，跸宫中、庙中②，则执烛③。

【注释】

①事：郑《注》曰："祭事也。"

②跸(bì)宫中、庙中：跸，谓王出行时清道，以禁绝闲人往来。按，具体行跸事者是隶仆(参见《夏官·隶仆》)。

③执烛：据贾《疏》，王往宫中、庙中时天色尚早，需执烛照明。按，烛，谓火炬。

【译文】

凡是王国宫中、庙中的祭祀活动，当隶仆禁绝宫中、庙中闲人通行时，就由宫正手持火炬为王照明。

7. 大丧，则授庐舍[①]，辨其亲疏贵贱之居[②]。

【注释】

①庐舍：庐，谓倚庐，按贾《疏》，为守丧而用木椽斜倚路门外东墙搭成的小草棚。舍，谓垩室，以白垩土涂墙的砖垒小草屋。二者皆居丧时的临时住所。郑《注》曰："庐，倚庐也。舍，垩室也。"

②辨其亲疏贵贱之居：郑《注》曰："亲者、贵者居倚庐，疏者、贱者居垩室。"贾《疏》曰："亲谓大功以上，贵谓大夫以上，居倚庐；……疏谓小功、缌麻，贱谓士，二者居垩室。"

【译文】

国有大丧，就负责分配居丧的倚庐、垩室，要分辨亲疏贵贱来适当安排居丧住所。

五　宫伯

1. 宫伯掌王宫之士、庶子凡在版者[①]，掌其政令，行其秩叙[②]，作其徒役之事[③]，授八次、八舍之职事[④]。

【注释】

①王宫之士、庶子凡在版者：士、庶子，据孙诒让说，皆负责宿卫王宫的公卿大夫士之子弟，通称之为国子，其已受爵命为工者谓之士，未受爵命者谓之庶子。版，郑司农曰："名籍也。"

②行其秩叙：王引之曰："秩叙，谓士庶子更番宿卫之次第，一月之次谓之秩，一岁之次谓之叙，故下文'月终则均秩，岁终则均叙'。均者齐其劳逸。行者巡其先后也。"

③作其徒役之事：郑《注》曰："作徒役之事，大子所用。"贾《疏》曰："士、庶子属大子，随其所用使役之也。"

④八次、八舍：郑《注》曰："卫王宫必居四角四中，于徼候（循行伺望）便也。"又曰："次，其宿卫所在，舍，其休沐之处。"案四角，谓宫墙之四角；四中，谓四面宫墙的正中。四角四中共八，宿卫于此八处，故需有八次。休沐（休息沐洗）亦有八处，故需有八舍。次、舍，皆屋舍，而用途不同。职事，职务，事务。

【译文】

宫伯负责掌管王宫中所有登记在册宿卫王宫的士、庶子，掌管管理他们的政令，安排他们轮流换班宿卫的先后顺序，派遣他们到太子处从事劳役活动等事务，分配他们宿卫时的哨位（八次）和下班后的休息处（八舍）的事务。

2. 若邦有大事作宫众①，则令之。

【注释】

①大事：谓战争、大丧和天子巡守等事。

【译文】

如果王国有大事需要征调宿卫王宫的贵族子弟，就负责向这些士、庶子下达命令。

3. 月终则均秩，岁终则均叙[1]。以时颁其衣裘。掌其诛赏。

【注释】

①“月终则均秩”二句：惠士奇《礼说·天官上》曰：“月终均秩者，犹（唐时）府兵之月上；岁终均叙者，犹（汉时）卫卒之岁更。盖番上更休皆有秩叙，各得其均。”

【译文】

月底要调整士、庶子换班宿卫的次序，年终也要调整（他们换班）轮值的次序，以便苦乐均平。按照不同季节，向他们颁发夏衣、冬衣。掌管对他们的赏罚。

六 膳夫

1. 膳夫掌王之食、饮、膳、羞[1]，以养王及后、世子[2]。

【注释】

①食饮膳羞：此为组成王及其近亲贵臣伙食的四方面。食，即饭食，食物。饮，泛指酒浆、饮料；具体包括《天官·酒正》“三酒”、《天官·浆人》“六饮”等。膳，谓牲肉，主要指牛、羊、豕、犬、雁（鹅）、鱼六牲，煮熟而无佐料。羞，即庶羞，谓美味食物，为三牲之羹及禽兽、虫鱼、菜果众物之在笾豆者。郑《注》曰：“膳，牲肉也；羞，有滋味者。”

②世子：即太子。天子及诸侯的嫡长子，王位的合法继承人。

【译文】

膳夫掌管王伙食所需的的饭食、饮料、牲肉、庶羞美味，用以供养王、王后和太子。

2. 凡王之馈食用六谷[1]，膳用六牲[2]，饮用六清[3]，羞用百二十品[4]，珍用八物[5]，酱用百有二十瓮[6]。

【注释】

①凡王之馈食用六谷：馈，郑《注》曰："进物于尊者曰馈。"六谷：郑司农曰："稌、黍、稷、粱、麦、苽。"按，稌(tú)，稻也。程瑶田《九谷考》曰："黍，今之黄米。稷，今之高粱。"又曰："今北方呼粟米之纯白者曰粱。"苽(gū)，同"菰"，即菰米，茭白的果实，又名雕胡，产于我国南方，古人或煮菰米为饭。

②六牲：王引之曰："牛、羊、豕、犬、雁(鹅)、鱼也。"

③六清：郑司农曰："水、浆、醴、醥、醫、酏。"六饮中水之外的五饮有清、浊之分，清者为善，此处所用皆清，故称。按，此处六清与《天官·浆人》"六饮"同，彼"醥"作"凉"。

④羞用百二十品：郑《注》曰："羞，出于牲及禽兽，以备滋味，谓之庶羞。"

⑤珍用八物：即八珍，八种最高级的食品。郑《注》曰："谓淳熬、淳母、炮豚、炮牂、捣珍、渍、熬、肝膏也。"按，据《礼记·内则》，淳熬，是将煎炒过的肉酱加在稻米饭上，再浇上油脂做成的食物。淳母，是将煎炒过的肉酱加在黍饭上，再浇上油脂做成的食物。炮豚，是将猪腹内掏空填上枣，用苇席包裹、泥巴涂封后烧烤，然后剥去泥、席，用水调和稻米粉涂在猪肉外，再用油煎，煎后切成薄片加香料调和，放入小鼎，再将小鼎放入盛水的大鼎中，用火煨三天三夜，这样做成的食物。炮牂(zāng)，牂即母羊，其做法与炮豚相同。捣珍，取牛、羊、麋、鹿、獐的狭脊肉，捶捣后煮熟，捞出用醋、肉酱调和而成的食物。渍，取新鲜牛肉切成薄片，用酒浸泡一天一夜，然后用肉酱、醋、梅浆调和做成的食物。熬，将牛肉捶捣后摊在苇席上，洒上香料、盐，再将肉烤干做成的食物。

肝膋(liáo),指动物肠间的脂肪,是取一副狗肝,蒙以狗肠间的脂肪,用火将脂肪烤焦熟而做成的食物。

⑥酱用百有二十瓮:酱,用调料腌制而成的肉酱,是醯、醢的总名。醯主酸、醢主咸。析言之,酱主要为醢。郑玄注:"酱,谓醯、醢也。"醯(xī)即醋,醢(hǎi)即用肉、鱼等制成的咸肉酱。百二十瓮醯、醢的具体种类已不可考。郑《注》曰:"天子、诸侯有其数,而物未得尽闻。"

【译文】

凡是馈送王的饮食,主食用六种谷物做成,肉食用六种家畜和家禽,饮料用六种清饮料,庶羞美味用一百二十种,珍肴用八种,酱用一百二十瓮。

3. 王日一举①,鼎十有二②,物皆有俎③。以乐侑食④。膳夫授祭⑤,品尝食⑥,王乃食。卒食,以乐彻于造⑦。

【注释】

①王日一举:举,杀牲制作盛馔曰举。郑《注》曰:"杀牲盛馔曰举。王日一举,以朝食也。"贾《疏》曰:"一日食有三时,同食一举。"即每日早餐前杀牲,吃上一天(三餐)。

②鼎十有二:盛牲肉的正鼎九,盛庶羞的陪鼎三。鼎,食器,一般三足两耳。郑《注》曰:"牢鼎九,陪鼎三。"按,牢鼎,又称正鼎,盛牛羊豕三牲及其他牲肉的鼎。陪鼎,正鼎之外陪设于旁者。

③物皆有俎:物,谓牢鼎之实。俎,古代祭祀、宴飨时陈置牲肉的桌几形青铜或木制器具。郑《注》曰:"物谓牢鼎之实,亦九俎。"按,取出九鼎中的牲肉分置于九俎上后,才能取食。

④侑:劝也。孙诒让说字当作"宥",又说:"宥,本训宽,假借为劝助之义。"

⑤膳夫授祭：祭，谓食前之祭。郑《注》曰："礼，饮食必祭，示有先也。"秦蕙田《五礼通考·吉礼六十二》曰："食必有祭，示不忘先。"按，古人饮食之前必先行祭礼，祭祀食物发明者，称食前祭礼。其祭法是：若饮，则先取少许浇于地；若食，亦先取少许置于席前俎、豆或笾旁以示祭。膳夫授祭，指膳夫助王行食前祭礼：把应祭的食物取以授王，再由王祭之。

⑥品尝食：品，相当于"遍"，表示统括。品尝，遍尝各种食物。

⑦以乐彻于造：彻，撤除，撤去。祭奠或宴会结束时彻去食物，并演奏音乐。造，通灶，灶房，厨房。郑司农曰："谓食之故所居处也，已食彻置故处。"

【译文】

王用膳每天杀牲做一次盛馔，陈列各种肉食、庶羞十二鼎，鼎中牲肉取出后都用俎盛着进上。王进食时要奏乐劝食。食前膳夫要把应当行祭礼的食物递给王，并先为王遍尝各种食物，然后王才开始进食。王食毕，要奏起音乐，把食器撤回原处。

4. 王齐[1]，日三举。

【注释】

①齐(zhāi)：同"斋"，指斋戒，祭祀前十天开始的散斋和致斋。参见《大宰》注。

【译文】

王在斋戒期间，每日三餐都要宰杀牲畜。

5. 大丧则不举，大荒则不举[1]，大札则不举[2]，天地有灾则不举[3]，邦有大故则不举[4]。

【注释】

①大荒：凶年五谷不收。

②大札：大瘟疫。郑《注》曰："疫疠也。"按，疫疠即瘟疫，谓急性传染病流行。

③天地有灾：指日食、月食、山崩、地震等异常现象。郑《注》曰："天灾，日月晦食。地灾，崩动也。"

④大故：重大事故，指兵寇、刑杀等事。郑《注》曰："寇戎之事。"

【译文】

如果遇到大丧，就不杀牲，遇到大灾荒年，也不杀牲，瘟疫流行不杀牲，遇到天象变异、地震山崩等不杀牲，王国有大的军事行动或罪犯行刑不杀牲。

6. 王燕食①，则奉膳、赞祭②。凡王祭祀、宾客食③，则彻王之胙俎④。凡王之稍事⑤，设荐脯醢⑥。王燕饮酒，则为献主⑦。

【注释】

①燕食：谓王日中之食和夕食。此两餐吃朝食（早饭）所余。郑《注》曰："谓日中与夕食。"孙诒让曰："以王日三食，日中与夕食馔具减杀，别于礼食及朝食盛馔，故谓之燕食。"

②奉膳、赞祭：奉，进也。膳，牲肉。郑《注》曰："奉朝之余膳。"即早餐剩下的牲肉。祭，谓食前祭。

③祭祀、宾客食：祭祀，谓祭宗庙。宾客食，贾《疏》曰："王与宾客礼食于庙。"

④胙俎：胙，通"阼"。胙俎，即阼俎。主人饮食之俎曰胙俎。《仪礼·特牲馈食礼》郑《注》曰："阼俎，主人俎。"即主人席前所设之俎。祭祀或款待宾客之礼毕，则由膳宰为主人把胙俎彻去。

⑤稍事：稍，小。郑《注》曰："有小事而饮酒。"

⑥脯醢：干肉和肉酱。贾《疏》曰："脯醢者是饮酒肴羞，非是食馔。"

⑦"王燕饮酒"二句：燕，宴饮，宴请。燕饮酒，谓王闲暇时宴请臣下饮酒。有别于飨、食之礼，燕饮酒之礼最轻，王不亲自献酒，而以膳夫代王为献主。按，郑司农曰："膳夫代王为主，君不敌臣也。"即谓王位尊贵，臣不敢与之抗礼，故由膳夫代王向宾（大夫充当）及臣下献酒。

【译文】

到王进午餐、晚餐时，就要为王奉进早饭所剩的饭菜，并帮助王行食前祭礼。凡是王举行祭祀，或与宾客同进酒食，礼毕就撤下王的胙俎。凡是王因小事而饮酒，就要为王陈设进献脯醢等小菜，王设宴招待臣下饮酒时，就做献主代王为主人向臣下献酒。

7. 掌后及世子之膳羞①。

【注释】

①掌后及世子之膳羞：郑《注》曰："亦主其馔之数，不馈之耳。"按，馔之数，谓合乎礼制的膳羞种类、数量。膳夫只掌管膳羞的供给，而由内饔进献。

【译文】

掌管供给王后、太子饮食所需的牲肉及美味菜肴。

8. 凡肉脩之颁赐①，皆掌之。

【注释】

①肉脩：脩，又叫腶脩，将薄肉片加入姜桂等后捶捣、风干制成的干

肉。按，贾《疏》曰："加姜桂锻治（即捶捣）者谓之脩，不加姜桂、以盐干之者谓之脯。"则干肉有脩、脯两种。二者亦可通谓之脯。颁赐，赏赐，分赏。常制范围内给予称颁，分外加惠赠送称赐。

【译文】

凡是王向群臣颁赐鲜牲肉和腶脩的事，都由膳夫掌管。

9. 凡祭祀之致福者①。受而膳之②。以挚见者③，亦如之。

【注释】

①祭祀之致福：指诸臣祭祀宗庙后，将祭肉进献给王，以示将祭祀所祈之福致之于王。郑《注》曰："致福，谓诸臣祭祀，进其余肉，归胙于王。"

②受而膳之：贾《疏》曰："膳夫受之，以为王膳，故云'受而膳之'。"

③挚：相见时所持的见面礼。今多作"贽"。六挚为皮帛、羔、雁（鹅）、雉、鹜、鸡。

【译文】

凡是祭祀后群臣将祭肉进献给王的，就接受而用为王的肴馔。群臣拿着见面礼来晋见王的，也是这样。

10. 岁终则会①，唯王及后、世子之膳不会②。

【注释】

①岁终则会：岁终，谓夏历年终。会，统计，总计。此处谓岁计，即全年收支总计。

②"唯王"句：郑《注》曰："不会计多少，优尊者。其颁赐诸臣，则计之。"按，即谓王、王后、太子的膳食费用无限制。

【译文】

每到夏历年终，就要把全年颁赐群臣的鲜肉、肉脯数量加以总计，但王、王后和太子的膳食费用不作总计。

七 庖人

1. 庖人掌共六畜、六兽、六禽①，辨其名物②。

【注释】

①六畜：郑《注》曰："六牲也。"（参见《膳夫》第2节注）六兽：据郑《注》，谓麋、鹿、狼、麕（jūn，即獐）、野豕（野猪）、兔。或曰有熊而无狼。六禽：据郑《注》，谓羔、豚（小猪）、犊（小牛）、麛（mí，幼鹿，此泛指小兽）、雉、雁。郑司农说是雁、鹑、鹬、雉、鸠、鸽。郑《注》又曰："凡鸟兽未孕曰禽。"又按，《礼记·曲礼上》孔《疏》曰："别而言之，羽则曰禽，毛则曰兽；通而为说，兽亦可曰禽。……《白虎通》曰：'禽者，鸟兽之总名。'"

②辨其名物：名物，名称、物色（毛色）。贾《疏》曰："此禽兽等皆有名号物色，故云'辨其名物'。"

【译文】

庖人掌管供给六畜、六兽、六禽，辨别它们的名号、毛色。

2. 凡其死、生、鲜、薨之物①，以共王之膳，与其荐羞之物②，及后、世子之膳羞③。

【注释】

①凡其死、生、鲜、薨（kǎo）之物：鲜，新杀者。薨，谓晒干者。郑司农曰："谓干肉。"据孙诒让说，此处"死、生、鲜、薨之物"，乃承上

节六畜、六兽、六禽为文。

②荐羞：进献美味的食品。先设品物称荐，加进有滋味之食物称羞。郑《注》曰："荐亦进也。备品物曰荐，致滋味乃为羞。"

【译文】

凡是这些死的、活的、鲜的、干的畜禽及兽肉，都用来作为供奉给王膳食所需的牲肉，和进献给王的美味佳肴，以及供奉王后、太子伙食所需的牲肉和美味佳肴。

3. 共祭祀之好羞①。共丧纪之庶羞②，宾客之禽献③。

【注释】

①好羞：据郑《注》、贾《疏》，谓难得的时鲜珍美食物、土特产等。

②共丧纪之庶羞：丧纪，即丧事。丧事有一定的法数，故谓之丧纪。《礼记·文王世子》"丧纪以服之轻重为序"，郑《注》曰："纪犹事也。"庶羞，参见上文《膳夫》注。

③宾客之禽献：宾客，指来朝聘的诸侯、卿大夫等。禽献，此指活的禽、兽。郑《注》曰："献禽于宾客。"

【译文】

供给祭祀所需的时鲜珍美食物。供给丧事所需的各种美味佳肴，以及款待来朝聘宾客所需的禽兽肉。

4. 凡令禽献①，以法授之②，其出入亦如之③。

【注释】

①凡令禽献：郑《注》曰："令，令兽人也。禽兽不可久处，宾客至，将献之，庖人乃令兽人取之。必书所当献之数与之，及其来致禽，

亦以此书校数之。至于献宾客，又以此书付使者，展而行之。”按，兽人，官名。负责提供活的禽兽。

②以法授之：法，指供应各类宾客禽兽数目的相关法规、规定。授之，谓授予兽人，让其依数进献。

③其出入亦如之：贾《疏》曰：“既以数授兽人，（兽人）依数以禽入庖人，是入也。庖人得此禽，还依数付使者送向馆，是出也。”

【译文】

凡是宾客到达后，庖人就要命令兽人进献禽兽，依据规定把所应献禽兽的数量交给他。兽人给庖人送来禽兽，庖人送出禽兽，也要像这样依据规定办理。

5. 凡用禽献①，春行羔豚②，膳膏香③；夏行腒鱐④，膳膏臊⑤；秋行犊麛，膳膏腥⑥；冬行鲜羽⑦，膳膏膻⑧。

【注释】

①用禽献：郑《注》曰：“用禽献，谓煎和之以献王。”煎和，烹调也。

②行：使用。

③膳膏香：膳，据郑《注》，谓烹调，煎和。膏香，牛油。杜子春曰：“牛脂也，以牛脂和之。”

④腒鱐（jūsù）：腒，腌制的干野鸡。郑司农曰：“腒，干雉。鱐，干鱼。”

⑤膏臊：狗油。杜子春曰：“犬膏。”

⑥膏腥：鸡油。郑《注》曰：“鸡膏也。”一说，为豕膏，猪油。

⑦鲜羽：《礼记·内则》郑《注》曰：“鲜，生鱼也。羽，雁（即鹅）也。”

⑧膏膻：羊油。杜子春曰：“羊脂也。”

【译文】

凡是用禽兽肉进献给王，要因时制宜：春季使用羊羔肉和小猪肉，以有香味的牛油烹调；夏季使用干野鸡肉和干鱼，以有臊味的狗油烹调；秋季使用小牛犊肉和小兽肉，以有腥味的鸡油脂烹调；冬季使用鲜鱼和鹅肉，以有膻味的羊油烹调。

6. 岁终则会，唯王及后之膳禽不会[1]。

【注释】

①膳禽：即上文春夏秋冬四季特意为王烹调的禽兽。

【译文】

每到夏历年终就要对全年所用禽兽的数目做总计，只有供给王和王后的禽兽不作总计。

八 内饔

1. 内饔掌王及后、世子膳羞之割亨煎和之事[1]，辨体名、肉物[2]，辨百品味之物[3]。

【注释】

①割亨煎和之事：割，用刀宰杀、分解牲体。亨，同“烹”，烧煮，烹调。本书烹概用亨。煎和，煎炒并以五味调和使有滋味。

②体名、肉物：体名，谓牲畜宰杀后分割成块的各部位名称，如脊、胁（两肋）、臂（在肩之下）、臑（nào，前胫骨的下端）等等。肉物，指不同部位、用途的内脏的名称，如心、肝、肠、胃、举肺（用于食的肺）、祭肺（用于祭的肺），等等。参见凌廷堪《礼经释例》。

③百品味：品，种类。郑《注》曰：“庶羞之属。言百，举成数。”

【译文】

内饔掌管供给王及王后、太子的所食牲肉和美味的宰割、烧煮、煎炒、调和的事情，辨别牲体各个部位、内脏的名称，辨别制成的众多美味佳肴的名称。

2. 王举[1]，则陈其鼎俎[2]，以牲体实之[3]。

【注释】

①举：谓杀牲盛馔（参见《膳夫》注）。

②陈其鼎俎：按，牲体先放镬中煮熟，捞出盛于鼎而陈于庭中，然后从鼎中捞出盛于俎以进献。鼎俎皆为盛放之物。

③以牲体实之：谓将牲体分别放入鼎中、俎上。实，装满，填装。郑《注》曰："取于镬以实鼎，取于鼎以实俎。"

【译文】

王进朝食杀牲盛馔时，就要负责陈设那些鼎和俎，并负责将牲体放入镬内煮熟，捞出放到鼎中，然后再盛放到俎上。

3. 选百羞、酱物、珍物[1]，以俟馈[2]。

【注释】

①百羞、酱物、珍物：贾《疏》曰："百羞者，则庶羞百二十。酱物者，则酱用百二十瓮。珍物者，诸八珍之类。"（参见《膳夫》）。

②以俟馈：孙诒让曰："谓俟膳夫之馈也。王之膳羞，内饔但主选，不主馈。"

【译文】

事先挑选好各种美味、醋和肉酱以及最高级的食品，以备膳夫馈送给王。

4. 共后及世子之膳羞[1]。

【注释】

①共后及世子之膳羞：郑《注》曰："膳夫掌之，是乃共之。"贾《疏》曰："后、世子直言共，不言馈者，膳夫馈王，不馈后、世子；此内饔言共，是亲馈。"参见《膳夫》。

【译文】

供给王后及太子膳食所需的牲肉及美味佳肴。

5. 辨腥、臊、羶、香之不可食者[1]。牛夜鸣则庾[2]。羊泠毛而毳[3]，羶。犬赤股而躁[4]，臊。鸟鷩色而沙鸣[5]，貍[6]。豕盲视而交睫[7]，腥[8]。马黑脊而般臂[9]，螻[10]。

【注释】

①腥、臊、羶、香：按，鸡膏腥，犬膏臊，羊膏羶，牛膏香（参见《庖人》），故此处即用以指代鸡、犬、羊、牛等牲禽。又按，下文牛、羊、犬皆言及，独不见鸡，其实于鸟中该之。

②庾（yǒu）：朽木般的臭味。贾《疏》曰："恶臭也。"

③羊泠（líng）毛而毳（cuì）：泠，通"零"，谓零落、稀疏。毳，毛之间粘连、纠结。贾《疏》曰："泠毛，谓毛长也。而毳，谓毛别聚结者。"

④赤股而躁：赤股，后腿内侧无毛。躁，行进时浮躁而急疾。贾《疏》曰："股里无毛，……而走又躁疾。"

⑤鸟鷩（piǎo）色而沙鸣：鸟，孙诒让曰："兼雁鸡二牲而言。"鷩色，谓鸟的羽毛暗淡无光泽而颜色不纯。郑《注》曰："失色，不泽美也。"沙鸣，叫声嘶哑。郑《注》曰曰："沙，澌（嘶）也。"

⑥貍：腐烂的臭味。《释文》曰："音郁。"按，《礼记·内则》作"郁"，

郑《注》曰："腐臭。"

⑦豕盲视而交睫：盲，同"望"，远看。盲视，即望视，抬头才能平视。杜子春曰："盲视，当为望视。"《礼记·内则》郑《注》曰："远视也。"交睫，上下睫毛交错。

⑧腥：郑《注》曰："当为'星'，声之误也。肉有如米者，似星。"按，星即猪囊虫，生有囊虫的猪肉今俗称"米星肉"。

⑨般臂：前腿有杂色花纹。般，通"斑"。郑《注》曰："般臂，臂毛有文。"按，《礼记·内则》郑《注》曰："般臂，前胫般般然也。

⑩螻：郑司农曰："螻蛄臭也。"

【译文】

辨别鸡、犬、羊、牛等牲中有腥臊膻香等怪味而不可食用的食品。牛如果在夜里鸣叫，它的肉就一定有烂木头的恶臭。羊如果毛稀少而且又结成疙瘩，它的肉就一定羶味很重。狗如果后腿内侧无毛而又奔跑急躁，它的肉就一定有臊味。鸟的毛色暗淡无光泽而又鸣叫声沙哑，它的肉就一定有股腐烂的臭味。猪的两眼如果作远视貌而且上下睫毛粘连，它的肉就一定生囊虫。马是黑色脊背而且前腿毛色杂乱的，它的肉就一定有股螻蛄般的臭味。

6. 凡宗庙之祭祀，掌割亨之事，凡燕饮、食亦如之[①]。凡掌共羞、脩、刑、膴、胖、骨、鱐[②]，以待共膳。

【注释】

①燕饮、食亦如之：贾《疏》曰："谓王及后、世子自燕饮、食，皆须割亨，故云'亦如之'。"孙诒让曰："此食与《膳夫》燕食同，饮亦谓燕居饮酒。"按，燕食，谓午餐与晚餐（参见《膳夫》注）。燕饮，参见同上注。

②共羞：郑《注》曰："共，当为'具'。羞，庶羞也。"按，具，备齐。羞，谓庶羞。脩：加入姜桂等佐料捶制而成的干肉脯。郑《注》曰：

"锻脯也。"即腶脩(参见《膳夫》注)。刑:通"铏(xíng)",古代一种盛羹器。参见《亨人》注。《仪礼·公食大夫礼》郑《注》曰:"铏,菜和羹之器。"按,此处谓铏羹,是一种既加佐料又加菜的盛于铏中的肉羹。郑《注》曰:"刑,铏羹也。"膴(hū):一种切成薄片的大片肉,用于食前祭礼。胖:不干的咸生肉片(参见《腊人》注)。骨:谓已剔解好的牲体。郑《注》曰:"牲体也。"

【译文】

凡是宗庙祭祀,掌管牲体的宰割、烹煮的事,凡是王、王后及太子行燕饮酒礼或进午餐、晚餐时也这样做(掌管牲体的宰割、烹煮)。每顿饭都要提前预备各种美味佳肴、腶脩、铏羹、切成薄片的大肉片、不干的生咸肉、剔解好的牲体、干鱼,等等,以备供王、王后和太子膳食所需。

7. 凡王之好赐肉脩[1],则饔人共之[2]。

【注释】

①好赐肉脩:好赐,对王所喜欢者的赐予。贾《疏》曰:"谓群臣王所爱好,则赐之肉脩。"

②饔人:即内饔。本书凡通举某官府各类人员,即改称"人",如《射人》称大仆为仆人,《大祝》称甸师为甸人。孙诒让曰:"称人者,通举其长官徒属之言。凡此经总举官属者皆称人。"

【译文】

凡是王喜欢某臣而赐予牲肉和干肉脯,就由内饔负责供给他。

九 外饔

1. 外饔掌外祭祀之割亨[1],共其脯、脩、刑、膴,陈其鼎俎,实之牲体、鱼、腊[2]。凡宾客之飧、饔、飨、食之事[3],亦如之[4]。

【注释】

①外祭祀：谓凡宗庙之外，天地、四望、山川、社稷、五祀等外神的祭祀，皆外祭祀。按，宗庙之祭谓内祭祀。参见《春官·大宗伯》。

②腊(xī)：干肉。

③凡宾客之飧、饔、飨、食之事：飧，参见《宰夫》第7节注。饔，此谓馈饔饩。客人行过朝聘礼后，主人要把已杀的牲(祢饔)与尚未杀的活牲(称饩)和其他食品及牲畜草料等送到客人下榻处，称馈饔饩。《仪礼·聘礼》"馈饔饩"郑《注》曰："杀曰饔，生曰饩。"彼处胡培翚《正义》曰："饔兼饪与腥言，皆是已杀者，饩是生牲。"此谓凡已杀的牲称饔，杀而煮熟的牲肉称饪，杀而未煮的生肉称腥，未杀的活牲称饩。宾客初到，主人为之举行的便宴谓之飧。食(sì)，谓食礼，也是一种款待宾客之礼，《仪礼·公食大夫礼》记载诸侯国君用食礼款待来行小聘礼的大夫，可参看。飨、食，二者皆是主人为客人举行的正式宴会。飨的规格高于食。参见上文《宰夫》注。

④亦如之：谓亦如外祭祀时那样掌割亨、陈鼎俎，并实之。

【译文】

外饔掌管外祭祀所用牲的宰割和烹煮，供给外祭祀所需的肉脯、加入姜桂后制成的肉干、加佐料又加菜的肉汤、切成薄片的大肉片，陈列外祭祀所用的鼎、俎，并把牲体、鲜鱼、干兽肉等装进鼎中和放到俎上。凡是为来朝聘的宾客设接风便宴、为他们馈赠饔饩，举行飨礼和食礼的事，也要这样做。

2. 邦飨耆老、孤子①，则掌其割亨之事。飨士、庶子②，亦如之。

【注释】

①耆老、孤子：耆老，即六十岁以上的老人，《礼记·曲礼上》说："六

十曰耆，七十曰老。”《说文》曰：“耆，老也。”孤子，烈士之子。郑《注》曰：“死王事者之子也。”

②士、庶子：指公卿大夫子弟中宿卫王宫者。（参见上文《宫伯》注）。郑《注》曰：“士、庶子，卫王宫者。”

【译文】

王国用飨礼慰劳老人和烈士子女，就要掌管宴会所需牲肉的宰割、烹煮的事。用飨礼招待士、庶子等王宫卫士时，也要这样做。

3. 师役①，则掌共其献、赐脯肉之事②。

【注释】

①师役：贾《疏》曰：“谓出师征伐，及巡守、田猎。”

②献、赐脯肉：贾《疏》曰：“谓献其将帅并赐酒肉之事。”

【译文】

遇到出师征伐、巡守、田猎，就要掌管供给王向有功将帅献酒或赏赐他们时所需肉脯和鲜牲肉的事。

4. 凡小丧纪①，陈其鼎、俎而实之。

【注释】

①小丧：按，小丧所涉及范围，贾《疏》曰：“夫人已下之丧。”孙诒让说，或包括王子弟、同姓诸侯之丧。

【译文】

凡是小丧事的奠祭，就负责陈列鼎、俎，并且把祭品盛装入鼎中、俎上。

一〇 亨人

1. 亨人掌共鼎、镬[1]，以给水火之齐[2]。

【注释】

①亨：同“烹”，烧煮烹调。共鼎、镬(huò)：镬，煮生肉、干肉和鱼的大锅，形似无足的鼎。肉煮熟后捞出盛进鼎内再加调味。郝敬曰：“镬以煮牲，牲各一镬，各一鼎，熟于各镬，升于各鼎。”

②齐(jì)：同“剂”，剂量，分量。郑《注》曰：“多少之量。”水火之齐，指加水的多少和掌握火候大小。

【译文】

亨人掌管供给煮肉用的鼎、镬，掌握煮肉时加水的多少和火候大小。

2. 职外、内饔之爨亨煮[1]，辨膳羞之物[2]。

【注释】

①职外、内饔之爨(cuàn)亨煮：职，掌管。郑《注》曰：“主也。”爨，即灶。按，“煮”字，王念孙说是衍字，《注》文释“亨”字而窜入经文者。可从。

②辨膳羞之物：孙诒让曰：“谓辨别《膳夫》膳用六牲，羞用百二十品之物，皆亨而共之。”

【译文】

负责将外饔和内饔所供食物在灶上烹煮，辨别用以制作肴馔的各种牲肉、美味。

3. 祭祀共大羹、铏羹[1]。宾客亦如之。

【注释】

①大羹、铏羹：大羹，是一种不加盐、菜和佐料的肉羹，故贾《疏》曰："谓大古之羹，不调以盐菜及五味。"铏羹，既加佐料又加菜的肉羹。参见《内饔》注。

【译文】

祭祀时供给大羹、铏羹。招待宾客时也要像这样做。

一一 甸师

1. 甸师掌帅其属而耕耨王藉①，以时入之，以共粢盛②。

【注释】

①帅其属而耕耨(nòu)王藉：其属，郑《注》曰："府、史、胥、徒也。"耨，除草。藉，谓王的藉田，名义为王亲耕而实则借民力耕种的田地，其收获物主要用于祭祀。藉，借也，谓借民力。

②粢盛(zīchéng)：郑《注》曰："祭祀所用谷也。"阮校曰："《疏》云'六谷曰粢，在器曰盛，以共祭祀，故云粢盛'。"粢盛：装在容器里供祭祀用的谷物。

【译文】

甸师掌管率领他的下属耕种王的藉田，按时交纳农产品，以保证供给王祭祀所需的谷物。

2. 祭祀，共萧、茅①，共野果蓏之荐②。

【注释】

①萧、茅：萧，即香蒿，祭祀时用以烧取香气。据《礼记·郊特牲》说，周人崇尚用气味祭祀，故烧"萧合黍稷"，使"臭(气味)阳达于

墙屋。”茅，菁茅。据王应电说，此为白茅。香蒿、白茅皆祭祀用品。郑《注》曰：“以共祭之苴，亦以缩酒。苴以藉祭。缩酒，泲(jǐ，过滤)酒也。”则祭祀中茅的作用有二：一、用以缩酒，即祭祀时将一束菁茅立起置于神位前，浇酒茅上使顺茅渗入地中，如同神饮；二、作祭品的衬垫物，即把茅铺在神位前地上，再把祭品放在茅上以祭，即“藉祭”。

②果蓏(luǒ)：果、瓜。树上结的称果，地上结的称瓜。王应电《周礼传》曰：“木实曰果，草实曰蓏。”

【译文】

凡有祭祀，负责供给所需的香蒿和白茅，还负责供给野生的瓜果以备祭献。

3. 丧事[①]，代王受眚灾[②]。

【注释】

①丧事：谓王丧。

②代王受眚(shěng)灾：眚，灾祸。据郑《注》、贾《疏》说，王祭祀所用谷物，是甸师率属下耕种藉田而提供的。王去世是因神对王所用谷物不满而降下灾祸；甸师要向藉田之神祈祷，表示引咎自责，愿意代替新王承受灾祸，以使继位的新王免于灾祸。其做法为，死王殡后，大祝做移祸于甸师的祷辞，甸师用此祷辞向藉田之神祝祷，表示愿意代王承受灾祸(参见《春官·大祝》注)。

【译文】

王丧，就向藉田之神祈祷，表示引咎自责，愿意代替新王承受灾祸。

4. 王之同姓有罪，则死、刑焉[①]。

【注释】

①“王之同姓”二句：同姓，谓与王同宗族的兄弟。按，上博简（四）逸诗《多薪》：“兄及弟斯，鲜我二人。……多人多人，莫奴（如）兄弟。……莫奴（如）同生（姓）。……多人多人，莫奴（如）同父母。”可供参考。据贾《疏》，谓王的同姓如犯罪，不在市朝行刑，而到郊野外较隐僻的甸师官府去行刑，以免国人议论其罪行。

【译文】

王的同姓若犯了罪，判决后不在市井热闹处公开执行，而就到甸师的官府去处死或执行刑罚。

5. 帅其徒以薪蒸①，役外、内饔之事②。

【注释】

①帅其徒以薪蒸：徒，指甸师之徒三百人（参见本篇《叙官》第10节）。薪蒸，即木柴。木柴粗者称薪，细者称蒸。郑《注》曰：“木大曰薪，小曰蒸。”

②役外、内饔之事：郑《注》曰：“役，为给役也。”按，外、内饔皆掌割烹，故需用薪柴，而役使甸师之徒以供之，甸师与外、内饔为官联。

【译文】

率领徒众用木柴供外饔、内饔使用，作为外饔、内饔役使的事情。

一二　兽人

1. 兽人掌罟田兽①，辨其名物。冬献狼，夏献麋②，春秋献兽物③。时田，则守罟。及弊田④，令禽注于虞中⑤。

【注释】

①罟(gǔ)田兽:罟,网。田,打猎。今作“畋”。

②“冬献狼”二句:郑玄说:“狼膏聚,麋膏散,聚则温,散则凉,以救时之苦也。”意谓冬天食用狼膏可让人暖和,夏天食用麋膏可让人凉快,故“冬献狼,夏献麋”。

③献兽物:泛指猎获的野兽。郑《注》曰:“凡兽皆可献也,及狐狸。”

④弊田:谓田猎停止。郑玄说:“弊,仆也,仆而田止。”详《地官·大司马》。按,仆,此处停止义。贾《疏》曰:“谓田止。”

⑤令禽注于虞中:禽,兽也。注,聚也。虞中,谓四角树有虞旗的田猎处平地的中央,众人所获禽兽皆集中于此。据贾《疏》说,虞旗谓田猎停止时,虞人在田猎处中央所树的旗帜。

【译文】

兽人掌管用网来捕获野兽,辨别捕获物的名称、毛色。冬季适宜进献捕获的狼,夏季适宜进献捕获的麋鹿,春秋适宜进献各种捕获的野兽。春夏秋冬四季举行田猎活动时,就负责看守着捕兽的网以免猎物破网逃掉。等到田猎停止时,就命令参加田猎的人都把所捕获野兽聚集到四角树有虞旗的田猎处平地的中央。

2. 凡祭祀、丧纪、宾客①,共其死兽、生兽。凡兽入于腊人②,皮毛筋角入于玉府③。

【注释】

①丧纪:谓居丧期间虞、祔以后的祭祀。

②腊人:官名。负责制作干肉。

③玉府:官名。负责保存王的珍贵物品。

【译文】

凡是遇到祭祀、丧祭、招待宾客等事情,就供给所需要的死兽和活兽。凡是所捕获的兽都交给腊人，而兽皮、兽毛、兽筋、兽角等物则送交玉府。

3. 凡田兽者[1]，掌其政令[2]。

【注释】

①凡田兽者：田兽，此谓四时大规模田猎之外的小型田猎活动。李钟伦《周礼纂训》曰："谓卿大夫常田，及百姓田猎是也。"

②政令：据李钟伦说，是指关于田猎的地点、时间、出现争执的处理方法以及征收皮角筋骨等的规定。

【译文】

凡是小规模捕猎野兽的活动，由兽人掌管一切相关政令。

一三　渔人

1. 渔人掌以时渔，为梁[1]。春献王鲔[2]。辨鱼物，为鲜薨[3]，以共王膳羞。

【注释】

①梁：鱼梁，河中截流以捕鱼的低坝。其法为：在河水中筑低坝，坝上开口以流水，放置笱（竹篓形捕鱼器，口部有倒刺形竹片，鱼类能进不能出）承接开口处水流，鱼随水流入笱中则被捕捞。

②王鲔（wěi）：王，大。鲔，一种似鲤而略大的鱼。王鲔，大鲔鱼。

③鲜薨（kǎo）：鲜鱼、干鱼。

【译文】

渔人掌管根据捕鱼的季节捕鱼，在河中修筑鱼梁。春季进献大鲔鱼。鱼类繁多，渔人就负责辨别各种鱼的名称、特点，提供鲜鱼或制作干鱼，以供给王膳食美味的所需。

2. 凡祭祀、宾客、丧纪，共其鱼之鲜薨。

【译文】

凡是祭祀、招待宾客、丧祭等事，供给所需的鲜鱼、干鱼。

3. 凡渔者，掌其政令[1]。

【注释】

①政令：谓捕鱼的时间、地点等相关规定。

【译文】

凡是捕鱼的活动，都由渔人掌管相关政令。

4. 凡渔征[1]，入于玉府。

【注释】

①渔征：谓渔业税。郑司农曰："渔者之租税，渔人主收之，入于玉府。"

【译文】

凡是所征收上来的渔业税，要全部交入玉府。

一四　鳖人

1. 鳖人掌取互物[1]，以时簎鱼鳖龟蜃[2]，凡貍物[3]。春献鳖蜃，秋献龟鱼。

【注释】

①互物：甲壳类动物如龟鳖蛤蚌的总称。此类动物躯体由两片对

称的甲壳包裹，故称。郝敬曰："有甲者。互，合也。蚌蛤之属甲皆合。"

②籍鱼鳖龟蜃：籍（cè），据郑司农说，谓用叉刺取。蜃（shèn），郑《注》曰："大蛤。"

③貍物：貍，"埋"的假借字。貍物，埋藏潜伏在泥中的水生动物。郑司农曰："貍物，龟鳖之属，自貍藏伏于泥中者。"

【译文】

鳖人掌管捕取龟鳖蛤蚌等甲壳类动物，按照季节用叉刺取鱼鳖龟蜃等，凡一切埋藏在泥中的水生动物。春季进献鳖、蜃，秋季进献龟、鱼。

2. 祭祀共蠯、蠃、蚳[1]，以授醢人[2]。

【注释】

①蠯、蠃、蚳：蠯（pí），古同"蜱"。一种形状狭长的蚌。郑司农曰："蛤也。"蠃（luǒ），蜗牛。郑《注》曰："蜿蜒。"按，蜿蜒（yíyú），蜗牛。一说是一种似蜗牛的软体动物，《尔雅·释鱼》郭《注》曰："即蜗牛也。"蚳（chí），蚁卵。《尔雅·释虫》："蚍蜉，……其子蚳"，是蚳即蚁卵，古人取以做酱为食。

②授醢人：醢人，官名。负责供给祭祀、宴飨所需之肉酱。按，蠯、蠃、蚳皆可做酱，故将其授予醢人，由后者制作成肉酱（即醢）供祭祀之用。

【译文】

遇到祭祀时供给蚌、蜗牛、蚁卵，将此三者交给醢人以便制作肉酱。

3. 掌凡邦之籍事。

【译文】

掌管凡是王国中关于用叉刺取鱼鳖龟蜃等物的事务。

一五 腊人

1. 腊人掌干肉[1]，凡田兽之脯、腊、膴、胖之事[2]。

【注释】

①干肉：将大的牲畜、野兽剔解后晒干，谓之干肉。

②脯、腊、膴、胖之事：脯，谓咸干肉。郑《注》曰："薄析曰脯。"此指切成片状的咸干肉。按，脯有两种：条状；薄片状。《齐民要术》卷八《腊脯》第七十五记作脯之法云："用牛、羊、獐、鹿、野豕、猪肉，或作条，或作片。"腊，郑《注》曰："小物全干。"即将小兽（如兔）整个风干，称腊。广义上讲，凡干肉（包括经解割的大牲，以及脯、腊、腶脩等）皆可称腊，故干肉、脯、腊等并由腊人掌之。膴（hū），薄切的大肉片。胖（pàn），不干的咸肉片（参见下节注）。按，阮元《周礼注疏校勘记》认为"膴胖之事"四字为衍文。按，阮氏说是，然译文姑按经文字面翻译。

【译文】

腊人掌管制作干肉，凡是将所猎获的禽兽加工成肉脯，或者整个风干，或薄切成大肉片、或做成不干的咸肉片的事都由腊人负责。

2. 凡祭祀，共豆脯、荐脯、膴、胖[1]，凡腊物[2]。

【注释】

①豆脯：郑《注》曰："脯非豆实（即谓脯不是盛在豆中的），'豆'当为'羞'，声之误也。"按，脯乃笾实，全书皆然。又"羞"与下文"荐"，

皆进义，但经文中用法不同：荐（正馔之荐）是祭祀时尸尚未享用祭品前向尸进献的脯醢；羞（进加馔）是尸享用过祭品（象征神已享用）后再向其献酒并进献的脯醢。荐脯：谓朝事、馈食所用的干肉片。参见《笾人》注。胖：郑《注》曰："宜为脯而腥。胖之言片也，析肉意也。"按，所谓"宜为脯而腥"，是说已用盐腌渍，宜用之于风干而为脯，然尚未风干，仍是鲜湿的肉，故曰腥。所谓"胖之言片，析肉意也"，是说将肉切成片状。可知胖为不干的咸肉片。又按，腊人所掌既有干肉，还有鲜肉，故经文记腊人所掌有膴、胖。

②腊物：泛指各种干肉。

【译文】

凡是遇到祭祀，供给加馔的干肉片、朝事与馈食所用的干肉片、切成薄片的大肉片、不干的咸肉片等，以及供给凡是所需的干肉。

3. 宾客、丧纪，共其脯腊[1]，凡干肉之事。

【注释】

①脯腊：即脯。泛言之脯亦称腊（参见第1节），故连称脯腊。

【译文】

遇到招待宾客、丧事的祭祀，负责供给肉脯、风干的整个小兽，以及凡是所需的干肉。

一六　医师

1. 医师掌医之政令，聚毒药以共医事[1]。凡邦之有疾病者[2]，疕疡者造焉[3]，则使医分而治之[4]。

【注释】

①毒药：此处泛指各种药物。因凡药皆有某种毒性，故称。毒，味苦性烈义。郑《注》曰："毒药，药之辛苦者，药之物恒多毒。"

②疾病：此指内科疾病。

③疕(bǐ)疡者造焉：疕，据贾《疏》，谓头上长疮生脓。疡，谓身上生疮受伤。郑《注》曰："身伤曰疡。"详见《疡医》。造，到，去。

④则使医分而治之：谓使疾医(内科医生)治疗内科疾病，使疡医(外科医生)治疗疕疡。

【译文】

医师掌管医药方面的政令，收集种种味苦性烈的药物以供医疗之用。凡是王国中有患疾病的，有头上长疮、身上有创伤的，都到医师的官府去看病，医师就根据患者的病情指派专科医生分别为他们治疗。

2. 岁终，则稽其医事，以制其食①：十全为上②，十失一次之，十失二次之，十失三次之，十失四为下。

【注释】

①食：稍食。即不命之士及庶人在官者的月俸。孙诒让认为此针对散医而言。

②十全：全，通"痊"，痊愈。孔广林《周官臆测》曰："十全，非必治之皆愈也，能识其疾可为与否，言必有中，即为十全。"

【译文】

每到夏历年终，考核专科医生医疗的成绩，以制订给予他们下一年薪俸的标准：凡病都能准确诊断的为上等，有十分之一诊断失误的为次等，有十分之二诊断失误的又次一等，有十分之三诊断失误的又次一等，有十分之四诊断失误的为下等。

一七 食医

1. 食医掌和王之六食、六饮、六膳、百羞、百酱、八珍之齐[1]。

【注释】

①“六食”至“之齐”：和，调和各种食物的比例以利养身。六食，即《膳夫》“食用六谷”。六饮，即《膳夫》“饮用六清”。六膳，即《膳夫》“膳用六牧”。百羞，即《膳夫》“羞用百有二十品”。此言百羞，举其成数，实际当不止此数。百酱，即《膳夫》“酱用百有二十瓮”。八珍，即《膳夫》“珍用八物”。齐，通“剂”，剂量。

【译文】

食医掌管调和王的六种饭食、六种饮料，六种肉食、各种美味佳肴、各种酱类、八种最珍贵食品等。

2. 凡食齐视春时，羹齐视夏时，酱齐视秋时，饮齐视冬时[1]。凡和，春多酸，夏多苦，秋多辛，冬多咸，调以滑甘[2]。

【注释】

①“凡食”至“冬时”：食，谓饭食。齐，谓调和，调配。郑《注》曰：“饭宜温，羹宜热，酱宜凉，饮宜寒。”

②“凡和”至“调以滑甘”：郑《注》、贾《疏》据五行学说进行解释，认为：春天、东方属木，木味酸，故春天要酸味略重些；夏天、南方属火，火味苦，故夏天要苦味略重些；秋天，西方属金，金味辛，故秋天要辛味略重些；冬天，北方属水、水味咸，故冬天咸味要略重些；季夏、中央属土，金木水火，非土不载，土在五行中最尊，而甘

在五味中最尊，故一年四季皆需用甘调和。滑甘，据《礼记·内则》，是调配食品时，加进枣子、栗子、糖稀、蜂蜜等物使其甘甜，加进粉芡汁、菜蔬等物使其柔滑。

【译文】

凡是食品的温热凉寒，都要依照不同种类来调配：饭类食品应参照春天以温为好，羹汤食品应参照夏天以热为好，酱类食品应参照秋天以凉为好，饮料之类应参照冬天以寒为好。凡是调和食物的滋味，春天应酸味略重些，夏天应苦味略重些，秋天应辛味略重些，冬天应咸味略重些，与此同时，各个季节都要加些粉芡汁、菜蔬及枣栗蜂蜜等使食品调和得柔滑、甘甜些。

3. 凡会膳食之宜[1]，牛宜稌，羊宜黍，豕宜稷，犬宜粱，雁宜麦，鱼宜苽[2]。凡君子之食恒放焉[3]。

【注释】

①凡会膳食之宜：会，此处为调配、搭配义。孙诒让曰："此论六膳、六食，牲与谷配合之宜也。"

②"牛宜"至"宜苽"：按，稌、黍、稷、粱、苽，参见《天官·膳夫》注。

③君子之食恒放：君子，此处泛指各级贵族。放，同"仿"，仿照。郑《注》曰："犹依也。"

【译文】

凡是调配牲肉和饭食使它们味道彼此适宜，牛肉适宜和稻饭搭配，羊肉适宜和黍饭搭配，猪肉适宜和稷饭搭配，狗肉适宜和粱饭搭配，鹅肉适宜和麦饭搭配，鱼肉适宜和菰米饭搭配。凡是君子的膳食都要仿照上述方法调配。

一八　疾医

1. 疾医掌养万民之疾病①。四时皆有疠疾②：春时有痟首疾③，夏时有痒疥疾④，秋时有疟寒疾⑤，冬时有嗽上气疾⑥。

【注释】

①养：此犹谓治疗。贾《疏》曰："此主治疗疾病而云养者，但是疗治，必须将养，故以养言之。"

②疠疾：郑《注》曰："气不和之疾。"

③痟(xiāo)首疾：痟，是一种头痛病，酸痛剧烈。《说文》曰："痟，酸痟，头痛。"

④痒疥：《释名·释疾病》曰："痒，扬也，其气在皮中，欲得发扬，使人搔发之而扬出也。"则痒疥即皮肤上长痒疮。

⑤疟寒：即寒疟。《素问·疟论》曰："先寒而后热也，病以时作，名曰寒疟。"

⑥嗽上气：郑《注》曰："嗽，欬(咳)也。上气，逆喘也。"

【译文】

疾医掌管治疗万民的内科疾病。一年四季都有因气不调和而引起的疾病：春季有头痛病，夏季有皮肤生疥长疮的病，秋季有时冷时热的疟疾病，冬季有咳嗽气喘病。

2. 以五味、五谷、五药养其病①，以五气、五声、五色视其死生②。两之以九窍之变③，参之以九藏之动④。

【注释】

①以五味、五谷、五药养其病：五味，郑《注》曰："病由气胜负而生，

攻其赢，养其不足者。”又据《注》、《疏》，指酸、苦、甘、辛、咸五种味道的食品。五谷，郑《注》曰：“麻、黍、稷、麦、豆也。”五药，指草、木、虫、石、谷五种药材。

②五气、五声、五色：五气，五脏所出之气。郑《注》曰：“五藏所出气也。肺气热，心气次之，肝气凉，脾气温，肾气寒。”曾钊曰：“盖因五气以审五脏：伤则病，绝则死。”五声，病人说话声音的宫商角徵羽等变化。郑《注》曰：“言语宫、商、角、徵、羽也。”按，正常人说话有高低强弱的变化，如同有宫、商、角、徵、羽五声。若说话声音异常，则为患病的征兆，故可根据病人说话声音的高低强弱来判断其病情。按，五色，病人脸上的青、赤、黄、白、黑等五种颜色。郑《注》曰：“面貌青、赤、黄、白、黑也。”

③两之以九窍之变：两，贾《疏》曰：“谓九窍与所视为两。”此谓“以五气、五声、五色视其生死”为第一步；观察“九窍之变”为第二步，故曰“两之”。下文“参之”则谓第三步。九窍，郑《注》曰：“阳窍七，阴窍二。”按，九窍包括：耳、目、鼻各二窍，口一窍（此为阳窍七），尿道一窍，肛门一窍（此为阴窍二）。九窍之变，郑《注》曰：“谓开闭非常。”

④九藏之动：藏，同“脏”。九藏，即九脏，据郑《注》，指肺、心、肝、脾、肾（此五者为“正脏”），再加上胃、膀胱、大肠、小肠，共九脏。藏之动，此指脉的动与不动。郑《注》曰：“谓脉至与不至。”贾《疏》曰：“谓九藏在内，其病难知，但诊脉至与不至，即知九藏之动，故云‘藏之动，谓脉至与不至’也。”

【译文】

用五味、五谷、五药为患者治疗疾病。第一步要根据患者的五气、五声和五色，来判断所患疾病是必死还是可治好，第二步要观察患者九窍开闭的变化是否正常，第三步还要通过切脉诊断患者九脏活动的情况，以此来判断病情。

3. 凡民之有疾病者，分而治之，死终则各书其所以，而入于医师。

【译文】

凡是民众有疾病的，疾医们就分别为他们治疗，未能治愈而死亡的，就分别记载他们死亡的原因，而呈报给医师。

一九　疡医

1. 疡医掌肿疡、溃疡、金疡、折疡之祝药[①]，劀、杀之齐[②]。

【注释】

①“疡医”至“祝药”：据孙诒让说，红肿而未聚成脓血的疮称肿疡，已聚成脓血且溃破的称溃疡，由刀箭所致的创伤称金疡，因跌倒致伤称折疡。祝，附着。郑《注》曰：“读如‘注病’之‘注’，声之误也。注谓附着药。”

②劀、杀之齐：劀，同“刮”，刮削，刮去。郑《注》曰：“劀，刮去脓血。杀，谓以药食其恶肉。”齐，通“剂”，谓剂量，分寸。

【译文】

疡医掌管把握适当的剂量和分寸，来为肿疡、溃疡、金疡和折疡患者敷药，以及刮去脓血、销蚀腐肉等。

2. 凡疗疡，以五毒攻之[①]，以五气养之[②]，以五药疗之[③]，以五味节之[④]。

【注释】

①以五毒攻之：五毒，指五种气性酷烈的药石合成的外敷用药，据

郑《注》,指石胆、丹砂,雄黄、礜(yù,玉石)石、磁石。按,此五种药中丹砂、磁石并无毒,孙诒让说,盖因这几种药"咸气性酷烈,故谓之五毒,不必皆有毒也"。攻,治也。

②以五气养之:郑《注》曰:"五气,当为'五谷',字之误也。"按,五谷,参见《疾医》注。养之,据郑《注》,指刮去患处的腐肉,保养调理之使新肉生长。下文"疗之"义同。

③五药:参见同上。

④以五味节之:五味,参见同上。节,据郑《注》,谓以五味来调节以发挥其药力。

【译文】

凡是治疗疡疮,用五种药性酷烈的药来外敷治疗,然后用五谷加以保养调理,用五种药材加以治疗,用五种味道的食品来调节药力增加药效。

3. 凡药,以酸养骨,以辛养筋,以咸养脉,以苦养气,以甘养肉,以滑养窍①。

【注释】

①"凡药"至"养窍":滑,滑石,药名,味甘寒。郑《注》曰:"以类相养也。酸,木味,木(树)根立地中,似骨。辛,金味,金之缠合异物,似筋。咸,水味,水之流行地中,似脉。苦,火味,火出入无形,似气。甘,土味,土含载四者(四者,指金木水火),似肉。滑,滑石也。凡诸滑物,通利往来,似窍。"按,窍即孔,指人体的各种孔道(如耳鼻喉腔肠等)。通利往来,即畅通无阻义。参见《疾医》注。

【译文】

凡是用药,要以酸味的药补养骨骼,以辛味的药补养筋腱,以咸味的药补养血脉,以苦味的药补养脏气,以甘味的药补养肌肉,以滑石畅通通利孔窍。

4. 凡有疡者，受其药焉。

【译文】

凡是患有疡疮的病人，都可以从疡医那里领受药物。

二〇 兽医

1. 兽医掌疗兽病[1]，疗兽疡。

【注释】

①兽医：贾《疏》曰："此医唯疗家畜，不疗野兽，但畜兽义通，今以畜解兽，故畜兽连言之也。"

【译文】

兽医掌管治疗牛马等家畜的内部疾病，治疗家畜的外部疡疮。

2. 凡疗兽病，灌而行之[1]，以节之[2]，以动其气[3]，观其所发而养之。

【注释】

①灌而行之：郑《注》曰："疗畜兽必灌行之者，为其病状难知，灌以缓之，且强其气也。"此谓通过灌药以缓解病畜的病情，增强气力，使其能够行走，以便观察病情。

②以节之：郑《注》曰："节，趋聚之节也。"按，趋谓缓行。聚，孙诒让说，是"驟"的省文，谓疾行。

③动其气：郑《注》曰："气谓脉气。既行之，乃以脉视之，以知所

病。”按，所谓脉气，谓血脉之气发于外者，视之则可判断畜病。

【译文】

凡是治疗家畜的内部疾病，要先灌饮汤药而牵着它行走，调节它的步幅大小，以发动它的脉气，再观察脉气以判断病灶位置，而后加以疗治调养。

3. 凡疗兽疡，灌而劀之，以发其恶[①]，然后药之，养之，食之。

【注释】

①恶：谓病畜患病部位的病变毒性。

【译文】

凡是治疗家畜的外部疡疮，先灌饮汤药，而后刮去脓血、坏死组织，以去除患病部位的病变毒性，然后在疮口敷上药，加以疗治调养，喂给饲料。

4. 凡兽之有病者，有疡者，使疗之，死则计其数，以进退之[①]。

【注释】

①进退之：贾《疏》曰：“谓据功过进退其禄也。”

【译文】

凡是家畜患有内部疾病的，患有外部疡疮的，医师就派兽医前去治疗，治疗不愈而死掉的，就要统计死畜数目，依据治愈情况决定对兽医俸禄的进退升降。

二一　酒正

1. 酒正掌酒之政令，以式法授酒材[①]。凡为公酒者[②]，亦如之。

【注释】

①式法：谓作酒之法式。授酒材：郑司农说："授酒材，授酒人以其材。"

②公酒：为公事而酿的酒。

【译文】

酒正掌管有关酿酒的政令，按照法式把造酒的材料发给酒人。凡是为公事而酿酒的，也按照造酒法式把造酒材料发给他们。

2. 辨五齐之名[1]：一曰泛齐[2]，二曰醴齐[3]，三曰盎齐[4]，四曰缇齐[5]，五曰沉齐[6]。辨三酒之物[7]：一曰事酒[8]，二曰昔酒[9]，三曰清酒[10]。辨四饮之物：一曰清[11]，二曰醫[12]，三曰浆[13]，四曰酏[14]。掌其厚薄之齐[15]，以共王之四饮、三酒之饌[16]，及后、世子之饮与其酒。

【注释】

①五齐(jì)：指五种未经滤去酒糟的浊酒。齐，未经滤去酒糟的酒。贾《疏》曰："通而言之，五齐亦曰酒。"

②泛齐：酒糟漂浮酒表面的浊酒。郑《注》曰："泛者，成而滓浮泛泛然。"

③醴齐：仅酿一宿、比泛齐略清、酒糟和酒汁混在一起的甜酒。《说文》曰："醴，酒一宿孰(熟)也。"郑《注》曰："醴犹体也，成而汁滓相将，如今恬(甜)酒矣。"

④盎齐：比醴齐略清的葱白色浊酒。郑《注》曰："盎犹翁也，成而翁翁然，葱白色。"翁翁然，酒色浊貌。

⑤缇(tí)齐:比盎齐略清的红色酒。郑《注》曰:“缇者,成而红赤。”

⑥沉齐:酒糟沉淀于底部的酒。郑《注》曰:“沉者,成而滓沉。”

⑦三酒:三种滤去酒糟的清酒。孙诒让曰:“三酒,已泲去滓之酒也。”

⑧事酒:因事临时新酿的浊酒。俞樾曰:“事酒者,谓临事而酿者也。”

⑨昔酒:冬酿春成、酿期较长久的的酒,较清。贾《疏》曰:“昔酒者,久酿乃熟,故以昔酒为名。”

⑩清酒:冬酿夏成的酿造时间更久的酒,最清而味厚。贾《疏》曰:“清酒者,此酒更久于昔(酒),故以清酒为号。”

⑪清:将醴齐滤去酒糟而成的饮品。郑《注》曰:“清,谓醴之泲者。”

⑫醫(yī):稀粥中加酒曲而成的饮品。郑《注》曰:“醫,《内则》所谓‘或以酏为醴’。”酏,一种稀粥。

⑬浆:用酒糟酿造的略酸的饮品。按,《礼记·内则》言及诸“饮”有“浆”,陈澔《礼记集说》释云:“醋水也。”

⑭酏(yí):稀粥。郑《注》曰:“今之粥。”且曰:“酏饮,粥稀者之清也。”

⑮掌其厚薄之齐:上述五齐、三酒、四饮,皆由酒人、浆人所造,而酒正负责辨别其味道厚薄。贾《疏》曰:“从五齐以下,非酒正所造,并是酒人、浆人所作,故云直辨其厚薄之齐。”

⑯馔:陈设。贾《疏》曰:“谓馔陈具设之也。”

【译文】

辨别五齐的名称与清浊:一是泛齐,二是醴齐,三是盎齐,四是缇齐,五是沉齐。辨别三种酒的名称及其酿造时间长短:一是事酒,二是昔酒,三是清酒。辨别四种饮品的名称:一是清,二是醫,三是浆,四是酏。掌管品尝五齐、三酒、四饮成分味道的厚薄,来供应王所饮用的四种饮料、三种酒的陈设,以及供应王后、太子所需的饮料与酒。

3. 凡祭祀,以法共五齐、三酒[①],以实八尊[②]。大祭三贰[③],

中祭再贰，小祭壹贰，皆有酌数[4]。唯齐酒不贰[5]，皆有器量。

【注释】

①法：指在不同祭祀时，需要使用五齐、三酒不同量的固定方法。

②八尊：尊，盛酒器，后写作“樽”。尊有六种，详见《春官·司尊彝》。此处为宗庙大祫(xiá)之祭，规格高，使用五齐三酒，故共用八尊。贾《疏》曰：“五齐五尊，三酒三尊。”

③大祭：也叫大祀，指祭天地，是最隆重的祭祀。此外规格低一等的为中祭，也叫中祀。规格更低一等的叫小祭，也叫小祀。三贰：指添酒三次。郑司农曰：“三贰，三益副之也。”益副即添加。下文“再贰”、“壹贰”义仿此。

④酌数：酌就是勺。孙诒让曰：“勺以酌酒，则亦通谓之酌。”

⑤唯齐酒不贰：齐酒即五齐，用来祭祀，乃尸所饮，因尊神而注重质朴，故不再添。杜子春曰：“谓五齐以祭，不益也。”

【译文】

凡是祭祀，按照常法需供给五齐、三酒，来盛满八个酒樽。大祭祀需要添酒三次，中祭祀需要添酒两次，小祭祀需要添酒一次，需要添加的勺数都有规定。齐酒酒樽不添酒，但也有规定的勺数。

4. 共宾客之礼酒[1]，共后之致饮于宾客之礼醫、酏糟[2]，皆使其士奉之[3]。

【注释】

①共宾客之礼酒：宾客，指前来朝、聘的诸侯、卿大夫等。礼酒，王依礼应设宴招待前来朝聘的宾客，若因故不能设宴，则王需派人带酒送至客人馆舍，以示合礼。郑《注》曰：“(礼酒)王所致酒也。”

②醫、酏糟：未经过滤的醫、酏。凡醫、酏刚酿成时汁滓混合，统称糟；滤滓后之汁，单称清。郑《注》曰："王致酒，后致饮，夫妇之义。糟，醫、酏不泲者。泲曰清，不泲曰糟。"

③士：据本篇《叙官》，酒正，中士四人为长官，下士八人为佐，此士即指下士。

【译文】

供给王致送宾客的礼酒，供应王后致送宾客的饮品醫、酏等，礼酒和饮品，都由酒正属下的下士送往。

5. 凡王之燕饮酒[1]，共其计，酒正奉之。

【注释】

①燕饮酒：指王闲暇时与群臣饮酒欢好。

【译文】

凡是王闲暇时举行燕饮酒会，供给预计所需的酒量，并由酒正亲自奉送。

6. 凡飨士、庶子，飨耆老、孤子，皆共其酒，无酌数[1]。

【注释】

①无酌数：郑《注》曰："要以醉为度。"但亦非大醉。酌数即勺数。

【译文】

凡是王赐宴宴请士、庶子、故老和烈士遗孤，酒正都要供给所需的酒，没有勺数的限量。

7. 掌酒之赐颁，皆有法以行之。凡有秩酒者[1]，以书契授之。

【注释】

①秩酒：秩，常。秩酒即经常供应年长臣属的酒，以示王敬老。

【译文】

王向群臣特赐、颁赏的酒，都由酒正按规定执行。凡是享受秩酒待遇的老臣，酒正发给他们酒票，让其凭票领取。

8. 酒正之出[①]，日入其成[②]，月入其要[③]，小宰听之，岁终则会[④]。唯王及后之饮酒不会。以酒式诛赏[⑤]。

【注释】

①出：指酒正分发出的造酒原料及用酒数量。

②日入其成：指酒人逐日计算造酒原料及用酒数量。成，即日成，以十日为期一结算的会计文书。入，指上报给酒正。孙诒让曰："盖酒人每日计用酒之多少，著之薄书，至浃旬，则总计十日之成，言之酒正，正受而听之也。"

③要：指酒正据酒人所呈报材料，于每月月终结算的会计文书。贾《疏》曰："以月计文书入于小宰。"

④会：年终总结算的会计文书。

⑤以酒式诛赏：式，即"式法"。贾《疏》曰："作酒有旧法式。"

【译文】

酒正分发出的造酒原料及用酒数量，酒人每天要记账，每十天要将当旬会计文书报给酒正，月底酒正要把该月数量汇总呈报小宰审核。到年底，就要把全年数量汇总报请大宰审计。只有王及王后所饮用的酒量不结算。依据造酒法式考核酒人造酒质量，对酒人进行诛责与奖赏。

二二　酒人

1. 酒人掌为五齐、三酒，祭祀则共奉之，以役世妇[1]。

【注释】

①世妇：官名。掌管宫中祭祀之事，属于春官、天官。

【译文】

酒人掌管酿造五齐、三酒，遇到祭祀就带领女奴供奉所需要的酒，并命女奴留下供世妇役使。

2. 共宾客之礼酒、饮酒而奉之[1]。

【注释】

①礼酒：指王若因故不能设宴招待前来朝聘的宾客，则需派人带酒送至客人馆舍以示合礼。见前《酒正》注。饮酒：食礼所用饭后漱口的酒，即四饮中的清。

【译文】

负责供给招待宾客所用的礼酒、饮酒，并把两种酒送到酒正那里，再由酒正派人送往行礼处。

3. 凡事共酒而入于酒府[1]。凡祭祀共酒以往。宾客之陈酒亦如之[2]。

【注释】

①酒府：酒正之府。据《叙官》，酒正下属有府二人。凡是王有燕饮之事需要用酒，酒人送酒到酒正之府，然后酒正供给王用。

②陈酒：王向宾客馈赠饔饩时陈列在宾馆的酒。

【译文】

凡有事需要用酒，就把所需供应的酒送交酒正所属的府。凡是小祭祀就派人把酒送去。致送给宾客而陈列在宾馆的酒，也派人跟送去。

二三　浆人

1. 浆人掌共王之六饮：水、浆、醴、凉、醫、酏[1]，入于酒府。

【注释】

①六饮：《膳夫》谓之六清，因为六饮除水以外，其余五饮，据是否过滤分清、糟两种，清者尤佳，故称六清。下文浆、醫、酏，已见于《酒正》；醴，郑《注》曰："醴清也。"醴清即经过过滤的醴，亦即《酒正》"四饮之物"中的清。凉：郑司农曰："以水和酒也。"是一种用水混合酒做成的饮品。

【译文】

浆人掌管供给王的六种饮料：水、浆、醴、凉、醫、酏，把它们送往酒正所属的府。

2. 共宾客之稍礼[1]。

【注释】

①稍礼：朝聘之礼以十日为限。宾客初至，主人为设飧；行朝聘礼后，主人馈赠饔飧，并举行正式宴会；十日后宾客因故未归，主人供给食物有米谷酒浆而无牲牢，其数少于饔飧，称为稍礼。郑《注》曰："所给，亦六饮而已。"此处指客人逾期未归期间浆人供给之六饮。

【译文】

宾客留居期间，浆人供给其所需饮料。

3. 共夫人致饮于宾客之礼[1]：清醴、醫、酏糟[2]，而奉之[3]。

【注释】

①共夫人致饮于宾客之礼：夫人，据贾《疏》，王的三个夫人，位在王后之下，九嫔之上。致饮于宾客之礼，指配合着王向宾客致酒和王后向宾客致饮，夫人亦当向宾客行致饮之礼。

②清醴、醫、酏糟：郑玄说："三物有清有糟。"指醴、醫、酏有经过过滤与未经过滤即有清糟之别。

③奉之：指奉之酒正，即先送至酒正处，再由后者奉之于夫人。

【译文】

供给夫人向宾客致饮礼所需的饮料：经过过滤或未经过滤的醴、醫、酏，而送到酒正处。

3. 凡饮共之[1]。

【注释】

①凡饮共之：饮，指凡不再吃饭时所饮用的饮料。郑《注》曰："谓非食时。"又王志长《周礼注疏删翼》引庄渠魏氏曰："古者饮，皆煮米为之，以养生。"则此处"饮"指米汤。

【译文】

凡是平日需要的饮料，都由浆人供给。

二四　凌人

1. 凌人掌冰正[1]。岁十有二月[2]，令斩冰[3]，三其凌[4]。

【注释】

①正：通“政”，政令。郑《注》曰：“故书‘正’为‘政’。”郑司农曰：“掌冰政，主藏冰之政也。”按据下文，凌人既主藏冰又主出冰。

②岁十有二月：段玉裁《汉读考》：“考《周礼》全书，……凡言岁者，皆谓夏正也。”

③令斩冰：斩，敲取。

④三其凌：凌，藏冰的窖。郑《注》曰：“三其凌，三倍其冰。”即所斩之冰当为所需量的三倍，因入春会逐渐融化。

【译文】

凌人掌管藏冰出冰的政令。每年夏历十二月，就命令属员敲取采伐冰块，储藏的冰块应是实际需要量的三倍。

2. 春始治鉴①。凡外、内饔之膳羞鉴焉②。凡酒、浆之酒、醴亦如之③。祭祀共冰鉴。宾客共冰④。大丧共夷槃冰⑤。

【注释】

①鉴：《说文》曰：“大盆也。”徐灏《说文解字注笺》曰：“鉴，古祇作坚，从皿以盛水也。其后范铜为之，而用以照形者，亦谓之鉴，声转为镜。”鉴为古代盛冰与食物的瓦罐，可保新鲜。

②膳羞：牲肉与各种美味食物。

③凡酒、浆之酒、醴亦如之：前酒、浆，指酒人、浆人；后酒、醴，据贾《疏》，指酒人之三酒、五齐及浆人之六饮。

④宾客共冰：供给宾客冰而不供鉴，以便其趁鲜食用。

⑤夷槃：放于尸床之下盛冰寒尸的大木盘。郑《注》曰：“夷之言尸也。实冰于夷槃中，置之尸床之下，所以寒尸。尸之槃曰夷槃。”

【译文】

春天开始准备好用以冰镇食物的大盆。凡是外饔、内饔制作的牲肉、美味，都放入冰鉴冷藏。凡是酒人、浆人制作的三酒、五齐、六饮，也都放入冰鉴冷藏。祭祀时供给冰鉴。招待宾客时则只供给冰块。王去世，供给冰尸大盘所需的冰块。

3. 夏颁冰①，掌事②。秋，刷③。

【注释】

①夏颁冰：郑《注》曰："暑气盛，王以冰颁赐。"

②掌事：贾《疏》曰："谓主此赐冰多少，合得不合得。"

③刷：打扫。《尔雅·释诂》："刷，清也。"《注》曰："扫刷皆所以为洁清。"郑《注》曰："秋凉，冰不用，可以清除其室。"郑司农曰："刷除冰室，当更内(纳)新冰。"

【译文】

夏天暑热王向群臣颁赐冰块时，凌人掌管相关事宜。秋天，打扫冰室以备冬天藏冰。

二五　笾人

1. 笾人掌四笾之实①。朝事之笾②，其实麷、蕡、白、黑、形盐、膴、鲍鱼、鱐③。馈食之笾④，其实枣、栗、桃、干藃、榛实⑤。加笾之实⑥，蒗、芡、栗、脯⑦。羞笾之实⑧，糗饵、粉糍⑨。

【注释】

①四笾之实：笾，竹编容器，有腿和底座，用来盛无汁的食品，可容四升。郑《注》曰："笾，竹器如豆者，其容实皆四升。"四笾，宗庙祭祀时分四次进献的笾，即下文朝事之笾、馈食之笾、加笾、羞笾。

②朝事之笾：朝事，郑《注》曰："谓祭宗庙荐血腥之事。"孙诒让曰："此于祭宗庙九献，当三献之前，故郑据以为说。"王宗庙之祭有九献之礼，即向尸（代替死者受祭的活人）献酒九次之礼（其中，王献四次，王后献四次，助祭的诸侯献一次）。吕友仁解释其过程是：祭礼当天，尸入室，王向尸进献郁鬯（一种香酒），此谓一献；王后随后向尸进献郁鬯，此谓二献；王迎牲入庙，杀牲，将牲血、肉进献于尸，此时王后首次向尸献八豆八笾，王以玉爵酌泛齐献尸，此谓三献；王后又以玉爵酌醴齐献尸，此谓四献；王向尸进献熟食，王后首次向尸进献豆笾，王乃以玉爵酌盎齐献尸，此谓五献；王后又以玉爵酌缇齐献尸，此谓六献；尸食十五饭讫，王乃以玉爵酌盎齐以酳尸（让尸漱口），此谓七献；尸酌酒回敬主人，主人受嘏，于是王后又以瑶爵酌缇齐以酳尸，此谓八献；助祭的诸侯以瑶爵酌缇齐献尸，此谓九献。九献是正献。九献之后，还有其他人向尸献酒，谓之加爵（近乎额外敬酒）。故所谓朝事，是早晨在三献之前举行的、宗庙之祭向尸进献牲血、牲肉的祭祀行为。（参见吕友仁《周礼译注》）杨天宇更明确指出，王后向尸所进八笾就是朝事之笾，朝事（礼文中又称朝践）是祭礼的正式开始。（参见杨天宇《周礼译注》）

③麷（fēng）、蕡（fén）、白、黑、形盐、膴、鲍鱼、鱐：麷，炒熟的麦。郑司农曰："熬麦曰麷。"蕡，炒熟的麻籽。白，炒熟的稻。郑司农曰："熬……稻曰白。"黑，炒熟的黍（小米）。郑司农曰："熬……黍曰黑。"形盐，一种刻成虎形的质地坚密的盐块。膴，薄切的大块肉，此指生鱼片。鲍鱼，烘干的整鱼。鱐，风干的鱼块。

④馈食之笾：馈食，进献熟食。郑《注》曰："馈食，荐熟也。"九献的五献之前进行的祭祀。

⑤干藻（lǎo）：干藻，即干梅。

⑥加笾：加爵时进献的笾。九献之后向尸继续敬酒，称加爵。

⑦蔆(líng):同“菱”,菱角。芡(qiàn):一年生水草,茎端开花结果实,俗称鸡头米。郑《注》曰:“重言之者,以四物为八笾。”此处每物盛二笾,四物盛八笾。

⑧羞笾:据孙诒让说,此为九献之后,加笾之前向尸进献的笾。

⑨糗(qǐu)饵:糗,炒熟的大豆所捣成的粉;饵,指用稻米粉和黍米粉混合蒸的饼。饵有黏性,再将豆粉撒到饵上防粘,称糗饵。粉糍,用糯米粉制成的饼,为了防粘,也要撒上豆粉,故称粉糍。

【译文】

笾人掌管宗庙祭祀时四次进献的笾。行朝事进献的八笾,所盛的食物是炒熟的麦、麻籽、炒熟的稻、黍米、虎形的盐块、大块的生鱼肉、焙干的整鱼、干鱼块。行馈食礼的八笾所盛的食品是:鲜枣、栗子、桃、干梅、榛实。进献加笾,所盛的食品是菱角、鸡头、栗子、肉脯每样两笾。进献羞笾,所盛的食品是糗饵和粉糍。

2. 凡祭祀,共其笾荐羞之实[1]。丧事及宾客之事[2],共其荐笾羞笾。

【注释】

①荐羞:郑《注》曰:“皆进也。未食未饮曰荐,既食既饮曰羞。”荐、羞,皆进献义。

②丧事:指丧事中的殷奠。郑《注》曰:“丧事之笾,谓殷奠时。”

【译文】

凡是举行祭祀,就供给用笾进献的食品。遇到丧事祭奠及燕享宾客时,就供给用笾进献的食品。

3. 为王及后、世子，共其内羞[1]。

【注释】

①内羞：指以笾盛着预先陈放在房中的食物。郑《注》曰："于其饮食，以供房中之羞。"

【译文】

掌管为王、王后及太子供给陈放在房中的食物。

4. 凡笾事掌之。

【译文】

凡是有关笾的事情，都由笾人掌管。

二六　醢人

1. 醢人掌四豆之实[1]。朝事之豆，其实韭菹、醓醢、昌本、麋臡、菁菹、鹿臡、茆菹、麋臡[2]。馈食之豆，其实葵菹、蠃醢、脾析、蠯醢、蜃、蚳醢、豚拍、鱼醢[3]。加豆之实，芹菹、兔醢、深蒲、醓醢、箈菹、雁醢、笋菹、鱼醢[4]。羞豆之实，酏食、糁食[5]。

【注释】

①醢人掌四豆之实：豆，与笾形状相似的食器，多为木制，用以盛带汁的食品。四豆：宗庙祭祀分四次进献的豆。进献时间与上文笾相同。贾《疏》曰："豆与笾并设，节数与四笾同时，亦谓朝事、馈食、加豆、羞豆之食是也。"

②其实韭菹、醓醢、昌本、麋臡，菁菹、鹿臡、茆菹、麋臡：菹（zū），用

酱醋腌制的菜蔬。韭菹即用酱醋腌制的韭菜。醢(tǎn)即肉汁。醢即肉酱。醓醢,多汁的肉酱。昌本,菖蒲根,此指用菖蒲根淹制的酸菜。臡(ní),和醢都是肉酱,有骨为臡,无骨为醢。二者做法相同。麋臡即带骨的麋鹿肉制成的酱。茆(mǎo),凫葵。水生,嫩叶可食。茆菹指用茆做成的菹。

③葵:秋葵,苗嫩时可食。蠃,蜗牛。脾析,郑司农曰:"牛百叶也。"即牛胃,俗称牛肚。蠯,即蛤。蜃,大蛤。蚳,蚁卵。豚拍(bó):小猪肋条肉。郑《注》曰:"郑大夫、杜子春皆读拍为膊,谓'胁'也。"

④芹,水芹。深蒲,水生之蒲,嫩叶未出水面时可食。筍(tái):箭竹笋。下文笋指大竹笋。

⑤酏(yí):一种粥。糁(sǎn)食,一种用碎肉、米粉混合煎制的糕。

【译文】

醢人掌管宗庙祭祀时分四次用豆进献的食物。行朝事礼时八豆盛的食品是酱韭菜段和汁多的肉酱、酱菖蒲根和带骨的麋鹿肉酱、酱蔓菁和带骨的鹿肉酱、酱凫葵和带骨的麋肉酱。行馈食礼时八豆盛的食品是酱秋葵和螺蛳肉酱、牛百叶和蚌肉酱、大蛤蜊和蚁卵酱、猪肋条和鱼肉酱。进献加豆时八豆盛的食品是酱水芹和兔肉酱、酱蒲叶和汁多的肉酱、酱箭竹笋和鹅肉酱、酱大竹笋和鱼肉酱。羞豆二豆盛的食品是稀肉粥和煎肉米糕。

2. 凡祭祀,共荐羞之豆实。宾客、丧纪亦如之。

【译文】

凡是遇到祭祀,就供给荐豆、羞豆中盛的食品。遇到款待宾客、丧事,也这样做。

3. 为王及后、世子，共其内羞。王举则共醢六十瓮[1]，以五齐、七醢、七菹、三臡实之[2]。

【注释】

①举：杀牲盛饌。

②以五齐、七醢、七菹、三臡实之：齐，通“齍”，即将肉或菜切成细丝状腌制。五齐指昌本、脾析、蜃、豚拍、深蒲。郑《注》曰：“齐，当为齍。五齍，昌本、脾析、蜃、豚拍、深蒲也。”七醢、七菹，郑《注》曰：“七醢，醓、蠃、蜱、蚳、鱼、兔、雁醢。七菹，韭、菁、茆、葵、芹、箈、笋菹。三臡，麋、鹿、麋臡也。”

【译文】

为王及王后、太子供给所需的房内食物。王杀牲盛饌，就供给六十瓮醢，把五齍、七菹、三臡装在里面。

4. 宾客之礼，共醢五十瓮[1]。

【注释】

①“宾客之礼”二句：贾《疏》曰：“宾客，谓五等诸侯来朝也。天子致饔饩。”致饔饩，指王派人到宾客的宾馆赠送牲肉、活牲。

【译文】

王向宾客送饔饩时，就供应五十瓮醢。

5. 凡事，共醢。

【译文】

凡是有事要用醢，就负责供给。

二七　醢人

1. 醢人掌共五齐、七菹[1]，凡醢物，以共祭祀之齐、菹[2]。凡醢酱之物[3]。宾客亦如之。

【注释】

①五齐、七菹：齐，亦当作“齍”。依郑《注》，五齍、七菹皆需醢调和成味，故醢人掌管。

②齐、菹：腌制的酸菜。切成细丝状腌制的叫齍，整棵不切腌制的叫菹。

③醢酱：醢谓掺醋的酸菜（齍、菹），酱谓未掺醋的醢。贾《疏》曰：“醢人连言酱者，并豆酱亦掌。”

【译文】

醢人掌管供应醢人腌制五齍、七菹。凡是调和食物时所需的醋与祭祀所需的齍、菹都负责供给。招待宾客时也这样。

2. 王举，则共齐、菹醢物六十瓮，共后及世子之酱、齐、菹。

【译文】

王杀牲盛馔，就供给六十瓮用醢调和的齍、菹。还要供给王后和太子所需的酱类，以及用醢调和的齍、菹。

3. 宾客之礼，共醢五十瓮。

【译文】

王向宾客行馈赠饔饩之礼时，醢人负责供应五十瓮醢物。

4. 凡事共醢。

【译文】

凡有事要用醢，都由醢人负责供给。

二八　盐人

1. 盐人掌盐之政令，以共百事之盐。

【译文】

盐人掌管有关盐的政令，来供给任何事务所需要的盐类。

2. 祭祀共其苦盐、散盐①。宾客共其形盐、散盐②。王之膳羞共饴盐③。后及世子亦如之。凡齐事④，煮盬以待戒令⑤。

【注释】

①苦盐：从盐池中取出后未经煎煮的盐，味特咸苦，称苦盐；因呈颗粒状，又称颗盐。散盐：煮炼海水而成的盐。味道较苦盐稍淡。郑《注》曰："煮水为盐。"孙诒让认为"散"为次一等之意。

②形盐：形状似虎的盐块。

③饴盐：咸而微甜之盐，即今岩盐。郑《注》曰："盐之恬（甜）者。"官献瑶《石谿读周官》曰："饴盐出于池，以风成者，味甘，今河西一带有之。"

④齐（jì）事：齐，和。郑《注》曰："齐事，和五味之事。"

⑤煮鹽(gǔ):泛指出盐地,又引申指未经煎煮的粗盐。吕飞鹏《周礼补注》曰:“鹽为盐池,凡出盐之所皆得称鹽,故未煎之盐亦称鹽。”煮鹽,郑《注》曰:“湅治之。”

【译文】

祭祀时负责供给所需的苦盐、散盐。招待宾客时,负责供给所需的形盐、散盐。为王烹制膳食佳肴供给饴盐,为王后和太子烹制食品也这样。凡是调和五味需要盐的事情,盐人都要事先煮好盐以待命。

二九 幂人

1. 幂人掌共巾幂①。

【注释】

①巾幂:幂,谓以巾覆物。巾幂即古代覆盖酒器或食器的布巾或葛巾。

【译文】

幂人掌管供给覆盖食器、酒器等器物所需的布巾。

2. 祭祀以疏布巾幂八尊①,以画布巾幂六彝②。

【注释】

①祭祀以疏布巾幂八尊:此指祭祀天地时。郑《注》曰:“以疏布者,天地之神尚质。”八尊:贾《疏》曰:“祭天无灌,唯有五齐、三酒,实于八尊。”五齐三酒各盛一尊。

②以画布巾幂六彝:此指祭祀宗庙时。据郑《注》,宗庙尚文饰,故用画有云气之类图案的布。彝,盛酒器。贾《疏》曰:“言六彝者,鸡彝、鸟彝、斝彝、黄彝、虎彝、蜼彝。此六彝皆盛郁鬯。”

【译文】

祭祀时用粗布巾覆盖装有五齐、三酒的八尊，用画有云气花纹的布巾覆盖六彝。

3. 凡王巾皆黼[1]。

【注释】

①黼：半白半黑的斧形图案。

【译文】

凡是覆盖王所用食器、酒器的布巾，都画有斧形图案。

三〇 宫人

1. 宫人掌王之六寝之修[1]，为其井匽[2]，除其不蠲[3]，去其恶臭。

【注释】

①六寝：郑《注》曰："路寝一，小寝五。"路寝又叫正寝、大寝，是处理政事、斋戒、患病时居住的宫室。小寝又叫燕寝，是平日闲暇休息时的宫室。

②井匽：惠士奇、王念孙、孙诒让皆以为"井"为"并"字之误，而"并"通"屏"，指宫中路旁隐蔽处所设的厕所。

③蠲(juān)：同"涓"，清洁义。郑《注》曰："犹洁也。"

【译文】

宫人掌管王六寝的清扫整理，在宫中路旁隐蔽处修设厕所，清除厕所污秽，消除它的恶臭难闻的气味。

2. 共王之沐浴。

【译文】

供给王洗头洗澡所需物品。

3. 凡寝中之事，埽除、执烛、共炉炭[1]，凡劳事[2]。四方之舍事亦如之[3]。

【注释】

①埽(sào)除：打扫，去除。执烛：夜间举火照明。

②劳事：郑《注》曰："劳亵之事。"

③四方之舍：郑《注》曰："从王适四方及会同所舍。"

【译文】

凡是六寝中的杂事，如打扫卫生、夜间手执火炬照明、供应炉炭等劳累的重活粗活，都由宫人负责。王有事外出时，宫人随行，负责打扫整理行宫，如同打扫六寝一样。

三一　掌舍

1. 掌舍掌王之会、同之舍[1]。设梐枑再重[2]。设车宫、辕门[3]。为坛壝宫、棘门[4]。为帷宫，设旌门。无宫则共人门[5]。

【注释】

①会、同：皆谓在外与诸侯相会。

②梐(bì)枑(hù)：古代官府门前阻拦人马通行的木栅栏，又叫行马、名闲。

③车宫、辕门：住处四周以兵车连接的围墙形屏障，称为车宫，王宿营险阻处时使用；在车宫进出口处竖立车辕相对上仰的兵车作为宫门，称为辕门。

④壝(wěi)宫、棘门：四周筑起矮土墙以象宫，作为屏障，称为壝宫。棘，通“戟”。戟门，入口处竖立两戟呈门形。郑司农曰：“以戟为门。”

⑤无宫则共人门：据郑《注》，指王行途中、遇见诸侯，或暂驻游观，来不及做车宫、帷宫，就在四周站满卫士作为屏卫，而在当门处站立身躯高大者以象门，称为人门。

【译文】

掌舍负责王外出与诸侯会同时所住的宫舍。设置两重临时栅栏作为防禁拦截闲人。王若在险阻处停宿，就用兵车连接围圈形成营地，进出口处用两车车辕相对仰起构成宫门。王若在平地停宿，就筑土为坛，四周堆土修筑矮墙作为屏障，进出口处树立双戟为门。王若白天在中途休息，就在四周用帷帐围成墙，进出入口处竖起两面旌旗作门。王若在行进途中临时停留观赏，不设宫为屏障，就选择王四周站满卫士作为屏卫，并在当门处站立身躯高大者象征门。

2. 凡舍事则掌之。

【译文】

凡是王外出时有关居住宫舍的事，都由掌舍掌管。

三二　幕人

1. 幕人掌帷、幕、幄、帟、绶之事[1]。

【注释】

①帷、幕、幄、帟、绶：张在四周如同墙壁的称为帷，张在帷上如同顶棚的布称为幕，帷幕相合若今帐篷。据郑《注》，帷幕是用布做的。幄(wò)，张于帷幕中的帐状布。帟(yì)，郑司农谓之“平帐也”，盖平张于王座上以防灰尘，又名承尘。郑《注》曰：“幄、帟皆以缯为之。”则幄、帟都用缯做成。绶，用来连系帷、幕，幄、帟的丝带。按，以上帷、幕、幄、帟、绶诸物，郑《注》曰：“王出官则有是事。”则皆是王外出时行官所用物品。

【译文】

幕人掌管供给帷、幕、幄、帟、绶等事情。

2. 凡朝觐、会同、军旅、田役、祭祀①，共其帷、幕、幄、帟、绶。大丧共帷、幕、帟、绶②。三公及卿大夫之丧，共其帟③。

【注释】

①祭祀：指在郊外举行的对天地、山川等的祭祀。

②大丧：王、王后、太子去世等丧事。帷、幕：此指为吊丧宾客休息而设置的幄幕。

③帟：指张在柩上以承尘土的布。

【译文】

凡是诸侯朝见王、王出外与诸侯会同、征伐、田猎、祭祀等事情，就供给所需的帷、幕、幄、帟、绶带。遇到王、王后、太子去世等丧事，供给所需的帷、幕、帟、绶带。遇到三公、卿大夫的丧事，供给所需张在柩上以承尘土的帟。

三三　掌次

1. 掌次掌王次之法[1]，以待张事。

【注释】

①王次之法：次，即舍，谓王外出时用帷幕搭成的临时休息处所。法，王应电曰："大小丈尺，及张时节度。"

【译文】

掌次掌管王次舍的规则法式，以等待王外出时张设搭建幕幛等事情。

2. 王大旅上帝[1]，则张毡案[2]，设皇邸[3]。朝日[4]，祀五帝[5]，则张大次、小次[6]，设重帟、重案[7]。合诸侯亦如之[8]。师、田则张幕[9]，设重帟、重案。

【注释】

①大旅：旅，本指有灾害而祷祀神灵，此指祭祀。郑《注》曰："国有故而祭曰旅。"孙诒让曰："凡言旅者，并指非常之祭而言。"大旅，旅祭中隆重的那些祭祀。上帝：孙诒让曰："凡云上帝者，并指南郊所祭受命帝。"周代的受命帝是苍帝。

②毡案：此指铺有毛毡的床。郑《注》曰："以毡为床于幄中。"

③皇邸：邸，郑司农释为后版，郑《注》疑后版即置于毡案后的屏风。皇，谓染凤凰羽毛色彩羽毛用来装饰于邸上。皇邸即放在毡案后的用五彩羽毛作文饰的屏风。

④朝日：王春分时在国都东门外朝拜日。郑《注》曰："春分拜日于东门之外。"

⑤五帝：即五方帝，又称五色帝。孙诒让曰："此经通例：有天，有上帝，有五帝。天即昊天，祀北辰；上帝为受命者，在周则祀苍帝，五帝为五色之帝。……五帝内含有苍帝。以受命虽尊，然亦五帝之一，言五帝可以赅上帝也。……五帝之名，依《月令》即太皞、炎帝、黄帝、少皞、颛顼。"

⑥大次、小次：大次是王祭祀前的休息处，小次是王在祭祀中的休息处。郑《注》曰："次谓幄也。大幄，初往所止居也。小幄，既接祭退俟之处。"郑《注》又解释退俟之义说，周人祭祀，从早晨祭到晚上，王与诸臣交替行祭礼，王休息时即退俟小幄中。

⑦重帟、重案：重，两重。郑《注》曰："重帟，复帟。重案，床重席也。"

⑧亦如之：亦如朝日、祀五帝那样，为王张大次、小次，设重帟、重案。

⑨师、田则张幕：据贾《疏》，师指军旅，率兵征伐，田指四季田猎。张幕，张设幄幕。贾《疏》曰："不言帷者，亦有可知。"

【译文】

若王举行大旅祭祀上帝，就要为王张设铺有毛毡的床，竖起五彩羽毛屏风。若王朝拜太阳，祭祀五帝，就为王张设祭祀前休息的大幄、祭祀中间休息的小幄，席位上张设两重帟，铺两重毡的几案。若王与诸侯在野外会同，也为王这样张设。若王率兵征伐、四时田猎，就为王张设帷幕，帐幕中也张设两重帟和铺两重毡的几案。

3. 诸侯朝觐，会同，则张大次、小次①。师、田则张幕，设案。

【注释】

①大次、小次：此处大次不诸侯初至时在外朝的休息处，小次为诸

侯在庙门外等待行礼的休息处。郑《注》曰:“大次,亦初往所止居。小次,即宫待事之处。”

【译文】

若诸侯朝见王,或与王会同,就为他们张设大幄、小幄。诸侯跟随王征伐、田猎,就为诸侯张设帷幕,铺设几案。

4. 孤、卿有邦事[1],则张幕,设案。

【注释】

①孤、卿有邦事:孤,王有孤三人,即少师、少傅、少保,协助三公谋划国家大计。郑玄曰:“孤,王之孤三人,副三公论道者。”有邦事,据郑《注》说,是指有事随王外出,如祭祀、征伐、田猎、会同等。

【译文】

孤、卿随王外出有事,或奉王命出使,就为他们张设帷幕,铺设几案。

5. 凡丧,王则张帟三重[1],诸侯再重,孤、卿、大夫不重。凡祭祀,张其旅幕[2],张尸次[3]。射则张耦次[4]。

【注释】

①张帟:据郑《注》,是为遮蔽尘土而在棺柩上张设帟用。

②旅幕:据郑《注》,旅,众也,指参加祭祀的公卿以下群臣,为之张设大幕以容之。

③尸次:次亦谓幄。郑《注》曰:“尸则有幄。”据郑司农说,这是为尸(代替死者受祭的人)设立的小型更衣帐。

④张耦次:耦,射耦。参加射箭比赛者两人组成一对作为比赛对

手，称为耦。众耦射前待于次中，需为之张次。

【译文】

凡是遇到丧事，是王的棺柩就张设三重帟，诸侯的就张设两重帟，孤、卿、大夫的就张设一重帟。凡祭祀，为群臣张设大幕，为尸张设幄。遇到射箭比赛，就为每对参赛射手众耦张设次。

6. 掌凡邦之张事。

【译文】

掌管凡是王国中需要张设帷、幕、幄、帟等的事情。

三四　大府

1. 大府掌九贡、九赋、九功之贰[①]，以受其货贿之入[②]，颁其货于受藏之府，颁其贿于受用之府[③]。

【注释】

①九贡、九赋、九功之贰：九贡，是诸侯国进奉王的贡献物。九赋，是王畿内的地税。九功，即《大宰》中的“九职”。授其事则为职，献其成则为功，其实一也。郑《注》曰：“谓九职也。”据孙诒让说，九功在此指“万民职事之征”，即从业税。按，以上三者皆由大宰掌管，而大府为其副手，故言“贰”。

②货贿：泛指财物。贾《疏》曰：“金玉曰货，布帛曰贿。”

③颁其货于受藏之府，颁其贿于受用之府：此两句互文，郑《注》曰：“凡贷贿皆藏以给用耳。良者以给王之用，其余以给国之用。或言受藏，或言受用，又杂言货贿，皆互文。”藏：收藏。用：支用。

【译文】

大府担任大宰副手协助掌管九贡、九赋、九功，来接受交纳的赋税财物，分别交给负责收藏以待支用的各官府。

2. 凡官府、都鄙之吏[1]，及执事者[2]，受财用焉。

【注释】

①官府、都鄙：官府，贾《疏》曰："谓王朝三百六十官。"都鄙，王畿内的采邑。孙诒让曰："此内举官府，外举都鄙，以通赅郊野县等，明畿内之官吏通掌之，文不具也。"

②执事者：孙诒让曰："非其专职，暂来治事者。"

【译文】

凡是王朝各官府和王畿内采邑的官吏、暂时管事的官吏，都可按照规定来大府接受分发的财物。

3. 凡颁财，以式法授之。关市之赋[1]，以待王之膳服。邦中之赋，以待宾客。四郊之赋，以待稍秣。家削之赋，以待匪颁。邦甸之赋，以待工事。邦县之赋，以待币帛。邦都之赋，以待祭祀。山泽之赋，以待丧纪。币余之赋，以待赐予。凡邦国之贡，以待吊用[2]。凡万民之贡[3]，以充府库。凡式贡之余财[4]，以共玩好之用。凡邦之赋用[5]，取具焉。

【注释】

①"关市之赋"以下十八句：此十八句与《大宰》"九式"基本对照，可参看。膳服，即羞服。待，稍秣，即刍秣，喂养牛马的禾谷。郑《注》曰："待，犹给也。"丧纪，郑《注》曰："即丧荒也。"

②“凡邦国之贡”二句：此邦国之贡即《大宰》“九贡”所得财物。以待吊用：以备用于救济诸侯国遭遇的不幸，如国君去世、遭遇凶年或疫病、水火灾、战败、外寇内乱等等。

③凡万民之贡：万民之贡即《大宰》九职之民所贡财物，即九功。

④式贡之余财：式贡，式即上文九赋之财，贡即上文邦国、万民之贡。式、贡互文，泛指各种赋税收入。贾《疏》曰：“式谓九式，贡谓九贡及万民之贡。”余财，孙诒让曰：“此亦即币余之财，”

⑤赋用：郑《注》曰：“用赋。”孙诒让曰：“用赋犹言用财。”

【译文】

凡颁发财物，都按照制度授予。从关卡市场征收的赋税，用以供给王的膳食和衣服的开支。王都中的赋税，用以供给接待宾客所需。距王都一百里的四郊的赋税，用以供给饲养牛马草料的开支。距王都二百里至三百里的家削的赋税，用以供给王按时赏赐群臣的开支。距王都一百里至二百里的邦甸的赋税，用以供给王匠制作的开支。距王都三百里至四百里的邦县的赋税，用以供给行聘问礼所需。距王都四百里至五百里的邦都的赋税，用以供给祭祀的支出。山泽的赋税，用以供给死丧、灾荒的开支。支出公用的结余财物，用以供给王平时赐予诸侯、臣下的开支。凡诸侯国贡献的财物，供给吊祭诸侯丧事的开支。凡是向万民征收的赋税，用来充实国库。凡赋税收入开支后的余财，用来供王搜集玩好的开支。凡王国所需用的一切财物，都可向大府领取。

4. 岁终，则以货贿之入出会之。

【译文】

每到年终，就总计全年各种财物的收支情况，并把帐目呈报给大宰。

三五　玉府

1. 玉府掌王之金玉、玩好、兵器，凡良货贿之藏。

【注释】

①兵器：兵指武器，器指车辆和旌旗等礼乐器。

【译文】

玉府掌管王的金玉、玩好、武器、车辆、旌旗等礼乐之器，以及一切珍贵物品的收藏。

2. 共王之服玉、佩玉、珠玉[①]。王齐，则共食玉[②]。大丧，共含玉、复衣裳、角枕、角柶[③]。

【注释】

①服玉、佩玉、珠玉：服玉，谓凡衣服冠冕的装饰用玉及簪发、填耳所用的玉。佩玉，身上佩带的玉。《礼记·玉藻》："古之君子必佩玉。"珠玉，孙诒让曰："小玉圆好如珠者。"

②王齐，则共食玉：齐，通"斋"。食玉，郑众、郑玄认为是可食的玉屑，曾钊认为二郑之说荒诞不可信，而认为食玉是饰有玉的食器，如玉簋、玉豆等。今从曾说。

③含玉、复衣裳、角枕、角柶：含玉，放入死者口中的玉。贾《疏》曰："璧形而小，以为口实。"复衣裳，为死者招魂所用的衣裳。角枕，用兽角作装饰的枕头，用以枕尸。角柶，角质的调羹小勺，办丧事时用来楔齿，即以柶楔入死者齿间，以便向死者行饭含礼。柶形略似马蹄铁。

【译文】

平时供给王所需的服玉、佩玉，珠玉。王若斋戒，就供给食玉。若遇王、王后及太子的丧事，供给含玉、招魂衣、角枕、角柶。

3. 掌王之燕衣服、衽席、床笫[1]，凡亵器[2]。

【注释】

①燕衣服、衽席、床笫：燕衣服，据郑《注》，燕衣服指王在燕寝所穿用的巾、被、睡衣、内衣等。衽席，床上的竹席。床，床上的竹垫。贾《疏》曰："衽席者，亦燕寝中卧席。床笫(zǐ)者，谓燕寝中床簀也。"按，床簀通指床。《方言》卷五曰："床，齐鲁之间谓之簀，陈楚之间或谓之笫。"

②亵器：即马桶、夜壶等便溺器。

【译文】

掌管王燕寝中所用的衣被、卧席、床铺，以及便溺器。

4. 若合诸侯，则共珠槃、玉敦[1]。

【注释】

①珠槃、玉敦：以珠玉为饰的盘、敦。会盟时用珠盘盛放牛耳，用玉敦盛放牲血。敦，一种球形食器，上半为盖，下半为器身，下有三足。郑《注》曰："合诸侯者，必割牛耳，取其血，歃之以盟，珠盘以盛牛耳。"王昭禹曰："玉敦以盛血。"

【译文】

若会合诸侯，就供给珠盘、玉敦。

5. 凡王之献金玉、兵器、文织、良货贿之物[1]，受而藏之。

【注释】

①文织：郑《注》曰："画及绣锦。"孙诒让曰："盖大夫以上服皆染丝织之，织成文则为锦，织成缦缯而画之则为文，刺之则为绣。"按，缦缯，是无文采的帛。

【译文】

凡是臣民献给王的金玉、兵器和车辆、旌旗等礼乐器、绘画的布帛和绣有图案刺绣的锦缎，以及其他珍贵的物品，都负责接受而收藏。

6. 凡王之好赐，共其货贿。

【译文】

凡是王想把物品赐予喜欢的人，就由玉府负责供给所需财物品。

三六　内府

1. 内府掌受九贡、九赋、九功之货贿、良兵、良器[1]，以待邦之大用[2]。凡四方之币献之金玉、齿革、兵器[3]，凡良货贿入焉[4]。

【注释】

①"内府"至"良器"：九贡、九赋：见《大宰》注。九功：即九职。见《大府》注。按，《大府》云掌九贡以下"货贿之入，颁其货于受藏之府"，而此云"受九贡"以下，则内府正所谓"受藏之府"。可见此内府所受以待用者，正是从大府分拨来的。良兵良器，兵，指弓矢、殳、矛、戈、戟等五种武器。器，指车辆、礼乐器。贾《疏》

曰："良兵，谓弓矢、殳、矛、戈、戟五兵之良者。良器，谓车乘及礼乐器之善者。"

②大用：郑《注》曰："朝觐之班赐。"即王颁赐来朝诸侯所用的物品。

③币献：诸侯朝见王时所献见面礼谓之币，所献本国珍宝谓之献，即《大宰》所谓"玉币"、"玉献"等币帛、金玉珍物。齿革：齿谓象牙，革谓犀牛革。

④良货贿：郑《注》曰："诸侯朝聘所献国珍。"

【译文】

内府掌管接受来自九贡、九赋、九功的财物、优质兵器、优良车辆礼乐器等，以供给王祭祀、宾客、丧纪、会同、军旅等大事所需。凡是四方诸侯朝见王所献的金玉、象牙皮革、兵器和车乘礼乐器等，以及一切珍贵物品，都藏入内府。

2. 凡适四方使者，共其所受之物而奉之。

【译文】

凡是奉命出使四方诸侯国的使者，内府供给王赐赠诸侯的财物而呈送给他们。

3. 凡王及冢宰之好赐予，则共之[1]。

【注释】

①"凡王及冢宰"二句：郑玄注："冢宰待四方宾客之小治，或有所善，亦赐予之。"

【译文】

凡王和冢宰喜欢某人而加赏赐，就供给赏赐的物品。

三七 外府

1. 外府掌邦布之入出[1]，以共百物，而待邦之用凡有法者[2]。

【注释】

①布：郑《注》曰："泉也。"泉即钱币。上古布制货币，有一定长度、宽度，盖有印章。

②邦之用：据郑《注》，谓百官之公用。有法：谓符合国家财政开支制度。此制度即《大宰》"九式"。

【译文】

外府掌管王国法定钱币的收支，用以供给采购各种物品，并供给王国各部门法定的办公开支。

2. 共王及后、世子之衣服之用。凡祭祀、宾客、丧纪、会同、军旅，共其财用之币赍[1]，赐予之财用。

【注释】

①币赍(jī)：币谓礼币，赍谓旅途中的花销。郑《注》曰："行道之财用也。"

【译文】

负责供给王、王后、王子置办衣服的费用。凡是遇到祭祀、招待宾客、丧事、会同、出兵征伐之事，负责供给所需赍带的礼币和旅途费用，提供王赐予臣下物品的费用。

3. 凡邦之小用[1]，皆受焉。

【注释】

①小用：指王、王后、王子等置办衣物费用以及《大宰》“九式”之小者，若《小司马》云：小祭祀、会同、飨食、师田、丧纪等诸事之用。”

【译文】

凡是办理王国小事所需的费用，都到外府来领取。

4. 岁终则会。唯王及后之服不会[1]。

【注释】

①不会(kuài)：不统计。按，不统计以示优待尊者。

【译文】

每年夏历年底将已发放钱币作收支总计。只有王和王后的置办服装费用可不统计。

三八　司会

1. 司会掌邦之六典、八法、八则之贰[1]，以逆邦国、都鄙官府之治[2]。

【注释】

①六典、八法、八则之贰：六典、八法，八则，参见《大宰》。贰，谓副本。

②以逆邦国、都鄙、官府之治：逆：迎接，接受(以比对考核)。郑《注》曰：“逆(迎)受而钩考之。”邦国、都鄙、官府，见《小宰》。

【译文】

司会掌管持有王国六典、八法、八则的副本，以接受天下各国和畿内各采地公邑、各宫府呈报的政绩而据以考核。

2. 以九贡之法，致邦国之财用[1]。以九赋之法，令田野之财用[2]。以九功之法，令民职之财用[3]。以九式之法，均节邦之财用[4]。

【注释】

①“以九贡之法”二句：参见《大宰》注。邦国，指各诸侯国。

②“以九赋之法”二句：参见《大宰》注。

③“以九功之法”二句：九功，即九职。

④“以九式之法”二句：参见《大宰》注。

【译文】

按照九种贡法，收取畿外各诸侯国进献的财物。按照九种赋税法，命令征收出于畿内各地的地税。按照九种职业的征税法，命令征收各种职业民众的从业税。用九种法则，平衡调节王国的财政支出。

3. 掌国之官府、郊、野、县、都之百物财用凡在书契版图者之贰[1]，以逆群吏之治，而听其会计。以参互考日成[2]，以月要考月成[3]，以岁会考岁成。以周知四国之治[4]，以诏王及冢宰废置。

【注释】

①“掌国”至“之贰”：郊、野、县、都，实指王畿千里的地域。据郑《注》，郊谓距国都百里的四郊。野，包括甸和稍，甸即距国都二百里的邦甸。稍即距国都三百里的家削。县即距国都四百里的邦县。都即距国都五百里的邦都。参《大宰》注。书契，指统计簿册。郑《注》曰：“书谓薄书。契，其最凡也。”按，最凡即要目、提要，是薄书的一部分。薄书即账册。版图：版指载官禄民赋之

数的户籍。图指载田地地形、长度、宽度的地图。郑《注》曰："版，户籍也。图，土地形象，田地广狭。"据孙诒让说，书契版图由官府之长及郊、野、县、都之吏各分执正本，司会掌副本，以备考核。

②以参互考日成：参互，交互参考，其具体内容，据郑《注》曰："谓司书之要贰，与职内之入，职岁之出。"按，司书掌管官吏征收赋税记录的副本，即所谓"要贰"（参见《司书》）；职内掌管王邦的赋税收入（参见《职内》），职岁掌管王邦的财物支出（参见《职岁》），也各有记录，司会则参照此三官的记录用于考核。日成，日谓十日；成谓旬日之成，即官府办事的文书记录，贾《疏》谓之"成事文书"。

③月要：与下文"岁会"，分别指月结算和年终总结算之会计文书。

④四国：孙诒让曰："云'四国'者，举外以包内。此官总掌邦计，凡邦国、官府、都鄙、乡遂、公邑之治，皆其所通掌也。"则此处"四国"指天下。

【译文】

掌管王国各官府及郊、野、县、都记载财物开支的统计簿册和户籍地图的副本，据以接受众官吏呈报的政绩而加考核，审核评断其会计文书。与司书、职内和职岁三官的记录交互参考，据以考核每十日的成事文书，用月结算的会计文书考核当月的成事文书，也用同样交互参考的办法来考查各官府年度的成事文书。据以周详了解天下各地的治理情况，以呈报王和冢宰，作为决定官员升降的依据。

三九　司书

1. 司书掌邦之六典、八法、八则、九职、九正、九事①，邦中之版，土地之图，以周知入出百物，以叙其财②，受其币，使入于职币③。凡上之用财用，必考于司会④。

【注释】

①“司书”至“九事”：六典、八法、八则、九职，参见《大宰》。据郑《注》，九正，谓九赋、九贡。正，通“征”。九事，谓九式。参见《大宰》。按，司书所掌，乃以上六事之文书，以备考核。

②“邦中”四句：国中，王城之内。叙其财：郑《注》曰：“叙犹比次也，谓钩考其财币所给，及其余见（按，即今节余），为之薄书，”此谓考核各官府财物开支情况及节余的财物，依次载之薄书。按，司会负责考核，司书则提供考核文书并记录考核结果。

③“受其币”二句：币：通“敝”，余，谓结余的经费。职币，掌管结余经费的官员，见《职币》。贾《疏》曰：“百官所用余财，送来与司书，司书受其币，使入于职币之官，不入本府，”

④“凡上之用财用”二句：王引之认为下“用”衍字，可从。《膳夫》、《庖人》、《外府》均言“王之用财，年终不会”，因表示尊敬而不加限制，但司会亦应知其总数，故需司书考核统计。刘沅曰：“上谓王、后、世子、冢宰。王及后、世子不会矣，而兹又必考于司会者，盖至尊用财不斥计其多寡，而其数则亦必书以计之，无滥与也。”

【译文】

司书掌管有关王国的六典、八法、八则、九职、九赋、九贡、九式的正本，以及王国中的户籍和土地的地图，以周详了解各种财物的收支状况，依次记载各种财物的使用情况，接受各官府的结余经费，拨交职币掌管。凡是王和冢宰所用财物，也一定要经司会考核并登记在册。

2. 三岁，则大计群吏之治①，以知民之财、器械之数②，以知田野、夫家、六畜之数③，以知山林、川泽之数④，以逆群吏之征令⑤。

【注释】

①大计群吏之治：孙诒让曰："亦赞大宰治官计也。"官计，参见《大宰》注。

②财：王引之《经义述闻》认为"财"下脱"用"字。

③夫家：指有生产能力的男女。

④以知山林、川泽之数：此处了解山林川泽状况，以便征税。

⑤以逆群吏之征令：逆，考核。贾《疏》曰："逆谓钩考也。"征令，谓征赋、征役之令。

【译文】

每隔三年，就要协助大宰对各级官吏政绩进行总的考核，据以知晓百姓的财物、农具、兵器数量，据以知晓现有土地、劳动力、牲畜等的数目，据以了解山林、川泽的情况，以考核各级官员的征调劳役、征收赋税是否合理。

3. 凡税敛，掌事者受法焉①，及事成，则入要贰焉②。

【注释】

①法：郑玄注："法，犹数也，应当税者之数。"

②入要贰焉：要贰，统计簿册的副本。贾《疏》曰："写一通副贰文书，名为要，入司书。"

【译文】

凡是遇征收赋税，掌管征收事务的官员都要从司书处接受所当征收的数额，等到征收完毕，就要将征税记录的副本交给司书。

4. 凡邦治，考焉。

【译文】

凡是对王国治理有关事宜有疑问，都可到司书处考核判断。

四〇 职内

1. 职内掌邦之赋入，辨其财用之物[1]，而执其总[2]。以贰官府、都鄙之财入之数[3]，以逆邦国之赋用[4]。

【注释】

①“职内”二句：赋，赋税，指九职、九贡、九赋收入。辨其财用之物：郑《注》曰：“处之，使种类相从。”

②总：郑《注》曰：“总谓薄书之种别与大凡。”按，薄书之种别即分类明细账目，大凡即总账。

③财入：赋税收入。

④以逆邦国之赋用：此处“邦国”只谓王国，而非同于泛指天下各诸侯国的“邦国”。

【译文】

职内掌管王国赋税收入，分辨所征收财物的种类，掌握财物的分类明细账目与总账。凭借掌握的王朝官府、王畿官吏财税收入数目的副本，以考核王国的赋税征收及其用途。

2. 凡受财者，受其贰令而书之[1]。及会，以逆职岁与官府财用之出，而叙其财，以待邦之移用[2]。

【注释】

①“凡受财者”二句：据孙诒让说，受财者，是奉命向官府领受财物，而将命令副本交给职内保存备查。

②移用：移作他用。郑《注》曰："谓转运给他。"

【译文】

凡是各官府领取财物的，就接受其领取财物命令的副本而记录在册。等到年终结算时，就协助司会用以考核职岁与各官府财物的支出状况，而依次记载考核结果，若有结余，就登记造册，以备王国移作他用。

四一　职岁

1. 职岁掌邦之赋出[1]，以贰官府、都鄙之财出赐之数，以待会计而考之。

【注释】

①赋：赋税。指九职、九贡、九赋的收入。

【译文】

职岁掌管王国的赋税支出，用所掌握的王朝各官府和王畿都鄙、公邑、乡遂官吏赋税支出账目及王、大宰赏赐账目的副本，以备年终结算时考核之用。

2. 凡官府、都鄙群吏之出财用，受式法于职岁[1]。

【注释】

①式法：使用经费的九种法规。孙诒让曰："即《大宰》九式之法。"（参见《大宰》）。

【译文】

凡是王朝官府及王畿各级官吏需支出财物，都要从职岁这里接受有关财物支出的条例。

3. 凡上之赐予，以叙与职币授之[1]。

【注释】

①“凡上”二句：赐予，赐予的开支，因所用为官府结余，故需会同职币来授予（参见《大府》第3节）。叙，同“序”，排列（尊卑）等次。郑《注》曰：“受赐者之尊卑。”

【译文】

凡是王、冢宰有所赐予，就按照受赐者尊卑等次会同职币授给所赐财物。

4. 及会，以式法赞逆会[1]。

【注释】

①赞逆会：郑《注》曰：“助司会钩考群吏之计。”

【译文】

等到年终结算时，则按照所掌财物支出法令协助司会考核百官的会计文书。

四二　职币

1. 职币掌式法以敛官府、都鄙与凡用邦财者之币[1]，振掌事者之余财[2]，皆辨其物而奠其录[3]，以书楬之[4]，以诏上之小用、赐予。

【注释】

①币：指币余，即各类开支后的剩余财物。郑《注》曰：“谓给公用之余。”

②振掌事者之余财：振，敛，收缴。王引之以为义同“敛”，“皆收取

也”。掌事，谓奉王命专门办理某事的人，郑《注》曰：“谓以王命有所作为。”

③辨其物而奠其录：奠，确定。郑《注》曰：“奠，定也。”孙诒让曰：“谓次第财币名物，善恶多少，记录定著于簿籍也。”

④楬(jié)：贾《疏》曰：“谓府别各为一牌，书知善恶价数多少，谓之楬。”按，楬本是起标志作用的小木桩，此处意为标签。

【译文】

职币掌管有关支出的法令，并据以收缴王朝各官府和王畿各都鄙、公邑、乡遂等群吏与其他凡是使用王国财物者结余的财物，收缴奉王命办事者所用财物的剩余财物，都要按照剩余财物的名称、种类、数量和品质优劣归类，录定其应登录的簿册，书写小木牌作为标签，以呈报王、冢宰，以备小事的开支和赏赐之用。

2. 岁终，则会其出。凡邦之会事，以式法赞之①。

【注释】

①赞：帮助，辅佐。

【译文】

每到夏历年终，就要统计所掌剩余财物的支出情况。凡是王国每年年终结算的事情，就依据法令协助司会来办理。

四三　司裘

1. 司裘掌为大裘①，以共王祀天之服。

【注释】

①大裘：用黑色羊羔皮缝制的裘。郑司农曰：“大裘，黑羔裘，服以

祀天，示质。”贾《疏》曰：“裘言大者，以其祭天地之服，故以大言之，非谓裘体侈大。”

【译文】

司裘掌管制作大裘，以供给王祭天时所穿的祭服服装。

2. 中秋献良裘[1]，王乃行羽物[2]。季秋献功裘[3]，以待颁赐。

【注释】

①良裘：孙诒让说，因系王所服，用毛物纯缛且制作精细，故称良裘。

②行羽物：颁赐飞鸟。郑司农曰：“以羽物飞鸟赐群吏。”按，此羽物由掌裘献给王，王颁赐给群吏。

③功裘：据郑《注》，是做工较粗糙的皮衣。郑司农曰：“功裘，卿大夫所服。”

【译文】

每到中秋向王进献良裘，王于是乃向群臣赏赐飞鸟。每到季秋时向王进献功裘，以待王向群臣赏赐。

3. 王大射[1]，则共虎侯、熊侯、豹侯[2]，设其鹄[3]。诸侯，则共熊侯、豹侯。卿大夫，则共麋侯。皆设其鹄。

【注释】

①大射：王举行大祭祀前为选择参加祭祀的人，而召集群臣举行的射箭比赛。（参见《夏官·司马》注）

②虎侯：侯，是用布张设的箭靶，侯之中的正方形谓之侯中。侯中

边侧饰以虎皮就称虎侯。以下熊侯、豹侯仿此。

③鹄:即靶心。在侯中之中,亦为正方形,以兽皮为之。虎侯以虎皮为鹄。熊侯、豹侯仿此。

【译文】

王举行大射,就供给虎侯、熊侯、豹侯,并在侯的中央设置鹄。诸侯举行大射,就供给熊侯、豹侯。卿大夫举行大射,就供给麋鹿侯。也都要在侯的中央设置鹄。

4. 大丧①,廞裘②,饰皮车③。

【注释】

①大丧:此谓王丧。

②廞(xīn):凡器物陈而不用者谓之廞。郑司农曰:"淫裘,陈裘也。"

③饰皮车:以皮革装饰的车,即革路,是王的五路(五种车)之一(参见《春官·巾车》)。此处皮车也是明器。

【译文】

遇到王的丧事,就陈设作为明器的皮裘,用皮革装饰运载殉葬品的皮车。

5. 凡邦之皮事掌之。岁终则会,唯王之裘与其皮事不会。

【译文】

凡是王国中有关皮革方面的事务都掌管。每到夏历年终就对用过的皮革做结算,只有王所用的皮衣和皮革不结算。

四四　掌皮

1. 掌皮掌秋敛皮，冬敛革[1]，春献之[2]，遂以式法颁皮革于百工[3]。

【注释】

①秋敛皮，冬敛革：有毛曰皮，无毛曰革。宋无名氏《集说》引吕氏曰："全毛者谓之皮，去其毛者谓之革。"

②献之：郑《注》曰："献其良者于王，以入司裘，给王用。"

③式法：郑《注》曰："作物所用多少故事。"即制造皮革用品所需材料数量的旧例。

【译文】

掌皮掌管每年秋天收取兽皮，冬天时收取革，来年春天献给王，接着便依照式法分拨皮革给各种制皮工匠。

2. 共其毳毛为毡[1]，以待邦事。

【注释】

①毳(cuì)毛：毳，细软的毛。郑《注》曰："毳毛，毛细缛者。"

【译文】

供给细缛的兽毛让工匠制作毡，以待王国有事时使用。

3. 岁终，则会其财赍[1]。

【注释】

①财赍(jī)：财指所收皮革及库存皮革数量。赍，把东西送给别人。

此谓颁给工匠的皮革数量。郑《注》曰:“财,敛财本数及余见者。赍,所给予人以物曰赍。”

【译文】

每到夏历年终,就结算全年所收取皮革和库存以及分拨工匠的皮革数量。

四五 内宰

1. 内宰掌书版图之法①,以治王内之政令②,均其稍食③,分其人民以居之④。

【注释】

①版图:郑《注》曰:“版,谓宫中阍寺之属及其子弟录籍也。图,王及后、世子之宫中吏官府之形象也。”按,阍寺之属,谓内小臣、阍人、寺人、内竖等宫中执事者。吏官府之形象,即宫中官吏所在官府的地图。

②王内:指王宫五门最里的路门以内,至于北宫,凡是王、王后及夫人所居之舍。孙诒让曰:“路门以内通为王内。”

③稍食:为无爵位而在官府服务者提供作报酬的食粮。(参见《宫正》注)

④分其人民以居之:人民,此谓王宫后宫的宿卫吏士。郑《注》曰:“人民,吏子弟。分之,使众者就寡,均宿卫。”

【译文】

内宰掌管登记宫中服务官吏及其子弟的名册,以及绘制宫中官吏所在官府平面图的法则,以实施有关王内宫的政令,调整均衡分发内宫官吏子弟宿卫王宫者的食粮,合理分派官吏子弟宿卫王宫者的住处。

2. 以阴礼教六宫①，以阴礼教九嫔②，以妇职之法教九御③，使各有属④，以作二事⑤，正其服，禁其奇邪，展其功绪⑥。

【注释】

①以阴礼教六宫：阴礼，凡礼之涉及妇人者，统谓之阴礼。郑司农曰："妇人之礼。"六宫，郑《注》说，此指王后。妇人称寝曰宫。六宫实即六寝，王后六寝之制与王同，亦正寝一，燕寝五（参见《宫人》注）。因王后之尊与王同，内宰主教，不敢直说教王后，而以六宫指代。

②九嫔：妇官，位次于夫人，而尊于世妇。郑《注》曰："不言教夫人、世妇者，举中，省文。"

③以妇职之法教九御：妇职，据郑《注》，是指织缯帛、丝绦、绶带，以及针线活。九御，即女御，亦即御妻，据说满员八十一人。每九人一组到王的燕寝值宿一夕。

④使各有属：据郑《注》，九嫔九人，女御八十一人，每九嫔一人统领女御九人，即所谓使各有属。

⑤二事：杜子春曰："谓之丝、枲之事。"

⑥展其功绪：展，陈列，此指记录下来。郑《注》曰："展犹录也。绪，业也。"

【译文】

用妇人之礼教导王后。用妇人之礼教导九嫔。用有关纺织、缝纫等妇人职事的法规教导九御，使她们九人一组分属于九嫔，以从事缫丝、绩麻方面的工作职事，端正她们的服装穿着，严禁做奢侈奇邪之事，记录她们的工作成绩。

3. 大祭祀，后祼献[1]，则赞。瑶爵[2]，亦如之。正后之服位，而诏其礼乐之仪。赞九嫔之礼事[3]。

【注释】

①后祼(guàn)献：祼，即行祼礼，亦即所谓祼将礼(参见《小宰》注)。按，后祼在王之后，即所谓亚祼。王宗庙有九献之礼。第一次是王向尸进献郁鬯香酒。第二次是王后向尸进献郁鬯香酒，称后献。献，郑《注》曰："谓王荐腥、荐孰，后亦从后献也。"按，荐腥指向尸进牲血和生牲肉，在行朝事礼时进行；荐孰指向尸进熟牲肉，在行馈食礼时进行(参见《笾人》注)。

②瑶爵：指王后的八献。谓王后用瑶爵向尸进酳(yìn)酒。按，向尸行馈食礼，尸饭毕，向尸献酒供其洁口，此酒即酳酒。王先酳尸，王后继而酳之。瑶是一种美玉，一说似玉的美石。

③赞九嫔之礼事：祭祀时九嫔协助王后做些工作。郑《注》曰："助九嫔赞后之事。"

【译文】

王举行宗庙大祭祀，王后向尸行祼礼和进献牲肉时，就协助王后进行。王后用瑶爵向尸进酳酒时，也这样做。端正王后的礼服和行礼时所处位置，提醒王后配合礼乐所应有的适当仪态。内宰要帮助九嫔协助王后举行祭礼。

4. 凡宾客之祼[1]献，瑶爵[2]，皆赞。致后之宾客之礼[3]。

【注释】

①凡宾客之祼献：据郑《注》，此宾客谓王之同姓诸侯及夏、殷二王之后裔来朝觐王的人。祼，指朝觐礼毕，王后继王之后向宾客进

郁鬯香酒，此谓礼宾。献，谓王用飨礼、燕礼招待宾客时，王后继王之后向宾献酒。

②瑶爵：王后向宾客进酬酒所用的爵。按，主人先向宾客敬酒称献，宾客回敬主人酒称酢，主人再向宾客劝酒称酬，

③致后之宾客之礼：孙诒让曰："谓为后致礼于来朝觐之诸侯也。"按，此所谓致礼，谓赠送牲以及用壶、豆、笾等所盛的饮食给宾客。

【译文】

凡招待宾客，王后继王之后向宾客进献郁鬯香酒、在飨礼和燕礼上向宾客献酒，以及用瑶爵向宾客进酬酒，内宰都要从旁协助王后。王后向宾客馈赠的牢礼，由内宰送达。

5. 凡丧事，佐后使治外、内命妇[1]，正其服位。

【注释】

①佐后使治外、内命妇：使，派遣下属。据郑《注》，谓内宰使上士佐后。外命妇，谓卿大夫士之妻；内命妇，谓九嫔、世妇、女御。

【译文】

凡遇到丧事，要命令上士辅佐王后管理外命妇和内命妇，端正她们应穿的丧服和应处的位置。

6. 凡建国，佐后立市[1]，设其次[2]，置其叙[3]，正其肆[4]，陈其货贿，出其度、量、淳、制[5]。祭之以阴礼[6]。

【注释】

①"凡建国"二句：立市，谓在王宫之后（即王宫之北）建立市场，所

建凡三市。郑《注》曰:“建国者必面朝后市(即宫室前面是朝,后面是市),王立朝而后立市,阴阳相成(朝属阳,市属阴)。”

②次:管理市场的官吏办公处,有总次、分次之别:思次是总次,介次是分次。每二十肆(店铺或货摊的二十列)设一介次(参见《地官·司市》注)。

③叙:数肆排成一巷,在巷门处设立市官办事的处所。

④正其肆:肆,摆放货物的摊点。孙诒让曰:“谓内宰令市官,使列肆各以类相从。”

⑤度、量、淳、制:淳、制,是布帛长宽不同的两种标准。郑《注》曰:“度,丈尺也。量,豆区之属。”又曰:“故书‘淳’,为‘敦’,杜子春读‘敦’为‘纯’,纯谓幅广也,制谓匹长。”

⑥祭之以阴礼:阴礼,妇人之礼。立市之前,其地或立社,故立市后以阴礼祭之。

【译文】

凡是建立国都,就要协助王后设立交易市场,设置管理市场工作的办公处所之次和叙,合理安排市场内的店铺,分类陈列货物,出示长度单位标准、容量单位标准、布帛宽度、布匹长度的标准。用妇人之礼祭祀市中的社神。

7. 中春,诏后帅外、内命妇始蚕于北郊①,以为祭服。

【注释】

①北郊:北郊是纯阴之地,设有桑园、蚕室。

【译文】

每到仲春时节,告知王后率领外、内命妇开始到北郊采桑养蚕,以便日后制作祭服。

8. 岁终，则会内人之稍食[1]，稽其功事。佐后而受献功者[2]，比其小大与其粗良，而赏罚之。会内宫之财用[3]。

【注释】

①内人：郑《注》曰："主谓九御。"按，据孙诒让说，内人还当包括女府、女史、女酒、女笾及宫中诸女工等。

②献功：贾《疏》曰："献丝枲之功布帛等。"

③会内宫之财用：谓统计夫人以下的开支。王后开支不统计。

【译文】

每到夏历年终，就总计九御等宫中内人的俸禄，考察其工作成绩。辅佐王后接受她们所呈献的布帛等，评比其数量多少和质量优劣，而对她们进行赏罚。年终还要结算内宫的财用开支。

9. 正岁[1]，均其稍食，施其功事。宪禁令于王之北宫[2]，而纠其守。

【注释】

①正岁：夏历正月。贾《疏》曰："谓建寅之月。"

②北宫：谓王后所住六宫。据郑《注》，王所住六寝在南，谓之南宫；王后所住六寝在王六寝后北方，故谓北宫。

【译文】

每年夏历正月，合理分配内人的食粮，分配给她们应完成的工作。将禁令悬挂在王的北宫门口，纠察宿卫人员使不懈怠。

10. 上春，诏王后帅六宫之人[1]，而生穜稑之种[2]，而献之于王[3]。

【注释】

①六宫之人：此指夫人、九嫔、世妇、女御等妃嫔。郑《注》曰："夫人以下分居后之六宫者。"

②生穜(tóng)稑(lù)之种：穜指先种后熟的谷物，稑是后种先熟的谷物。此处泛指各种谷种。郑司农曰："先种后孰谓之穜，后种先孰谓之稑。"生，活的，有活力的。谓挑选可种植、能发芽的谷种。

③献之于王：此为供王播种藉田之用。

【译文】

孟春，要告知王后率领六宫妃嫔，挑选各种谷物的优良种子而进献给王以供王播种藉田之用。

四六　内小臣

1. 内小臣掌王后之命，正其服位。后出入，则前驱。

【译文】

内小臣掌管发布王后的命令，端正王后各种场合应穿的服装和行礼应处的位置。王后乘车出入，内小臣就在前面开道。

2. 若有祭祀、宾客、丧纪，则摈①，诏后之礼事，相九嫔之礼事，正内人之礼事。彻后之俎。

【注释】

①摈：通"傧"，傧相，为主人传达旨意、接引宾客的人。按，宾之相为介，主人之相为傧。郑《注》曰："为后传辞，有所求为。"

【译文】

如果有祭祀、接待宾客、丧事等，就作为傧相，为王后传达辞命，告知王后应行之礼，协助九嫔行礼事，端正女御应行之礼。行礼之后撤除祭祀时尸酢王后的牲俎。

3. 后有好事于四方[1]，则使往。有好令于卿大夫[2]，则亦如之。

【注释】

①好事：赐赠之事。

②好令：赐赠之命。与“好事”互文。

【译文】

若王后有对四方诸侯施恩惠赐赠之事，就派内小臣前往。若王后有对卿大夫施恩惠赐赠的命令，就也这样做。

4. 掌王之阴事、阴令[1]。

【注释】

①阴事、阴令：阴事即群妃与王通房事。阴令即王对北宫所提的要求。郑《注》曰：“阴事，群妃御见之事。……阴令，王所求为于北宫。”按，求为于北宫，贾《疏》曰：“谓若缝人、女御为王裁缝衣裳及丝枲织纫之等。”

【译文】

掌管为王安排群妃御见之事、传达王对王后六宫关于裁缝织纫的命令。

四七　阍人

1. 阍人掌守王宫之中门之禁[1]，丧服、凶器不入宫[2]，潜服、贼器不入宫[3]，奇服、怪民不入宫[4]。凡内人、公器、宾客无帅[5]，则几其出入[6]。

【注释】

①中门：中门：指王宫五门中间的库门、雉门、应门。孙诒让说，王宫五门：一曰皋门，二曰库门，三曰雉门，四曰应门，五曰路门。其中路门是内门，皋门是外门，“余三门（即库、雉、应三门）处内外门之间，故通谓之中门。”金鹗《求古录礼说》曰：“《阍人》王宫每门四人，是外门亦有守也。但中门之禁较严，故特言中门，非谓外门无禁也。”

②凶器：随葬器物。郑《注》曰：“明器也。”

③潜服、贼器：潜服，据郑《注》，谓内穿甲衣；贼器，谓盗贼以之伤人的器械。

④怪民：谓精神病患者。

⑤内人、公器：内人，九御等宫中人。参见《内宰》注。公器，郑司农曰：“将持公家器出入者。”帅：谓领路者。

⑥几：通“讥”，查问，察问。郑司农曰：“几谓无将帅引之者，则苛其出入。”

【译文】

阍人掌管王宫中门的守卫纠禁。穿丧服、拿随葬明器的不准入宫门，衣内暗穿铠甲、拿着伤人器械的不准入宫门，穿奇装异服的、精神失常的不准入宫门。凡是内人、携带公物的人以及宾客，若无引导人，就要严厉盘查他们的出入。

2. 以时启闭。凡外、内命夫、命妇出入[1]，则为之辟[2]。掌埽门庭。

【注释】

①外、内命夫、命妇：命夫，谓朝内、宫中受有爵命的卿大夫。内命夫，郑《注》曰："卿大夫之在宫中者。"命妇，谓受有爵命的妇女，地位低于九御。参见《内宰》注。

②辟：同"避"，避开，让行人避让。郑《注》曰："辟行人，使无干也。"

【译文】

每天按时开闭宫门。凡是外内命夫、命妇、内命妇出入宫门，就为他们开道。负责扫除王宫五门内外和庭院的卫生。

3. 大祭祀、丧纪之事，设门燎①，跸宫门、庙门②。凡宾客亦如之。

【注释】

①燎：用柴木扎的火炬。郑《注》曰："地烛也。"

②跸(bì)：清道，禁止闲杂人等通行。

【译文】

遇到大祭祀或王、王后、太子去世的大丧事，要在宫门外地上设立火炬，禁止闲杂人等出入宫门、庙门。王设宴招待宾客时也这样做。

四八　寺人

1. 寺人掌王之内人，及女宫之戒令①，相道其出入之事而纠之②。

【注释】

①女宫：犯罪者家中没入宫中为奴的女子。郑《注》曰："刑女之在宫中者。"即女罪犯而没为宫奴者。

②相道:道,同“导”。指点、带领。孙诒让曰:“谓诏相帅导之。”

【译文】

寺人掌管有关王的内人,以及宫中女奴的戒令,指点、引导她们出入宫廷的事,并对违反者加以纠举。

2. 若有丧纪、宾客、祭祀之事,则帅女宫而致于有司。

【译文】

若有丧事、招待宾客、祭祀的事,就率领宫中女奴到掌事的官吏那里听候差遣。

3. 佐世妇治礼事。

【译文】

辅佐世妇操办祭祀、宾客,丧纪等有关礼的事情。

4. 掌内人之禁令。凡内人吊临于外[①],则帅而往,立于其前,而诏相之。

【注释】

①凡内人吊临于外:此指内人随世妇吊临于外。《世妇职》云:“掌吊临于卿大夫之丧。”

【译文】

掌管有关内人的禁令。凡是内人随世妇外出吊唁,就率领她们前往,站在她们前面,指点并协助她们行吊礼。

四九　内竖

1. 内竖掌内外之通令[1]，凡小事。

【注释】

①内竖掌内外之通令：竖，指未成年人，故郑《注》称为“童竖”。内外之通令，内指王后六宫，外指卿大夫。据郑《注》，指王有小事通令于王后六宫和在外的卿大夫。

【译文】

内竖掌管传达王就小事对宫内外的命令，凡是小事供役使。

2. 若有祭祀、宾客、丧纪之事，则为内人跸[1]。王后之丧迁于宫中[2]，则前跸。及葬，执褻器以从遣车[3]。

【注释】

①内人：此指女御，据郑《注》，是指“从世妇有事于庙者”。按，祭祀，飨食宾客须在庙，丧事葬前须朝庙（见下注），皆此所谓“有事于庙”。

②王后之丧迁于宫中：丧，谓棺柩。宫，庙。迁于宫中，谓葬前将灵柩从宫中迁往宗庙祖庙行朝庙礼，犹如生人出远门要先告庙（即到宗庙向祖先的神灵报告）。

③褻器：据郑《注》，谓明器中的洗沐之器。遣车：遣，送。灵柩朝祖庙后设遣奠，以示送别。遣奠后取所用牲体胫骨车载以送死者，是谓遣车。

【译文】

若有祭祀、招待宾客和丧事，就为跟随世妇的内人清道，禁止闲杂人等通行。王后棺柩出葬前将迁到宗庙行朝庙礼，就在前边清道禁人通行。等到出葬时，就手持洗沐器具跟在遣车后面送葬。

五〇 九嫔

1. 九嫔掌妇学之法①，以教九御妇德、妇言、妇容、妇功②，各帅其属，而以时御叙于王所③。

【注释】

①妇学之法：教育妇女的法规。内容即下文“四德”。

②妇德、妇言、妇容、妇功：郑《注》曰：“妇德谓贞顺，妇言谓辞令，妇容谓婉娩(wǎn)，妇功谓丝枲。”按，贞顺，谓安分顺从；辞令，谓说话应对；婉娩，谓梳妆打扮；丝枲，谓女红。东汉曹昭《女诫》曰：“清闲贞静，守节整齐，行己有耻，动静有法，是为妇德。择辞而说，不道恶语，时然后言，不厌于人，是谓妇言。盥浣尘秽，服饰鲜洁，沐浴以时，身不垢辱，是谓妇容。专心纺绩，不好嬉笑，洁齐酒食，以奉宾客，是谓妇功。”

③“各帅其属”二句：属，指女御。王所，郑《注》曰：“王所息之燕寝。”按，王之群妃侍寝之法，郑《注》曰：“女御八十一人当九夕，世妇二十七人当三夕，九嫔九人当一夕，三夫人当一夕，王后当一夕。”此为前半月的顺序，后半个月与此相反，尊者在前，卑者在后。

【译文】

九嫔掌管妇人学习的法规，以妇德、妇言、妇容、妇功教导九御，各自率领所属九个女御，按照规定的时间顺序依次到王的燕寝侍候歇息。

2. 凡祭祀，赞玉粢①，赞后荐、彻豆笾②。若有宾客，则从后[3]。大丧，帅叙哭者亦如之[4]。

【注释】

①玉粢：一种盛有祭祀所用谷物的玉敦，参见《玉府》注。郑《注》曰："玉敦，受黍稷器。"孙诒让曰："盖当四献之后，设阴厌时，后则以玉粢荐黍稷。"

②赞后荐、彻豆笾：宗庙之祭，王后两次向尸进献豆笾，一次在三献前，一次在五献前。两次进献，九嫔皆协助王后。参见《笾人》注。

③则从后：郑《注》曰："当赞后事。"

④帅叙哭者：帅，此谓引导。贾《疏》曰："谓若外内命妇哭时，皆依尊卑命数，在后后为前后列位哭之，故须帅导使有次叙也。"

【译文】

凡是举行祭祀宗庙，协助王后进献盛有黍稷的玉敦，协助王后进献和撤下豆、笾。若王有宾客，九嫔就要跟从王后前往帮忙。遇到王去世，也跟从并协助王后率领内外命妇依身份尊卑次序列位而哭。

五一　世妇

1. 世妇掌祭祀、宾客、丧纪之事，帅女宫而濯摡[1]，为粢盛[2]。及祭之日，莅陈女宫之具，凡内羞之物[3]。

【注释】

①帅女宫而濯摡(gài)：女宫，宫中女奴。摡，通"溉"，洗涤。郑《注》曰："拭也。"

②为粢盛：为，挑选。郑《注》曰："犹差择。"粢盛，粢为祭祀所用黍稷等谷物，盛于器则曰盛。

③内羞：郑《注》曰："房中之羞。"孙诒让曰："即《笾人》'羞笾之食，糗饵、粉糍'，《醢人》'羞豆之食，酏食、糝食'也。内羞皆谷物。"

【译文】

世妇掌管有关宗庙祭祀、飨食宾客和丧事等事情，率领宫中女奴洗涤、擦拭礼器食具，精选用于祭祀的谷物。等到祭祀那天，要亲临现场督察女奴陈列祭祀用具，以及种种所有当预先陈放的房中食物。

2. 掌吊临于卿大夫之丧①。

【注释】

①掌吊临于卿大夫之丧：孙诒让曰："此（王）后使吊临，临谓哭也。"

【译文】

掌管奉王后之命前往哭吊卿大夫的丧事。

五二　女御

1. 女御掌御叙于王之燕寝①。

【注释】

①御叙："叙御"倒文。叙，次。燕寝：王六寝，正寝乃王办公之处；其他五寝为燕寝，乃王居住之处。王后、夫人等分居后之六宫，当侍寝者则就于燕寝。

【译文】

女御掌管安排后妃们按照尊卑次序到燕寝陪侍王过夜。

2. 以岁时献功事①。

【注释】

①以岁时献功事：岁时，此指秋季，即下文《典妇功》“及秋献功”。功事，郑《注》曰：“丝枲成功之事。”

【译文】

按每年的一定季节（秋季）呈献本年完成的女功。

3. 凡祭祀赞世妇。大丧，掌沐浴。后之丧持翣[1]。从世妇而吊于卿大夫之丧。

【注释】

①翣（shà）：一种饰有羽毛的木制长柄扇形器具，布面画有图案，出葬时持以遮蔽柩车，下葬时放棺椁间。

【译文】

凡遇宗庙祭祀，要协助世妇督察女奴做事。王或王后去世，女御执掌为尸体沐浴。王、王后去世出殡时，负责持翣遮蔽柩车。跟随世妇前往卿大夫家吊丧。

五三　女祝

1. 女祝掌王后之内祭祀[1]，凡内祷祠之事[2]。

【注释】

①内祭祀：据郑《注》，谓祭祀王后六宫中的灶神、门神、户（单扇门）神。

②祷祠：祷，生病求神保佑康复。祠，得到神保佑后还愿。郑《注》曰：“祷，疾病求瘳。祠，报福。”

【译文】

女祝负责主持王后六宫内的祭祀，以及所有向神祈祷获福、报福还愿的事情。

2. 掌以时招、梗、禬、禳之事[1]，以除疾殃。

【注释】

①以时招、梗、禬(guì)、禳之事：贾《疏》曰："云'以时'者，谓随其事时，不必要在四时也。"招是吉祥未至，祭而招之使至；梗是灾祸未至，祭之使不至；禬是灾害已至，祭之使消除；禳是发生奇怪现象，祭之使消退。四者皆小祭祀名。贾《疏》又曰："云招者，招取善祥；梗者，预捍恶之未至；禬者，除去见(现)在之灾；禳者，推却见(现)在之变异。"

【译文】

掌管根据需要随时举行招祭、梗祭、禬祭、禳祭的祭祀事，以消除疾病、灾殃。

五四　女史

1. 女史掌王后之礼职[1]，掌内治之贰[2]，以诏后治内政。

【注释】

①礼职：主管礼典之职。

②内治之贰：内治，治理王后六宫的种种法令。由内宰执掌正本，女史执掌副本。按，《内宰》曰："掌书版图之法，以治王内之政令。"郑《注》曰："内治之法，本在内宰，书而贰之。"

【译文】

女史掌管有关王后参加典礼的有关职事，掌管治理王后六宫内政法令的副本，以禀告王后据以治理内政。

2. 逆内宫[1]，书内令[2]。凡后之事，以礼从。

【注释】

①逆内宫：内宫，谓王后六宫。郑《注》曰："钩考六宫之计。"贾《疏》曰："谓六宫所有费用财物及米粟，皆当钩考之也。"

②内令：郑《注》曰："后之令。"

【译文】

核计内宫所有财用、米粟的开支，书写王后的命令。凡是王后有参加典礼的事，都拿着礼书跟从王后，给以必要提醒。

五五　典妇功

1. 典妇功掌妇式之法[1]，以授嫔、妇及内人女功之事赀[2]。

【注释】

①妇式之法：法，成规，此指完成某件女功需用材料的多少。郑《注》曰："妇人事之模范。法，其用财旧数。"

②以授嫔、妇及内人女功之事赀：嫔妇，此指国都中的巧手妇女。内人，孙诒让曰："即《典丝》之内工。"（参见下《典丝》）。赀，通"资"，此指分发给嫔妇等的原料。《广雅·释诂一》："资，取也。"郑《注》曰："事赀，谓以女功之事来取丝枲。"

【译文】

典妇功掌管妇女所做女功用材数量的法式标准，并据以分发国都内巧手妇女和九嫔、世妇及女御从事妇功所需取用的材料。

2. 凡授嫔妇功，及秋献功，辨其苦良[1]，比其小大，而贾之，物书而楬之[2]。以共王及后之用，颁之于内府[3]。

【注释】

①苦(gǔ)：通“盬”，粗劣。

②楬：标签。参见《天官·职币》注。

③颁之于内府：贾《疏》曰：“藏之于内府也。”

【译文】

凡是分发给嫔妇的任务，到了秋季呈献成绩时，辨别所做活计质量优劣，评比数量多少，而估定价值，并在每种物品上书写标签标明。用来供给王、王后使用，并交给内府收藏。

五六　典丝

1. 典丝掌丝入[1]，而辨其物，以其贾楬之。掌其藏与其出，以待兴功之时[2]，颁丝于外、内工[3]，皆以物授之[4]。凡上之赐予亦如之。

【注释】

①丝入：郑《注》曰：“谓九职之嫔妇所贡丝。”按，此处嫔妇指外嫔妇(即国中嫔妇)。

②时：季节。郑《注》曰：“时者，若温暖宜缣帛，清凉宜文绣。”

③外、内工：外工指外嫔妇，即王城内的巧手妇女；内工指女御及女工。郑《注》曰：“外工，外嫔妇也。内工，女御。”

④皆以物授之：如要织素绢素帛，就发素丝；如要织有图案的绢帛，就发彩丝。贾《疏》曰：“若缣帛则授之以素丝，若文绣则授之以彩丝，故以物而言也。”

【译文】

典丝掌管入贡蚕丝的收进，而辨别其种类成色，依据其价值题写标签。掌管丝的收藏及拨支，以等待制作季节使用。将蚕丝颁发给外、内女工，都按照成品的要求发给所需原料。凡是王用丝物赏赐宠臣，也由典丝按照赐品种类供给。

2. 及献功，则受良功而藏之[1]，辨其物而书其数，以待有司之政令，上之赐予。

【注释】

①良功：指用丝织成的绢帛。郑司农曰："良功，丝功，缣帛。"孙诒让曰："经自以丝功为良功，对枲功为苦功。"按，丝比麻贵，枲功谓麻制品，苦谓工艺较粗，参见《典枲》。

【译文】

到秋季外女工和宫中女御们呈献成绩时，就接受所献丝织品加以收藏，辨别丝的种类成色，登记其数目，以待有关官吏下令调用，以及供王赏赐之用。

3. 凡祭祀，共黼画、组就之物[1]。丧纪，共其丝、纊、组、文之物[2]。凡饰邦器者，受文、织、丝、组焉[3]。

【注释】

①黼画、组就：黼，本指黑白相间的斧形图案。此指绣有图案的祭服下裳。画，此指画有图案的祭服上衣。黼画，指丝制祭服。按，王祭服有所谓衮服，分为十二章、九章两种，饰有十二种或九种花纹图案。组就：组是丝带，就是五彩丝绳，郑《注》曰："采色

一成(完备义)曰就。”凡所应具备的色彩皆具备,称就。二者用于祭服的冕旒。故组就指冕旒。冕是首服,前沿悬挂串串玉珠,称旒(参见同上注)。旒的玉珠用丝绳穿成,称组。王的冕旒之组兼备五彩,故曰“组就”。

②丝、纩(kuàng)、组、文:纩,丝棉。文,有彩色花纹的帛。孙诒让曰:“为缯帛有文采者之通名。”

③邦器:指茵席、屏风等物。茵席四边有装饰,屏风用有彩色图案的缯帛制成。文、织:参见《天官·玉府》注。

【译文】

凡是遇到祭祀,供给制作祭服和冕旒等所用的色丝。丧事,供给所需用的丝线、丝绵、丝绳、有彩色图案的缯帛等物品。凡有修饰国家器物任务的部门,可前来典丝处领受有彩色图案的缯帛,刺绣的锦、丝线、丝绳等物品。

4. 岁终,则各以其物会之。

【译文】

每到夏历年终,就将所收支的丝制品分类加以结算。

五七 典枲

1. 典枲掌布、缌、缕、纻之麻草之物[1],以待时颁功而授赍[2]。

【注释】

①布、缌、缕、纻之麻草之物:布,谓麻布。缌,谓细麻布。缕,谓麻线。纻,用纻麻织的夏布。郑《注》曰:“白而细疏曰纻。”草,葛属

麻类植物。郑《注》曰："葛茼(qǐng)之属。"按，茼，一种麻类植物。

②赍：通"资"，取也。贾《疏》曰："以女工事来取。"

【译文】

典枲掌管制作麻布、细而疏的麻布、麻线、白而细的麻布等的材料麻和葛、茼等，以等待按季节分配女工们工作任务时，授予她们所当取用的原料。

2. 及献功，受苦功①，以其贾楬而藏之，以待时颁。颁衣服，授之。赐予亦如之。

【注释】

①苦(gǔ)功：苦，通"盬"，粗劣，不坚固。麻贱丝贵，麻织品称苦功，丝织品称指麻织品(参见《典丝》)。

【译文】

到秋季外女工们呈献成品的时候，就接受所献的麻织品，依照价值题写标签而加以收藏，以待随时颁发备用。到颁发衣服时，就如数授给领取者。王赏赐臣下麻织品也这样由典枲授给。

3. 岁终，则各以其物会之。

【译文】

每到夏历年终，就将各种麻织品收支情况分类结算。

五八　内司服

1. 内司服掌王后之六服：袡衣、揄狄、阙狄、鞠衣、展衣、缘衣①，素沙②。辨外、内命妇之服，鞠衣、展衣、缘衣③，素沙。

【注释】

①袆衣、揄狄、阙狄、鞠衣、展衣、缘衣：袆(huī)衣，郑《注》说，袆是“翟”的借字。先把玄色缯剪成雉(野鸡)形并染成五彩之色，即成翟雉(五彩野鸡)，然后缀于衣服上以为饰，即袆衣，是王后跟随王祭祀先王所服。揄狄，揄，《说文》作“褕”，羽饰衣。狄，通“翟”，一种野鸡。揄狄形制和袆衣类似，是王后跟随王祭先公时所服。郑《注》说，“揄”是“摇”的借字，“狄”当为“翟(dí)”，野鸡。摇翟，是用青色缯剪成雉(翟)形并染成五彩之色，缀于衣上制成祭服，是王后跟随王祭祀先公所服。阙狄(翟)，把赤色缯剪成野鸡形不染色就缀在衣上制成的祭服，是王后跟随王祭群小祀(即小神)时所服。袆衣玄色，揄狄青色，阙狄赤色。鞠衣，据郑《注》，是颜色如初生嫩黄桑叶的衣服，是王后在春三月向天神祈福、亲自采桑养蚕时所服。展衣，郑《注》说，“展”当为“襢”。《释名·释衣服》曰：“襢衣，襢，坦也，坦然正白无文采也。”则展衣是素白色。郑《注》说，此为王后“以礼见王及宾客之服”。缘衣，郑《注》说，“缘”当作“褖”(tuàn)，褖衣是边缘有装饰的黑色衣服，王后燕居或到王燕寝侍寝时所服。

②素沙：即素纱，据郑《注》，以上六服皆为袍，衬里皆用白纱做成。

③“辨外”至“缘衣”：郑《注》说，内命妇之九嫔服鞠衣，世妇服展衣，女御服缘衣。外命妇，孤之妻服鞠衣，卿大夫之妻服展衣，士妻服缘衣。

【译文】

内司服掌管王后所穿六种服装，即袆衣、揄狄、阙狄、鞠衣、展衣、缘衣，衬里皆是白纱。辨别外、内命妇所当穿的服装，即鞠衣、展衣、缘衣，也是白纱衬里。

2. 凡祭祀、宾客，共后之衣服，及九嫔、世妇，凡命妇，共其衣服。共丧衰亦如之[1]。

【注释】

①丧衰(cuī):衰,本指丧服上衣,此泛指丧服。据贾《疏》,王去世,外命妇要穿齐衰,于后无服;内命妇九嫔以下,王去世服齐衰。

【译文】

凡王后主持祭祀、招待宾客,则供给王后应穿的衣服,以及九嫔、世妇,凡内、外命妇,都供给其应穿的衣服。供给丧服也照此办理。

3. 后之丧,共其衣服,凡内具之物[1]。

【注释】

①内具之物:据郑《注》,指女性日常必用的佩巾、针线、丝绵、布袋儿等器具,均需随葬。

【译文】

王后的丧事,供给装殓、陪葬所需的衣服,以及凡是妇人平日常用的小物件。

五九 缝人

1. 缝人掌王宫之缝线之事[1],以役女御[2],以缝王及后之衣服。

【注释】

①缝线:谓以针线缝衣,缝纫。

②以役女御:此女御是内官而兼领缝人之事者(参见本篇《叙官》注)。

【译文】

缝人掌管王宫中裁缝纫之事，在女御指挥下，以缝制王及王后的衣服。

2. 丧，缝棺饰焉[1]，衣翣柳之材[2]。

【注释】

①棺饰：出葬时遮护载棺柩车的装饰物，如棺罩、帷荒等。

②衣翣(shà)柳之材：衣，此指缠绕。贾《疏》曰："(翣柳)二者皆有材，缝人以采缯衣缠之，乃后张饰于其上。"翣，棺饰之一。参见《女御》注。按，翣上有木框下有木柄，皆应事先用彩缯缠饰，谓之衣翣。柳，即出殡柩车上棺柩周围支撑棺罩的木制框架，柳上事先用彩缯缠饰，谓之衣柳。

【译文】

遇到王、王后、太子等人的丧事，就缝制棺饰，把彩缯缠饰到翣、柳的木框上。

3. 掌凡内之缝事。

【译文】

掌管宫内凡是衣服缝制的事。

六〇　染人

1. 染人掌染丝帛。凡染，春暴练[1]，夏纁玄[2]，秋染夏[3]，冬献功。

【注释】

①暴练：暴，晒也。练，通“湅”，谓将丝帛煮熟后暴晒，使柔软洁白易染上色。

②纁玄：据孙诒让说，纁为黄赤色，像地色；玄为青黑色，像天色。祭服上衣用玄色，下裳用纁色。

③染夏：据郑《注》，谓染五色。此处夏指夏狄（翟），是一种羽毛兼具五色的野鸡，故以“夏”代五色。

【译文】

染人掌管染丝和染帛。凡是染丝染帛，春季煮熟暴晒丝帛，夏季将丝帛染成纁色和玄色，秋季将丝帛染成五色，冬季呈献染好的丝帛成品。

2. 掌凡染事。

【译文】

掌管所有染色的事。

六一　追师

1. 追师掌王后之首服，为副、编、次[①]，追衡、笄[②]。为九嫔及外内命妇之首服，以待祭祀、宾客。

【注释】

①副、编、次：妇人的三种假髻，据《广雅·释器》王念孙疏证说，三者皆是取他人头发合己发编成的髻。副，覆也，覆盖头上作装饰；编，制作时需编缠假发；次，制作时依长短次第整理假发。副最高贵，其上插有六种玉制动物形饰物，编上玉制首饰较少，次

上无玉饰。郑《注》曰："编，编列发为之"；"次，次第发长短为之。""为之"谓为髻。又据郑《注》说，副，王后跟随王祭祀戴；编，采桑养蚕时戴；次，燕居或见王时戴。

②追(duī)衡、笄：追，雕琢。郑《注》曰："追，犹治也。"衡、笄，据孙诒让说，古代笄有两种：一是固发之笄，即用纚(黑缯)裹发作髻，加笄固定；二是固冠或固首饰之笄，即加冠或首饰(如副、编、次)后，再加笄固定。此处衡指后者，即固定副、编、次假髻的玉簪；笄指前者，即用裹发巾裹发成髻后插入使不散的簪笄。

【译文】

追师掌管王后头部需要戴的头饰，为她制作副、编、次等发式，雕琢衡和笄。制作九嫔以及外、内命妇需要戴的头饰，以备其跟随王后参加祭祀和招待宾客时使用。

2. 丧纪，共笄、绖亦如之①。

【注释】

①笄：丧笄，用竹或木制成。绖(dié)：丧服上的麻制带子，缠在头上为首绖，缠在腰间为腰绖。

【译文】

遇到有丧事，供给王后以下内、外命妇所需丧笄和绖带时，也是这样。

六二　屦人

1. 屦人掌王及后之服屦①。为赤舄、黑舄，赤繶、黄繶②，青句③，素屦、葛屦④。

【注释】

①服屦(jù):与衣服配用的各类鞋子。屦,鞋子,包括屦与舄,屦为禅(单层)底鞋,下文舄(xì)是复底鞋(上层皮底,下层木底)。任大椿曰:"禅者但以革为底,不重以木。"又曰:"舄以革为底,而以木为重底,置在屦下。"此处单言屦,包括复底的舄。郑《注》曰:"屦自明矣,必连言服者,著服各有屦也。"又曰:"凡屦舄,各象其裳之色。"如爵弁服,其裳为纁色,故配纁屦。

②赤舄:赤色双层底鞋子。黑舄:黑色双层底鞋子。赤繶:繶(yì),鞋帮、鞋底相接处的装饰性丝绦。据郑《注》说,赤繶是王的黑舄之饰。黄繶,王后的玄舄之饰。此经未言玄舄。

③青句:郑《注》曰:"句,当为'絇',声之误也。"絇(qú),鞋头丝带编成的孔状装饰物,可穿鞋带。青絇,据郑《注》说,是王的白舄之饰。按,古人屦舄皆有絇、繶、纯之饰。纯(zhǔn),缘也,鞋口的镶边。此经未言纯。又据郑《注》说,王的吉服有九种,与之相配合的舄有赤舄、白舄、黑舄三等;王后的吉服有六种,其舄有玄舄、青舄、赤舄三等。

④素屦:王、王后燕居时穿的鞋。葛屦:夏天穿的葛制鞋。冬天则改穿皮屦。

【译文】

屦人掌管王和王后与服装配合应穿的各种鞋子。制作赤舄、黑舄,制作装饰屦舄的赤繶、黄繶、青絇等,并负责制作白色屦和葛屦。

2. 辨外内命夫、命妇之命屦、功屦、散屦[①]。凡四时之祭祀,以宜服之。

【注释】

①外内命夫、命妇:包括外命夫、内命夫和外命妇、内命妇。命屦、

功屦、散屦：命，犹等级，谓王所命贵族之等级。命屦，是与各种等级命服配套应穿的屦。功屦，郑《注》曰："次命屦。"即做工较粗、次于命屦的鞋子。散屦做工又次于功屦，是日常闲居所穿的鞋子。按，此经未言舄，孙诒让曰："经举屦以见舄，互文见义。"

【译文】

辨别外、内命夫和命妇所应穿的命屦、功屦和散屦。凡是参加春夏秋冬四季的祭祀，使他们依照尊卑等级穿上各自合宜的鞋子。

六三　夏采

1. 夏采掌大丧以冕服复于大祖[1]，以乘车建绥复于四郊[2]。

【注释】

①以冕服复：冕服，王有六种冕服，即大裘、衮冕、鷩冕、毳冕、希冕、玄冕，其冕皆同，而不同在于衣裳上绘刺花纹图案的章数（详《春官·司服》注）。复，招魂。郝敬曰："人初死气绝时，持死者衣升屋，西北面呼其名，招使返也。"据孙诒让说，招魂时只用衮冕以下的五服，而不用祭天所服的大裘。大祖，即太祖，谓太祖庙（始祖庙）。

②乘车建绥：乘车，即《春官·司常》所谓道车，亦即象路。按，象路是一种饰有象牙的车。王所乘车有五，称五路。绥，通"旞"，此指大常，旗名，缀饰着五彩鸟羽，是王的五旗之一。

【译文】

夏采掌管王去世时拿着王所穿冕服到太祖庙去为王招魂，驾着插有缀饰五彩鸟羽大常旗的车子，到城外四郊为王招魂。

地官

司徒第二

【题解】

地官系统掌管“邦教”即教育，又谓之“教官”，但教育非其主要职责，其主要职责是掌土地和人民。其所属编制，总共七十八种职官（实际提及七十九种），所属官府五十八种。其长为大司徒，其副为小司徒，协助大司徒工作。大司徒之职“掌建邦之土地之图与其人民之数”等。大、小司徒之下的属官职掌繁杂，大体可分以下几类。第一类是掌基层各级政教的官，包括掌都郊六乡政教的乡师、乡老、乡大夫、州长、党正、族师、闾胥、比长等，掌郊外野地六遂政教的遂人、遂师、遂大夫、县正、鄙师、酂长、里宰、邻长等。第二类是掌征赋税、力役的官，包括载师、闾师、县师、遗人、均人、旅师、稍人、委人、土均、角人、羽人、掌葛、掌染草、掌炭、掌荼、掌蜃等。第三类是掌管山川、场矿等的官，包括山虞、林衡，川衡、泽虞、迹人、矿人、囿人、场人等。第四类是指导农业生产的官，包括草人、稻人、司稼。第五类是掌管粮食及仓储的官，包括廪人、舍人、仓人、司禄（职文缺）、舂人、馆人，槁人等。第六类是掌管市场管理、门关的官，包括司市、质人、廛人、胥师、贾师、司暴、司稽、胥、肆长、泉府、司门、司关、掌节等。第七类是掌管教育的官，包括师氏、保氏、土训、诵训、司谏、司救等。第七类是服务于祭祀的官，包括封人、鼓人、舞师、牧人、牛人、充人等。还有独立成类的调人（调解仇怨）、媒氏（掌婚姻）。

可见地官所掌，关乎国计民生，最为重要。还有些职掌，可能当属他官而混入此官，如大司徒所掌“乡八刑”及听断民之“不服教而有狱讼者”，似当属秋官之职。杨天宇先生推测，大概作者思之未密，或因《周礼》尚属未成之书所致。

据孙诒让统计，地官共设职七十九个。其人员编制数目，属于地官直属系统的，有卿一人，中大夫五人，下大夫十五人，上士四十八人，中士一百四十八人，下士三百二十人，府一百零三人，史二百一十九人，胥二百零二人，徒二千六百二十八人，贾八人；属于乡官系统的，有公三人，卿六人，中大夫三十人，下大夫一百五十人，上士七百五十人，中士三千人，下士一万五千人；属于遂官系统的，有中大夫六人，下大夫三十人，上士一百五十人，中士七百五十人，下士三千人，无爵者一万五千人。凡正官自卿至庶人，共计四万一千五百七十二人。又有奄十二人，奚八十五人，女奴二十六人。此外，山虞、林衡、川衡、泽虞、场人、胥师、贾师、司暴、司稽、胥、肆长等职，其编制皆有员数而无总数，不可计。大凡可计者四万一千六百九十五人。（《周礼正义》，中华书局1987年版，第686、687页）

叙官

1. 惟王建国，辨方正位，体国经野，设官分职，以为民极[①]。乃立地官司徒[②]，使帅其属，而掌邦教，以佐王安扰邦国[③]。

【注释】

①“惟王建国”五句：见《天官·冢宰》注。按，《地官·叙官》许多前文已出注之词未注释，可参见《天官·叙官》注。

②地官司徒：亦称“大司徒”。此官象地而立，故称地官。司，主管。

徒，民众。司徒在六官中分工是主管国家土地、人民、教化、产殖、赋税等事。

③“使帅其属”三句：按，此即大宰所掌六典之二，“二曰教典，以安邦国，以教官府，以扰万民”。邦教，天下的教化。具体指《大司徒》中的“十有二教”。扰，郑《注》曰：“亦安也。”安扰，安抚，安定。

【译文】

王建立国都，辨别国都所在地的方向，确定宗庙、朝廷所在的位置，主次有别地划分国都、郊野的界限，进行建设经营。分设百官职位，作为天下民众取法的榜样。为了达到此目的，于是设立地官司徒这一官职，让他率领部属，来掌管天下的教化，以辅佐王安抚天下各国。

2. 教官之属①：大司徒，卿一人；小司徒，中大夫二人；乡师，下大夫四人②；上士八人，中士十有六人，旅下士三十有二人，府六人，史十有二人，胥十有二人，徒百有二十人。

【注释】

①教官：主管教化之官。因地官司徒“掌邦教”，故本系统的官称“教官”。

②“大司徒”至“下大夫四人”：大司徒，官名。地官的最高首长，掌管天下土地之舆图和记载人民数目的户籍，以辅佐天子安定天下。小司徒，官名。大司徒的副职。乡师，官名。教官中的第三把手。乡是王城四郊（百里之内）的行政组织，乡师各掌其所治乡之教。按，王城周围凡六乡（左三乡，右三乡），由四位乡师掌之，每二人分掌三乡。乡辖一万二千五百家。郑《注》曰：“司徒掌六乡，乡师分而治之，二人者共三乡之事，相左右也。”

【译文】

地官的属官有：大司徒，由卿一人担任；小司徒，由中大夫二人担任；乡师，由下大夫四人担任；此外还有上士八人，中士十六人，众下士三十二人递相辅佐，下辖府六人，史十二人，胥十二人，徒一百二十人。

3. 乡老①，二乡则公一人②。乡大夫③，每乡卿一人。州长④，每州中大夫一人。党正⑤，每党下大夫一人。族师⑥，每族上士一人。闾胥⑦，每闾中士一人。比长⑧，五家下士一人。

【注释】

①乡老：据郑《注》说，是一种荣誉官名。由三公（太师、太傅、太保）兼任，无固定职掌。老，尊称。沈彤说，乡老主要参与乡中礼宾贤能者的工作。

②二乡则公一人：公，是王之下最高的爵等，凡三公，而有六乡，故公一人而兼二乡之事。刘青芝曰："三公无专职，在朝则称公，在乡则称老，上与天子相坐而论道，参六官之事，以进退百官而不畏其偪（bī，同"逼"）；在乡则下与百姓相亲而言教，行六乡之事，以搜贤举能而不嫌于亵。"按，乡老并非司徒的属官，只因职掌与教官相近，故附属于地官。

③乡大夫：官名。乡的行政长官。按，四郊之内设六乡，每乡辖一万二千五百家。

④州长：官名。州的行政长官。按，州是乡的下属行政区划单位，辖两千五百家。州与下文党、族、闾、比，是乡以下依次递降的基层组织（参见《大司徒》第15节）。

⑤党正：官名。党的行政长官。按，党是州的下属行政区划单位，辖五百家。正与下文师、胥，郑《注》曰："皆长也。"即皆为行政长官之称。

⑥族师：官名。族的行政长官。按，族是党的下属行政区划单位，辖一百家。

⑦闾胥：官名。闾的行政长官。按，闾是族的下属行政区划单位，辖二十五家。

⑧比长：官名。比的行政长官。按，比是闾的下属行政区划单位，辖五家，五比为闾。

【译文】

乡老，每两乡由公一人兼任。乡大夫，每乡由卿一人担任。州长，每州由中大夫一人担任。党正，每党由下大夫一人担任。族师，每族由上士一人担任。闾胥，每闾由中士一人担任。比长，每五家由下士一人担任。

4. 封人[1]，中士四人，下士八人，府二人，史四人，胥六人，徒六十人。

【注释】

①封人：据郑《注》，官名。是主管修筑、守护王祭祀社稷的神坛及其周边墙垣，以及为王畿边界、诸侯国界设置边界标志等事的官。郑《注》曰："聚土曰封。"

【译文】

封人，由中士四人任长官，下士八人任副职，下辖府二人，史四人，胥六人，徒六十人。

5. 鼓人[1]，中士六人，府二人，史二人，徒二十人。

【注释】

①鼓人：官名。掌管教导击鼓、用于祭祀、军旅等。贾《疏》曰："主

教六鼓、四金。”

【译文】

鼓人，由中士六人任长官，下辖府二人，史二人，徒二十人。

6. 舞师[1]，下士二人，胥四人，舞徒四十人[2]。

【注释】

①舞师：官名，掌管教导舞蹈之事。贾《疏》曰：“主教野人之舞。”野人即庶人（参见《舞师》第2节注）。

②舞徒：徒中善于跳舞者。按，徒即平民中征调来服役的人员。贾《疏》曰：“徒是给繇役之人，今兼云舞，即徒中使能舞者以充徒数也。”

【译文】

舞师，由下士二人任长官，下辖胥四人，舞徒四十人。

7. 牧人[1]，下士六人，府一人，史二人，徒六十人。

【注释】

①牧人：官名。掌管牧养牛、羊、豕、犬、雁（鹅）、鱼等六牲，以供祭祀之用。郑《注》曰：“养牲于野田者。”

【译文】

牧人，由下士六人任长官，下辖府一人，史二人，徒六十人。

8. 牛人[1]，中士二人，下士四人，府二人，史四人，胥二十人，徒二百人。

【注释】

①牛人：官名。掌管饲养公家的牛。郑《注》曰："主牧公家之牛者。"

【译文】

牛人，由中士二人任长官，下士四人任副职，下辖府二人，史四人，胥二十人，徒二百人。

9. 充人①，下士二人，史二人，胥四人，徒四十人。

【注释】

①充人：据郑《注》、贾《疏》，官名。掌管养肥作祭祀用的六牲。充，此为肥壮义。郑《注》曰："充犹肥也，养系牲而肥之。"按，祭祀所用牲，本归牧人喂养，祭前三月，选毛色纯好者，交充人喂养使肥壮。

【译文】

充人，由下士二人任长官，下辖史二人，胥四人，徒四十人。

10. 载师①，上士二人，中士四人，府二人，史四人，胥六人，徒六十人。

【注释】

①载师：官名。掌管确定土地肥瘠程度，据以确定应交赋税数量。郑《注》曰："载之言事也，事民而税之。"事民，谓让民众在土地上劳动。

【译文】

载师，由上士二人任长官，中士四人任副职，下辖府二人，史四人，胥六人，徒六十人。

11. 闾师[1]，中士二人，史二人，徒二十人。

【注释】

①闾师：官名。负责掌握王城及其四郊人民、六畜的数目，督促各尽其职，按时征收赋贡。郑《注》曰："主征六乡赋贡之税者。"

【译文】

闾师，由中士二人任长官，下辖史二人，徒二十人。

12. 县师[1]，上士二人，中士四人，府二人，史四人，胥八人，徒八十人。

【注释】

①县师：官名。掌管王的直辖领地即公邑的地界、人口、土地等事。县，公邑。按，公邑是设于王城郊外的甸、稍、县、都四地的行政组织（参见《载师》第2节及注）。

【译文】

县师，由上士二人任长官，中士四人任副职，下辖府二人，史四人，胥八人，徒八十人。

13. 遗人[1]，中士二人，下士四人，府二人，史四人，胥四人，徒四十人。

【注释】

①遗（wèi）人：遗，官名。掌管王畿米粟薪刍的储备，以备施惠。郑

《注》曰："以物有所馈遗。"

【译文】

遗人，由中士二人任长官，下士四人任副职，下辖府二人，史四人，胥四人，徒四十人。

14. 均人[1]，中士二人，下士四人，府二人，史四人，胥四人，徒四十人。

【注释】

①均人：官名。掌管平均乡遂、公邑土地赋税及征役。郑《注》曰："均犹平也。主平土地之力政者。"

【译文】

均人，由中士二人任长官，下士四人任副职，下辖府二人，史四人，胥四人，徒四十人。

15. 师氏[1]，中大夫一人，上士二人，府二人，史二人，胥十有二人，徒百有二十人。

【注释】

①氏：官名。掌管小学并以三德教育贵族子弟。下文保氏、司谏、司救皆其属官。

【译文】

师氏，由中大夫一人任长官，上士二人任副职，下辖府二人，史二人，胥十二人，徒一百二十人。

16. 保氏[1]，下大夫一人，中士二人，府二人，史二人，胥六人，徒六十人。

【注释】

①保氏：官名。掌管以六艺教育贵族子弟，兼谏诤王的缺点。郑《注》曰："保。安也。以道安人者也。"

【译文】

保氏，由下大夫一人任长官，中士二人任副职，下辖府二人，史二人，胥六人，徒六十人。

17. 司谏①，中士二人，史二人，徒二十人。

【注释】

①司谏：官名。掌管纠察、劝励万民的德行等事。郑《注》曰："谏犹正也，以道正人行。"

【译文】

司谏，由中士二人任长官，下辖史二人，徒二十人。

18. 司救①，中士二人，史二人，徒二十人。

【注释】

①司救：官名。掌管用礼法来防止民众的邪恶、过失。郑《注》曰："救，犹禁也，以礼防禁人之过者也。"

【译文】

司救，由中士二人任长官，下辖史二人，徒二十人。

19. 调人①，下士二人，史二人，徒十人。

【注释】

①调人：官名。掌管纠察民众中结仇怨者，并调解矛盾纠纷。调(tiáo)，调解。郑《注》曰："调，犹和合也。"

【译文】

调人，由下士二人任长官，下辖史二人，徒十人。

20. 媒氏①，下士二人，史二人，徒十人。

【注释】

①媒氏：官名。掌管谋合民众的婚姻之事。郑《注》曰："媒之言谋也，谋合异类，使和成者。"

【译文】

媒氏，由下士二人任长官，下辖史二人，徒十人。

21. 司市①，下大夫二人，上士四人，中士八人，下士十有六人，府四人，史八人，胥十有二人，徒百有二十人。

【注释】

①司市：官名。市官之长，掌管市场买卖交易的各项政务及其禁令。下文质人至泉府九官，皆其属官。

【译文】

司市，由下大夫二人任长官，上士四人任副职，此外还配有中士八人，下士十六人协理众事，下辖府四人，史八人，胥十二人，徒一百二十人。

22. 质人①，中士二人，下士四人，府二人，史四人，胥二人，徒二十人。

【注释】

①质人：官名。司市之属官，掌管评估物价、签订契约。郑《注》曰："质，平也。主平定物贾(价)者。"

【译文】

质人，由中士二人任长官，下士四人任副职，下辖府二人，史四人，胥二人，徒二十人。

23. 廛人①，中士二人，下士四人，府二人，史四人，胥二人，徒二十人。

【注释】

①廛(chán)人：官名。掌管征收市场税收及罚金。廛，古代平民一家在城邑中所占的房地。后泛指民居。郑《注》曰："廛，民居区域之称。"据孙诒让说，廛即宅基地，廛人掌市宅(经商者之宅)，不掌民宅。

【译文】

廛人，由中士二人任长官，下士四人任副职，下辖府二人，史四人，胥二人，徒二十人。

24. 胥师①，二十肆则一人②，皆二史③。贾师④，二十肆则一人，皆二史。司虣⑤，十肆则一人。司稽⑥，五肆则一人。胥⑦，二肆则一人。肆长⑧，每肆则一人。

【注释】

①胥师：官名。掌管市场(一介次，即二十肆)的物价，公布禁罚、禁令，为介次之长，并掌领群胥(参见《司市》注)。按，胥师并非正

式官员，而由司市推举担任。下文贾师、司暴、司稽同。

②肆：市场中的店铺行列。贾《疏》曰："谓行列。"

③皆二史：贾《疏》曰："皆有二史副之，助作文书。"

④贾(gǔ)师：官名。别称贾正，据郑《注》，是掌管核定市场物价之吏。

⑤司虣(bào)：官名。掌管市肆的治安纠察之吏。

⑥司稽：官名。掌管市场巡查、察举不法、捉拿盗贼之吏。

⑦胥：官府中给役者之什长。职责为根据事务轻重缓急，安排办理顺序，使所辖二肆正常营业。下文肆长同。所掌与司暴同，司暴掌十肆。

⑧肆长：官名。掌管市场中一肆之政令。按，自胥师至肆长六职，皆非正式官员，而是在市场服徭役的平民。孙诒让曰："经不言爵，则皆庶人在官者。"

【译文】

胥师，每二十肆设一人，每人都下辖史二人。贾师，每二十肆设一人，每人都下辖史二人。司虣，每十肆设一人。司稽，每五肆设一人。胥，每二肆设一人。肆长，每肆设一人。

25. 泉府①，上士四人，中士八人，下士十有六人，府四人，史八人，贾八人②，徒八十人。

【注释】

①泉府：官名。掌管市场税收，收购滞销货物以调节市场供求。泉，古代钱币的名称。郑司农曰："故书'泉'或作'钱'。"

②贾：吏名，掌知物价者。

【译文】

泉府，由上士四人任长官，中士八人任副职，此外还配有下士十六人协理众事，下辖府四人，史八人，贾八人，徒八十人。

26. 司门[1]，下大夫二人，上士四人，中士八人，下士十有六人[2]，府二人，史四人，胥四人，徒四十人。每门下士二人，府一人，史二人，徒四人。

【注释】

①司门：官名。掌管把守王城城门。按，王城一面三门，四面十二门。郑《注》曰："主王城十二门。"

②下士十有六人：据王引之《经义述闻》，此六字是衍文，是。然因尊重经文，译文姑按字面翻译。

【译文】

司门，由下大夫二人任长官，此外还配有上士四人、中士八人、下士十六人协理众事，下辖府二人，史四人，胥四人，徒四十人。每一城门由下士二人负责，下辖府一人，史二人，徒四人。

27. 司关[1]，上士二人，中士四人，府二人，史四人，胥八人，徒八十人。每关下士二人，府一人，史二人，徒四人。

【注释】

①司关：官名。掌管关门货物出入的符节，查验并征收关税。

【译文】

司关，由上士二人任长官，中士四人任副职，下辖府二人，史四人，胥八人，徒八十人。每一关门由下士二人负责，下辖府一人，史二人，徒四人。

28. 掌节[1]，上士二人，中士四人，府二人，史四人，胥二人，徒二十人。

【注释】

①掌节：官名。掌管查验行使之符节。郑《注》曰："节犹信也，行者所执之信。"按，信即信物、凭证，使者受命出使的凭证，古称节或符节。

【译文】

掌节，由上士二人任长官，中士四人任副职，下辖府二人，史四人，胥二人，徒二十人。

29. 遂人[1]，中大夫二人。遂师[2]，下大夫四人，上士八人，中士十有六人。旅下士三十有二人，府四人，史十有二人，胥十有二人，徒百有二十人。

【注释】

①遂人：官名。掌管六遂及四等公邑、采地土地政教之事。郑《注》曰："主六遂，若司徒之于六乡也。"按，王都四郊百里之内设六乡，百里之外至二百里曰甸，甸的行政组织为遂。

②遂师：官名。掌管一遂之政令、戒禁。为遂人之副职，二人掌三遂。孙诒让曰："此官亦二人共三遂之事。"

【译文】

遂人，由中大夫二人任长官。遂师，由下大夫四人任长官，上士八人任副职，此外还配有中士十六人，众下士三十二人协理众事，下辖府四人，史十二人，胥十二人，徒一百二十人。

30. 遂大夫[1]，每遂中大夫一人。县正[2]，每县下大夫一人。鄙师[3]，每鄙上士一人。酂长[4]，每酂中士一人。里宰[5]，每里下士一人。邻长[6]，五家则一人。

【注释】

①遂大夫：官名。一遂之长，掌管一遂之政令。按，此处大夫是官名。非爵名。

②县正：官名。一县之长。县是遂的下属行政单位，辖二千五百家。按，县及下文鄙、酂、里、邻，是遂之下依次递降的基层行政组织（参见《遂人》），其长官分别为：县正、鄙师、酂长、里宰、邻长。

③鄙师：官名。一鄙之长，掌管一鄙五百家之政令、祭祀。鄙是县的下属行政单位，辖五百家。

④酂（zàn）长：一酂之长，掌管一酂之政令。酂是鄙的下属行政单位，辖一百家。

⑤里宰：官名。一里之长。里是酂的下属行政单位，辖二十五家。

⑥邻长：一邻之长，掌管一邻之事，辅助邑之政事。邻是里的下属行政单位，辖五家。沈彤曰："邻长无爵无禄，受田如农民而免其役赋，如庶人在官者也。"

【译文】

遂大夫，每遂由中大夫一人担任。县正，每县由下大夫一人担任。鄙师，每鄙由上士一人担任。酂长，每酂由中士一人担任。里宰，每里由下士一人担任。邻长，每五家则设一人。

31. 旅师[1]，中士四人，下士八人，府二人，史四人，胥八人，徒八十人。

【注释】

①旅师：官名。掌管收聚、储备六遂公邑粮食、税收。江永曰："旅，众也。主众氓(méng，农民)合输之粟也。"

【译文】

旅师，由中士四人任长官，下士八人任副职，下辖府二人，史四人，胥八人，徒八十人。

32. 稍人①，下士四人，史二人，徒十有二人。

【注释】

①稍人：官名。负责公邑出车徒的政令。距王城二百里至三百里的区域称稍。孙诒让曰："主公邑军赋之官。"

【译文】

稍人，由下士四人任长官，下辖史二人，徒十二人。

33. 委人①，中士二人，下士四人，府二人，史四人，徒四十人。

【注释】

①委人：官名。掌管征收远郊薪柴、果蔬、木材等贡赋，储藏备用。委，储备。

【译文】

委人，由中士二人任长官，下士四人任副职，下辖府二人，史四人，徒四十人。

34. 土均①，上士二人，中士四人，下士八人，府二人，史四人，胥四人，徒四十人。

【注释】

①土均：官名。掌管平均邦国、都鄙土地的政令，将土质分类以决定征税等级。郑《注》曰："均，犹平也。主平土地之政令者也。"

【译文】

土均，由上士二人任长官；中士四人任副职，此外还配有下士八人协理众事，下辖府二人，史四人，胥四人，徒四十人。

35. 草人[①]，下士四人，史二人，徒十有二人。

【注释】

①草人：官名。掌管改良土壤，分辨土质，确定种植种类与耕作之法。郑《注》曰："草，除草。"

【译文】

草人，由下士四人任长官，下辖史二人，徒十二人。

36. 稻人[①]，上士二人，中士四人，下士八人，府二人，史四人，胥十人，徒百人。

【注释】

①稻人：官名。掌管泽地治理、稻麦种植指导。

【译文】

稻人，由上士二人任长官，中士四人任副职，此外还配有下士八人协理众事，下辖府二人，史四人，胥十人，徒一百人。

37. 土训[1]，中士二人，下士四人，史二人，徒八人。

【注释】

①土训：官名。掌管向王陈告山川形势、所生物产。郑《注》："能训说土地善恶之势。"

【译文】

土训，由中士二人任长官，下士四人任副职，下辖史二人，徒八人。

38. 诵训[1]，中士二人，下士四人，史二人，徒八人。

【注释】

①诵训：官名。掌管向王讲述各地风俗、传说及禁忌之事。郑《注》："能训说四方所诵习及人所作为久时事。"

【译文】

诵训，由中士二人任长官，下士四人任副职，下辖史二人，徒八人。

39. 山虞[1]，每大山中士四人，下士八人，府二人，史四人，胥八人，徒八十人；中山下士六人，史二人，胥六人，徒六十人；小山下士二人，史一人，徒二十人。

【注释】

①山虞：官名。掌管山林之各种政令：设置藩篱，划分地界，使人按时伐取木材，禁止盗伐等。虞，度量，测量。郑《注》曰："虞，度也，度知山之大小及所生者。"

【译文】

山虞，每座大山由中士四人任长官，下士八人任副职，下辖府二人，史四人，胥八人，徒八十人；每座中等的山由下士六人任长官，下辖史二人，胥六人，徒六十人；每座小山由下士二人任长官，下辖史一人，徒二十人。

40. 林衡[1]，每大林麓下士十有二人[2]，史四人，胥十有二人，徒百有二十人；中林麓如中山之虞，小林麓如小山之虞。

【注释】

①林衡：官名。掌管巡视川林、执行禁令。衡，平衡。郑《注》曰："平林麓之大小及所生者。"

②麓：山脚。郑《注》曰："山足曰麓。"

【译文】

林衡，每片大的山林由下士十二人任长官，下辖史四人，胥十二人，徒一百二十人。每片中等山林林衡的编制如同中等山的山虞，小山林林衡的编制如同小山的山虞。

41. 川衡[1]，每大川下士十有二人，史四人，胥十有二人，徒百有二十人；中川下士六人，史二人，胥六人，徒六十人；小川下士二人，史一人，徒二十人。

【注释】

①川衡：官名。掌管某一河流及附近小泽的源流、出产与守禁。郑《注》曰："川，流水也。"

【译文】

川衡，每条大河由下士十二人任长官，下辖史四人，胥十二人，徒一百二十人；每条中等河流由下士六人任长官，下辖史二人，胥六人，徒六十人；每条小河由下士二人任长官，下辖史一人，徒二十人。

42. 泽虞[1]，每大泽、大薮中士四人，下士八人，府二人，史四人，胥八人，徒八十人；中泽、中薮如中川之衡，小泽、小薮如小川之衡。

【注释】

①泽虞：官名。掌管国有泽薮政令。郑《注》曰："泽，水所钟也。水希曰薮。"希，"晞"的假借字，《说文》曰："晞，干也，"按，泽，有水的湖泊；薮，水少的沼泽地。

【译文】

泽虞，每个大泽、大薮由中士四人任长官，下士八人任副职，下辖府二人，史四人，胥八人，徒八十人。每个中等的泽、中等的薮的泽虞的编制，如同中等河流的川衡一样，每个小泽、小薮的泽虞的编制，如同小河的川衡一样。

43. 迹人[1]，中士四人，下士八人，史二人，徒四十人。

【注释】

①迹人：官名。掌管田猎之政令。此官探寻禽兽的踪迹，故称。郑《注》曰："知禽兽处。"

【译文】

迹人，由中士四人任长官，下士八人任副职，下辖史二人，徒四十人。

44. 矿人[1]，中士二人，下士四人，府二人，史二人，胥四人，徒四十人。

【注释】

①矿人：官名。掌管矿藏之政令。郑《注》曰："金玉未成器曰矿。"

【译文】

矿人，由中士二人任长官，下士四人任副职，下辖府二人，史二人，胥四人，徒四十人。

45. 角人[1]，下士二人，府一人，徒八人。

【注释】

①角人：官名。掌管向山泽之农征收兽角齿骨。

【译文】

角人，由下士二人任长官，下辖府一人，徒八人。

46. 羽人[1]，下士二人，府一人，徒八人。

【注释】

①羽人：官名。掌管按时征集羽翮羽毛。翮(hé)，《说文》曰："羽茎也。"即鸟翎的茎，翎管，羽管。

【译文】

羽人，由下士二人任长官，下辖府一人，徒八人。

47. 掌葛[1]，下士二人，府一人，史一人，胥二人，徒二十人。

【注释】

①掌葛：官名。掌管按时向山农征收葛草、麻类等原料。

【译文】

掌葛，由下士二人任长官，下辖府一人，史一人，胥二人，徒二十人。

48. 掌染草①，下士二人，府一人，史二人，徒八人。

【注释】

①掌染草：官名。掌管征收可作染料的草木。郑《注》曰："染草，蓝、蒨(qiàn，同"茜")、象斗之属。"按，蓝草可染青，蒨(同茜)草可染绛，象斗可染黑，三者皆为染料原料。

【译文】

掌染草，由下士二人任长官，下辖府一人，史二人，徒八人。

49. 掌炭①，下士二人，史二人，徒二十人。

【注释】

①掌炭：官名。掌管征收炭、灰。炭可取暖，灰即草木灰，可洗衣。

【译文】

掌炭，由下士二人任长官，下辖史二人，徒二十人。

50. 掌荼①，下士二人，府一人，史一人，徒二十人。

【注释】

①掌荼(tú)：官名。掌管按时征收荼秀。荼，茅草所开的絮状白花，可采以供丧时填充衣被等用。郑《注》曰："荼，茅莠。"按，"莠"是

“秀”的假借字，茅秀指茅草花。

【译文】

掌荼，由下士二人任长官，下辖府一人，史一人，徒二十人。

51. 掌蜃[1]，下士二人，府一人，史一人，徒八人。

【注释】

①掌蜃：官名。掌管征收蚌蛤之物。

【译文】

掌蜃，由下士二人担任，下辖府一人，史一人，徒八人。

52. 囿人[1]，中士四人，下士八人，府二人，胥八人，徒八十人。

【注释】

①囿人：官名。掌管防禁野兽、牧养囿中野兽。囿，养禽兽植林木的地方。郑《注》曰：“囿，今之苑。”

【译文】

囿人，由中士四人任长官，下士八人任副职，下辖府二人，胥八人，徒八十人。

53. 场人[1]，每场下士二人，府一人，史一人，徒二十人。

【注释】

①场人：官名。掌管王国场圃，负责种植、收藏和供给王、王国之用。孙诒让曰：“此场即园地，专种蔬果。”

【译文】

场人，每场皆由下士二人任长官，下辖府一人，史一人，徒二十人。

54. 廪人[1]，下大夫二人，上士四人，中士八人，下士十有六人，府八人，史十有六人，胥三十人，徒三百人。

【注释】

①廪(lǐn)人：官名。掌管统计仓廪所藏米粮谷物总量，以备发放俸禄、周济和赏赐之用。下文舍人、仓人、司禄，是其属官。廪，米仓。郑《注》曰："盛米曰廪。"

【译文】

廪人，由下大夫二人任长官，上士四人任副职，此外还配有中士八人、下士十六人协理众事，下辖府八人，史十六人，胥三十人，徒三百人。

55. 舍人[1]，上士二人，中士四人，府二人，史四人，胥四人，徒四十人。

【注释】

①舍人：官名。掌管宫中米谷收支。郑《注》曰："舍犹宫也。"

【译文】

舍人，由上士二人任长官，中士四人任副职，下辖府二人，史四人，胥四人，徒四十人。

56. 仓人[1]，中士四人，下士八人，府二人，史四人，胥四人，徒四十人。

【注释】

①仓人:官名。掌管储藏谷物。

【译文】

仓人,由中士四人任长官,下士八人任副职,下辖府二人,史四人,胥四人,徒四十人。

57. 司禄①,中士四人,下士八人,府二人,史四人,徒四十人。

【注释】

①司禄:官名。掌管颁发禄谷。按,其职文亡阙。郑《注》曰:"主班(颁)禄。"

【译文】

司禄,由中士四人任长官,下士八人任副职,下辖府二人,史四人,徒四十人。

58. 司稼①,下士八人,史四人,徒四十人。

【注释】

①司稼:官名。掌管巡视邦野民众的耕作,区分谷物种类及适宜的土地,根据年成制定赋税之法。郑《注》曰:"种谷曰稼,如嫁女以有所生。"

【译文】

司稼,由下士八人任长官,下辖史四人,徒四十人。

59. 舂人①,奄二人②,女舂抗二人③,奚五人④。

【注释】

①舂人：官名。掌管舂谷成米、供给米谷。

②奄：即宦者。

③女舂抗(yǎo)：能舂能舀的女奴。抗，将舂好的米从臼中舀出。郑《注》曰："女奴能舂与抗者。抗，抒臼也。"抒臼即从臼中舀取舂好的谷米。按，有版本"抗"作"抌"，杨天宇先生以为，"抌"盖"抗"之讹。《说文》抌训"深击"，与上下文语境不符。抗则同"舀"，《说文》"舀"下重文"抗"，曰："舀或从手抗。"

④奚：女奴。

【译文】

舂人，由奄二人负责，下辖女舂二人，奚五人。

60. 饎人[1]，奄二人，女饎八人[2]，奚四十人。

【注释】

①饎(chì)人：官名。掌管生火做饭等炊事。饎，炊，做饭。

②女饎：负责炊事的女奴。

【译文】

饎人，由奄二人负责，下辖女饎八人，奚四十人。

61. 槁人[1]，奄八人，女槁每奄二人，奚五人[2]。

【注释】

①槁人：官名。掌管为内外朝当值官吏供应膳食。槁，通"犒"，犒劳。郑司农曰："主冗食者。"按此指因当值在朝而不能回家吃饭者。

②“女槁”二句：女槁，女奴而役于槁人者。沈彤曰：“女槁每奄二人，八奄则女槁十六人；每奄奚五人，则四十人。”

【译文】

槁人，由奄八人负责，每奄下辖女槁二人，奚五人。

一 大司徒

1. 大司徒之职，掌建邦之土地之图与其人民之数，以佐王安扰邦国。

【译文】

大司徒的职责是：掌管编制天下各国土地的地图与记载人民数的户籍，以辅助王安定天下各国。

2. 以天下土地之图，周知九州之地域广轮之数①，辨其山、林、川、泽、丘、陵、坟、衍、原、隰之名物②，而辨其邦国都鄙之数③，制其畿疆而沟封之④，设其社稷之壝而树之田主⑤，各以其野之所宜木⑥，遂以名其社与其野⑦。

【注释】

①九州之地域广轮：郑《注》曰：“九州，扬、荆、豫、青、兖、雍、幽、冀、并也。”（参见《夏官·职方氏》）广，指东西的宽度。轮，指南北的长度。贾《疏》引马融曰：“东西为广，南北为轮。”

②山、林、川、泽、丘、陵、坟、衍、原、隰之名物：坟，水边高起的涯地。衍，低下平坦的土地。坟，水边，水涯。原隰（xí），高地之广而平者谓之原，低湿的土地谓之隰。名物，指上文十种土地的名称及所生之物。郑《注》曰：“积石曰山，竹木曰林，注渎曰川，水钟曰

泽，土高曰丘，大阜曰陵，水崖曰坟，下平曰衍，高平曰原，下湿曰隰。名物者，十等之名与所生之物。”

③而辨其邦国都鄙之数：邦国，指诸侯国。都鄙，即王畿内的采邑。

④制其畿疆而沟封之：畿疆，王国的边界和诸侯国的边界。王直辖领土方千里，谓之王畿，简称畿。封，修筑低矮土墙以为边墙。郑《注》曰：“起土界也。”

⑤设其社稷之壝而树之田主：社稷，社神和田神（谷神）。田主，社稷之主。主，指神所凭依之树。古人认为，神喜欢凭依茂密的树木，故有社稷处一定种大树。据郑《注》，社神名后土，稷神名田正。壝（wěi），本指社稷坛周围土筑的矮墙；此为坛及矮墙的总称。即郑《注》所谓“堳埒（méiliè）”。贾《疏》曰：“以壝在坛之四面为之，明中有坛可知。”田主，即后土、田正二神所依之树。《朱子语类》卷二十五《哀公问宰我章》曰：“看古人意思，只是以树为社主，使神依焉，如今人说神树之类。”惠士奇曰：“盖木之茂者神所凭，故古之社稷恒依树木。”

⑥野：土地。

⑦遂以名其社与其野：指社、野的名称，由田主所树之木的名称而定。郑《注》曰：“若以松为社，则名松社之野。”按，《庄子·人间世》说齐国有栎社，亦以木名社之例。

【译文】

根据天下土地的地图，可以周遍地知晓九州地域位置、面积数目；可以辨别各地的山、林、川、泽、丘、陵、坟、衍、原、隰的名称，以及这些地方所出产的物品；根据天下土地的地图，还可以清楚辨别天下的诸侯国和王畿内的采邑数，进而划定各国的畿疆而挖沟筑墙以为界；根据天下土地的地图，设立各国社稷的壝坛，而以树作为田主，各自种上当地田野土质适宜生长的树木作为田主，于是就用某种树木的名称，称呼相应的社和田野的名称。

3. 以土会之法，辨五地之物生[1]。一曰山林，其动物宜毛物[2]，其植物宜早物[3]，其民毛而方。二曰川泽，其动物宜鳞物，其植物宜膏物[4]，其民黑而津。三曰丘陵，其动物宜羽物，其植物宜核物[5]，其民专而长[6]。四曰坟衍，其动物宜介物，其植物宜荚物[7]，其民皙而瘠。五曰原隰，其动物宜裸物[8]，其植物宜丛物[9]，其民丰肉而庳[10]。

【注释】

①“以土会之法”二句：会，(kuài)，计也。郑《注》曰：“以土计贡税之法，因别此五者也。”按，五者，即指下文五种不同地形及其所生物。物生，即生物，亦即下文所说的动植物和人民等。

②毛物：郑《注》曰：“貂狐貒貉之属，缛毛者也。”

③早物：早，阮校说，是“皂”的假借字。俞樾以为皂即栎，亦名柞。按，栎树之实为皂斗，以其荚为汁，可以染皂色。

④膏物：郑《注》曰：“‘膏’当为‘橐’字之误也。莲芡之实有橐韬”。指果实的外层包皮。按，莲是荷花之实，芡是鸡头米，皆水生植物。

⑤核物：郑《注》曰：“李梅之属。”按，李梅皆有果核的植物。

⑥专(tuán)：通“团”，圆也。丁晏曰：“即‘团’之省文，《说文·口部》曰：‘团，圜也，从口，专声。’”

⑦荚：孙诒让认为荚是“荋”字之误。荋，谓草木之芒刺。荋物，谓草木之有芒刺者，例如蒺藜、棘。

⑧裸物：郑《注》曰：“虎豹貔貙之属，浅毛者。”

⑨丛物：郑《注》曰：“萑苇之属。”

⑩其民丰肉而庳：丰肉，肉厚，肉多。庳(bì)，低矮。郑《注》曰：“犹短也。”

【译文】

根据以土地计算贡税的法则，辨别五种不同土地上所宜生长的动物、植物、居民等。一是山林，那里适宜生长貂狐类毛细密的动物，适宜种植栎栗类可作染料的植物，那里的居民多毛而体方。二是川泽，那里适宜生长鱼龙等鳞甲类的动物，适宜于种植莲芡类所结果实有皮的植物，那里的居民皮肤黑而润泽。三是丘陵，那里适宜生长翟雉类有羽毛的动物，适宜生长梅李类所结果实有核的树木，那里的居民体型圆而身长。四是坟衍，那里适宜生长龟鳖类体表有甲壳的动物，适宜生长棘、蒺藜类有芒刺的植物，那里的居民肤色白而体瘦。五是原隰，那里适宜生长虎豹类少毛的动物，适宜生长萑苇类丛生的植物，那里的居民肥胖而矮小。

4. 因此五物者民之常①，而施十有二教焉。一曰以祀礼教敬②，则民不苟。二曰以阳礼教让③，则民不争。三曰以阴礼教亲④，则民不怨。四曰以乐礼教和⑤，则民不乖。五曰以仪辨等⑥，则民不越。六曰以俗教安，则民不偷⑦。七曰以刑教中⑧，则民不暴。八曰以誓教恤⑨，则民不怠。九曰以度教节⑩，则民知足。十曰以世事教能⑪，则民不失职。十有一曰以贤制爵⑫，则民慎德。十有二曰以庸制禄⑬，则民兴功。

【注释】

①常：谓常听安习，亦即习惯。

②祀礼：祭祀之礼。贾公彦说："凡祭祀者，所以追养继孝，事死如事生。……死者尚敬，则生事其亲不苟且也。"

③阳礼：谓乡射礼、乡饮酒礼。此两礼纯是男子参加，故称。按，《礼记·乡饮酒义》："乡饮酒之礼，六十者坐，五十者立侍，所以

明尊长也。”表现年幼小者对长者的礼让。

④阴礼：谓男女之礼，此指婚姻之礼。郑《注》曰：“谓男女之礼。婚姻以时，则男不旷，女不怨。”

⑤乐礼：“礼”是衍字。古代乐包括诗歌、音乐、舞蹈。王引之曰：“‘乐’下不当有‘礼’字，盖涉上祀礼、阳礼、阴礼而衍。”

⑥以仪辨等：仪，礼仪。以仪辨等，谓因尊卑不同而享受不同的礼仪规格。朱申曰：“宫室，车旗、衣服之仪，有上下之等。”

⑦偷：通“愉”，苟且，怠惰。阮校说，是“愉”的俗字。郑《注》引此字即作“愉”，曰：“谓朝不谋夕。”按，阮校说，此处也应遵循经用古字、注用今字之例，经文当作“愉”，而注文当作“偷”。

⑧以刑教中：中（zhòng），符合，应合。刘青芝曰：“中字应作去声读，以刑教之中乎礼、中乎法耳。”

⑨以誓教恤：誓，戒也。《师士》有所谓五戒，其一即为“誓戒”。恤，慎。俞樾曰：“慎也。……国有大事，先誓戒之，以役上命。”

⑩度：制度。此谓衣服、宫室的制度。

⑪世事：世代相传的技艺。柯尚迁曰：“世间才艺之事。”

⑫以贤制爵：贾《疏》曰：“人有贤行，制与之爵。”

⑬庸：庸，功劳，功绩。郑《注》曰：“功也。”

【译文】

根据上述五种土地的生长物所形成居民的生活习惯，而对他们进行十二个方面的教育。一是通过祭祀之礼来教民恭敬，人民就不会马虎随便。二是通过乡射礼、乡饮酒礼等阳礼教民谦让，人民就不会彼此相争。三是通过婚礼那样的阴礼来教民相亲，人民就不会有失时之怨。四是通过音乐教民和同，人民就不会行为乖戾。五是用礼仪来教民分辨上下尊卑等级差别，人民就不会举止僭越。六是通过习俗教民安居乐业，人民就不会苟且马虎。七是通过刑罚教民遵守礼法合乎正道，人民就不会凶暴作乱。八是通过誓戒教民敬慎，人民就不会做事懈怠。

九是通过制度教民节制，人民就懂得知足。十是通过世代相传的技艺教民掌握谋生技能，人民就不会失业。十一是根据贤德高低颁授不同的爵位，人民就会谨慎地修养德行。十二是根据功劳的大小颁授不同的俸禄，人民就会致力于建功立业。

5. 以土宜之法，辨十有二土之名物①，以相民宅，而知其利害，以阜人民，以蕃鸟兽，以毓草木，以任土事②。辨十有二壤之物③，而知其种，以教稼穑树蓺④。

【注释】

①十有二土：谓十二分野。据郑《注》，是指根据天上的十二次所划分的地上十二个国家或区域。按，古人为了量度日、月、行星的位置和运动，把黄道（太阳周年视运动的轨迹）附近的一周天按照由西向东的方向，分为十二个等分，即十二次，每一次皆有名称，如第一次叫星纪，第二次叫玄枵，等等。

②以任土事：任，据孙诒让说，在此义同“傳（zì）”，树立、建立义，“谓就地之力势所生，民之材力所能，傳立之以成其事功也”。

③十有二壤：即“十有二土”。郑《注》曰：“壤亦土也，变言耳。”贾《疏》曰：“此十二壤即上十二土。上经论居人物之事，此经辨其种殖所宜，故变其文。”

④稼穑树蓺（yì）：蓺，种植（果木）。孙诒让曰：“稼穑为种谷，树蓺为种果木。”

【译文】

依据不同的土地同所生长不同的人民、动植物相适宜的法则，辨别十二分野土地所适宜的出产物及其名称，从而来观察、测定人民的居处，而了解它们的利、害所在，从而使人民繁盛、使鸟兽繁殖、使草木生长，努力建立土地上的生产事业。辨别十二种土壤所适宜种植的作物，而知道所适宜种植的品种，来教导民众种植五谷、蔬菜、果木。

6. 以土均之法①，辨五物九等②，制天下之地征③，以作民职④，以令地贡⑤，以敛财赋⑥，以均齐天下之政⑦。

【注释】

①均：谓公平合理。郑《注》曰："平也。"

②五物九等：五物，指上文山林、川泽等五种土地所产之物。九等，九种土质。参见《地官·草人》。郑《注》曰："五物，五地之物也。九等，骍刚、赤缇之属。"

③制天下之地征：征，租税、赋贡、徭役。

④作民职：作，使……兴起，孙诒让曰："凡经云'作'者，并使令、兴起之谓。"参见《大宰》"九职"。民职，人民的九种职业。郑《注》曰："民九职也。"（参见《天官·大宰》）

⑤地贡：郑《注》曰："贡地所生，谓九谷。"按，九谷，参见同上注。

⑥以敛财赋：赋，即九赋，参见《大宰》注。郑《注》曰："财谓泉（钱）谷，赋谓九赋及军赋。"

⑦以均齐天下之政：政，通"征"，赋税。

【译文】

根据以土地合理征收贡赋的法则，辨别五种土地所产的物品和九等土质，制订天下的地税额度，而以此鼓励人民做好各自的职业，以使人民贡献土地生产的各种农作物，以征收钱谷和各种赋税，以使天下赋税的征收负担均平划一。

7. 以土圭之法测土深①，正日景，以求地中②。日南则景短③，多暑。日北则景长，多寒。日东则景夕④，多风。日西则景朝，多阴。日至之景，尺有五寸，谓之地中，天地之所合也⑤，四时之所交也，风雨之所会也⑥，阴阳之所和也。然则百物阜安，乃建王国焉。制其畿方千里，而封树之。

【注释】

①以土圭之法测土深：土圭，一种一尺五寸长的圭形玉器，是古代用以测日影以定四时、土地方位远近的工具。测量时当于正午时分在地上树立一根八尺长的表竿，而以土圭测日光于表竿投影的长短，以确定该地方位、远近。土圭之法，即以土圭所测日影长短以定四时、测土地方位远近的方法。土深，郑司农曰："谓南北东西之深也。"戴震曰："测土深，以南北言。圣人南面而听天下，古者宫室皆南向，故南北为深，东西为广。"

②"正日景"二句：景(yǐng)，同"影"，即日影。地中，谓天下的中央，为东西南北之中。若某地设立表竿的投影(在表北)长一尺五寸，与土圭等长，此日即为夏至，此地即为地中。即下文"日至(即夏至)之景尺有五寸，谓之地中"。周时，以洛阳为天下之中即地中。《史记·周本纪》记成王营洛邑曰："此天下之中，四方入贡道里均。"

③日南则景短：日南，标杆影子短于土圭长度谓之日南。古人以为愈南则距日愈近，日影愈短，夏至中午短于一尺五寸。郑司农曰："谓立表(竿)处大(太)南。"。反之则日影长。郑《注》曰："凡日景于地千里而差一寸。"以为日影差一寸，地面距离则相差一千里。钱玄曰："据后人精确推测，差一寸，则地偏南或偏北为一百三四十里。郑说不确。"(《三礼通论》页250)日北：标杆的影子长于土圭的长度谓之日北。其地偏北，距太阳远。

④日东则景夕：是说地中之日方中，而此处日已偏西，反之则日偏东。钱玄曰："凡差一时辰，于地大致差六千里。"(同上)

⑤天地之所合：按，古人的观念，天地皆圆，而地包于天中，是地之中，即天之中，故天中之气与地中之气于此处相和合。

⑥风雨之所会：贾《疏》曰："风雨所至，会合（符合）人心。"即风调雨顺之意。

【译文】

用土圭测日影之法测量南北的远近，校正日影，根据日影的长短，以便求得大地的中央位置所在。若在测影处位置偏南，离太阳近，日影就短，气候就炎热。若在测影处位置偏北，离太阳远，日影就长，气候就寒冷。若在测影处位置偏东，看到日较早，当地中之日正午时，则此处日已偏西是傍晚，气候干燥多风。若在测影处位置偏西，看到日较晚，当地中之日正中时则此处日还偏东是早晨，气候潮湿常常阴雨。若其地夏至时测得中午的日影长一尺五寸，此地就叫地中，是天、地中和之气相汇合的地方，是四季时间均衡交替的地方，是风雨适时会聚风调雨顺的地方，是阴阳二气和谐的地方。此处四季调和寒暖适宜，自然物产丰盛而人民安康，于是在此建立王国的都城，划定王畿千里见方的区域，而在王畿边界挖界沟、筑界墙、植树，作为险阻。

8. 凡建邦国①，以土圭土其地而制其域②。诸公之地，封疆方五百里，其食者半③。诸侯之地，封疆方四百里，其食者参之一。诸伯之地，封疆方三百里，其食者参之一④。诸子之地，封疆方二百里，其食者四之一。诸男之地，封疆方百里，其食者四之一。

【注释】

①邦国：谓公侯伯子男五等侯国。

②土其地：即度其地。土，通"度"，测度，计算。此从俞樾说。

③其食者半：食者半，谓公可收取租税的土地占五百里的一半，其余一半土地的租税则归天子。下文“参之一”、“四之一”之义放此。

④参：通“三”。

【译文】

凡是建立诸侯，用土圭测日影的方法测量该国的土地而划定其疆域。公爵的封地，疆界是五百里见方，公爵可收取租税的土地占一半；侯爵的封地，疆界是四百里见方，侯爵可收取租税的土地占三分之一；伯爵的封地，疆界是三百里见方，伯爵可收取租税的土地占三分之一。子爵的封地，疆界是二百里见方，子爵可收取租税的土地占四分之一。男爵的封地，疆界是一百里见方，男爵可收取租税的土地占四分之一。

9. 凡造都鄙①，制其地域②，而封沟之，以其室数制之③。不易之地④，家百晦⑤。一易之地，家二百晦。再易之地，家三百晦。

【注释】

①都鄙：谓王畿内王子弟和公卿大夫的采邑。郑《注》曰：“其界曰都；鄙，所居也。”即谓采邑的界域所包之地叫做都，而治所所在之邑叫做鄙。按，采邑分三等，即家邑、小都、大都。家邑最小，是大夫的采邑；小都是卿的采邑；大都则是公及王子弟的采邑（参见《地官·载师》注）。

②制其地域：都鄙分三等。贾《疏》曰：“家邑二十五里，小都五十里，大都百里，是造都鄙制其地域也。”

③以其室数制之：室，即户。制之，谓制其井田之数。按照户数多少设立井、邑、丘、甸、县、都等行政单位。郑《注》曰：“谓制丘、甸之属。”丘、甸，皆井田单位名称（参见《地官·小司徒》）。

④不易之地：即年年可耕种、不需休耕的上等好地。易，变易。郑司农曰："不易之地，岁种之，地美。"按，下文"一易之地"，则是次一等的地，种一年即需休耕一年以恢复地力。隔两年耕种的，谓之再易之地。

⑤晦(mǔ)：同"亩"。

【译文】

凡是建造采邑，划定其地域，而挖沟起土种树以为界，按照采邑的户数来设立井、邑、丘、甸、县、都等行政单位加以管理。年年可种不需休耕的土地，每家发给一百亩；耕种一年就需休耕一年的土地，每家发给二百亩，耕种一年就需休耕二年的土地，每家发给三百亩。

10. 乃分地职①，奠地守②，制地贡③，而颁职事焉④，以为地法，而待政令。

【注释】

①分地职：郑《注》曰："分其九职所宜。"九职，参见《天官·大宰》。孙诒让曰："九职所宜，当是农圃在平地，薮牧在山泽，各随所宜授之。"参见《大宰》"九职"。按，"分地职"以下数句，是承上文邦国、都鄙而言，非仅对都鄙而言。

②奠地守：奠，定，确定。郑《注》曰："谓衡麓、虞候之属。"按，衡麓是守山林的官，虞候是守草野薪柴的官，举此二官，以包各种地守之官。

③制地贡：郑《注》曰："谓九职所税也。"亦即地职所当税。

④颁职事：郑《注》曰："分命使各为其所职之事。"

【译文】

于是因地制宜分派土地生产的各自职务，规定各类土地官员的职守，制订土地生产应纳地税的额度，而分别命令百姓各自恪尽职责，以上述各项规定作为国家地政的法律，呈报天子而准备施行政令。

11. 以荒政十有二聚万民：一曰散利[1]，二曰薄征，三曰缓刑，四曰弛力，五曰舍禁，六曰去几[2]，七曰眚礼[3]，八曰杀哀[4]，九曰蕃乐[5]，十曰多昏[6]，十有一曰索鬼神[7]，十有二曰除盗贼[8]。

【注释】

①散利：郑司农曰："贷种食也。"

②去几：郑《注》曰："去其税耳。"按，谓免除关市之税。

③眚礼：通"省"，削减，减省。郑《注》曰："眚礼，谓杀吉礼也。"

④杀哀：杀，减损，减少。哀，谓丧礼。郑《注》曰："谓省凶礼。"

⑤蕃乐：蕃，通"藩"，屏蔽，闭藏。杜子春读"蕃乐"为"藩乐"，谓闭藏乐器而不作。

⑥多昏：谓简化婚礼而使民多婚。郑司农曰："不备礼而娶，昏者多也。"据贾《疏》说，荒年简化婚礼，可使有女之家减轻人口负担，而有男之家易得娶妻。

⑦索鬼神：索，求也。郑司农曰："求废祀而修之。"

⑧除盗贼：郑司农曰："饥馑则盗贼多，不可不除也。"

【译文】

遇到荒年，用十二项救荒的政策聚集万民不使流离失所：一是借贷给灾民种子、粮食，二是减轻赋税，三是减缓刑罚，四是减免征调徭役，五是放松关市山泽的禁令，六是免除关市之税，七是简化简省吉礼、嘉礼，八是简省丧礼、葬礼，九是把乐器收藏起来而不演奏，十是减省婚礼花费促使男女嫁娶增多，十一是求索应祭祀未祭祀的鬼神而重新进行祭祀，十二是惩除盗贼。

12. 以保息六养万民[1]：一曰慈幼[2]，二曰养老[3]，三曰振穷[4]，四曰恤贫[5]，五曰宽疾[6]，六曰安富[7]。

【注释】

①保息：安居蕃息。郑《注》曰："谓安之使蕃息也。"

②慈幼：慈爱幼儿。郑《注》曰："谓爱幼少也。产子三人，与之母（保姆），二人与之饩。"

③养老：《礼记·王制》所载养老措施甚详："五十异粻（zhāng，粮食）。六十宿肉。七十贰膳（谓备零食）。八十常珍。九十饮食不离寝，膳饮从于游可也。"

④振穷：振，同"赈"，救济。振穷，救济贫困。此处贾《疏》引《礼记·王制》曰："老而无妻者谓之矜，老而无夫者谓之寡，少而无父者谓之孤，老而无子者谓之独。此四者，天民之穷而无告者也，皆有常饩（谓固定生活补贴）。"

⑤恤贫：郑《注》曰："贫无财业禀贷之。"

⑥宽疾：《礼记·王制》曰："瘖（yīn，哑）、聋、跛、躄（bì，跛脚）、断者、侏儒、百工，各以其器食之。"

⑦安富：贾《疏》曰："言繇役均平，又不专取，则富者安。"

【译文】

用六项安定民心的政策养育万民、使其繁衍生息：一是慈爱幼儿，二是赡养老年人，三是救济鳏寡孤独等穷困的人，四是周济救助贫穷的人，五是对残疾人优待、宽免其赋役，六是平等对待、不苛刻索取，使富人安心。

13. 以本俗六安万民[1]：一曰媺宫室[2]，二曰族坟墓，三曰联兄弟[3]，四曰联师儒[4]，五曰联朋友[5]，六曰同衣服[6]。

【注释】

①本：郑《注》曰："犹旧也。"

②媺宫室：使房屋坚固。媺，同"美"。

③联兄弟：联合兄弟亲戚。兄弟，据郑《注》，此指因婚姻关系结成的异姓兄弟。《尔雅·释亲》云："父之党为宗族，母与妻之党为兄弟。""妇之党为婚兄弟，婿之党为姻兄弟。"

④联师儒：师儒，郑《注》曰："乡里教以道艺者。"联师儒，贾《疏》曰："乡闾子弟皆相连合同就师儒。"

⑤朋友：郑《注》曰："同师曰朋，同志曰友。"

⑥同衣服：据郑《注》、贾《疏》，民不分贫富，衣服当齐一，即都穿深衣（一种上衣与下裳相连的衣服），只有士以上才穿有彩章的衣服。

【译文】

推行六种传统风俗使万民安居乐业：一是建造房屋求其坚固实用，二是使坟墓按族分布，先祖居中、子孙按昭穆居左右埋葬，三是团结异姓兄弟，与其和睦相处，四是使乡里子弟相连合而从师学习，五是团结朋友彼此相互信任，六是使民众衣服规格式样相同。

14. 正月之吉，始和布教于邦国都鄙，乃县教象之法于象魏，使万民观教象，挟日而敛之[1]。乃施教法于邦国都鄙，使之各以教其所治民。

【注释】

①"正月"五句：参见《天官·大宰》。布教，教谓教法，即教育民众

的法则，亦即《大宰》所谓教典。

【译文】

每年周历正月初一，开始向各诸侯国、各王畿内采邑的臣民宣布教令，把法令布告悬挂在象魏之上，让万民观看，十天以后再把它收藏起来。于是在各诸侯国、各王畿内采邑施行教法，让诸侯、公卿大夫、百官各自按照教令来教育其所治理的人民。

15. 令五家为比，使之相保[①]。五比为闾，使之相受[②]。四闾为族，使之相葬。五族为党，使之相救。五党为州，使之相赒[③]。五州为乡，使之相宾[④]。

【注释】

①相保：互相连保。刘绩《三礼图》曰："谓比舍而保其行，不为非也。"

②受：郑《注》曰："宅舍有故，相受寄托也。"

③赒(zhōu)：救助，救济。

④相宾：宾，敬也。相宾，像宾客般相互敬重。郑《注》曰："宾客其贤者。"

【译文】

在六乡之中，命令五家编成一比，使他们互相连保。五比编成一闾，使他们遇到事情可以互相托付。四闾编成一族，使他们有了丧葬之事可以互相帮助。五族编成一党，使他们遇到灾祸时可以互相救助。五党编成一州，使他们遇到经济困难时可以互相接济。五州编成一乡，使他们以宾客之礼尊敬乡中的贤能之人。

16. 颁职事十有二于邦国都鄙，使以登万民[①]：一曰稼穑，二曰树蓺，三曰作材，四曰阜蕃，五曰饬材，六曰通财，七曰化材，八曰敛材，九曰生材，十曰学艺，十有一曰世事，十有二曰服事②。

【注释】

①“颁职事”二句：颁，分也。职事十有二，十二种职业。邦国都鄙，畿外的诸侯国和畿内的采邑。贾《疏》曰：“大司徒……颁下民之职事十有二条于天下邦国及畿内都鄙，使以登成万民。此经不言乡遂及公邑者，举外以包内，司徒亲主乡遂公邑，颁之可知。”登，成，使成，指让万民各从其业。

②“一曰”至“服事”：郑司农曰：“稼穑谓‘三农生九谷’也，树蓺谓‘园圃毓草木’，作材谓‘虞衡作山泽之材’，阜蕃谓‘薮牧养蕃鸟兽’，饬材谓‘百工饬化八材’，通财谓‘商贾阜通财贿’，化材谓‘嫔妇化治丝枲’，敛材谓‘臣妾聚敛疏材’，生材谓‘闲民无常职，转移执事’，学艺谓道艺，世事谓以世事教能则民不失职，服事谓为公家服事者。”按，自“生材谓‘闲民无常职，转移执事’”以上，皆见《天官·大宰》第6节。蒋载康释“世事”曰：“累世专业相传，凡巫医卜筮诸艺事。”又贾《疏》释“服事”曰：“谓若府史胥徒，庶人在官者，是公家服事者。”

【译文】

在各诸侯国和王畿内采邑分配十二种职业，以使万民各从其业：一是种植谷物，二是种植瓜果菜蔬，三是开发山林川泽的物资，四是畜牧养殖业，五是加工珍珠、象牙、玉料、石料、木料、金属、兽革、鸟羽的手工业，六是商业流通，七是女性从事的丝麻纺织业，八是采集业，九是做自由就业者为人雇佣，十是做文士学习道德、技艺，十一是世代相传的营生，十二是到官府做府、史、胥、徒等杂役服务。

17. 以乡三物教万民，而宾兴之[1]。一曰六德：知、仁、圣、义、忠、和[2]。二曰六行：孝、友、睦、姻、任、恤[3]。三曰六艺：礼、乐、射、御、书、数[4]。

【注释】

①“以乡三物”二句：郝敬曰：“三物，犹言德、行、艺也。”宾兴，即兴宾，以宾客之礼敬待贤者。兴，举荐。郑《注》曰：“犹举也。民三事教成，乡大夫举其贤者、能者，以饮酒之礼宾客之。”

②知、仁、圣、义、忠，和：知，通“智”，明达事理。圣，博通先识。义，处事恰当合宜。忠，发自内心的恭敬。和，刚柔适宜，和谐中度。郑《注》曰：“知，明于事。仁，爱人以及物。圣，通而先识。义，能断时宜。忠，言以中心。和，不刚不柔。”

③孝、友、睦、姻、任、恤：孝，善事父母。友，善事兄弟。睦，与九族和睦。姻，与母党、妻党亲善友爱。任，对朋友讲信用。恤，救济贫穷者。郑《注》曰：“善于父母为孝。善于兄弟为友。睦，亲于九族。姻，亲于外亲。任，信于友道。恤，振忧贫者。”贾《疏》曰：“九族，上至高祖，下至玄孙，旁及缌麻之内也。”又曰：“外亲者，则妻族、母族是也。”

④礼、乐、射、御、书、数：御，孙诒让认为当作“驭”，谓五驭。郑《注》曰：“礼，五礼之义。乐，六乐之歌舞。射，五射之法。御，五御之节。书，六书之品。数，九数之计。”按，参见《保氏》。

【译文】

用乡学中三方面内容来教育万民，而举荐优异的贤能者，并举行乡饮酒礼表达敬意。一是六种道德：明白事理、爱人及物、通达明鉴、适时决断、言谈发自内心、刚柔适宜。二是六种善行：孝敬父母、友爱兄弟、和睦九族、亲爱姻戚、信任朋友、救济贫穷。三是六种技艺：五类礼义、六种歌舞、五种射法、五种驾驭车马法，六种书写方法、九种计算方法。

18. 以乡八刑纠万民[1]：一曰不孝之刑，二曰不睦之刑，三曰不姻之刑，四曰不弟之刑[2]，五曰不任之刑，六曰不恤之刑，七曰造言之刑，八曰乱民之刑。

【注释】

①乡八刑：据孙诒让说，是行于乡中之刑，因司徒掌六乡，故亦兼掌其刑。

②弟：通“悌”，敬爱兄长。

【译文】

用适用于乡中的八种刑罚纠察万民：一是针对不孝顺父母者的刑罚，二是针对不和睦同族人者的刑罚，三是针对与亲戚不友好者的刑罚，四是针对不友爱兄长者的刑罚，五是针对与朋友相处不讲信用者的刑罚，六是针对不救助贫穷者的刑罚，七是针对造谣惑众者的刑罚，八是针对用邪道扰乱民心者的刑罚。

19. 以五礼防万民之伪而教之中[1]，以六乐防万民之情而教之和[2]。

【注释】

①五礼：谓吉、凶、宾、军、嘉等五种礼。郑《注》曰：“礼所以节正民之侈伪。”

②六乐：六代之乐，谓黄帝之《云门》、唐尧之《咸池》，虞舜之《大韶》，夏禹之《大夏》，商汤之《大濩》，周武王之《大武》等六种音乐。

【译文】

用五礼防止万民的侈靡诈伪而教导他们事事中度，符合礼节的标准，用六乐防控万民的情欲，而教导他们性情平和。

20. 凡万民之不服教而有狱讼者，与有地治者听而断之[1]，其附于刑者，归于士[2]。

【注释】

①有地治者：据郑《注》，谓治理乡、州及采邑者。

②“其附于刑者”二句：附，符合。此谓触犯。士，此指掌管狱讼的司法官。包括《秋官·司寇》士师、乡士、遂士、县士等。

【译文】

凡万民中有不服从教化而发生争讼的，就要会同地方官一道审理、判决，如果其中有触犯刑律的，那就要移交司法官员审理。

21. 祀五帝[1]，奉牛牲，羞其肆[2]。享先王亦如之。

【注释】

①五帝：谓五方帝（即五色帝）。

②羞其肆：羞，进献。郑司农曰：“进也。”肆（tì），通“剔”，剔解，此指剔解过的骨体。郑《注》曰：“进所肆解骨体。”按，凡解牲体皆谓之肆。据孙诒让说，此指豚解，即解割牲体为七体（左肱、左胁、左股、右肱，右胁、右股、脊等）。

【译文】

王祭祀五帝，就进奉牛牲，进献剔解过的牲体。祭祀先王时，也这样做。

22. 大宾客[1]，令野修道、委积[2]。

【注释】

①大宾客：指来朝诸侯。

②令野修道、委积：野，谓自四郊以至于畿，即距国都百里至五百里之处。修道，整修道路。委积，储备粮米柴草等。黄度曰："司徒令遂人，遂人令遂师，使各于其遂行之。遗人掌委积之政，守在遂师。"

【译文】

接待大宾客，就命令相关部门修整郊野的道路、储备粮米柴草，以备宾客使用。

23. 大丧，帅六乡之众庶[1]，属其六引[2]，而治其政令。

【注释】

①众庶：郑《注》曰："所致役也。"贾《疏》曰："使为挽柩（拉柩车）之役。"

②引：谓牵拉柩车的大绳索。郑司农曰："丧车索也。"属（zhǔ），联接，拴系。孙诒让《正义》曰："属其六引，谓葬行时，属引索于柩车之轴，以便挽引。"

【译文】

遇到王、王后去世，就率领从六乡征调来服役的徒众，拴系六条大绳在柩车上以便拖拉，而负责调度、指挥。

24. 大军旅，大田役，以旗致万民[1]，而治其徒庶之政令。

【注释】

①以旗致万民：此谓在规定日期树立旗帜，万民按时来旗下集合。

旗，画有熊虎的旗子。按，此万民即下文之徒庶，具体指从六乡中征集来的正卒和羡卒(参见《小司徒》注)。

【译文】

遇到王亲自参加的大征伐、大田猎，用旗帜招致万民，并负责对徒众的调度、指挥。

25. 若国有大故①，则致万民于王门②，令无节者不行于天下③。

【注释】

①大故：王驾崩和敌寇入侵。郑《注》曰："谓王崩及寇兵也。"

②致万民于王门：致万民，孙诒让曰："万民，亦专指六乡之正卒，非通国中四郊之民尽致之也。"王门，孙诒让曰："即三宫之皋门、库门。""致万民，盖于皋门内外属众而待事。"

③节：符节。指《小行人》之"六节"，即六种通行凭据。

【译文】

如果国家有大的事故，就召集六乡的军卒到王宫门前集合待命，以备非常，并命令全国凡是没有符节的人不得在各地任意通行，以防坏人捣乱。

26. 大荒、大札①，则令邦国移民、通财、舍禁、弛力、薄征、缓刑②。

【注释】

①大札：发生大疫病。

②移民：郑《注》曰："避灾就贱。"按，就贱，谓就谷多而价贱处。通

财：财，此指米谷。贾《疏》曰："财是米谷也。其有留守不得去者（即不得迁移者），则贱处通谷米与之。"

【译文】

遇到大灾荒或发生大疫病，就命令天下各诸侯国迁移灾民到粮价便宜的地方，把粮食运往灾区、解除关市、山泽的禁令、停止征调徭役、减轻租税、宽缓对犯罪者的刑罚。

27. 岁终，则令教官正治而致事[1]。正岁[2]，令于教官曰："各共尔职[3]，修乃事，以听王命。其有不正，则国有常刑。"

【注释】

①令教官正治而致事：教官，即谓地官系统大司徒以外所有教官。郑《注》曰："正治，明处其文书。致事，上其计簿。"

②正岁：郑《注》曰："夏正月朔日。"

③各共尔职：共，通"供"，担任。

【译文】

夏历每年年终，就要命令属下所有官员明白审慎地整理文书资料而上报总结。夏历每年正月初一，命令属下教官们说："各自都要恪尽你们的职守，努力做好你们的工作，而听从王的命令。如有玩忽职守而出现失误，国家自有有关刑罚来处置。"

二　小司徒

1. 小司徒之职，掌建邦之教法[1]，以稽国中及四郊都鄙之夫家九比之数[2]，以辨其贵贱、老幼、废疾，凡征役之施舍[3]，与其祭祀、饮食、丧纪之禁令[4]。

【注释】

①掌建邦之教法：孙诒让曰："谓建立教官之官法。"

②"以稽国中"句：国中，谓王城之中。四郊都鄙，此为畿内的代名词。孙诒让曰："不言六遂及公邑者，以内举国中、四郊，外举都鄙采地，则六遂公邑已包于其中，故文不具也。"夫家，指男女。郑注曰："犹言男女也。"贾《疏》曰："夫是丈夫，则男也。《春秋传》曰：男有室，女有家。妇人称家，故以家为女。"九比，据王引之校，乃"人民"之误。孙诒让曰："九者，谓井田之制，九家为一井也；比者，谓比闾之法，五家为一比也。都鄙公邑之家数，以九计之；四郊乡遂之家数，以比计之。"

③凡征役之施舍：免除。施，通"弛"。郑《注》以为当为"弛"。据贾《疏》，征谓征税，役谓繇役。贵与老幼、废疾不科役，故言弛。

④与其祭祀、饮食、丧纪之禁令：饮食，指乡饮酒礼和族人会餐等饮食。丧纪，丧事。

【译文】

小司徒的职责，掌管建立王国有关教官的为官法规，用来考察王城中以及四郊、畿内采邑载于户籍的男女人民的数目，据以辨别其中的贵贱、老幼和残疾者，凡是赋税徭役予以免除，并掌管他们在祭祀、饮食、丧事活动方面的禁令，使遵循礼法。

2. 乃颁比法于六乡之大夫①，使各登其乡之众寡、六畜、车辇②，辨其物，以岁时入其数，以施政教，行征令③。及三年则大比。大比则受邦国之比要④。

【注释】

①"乃颁比法"句：比法，即校比法，核定人口、财产数目的方法。

孙诒让曰:“谓校数户口财物之法。对三年大比则为小比。”六乡之大夫:《周礼》之制,四郊之内设六乡,每乡的长官叫乡大夫。

②登:郝敬曰:“登簿籍。”车辇:辇,靠人力牵拉行进的车子。贾《疏》曰:“车谓革车及大车。辇,人挽行。”

③征令:孙诒让曰:“征令亦谓宣布法令,通晓征役、征赋二义。”

④大比则受邦国之比要:大比,全国性的人口和财产调查统计。郑《注》曰:“谓使天下更简阅民数及其财物也。”邦国,郑《注》曰:“受邦国之比要,则亦受乡遂矣。”

【译文】

向六乡的大夫颁布校比法,使每个乡大夫各自登记本乡人口的总数、六畜和各种车辆的总数,弄清楚各家的财物,每年按季度向小司徒呈报数字,小司徒据以施行政治教化,据以宣布执行征收赋役的法令。等到三年就举行大校比。大校比时就要接受各诸侯国呈报上来的登记校比结果的调查统计簿册。

3. 乃会万民之卒伍而用之[①]。五人为伍,五伍为两,四两为卒,五卒为旅,五旅为师,五师为军[②],以起军旅,以作田役,以比追胥[③],以令贡赋。

【注释】

①乃会万民之卒伍而用之:卒和伍,皆军队基层组织名,在此指代各级军事组织。用之,即用之于下文所说的军旅、田役、追胥等。孙诒让曰:“此皆六乡治军之制也。六遂军制亦同。”

②“五人”至“为军”:伍、两、卒、旅、师、军,是与乡的行政组织比、闾、族、党、州、乡一一相对应的军队组织名称。一伍五人,一两二十五人,一卒百人,一旅五百人,一师二千五百人,一军一万二

千五百人。

③追胥：追逐敌寇、伺捕盗贼。郑《注》曰："追，逐寇也。……胥，伺捕盗贼也。"

【译文】

于是协助大司徒编制万民的军事组织而备使用。五人为一伍，五伍为一两，四两为一卒，五卒为一旅，五旅为一师，五师为一军，以起兵作战，以进行田猎和从事劳役，以相配合追逐敌寇和伺捕盗贼，以实施有关交贡纳税的政令。

4. 乃均土地，以稽其人民，而周知其数①。上地家七人②，可任也者家三人③；中地家六人，可任也者二家五人；下地家五人，可任也者家二人。凡起徒役，毋过家一人，以其余为羡④，唯田与追胥竭作⑤。凡用众庶，则掌其政教，与其戒禁，听其辞讼，施其赏罚，诛其犯命者。凡国之大事致民⑥，大故致余子⑦。

【注释】

①"乃均"三句：贾《疏》说，这是"佐大司徒掌其土地人民之数"。

②上地家七人：此句及以下五句，谓根据一家养活人口数量不同分别授予上地、中地、下地。郑《注》曰："一家男女七人以上，则授以上地，所养者众也。"

③可任：郑《注》曰："谓丁强任力役之事者。"

④羡：谓羡卒，候补兵卒。贾《疏》曰："一家兄弟虽多，除一人为正卒，正卒之外，其余皆为羡卒。"

⑤追胥竭作：郑司农曰："追，追寇贼也。竭作，尽行。"

⑥大事致民：民，此谓正卒。贾《疏》曰："谓有兵戎大事，于六乡之

内发起民徒。”

⑦大故致余子：余子，谓羡卒。郑《注》曰：“大故谓灾寇也。”郑司农曰：“余子谓羡也。”王引之曰：“大故则不惟致正卒，又并羡卒而致之。”

【译文】

于是协助大司徒合理平均分配土地，核查这方土地上的人口，而精确周遍地知晓他们的数目。上等土地授给七口以上的家室，这样的家室可以胜任兵役、劳役的强壮劳力一家有三人；中等土地授给六口的家室，这样的家室可以胜任兵役、劳役的强壮劳力二家有五人；下等上地授给五口以下的家室，这样的家室可以胜任兵役、劳役的强壮劳力一家有二人。凡是征调兵役和劳役，每家不能超过一人，把剩余的劳力作为羡卒，只有当王举行田猎和追逐敌寇、伺捕盗贼时正卒和羡卒一齐出动。凡征调民夫服役，就掌管有关的调度管理和对被征用者的誓戒禁令，听断他们的争讼之辞，实施对他们的赏罚，惩罚他们当中的触犯禁令者。凡是遇到国家有出兵征伐诸侯的事就召集正卒，遇到国家有外敌侵犯、乱民造反等事还要征集羡卒。

5. 乃经土地，而井牧其田野①。九夫为井②，四井为邑，四邑为丘，四丘为甸，四甸为县，四县为都，以任地事③，而令贡赋④，凡税敛之事⑤。

【注释】

①“乃经土地”二句：经，划分界限。土地即田野。据郑《注》，此指在都鄙（即王畿内的采邑）划分土地的方法。井、牧，皆土地划分法。井法指在上等土地实行的土地划分法：一夫（即一家）百亩，九夫为井，井方一里。牧法指次地（即中等土质的土地）的划分法：九夫为牧，二牧则当上地一井。然除次地外还有下地。夫，

此谓土地面积单位。一夫即百亩，因一个农夫授地百亩。贾《疏》曰："授民田之时，上地不易，家百亩；中地一易，家二百亩，下地再易，家三百亩。通率（即按三等土地平均计算）三家受六夫之地，一家受二夫之地，与牧地（即中等土地的受地数）同，故云'井牧其田野'。"按，井、牧之法皆属井田制，只地质不同而异名。又据孙诒让说采邑、公邑皆实行井田制，而乡、遂则实行沟洫制（参见《遂人》注）。

②井：井田的最基本单位名。下文邑、丘、甸、县、都，皆井田单位名称。据郑《注》，井方一里；四井为邑，四邑为丘，四丘为甸，四甸为县，四县为都。

③任地事：贾《疏》曰："谓任役万民使营地事。"

④贡赋：据孙诒让说，贡赋即《闾师》之八贡（从业税）和《大宰》之九赋（地税）。

⑤税敛：孙诒让曰："一井九家，各受田百亩，而敛其什一之税。"甸（shèng），古代征赋划分田地、区域的单位。《释名·释州国》："四丘为甸。甸，乘也，出兵车一乘。"

【译文】

划分土地的界限，而用井法、牧法等井田制划分田野。一夫授田百亩，九夫所受土地为一井，四井为一邑，四邑为一丘，四丘为一甸，四甸为一县，四县为一都，以使人民因地制宜地从事土地生产，而命令他们交纳贡赋，以及凡是田税等应当收取的租税。

6. 乃分地域而辨其守①，施其职而平其政②。

【注释】

①分地域而辨其守：分地域。按，此职责是佐大司徒为之。郑《注》曰："谓建邦国，造都鄙，制乡遂也。"贾《疏》曰："分地域之中，有

畿外邦国、畿内都鄙及六乡六遂，郑虽不言公邑，地域之中亦含有四等公邑可知。”辨其守，义同《大司徒》所谓“奠地守”。贾《疏》曰：“谓邦国都鄙之内所有山川，使虞衡守之。”

②施其职而平其政：职，郑《注》曰：“职谓九职也。”即《天官·大宰》之九职。政，通“征”，税。郑《注》曰：“政，税也。‘政’当作‘征’。”据孙诒让说，即《大司徒》所谓“地征”。

【译文】

于是协助大司徒将全国划分为邦国、都鄙、乡遂、公邑等不同行政区域，而确定政区内各类官员的职守，使人民都有各自的职业而公平合理地征收其税收。

7. 凡小祭祀奉牛牲①，羞其肆②。小宾客③，令野修道、委积，大军旅，帅其众庶④。小军旅⑤，巡役⑥，治其政令。大丧⑦，帅邦役，治其政教⑧。

【注释】

①小祭祀：又称小祀。据贾《疏》，指对山林、川泽、坟衍、四方百物之神，以及风师、雨师等神的祭祀。

②羞其肆：参见《大司徒》第21节注。

③小宾客：郑《注》曰：“诸侯之使臣。”

④“大军旅”二句：大军旅，大规模的军事行动，王亲自征伐。帅其众庶，众庶谓正卒。郑《注》曰：“帅而致于大司徒。”

⑤小军旅：据贾《疏》，谓使臣率军征伐。

⑥巡役：俞樾曰：“巡行其徒役。”徒役，谓军中从事杂役的民众。

⑦大丧：孙诒让说，此处兼指王、后及世子之丧。

⑧“帅邦役”二句：方苞曰：“所谓‘治其政教’者，即《遂人》之六绋，《遂师》之‘抱磨、共丘笼及蜃车之役’。以遂与公邑之役并致焉，

故统之曰‘邦役’。”

【译文】

凡有王举行小祭祀就奉进牛牲，并进献经剔解的牲体。接待诸侯的使臣，就命令有关部门在野外整治道路，并在沿途储聚粮米柴草以备招待使臣。遇到王亲自率师征伐，就率领从六乡征召来的徒众交给大司徒备用。遇到王派臣下率师小征伐，就负责巡视管理徒役，掌管有关他们的政令。遇到王、王后、太子去世，就率领王国中征调上来服役的民众，执行有关他们的政令教化。

8. 凡建邦国，立其社稷①，正其畿疆之封②。

【注释】

①立其社稷：贾《疏》曰：“谓以文书法度与之，不可国国身往也。”

②畿疆：九畿的疆界。

【译文】

凡是建立畿外的诸侯国，指导他们建立社稷坛壝，明确规正诸侯国疆域九畿的疆界，并派人挖沟筑墙种树以为险阻。

9. 凡民讼，以地比正之①；地讼，以图正之②。

【注释】

①“凡民讼”二句：地比，住地紧挨的人家，邻居。易祓曰：“即《大宰》八成比居之法。”按，八成比居之法见《大宰》（见其第7节），易说不确。民讼，指赋税、徭役方面的争讼。地比，谓校比当地居民，在此指代记载校比结果的簿册。

②“地讼”二句：易祓曰：“即《大宰》八成版图之法。”按，八成版图之

法亦见《小宰》第7节。

【译文】

凡是遇到民众为赋税、徭役而争讼，就根据当地清查邻居民众的簿册来判决是非；遇到地界的争讼，就根据官府所藏的地图来判决是非。

10. 岁终，则考其属官之治成而诛赏[1]，令群吏正要会而致事[2]。正岁则帅其属而观教法之象[3]，徇以木铎[4]，曰："不用法者，国有常刑。"令群吏宪禁令[5]，修法，纠职，以待邦治。

【注释】

①治成：成，谓官府办事一日的记录文书。贾《疏》曰："成谓计薄。"

②要会：要，月度工作记录文书，会，年度工作记录文书。贾《疏》曰："谓是月计、岁计总为簿书。"孙诒让曰："成、要、会，通言不别。"

③教法之象：即《大司徒》所谓"教象之法"（见其第14节）。

④徇以木铎：参见《天官·小宰》第14节注。

⑤宪：悬挂。

【译文】

每年夏历年终，就考察教官的属官们办事的文书记录而进行处罚和奖赏，命令教官各部门官吏们明白审慎地整理全年的会计文书而呈报上来。每年夏历正月初一，就率领教官的属官们前去观看悬挂在象魏上的教法，边走边手摇木铎，大声警告说："如果不执行法令的，国家自有常刑加以惩罚。"命令属官们各自在办公处悬挂禁令，整顿法制，纠察职事，以待满足国家的治理要求。

11. 及大比，六乡四郊之吏[1]，平教治，正政事，考夫屋及其众寡、六畜、兵器[2]，以待政令。

【注释】

①四郊：即郊里。孙诒让曰："其地同在远郊之内，而非六乡七万五千家所居者，则别谓之郊里。"按，此四郊即在广义四郊内减去六乡。

②夫屋：皆为计算田地面积的单位，此处指代田地数。井田制下一井内九夫，三夫为一屋，三屋为一井。前文郑《注》引《司马法》曰："亩百为夫，夫三为屋。"兵器：孙诒让曰："凡经云'兵器'者，兵与器为二。兵谓五兵，器谓车辇任器等。"

【译文】

每逢大校比时，对六乡四郊、六遂公邑的所有官吏进行考校，评断他们的教化、治理，规正他们的政事，考察田地的数目，以及人口的多少、六畜、武器、器械的数目，登记造册，以待国家制订有关政令时参考。

三　乡师

1. 乡师之职，各掌其所治乡之教[1]，而听其治。

【注释】

①所治乡：六乡，乡师四人，二人共治三乡。

【译文】

乡师的职责是，各自掌管其分工所治理之乡的教育，并且评断乡中各级官吏的治理情况。

2. 以国比之法[1]，以时稽其夫家众寡，辨其老幼、贵贱、废疾、马牛之物，辨其可任者②，与其施舍者③，掌其戒令纠禁④，听其狱讼。

【注释】

①国比之法：此谓四时之小比。即《小司徒》"乃颁比法于六官之大夫"中的比法。孙诒让曰："此官掌受比法，而以四时计当乡之民数也。"

②辨其可任者：贾《疏》曰："谓'上地家七人，可任者家三人'之等。"（参见《小司徒》）。

③与其施舍者：施舍，免除。施，通"弛"，宽免。

④纠禁：戒令，以防犯罪。参见《士师》"五禁"、五戒"。

【译文】

按照国家制订的校比法，按时核查各家人口的多少，分辨其中的老幼、贵贱、残疾者，以及牛马的多少等情况详加登记，分辨清楚他们当中可以充任兵役、劳役的和应该免除兵役、劳役的，掌管有关他们的戒令、纠察和禁令，评断他们的争讼之辞。

3. 大役①，则帅民徒而至②，治其政令③。既役，则受州里之役要④，以考司空之辟⑤，以逆其役事⑥。

【注释】

①大役：贾《疏》曰："谓筑作堤防、城郭等。"

②帅：通"率"，率领。

③治：此谓监督。

③则受州里之役要：州里，亦称乡里，即六乡七万五千家所居之里。

④役要：谓州里所送民徒之簿书。郑《注》曰："所遣民徒之数。"贾

《疏》曰:“役人簿要。”

⑤以考司空之辟:司空,官名。六官之一,掌管百工兴修土木工程等事。郑《注》曰:“辟,功作章程。逆,犹钩考也。”贾《疏》曰:“司空主役作,故将此役要以钩考司空之功程。”

⑥以逆其役事:逆,钩求考校,察其是非。郑《注》曰:“逆犹钩考也。”贾《疏》曰:“功作之事,日日录其程限,谓之章程。”按,功作,即工程。

【译文】

国家有大的工程劳役,就率领征召的民夫来到施工地,监督他们执行政令的情况。工程劳役开工后,就接受各乡里呈报的民夫花名册,依照司空制订的施工章程,来考查他们服役的情况有无不当之处。

4. 凡邦事,令作秩叙。

【译文】

凡是王国有征调民力进行建筑工程的事,命令官吏安排协调征调民夫使井然有序。

5. 大祭祀,羞牛牲[1],共茅蒩[2]。

【注释】

①羞牛牲:据孙诒让说,此处言“羞”而不言“奉”,说明乡师只辅佐大司徒进献骨体,而不辅佐其将牛牲牵入。

②茅蒩(zū):蒩,“苴”的假借字,草垫,用五寸长的茅草做成,祭祀时用于衬垫祭品。郝敬曰:“蒩、苴同,藉也。”茅蒩,即放在神位前作为衬垫物以便放置黍稷等祭品的茅草垫。

【译文】

遇到大的祭祀，协助大司徒进献牛的牲体，供给衬垫祭品用的茅草垫。

6. 大军旅、会同，正治其徒役[1]，与其輩辇[2]，戮其犯命者。

【注释】

①正治其徒役：贾《疏》曰："谓六军之外，别有民徒使役，皆出于乡，故乡师治其徒役。"

②輩(jú)辇：輩，马拉的直辕大车，用来载物。郑《注》曰："輩，驾马；辇，人挽。行所以载任器也，止以为蕃营。"刘沅曰："马驾以载辎重为輩。人挽之行以载任器为辇。"

【译文】

遇到王亲自率师征伐、与诸侯在国外会见，管理监督随行的役徒和运载辎重的车辆，惩罚那些违犯禁令的人。

7. 大丧用役，则帅其民而至，遂治之[1]。及葬，执纛以与匠师御柩[2]，而治役。及窆[3]，执斧以莅匠师[4]。

【注释】

①治之：郑《注》曰："谓监督其事。"

②执纛以与匠师御柩：纛，阮校以为当作"翿"。按，翿(dào)，即羽葆幢，用于下葬时指挥柩车前进。孙诒让曰："盖注鸟羽于幢首，其形下垂若盖然，谓之羽葆幢。葆即盖斗。"《礼记·杂记下》孔《疏》释"羽葆"曰："以鸟羽注于柄头，如盖，谓之羽葆。葆谓盖

也。”幢，孙诒让说当作“左木右童”，即羽葆的柄。匠师，官名。属司空，匠人之长，负责工程、制造等事。郑《注》曰：“乡师主役(徒)，匠师主众匠，共主葬引(即拉柩车)。”御柩，《礼记·杂记下》郑《注》曰：“居前道正之。”

③窆(biǎn)：下棺入墓穴。

④执斧以莅匠师：郑《注》曰：“匠师主丰碑之事，执斧以莅之，使戒其事。”按，丰碑，为天子下葬所设用大木头削成的石碑形器物，竖立在墓穴前后左右。碑上部打孔，中安辘轳，下棺时，绳子绕着辘轳，役工按匠师指挥的鼓点将棺缒入墓穴。

【译文】

遇到王、王后、太子去世需用役徒，就率领乡民而来服役地点，于是就监督乡民的服役。到下葬时，持羽葆幢与匠师指挥柩车前进，而监督拉柩车的役徒。等到下棺入墓穴时，就手持斧头在匠师身旁察看，以便予以帮助。

8. 凡四时之田，前期出田法于州里，简其鼓铎、旗物、兵器①，修其卒伍②。及期，以司徒之大旗致众庶③，而陈之以旗物，辨乡邑而治其政令刑禁，巡其前后之屯④，而戮其犯命者，断其争禽之讼。

【注释】

①简其鼓铎、旗物、兵器：铎，一种大铃。孙诒让以为此处“鼓铎”是包本篇《鼓人》之“六鼓、五金”而言(按，“五”当作“四”)。旗物，即《司常》的九旗。兵器，包括各种武器、各种车辆和辎重。

②修其卒伍：贾《疏》曰：“谓百人为卒，五人为伍，皆须修治，预为配当。”

③大旗：是一种画有熊虎的旗。

④巡其前后之屯：郑《注》曰："车徒异部"。李调元曰："屯，聚也。阵前后各为屯聚，巡视其不用命者戮之。"孙诒让曰："谓车徒各自屯聚，分为前后两部。"

【译文】

凡是四季的田猎活动，事前先向各基层宣布田猎的法令，检查他们携带的鼓铎、旗帜、兵器和器械是否带齐，整顿他们的军事编制。到畋猎那天，以司徒的大旗召集民众，用代表乡邑的不同旗帜为标志排列阵势，辨别乡邑而掌管监督吏卒执行政令、刑法和禁令，巡查前后驻扎的吏卒车辆，而惩罚违命令的人，裁决他们因争夺猎物产生的争讼。

9. 凡四时之征令有常者[1]，以木铎徇于市朝[2]。

【注释】

①征令有常者：每年当月例行发布的法令。征令，宣布法令（参见《小司徒》注）。郑《注》曰："征令有常者，谓田狩及正月命修封疆，二月命'雷且发声'。"按，田狩即四时田猎活动；"正月命修封疆"、"二月命'雷将发声'"，皆见《礼记·月令》。

②市朝：据孙诒让说，市谓集市，包括王城和郊野之市；朝谓乡师办公之所；凡众人聚集处亦通谓之市朝。

【译文】

凡四季中各月例行宣布的法令，就在人们平常聚集的地方边走边摇动木铎予以提醒。

10. 以岁时巡国及野[1]，而赈万民之艰厄[2]，以王命施惠。

【注释】

①岁时：郑《注》曰："随其事之时，不必四时也。"

②赒万民之艰厄：赒，同"周"，周济。艰厄，郑《注》曰："饥乏也。"

【译文】

要准备随时巡视国都和城外六乡四郊的人民，而周济民众的饥饿和困乏，以王的名义向他们施加恩惠。

11. 岁终，则考六乡之治①，以诏废置②。正岁，稽其乡器③，比共吉凶二服④，闾共祭器，族共丧器，党共射器，州共宾器⑤，乡共吉凶礼乐之器⑥。

【注释】

①六乡：据王引之校，"六"是"亓(其)"字之误。

②以诏废置：贾《疏》曰："诏，告也。"刘沅曰："告于司徒，达于王与冢宰废置之。"

③器：贾《疏》释之为"器服"。孙诒让曰："通言之，服亦谓之器也。"又曰："以下乡吏所共器服，并率民出私钱，而以官钱辅助之为器服，藏于乡吏所治处，民有事须用，则就吏取之，用毕复归而藏之，吏皆司其典守出入之事。"

④比共吉凶二服：比，谓五家为比之比。郑《注》曰："吉服者，祭服也。凶服者，吊服也。比长主集为之。"即由比长集中保管，待用时供给之。比、闾、族置备的公用器物，由比、闾、族居民集资置备，不用时储藏在比长、闾胥、族师办公处，用时往取，用毕归还。下文义仿此。

⑤"党共射器"二句：党和州置备的公用器物，因为是用于公家的事，所以是用公家的钱购置的。

⑥乡共吉凶礼乐之器：郑《注》曰："吉器，若闾祭器者。凶器，若族

丧器者。礼乐之器，若州党宾射之器者。乡大夫备集此四者，为州党族闾有故而不共也。”谓乡所置备的公用器物，是闾、族、党、州所置备公用器物的总和。

【译文】

夏历年终，就考核乡各级官员的治理情况，并将结果呈报上级以决定对乡中官吏的罢免或提升。每年夏历正月，要核查乡中储藏的公共器物、衣服是否完备。一比比长供给的公用器物是祭服和吊服，一闾闾胥供给的公用器物是祭祀用具，一族族师供给的公用器物是丧葬用具，一党党正供给的公用器物是举行乡射礼所需的器具，一州州长供给的公用器物是举行乡饮酒礼所需的器具，一乡乡大夫供给吉凶二礼所需的祭器、丧器和乡射礼、乡饮酒礼等一切礼器、乐器。

12. 若国大比，则考教，察辞①，稽器②，展事③，以诏诛赏。

【注释】

①察辞：郑《注》曰：“视吏言事，知其情实不。”

②器：即上节“稽其乡器”之器。

③展事：展，省视、审查完备与否。贾《疏》曰：“谓行事展省视之，知其善恶。”

【译文】

如果遇到国家大校比之年，就要考核乡中推举的官吏教育成绩如何，考察各级乡吏汇报的情况有无虚假，核查乡吏所掌管的公用衣服器物是否保存完好，审查所办事情的优劣，以报告上级以便决定赏罚。

四　乡大夫

1. 乡大夫之职，各掌其乡之政教禁令。

【译文】

乡大夫的职责是，各自掌管本乡的政教、禁令。

2. 正月之吉[1]，受教法于司徒[2]，退而颁之于其乡吏[3]，使各以教其所治，以考其德行[4]，察其道艺[5]。

【注释】

①正月之吉：谓周历正月初一：

②教法：贾《疏》曰："谓若《大司徒》职十二教已下。"

③乡吏：谓州长、党正、族师、闾胥和比长。

④德行：指六德、六行。

⑤道艺：指六艺和六仪。

【译文】

每年周历正月初一，先从大司徒那里接受当年的教育法规，下来再颁布给属下的乡吏们，让他们用以教育各自所治理的民众，并据以考查被教民众的德行，考查他们的道艺。

3. 以岁时登其夫家之众寡，辨其可任者。国中自七尺以及六十[1]，野自六尺以及六十有五[2]，皆征之[3]。其舍者，国中贵者、贤者、能者、服公事者、老者、疾者皆舍。以岁时入其书[4]。

【注释】

①七尺：贾《疏》曰："谓年二十。"

②六尺：贾《疏》曰："谓年十五。"

③征之：郑司农曰："给公上事也。"

④“以岁时”句：贾《疏》曰：“此上所云，皆岁之四时，具作文书，入于大司徒。”

【译文】

每年按季登记本乡中男女人口的多少，分辨其中有多少可以胜任役事的人。都城之内，从二十岁到六十岁的人，都城外郊野从十五岁到六十五岁的人，都要服公事徭役。其中有资格可豁免役事的，是都城内地位尊贵的人官吏、德行优异的人、才能突出的人，在官府当差服役的平民、年老的人、有残疾病患的人，上述这些人都免除徭役。每年要按季把情况登记造册，簿册上报给大司徒。

4. 三年则大比①，考其德行、道艺，而兴贤者、能者②。乡老及乡大夫帅其吏与其众寡③，以礼礼宾之④。厥明，乡老及乡大夫群吏献贤能之书于王，王再拜受之⑤，登于天府⑥，内史贰之。退而以乡射之礼五物询众庶⑦：一曰和，二曰容，三曰主皮⑧，四曰和容⑨，五曰兴舞⑩。此谓使民兴贤，出使长之；使民兴能，入使治之。

【注释】

①大比：此谓选士。

②兴：举荐。

③乡者及乡大夫帅其吏与其众寡：乡老，即《仪礼·士冠礼》之“乡先生”，彼郑《注》曰：“乡先生，乡中老人，为卿大夫致仕者。”即指退休在乡的卿大夫。众寡，郑《注》曰：“谓乡人之善者无多少也。”即谓善者其数不限制。

④以礼礼宾之：郑《注》曰：“以乡饮酒之礼，礼而宾之。”按，乡饮酒礼，是由乡大夫主持举行的饮酒礼，目的是宾贤，即选出乡中的

贤者作为宾客来礼敬，以示尚贤，然后进献于诸侯国君或天子。其详可参阅《仪礼·乡饮酒礼》。

⑤王再拜受之：据郑《注》，王为表示重视得贤人，故再拜而受。

⑥登于天府：登，上也。按，天府，官名。负责王祖庙、国家珍宝的守藏。孙诒让曰："王致其书于天府言'登'者，亦重得贤。"

⑦以乡射之礼五物询众庶：按，此谓通过举行乡射礼，从五方面观察参加射箭比赛者，并征询众人的意见，看是否还有贤能者，即郑司农所谓"射，所以观士也"。乡射礼，乡学中举行的由乡大夫主持的射箭比赛。详《仪礼·乡射礼》。

⑧"二曰容"二句：容，即《射义》"进退周还(旋)必中礼"。主皮，谓重在射中靶心。据孙诒让说，"主皮"名起于大射。大射张皮侯，皮侯侯中侧边饰以皮，而侯中正中心又用正方的兽皮为鹄(即靶心)，故后以射中为主皮。此处乡射礼所张的是兽侯，即在侯中侧边饰兽皮而非以皮为鹄，然亦以"主皮"为射中之名。

⑨四曰和容：和容，谓乡射礼中的第三轮射箭，如不和音乐节奏相合，就不计成绩。《论语·八佾》"射不主皮"下何晏《集解》引马融曰："四曰和颂，合《雅》、《颂》。"《雅》、《颂》指代音乐。按，乡射礼配有音乐，参射者的动作容体都当符合音乐的节奏。

⑩兴舞：起舞。王引之曰："兴者，作也，起也。"

【译文】

每隔三年进行一次大校比，考查百姓的德行、道艺，而从中选拔荐举德行优异和才能卓越的人。然后由乡老和乡大夫率领所辖官吏以及善良的乡民而不论人数多少，用乡饮酒之礼像对待宾客一样礼敬被荐举出来的德行优异和才能卓越的人。举行乡饮酒礼的第二天，乡老和乡大大率领乡吏们，呈献荐举贤能的文书给王，王行再拜礼表示郑重地接受文书，再把文书原本送到天府妥为收藏，再由内史收藏文书的副本，以备日后王授予爵位俸禄时参考。回来后乡大夫在乡学举行乡射礼，而用有关乡射礼的五个标准询问众人的意见：一是看射箭时比赛者是否做到了内心沉着身体挺直身心和谐，二是看仪容动作是否符合礼的要求，三是看射箭的命中率如何，四是看射箭节奏是否与音乐合拍，五是看手持弓矢起舞的舞姿如何。这就叫做使乡人民自己推选出德行优异的人，使他们做人民的长官；让乡民自己推举才能卓越的人，使他们在本乡任职管理百姓。

5. 岁终，则令六乡之吏皆会政致事[1]。正岁，令群吏考法于司徒，以退，各宪之于其所治之[2]。

【注释】

①六：王引之说，六是“亓”(其)字之误，译文从之。

②各宪之于其所治之：宪，悬挂。所治之，阮校说，“之”字是衍文。

【译文】

每到夏历年终，就命令本乡的各级官吏总结政绩并将写出的文书上报。每年正月，命令乡吏到司徒衙门那里考察教法，而后回来，则各自把教法悬挂在自己的办公处。

6. 国大询于众庶[1]，则各帅其乡之众寡而致于朝[2]。国有大故[3]，则令民各守其闾，以待政令。以旌节辅令，则达之[4]。

【注释】

①大询：据郑《注》，谓国家遇有外敌入侵等危难、需要迁都、立新君等类大事，就需大询众庶。

②朝：指外朝，在王宫的库门外。孙诒让曰：“此朝谓外朝，在皋门

内、库门外者。”

③大故：贾《疏》曰：“谓灾变、寇戎之等。”

④“以旌节辅令”二句：旌节，即符节，用作道路通行的证明、凭信。据郑《注》，虽奉命往某地，如果不持旌节以为信，则禁之不得通行，故需“以旌节辅令”。

【译文】

遇到国家有大事要征询广大百姓的意见时，就各自率领本乡民众来到王宫的外朝。如果国家发生重大事故，就命令百姓以闾为单位各自聚守在闾门，以等待命令。在此情况下，需要稽查来往行人，如有用旌节帮助说明是奉命而行的，才准予通行。

五　州长

1. 州长各掌其州之教、治、政、令之法。

【译文】

州长各自掌管本州的教育、治理、行政和禁令等法规。

2. 正月之吉[①]，各属其州之民而读法[②]，以考其德行、道艺而劝之，以纠其过恶而戒之。若以岁时祭祀州社[①]，则属其民而读法，亦如之。

【注释】

①正月之吉：周历正月初一。

②各属其州之民而读法：属(zhǔ)：连缀，联结。此谓集合。州，乡下面的行政区划单位。二千五百家为州。

③岁时祭祀州社：每年仲春、仲秋祭祀州社。贾《疏》曰：“此云岁

时，唯有岁之二时春、秋耳。春祭社所以祈膏雨，望五谷丰熟；秋祭社者，以百谷丰稔，所以报功。”

【译文】

每年周历正月初一，就各自聚集本州的民众而宣读一年政令及十二教之法，用以考察州民的德行、道艺，而加以鼓励劝勉，用以纠正他们的过失邪恶而加以告诫。如果是在春秋二季祭祀州的社神的时候，就聚集本州州民而向他们宣读政令、教法，也像正月那样对州民进行劝勉和告诫。

3. 春、秋以礼会民①，而射于州序②。

【注释】

①礼：谓乡射之礼。

②序：是州、党的学校名。乡射礼在州序中举行（详《仪礼·乡射礼》）。

【译文】

春、秋两季依乡射之礼会聚州民，而在州序中举行乡射礼。

4. 凡州之大祭祀、大丧①，皆莅其事。

【注释】

①大祭祀、大丧：据郑《注》，大祭祀，谓祭祀州的社稷之神；大丧，谓本州中有乡老、乡大夫去世。

【译文】

凡是州中的重大祭祀活动、重要人物去世，都要亲临其事。

5. 若国作民而师、田、行、役之事，则帅而致之[1]，掌其戒令与其赏罚[2]。

【注释】

①致之：贾《疏》曰："谓州长致与小司徒，小司徒乃帅而致与大司徒。"

②掌其戒令与其赏罚：郑《注》曰："则是于军因为师帅。"州长平时在乡为州长，管理一州民政，战时则在军为师帅（犹言师长），管理一师的军政。

【译文】

如果国家征召本州民众参加征伐、田猎、巡狩、劳役的事，就率领本州的民众到司徒那里报到，并掌管对于他们的戒令、赏罚。

6. 岁终[1]，则会其州之政令。正岁[2]，则读教法如初[3]。

【注释】

①岁终：指夏历岁终，即夏历十二月。

②正岁：指夏历正月。

③如初：李钟伦曰："指上文'正月之吉'言也。"

【译文】

每到夏历年终，就总结本州执行政策法令的情况。到夏历正月，像当初那样集合民众宣读教法。

7. 三年大比，则大考州里，以赞乡大夫废兴[1]。

【注释】

①以赞乡大夫废兴：孙诒让曰："此亦兼兴民、察吏二者言之。乡大

夫于大比之时，有宾兴贤能之事，又因以察吏治。”

【译文】

每逢三年大校比时，就对本州各级官吏、民众进行全面考核，以协助乡大夫做好对州里官吏的罢免或从民众中选拔贤者能者的工作。

六 党正

1. 党正各掌其党之政、令、教、治[1]。

【注释】

①党：州下面的行政区划单位。五百家为党。

【译文】

党正各自掌管本党的行政、禁令、教化和治理。

2. 及四时之孟月吉日[1]，则属民而读邦法[2]，以纠戒之。春秋祭禜[3]，亦如之。

【注释】

①吉日：谓朔日，即农历每月初一。

②读邦法：宣读国家法令。

③禜(yíng)：为禳除水旱灾害等而祭祀掌管水旱之神。

【译文】

每逢四季的第一个月的初一，就要会聚本党民众宣读国家的法令，用以纠察、告诫民众。每逢仲春、仲秋春秋举行禜祭时，也这样做。

3. 国索鬼神而祭祀[1]，则以礼属民而饮酒于序[2]，以正齿位[3]：壹命齿于乡里，再命齿于父族，三命而不齿[4]。

【注释】

①国索鬼神而祭祀：指周历年终的蜡祭，王黄衣黄冠以祭祀百物之神，兼息田夫。郑《注》曰："谓岁十二月大蜡之时，建亥之月也。"按，蜡(zhà)，祭名，每年周历年终十二月(夏历十月，即建亥之月)举行。《礼记·郊特牲》曰："蜡者，索也，岁十二月，合聚万物而索飨之。"即求索而聚合万物之神而加以祭祀。但以八种神为主，即《郊特牲》所谓先啬(指神农等始教民稼穑者)、司啬(指后稷等掌管农事者)、百种(掌管各种谷物之神)、农(指农官田畯)、邮表畷(指田畯在田间居以督促农民耕作的房舍)、禽兽(如猫、虎等)、坊(堤防)、水庸(即水沟)等八种神，故名蜡八。因其是天子之祭，较诸侯蜡祭为大，故又称为"大蜡八"。

②以礼属民而饮酒于序：礼，谓党的饮酒礼，今不存。郑《注》曰："党正饮酒礼亡。"序，州、党的学校皆称序。

③正齿位：按年龄大小排定座位先后。齿，年龄。

④"壹命齿于乡里"三句：壹命，得到王的壹命封爵，即最低的下士爵位。再命即中士爵位，三命即上士爵位。贾《疏》曰："壹命谓下士，再命谓中士，三命谓上士。"父族：即指本族。

【译文】

每到年终当王国举行大蜡之祭、搜寻各种鬼神加以祭祀时，就用乡饮酒礼在党序中会聚民众，而根据年龄长幼排列座位次序，以此教育人们尊重长者。一命爵为下士的官要与乡里众宾按年龄大小排定座次，二命爵为中士的官要与本族族人按年龄大小排定座次，三命爵为上士的官就不与众宾按照年龄排定座次了，而可直接坐在上位以示尊崇。

4. 凡其党之祭祀、丧纪、昏、冠、饮酒，教其礼事，掌其戒禁。

【译文】

凡本党中居民有祭祀、丧事、婚礼、加冠礼、饮酒礼等事，就教给民众有关礼节的事情，并掌管有关戒令而加以纠禁以防越礼。

5. 凡作民而师、田、行、役，则以其法治其政事①。

【注释】

①其法：孙诒让曰："即大司徒之役法，大司马之战法、田法。此官受彼法以治之也。"

【译文】

凡是国家征调本党民众去参加征伐、田猎、巡守、劳役等事，就根据相应的战法、田法、役法去治理有关政事。

6. 岁终，则会其党政，帅其吏而致事①。正岁，属民读法②，而书其德行道艺。

【注释】

①致事：贾《疏》曰："致其所掌之事于州长，州长又致与乡大夫，乡大夫致与大司徒而行赏罚。"

②属民读法：孙诒让曰："前孟春朔日已读法，此月之内择日重复读之。"

【译文】

每到夏历年终，就总结本党的政事，率领本党的官吏向州长汇报施政业绩。到了夏历正月，还要会聚民众宣读法令，并记录人们的德行、道艺表现。

7. 以岁时莅校比。及大比，亦如之。

【译文】

按照一年的四季亲临监督族师对于民众的校比。当每三年族师进行大校比时，也这样做。

七 族师

1. 族师各掌其族之戒令、政事[1]。

【注释】

①族：党之下的行政区划单位。百家为族。一族辖四闾。

【译文】

族师各自掌管本族的戒令、政事。

2. 月吉[1]，则属民而读邦法，书其孝、弟、睦姻、有学者。春秋祭酺[2]，亦如之。

【注释】

①月吉：郑《注》曰："每月朔日也。"

②祭酺(pú)：酺，神名，据郑《注》，是一种对人、农作物会造成灾害的神。祭之以祈其毋为害。

【译文】

每月的初一，就要会聚民众而宣读国家法令，并且记录民众中那些孝顺父母、敬爱兄长、与族人和睦、与亲戚友好以及学有所成的人。每逢仲春、仲秋祭酺时，也这样做。

3. 以邦比之法，帅四闾之吏，以时属民而校登其族之夫家众寡，辨其贵贱、老幼、废疾、可任者，及其六畜、车辇。

【译文】

根据王国调查统计户口财产的校比法，率领所属四闾的官吏，按时会聚民众进行考校，登记本族男女人数的多少，辨别清楚其中的贵贱、老幼、残废疾病以及能够胜任劳役的人，以及民众的各种牲畜、车辆的数目。

4. 五家为比，十家为联①；五人为伍，十人为联；四闾为族，八闾为联②：使之相保相受，刑罚庆赏相及相共，以受邦职，以役国事，以相葬埋。

【注释】

①联：户口编制即地方行政区域名称。即把住地相近的居民组织起来的形式。

②“四闾为族”二句：按，一闾二十五家，四闾百家为一族，八闾为联，则二族之人。孙诒让曰：“八闾，二百家也。若然，在军盖亦百人为卒，二卒为联，经文不具也。”故“八闾为联”当为“二卒为联”，方与上文文义相合。

【译文】

在家五家是一比，十家编为一联；在军五人是一伍，十人编为一联；在家四闾是一族，在军八闾所出之二卒编为一联：把居民这样编制，目的是要让他们相互连保相互托付，刑罚、喜庆、赏赐等的事情，祸福相连，相互共受共享，这样来承担王国的职事，以服役于国事，以互相帮助料理丧葬事宜。

5. 若作民而师、田、行、役，则合其卒伍[1]，简其兵器，以鼓铎旗物帅而至[2]，掌其治令、戒禁、刑罚。

【注释】

①卒伍：指代军事编制。按，把一族战士编为一卒。一族家出一人，一卒百人。卒的长官即卒长由族师担任。贾《疏》曰："族师主百家，家出一人，即为一卒，卒长还使族师为之。"

②帅而至：贾《疏》曰："帅至于乡师，以致司徒也。"

【译文】

如果国家征调本族民众去从事征伐、田猎、巡守、劳役，就要把他们按军事编制加以组合起来，检查他们应携带的武器、器械，带着鼓铎、旗帜，率领徒众而到乡师那里报到，并且掌管对他们的治理指挥、禁戒和刑罚。

6. 岁终，则会政致事。

【译文】

每到夏历年终，就总结政事而向上级汇报政绩。

八 闾胥

1. 闾胥各掌其闾之征令[1]。

【注释】

①闾胥各掌其闾之征令：闾，族之下的行政区划单位。一闾二十五家。征令：孙诒让以为，征包括征役和征税。贾《疏》曰："即下文'岁时以下之事'。"

【译文】

闾胥各自掌管本闾有关征收赋税、徭役的命令。

2. 以岁时各数其闾之众寡，辨其施舍[1]。凡春秋之祭祀、役、政、丧纪之数聚众庶[2]，既比则读法，书其敬、敏、任、恤者[3]。

【注释】

①辨其施舍：施舍，免除，豁免。孙诒让曰："即《乡师》云'辨其可任者与其施(弛)舍者'，此处不云'可任者'，文不具，亦辨之可知。"

②凡春秋之祭祀、役、政、丧纪之数：春秋之祭祀，指州的祭社、党的祭禜、族的祭酺。役、政，王引之谓即"征役"。郑《注》曰："祭祀，谓州社、党禜、族酺也。役，田役也。政，若州射、党饮酒也。丧纪，大丧之事也。"数，据王引之校，乃"事"字之误，是。

③敬、敏、任、恤：敬，即《大司徒》所谓"以祀礼教敬"之"敬"。敏，即《师氏》所谓"敏德"，彼郑《注》曰："仁义顺时者也。"任、恤，即《大司徒》"六行"所谓"任，恤"。

【译文】

每年四季按时统计本闾人数的多少，辨别清楚其中可以胜任役事者和应当免除役事者。凡是春秋两季因为举行祭祀活动，以及征调力役、乡射礼或饮酒礼、丧事等事集合民众，调查户口财产等事宜结束后，以上场合，就要向民众宣读国家法令，并且将民众中那些具有祭祀祖宗敬慎、做事敏捷及时行义、对朋友讲信用、体恤贫困者等德行的人记录在案。

3. 凡事[1]，掌其比、觵、挞罚之事[2]。

【注释】

①凡事：指举行乡饮酒礼、乡射礼等饮酒场合。

②比、觥、挞罚：比，校比，考核，考校。按，清查人数，分别尊卑贵贱，皆属校比之事。觥(gōng)，同“觥”，古代饮酒器，用兕牛角做成。此处用为动词，谓对乡射礼或乡饮酒礼上失礼者以觥罚饮。挞，亦惩罚失礼者，《说文》曰：“挞，乡饮酒罚不敬，挞其背。”

【译文】

凡是聚众行礼饮酒的事情，掌管对众人的监督、处罚失礼者饮酒或鞭挞失礼者的事情。

九　比长

1. 比长各掌其比之治①。五家相受、相和亲，有罪奇邪②，则相及。

【注释】

①比：闾之下的行政区划单位。五家为一比。

②奇邪：庄存与曰：“奇邪，谓造谣乱民之类也。”

【译文】

比长各自掌管对本比的治理。要使五家互相托付、和睦相亲，如果一家有犯罪或造谣惑众作乱滋事的，其他四家知情不报，就要连带受到惩罚。

2. 徙于国中及郊①，则从而授之②。若徙于他③，则为之旌节而行之。若无授无节，则唯圜土内之④。

【注释】

①郊：谓郊里，亦在四郊之内，但已出乡，是郊民所居的土地。

②从而授之：郑《注》曰："皆从而付所处之吏，明无罪恶。"即谓比长要将迁徙者交付所迁处当地官吏，并负责说明迁徙者清白无罪恶。

③徙于他：刘绩《三礼图》卷一曰："谓出居异乡也。"

④圜土：郑《注》曰："狱城也。"按，凡有过失而未构成犯罪者，即所谓罢民，则收入周围筑有圆形围墙的圜土，冀其悔改。故圜土与监狱、囹圄不同，犹今劳教所。内，同"纳"。收入，收进。

【译文】

如果比内居民迁徙到都城中或郊里的，比长就要随从迁徙者一道前往而亲手把他们交付给当地的官吏。如果迁徙到郊以外其他地方，那就不仅要比长亲自护送，还要授给他们符节作为通行证让他前往。如果迁徙者没有比长亲自前往交付或没有符节，路上遇到盘查，就要被收进圜土。

一〇 封人

1. 封人掌设王之社壝①，为畿封而树之②。凡封国，设其社稷之壝，封其四疆。造都邑之封域者③，亦如之。

【注释】

①掌设王之社壝："设"，《注疏》本原文误刻作"诏"。社壝（wěi），祭祀社稷之神的祭坛及其四周矮土墙的总称。郑《注》曰："壝谓坛及堳埒。"按，此处言社而未言稷（谷神），是省文。刘阮曰："社稷有坛，外有壝，言社以该稷，壝以该坛也。"

②为畿封而树之：畿封，王畿的边界，即距都城五百里的四周边界。贾《疏》曰："谓王之国（都）外四面五百里，各置畿限，畿上皆为沟堑，其土在外而为封，又树木而为阻固。"

③造都邑之封域：都邑，谓大都、小都、家邑三等采地。三者各有边

界。据《注疏》，即王畿内的采邑。按，都邑亦有社稷，此处是省文。

【译文】

封人掌管为王的社稷设置祭坛以及坛外四周的矮墙，在王畿周围挖沟筑墙修建疆界并在界上种树。凡分封诸侯国，也要为该诸侯国的社稷设置祭坛及坛外四周的矮墙，并在该诸侯国的四周挖沟筑墙种树修建疆界。建造都邑的社稷壝坛和疆界，也要这样做。

2. 令社稷之职[1]。

【注释】

①令社稷之职：郑《注》曰："将祭之时，令诸有职事于社稷者也。"

【译文】

将要祭祀社稷时，要命令对于祭祀社稷负有职责的各部门各尽其职。

3. 凡祭祀，饰其牛牲[1]，设其楅衡[2]，置其绋[3]，共其水稾[4]。歌舞牲及毛炮之豚[5]。

【注释】

①饰其牛牲：饰，刷洗。郑《注》曰："谓刷治洁清之也。"牛牲，作牺牲用的牛。

②楅(bī)衡：楅，拴在牛角上以防牛顶人的横木。衡，即鼻栓，系于牛鼻便于穿绳牵牛。

③绋(zhèn)：穿在牛鼻栓(即衡)上以备牵牛的绳子。

④共其水稾：共，同"供"。稾，阮校及孙诒让《校记》皆以为当作稾，

当误。按，稾是“稿”的异体字，稻、麦的秆子。水稿，水用以洗净杀过的牲体，稿即麦秆，用以垫杀过的牲体。郑《注》曰：“水稾，给杀时洗荐(衬垫)牲也。”

⑤歌舞牲及毛炮之豚：歌舞牲，郑《注》曰：“谓君牵牲入时，随歌舞之言其肥香以歆神也。”按，此指行朝事礼时，王出室迎牲，封人则要跟在牲后歌舞，歌词赞美牲肥香可口，希望神来歆享。毛炮之豚，毛谓去毛，炮谓裹涂而烧之。其法，即《礼记·内则》所记八珍之一的炮豚之法：先用苇席裹豚，再用泥涂封，而后用火烧熟，再剥去泥和席(参见《天官·膳夫》注)。

【译文】

凡是将举行祭祀，洗刷干净用于祭祀的牛牲，给牛设置楅衡，栓上牵牛绳，供给杀牲时所需用的水和禾秆。当王牵着牛牲将牲进入庭中时，要跟在牛牲后面载歌载舞，以及负责煺掉猪毛，并将猪整体裹起来加以烧烤加以炮制。

4. 凡丧纪、宾客、军旅、大盟[1]，则饰其牛牲。

【注释】

①大盟：王与诸侯会盟。

【译文】

凡是举行丧事祭奠、款待宾客、军队出征、大的会盟，就要洗刷干净所用的牛牲。

一一 鼓人

1. 鼓人掌教六鼓、四金之音声[1]，以节声乐，以和军旅，以正田役。

【注释】

①六鼓：即下节所记雷鼓、灵鼓、路鼓、鼖鼓、鼛鼓、晋鼓六种鼓。四金之音声：四金，即下节所记金錞、金镯、金铙、金铎四种铜制乐器。音声，郑《注》曰："五声合和者。"按，五声指宫、商、角、徵、羽，构成我国古代音乐的五声音阶。五声单发为声，按一定规律排列则成音，即所谓"五声和合"。贾《疏》曰："五声须鼓乃和。"

【译文】

鼓人掌管教会人们敲击六种鼓和四种金属乐器，以使五声和合发出乐音，用以节制音乐，用以协调军队，用以指挥田猎、力役。

2. 教为鼓而辨其声用。以雷鼓鼓神祀①，以灵鼓鼓社祭②，以路鼓鼓鬼享③，以鼖鼓鼓军事④，以鼛鼓鼓役事⑤，以晋鼓鼓金奏⑥。以金錞和鼓⑦，以金镯节鼓⑧，以金铙止鼓⑨，以金铎通鼓⑩。

【注释】

①雷鼓鼓神祀：郑《注》说，雷鼓是一种八面鼓，神祀谓祭祀天神。

②灵鼓鼓社祭：郑《注》说，灵鼓是一种六面鼓，社祭谓祭祀地祇。社，谓地祇。

③路鼓鼓鬼享：郑《注》说，路鼓是一种四面鼓，鬼享谓祭祀宗庙。

④鼖(fén)鼓：鼖，一种两面鼓，长八尺，直径四尺，用于军事。郑《注》曰："大鼓谓之鼖，鼖鼓长八尺。"贾《疏》说，鼖鼓是两面鼓。

⑤鼛(gāo)鼓：鼛，郑《注》说，是一种长一丈二尺的大鼓，有事情时用来召集人。按，鼛鼓《韗人》作皋鼓。

⑥晋鼓：郑《注》说，是一种长六尺六寸的两面鼓。

⑦以金錞(chún)和鼓：錞，即錞于，一种铜制军乐器，形如圆筒，上圆

下虚，上大下小，顶上多有虎形钮，可悬挂，以物击之而鸣，常与鼓相配合。郑《注》曰："錞，錞于也。圜如碓头（即舂杵），大上小下。乐作，鸣之与鼓相和。"马承源说，从出土情况看，錞于"始于春秋时期，盛行于战国至西汉前期"，可用于军阵，亦可用于祭祀集会。

⑧以金镯（zhuó）节鼓：镯，军中乐器。形似小钟，柄中空。军中鸣之以为鼓节。郑《注》以为即钲（zhēng），曰："镯，钲也，形如小钟，军行鸣之，以为鼓节。"钱玄说："《周礼》无'钲'字，即用'镯'字。"（《三礼通论》262页）

⑨以金铙（náo）止鼓：铙，军中铜制乐器，形如铃铛，但无舌，有柄，以物击之而鸣。郑《注》曰："铙如铃，无舌，有秉，执而鸣之，以止击鼓。"按，止击鼓，即为退军。贾《疏》曰："进军之时击鼓，退军之时鸣铙。"马承源说，铙是我国最早使用的青铜打击乐器之一，流行于商代晚期，周初沿用，可用于军中、祭祀和宴乐。

⑩以金铎通鼓：铎，大铃，铜制乐器，有舌，摇动使其发声。金属舌者称金铎，用于军事田猎。木舌者则称木铎，用于警戒。郑《注》曰："铎，大铃也，振之以通鼓。"钱玄说："在军击鼓，必先振铎，而后诸鼓齐鸣，故日通鼓。"（《三礼通论》266页）马承源说，铎盛行于春秋战国时期，多用于军旅和田猎。

【译文】

教人敲鼓击金而分辨鼓、金的声音和用途。祭祀天神时要敲击雷鼓，祭祀地神时要敲击灵鼓，祭祀宗庙祖宗时要敲击路鼓，在军事行动中要敲击鼖鼓，兴起劳作役事时要敲击鼛鼓，敲击钟、镈等乐器以后要敲击晋鼓。用金錞调和演奏音乐时的鼓声，用金镯节制进军时的鼓声，用金铙停止进军时的鼓声并指挥撤军，用金铎传达命令然后众人敲击军鼓一齐响应。

3. 凡祭祀百物之神[1]，鼓兵舞、帗舞者[2]。凡军旅，夜鼓鼜[3]。军动，则鼓其众[4]。田役亦如之。

【注释】

①百物之神：据贾《疏》，上文说了祭天、祭地、祭宗庙，此则说祭诸小神之事。

②兵舞、帗舞：据郑《注》，兵舞，谓以干（盾牌）戚（玉斧）等兵器为舞具，执之以舞。帗（fú），一种舞具，剪裂五彩帛制成，有柄可执；帗舞即执帗而舞，用于祭祀社稷。

③鼜（qì）：巡夜警戒所敲的鼓。郑《注》曰："鼜，夜戒守鼓也。"

④则鼓其众：贾《疏》曰："据将临陈（阵）时，军旅始动，则击鼓以作士众之气。故曹刿云'一鼓作气'。"

【译文】

凡是祭祀各种各样的小神，就要击鼓作为兵舞、帗舞的节奏。凡军旅之中，巡夜戒备要敲击鼜鼓。军队将冲锋陷阵，就要击鼓鼓舞士气。征召徒役举行田猎时，也要这样做以鼓舞士气。

3. 救日月，则诏王鼓。大丧，则诏大仆鼓[1]。

【注释】

①"大丧"二句：据郑《注》，在人始死时和下葬时，要击鼓警众。按，大仆在大丧时有击鼓的职责（详其职文）。

【译文】

遇到解救日食、月食，就要禀告王击鼓抢救。有大丧，就通知大仆击鼓。

一二　舞师

1. 舞师掌教兵舞，帅而舞山川之祭祀。教帗舞，帅而舞社稷之祭祀。教羽舞[1]，帅而舞四方之祭祀[2]。教皇舞[3]，帅而舞旱暵之事[4]。

【注释】

①羽舞：羽，舞具，据郑《注》，用白色羽毛做成，形如帗，有柄可执。执羽而舞，故名。

②四方之祭氾：郑《注》曰："谓四望也。"孙诒让曰："四方、四望可通称。"按，望为祭名，四望即望祀四方的名山大川如五岳、四渎等及海。

③皇舞：皇，舞具，用五彩羽毛制成。据郑《注》，是用五彩羽毛做成，亦形如帗，有柄可执。执皇而舞，故名。

④旱暵(hàn)之事：郑《注》曰："谓雩也。"雩(yú)，祭名，临时举行的祈雨祭祀。暵，干旱。《说文》曰："干也。"

【译文】

舞师掌管教练兵舞，遇到祭祀山川之神时率舞队前往而跳兵舞。教习帗舞，遇到祭祀社稷之神时率舞队前往而跳帗舞。教习羽舞，遇到祭祀四方名山大川时率舞队前往而跳羽舞。教习皇舞，遇到为解除干旱而举行雩祭时率舞队前往而跳皇舞。

2. 凡野舞[1]，则皆教之。

【注释】

①野舞：郑《注》曰："谓野人欲学舞者。"按，野人，即庶人。

【译文】

凡平民想学习舞蹈的，就都要教给他们。

3. 凡小祭祀[1]，则不兴舞。

【注释】

①小祭祀：指祭祀宫中的门神、灶神之类。

【译文】

凡是小祭祀，就不需要起舞了。

一三　牧人

1. 牧人掌牧六牲[1]，而阜蕃其物，以共祭祀之牲牷[2]。

【注释】

①六牲：郑《注》曰："谓牛、马、羊、豕、犬、鸡。"

②牲牷(quán)：牲，谓供祭祀及膳食的家畜，角体完具无损。牷，用作祭品的色纯而体全的牲畜。曾钊曰："牷，色之纯；牲，体之具也。"

【译文】

牧人掌管牧养六牲，而且使六牲种类繁殖，以供给祭祀所用的角体完具毛色纯一的牺牲。

2. 凡阳祀[1]，用骍牲毛之[2]；阴祀[3]，用黝牲毛之[4]；望祀[5]，各以其方之色牲毛之[6]。

【注释】

①阳祀：郑《注》以为是指祭祀天和宗庙。

②骍牲毛之：骍，谓赤色。毛之，谓选择毛色纯一之牲。郑《注》曰："骍牲，赤色。毛之，取纯毛也。"

③阴祀：郑《注》以为是指祭祀地和社稷。

④黝：通"幽"，黑色也。段玉裁、孙诒让皆以为当作"幽"。按，上博楚简《颜渊问于孔子》简11："老老而（慈）黝，所以尻（居）仁也。"读为"幼"。

⑤望祀：遥望祭祀四方的五岳、四镇、四渎。即《舞师》所谓"四方之祭"。四镇，四座大山，参见《职方氏》。四渎，谓江、河、淮、济四条流入海的河。

⑥各以其方之色牲：按照五行观念，东西南北中五方分别与青（苍）白赤黑黄五色相配，故如祭祀东岳泰山和济水，就选用青色之牲。余类推，即所谓"各以其方之色牲"。

【译文】

凡是祭祀天或宗庙之类的阳祀，要选用毛色纯赤的牲；祭祀地和社稷之类的阴祀，要选用毛色纯黑的牲；凡是祭祀名山大川，各要选用与其方土色完全一致的纯毛的牲。

3. 凡时祀之牲[①]，必用牷物。凡外祭、毁事[②]，用尨可也[③]。

【注释】

①时祀：据《注疏》，谓"四时所常祀"，即谓列在祭祀之常典、四时按惯例定期举行的、对山川、川泽、四方、百物的祭祀。

②外祭、毁事：外祭，郑《注》曰："谓表貉及王行所过山川用事者。"按，表貉，谓田猎时在立表处举行貉祭（参见《春官·肆师》注）；所过山川用事，谓王外出时对所过山川进行祭祀：是皆所谓外祭。毁事，谓毁折牲体而祭，是一种为禳除殃咎、祈求吉祥而临

时举行的祭祀，如《春官·大宗伯》所谓“䰞辜”，《小祝》所谓“侯、禳”，皆属此类。

③尨(máng)：杂色的牲畜。杜子春曰：“尨谓杂色不纯。”

【译文】

凡是四季定期举行的祭祀所用的牺牲，一定要用毛色纯一的。凡是举行外祭或毁折牲体对途经山川的临时祭祀，用杂色的牺牲是可以的。

4. 凡祭祀共其牺牲①，以授充人系之②。凡牲不系者③，共奉之。

【注释】

①牺：孙诒让曰：“牺为祭牲之专名。”

②以授充人系之：充人，官名。负责饲养祭祀所需牲牷。郑《注》曰：“授充人者，当殊养之。”殊养，谓殊别于牧群、另加拴系饲养。按，充人有于祭前系养祭牲的职责，参见《充人》。

③凡牲不系者：系，饲养。郑《注》曰：“谓非时而祭祀者。”此谓如果有不在常典之祀，是临时有事而祭祀，则所用牲不授充人系养。

【译文】

凡是祭祀，供应所需的牺牲，交给充人另加饲养。凡临时性的祭祀所用的牲不需要交给充人饲养的，也供应并直接交给负责祭祀的部门。

一四　牛人

1. 牛人掌养国之公牛①，以待国之政令。

【注释】

①公牛：公家的牛。

【译文】

牛人掌管为国家饲养公家的牛，以待国家的命令而供给。

2. 凡祭祀共其享牛、求牛①，以授职人而刍之②。凡宾客之事③，共其牢礼、积、膳之牛④。飨、食、宾射⑤，共其膳羞之牛⑥。军事，共其槁牛⑦。丧事，共其奠牛⑧。凡会同、军旅、行役⑨，共其兵车之牛，与其牵傍⑩，以载公任器⑪。

【注释】

①享牛、求牛：享牛，挑选出来用于正祭以献给神灵的牛。求牛，祭祀前三天，王将符合祭祀要求的牛挑选出来，并占卜此牛用于祭祀是否吉利，谓之求牛。郑《注》曰："享，献也。献神之牛，谓所以祭者也。求，终也。终事之牛，谓所以绎者也。"此言求牛为用于绎祭以终事的牛。绎，祭名，祭之明日又祭，谓之绎祭。祭祀至绎祭而终，故称求牛为"终事之牛"。

②授职人而刍之：职，通"樴"，即木桩。郑《注》曰："职读为樴。樴谓之杙(木桩)，可以系牛。"是职人即系养牛的人。刍，本指喂牲口的草，此指用草喂养牲口。

③宾客：据贾《疏》，指来朝的诸侯，或来聘之臣。

④牢礼、积、膳：牢礼，郑《注》曰："飨饔也。"(参见《天官·外饔》注)。积，即委积，是供宾客道路所用之牢米薪刍，包括牲。膳，郑《注》曰："所以间礼宾客。"即在宾客留住期间宴飨宾客。

⑤飨、食、宾射：飨，谓飨礼，是一种用酒食款待宾客之礼。食，谓食礼，亦是一种款待宾客之礼，《仪礼·公食大夫礼》记诸侯食礼，可参阅。宾射，是天子与来朝诸侯，或诸侯相朝聘所举行的射礼，据贾《疏》，天子、诸侯行射礼前皆先行燕礼，故需用牛牲。

按,《仪礼·燕礼》记诸侯燕礼之仪节,可参阅。

⑥膳羞:即羞膳。膳指正馔所上的牲肉。郑《注》曰:"羞,进也,所进宾之膳。"

⑦槁牛:槁,通"犒",犒劳。郑司农曰:"犒师之牛。"

⑧奠牛:奠,丧事中未葬前的祭祀叫奠。方苞《集注》曰:"丧所荐馈曰奠。"

⑨行役:此指王巡守。贾《疏》曰:"会同、军旅兼言行役,谓王行巡守皆六军从也。"

⑩"共其兵车之牛"二句:车,《注疏》本原误刻作"军"。兵车,据贾《疏》,此指牛拉的运载辎重的大车,牛人当供其牛。牵傍,郑《注》曰:"在辕外挽牛也。"

⑪任:郑《注》曰:"犹用也。"

【译文】

凡是祭祀供给所需的享牛和求牛,然后把它们交给职人饲养。凡有招待宾客的事,供给为宾客设便宴或馈饔饩、赠送道路之资以及宴请宾客所用的牛。王举行飨礼、食礼或宾射礼,都供给进献宴席上膳食所需的牛。遇到军事行动,供给犒劳将士所需的牛。遇到丧事,供给殷奠、遣奠所需的牛。凡是王与诸侯会同、出兵征伐、巡守,供给为兵车驾辕的牛,并在辕外协助牵牛,用以运载公用的器物。

3. 凡祭祀,共其牛牲之互①,与其盆簝②,以待事。

【注释】

①互:郑《注》曰:"若今屠家县(悬)肉格。"格,木架子。

②盆簝(liáo):簝,古代宗庙祭祀盛肉的竹器。郑司农曰:"盆、簝皆器名。盆,所以盛血。簝,受肉笼也。"

【译文】

凡有祭祀，供给悬挂牛牲所需的肉架子，以及盛牲血的盆和盛牲肉的竹笼，以待祭事。

一五　充人

1. 充人掌系祭祀之牲牷。祀五帝，则系于牢，刍之三月。享先王亦如之。凡散祭祀之牲[1]，系于国门[2]，使养之[3]。

【注释】

①散祭祀：据郑《注》说，即小祭祀，祭祀司中、司命、山川诸小神，

②系于国门：郑《注》曰："谓城门司门之官。"(参见《司门》)

③使养之：郑司农曰："使守门者养之。"

【译文】

充人掌管系养祭祀所用的角体完具、毛色纯一的牲。祭祀五帝的牲，就单独拴系在牛圈中，饲养三个月，祭祀先王的牲也这样做。凡散祭祀所需用的牲，只需拴系到国都城门的司门官那里，让守门人负责喂养。

2. 展牲[1]，则告牷。硕牲，则赞[2]。

【注释】

①展牲：郑《注》曰："若今夕牲也。"按，夕牲，谓祭祀前一天之夕检视牲，看牲体的体肤、毛色是否符合要求。又称视牲、省牲。

②硕牲，则赞：据贾《疏》，是指祭祀当天，王和王后先后向尸行祼将礼后，王迎牲入庙时，群臣要向神禀告说：牲体很肥硕。赞，帮助。方苞《集注》曰："防其奔骇，故助持之。"

【译文】

祭祀前夕省视牲，就向省视者报告说：牲角体完具毛色纯一。祭祀当天，当天子牵牲入庙，群臣向神禀告牲体肥硕时，就要抓紧牛鼻绳帮助王牵牲。

一六　载师

1. 载师掌任土之法[1]。以物地事[2]，授地职[3]，而待其政令[4]。

【注释】

①任土：利用土地。郑《注》曰："任其力势（指土地肥力、高下形势）所能生育，且以制贡赋也。"

②以物地事：郑《注》曰："物，物色之，以知其所宜之事。"按，所宜之事，谓不同土地所宜从事的各类生产。

③授地职：郑《注》曰："授农牧衡虞，使职之。"谓适宜于农业的土地就授给农民，适宜于放牧的土地就授给牧人，山林川泽则授给虞衡。

④以待其政令：政，通"征"，税也。贾《疏》曰："谓因其职事，使出赋贡，即下经'园廛二十而一'以下是也。"黄度曰："待政令，待税敛之政令也。"

【译文】

载师掌管利用土地、制订相应税率的法规，以分辨不同土地的不同功用，授给不同职业的人，以待完成国家征税的命令。

2. 以廛里任国中之地[1]，以场圃任园地[2]，以宅田、士田、贾田任近郊之地[3]，以官田、牛田、赏田、牧田任远郊之地④，以公邑之田任甸地⑤，以家邑之田任稍地⑥，以小都之田任县地⑦，以大都之田任畺地⑧。凡任地，国宅无征⑨，园廛二十而一⑩，近郊十一，远郊二十而三，甸、稍、县、都皆无过十二，唯其漆林之征二十而五。

【注释】

①廛里：居宅，住宅。官献瑶曰："廛，民居之通称。许行曰：'愿受一廛而为民。'市肆亦民居也，故同谓之廛。里，居也。《孟子》曰：'收其田里。'合而言之，皆宅也。"

②以场圃任园地：江永曰："谓城外有可为园圃之地，授九职中艺园圃者，使贡草木果蓏之属，场人掌之。"故场圃，即场人所掌之园圃；园地，即可为园圃之地。孙诒让说，这种园地在国都的城郭之间。按，古代城外有郭（即外城），城外郭内有大片空地，可作场圃。

③宅田、士田、贾田：据郑《注》，宅田是退休官吏之家所领受的养家之田；士（当读为"仕"）田，是做官者（包括卿、大夫、士及其子弟）所领受的田地，亦称圭田（《孟子·滕文公上》赵岐《注》曰："古者卿以下至于士，皆受圭田五十亩，所以供祭祀。"）；贾田是商贾之家所领受的田地。孙诒让曰："贾人身在市，不得为农，其家有子弟任农者，则授以田。"近郊：距都城五十里以内之地。

④官田、牛田、赏田、牧田：据郑《注》，官田是庶人在官府服务者之家所领受的田地；牛田、牧田，是为公家畜牧者之家所领受的田地。赏田，对有功者赏赐的田地，地在远郊。惠士奇曰："禄田之外，有功而赏曰赏田。"按，以上自宅田至牧田七类田，江永说皆为近郊、远郊农田以外的闲田。

⑤以公邑之田任甸地：郑《注》曰："公邑，谓六遂余地，天子使大夫治之，自此以外皆然。"按，甸即郊外之地，距都城百里至二百里

之间，亦称邦甸（参见《天官·大宰》），甸地设六遂，六遂总领七万五千家（参见《遂人》），而六遂之外所余民户、土地，则设公邑，由天子委派大夫治理。又甸以外至畿疆，还有稍、县、都（见下文），这些地方除采邑亦皆属公邑，故曰“自此（指甸）以外皆然”。

⑥以家邑之田任稍地：据郑《注》，家邑是大夫的采地，下文小都是卿的采地，大都是公（包括王子弟）的采地。据贾《疏》，家邑最小，二十五里，小都五十里，大都百里。稍地，即家削之地，即王都外二百里与三百里的土地，通常做大夫的采地（按，此及下文县地、畺地，皆参见《大宰》）。

⑦县地：即邦县之地，在距王都三百里至四百里之间。县地有卿之采邑，称小都。

⑧畺地：孙诒让曰：“畺，或作‘疆’。此经畿畺字并作‘疆’，惟此作‘畺’。”畺地，王畿边界之地，即邦都之地，亦即下文所谓都，在距王都四百里至五百里之间。

⑨国宅：即官宅，为官者的住宅。征：税也。

⑩园廛二十而一：按，园廛不种谷物，园则税其瓜果草木，廛则税其宅地所种树，郑《注》曰“古之宅必树”。

【译文】

用国都中的土地来作普通百姓和官员的住宅，用城外郭内的空地来作种植瓜果蔬菜的场圃，用近郊的土地来作宅田、士田、贾田，用远郊的土地来作官田、牛田、赏田、牧田，用邦甸中六遂以外的土地作公邑，用稍地来作家邑之田，用县地来作小都之田，用畺地来作大都之田。凡是使用土地的征税办法，都城内的官宅免征税，种植瓜果蔬菜的园圃和民宅，税率是二十分之一，近郊的税率十分之一，远郊的税率二十分之三，甸、稍、县、都的税率均不超过十分之二，只有对那漆树林的征税率是二十之五。

3. 凡宅不毛者，有里布[1]；凡田不耕者，出屋粟[2]；凡民无职事者，出夫、家之征[3]。

【注释】

①“凡宅不毛者”二句：宅不毛，郑司农曰：“谓不树桑麻也。”里，江永曰：“里居之里，……即谓所居之宅也。”里布，对宅地不树桑麻者所征收的罚款。布，郑《注》释为“泉(钱)”。

②屋粟：税名，计亩征收的罚粮。数量不详。江永曰：“屋粟又见《旅师》，自是当时征税之名，不知其多少。田不耕有多少，当量田而出粟。”

③夫、家之征：据郑《注》，谓出夫税、家税。夫税，指一夫百亩所当缴纳的田税；家税，谓出军赋，服徭役。

【译文】

凡是宅地旁边不种植桑麻的，要按其宅地面积处以罚款；凡是让田地荒芜不耕种的，根据所荒废田地亩数罚出屋粟；凡民众无职业而又无所事事的，就要罚他交出夫税、家税。

4. 以时征其赋[1]。

【注释】

①以时征其赋：据孙诒让说，载师为闾师、县师、遗人、均人之长，则“征其赋”，当是令四官依法征之，而载师监督之，并非亲临其事。

【译文】

按时征收各种赋税。

一七　闾师

1. 闾师掌国中及四郊之人民、六畜之数，以任其力，以待其政令，以时征其赋。

【译文】

闾师掌管国都之中及四郊之内的人民、六畜的数目，以任用他们的劳动力从事生产，以等待国家的政事命令，而按时向他们征收赋贡。

2. 凡任民：任农以耕事，贡九谷；任圃以树事，贡草木[①]；任工以饬材事[②]，贡器物；任商以市事，贡货贿；任牧以畜事，贡鸟兽；任嫔以女事[③]，贡布帛；任衡以山事[④]，贡其物；任虞以泽事[⑤]，贡其物。

【注释】

①草木：郑《注》曰："谓葵韭果蓏之属。"

②饬材：整治各种原材料以成器物。为十二职事之一，即百工之事。参见《天官·大宰》。

③任嫔以女事：嫔，即妇女。女事，谓"化治丝枲"。

④衡：本指掌山林的官，此指利用山林从事生产之民。

⑤虞：本指掌川泽之官，此指利用川泽从事生产之民。

【译文】

凡任用民众：任用农民从事耕种的事，贡纳各种谷物；任用圃人从事种植的事，贡纳瓜果蔬菜；任用工匠从事制造的事，贡纳各种器物；任用商贾从事贸易的事，贡纳财物；任用牧民从事畜牧的事，贡纳鸟兽；任用妇女从事女工的事，贡纳布帛；任用山民从事山林生产的事，贡纳山林的各种山货物产；任用川泽之民从事川泽生产的事，贡纳川泽的各种水产。

3. 凡无职者[①]，出夫布[②]。

【注释】

①无职者：谓无固定职业而四出打工的人。即《天官·大宰》所谓“九日闲民，无常职，转移执事”者。

②出夫布：夫布，丁钱。夫谓劳力，布谓钱。因按夫出钱，故称。贾《疏》曰：“使出一夫口税之泉(钱)也。”

【译文】

凡是没有固定职业的人，可不交纳实物，但要出一人的人头税。

4. 凡庶民不畜者，祭无牲；不耕者，祭无盛[1]；不树者，无椁；不蚕者，不帛；不绩者，不衰[2]。

【注释】

①盛：指盛于器而用于祭祀的黍稷等谷物。郑《注》曰：“黍稷也。”

②不衰：衰，本指服斩衰、齐衰丧的人缀于丧服前当心处的麻布。《仪礼·丧服·记》曰：“衰长六寸，博四寸。”江永曰：“不绩之人遇有斩、齐之丧，其丧服不设此布以耻之，非不服丧服。”

【译文】

凡是民众不畜养牲畜的，祭祀时就不许用牲；不耕种田地的，祭祀时就不许用黍稷等谷物；不种树的，丧葬时就只可用棺而不许用外棺；不养蚕的，就不许身穿丝绸；不纺织的，办丧事的孝服前就不许缀衰。

一八　县师

1. 县师掌邦国、都鄙、稍、甸、郊里之地域[1]，而辨其夫家人民、田莱之数[2]，及其六畜车辇之稽。三年大比，则以考群吏而以诏废置。

【注释】

①“县师”句：邦国，指各诸侯国，都鄙，是指分布于王畿内稍、甸、都地区的采邑。郊里，据孙诒让说，都郊地区分布有六乡，但此外还有《载师》所言宅田、士田以至牧田等七种田，在六乡和七种田之外，其余有民居住的土地，就称为郊里。郊里之地在四郊，各为小城邑，为郊民所居，按什伍编制，与乡遂之民同，而与公邑井田之制异。县师是掌公邑的官，而公邑分布在甸、稍、县、都四地区（参见《载师》注）。四地区以内有郊里，以外有邦国，中间杂有都鄙（采邑）。

②夫家：江永曰：“犹云‘男女’。无妻者为夫，有妻者为家。”田莱：田指当年可耕之田，莱，郑《注》曰：“休不耕者。”指当年休耕之田。

【译文】

县师掌管外连诸侯国、内自郊里，其中除采邑以外的都、县、稍、甸地区等公邑，而负责查明其间可作劳力使用的男女民众、耕地与休耕地，以及其六畜、各种车辆的数目。每逢三年大校比，就据以考察公邑所属官吏们的政绩而报告上级，来加以罢免或提升。

2. 若将有军旅、会同、田、役之戒①，则受法于司马，以作其众庶及马牛车辇，会其车人之卒伍②，使皆备旗鼓、兵器，以帅而至③。

【注释】

①军旅：谓征伐之事。

②会其车人之卒伍：与《族师》“合其卒伍”同义。

③以帅而至：据江永说，由公邑之长帅之，县师不帅。

【译文】

如果有将要出征讨伐、会同、田猎或劳役的戒令，就从大司马那里接受征兵的法令，据以征调民众和马牛车辆，并且把车和人按军事编制组织起来，让他们都备足战旗、战鼓、武器和用器，而由各公邑的长官率领他们到达县师那里报到。

3. 凡造都邑[1]，量其地，辨其物[2]，而制其域。

【注释】

①都邑：周代王子弟、大夫的采邑，指大都、小都和采邑。贾《疏》曰："都谓大都、小都，邑谓家邑也。"

②辨其物：物，指山林、川泽、物产和人民等。郑《注》曰："物谓地所有也。"

【译文】

凡是建造都邑，测量它的土地，辨别该地所有的人民和物产，而划定它的疆界地域。

4. 以岁时征野之赋贡[1]。

【注释】

①野之赋贡：野，据郑《注》，谓甸、稍、县、都。江永曰："此谓征公邑之民赋也。"

【译文】

每年按季征收公邑的赋贡并送入大府。

一九　遗人

1. 遗人掌邦之委积[1]，以待施惠。乡里之委积[2]，以恤民之艰厄；门关之委积[3]，以养老孤[4]；郊里之委积，以待宾客。野鄙之委积[5]，以待羁旅[6]；县都之委积[7]，以待凶荒。

【注释】

①委积：指储备的粮草等生活资料。供给救灾济贫、往来行人使用。孙诒让云："凡储聚禾米薪刍之属，通谓之委积。"

②乡里：里，居也。乡里谓六乡中七万五千家所居之里，即郑《注》所谓"乡所居也"。

③门关之委积：贾《疏》曰："门谓十二国门，关谓十二关门，出入皆有税。所税得者，亦送账多少（即报账），足国用外，留之以养老孤。"王志长引"或曰"云："门关之委积，谓门关之税入所余。"

④老孤：谓为国捐躯者的父母及其未成年子弟。

⑤野鄙：据孙诒让说，此指甸地（距王都一百里到二百里间）和稍地（距王都二百里到三百里间）。

⑥羁旅：寄居在外的旅客。贾《疏》曰："旅，客也。谓客有羁絷在此未得去者。"

⑦县都：指距王都三百里到四百里间之县地和四百里到五百里间之都地。委积：储聚米粟薪刍等生活必需品。

【译文】

遣人掌管王国的委积，以待向需要者施恩惠。乡里的委积，用以救济乡民中饥饿困乏的人；城门、关门的委积，用以抚恤为国事捐躯者的父母及子女，郊里的委积，用以供给过往都城的宾客；野鄙的委积，用以救助寄居他乡的旅客；县都的委积，用以防备灾荒。

2. 凡宾客、会同、师、役，掌其道路之委积[1]。凡国野之道，十里有庐[2]，庐有饮食；三十里有宿[3]，宿有路室[4]，路室有委[5]；五十里有市，市有候馆[6]，候馆有积。

【注释】

①道路之委积：贾《疏》曰："上经委积随其所须之处而委积，此经所陈委积，据会同、师、役行道所须，故分布于道路。"

②庐：谓四面透风的棚子。只可白天歇脚，不能过夜。孙诒让曰："庐制最疏略，惟为长广之周屋，以便昼息，……无房室，不可野宿也。"

③宿：设于道旁的住宿馆舍。国中郊野之道每三十里社一宿，宿有路室及粟米薪刍。孙诒让曰："其制视庐加详，具有房室，可以夜宿。"

④路室：宿处的房室，即客舍。

⑤路室有委：委，及下文"候馆有积"的"积"，皆委积义。委、积本同义。《说文》曰："积，聚也。"《广雅·释诂》曰："委，积也。"故委、积皆积聚粮草义。析言之，郑《注》曰："(集聚)少曰委，多曰积。"

⑥候馆：路旁宾馆。可住宿、洗澡、登高候望。郑《注》曰："楼可以观望者。"

【译文】

凡有接待宾客、会同、征伐、劳役等事，掌管沿途所需的委积。凡是国都中和野外的道路，每隔十里就设有庐，庐中备有饮食；每隔三十里就设有宿，宿处有路室，路室有委；每隔五十里就有集市，集市有候馆，候馆有积。

3. 凡委积之事，巡而比之，以时颁之。

【译文】

凡是有关委积的事，要经常加以巡视考校，如发现储备不足，要及时给予补充。

二〇 均人

1. 均人掌均地政[1]，均地守[2]，均地职[3]，均人民、牛马、车辇之力政[4]。

【注释】

①掌均地政：均，均平调整。地政，土地之赋税。政，通“征”，税也。阜阳汉简《周易·颐》：“六二，奠（颠）颐，弗（拂）经，于丘颐，政（征）（凶）。”（白于蓝《战国秦汉简帛古书通假字汇纂》756页）郑《注》曰：“政，读为‘征’。地征，谓地守、地职之税也。地守，衡虞之属。地职，农圃之属。”贾《疏》曰：“均地政者，谓均地守、地职二者之税，使皆十一而出税。”按，均人所掌，指据国家税法和税率，按征税对象的情况制定具体征收细则，以使赋税征收合理均平，故曰“均”，并非实地征收赋税。

②地守：地政官员的职守。山虞、林衡、川衡、泽虞等各有所守，据其所守之山林川泽，缴纳特产以为赋税。

③地职：根据所领受土地不同而分派的各种职业。贾《疏》曰：“此即《大宰》九职云‘一曰三农，二曰园圃’之属，以九职任之，因使出税也。”

④力政：力役的征调。谓征人力以营造宫室、城郭、道路等。政，通“征”，征调、征用。

【译文】

均人掌管均平调整乡遂公邑的地税，均平调整山林川泽之税，均平调整各种从业税，均平调整对于人民、牛马、车辇的力役征调。

2. 凡均力政，以岁上下：丰年则公旬用三日焉[1]，中年则公旬用二日焉②，无年则公旬用一日焉③。凶札则无力政，无财赋，不收地守、地职，不均地政。

【注释】

①丰年则公旬用三日焉：丰年，丰收之年。据《廪人》，谓一人一月配给四鬴食粮。公旬用三：公旬，郑《注》曰："公，事也。旬，均也。"王引之曰："谓年丰则力役之事于一旬中用三日。以丰年计之，一月用九日，三冬（谓冬季三个月，其他季节不征调力役）亦只二十七日耳。"

②中年：中等收成的年景。据《廪人》，一人一月配给三鬴食粮称中年。

③无年：收成不好的年景。据《廪人》，一人一月配给二鬴食粮称无年。

【译文】

凡是均平调整力役的征调，依照年成的好坏进行：丰年公事平均每人一旬中征用三天，中等年成公事平均每人一旬中征用二天，歉收年成平均每人一旬中只能征用一天。遇到发生饥馑疫病就免除力役，免除赋税，既不征收山林川泽之税和各种从业税，因而也无须均平调整地税。

3. 三年大比，则大均。

【译文】

每逢三年大校比时，就对地税、力役等各种赋役作一次大的均平调整。

二一 师氏

1. 师氏掌以媺诏王[1]。

【注释】

①媺:同“美”。美善之德。“美”与“㚸”字系(敉、娓、媺等)多可通假。典籍如,《春官·天府》:“以贞来岁之媺恶。”《初学记·岁时部》引作“美”。《玉篇·羊部》:“美,甘也,善美。或作媺。”(高亨、董治安《古字通假会典》页606。)近期出土简帛多有“美”与“敉”字系相通假者。如上博楚简《孔子诗论》:“见(其)㚸(美),必谷(欲)反(返)(其)本。”《紂衣》:“孠(好)(美)女(如)女(好)(缁)衣。”《季庚子问于孔子》:“言(则)娓(美)矣,然异于丘之所闻。”(参见白于蓝《战国秦汉简帛古书通假字汇纂》页356、357,其列出3组。)

【译文】

师氏掌管把美善的嘉言懿行告诉给王。

2. 以三德教国子[1]:一曰至德[2],以为道本;二曰敏德[3],以为行本;三曰孝德,以知逆恶[4]。教三行:一曰孝行,以亲父母;二曰友行[5],以尊贤良;三曰顺行,以事师长[6]。

【注释】

①国子:谓王、公卿大夫士等贵族子弟。

②至德:郑《注》曰:“中和之德。”按,即谓中庸之德。

③敏德:郑《注》曰:“仁义顺时者也。”贾《疏》曰:“人君施政,春夏行赏为仁,秋冬行罚为义,是仁义顺时敏疾为德。”

④知逆恶:俞樾以为此处“知”假借为“折”,而“折”与“制”义通,故

此句意谓“孝德以制逆恶”。

⑤友行：孙诒让曰：“《通典》引马(融)《注》曰：‘教以朋友之行，使择益友。’”

⑥师长：师谓道德高尚学问渊博的人，长谓长官、上司。

【译文】

用三德教育国子：一是中庸之德，把它作为道德的根本；二是及时行仁义之德，把它作为行为的根本；三是孝德，用来制止悖逆犯上等邪恶的事。用三行教国子：一是孝行，用来亲爱父母；二是善于交友之行，用来尊敬道德高尚且善良的人；三是敬顺之行，用来侍奉师长。

3. 居虎门之左①，司王朝②。

【注释】

①虎门之左：郑《注》曰：“虎门，路寝门也。”路寝门即路门，其内即谓王寝息之地。据郑《注》说，因路门上画有虎以示勇猛，故称。左，东也。师氏上朝时居路门之外、王之后，面朝南，故以东为左。

②司王朝：司，通“伺”，察，探察。郑《注》曰：“司犹察也。察王之视朝，若有善道可行者，则当前以诏王。”按，师氏有“以美诏王”的职责，故王临朝时告以可行之善道。

【译文】

王每天临朝时，师氏要站在虎门外的左边，留心观察王处理朝政，并适时进纳善言。

4. 掌国中失之事①，以教国子弟②。凡国之贵游子弟学焉③。

【注释】

①中失：中谓合乎礼法，失谓违背礼法。郑《注》曰："中，中礼者也。失，失礼者也。"

②国子弟：孙诒让说，包括王的太子、诸王子，以及诸侯卿大夫之子弟。

③贵游子弟学焉：即上文国子。其所以曰"游"，郑《注》曰："无官司也。"故贵游子弟泛指未仕的贵族子弟。

【译文】

掌握王国中符合礼和不符合礼的掌故，用以教育国子弟。凡是国中的贵族子弟都要跟随师氏学习。

5. 凡祭祀、宾客、会同、丧纪、军旅，王举则从[①]。听治亦如之[②]。

【注释】

①举：通"与"，参与。杜子春曰："当为'与'，谓王与会同、丧纪之事。"出土文献"举""与"相通者习见。如，《战国纵横家书·苏秦自赵献书于齐王章（二）》："寡人已举（与）宋讲矣，乃来诤（争）得，三。"（白于蓝《战国秦汉简帛古书通假字汇纂》页196）一说，释为"出行"。

②听治亦如之：郑《注》曰："谓王举（与），于野外以听朝。"亦如之，贾《疏》曰："亦如上虎门之左同。"

【译文】

凡是有祭祀、接待宾客、会同、丧事、军旅征伐之事，如果王亲自参加，就要随从。如果王在野外处理朝政问题，师氏也是如此。

6. 使其属帅四夷之隶[1]，各以其兵服守王之门外[2]，且跸。朝在野外[3]，则守内列[4]。

【注释】

①使其属帅四夷之隶：使其属，据本篇《叙官》，师氏是中大夫，其下有上士二人，并有府、史、胥、徒，皆其属。四夷之隶，即《秋官》中的蛮隶、闽隶、夷隶、貉隶，是被没为奴的四方少数民族战俘。

②门外：据孙诒让说，是指库门（第二门）之外。王宫五门，自外而内，首先是皋门，次为库门，次为雉门，次为应门，次为路门。中间的库门、雉门、应门三门叫做中门。

③朝在野外：谓用做临时处理政事之所的野外宫舍。

④内列：列，通“迾”，拦阻。此释为厉禁，警卫。郑《注》曰：“蕃营之在内者也。其属亦帅四夷之隶守之，如守王宫。”

【译文】

命令自己的部属率领四夷的徒隶，各自手持本族兵器、穿着本族服装，把守在王宫的库门之外，并禁止行人来往靠近王宫。如果王在野外听朝，就负责内线的警戒守卫。

二二　保氏

1. 保氏掌谏王恶。

【译文】

保氏掌管劝谏王的过失，使弃恶从善。

2. 而养国子以道。乃教之六艺[1]：一曰五礼[2]，二曰六乐[3]，三曰五射[4]，四曰五驭[5]，五曰六书[6]，六曰九数[7]。乃教之六仪：一曰祭祀之容，二曰宾客之容，三曰朝廷之容，四曰丧纪之容，五曰军旅之容，六曰车马之容⑧。

【注释】

①六艺：六种科目、课程。

②五礼：据郑《注》，谓吉礼、凶礼、宾礼、军礼、嘉礼五大类礼。参见《大宗伯》。

③六乐：据郑《注》，指六种乐舞，《云门》、《大咸》、《大韶》、《大夏》、《大濩》、《大武》。参见《大司乐》。

④五射：据郑司农说，指五种射箭技能，即白矢、参连、剡注、襄（让）尺、井仪。据贾《疏》，白矢，指射穿箭靶而露出白色箭头。参连，参，通“三”，泛指多。指“前放一矢，后三矢连续而去也”。惠士奇引《列子·仲尼篇》以申贾义曰：“善射者，能令后镞中前括（箭的末端），发发相及，矢矢相属，前矢造准而无绝落，后矢之括犹衔弦，视之若一焉，是为参连。”谓一连射出多支箭，第一箭射中箭靶，而后面箭的箭头依次射中前面箭尾，箭箭相连，形成直线。剡（yǎn）注，指“羽头高镞低而去，剡剡然”。按，羽设于箭的末端，羽头高而镞低，是矢斜向下而射。剡剡，起貌，谓羽头高起的样子。襄尺，襄，通“让”，襄尺是说臣与君射，臣不得与君并排而立，而应当后退让君一尺。井仪，指四支箭都贯通靶心，如“井”字形。

⑤五驭：据郑司农说，指五种赶车技法，即鸣鸾和、逐水曲、过君表、舞郊衢、逐禽左。按，鸣鸾和，鸾、和皆车铃，谓驾车马时能使鸾、和发出有节奏的响声。逐水曲，据贾《疏》，谓车马行至有曲折水流的地方，能够“逐水势之屈曲而不坠水”。过君表，据孙诒让说，君表犹言君位，谓赶车经过国君所站的位置时，应有致敬的表示。舞交衢，据贾《疏》，衢，道也。交衢即交叉路口。谓驾车

马行至交叉路口转弯时，要能使驾辕和拉车的马的脚步和谐合拍，“应于舞节”，即要像舞蹈般优美而有节奏。逐禽左，据贾《疏》，谓国君田猎时，能够驾车驱赶禽兽到车的左方，以便于国君自左侧射之（御者居中，国君位在车左）。

⑥六书：旧说是六种造字方法，郑司农曰：“象形、会意、转注、处事（即指事）、假借、谐声（即形声）。”

⑦九数：九种数学计算方法。即方田、粟米、差分、少广、商功、均输、方程、赢不足、旁要。按，方田，谓以边线长短求田地面积。粟米，谓古代粮食交易的计算方法。差分（《九章算术》作衰分），分配比例的计算方法。少广，谓由已知长方形面积或长方体体积求其一边之长的计算方法。商功，谓测量体积，计算工程用工的方法。均输，谓求平均数的计算方法。方程，据白尚恕注《九章算术》说：“方即方形，程即表达相课的意思，或者是表达式。于某一问题中，如有含若干个相关的数据，将这些相关的数据并肩排列成方形，则称为方程。所谓方程，即现今的增广矩阵。”赢不足，谓计算盈亏的算术方法，藉有馀、不足以求隐杂之数。旁要，《九章算术》作句（勾）股。参见刘徽《九章算术》。

⑧“一曰祭祀之容”六句：据郑《注》，祭祀之容应“齐齐皇皇”，即谨慎诚恳、心系鬼神；宾客之容应“穆穆皇皇”，即语气平和，言简意深；朝廷之容应“济济翔翔”，即端庄整齐，举动合理。丧纪之容应“累累颠颠”，即疲惫不堪，满脸愁容；军旅之容应“暨暨詻詻”，即神态果毅，表情严肃。车马之容应“匪匪翼翼”，即行进整齐。

【译文】

还要以道艺来教养国子。教给国子六艺，内容包括：一是五礼，二是六乐，三是五射，四是五驭，五是六书，六是九数。教给国子六种仪容：一是祭祀时的仪容，二是接待宾客时的仪容，三是在朝廷上的仪容，四是参加丧事时的仪容，五是在军队中时的仪容，六是驾驭车马时的仪容。

3. 凡祭祀、宾客、会同、丧纪、军旅，王举则从。听治亦如之[1]。使其属守王闱[2]。

【注释】

①听治亦如之：贾《疏》曰："与师氏从王之事同。"又，当王在国中临朝时，师氏职责是"居虎门之左，司王朝"。（参见《师氏》）保氏亦如之。惠士奇曰："师氏、保氏同居门左，各司王朝。保氏不言者，省文也。"

②使其属守王闱：其属，据本篇《叙官》，保氏为下大夫，其下有中士二人，还有府、史、胥、徒，皆其属。闱（wéi），宫室、宗庙的旁侧小门。内通于巷，亦为巷门。郑《注》曰："宫中之巷门。"据贾《疏》，此句讲王在国中时保氏的职责。

【译文】

凡是有祭祀、接待宾客、会同、丧事、征伐等活动，如果王参加就随从。王在野外处理朝政时，保氏也是如此。命令下属把守王宫的侧门。

二三　司谏

1. 司谏掌纠万民之德而劝之朋友[1]，正其行而强之道艺[2]，巡问而观察之[3]，以时书其德行道艺，辨其能而可任于国事者。

【注释】

①朋友：此谓善于友道，互相帮助。郑《注》曰："相切磋以善道也。"

②强：劝勉。郑《注》曰："犹劝也。"

③巡问：巡，周行视察。郑《注》曰："行问民间也。"

【译文】

司谏掌管纠察万民的德行而勉励他们朋友之间互相研讨增进善道，端正他们的品行而劝勉他们学习道艺，并时常到民间巡行访问、观察，按时记录人们的德行、道艺情况，辨别其中的贤人、能人而可担任国事者。

2. 以考乡里之治，以诏废置，以行赦宥[1]。

【注释】

①宥：宽恕。

【译文】

通过巡行访问、观察以考核乡里的治理情况，以报告王决定对乡里官吏的任免，或判定对有罪的百姓实行赦免。

二四　司救

1. 司救掌万民之邪恶、过失[1]，而诛让之，以礼防禁而救之。凡民之有邪恶者，三让而罚[2]，三罚而士加明刑[3]，耻诸嘉石，役诸司空[4]。其有过失者，三让而罚，三罚而归于圜土[5]。

【注释】

①万民之邪恶、过失：据郑《注》，邪恶轻于过失：邪恶，是指不尊敬长者和老人、言语伤人之类而尚未构成犯罪；过失，则指酗酒争讼，或以兵器误伤人等，已构成犯罪。

②罚：指体罚。郑《注》曰："谓挞击之也。"

③士加明刑：士，谓朝士，大司寇属官，掌管对万民之邪恶、过失者的惩罚。明刑，据郑《注》，即对邪恶者脱冠去饰，将邪恶之状写

于木板，让其背上。

④“耻诸嘉石”二句：嘉石，有纹理的石头。立于外朝门左，惩戒罪过较轻之人时，命其坐在石上示众，欲其思其纹理，改过自新。郑《注》曰：“嘉石，朝士所掌（参见《秋官·朝士》），在外朝之门左（按，外朝在库门外，皋门内），使坐焉而耻辱之；既而役诸司空，使事官（指司空）作之也。坐、役之数，存于司寇。”司空，六官之一，掌管建造事宜。

⑤三罚而归于圜土：此处亦“加明刑”，但不“耻诸嘉石”。

【译文】

司救掌管了解民众的邪恶和过失，而对其施行责罚，用礼法来防备戒禁、挽救他们。凡是民众有邪恶的，三次批评仍不改正，而后就要加以体罚，三次体罚仍不改正，而后由朝士施加明刑，脱冠去饰，让他坐在嘉石上羞辱他，再交到司空那里罚他做一段时间劳役。那些有过失的百姓，三次批评仍不改正，而后加以体罚，三次体罚仍不改正，而后要罚他白天做劳役，夜晚就关进圜土里。

2. 凡岁时有天患民病，则以节巡国中及郊野[1]，而以王命施惠。

【注释】

①国中及郊野：实际指整个王畿内。

【译文】

凡一年四季之中有天灾人祸而使民困病，就要手持旌节巡视国都中以及郊野，而以王的名义对灾民施行慰问救济。

二五　调人

1. 调人掌司万民之难而谐和之[1]。凡过而杀伤人者，以民成之[2]。鸟兽亦如之[3]。

【注释】

①难：仇怨，结仇。郑《注》曰："相与为仇仇。"

②以民成之：成，调解，评断是非。郑《注》曰："成，平也。"

③鸟兽亦如之：郝敬曰："鸟兽，谓伤人六畜，亦使人平。"

【译文】

调人掌管对民众间的仇怨加以调解。凡是因过失杀伤人的，就与乡里民众共同调解，先断是非，后释仇怨。对于因过失杀伤他人畜禽的，也这样处理。

2. 凡和难，父之仇辟诸海外[1]，兄弟之仇辟诸千里之外，从父兄弟之仇不同国[2]；君之仇视父[3]，师长之仇视兄弟[4]，主友之仇视从父兄弟[5]。弗辟，则与之瑞节而以执之[6]。

【注释】

①父之仇辟诸海外：辟，通"避"。江永曰："此辟仇者，皆是过失杀人，于法不当死，调人为之和难，而仇家必不肯解者，乃使之辟也。"海外，据郑《注》，谓九夷、八蛮、六戎、五狄等周边少数民族聚居地区。又曰："和之使辟于此，不得就而仇之。"

②从父兄弟：《尔雅·释亲》曰："兄之子，弟之子，相谓为从父兄弟。"

③君之仇视父：贾《疏》曰："谓同国人杀君。视犹比，比父亦辟之海外。"按，下文义仿此。

④师长：师谓从学之师，长谓官府长官。

⑤主：侨居他国时下榻处的主人。王引之曰："主，谓适异国所主之

人也。羁旅相依，有朋友之道，故与友并言之。”

⑥瑞节：据郑《注》，此指玉节中的琰圭，一种两侧内坳成弧形的圭。执之象征除害。戴震曰：“左右剡，坳而下，如规之判（半）。”郑《注》又曰：“和之而不肯辟者，是不从王命也。王以剡圭使调人执之，治其罪。”

【译文】

凡是调解过失杀人的仇怨：如果是杀父仇人，受害方不肯释怨，就让杀人者躲避到海外去，杀害亲兄弟的仇人，就让杀人者躲避到千里之外，杀害从父、从兄弟的仇人，就让杀人者不要与受害方居住在同一国；对于杀害国君的仇人，比照杀父之仇处理，杀害师长的仇人，比照杀害兄弟之仇处理，杀害主子或朋友的仇人，比照杀害从父、从兄弟之仇处理。如果经调解而杀人者坚持不肯躲避，调人就授给受害方象征可除害的瑞节而让其抓捕杀人者，由官府来治罪。

3. 凡杀人有反杀者①，使邦国交仇之②。凡杀人而义者③，不同国，令勿仇，仇之则死。凡有斗怒者，成之；不可成者则书之，先动者诛之。

【注释】

①反杀者：重杀。谓杀人者害怕受害方报仇害己，而又将后者也杀死。

②使邦国交仇之：孙诒让曰：“明其罪大，调人不得复和而解之，所逃至之国，得即诛之，示恶之甚也。”

③杀人而义：杀人而符合义理。如杀盗贼，以及子弟、弟子、僚属等因父母、兄弟、师长无端受大辱愤而报仇杀人。

【译文】

凡是杀了人因担心被害人家属报仇，而又杀死被害人子弟的，调人不得予以调解，而应通告天下，使天下各国都把杀人者当仇人加以捕杀。凡是杀人而符合义理的，就使杀人者与被杀者家属不要同住在一国，劝令被杀人家属不许报仇，硬要报仇就要判处死罪。凡是有吵嘴、斗殴的，就加以评断调解；不可调解的，就把双方姓名、事情本末记录下来，先行动手报复的，要予以批评或惩戒。

二六　媒氏

1. 媒氏掌万民之判[①]。凡男女自成名以上[②]，皆书年月日名焉。令男三十而娶，女二十而嫁[③]。凡娶判妻入子者，皆书之[④]。

【注释】

①判：一半。此谓婚姻，婚配。郑《注》曰："半也。得耦为合，主合其半，成夫妇也。"《丧服传》曰："夫妻判合。"

②成名：谓子生三月，父为之取名。郑司农曰："谓子生三月，父名之。"

③"令男三十而娶"二句：这是指男女结婚的最大年龄。判妻：失去丈夫的妻子。或者是被丈夫休出，或者是丈夫已死。

④"娶判妻"二句：孙诒让曰："判妻盖兼夫在而被出与夫亡而再嫁二者而言。"书之，江永曰："防其争讼也。"

【译文】

媒氏掌管民众的婚姻。凡男女自出生三月父亲为之取名以上的，都要记录婴儿出生的年月日与姓名报给媒氏登记备案。使男子年满三十岁而娶妻，女子年满二十岁而嫁人。凡娶被丈夫休出或夫死而再嫁的妇女为妻和接纳后妻所带子女的，都要加以记录而由媒氏备案。

2. 中春之月，令会男女[1]。于是时也，奔者不禁[2]。若无故而不用令者[3]，罚之。司男女之无夫家者而会之[4]。凡嫁子娶妻，入币纯帛[5]，无过五两[6]。

【注释】

①“中春之月”二句：据郑《注》，中春时节，阴阳二气交合，此时婚配最合天时。

②奔者：男女私自结合。

③无故：郑《注》曰：“谓无丧祸之变也。”

④司：察也。

⑤入币纯帛：入币，即纳币，《仪礼·士昏礼》谓之纳征。征，聘也，男家遣媒人向女家赠送聘礼，标志双方婚姻关系确立。纯，段玉裁《汉读考》以为是“缁”字之误。缁，黑色。

⑥五两：两，计量单位。即匹。用于锦、帛。郑《注》曰：“十端也。……每端二丈。”五两即五匹，亦即一束帛（参见《天官·大宰》注）。

【译文】

每年仲春二月，令男女成婚。这个时候，如果有私奔的也不予禁止。如果无缘无故而不遵守上述嫁娶规定者，就要处罚他们。留心男女已超过婚龄而尚未成婚的，而帮助她们成婚。凡嫁女娶妻，男方给女方送聘礼用缁帛，总数不要超过五匹。

3. 禁迁葬者与嫁殇者[1]。

【注释】

①迁葬者与嫁殇者：郑《注》曰：“迁葬，谓生时非夫妇，死既葬，迁之

使相从也。”殇，谓十九岁以下未成年而死。嫁殇者，贾《疏》曰：“生年十九以下而死，死乃嫁之。不言殇娶者，举女殇，男可知也。”按，男女已死，通过合葬来行嫁娶。

【译文】

禁止把生前并非夫妻的男女迁葬在一起，禁止对于未成年时死去的男女再合葬而行嫁娶。

4. 凡男女之阴讼[1]，听之于胜国之社[2]；其附于刑者，归之于士[3]。

【注释】

①阴讼：郑《注》曰：“争中冓之事以触法者。”按，中冓之事，谓男女淫乱之事。

②听之于胜国之社：听，审理，断决。胜国之社，谓亡国之社。郑《注》曰：“胜国，亡国也。”按，胜国即被灭亡之国。社，祭祀土神之坛。

③士：司寇的属官，掌管刑罚。

【译文】

凡是涉及男女阴私而引起的争讼，要在亡国的社坛审理；其中有触犯刑律的，移送给司法官处置。

二七　司市

1. 司市掌市之治、教[1]、政、刑、量度、禁令。

【注释】

①教：教导。

【译文】

司市掌管听断市场争讼、教导经营、掌管相关政令、刑罚、度量单位以及禁令。

2. 以次、叙分地而经市①，以陈肆辨物而平市②，以政令禁物靡而均市③，以商贾阜货而行布④，以量度成贾而征儥⑤，以质剂结信而止讼⑥，以贾民禁伪而除诈⑦，以刑罚禁暴而去盗，以泉府同货而敛赊⑧。

【注释】

①次、叙：皆为管理市场的市吏的办公处。据孙诒让说，凡官吏治事处通谓之次。市官之次有思次、介次之分：思次是市官的总治所；介次是分治之所，凡二十肆（谓店铺、货摊的二十列）设一介次（按，介次之长是胥师）。又每肆行列店铺多少无定数，肆行列的行首处都有巷门，介次以下小吏的治事处即设在巷门处：每十肆（店铺、货摊的十列）有司暴，五肆有司稽，二肆有胥，一肆有长，其中巷首的治事处即叙。

②以陈肆辨物而平市：辨物，郑《注》曰："物异肆也。"即将不同种类、质量的货物分别陈放于不同店铺，便于购买者比较识别货物好坏，故郑《注》曰"肆异则市平"。

③禁物靡而均市：物靡，即奢侈品。奢侈品价贵而不实用，但购买者多，就使得较实用的货物滞销，引起降价，以致造成物价不均，故要禁止奢侈品。郑《注》曰："物靡者易售而无用，禁之则市均。"贾《疏》曰："物货细靡，人买之者多，贵而无用，致令粗物买之者少而贱，使市贾不平，今禁之则市物均平。"

④商贾阜货：阜，盛，充足。郑《注》曰："通物曰商，居卖物曰贾。阜

犹盛也。”

⑤征儥(yù):招徕顾客。郑《注》曰:“征,召也。儥,买也。物有定贾,则买者来也。”按,郑于儥字或训买,或训卖。孙诒让曰:“儥本训卖,而亦通训买。”

⑥质剂:货物成交的文书、证券。郑《注》曰:“谓两书一札而别之。”按,质剂是确定买卖关系的一种凭证(参见《天官·小宰》注)。

⑦贾民:此指胥师至肆长等市场管理者。孙诒让曰:“此贾民,即谓胥师至肆长诸市吏。以其辟役在市之贾人为之,别于它官府之府史胥徒等为庶人在官者,故谓之贾民。”

⑧以泉府同货而敛赊:泉府,官名。掌管市场税收、收购滞销货物以待急需者购买。泉,钱的古称。据郑《注》,敛指由泉府收购滞销积压的货物,赊指民急需某货物时由泉府赊予之。泉府敛赊,体现了与民“同货”。王应电曰:“或敛或赊,官民相通,故曰同货。”孙诒让曰:“其事掌于泉府而司市亦总其成焉。”

【译文】

按照次、叙的方位设置来划分地片、划分市场范围;按照货物的类别来分别陈列店铺,从而使买卖公平;按照政令禁止出售华而不实的侈靡物品,从而使市价均平;通过招徕行商坐贾,从而使货物充足、货币流通;通过度量货物的大小、轻重、长短确定其价格,从而招徕购买者前来购买;通过质剂保证买卖双方的信用,从而避免争讼;利用胥师、贾师等市场官吏,来禁止假货而消除欺诈;利用刑罚来禁止暴乱而惩除盗贼;通过泉府的购进或赊出,从而体现与民同财货。

3. 大市日昃而市①,百族为主②。朝市朝时而市③,商贾为主。夕市夕时而市④,贩夫贩妇为主。

【注释】

①昃(zè):指日过正午而略微偏西的时候。贾《疏》曰:"中后称昃。"

②百族:郑司农曰:"百姓也。"

③朝市:谓早市。时间从清晨到上午九时左右,以商贾营业为主。按,《礼记·郊特牲》云:"朝市之于西方,失之矣。"彼郑《注》曰:"朝市宜于市之东偏。"据此则大市当居中,朝市在大市东,下文夕市在大市西。市与市之间则有垣相隔。《说文》曰:"市,买卖所之也,市有垣。"

④夕时:傍晚时分。夕,日暮,傍晚。《后汉书·五行一》刘昭《注》引《尚书大传》郑玄《注》曰:"晡时至黄昏为日之夕。"按,晡时即申时,下午三点到五点。

【译文】

大市在日过正午的时候进行交易,入市的人以百姓为主。朝市在早晨进行交易,入市的人以商贾为主。夕市在傍晚进行交易,入市的人以男女小商贩为主。

4. 凡市入,则胥执鞭度守门①,市之群吏平肆、展成奠贾②,上旌于思次以令市③。市师莅焉④,而听大治、大讼;胥师、贾师莅于介次⑤,而听小治、小讼。

【注释】

①胥执鞭度守门:胥,据郑《注》,是负责"守门察伪诈"者。度,王引之以为即挞罚用的棍杖。门,指肆门。孙诒让曰:"三市每市盖各有总门,其内分设各次,次内又分列各肆,肆有一巷。是三市之中,内外分合,其门不一。胥二肆一人,则所守之门,当为肆门。"

②市之群吏平肆、展成奠贾:群吏,郑《注》曰:"胥师以下也。"按,胥

师以下还有贾师、司暴、司稽、胥、肆长等。平肆，郑《注》曰："平肆，平卖物者之行列，使之正也。"黄以周《礼说三》曰："谓辨其物类，各陈诸肆，所谓'以陈肆辨物而平市'是也。"展成奠贾，展，展视，审视。奠，郑《注》读为"定"。黄以周曰："展成奠贾，谓展视所成之物，以定其贾。"奠贾，谓定价。

③旌：插有五彩羽毛及牦牛尾为饰的旗子。思次：市官的总治所。

④市师：即司市，市官之长。师，长也。孙诒让曰："以司市掌治教，为市官之长，故谓之市师。"

⑤胥师、贾师：皆为司市聘用的市吏。介次：市官的分治所。

【译文】

凡是人们纷纷进入市场开始交易时，胥就要手拿皮鞭木棍守在肆门，检查有无诈伪，市场上的群吏按照货物分类划分行列、审视将成交的货物而确定其价格，把旌旗高高悬挂在思次的屋楼上以表示交易开始。司市就来到思次，而在那里听断大事和大的纠纷；胥师、贾师也各自来到介次，而在那里听断小事和小的纠纷。

5. 凡万民之期于市者①，辟布者②，量度者③，刑戮者，各于其地之叙④。凡得货贿、六畜者，亦如之，三日而举之⑤。

【注释】

①凡万民之期于市者：孙诒让曰："谓欲卖与欲买者，两相为期，约至市决其售否。"又曰："下三者（按，指下文所说辟布者，量度者，刑戮者），皆期于市者所有事也。"

②辟布者：辟布，谓买卖中的钱币纠纷。郑《注》曰："故书'辟'为'辞'。"郑司农曰："辞布，辞讼泉物者也。"

③量度者：郑《注》曰："若今处斗斛及丈尺也。"是犹今市场所置公平尺、公平秤等。

④叙:是胥及肆长的治事处。

⑤举之:郑《注》曰:“没入官。”

【译文】

凡民众相约到市场上进行交易的,其中有争讼钱物的,有怀疑缺斤少两而想量度货物的,有要对不法分子施行惩罚的,都要各自在交易地点所在肆的叙中进行处理。凡拾得货物或牲畜的,也要将所拾的货物、牲畜交到叙中以便失主认领,如果过三天没有失主认领,就没收充公。

6. 凡治市之货贿、六畜、珍异[①],亡者使有,利者使阜,害者使亡,靡者使微[②]。

【注释】

①珍异:此指时鲜果实和各种食物(参见《质人》注)。

②“亡者使有”四句:郑《注》曰:“使有使阜,起其贾以征之也。使亡使微,抑其贾以却之也。侈靡细好,使富民好奢,微之而矣。”即谓以价格作为调节杠杆,对欲使其有、使其多的商品,抬高售价,鼓励生产;而对欲使其无、使其少的商品,则压低售价,使人民不乐于生产。利者:对百姓有利的(物品)。上博楚简九《史籀问于夫子》:“子之事行,百姓得其利,邦家以迟(读为治,治理义)。”可参考。

【译文】

凡是调节市场中的货物、牲畜和四季珍异的食物,应当是这样:市场上没有的应该使之有,对民有利的应该使其增多,对民有害的应该使其消绝,侈靡细巧华而不实的奢侈品应该使其减少。

7. 凡通货贿,以玺节出入之[①]。

【注释】

①玺节：郑《注》曰："印章。"

【译文】

凡是商贾运输货物，凭借盖有司市印章的通行证以便进出。

8. 国凶荒、札丧[1]，则市无征，而作布[2]。

【注释】

①凶荒、札丧：孙诒让曰："即《膳夫》之大荒大札也。"（参见《膳夫》）

②作布：郑《注》曰："金铜无凶年，因物贵，大铸泉（钱）以饶民。"孙诒让解释说，遇到荒年或疾疫流行，由于不征税，国家收入锐减，无以保证民用，故大量铸钱以济其乏；而铸钱必须采矿冶金，又能增加就业。

【译文】

国家发生大灾荒、大瘟疫，市场就不再征收市场税，而要大量铸造钱币以救济百姓。

9. 凡市伪饰之禁[1]：在民者十有二，在商者十有二，在贾者十有二，在工者十有二[2]。

【注释】

①伪饰之禁：李光坡曰："此一节乃禁伪而除诈也。"

②"在民者十有二"四句：郑《注》曰："于四十八则未闻数十二焉。"四十八，谓民商贾工所禁总为四十八项。未闻，谓不知其具体内容。据孙诒让说，注文之"数十二焉"四字疑后人妄增。《礼记·王制》："用器不中度，不粥于市。兵车不中度，不粥于市。布帛

精粗不中数，幅广狭不中量，不粥于市。奸色乱正色，不粥于市。锦文珠玉成器，不粥于市。衣服饮食，不粥于市。五谷不时，果实未孰，不粥于市。木不中伐，不粥于市。禽兽鱼鳖不中杀，不粥于市。”按，此诸条，或均在四十八项之中。

【译文】

凡是市场上禁止的诈伪巧饰共有四十八项：对于普通民众的有十二项，对于商人的有十二项，对于贾人的有十二项，对于工人的有十二项。

10. 市刑：小刑宪罚①，中刑徇罚②，大刑扑罚③。其附于刑者，归于士。

【注释】

①宪罚：谓将罪状悬于肆门公布的处罚，市刑中最轻的一种。宪，公布。贾《疏》曰：“宪是表显之名，……是以文书表示于肆。”即以文书书其犯禁之状而公布于肆以示罚。

②徇罚：徇谓游街示众。郑《注》曰：“举以示其地之众也。”徇罚，对违法者施以游街示众的处罚。

③扑：鞭笞。郑《注》曰：“挞也。”按，上博楚简五《季庚子问于孔子》载孔子语：“救民以辟：大罪则夜（赦）之以型（刑），贓（同“赃”）罪则夜（赦）之以罚，少（小）罪则訿（同“訾”）之。”可参考。

【译文】

市场中的刑罚：小刑是悬罪状于肆门公布以示处罚，中刑是将罪状写木板上挂在胸前游街以示处罚，大刑鞭打以示处罚。其中有触犯刑律的，就移交司法官处置。

11. 国君过市，则刑人赦。夫人过市，罚一幕[1]。世子过市，罚一帘。命夫过市[2]，罚一盖。命妇过市[3]，罚一帷。

【注释】

①罚一幕：及下文罚一帘、一盖、一帷，郑《注》曰："市者，人之所交利而行刑之处，君子无故不游观焉。若游观则施惠以为说也。国君则赦其刑人，夫人、世子、命夫、命妇，则使之出罚，异尊卑也。所罚谓宪、徇、扑也。必罚幕、帘，盖、帷，市者众也，此四物者，在众之用也。"按，幕、帘、帷，参见《天官·幕人》注。盖，据贾《疏》，是遮阳、避雨之具。江永曰："幕、帘、盖、帷，皆所障蔽之物，罚之以示不当游市，所以耻之也。"

②命夫：受王赐命之男子。孙诒让曰："谓有采地，命士以上至三公。"

③命妇：受王后赐命之妇女。孙诒让曰："卿大夫士妻之通称。"

【译文】

国君到市场去，那么就应赦免本当受刑的人。国君夫人到市场去，就罚本当受刑的人出一幕。太子到市场去，就罚当受刑的人出一个帘。命夫到市场去，就罚当受刑的人出一个盖。命妇到市场去，就罚当受刑的人出一个帷。

12. 凡会同、师、役，市司帅贾师而从[1]，治其市政[2]，掌其卖儥之事[3]。

【注释】

①市司帅贾师：市司，即司市。贾师，详其职文。

②治其市政：孙诒让曰："以会同、师、役，皆聚大众，食用之物恐有

不给，故司市为招来市物，以备其缺乏也。”

③儥：郑《注》曰：“买也。”

【译文】

凡是王有会同、征伐、劳役等事，司市就要率贾师随从前往，治理临时市场的事务，掌管市场上的买卖事务。

二八　质人

1. 质人掌成市之货贿、人民、牛马、兵器、珍异[1]。

【注释】

①成：谓评定，确定（物价等）。郑《注》曰：“平也。”人民：此指奴婢。兵器：兵指弓矢、殳、矛、戟戈等武器，器指车辆、旌旗、礼乐器等用器。珍异：此谓四季时新瓜果及高档食物等。郑《注》曰：“四时食物。”贾《疏》曰：“即果实及诸食物依四时成熟者也。”

【译文】

质人掌管评定市场上的货物、奴婢、牛马、武器、用器、珍异食物等的价格。

2. 凡卖儥者质剂焉[1]：大市以质，小市以剂[2]。掌稽市之书契[3]，同其度量，壹其淳制[4]，巡而考之，犯禁者举而罚之。

【注释】

①凡卖儥者质剂焉：按，即《司市》“以质剂结信而止讼”之义。

②“大市以质”二句：按，质剂，谓买卖的契约。有长短两种，质为长券，用于奴隶、牛马等大宗买卖（即大市）。剂为短券，用于兵器、时令食物等小宗买卖（即小市）。

③书契：契约之类的文书凭证，分薄书、符契两种，与质剂略同而侧有可吻合的齿。郑《注》曰："取予市物之券也。"券即凭证，义与《小宰》"听取予以书契"同。郑《注》又曰："其券之象，书两札，刻其侧。"孙诒让曰："刻其侧者，盖依其取予之数，刻其旁为纪。"又曰："盖书契与傅别、质剂形制略同，惟以两札刻侧为异。"

④淳制：布帛长宽的两种标准。杜子春曰："'淳'当为'纯'。纯谓幅广，制谓匹长也。皆当中度量。"中度量，谓符合标准。

【译文】

凡是从事买卖的授予质剂做成交凭证：大宗买卖用质做成交凭证，小宗买卖用剂做成交凭证。掌管考察市场上取予货物所用的书契，统一市场上的度量衡标准，统一布帛的幅宽、匹长标准，走动巡视并检查，如有违犯禁令的，就没收其货物并要罚款。

3. 凡治质剂者①，国中一旬②，郊二旬③，野三旬④，都三月⑤，邦国期⑥。期内听，期外不听。

【注释】

①治质剂者：据郑《注》，此处质剂泛指券契，包括质剂、书契等。孙诒让曰："谓以抵冒质剂成讼者。"

②一旬：及下文二旬、三旬等，皆质人约定的听讼期限。郑《注》曰："以期内来则治之，后期则不治。"

③郊：郑《注》曰："远郊也。"

④野：指邦甸、家削。郑《注》曰："甸、稍也。"（参见《载师》注）

⑤都：指邦县、邦都。郑《注》曰："小都、大都。"

⑥期（jī）：一周年。

【译文】

凡处理有关券契的纠纷，视持质剂人居住远近而约定各种期限：都城中约定在十天以内，四郊在二十天以内，邦甸、家稍在三十天以内，邦县、邦都在三个月以内，王畿外的诸侯国在一年以内。在约定的期限内来投诉就受理，有效期外则不受理。

二九　廛人

1. 廛人掌敛市絘布、总布、质布、罚布、廛布[1]，而入于泉府。

【注释】

①掌敛市絘布：王引之曰："'市'下有之字，而今本脱之。"絘布，市肆所征收的店铺房屋税。《释文》曰："絘，或本作'次'。"孙诒让以为当以或本作"次"为是。按，次，舍也。既指市吏办公处，也指店铺。布，货币。此指税。故江永释絘布为"市之屋税"。总布：谓货物税。江永曰："货贿之正税。"王引之曰："总布，肆长总敛在肆之布也。货入于肆，肆长随其所货之物收其税，总而计之，谓之总布。"质布：质谓质剂。质布，谓签订买卖契约（使用质剂）时要交的税款。王与之曰："质布，质人所税质剂者之布也。……质人卖儥之质刑，如今田宅、牛马，官给券以收税，谓之质布。"按，《质人》曰："凡卖儥者质剂焉：大市以质，小市以剂。"罚布：罚款。郑《注》曰："犯市令者之泉也。"廛布：谓货物存放于市肆仓库及居住房屋之税。江永曰："廛是停储货物之舍，今时谓之栈房。此廛亦是官物，故当有税。"据孙诒让说，廛指市宅，即在市商贾之民的邸舍（包括住宅、货仓），市宅所纳税即廛布。

【译文】

廛人掌管征收市场的店铺房屋税、货物税、质剂税、罚款、市宅税，而将税款交入泉府。

2. 凡屠者，敛其皮角筋骨，入于玉府[1]。凡珍异之有滞者，敛而入于膳府。

【注释】

①玉府：官名。掌管收藏保管金玉、珍异、兵器、玩好等物品。膳府：宫廷中贮藏食物的府库。

【译文】

凡是屠宰牲畜的，向他们征收取牲畜的皮角筋骨以此抵税，并交入玉府。凡是四时的珍异食物有滞销的，就收购进来而交入膳夫之府。

三〇 胥师

1. 胥师各掌其次之政令[1]，而平其货贿，宪刑禁焉。

【注释】

①胥师各掌其次之政令：次，谓辖二十肆之介次（参见《司市》注）。胥师是介次之长，本篇《叙官》曰："胥师二十肆则一人。"故胥师掌其次之政令。

【译文】

胥师各自掌管本次所辖二十肆的政令，而使各肆货物价格合理均平，张榜公布市中有关的刑罚和禁令。

2. 察其诈伪、饰行儥慝者而诛罚之[1]，听其小治、小讼而断之。

【注释】

①儥慝：郑司农曰："儥，卖也。慝，恶也。"诛：指《司市》中的宪罚、

徇罚、扑罚。

【译文】

审察那些欺诈作伪、巧饰其行以兜售伪劣物品的人，而对其分别加以惩罚，处理小事情、审理小的纠纷而加以裁断。

三一 贾师

1. 贾师各掌其次之货贿之治①，辨其物而均平之，展其成而奠其贾②，然后令市。

【注释】

①各掌其次之货贿之治：次，亦谓二十肆之介次。按，本篇《叙官》曰："贾师，二十肆则一人。"故曰"各掌其次之货贿之治"。

②展其成而奠其贾：奠，确定，规定。官献瑶曰："先视其物之良善，而后定其(价)高下，倘物不成则价不为之定矣。"

【译文】

贾师各自掌管对本次所辖二十肆货物的管理，分辨辖区内货物的种类、等级而使分类合理价格均平，察看将成交的货物而确定价格，然后使他们进行交易。

2. 凡天患，禁贵儥者①，使有恒贾。四时之珍异亦如之。

【注释】

①禁贵儥者：儥，兼有卖、买二义。此指卖。

【译文】

凡是遇到天灾，就禁止哄抬物价高价贵卖，使市场维持正常价格。对于四季珍异食物也是这样禁止贵卖。

3. 凡国之卖儥[1]，各帅其属而嗣掌其月[2]。凡师、役、会同亦如之[3]。

【注释】

①儥：郑《注》曰："买也。"

②各帅其属而嗣掌其月：属，李钟伦曰："属，盖即肆长是也。"帅其属，据贾《疏》，贾师的下属有群贾，二肆则一人。嗣，接续，继续。孙诒让曰："谓帅其属每月相继续更代当直，为官掌卖儥之事也。"

③凡师、役、会同亦如之：王应电曰："师、役、会同则有军市，贾师亦嗣掌其月也。"(参见本篇《司市》)。

【译文】

凡是国家出卖或购买物资，就各自率领下属肆长而按月轮流相继主持买卖的事。凡是师旅征伐、劳役、会同等，也这样掌管买卖的事。

三二　司暴

司暴掌宪市之禁令[1]，禁其斗嚣者与其暴乱者，出入相陵犯者，以属游饮食于市者[2]。若不可禁，则搏而戮之[3]。

【注释】

①宪：公布。

②属(zhǔ)：聚集，会合。

③搏：逮捕，捕捉。王应电曰："执也。"戮：处罚，责罚。谓处以宪罚、徇罚、扑罚而使其蒙受耻辱。

【译文】

司暴掌管张榜公布市场相关的禁令，禁止那些在市场上斗殴吵闹的人和那些用暴力扰乱市场秩序的人，禁止那些出入市场侵犯欺凌他人的人，禁止那些在市场上聚众闲逛和吃喝的人。如果不能够禁止，就将其抓捕起来而加以处罚。

三三　司稽

司稽掌巡市，而察其犯禁者与其不物者而搏之①。掌执市之盗贼以徇，且刑之。

【注释】

①犯禁：谓违犯司市、质人、胥师、贾师、司暴五官的禁令。不物：指衣服怪异、窥探偷看和所拿物品不合常法。郑《注》曰："衣服、视占不与众同及所操物不如品式。"按，占亦视。孙诒让曰："物犹法也。不物，谓不如常法。"

【译文】

司稽掌管巡查市场，察觉那些违犯禁令的人以及那些奇装异服、窥探偷看和所拿物品反常的人而加以抓捕。还掌管捉拿市场上的盗贼将其游街示众，且处以刑罚。

三四　胥

胥各掌其所治之政①，执鞭度而巡其前②，掌其坐作、出入之禁令③，袭其不正者④。凡有罪者，挞戮而罚之。

【注释】

①所治：谓二肆之地。本篇《叙官》曰："胥，二肆则一人。"

②执鞭度而巡其前：即《司市》"凡市入，则胥执鞭度守门。"

③坐作、出入之禁令：坐作，谓没有店铺摊位的流动商贩。郑《注》

曰："作，起也。坐起禁令，当市而不得空守之属。"孙诒让曰："坐起，盖谓无肆立持者。"出入之禁令，谓禁止买卖不按时的法令，孙诒让曰："三市各有定时，当亦兼有不时之禁矣。"

④袭：掩捕，即乘其不备而拘捕之。

【译文】

胥各自掌管所治理的二肆的事务，开市时手拿鞭杖在肆门前巡视，掌管肆中有关流动贩卖、不按时出入交易的禁令，掩捕那些不守禁令的人。凡是有犯罪的人，就要施加以鞭打而且处以罚金。

三五　肆长

1. 肆长各掌其肆之政令①，陈其货贿，名相近者相远也，实相近者相尔也②，而平正之③。

【注释】

①肆长：贾《疏》曰："谓一肆立一长，使之检校一肆之事。"

②"名相近者"二句：谓名相近而实质不同的物品价格亦不同，恐其相混以蒙骗买主，故相远陈列。实质相近的物品则相近陈列。郑司农曰："谓若珠玉之属，俱名为珠，俱名为玉，而贾或百万，或数万，恐农夫愚民见欺，故别异令相远，使贾人不得杂乱以欺人。"尔，通"迩"，近也。孙诒让曰："尔即迩之借字。"

③平正：谓调整。按，此即《司市》"以陈肆辨物而平市"之义。

【译文】

肆长各自掌管所辖肆的政令，陈列肆中的货物，要使名称相近而质量、价钱大不相同的相互离得远些摆放，而把质量、价钱相近而名称不同的相挨着摆放，而使货物分类正确、价格均平。

2. 敛其总布[1]，掌其戒禁。

【注释】

①敛其总布：息布，即货物税（参见《廛人》注）。江永曰："三布（按，指欸布、总布、廛布）中总布最多，故使每肆一人之肆长随时敛之，以归廛人，而廛人以入泉府也。"

【译文】

征收本肆的货物税，掌管本肆的戒令。

三六　泉府

1. 泉府掌以市之征布，敛市之不售、货之滞于民用者，以其贾买之[1]，物揭而书之[2]，以待不时而买者[3]。买者各从其抵[4]：都鄙从其主[5]，国人、郊人从其有司[6]，然后予之[7]。

【注释】

①"敛市"至"买之"：李调元曰："谓有不售之货，留滞于市，切于民用，如布帛菽粟之类，官以所值价买之。"

②揭（jié）：起标志作用的小木桩。此指标签，写有货物名称、价格等。

③不时而买者：郑司农曰："谓急求者也。"

④抵：同"柢"，主管官。郑《注》曰："抵实'柢'字。柢，本也。本谓所属吏，主有司是也。"一说，原价义（郑司农说）。

⑤都鄙从其主：都鄙，谓采邑，包括大都、小都、家邑等。主，地方长官。江永曰："自比长、邻长以上，皆可谓之主、有司。"孙诒让说，即采宰（按，即邑宰）。

⑥国人：都城内的居民。郊人，郊外六遂及公邑的居民。

⑦然后予之：郑司农曰："为封符信，然后予之。"如此做的原因，据孙诒让说，是为防止奸商以贱价贩官物，而贵卖予民。

【译文】

泉府掌管利用所征收来的市场税款，收购市场上卖不出、滞销而又切于民用的货物，按其原价收购，各件都加上标签标明价格，以待急需使用的人前来购买。购买者前来时，应当各从他们的主管官那里开具证明：都鄙的人从他们当地邑宰那里，国都的人和四郊的人从他们的各有关官吏那里开具证明，然后才能以原价卖给他们。

2. 凡赊者，祭祀无过旬日，丧纪无过三月。凡民之贷者，与其有司辨而授之①，以国服为之息②。

【注释】

①有司：惠士奇曰："乡遂之吏也。"

②以国服为之息：谓按照国家一般税率来计算利息。国服，即国家税法。金榜释"国服"为"国法"，引《秋官·朝士》"凡民同货财者，令以国法行之"下郑《注》释"国法"为"以国服之法"为证。此处国法，即谓国之税法，一以田税为差。金榜曰："农民受田，计所收者纳税。贾人贷泉计所得（谓所获盈利）者出息。其息或以泉布，或从货物，轻重皆视田税为差（自注：轻者二十而一，重者无过二十而五也），是谓'以国服为之息'。"

【译文】

凡是民众因事需赊取钱物的，用于祭祀而赊取的钱物偿还时间不超过十天，用于丧事而赊取的钱物偿还时间不超过三个月。凡是民众因事而借贷钱物的，就会同他们的地方官一起辨别钱物而发给他们，并按照国家规定的税率来征收其利息。

4. 凡国事之财用取具焉。岁终，则会其出入，而纳其余[1]。

【注释】

①纳其余：郑《注》曰："纳，入也。入余于职币。"按，职币有收取余财的职责。参见《天官·职币》。

【译文】

凡是国事办事所需钱物都从泉府支取。每到夏历年终，就要总计钱物的收支情况，而向职币缴纳盈余部分。

三七　司门

1. 司门掌授管键[1]，以启闭国门[2]。几出入不物者[3]，正其货贿[4]。凡财物犯禁者举之[5]。

【注释】

①管键：管，钥匙。键，锁簧。

②国门：王城城门。贾《疏》曰："王城十二门者也。"

③几：盘查。不物：参见《司稽》注。

④正：通"征"，谓征税。郑《注》曰："读为'征'。征，税也。"

⑤犯禁者：此谓违反禁令的货物。乾隆十三年《义疏》引陈汲曰："即《司市》'伪饰之禁'，民商工贾各有十二是也。"

【译文】

司门掌管授给属吏钥匙和锁，来按时开关国都城门。盘查那些奇装异服、窥探偷看和所拿物品反常的人，征收进出城门物品的货物税。凡是属于违犯禁令的货物，一经发现都即予以没收。

2. 以其财养死政之老与其孤[1]。

【注释】

①以其财养死政之老与其孤：郑《注》曰："财，所谓门关之委积也。死政之老，死国事者之父母也。孤，其子。"(参见《遗人》注)

【译文】

使用国门的委积，来赡养为国捐躯者的父母及其子女。

3. 祭祀之牛牲系焉[1]，监门养之[2]。

【注释】

①祭祀之牛牲：指用于散祭祀(谓小祭祀)的牛牲(参见《充人》)。

②监门：掌守国门之徒卒。郑《注》曰："门徒。"按，据本篇《叙官》，包括司门属下"徒四十人"及每门"徒四人"。

【译文】

祭祀用的牛牲拴系在这里，由监门负责饲养。

4. 凡岁时之门[1]，受其余。

【注释】

①凡岁时之门：此"门"指门祭，即祭门神。一年之中，除固定祭祀外，还有临时祭祀。

【译文】

凡是一年四季举行对国门的定期、不定期祭祀，就接受祭祀的余财并妥为保管。

5. 凡四方之宾客造焉[1]，则以告。

【注释】

①宾客：指前来朝觐的诸侯或其使者。

【译文】

凡是四方的宾客来到，就要向王报告。

三八　司关

1. 司关掌国货之节[1]，以联门、市[2]。司货贿之出入者，掌其治禁与其征、廛[3]。凡货不出于关者[4]，举其货，罚其人。

【注释】

①节：玺节，即印章，是司市出具的货物通行玺节（参见《司市》）。

②联门、市：门谓国门，司门所掌；市谓市场，司市所掌。按，据郑《注》，货物来自境外，先由司关按验其玺节，注明货物数量，然后由司门检查无误放行，再由司市检查无误放行；货物出境，先由司市发给玺节，然后由司门按验无误放行，再由司关按验无误放行。此所谓关、门、市“参相联以检猾商”。

③征、廛：廛，即《廛人》之廛布。江永曰：“征者，货贿之税也。廛者，货贿停阁邸舍之税也。若不停阁，则无廛布矣。”

④凡货不出关者：郑《注》曰：“谓从私道出辟（避）税者。”

【译文】

司关掌管检查出入国境的货物的玺节，就与司门、司市发生了公务联系。检查携带货物出关入关的人，掌管有关治理的刑禁，以及征收货物税以及货物存放税。凡是货物不从关门出入而走私出入的，就将其货物没收，并对货主实行杖击的惩处。

2. 凡所达货贿者，则以节、传出之[1]。

【注释】

①以节、传出之：郑《注》曰："商或取货于民间，无玺节者至关，关为之玺节及传出之。其有玺节者，亦为之传。传，如今移过所文书。"按，传，即商人所持的通行证，汉时称过所，近代叫通行证或介绍信，写明货物名称、所经过、到达地名，各地关卡验后放行。

【译文】

凡是携带从民间购买的货物到来而未经司市授予玺节的，就发授玺节和传而放行。

3. 国凶札，则无关门之征，犹几。

【译文】

国家发生灾荒、瘟疫，就免除征收关税，但仍然要对人员进行检查。

4. 凡四方之宾客叩关[1]，则为之告。有外内之送令[2]，则以节、传出内之[3]。

【注释】

①叩关：郑《注》曰："犹谒关人。"

②送令：送指奉送贡物，令指文书。郑《注》曰："谓奉贡献及文书，以常事往来。"

③节：据孙诒让说，此为旌节，不同于下文所说"达货贿"的玺节。

【译文】

凡四方的诸侯因朝觐而前来见关人，就替他们向王报告。有境外或境内臣民奉命传送贡物、文书等而需要进出的，就发给旌节和传放行。

三九 掌节

1. 掌节掌守邦节而辨其用[1]，以辅王命。

【注释】

①守邦节而辨其用：节，使者奉王命出使的凭证，有多种。郑《注》曰："邦节者，珍圭、牙璋、谷圭、琬圭、琰圭也。"

【译文】

掌节负责保管王国的各种玉节而分辨别它们的不同用途，以辅助执行王的命令。

2. 守邦国者用玉节[1]，守都鄙者用角节[2]。凡邦国之使节[3]，山国用虎节[4]，土国用人节，泽国用龙节，皆金也，以英荡辅之[5]。门关用符节[6]，货贿用玺节，道路用旌节[7]，皆有期以反节。

【注释】

①守邦国者用玉节：守邦国者，谓诸侯。据郑《注》，此指奉诸侯之命出使于其国内而不出国，亦当有节即玉节以辅命。

②守都鄙者用角节：守都鄙者，指采邑之主。采邑主派遣使者于其采邑内，则用犀牛角做的角节。

③使节：郑《注》曰："使卿大夫聘于天子、诸侯，行道所执之信也。"

④虎节：及下文人节、龙节，据郑《注》，皆用铜制成，呈虎、人、龙形，故名。

⑤以英荡辅之：英荡，一种刻有文书的竹箭，作为节的辅助证件。《后汉书·百官志》刘注引干宝注云："英，刻书也。荡，竹箭也。刻而书其所使之事，以助三节之信。"惠士奇曰："干说是。英荡者，传也。凡达节皆有传，传所以辅节。节以金，传以竹。康成谓传若汉之移过所文书。"

⑥符节：竹制的节。庶人出入门关时所持的凭证，上写有姓名等。

⑦道路用旌节：据郑《注》，道路指乡遂。旌节，出使、迁徙所持之节，以为凭信。用竹制成，缀有旄牛尾及羽毛为装饰。

【译文】

镇守邦国的诸侯派遣使者在本国内出使时使用玉节，镇守都鄙的采邑主在采邑内派遣使者出使时使用角节。凡是诸侯国的使者出使时沿途所用的节，山区之国使用虎节，平地之国使用人节，泽地之国使用龙节，均是铜制的，并以英荡作为辅助性的证明。出入国都城门和边境上的关门要使用符节，运输货物要使用玺节，通行道路要使用旌节，上述各种节都规定了使用的有效日期，以便到期归还注销。

3. 凡通达于天下者，必有节，以传辅之[1]。无节者，有几则不达[2]。

【注释】

①"必有节"二句：据郑《注》，节是允许通行的凭证，而传则说明所带物品及所经过、到达的地方。

②几：查问，检查。

【译文】

凡是要通行天下的人，就必须持有节，还要以传辅助。没有节的人，一经检查出就不得通行。

四〇 遂人

1. 遂人掌邦之野[1]。以土地之图经田野[2]，造县鄙形体之法。五家为邻，五邻为里，四里为酇，五酇为鄙，五鄙为县，五县为遂，皆有地域，沟树之，使各掌其政、令、刑、禁，以岁时稽其人民，而授之田野，简其兵器[3]，教之稼穑。

【注释】

①野：郑《注》曰："郊外曰野。此野谓甸、稍、县、都。"此处野指是从远郊百里以外到五百里王畿边界的地域。（参见《地官·载师》注）

②经：划分（边界），郑《注》曰："皆为制分界也。"

③简：简阅，检查，查验。

【译文】

遂人掌管王国畿内的野地。按照地图划出田野的分界，制定县、鄙等行政区划。五家为一邻，五邻为里，四里为一酇，五酇为一鄙，五鄙为一县，五县为一遂，都有各自一定的地域，其疆界上挖沟种树为界，使各自各级地方长官掌管区域内的政令、刑罚和禁令，按照一年的四季稽核辖区内的人民，以便授给他们田地，简阅他们的武器、车辇器械，教导他们耕种庄稼。

2. 凡治野：以下剂致氓[1]，以田里安氓[2]，以乐昏扰氓[3]，以土宜教氓稼穑[4]，以兴锄利氓[5]，以时器劝氓[6]，以强予任氓[7]，以土均平政[8]。

【注释】

①以下剂致氓：剂，义同役要，即记录服役者姓名、人数的簿册（参

见《乡师》注)。孙诒让曰:“下剂致氓,谓依下等役法征聚遂徒,轻其力役以惠远也。”根据民众所受土地的好坏及家中可服役者人数,可分上、中、下剂三等。据《小司徒》:“上地家七人,可任也者家三人;中地家六人,可任也者二家五人;下地家五人,可任也者家二人。”如按下剂则可征以从役的人数就少。此处“以下剂致氓”体现轻役施惠之意。

②以田里安氓:田里,田谓百亩之田,里谓五亩之宅。氓,种田的人。郊内称民,郊外称氓。郑玄注:“变民言氓,异外内也。”贾《疏》曰:“田则为百亩之田,里则五亩之宅,民得业则安,故云安氓也。”

③以乐昏扰氓:扰,谓顺,和顺。郑《注》曰:“乐昏,劝其昏姻,如媒氏之会男女也。扰,顺也。”孙诒让曰:“乐、劝义同,谓劝成其婚姻,使之相爱乐也。”

④土宜:谓不同土壤所宜从事的种植不同。

⑤锄:谓锄粟,即农民合出的自救互助粮。杜子春读为“助”,谓起民人令相佐助。

⑥时器:即农具。郑《注》曰:“铸作耒耜钱镈之属。”据孙诒让说,所铸田器为供岁时之用,故称。

⑦强予:郑《注》曰:“谓民有余力,复予之田,若余夫然。”

⑧以土均平地政:郑《注》曰:“政,读为‘征’。”土均,为根据土地美恶均平地税的法则。孙诒让以为指《大司徒》之“土均之法”。

【译文】

凡治理野地:用最低限度服役人数的薄册来招致农民服役,用分给田地、宅地使农民安居乐业,用鼓励民众成婚来使农民和顺,用各种土壤所适宜的种植办法来教导农民耕种庄稼,用兴办互助事业来使农民获得利益,用及时铸造四时农具来鼓励农民耕作,用多授给强壮有余力的农民土地来任用民力,用按土地美恶合理征税的法则来平均赋税。

3. 辨其野之土，上地、中地、下地，以颁田里[1]。上地夫一廛[2]，田百亩，莱五十亩，余夫亦如之[3]；中地夫一廛，田百亩，莱百亩，余夫亦如之；下地夫一廛，田百亩，莱二百亩，余夫亦如之。

【注释】

①里：《小尔雅·广言》曰："居也。"

②夫一廛：夫，谓成家的男子。孙诒让曰："户以一夫一妇为率，所谓夫家也。其所赋之田百亩，即谓之夫……一家之中，正夫止一人。"廛，据郑《注》，即指《孟子》所说"五亩之宅"。

③余夫亦如之：余夫也按这样的比例授田。余夫，据金鹗说为羡卒、余子，即一家中正夫以外的成丁男子（参见《小司徒》）。亦如之，郑司农曰："其一户有数口者，余夫亦受此田也。"

【译文】

辨别野地的土地，将其分为上地、中地、下地，用以颁授田地和宅地。上地，一夫授给宅地一处，田一百亩，休耕地五十亩，余夫也按照这样授田；中地，一夫授给宅地一处，田一百亩，休耕地一百亩，余夫也按照这样授田；下地，一夫授给宅地一处，田一百亩，休耕地二百亩，余夫也按照这样授田。

4. 凡治野[1]，夫间有遂[2]，遂上有径[3]；十夫有沟，沟上有畛；百夫有洫，洫上有涂；千夫有浍，浍上有道；万夫有川，川上有路，以达于畿。

【注释】

①凡治野：据王引之说，"野"下脱"田"字。又据孙诒让说，这以下

是“记六遂治沟洫以制地之制也。六乡之制亦同。惟都鄙、公邑制井田，与此异。”

②遂：及下文沟、洫(xù)，浍(kuài)，皆田野间水渠名，郑《注》曰：“皆所以通水于川也。”又曰：“遂，广深各二尺，沟倍之，洫倍沟。浍，广二寻(按，八尺为寻)，深二仞(按，七尺为仞，一说八尺为仞，与寻同)。”按，遂之水流入沟，沟之水流入洫，洫之水流入浍，浍之水流入川。

③径：及下文畛(zhěn)、涂、道、路，皆宽窄不同的道路名。径宽约四尺，畛宽六尺，涂宽八尺，道宽一丈六尺，路宽二丈四尺。郑《注》曰：“径容牛马，畛容大车，涂容乘车一轨，道容二轨，路容三轨。”

【译文】

凡治理野地的田地，夫与夫两家的田地之间有遂，遂上有径；十夫与十夫两邻的田地之间有沟，沟上有畛；百夫与百夫的田地之间有洫，洫上有涂；千夫与千夫的田地之间有浍，浍上有道；万夫与万夫的田地之间有川，川上有路，可以通达畿内各地。

5. 以岁时登其夫家之众寡，及其六畜、车辇，辨其老幼、废疾与其施舍者①，以颁职作事②，以令贡赋，以令师田，以起政役③。若起野役④，则令各帅其所治之民而至⑤，以遂之大旗致之，其不用命者诛之。

【注释】

①施舍：施，通“弛”，宽免。舍，免除。郑《注》曰：“施，读为‘弛’。”

②以颁职作事：郑《注》曰：“职，谓民九职也。”

③政役：孙诒让曰：“政，亦当为‘征’，与《小司徒》之‘征役’及《均人》‘力政’义同。”

④役：郑《注》曰："谓师、田若(或)有功作(谓劳役)也。"

⑤各帅其所治之民：贾《疏》曰："谓令县正已下。"按，县正以下，还有鄙师、酂长、里宰、邻长。

【译文】

按照一年的四季登记男女人口的数目多少，以及六畜、车辆的数目，辨别其中的老幼、残疾和那些应当免除徭役的人，以便分配职事使民众从事，以便使民众缴纳贡赋，以便征调民众参加征伐和田猎，以便起用民众服劳役。如果起用野地的民众服役，就命令县正以下属吏各自率领所治理的民众前来，用遂的大旗召集他们，如有不服从命令的就加以诛罚。

6. 凡国祭祀，共野牲①，令野职②。凡宾客，令修野道而委积。大丧，帅六遂之役而致之③，掌其政令。及葬，帅而属六綍④。及窆，陈役⑤。

【注释】

①共野牲：郑《注》说，是供之于牧人以待事。野牲，贾《疏》曰："谓牛羊豕在六遂者。"

②野职：郑《注》曰："薪炭之属。"

③帅六遂之役而致之：役，劳役、役作之事。郑《注》曰："致役，致于司徒，给墓上事及窆也。"贾《疏》曰："墓上则说(脱)载下棺之等，窆谓穿圹(墓穴)之等。"

④六綍(fú)：綍，同"绋"，牵引棺柩的绳索，王及后丧牵引棺柩用六根大绳，故称六綍。

⑤及窆(biǎn)，陈役：窆，下棺入穴。郑《注》曰："陈役者，主陈列之耳。"贾《疏》曰："窆谓下棺。下棺之时，千人执綍，背碑负引，须陈列其人，故知谓陈列之也。"(参见《乡师》)

【译文】

凡是国家举行祭祀，就命令供给野地所豢养的牲畜，供给野地生产的薪炭。凡是接待宾客，就命令修治郊野的道路并沿途储备粮草。遇到大丧，就率领六遂的役徒而到大司徒那里报到，并掌管有关役徒的政令及日常管理。到了出葬的时候，就率领役徒手执六綍。到了下棺的时候，就让役徒列队而立，背碑负引，以便下棺入穴。

7. 凡事致野役，而师、田作野民，帅而至，掌其政、治、禁令。

【译文】

凡是国家有劳役方面的事情，就招致野地的役徒，而有征伐、田猎等大规模劳作的事，就要调集野地的民众，率领民众前来，并掌管有关他们的政令、治理事宜及禁令。

四一　遂师

1. 遂师各掌其遂之政令、戒禁[①]，以时登其夫家之众寡，六畜、车辇，辨其施舍与其可任者。经、牧其田野[②]，辨其可食者[③]，周知其数而任之，以征财征[④]。作役事，则听其治讼[⑤]。巡其稼穑，而移用其民，以救其时事[⑥]。

【注释】

①遂师各掌其遂之政令、戒禁：贾《疏》曰："以遂师下大夫四人所掌六遂，亦如乡师主六乡，亦二人共主三遂，故云'各掌其遂之政令、戒禁'。"

②经、牧：经，划界，牧，井牧。郑《注》曰："制田界与井也。"按，制田

界，是指沟洫法，这是在遂地实行的土地划分法；井，谓井田法，亦即牧法，这是在采邑和公邑实行的上地划分法（参见《遂人》）。

③可食：可种庄稼、产粮食的土地。郑《注》曰："谓今年所当耕者也。"

④财征：郑《注》曰："赋税之事。"

⑤"作役事"二句：贾《疏》曰："役事中可兼军役、田猎、功作之等，皆听其治讼。"

⑥"而移用其民"二句：郑《注》曰："移用其民，使转相助，救时急事也。"救时急事，谓农事紧迫人手不够时，则安排互助以救急。

【译文】

遂师各自掌管所治理之遂的政令、戒禁，每年按时登记遂中男女人数的多少，以及六畜、车辆的准确数目，辨别其中应当免除徭役的人数，以及可胜任役事的人数。在田野上划分田界、井田的界线，辨别当年可耕种的土地，周详了解它的确切数字而任用农民耕种，以便征收赋税。如果征召役徒，就听断有关事情与纠纷。巡视地里的庄稼耕作情况，而在农忙人手不够时安排互助调配劳动力，以帮助处理农事。

2. 凡国祭祀，审其誓戒，共其野牲①。入野职、野赋于玉府②。宾客，则巡其道修，庀其委积③。大丧，使帅其属以幄、帟先④，道野役⑤；及窆，抱磨⑥，共丘笼及蜃车之役⑦。军旅、田猎，平野民⑧，掌其禁令，比叙其事而赏罚⑨。

【注释】

①共其野牲：按，遂人在祭祀时通过遂师收取而供给所需野牲。

②入野职、野赋于玉府：野职，远郊以外九职之民的贡物（即其从业税）。贾《疏》曰："谓民九职之贡。"野赋，远郊以外所征之地税。

即《大宰》之九赋。孙诒让曰:“凡九赋皆地税。”入于玉府,孙诒让曰:“此官但择中(适宜于)王服御器物之用者入玉府耳。”

③庀(pǐ):具备,备办。郑司农曰:“具也。”

④使帅其属以幄、帟先:使之者,据郑《注》,谓大宰。幄、帟,参见《天官·幕人》注。先,郑《注》曰:“所以为葬窆之间(即下葬前)先张神坐也。”按,张神坐,即用幄、帘为死者张设神位。

⑤道野役:郑《注》曰:“帅以至墓也。”

⑥抱磿(lì):抱,持也。磿,惠士奇曰:“磿,当作秝。《说文》:秝,稀疏適秝也。从二禾,读若历。秝借为磿。”孔广森《卮言》曰:“执絷人名籍。”

⑦丘笼及蜃车:丘,谓取土填圹所起坟;笼,竹制盛土器。蜃车,据曾钊说,即辁(quán)车,下葬途中所用载柩车。《说文》“轮”下曰:“有辐曰轮,无辐曰辁。”又据郑《注》,蜃车“四轮迫地而行”,是一种低而无辐条的木轮车。

⑧平:郑《注》曰:“谓正其行列部伍也。”

⑨比叙:谓评比排序。比,考校,考核。

【译文】

凡是国家举行祭祀,督察遂民应遵守的誓戒,供给野地所豢养的牲畜。把从野地征收上来的野地民众的从业税、地税挑选适合王用的转交给玉府。遇到将有宾客到来,就要巡视道路的修整情况,具备粮草以备招待之用。有大丧,大宰就使遂师率领下属拿幄、帟先行,并引导野地的役徒前往墓地。等到下棺入圹的时候,就手持执絷人花名册检查役徒人数,供给用笼取土填圹起坟及从蜃车上卸下棺柩等工作所需的役徒。遇到征伐、田猎,要把野地服役民众的队伍整顿整齐,掌管他们的禁令,评比排序役徒的工作表现而进行赏罚。

四二　遂大夫

1. 遂大夫各掌其遂之政令,以岁时稽其夫家之众寡、六畜、田野，辨其可任者与其可施舍者，以教稼穑，以稽功事[1]，掌其政令、戒禁，听其治讼。令为邑者[2]，岁终则会政致事。

【注释】

①功事：郑《注》曰："九职之事，民所以为功业。"

②为邑者：谓邻长、里宰、酇长、鄙师、县正等遂中属吏。孙诒让曰："即邻、里、酇、鄙、县所治之邑里也。"

【译文】

遂大夫各自掌管本遂的政令，按照一年的四季稽查本遂男女人口的多少，以及六畜、田地的数目，辨别其中可任役事的和可免除徭役的人，以便教导他们耕种庄稼，以便考察他们的劳动成绩，掌管本遂有关的政令、戒禁，听断有关的事务和纠纷。命令治理邑里的属吏，每到夏历年终就总结政事以便上报。

2. 正岁，简稼器，修稼政[1]。

【注释】

①稼政：据郑《注》，指修整地界、沟渠，观察不同土质、地形所宜种植的作物种类，以教导农民进行耕种等。

【译文】

夏历正月，简阅查验农具是否需修理、补充，教导农民采取各项备耕措施。

3. 三岁大比，则帅其吏而兴氓[1]，明其有功者[2]，属其地治者[3]。凡为邑者，以四达戒其功事[4]，而诛赏废兴之。

【注释】

①兴氓：郑《注》曰："举民贤者、能者，如六乡之为也。"

②明：显明，表彰。

③属其地治者：属，集中，聚集。郑《注》曰："犹聚也。"贾《疏》曰："又聚其地治邻长以上，敕之以职事，使之不慢也。"地治者，有治理责任的官吏。

④四达：指人口多少、六畜车辇、稼穑耕耨、旗鼓兵甲等四方面情况。郑《注》曰："治民之事，大通者有四：夫家众寡也，六畜车辇也，稼穑耕耨也，旗鼓兵革也。"

【译文】

每当三年大校比，就要率领属吏举荐民众中德行优异、才能卓越的人，表彰有功的属吏，聚集起各级属吏教导他们恪尽职守。凡是治理邑里的本遂官吏，诫饬他们要重点做好的四件大事，并据此对他们进行赏赐、诛罚、处分罢免或升迁。

四三　县正

1. 县正各掌其县之政令、征、比①，以颁田里②，以分职事③。掌其治讼，趋其稼事，而赏罚之。

【注释】

①比：谓考校，考核。

②以颁田里：孙诒让曰："亦依遂人上中下地三等之法颁授之也。"

③分职事：贾《疏》曰："即九职之功事也。"

【译文】

县正各自掌管本县的政令、征调劳役和考核，而向百姓颁授田地、宅地，分配各种职事，掌管听断有关的事务和诉讼，督促人们努力耕作，并据其表现进行赏罚。

2. 若将用野民师、田、行、役，移职事[1]，则帅而至，治其政令。既役，则稽功会事而诛赏。

【注释】

①移职事：王安石曰："若《遂师》所谓巡其稼穑，而移用其民，以救其时事也。"

【译文】

如果国家将征用野地的民众参与出师征伐、田猎、巡狩、劳役，或调用民众支援人力不足的地方，就率领役徒前往，并掌管有关的政令。上述役事结束后，就稽考、总结他们的功劳及工作情况而进行奖惩。

四四　鄙师

1. 鄙师各掌其鄙之政令、祭祀[1]。凡作民[2]，则掌其戒令。

【注释】

①祭祀：指祭禜。即祭祀水旱之神。郑《注》曰："祭禜也。"按，祭禜即禜祭，是为禳除水旱而举行的祭祀(参见《党正》注)。

②作民：即《党正》"凡作民而师、田、行、役"。李光坡曰："谓起徒役也。"

【译文】

鄙师各自掌管本鄙的政令和祭祀。凡是国家征调民众去服征伐、田猎、巡狩等劳役，就要掌管相关的戒令。

2. 以时数其众庶，而察其媺恶而诛赏。岁终，则会其鄙之政而致事。

【译文】

按季节调查统计鄙中的民众人数，察访他们表现的好坏而给予赏罚。每年夏历年终，就要总结本鄙的政事而向上级汇报。

四五　酇长

1. 酇长各掌其酇之政令，以时校登其夫家，比其众寡[①]，以治其丧纪、祭祀之事。

【注释】

①校登其夫家，比其众寡：此两句为互文。郑《注》曰："校，犹数也。"而《廪人》郑《注》曰："数犹计也。"故孙诒让曰："校、数，同训计。凡全经云'校比'者，义并同。"按，校比，清查、统计。

【译文】

酇长各自掌管本酇的政令，每年按季统计登记本酇人口，清查其准确数目，治理酇中的丧事、祭祀等事务。

2. 若作其民而用之[①]，则以旗鼓兵革帅而至。若岁时简器[②]，与有司数之[③]。

【注释】

①若作其民而用之：即《族师》"若作民而师田行役"。

②简器：谓简阅查验农具、兵器。

③有司：据郑《注》，谓遂大夫。

【译文】

如果国家征调酇民从事征伐、田猎、巡狩等劳役，就率领役徒带着旗、鼓、兵器、甲胄等前往。如果每年按季检查农具、武器、器械，就与遂大夫一起统计。

3. 凡岁时之戒令，皆听之[1]，趋其耕耨[2]，稽其女功[3]。

【注释】

①听之：郑《注》曰："受而行之也。"

②趋：同"趣"，督促。

③女功：郑《注》曰："丝枲(麻)之事。"

【译文】

凡是一年四季按时颁发的戒令，都要接受而遵照执行，督促鄼民努力耕作，考核妇女们缫丝绩麻纺线织布的工作成绩。

四六　里宰

1. 里宰掌比其邑之众寡[1]，与其六畜、兵器，治其政令。

【注释】

①比其邑：比，孙诒让说，指四时小校比。邑，郑《注》曰："犹里也。"

【译文】

里宰掌管每年按时清查统计本里人口的多少，以及六畜、武器和器械的多少，掌管治理本里的政令。

2. 以岁时合耦于锄[1]，以治稼穑，趋其耕耨，行其秩叙[2]，以待有司之政令[3]，而征敛其财赋。

【注释】

①以岁时合耦于锄：岁时，据郑《注》，当指季冬十二月。合耦于锄，

合耦，二耜为耦。此指两两结成的耦耕伙伴。郑《注》曰："《考工记》曰：'耜广五寸，二耜为耦。'此言两人相助耦而耕也。"按，耦耕是古代的一种耕作方法，据郑《注》，二人各执一耜，并排而耕。郑《注》又曰："锄者，里宰治处也，……于此合耦，使相佐助，因放而为名。"按，锄，里宰办公处。其本义为帮助，因民众合耦互助，故名。

②秩叙：次第，顺序。郑《注》曰："受耦相佐助之次第。"

③有司之政令：孙诒让曰："《遂师》云'以征财征'，则此官所待者，即遂师之征令，及司稼之敛法是也。"

【译文】

按照一年的四季在锄处对农民进行耦耕的伙伴搭配，以进行耕种，督促农民努力耕作，安排农民互助耦耕的的先后次序，以等待执行遂人、司稼征收赋税的命令，而开始征收本里的赋税。

四七　邻长

1. 邻长掌相纠相受①。

【注释】

①受：谓托受、托付。

【译文】

邻长掌管使本邻五家居民相互纠察和有事情时相互托付。

2. 凡邑中之政相赞①。

【注释】

①邑：据贾《疏》，邑谓里（五邻为里）。孙诒让曰："但邑亦大小通称，凡一邻五家不能成邑，二邻则可为邑，所谓十室之邑，不必积

五邻而后为邑也。”按，孙氏认为不限于里宰之邑，而泛指一切大于邻的邑。姑从贾说。

【译文】

凡是里中的政令都要协助执行。

3. 徙于他邑[1]，则从而授之。

【注释】

①他邑：孙诒让说，此所谓他邑不出六遂之界，若出六遂而迁到乡郊及公邑、都鄙之地，则当为之旌节而行之。

【译文】

如果邻中住户有迁徙到其他的邑里的，就跟从迁徙者把他交付给当地的官吏。

四八　旅师

1. 旅师掌聚野之锄粟、屋粟、闲粟而用之[1]。以质剂致民[2]，平颁其兴积[3]，施其惠，散其利[4]，而均其政令[5]。凡用粟，春颁而秋敛之[6]。

【注释】

①聚野之锄粟、屋粟、闲粟而用之：野，指六遂及公邑。郑《注》曰：“谓远郊之外也。”是亦该甸、稍、县、都言。锄粟，农民合出的自救互助粮。江永曰：“锄粟者，农民合出之，因合耦于锄，故名锄粟。”是锄粟即合耦税，因由官为之合耦，故而税之。屋粟，有田不耕者按规定出的罚粮。参见《载师》。闲粟，作为地税向懒惰农民征收的罚粮。郑《注》曰：“闲民无职事者所出一夫之征粟。”

用之，据江永说，谓如常年春耕季节或遇凶年，则皆可用此粟。

②质剂：形制与买卖所用质剂同，而此处是作为征收屋粟的凭证。孙诒让曰："此锄粟征验时，盖与民为质剂从为信，故颁予时，亦案质剂以授之。"

③平颁其兴积：郑《注》曰："兴积，所兴之积，谓此三者之粟也。平颁之，不得偏颇有多少，县官(官吏)征聚物曰兴。"

④"施其惠"二句：郑《注》曰："以赒衣食曰惠，以作事业曰利。"按，此两句互文，故贾《疏》曰："若通而言之，惠利为一。"

⑤均其政令：曾钊释"均"为平，曰："窃谓平政令，即平施惠散利之政令。"

⑥"凡用粟"二句：秦蕙田《通考·凶礼二》曰："春时农事方兴，其无力者，颁粟以贷之，秋则计其所贷而敛之。"

【译文】

旅师掌管储积野地的锄粟、屋粟和闲粟而适当地加以运用。运用它们时凭质剂召集民众，公平地颁授所征收储积的上述三种税粮，以救济民众，使他们得到利益，而要公平实施救灾政令。凡所用的粮粟，春季借贷出去而秋季收获后再收回。

2. 凡新氓之治皆听之[1]，使无征役，以地之媺恶为之等[2]。

【注释】

①治：郑《注》曰："谓有所乞求也。"

②以地之媺恶为之等：郑《注》曰："七人以上授以上地，六口授以中地，五口以下授以下地，与旧民同。"

【译文】

凡是新从外地迁来的民众有所请求都要予以处理答复，在一定时期内免除他们的赋税徭役负担，按照土地的好坏分等级授予他们土地。

四九　稍人

1. 稍人掌令丘乘之政令[1]。若有会同[2]、师、田、行、役之事，则以县师之法，作其同徒輦辇[3]，帅而以至，治其政令，以听于司马。

【注释】

①丘乘之政令：丘乘，即丘甸。甸、乘古音相同，可通假。郑《注》读“乘”为“甸”，故以“丘乘”即“四丘为甸”义。丘甸，在此指代井田之制，故孙诒让说“丘乘之政令”即指井田出车徒之法。按，井田出车徒之法，见于《小司徒》郑《注》所引《司马法》，曰：“六尺为步，步百为亩，亩百为夫，夫三为屋，屋三为井，井十为通。通为匹马，三十家，士（谓甲士）一人，徒（谓步卒）二人。通十为成，成百井，三百家，革车一乘，士十人，徒二十人。十成为终，终千井，三千家，革车十乘，士百人，徒二百人。十终为同，同方百里，万井，三万家，革车百乘，士千人，徒二千人。”

②会同：会与同皆诸侯朝见天子，即所谓“时见曰会，殷见曰同”。

③“以县师之法”二句：同，方百里曰同。按，稍人是主公邑之官，县师是公邑官之长，县师受法于大司马，而颁之于稍人。所谓法，即征调车徒的指示。同，即《司马法》所谓“同方百里”之同，一同当出“革车百乘，士千人，徒二千人”。輦(jú)辇，据郑《注》说，輦，马拉的大车，辇，人拉的车。

【译文】

稍人掌管发布有关井田出车徒的政令。如果国家有会同、征伐、田猎、巡狩、劳役这类事情，就依照县师的命令，征调公邑各同的甲士、步卒、徒役和车辆，率领着来到指定地点报到，掌管对于所率徒众的政令，而听从大司马的指挥。

2. 大丧，帅蜃车与其役以至[1]，掌其政令，以听于司徒。

【注释】

①帅蜃车与其役：曾钊曰："车受于巾车，稍人则役其人将之以至遂师，遂师又帅之至司徒也。"蜃车，一种载柩车。参见《遂师》注。

【译文】

遇到有大丧，率领蜃车及其役徒到遂师那里，掌管对于所率役徒的政令，而听从大司徒的指挥。

五〇 委人

1. 委人掌敛野之赋[1]，敛薪刍，凡疏材、木材[2]，凡畜聚之物[3]，以稍聚待宾客，以甸聚待羁旅，凡其余聚以待颁赐[4]。

【注释】

①野之赋：谓野地园圃、山泽应交的贡赋。野，亦通甸地之六遂以及甸、稍、县、都之公邑言。赋，据贾《疏》，亦指"九职所出贡"，即九职的从业税，与本篇《遂师》之"野赋"指地税异。

②疏材：郑《注》曰："草木有实者也。"

③畜聚之物：郑《注》曰："瓜、瓠、葵、芋，御冬之具也。"

④余聚以待颁赐：余，郑《注》曰："当为'余'，声之误也。余，谓县、都畜聚之物。"按，县地距都城四百里，都地距都城五百里。颁，常规赐予。赐，临时性赐予。孙诒让曰："颁为常赐，即《遗人》恤艰厄、养孤老之等"；"赐为好赐"（参见《天官·内饔》）。

【译文】

委人掌管征收野地的从业税，征收薪柴和草料，凡是草木的果实、木材，凡是可以蓄聚的瓜果蔬菜等物都征收储备。用稍地的聚储物品接待过往的宾客，用甸地的聚储物品救济寄居他乡的旅客，凡是从县地、都地征收的聚储物品，用于颁授困难的民众或赏赐所喜欢的人。

2. 以式法共祭祀之薪蒸、木材①，宾客共其刍薪，丧纪共其薪蒸、木材，军旅共其委积薪刍、凡疏材②，共野委、兵器③，与其野囿财用④。

【注释】

①以式法共祭祀之薪蒸、木材：郑《注》曰："式法，故事之多少也。薪蒸，给炊及燎，粗者曰薪，细者曰蒸。木材，给张事（谓张设帐棚等）。"

②委积薪刍、凡疏材：郑《注》曰："委积薪刍者，委积之薪刍也。军旅又有疏材以助禾粟。"孙诒让曰："以军旅车徒既众，所用薪刍尤多，非平时道路委积所能给，故诸官特于所出道途别为委积。"

③共野委、兵器：野委，野地路旁的委积。郑《注》曰："谓庐宿止之薪刍也。"庐宿有委积，贾《疏》曰："委积之中有薪刍，在野外，故云野委也。"兵器，据孙诒让说，是守卫野委所需兵器。按，兵指五兵（五种兵器），器指车辆、日常用器。

④野囿财用：财，通"材"。郑《注》曰："苑囿藩罗之材。"据贾《疏》，苑囿皆野外的田猎场所：在泽则有囿，在山则有苑。藩罗即藩篱，用以遮拦野兽。

【译文】

按照旧例供给祭祀所需的粗细薪柴、木材，接待过往宾客时供给所需的草料、薪柴，国家有丧事就供给所需的粗细薪柴、木材，国家有征伐就供给所储备的薪柴、草料和草木果实，供给守卫野外储备站点所需的武器、器械，以及供给为野地的苑囿建造藩篱所需的木材。

3. 凡军旅之宾客[1]，馆焉[2]。

【注释】

①军旅之宾客：贾《疏》曰："谓诸侯以军举助王征讨者，故谓之军旅之宾客也。"

②馆：使居住、安置。

【译文】

凡是派兵协助王征伐的诸侯，将他们安置在路旁的客舍、宾馆里。

五一　土均

1. 土均掌平土地之政[1]，以均地守[2]，以均地事[3]，以均地贡[4]。

【注释】

①掌平土地之政：政，通"征"，谓征税。据郑《注》，谓掌平邦国（各诸侯国）、都鄙之地税。

②地守：郑《注》曰："虞衡之属。"

③地事：即《均人》之地职。

④地贡：郑《注》曰："诸侯之九贡。"按，即《天官·大宰》所谓九贡。

【译文】

土均掌管使土地税均平，使山林川泽的税收均平，使各种从业税均平，使各诸侯国进献的贡物均平。

2. 以和邦国、都鄙之政令、刑、禁与其施舍[1]，礼俗、丧纪、祭祀，皆以地媺恶为轻重之法而行之[2]，掌其禁令。

【注释】

①和：当读为“宣”，宣布。此王引之说。

②“礼俗”至“行之”：礼俗，郑《注》曰：“邦国、都鄙民之所行先王旧礼也。”是相沿成俗之旧礼谓之礼俗。土地肥沃，礼俗、丧事、祭祀法令就规定重些；土地贫瘠，礼俗、丧事、祭祀法令就规定轻些。贾《疏》曰：“自礼俗、丧纪、祭祀三事，皆以地之美恶为轻重者，地美则重行之，地恶则轻行之，以其礼许俭，不许无故也。”

【译文】

宣布有关诸侯国、采邑的政令、刑法、禁令以及减免赋税徭役的原则，对诸侯国、采邑的礼俗、丧事、祭祀，都按照土地的好坏制订轻重不等的法令而令其遵行，掌管有关的禁令。

五二　草人

1. 草人掌土化之法以物地[1]，相其宜而为之种。

【注释】

①土化之法以物地：郑《注》曰：“土化之法，化之使美，……以物地，占其形色为之种。”

【译文】

草人掌管改造土壤、审视土地的方法，观察某地土壤形状、颜色适宜种什么就因地制宜地种什么。

2. 凡粪种[1]，骍刚用牛[2]，赤缇用羊[3]，坟壤用麋[4]，渴泽用鹿⑤，咸潟用貆⑥，勃壤用狐⑦，埴垆用豕⑧，强檃用蕡⑨，轻爨用犬⑩。

【注释】

①粪种：郑《注》曰："凡所以粪种者，皆谓煮取汁也。"按，谓将动物骨头煮汁浸泡种子，以使土壤肥沃。粪是施肥，种是种子，"种"读上声。江永则曰："凡粪种，谓粪其地以种禾也。种字当读去声。凡粪，当施之土；如用兽，则以骨灰撒诸田；用麻子，则用捣过麻油之渣布诸田。若土未化，但以汁渍其种，如何能使其土化恶为美，此物理之易明者。今人粪田，未见有煮汁渍种者。"孙诒让赞同江说。按，姑从郑说。

②用牛：郑司农曰："以牛骨汁渍其种也，谓之粪种。"下文义皆放此。

③缇：《说文》曰："帛丹黄色也。"

④坟壤用麋：坟壤，坟，土质肥沃。郑《注》曰："润解。"麋，即麋鹿，又叫"四不像"，是一种我国特有的动物也是世界珍稀动物。

⑤渴泽：即竭泽，干涸的泽。郑《注》曰："故水处也。"按，《尔雅·释诂》曰："涸，渴也。"是原有水，今已干涸，故可耕种。

⑥咸潟用貆：潟(xì)，盐碱地。郑《注》曰："卤也。"貆(huān)，孙诒让说，是"獾"的假借字。

⑦勃壤：郑《注》曰："粉解者。"盖即沙壤。

⑧埴垆(zhílú)：埴，黏土。垆，黑色硬土。贾公彦疏："以埴为黏，以垆为疏，故云黏疏也。"《考工记·总叙》"抟埴"郑《注》曰："埴，黏土也。"又《说文》曰："垆，黑刚土也。"

⑨强檃(jiàn)用蕡：强檃，郑《注》曰："强坚者。"又《礼记·月令》"可以美土强"郑《注》曰："强，强檃之地。"彼孔《疏》释之曰："并谓磥(lěi，古同"垒"，堆砌)砺(左石右历)磊块之地也。"蕡，麻种。

⑩轻爆(biāo):爆,脆。轻爆,郑《注》曰:“轻脆(脆)者。”

【译文】

凡是浸种,赤色而坚硬的土壤用牛骨汁,浅红色但不坚硬的土地用羊骨汁,润泽而苏松的土壤用麋骨汁,干涸的泽地用鹿骨汁,盐碱地用獾骨汁,沙土地用狐骨汁,有黏性的黑色而坚硬的土壤用猪骨汁,坚硬成块的土壤用麻子汁,轻脆易碎的土壤用狗骨汁。

五三　稻人

1. 稻人掌稼下地①,以潴畜水②,以防止水,以沟荡水③,以遂均水④,以列舍水⑤,以浍写水⑥,以涉扬其芟作田⑦。

【注释】

①稼下地:据郑《注》,稼谓种谷,下地谓“水泽之地”。

②潴(zhū):水积聚之处,即蓄水池。

③以沟荡水:沟,即《遂人》“十夫有沟”之沟。荡,杜子春读为“和荡”之“荡”,谓以沟行水也。

④遂:即《遂人》“夫间有遂”之遂。

⑤以列舍水:列,宽深各一尺的排水沟。郑《注》曰:“田之畦畔也。”按,田中划分有畦,畦边有埂,即所谓畔。舍,止也,将水留止于畦。

⑥浍:即《遂人》“千夫有浍”之浍。

⑦以涉扬其芟作田:涉,谓涉水。扬,谓举而弃之。芟,刈也,谓割除杂草。郑《注》曰:“作,犹治也。”又说,次年放水于田将插秧时,头年所芟之草浮于水表,便可涉水将其扬弃,而后治田种稻。

【译文】

稻人掌管在泽地种植稻谷,用蓄水池蓄水,用堤防阻止水,用沟排放水,用遂分导水,用畦埂留存水,用浍泄水。趟水入田除去去年割除的草而整治土地以便种稻。

2. 凡稼泽，夏以水殄草而芟夷之[1]。

【注释】

①夏以水殄草而芟夷之：殄(tiǎn)，灭绝。芟夷，谓割除草。《左传》隐公六年“芟夷蕴崇”杜《注》曰：“芟，刈也。夷，杀也。”据孙诒让说，凡杀草，夏初芟夷之，而草又有生者，到六月再在田中蓄水以淹杀之，即所谓“夏以水殄草”。到秋季田中水干时草有未死者，则又“芟夷之”。按，此时所芟夷之草即置于田中，可沤以肥田，而到明年尚未沤烂的草，则待放水插秧时“涉扬”之。

【译文】

凡是在泽地种植作物，每到夏季用水淹的方法灭消灭草而到秋季水干时再将未消灭的草再芟除一次。

3. 泽草所生，种之芒种[1]。

【注释】

①芒种：谓稻麦，因其实外有芒刺，故称。郑司农曰：“稻麦也。”

【译文】

凡是泽地草所生长的地方，就能够在那里种植稻麦。

4. 旱暵共其雩敛[1]。丧纪共其苇事[2]。

【注释】

①旱暵(hàn)共其雩敛：旱暵，谓雩祭，一种求雨祭祀。参见《舞

师》。雩敛，孙诒让曰："修雩所需财用，官不能尽共，则敛之民，故曰雩敛。"

②苇事：苇，芦苇。苇事，谓用苇填圹。据郑《注》，下棺入圹前，先以苇填塞圹底以防潮。

【译文】

遇到为解除旱灾而举行祈雨雩祭，就供给为雩祭所征收的财物。遇到丧事就供给填塞墓坑所需的芦苇。

五四　土训

1. 土训掌道地图，以诏地事①。

【注释】

①以诏地事：诏，告知，告诉。地事，不同地区所适宜之事。郑《注》曰："若云荆、扬地宜稻，幽、并地宜麻。"

【译文】

土训掌管讲说地图，以告诉王不同的地形所适宜施行的农事。

2. 道地慝①，以辨地物而原其生②，以诏地求③。

【注释】

①地慝（tè）：当地对人有害的东西。郑《注》曰："若障蛊然也。"按，障即瘴气，是南方山林间的一种湿热郁蒸、能致人疾病之气；蛊即《秋官·庶氏》所谓"毒蛊"。

②辨地物而原其生：郑《注》曰："辨其物者，别其所有所无也。"物，孙诒让说是指善物，即有益于人之物。原，察也。原其生者，在于使王知其物当生时则可求，非生时则不可妄求。

③以诏地求：如该地不产此物，或不到季节，则王不当求。

【译文】

讲说各地的害人恶物，辨别各地有益于人的物产而了解它们的生产季节，以便王有所需求时告诉王某地物产何时可求取获得。

3. 王巡守，则夹王车。

【译文】

如果王外出巡守，就在王车左右随从以备顾问。

五五　诵训

1. 诵训掌道方志[①]，以诏观事[②]。掌道方慝[③]，以诏辟忌[④]，以知地俗。

【注释】

①方志：四方各国史书所记载的久远之事。郑《注》曰："四方所识久远之事。"

②以诏观事：郑《注》曰："以告王观博古。"

③方慝：各地所忌讳的恶语。郑《注》曰："四方言语所恶也。"

④辟：同"避"。

【译文】

诵训负责讲说四方史书上的历史典故，以告诉王让其能够了解古代的事。负责讲说四方言语的忌讳话语，使王能够避免犯忌，了解各地的风俗习惯。

2. 王巡守，则夹王车。

【译文】

王外出巡守，就随从在王车左右以备顾问。

五六　山虞

1. 山虞掌山林之政令①，物为之厉②，而为之守禁③。

【注释】

①山林之政令：据孙诒让说，如授民山林之地，管理山林之民取草伐木，以及田猎、征收赋税等事，皆其政令。

②厉：谓警戒防护的守卫及藩篱。即设藩篱以为界。

③为之守禁：守，谓守护山林的民众。郑《注》曰："为守者设禁令也。守者，谓其地之民占(看守)伐林木者。"

【译文】

山虞掌管有关山林的政令，山中的各种物产，都要给它设置藩篱，并为守护山林的民众制定相关的禁令。

2. 仲冬斩阳木①，仲夏斩阴木。凡服耜②，斩季材③，以时入之。令万民时斩材，有期日。凡邦工入山林而抡材④，不禁。春秋之斩木，不入禁。凡窃木者，有刑罚。

【注释】

①阳木：郑《注》曰："生山南者。"按，阴木则生山北者。

②服耜：服，谓车厢。郑《注》谓之"服牝"，即《考工记·车人》所谓"牝服"，彼郑《注》曰："牝服长八尺，谓较也。"按，较是车厢两边挡板上面的横木，牛车、马车皆有左右两较。但马车的较高于车前的轼(车厢前的横木)，牛车的较则与轼等高，谓之平较，平较

即此所谓牝服。耜，指耒。孙诒让曰："即《车人》所谓耒也。耒长六尺六寸，以木为之。耜为耒头之金，……通言之，耒亦得称耜也。"

③季材：季：幼小，幼嫩。季材，即幼小的木材。据郑《注》，车较和耒所用木尚柔韧，故用季材。

④抡：选择。郑《注》曰："犹择也。"

【译文】

仲冬时可砍伐生长在山南的树木，仲夏时可砍伐生长在山北的树木。凡是制造车较和耒，可砍伐较幼小的木材，并按时送到负责制造的官员那里。命令民众按规定的时间进山砍伐木材，并规定了人数、日期。凡是因国家工程需要而进山林选择木材砍伐的，就不限期禁止。春秋季节砍伐树木，只允许在平地砍伐，而不可进入山内禁伐的区域。凡是盗伐树木的，就有刑罚来惩处。

3. 若祭山林，则为主，而修除①，且跸。

【注释】

①"则为主"二句：为主，担任掌事者。郑《注》曰："主辨护之也。"孙诒让释"辨"谓"即今之办治字"，又引《汉书》颜《注》释"护"为"监视之"。修除，郑《注》曰："治道路场坛。"

【译文】

如果祭祀山林之神，就要作为掌事者负责办理、监视祭祀，而整治、扫除道路、祭场、祭坛等，并且禁止行人通行。

4. 若大田猎，则莱山田之野①。及弊田②，植虞旗于中③，致禽而珥焉④。

【注释】

①莱山野之草：芟除山内打猎场的草莱。郑《注》曰："莱，除其草莱也。"据孙诒让说，除草莱目的有二：一是在田猎区周围除草一圈以表明田猎界线，且方便车辆来往；二是在界内清理出空地，以备教习战阵之需。

②弊田：弊，终止。郑《注》曰："田者止也。"

③虞旗：据孙诒让说，是画有熊的旗。

④致禽而珥焉：郑司农曰："珥者，取禽左耳以效功也。"即谓集中猎获的禽兽到虞旗下，割取禽兽左耳以便计功。

【译文】

如果王亲自参加田猎，就芟除山中田猎场周围的杂草。等到田猎停止时，就在猎场中央树起画有熊的虞旗，集中所猎获的禽兽到旗下，而割取禽兽的左耳以便计功。

五七　林衡

1. 林衡掌巡林麓之禁令[①]，而平其守[②]，以时计林麓而赏罚之[③]。

【注释】

①林麓：林谓平地之林，麓此谓有林之山的山脚。

②平其守：郑《注》曰："平其地之民，守林麓之部分。"

③计林麓而赏罚之：郑《注》曰："计林麓者，计其守之功也，林麓蕃茂，民不窃盗则有赏，不(否)则罚之。"

【译文】

林衡掌管巡视林麓的林木而执行有关的禁令，均平安排民众守林的任务，按时统计他们守护林麓林木的成绩而对他们进行赏罚。

2. 若斩木材，则受法于山虞[1]，而掌其政令。

【注释】

①受法于山虞：法，法度。据郑《注》，此处法谓“万民入出时日之期”。据贾《疏》，因山虞之官尊，故当由林衡受法于山虞。按，山虞为中士，林衡为下士，故尊于后者。

【译文】

若要砍伐木材，就要到山虞那里接受所安排的时间规定，而掌管相关政令。

五八　川衡

1. 川衡掌巡川泽之禁令[1]，而平其守，以时舍其守[2]，犯禁者执而诛罚之。

【注释】

①掌巡川泽之禁令：据贾《疏》，川衡掌川而不掌泽（泽虞掌泽），此处连言泽，是因部分泽、川相连，则兼掌之。

②舍其守：舍，置也。郑《注》曰：“时案视守者，于其舍申戒之。”

【译文】

川衡掌管巡视川泽，执行有关的禁令，而均平安排守护川泽的任务，按时安置守护人，有违犯禁令的人，就要抓起来并加以处罚。

2. 祭祀、宾客，共川奠[1]。

【注释】

①川奠：奠，祭也。川奠，谓河中所产鱼、蛤等可供奠祭物品。孙诒

让曰:“引申之,凡荐羞通谓之奠,故宾客飨食亦得有川奠。”

【译文】

遇到举行祭祀、招待宾客,就供给河中所产的鱼、蛤等奠祭物品。

五九 泽虞

1. 泽虞掌国泽之政令[1],为之厉禁,使其地之人守其财物,以时入之于玉府[2],颁其余于万民。

【注释】

①掌国泽:按,当云“掌国泽薮”,此处省文。泽薮即湖泊沼泽。

②入之于玉府:郑《注》曰:“谓皮角珠贝也,入之以当邦赋。”

【译文】

泽虞掌管王国湖泽的政令,为之划分范围设置藩篱、制订禁令,使当地的人民守护湖泽的物产,按时将皮角珠贝等作为赋税缴纳给玉府,然后把其余财物分给民众。

2. 凡祭祀、宾客,共泽物之奠[1]。丧纪,共其苇蒲之事[2]。

【注释】

①泽物之奠:据郑《注》,谓芹、茆(莼菜)、蔆(菱)、芡等物品。

②共其苇蒲:苇,芦苇。共苇,事与稻人为官联(参见《稻人》)。蒲,蒲草,可织席。共蒲,郑《注》曰:“蒲以为席。”

【译文】

凡是祭祀或接待宾客,就供给湖泽所出产的芹菜、莼菜、菱角、鸡头等物。遇到丧事,供给所需要的芦苇和蒲草。

3. 若大田猎，则莱泽野[1]。及弊田，植虞旌以属禽[2]。

【注释】

①莱泽野：为泽中打猎场芟除杂草。意同《山虞》之“莱山田之野”。

②植虞旌以属禽：虞旌，郑《注》曰：“注析羽。”孙诒让曰：“此旌亦以熊虎之旗，而注析羽。”注析羽，即集羽毛于竿端以为饰。属禽，贾《疏》曰：“谓百姓致禽讫，虞人属聚之，别其等类，每禽取三十焉。”

【译文】

如果王亲自田猎，就芟除湖泽猎场周围原野的杂草。等到停止田猎时，就在猎场中竖起虞旌而聚集所猎获的禽兽并且分门别类。

六〇　迹人

1. 迹人掌邦田之地政[1]，为之厉禁而守之，凡田猎者受令焉[2]。禁麛卵者[3]，与其毒矢射者。

【注释】

①田之地：谓苑囿。郑《注》曰：“若今苑也。”

②令：谓规定田猎的时间地点。

③麛：本指幼鹿，此处泛指一切幼兽。

【译文】

迹人掌管王国田猎之地的政令，为之设置藩界、制订禁令而加以守护，凡是田猎的人都要接受迹人的命令。禁止捕杀幼兽和掏取鸟卵以及用涂毒药的箭头射杀禽兽。

六一　矿人

1. 矿人掌金玉锡石之地[1]，而为之厉禁以守之。若以时取之，则物其地图而授之，巡其禁令。

【注释】

①金：五金的总称。古多指铜。

【译文】

矿人掌管金玉锡石等的出产地，为之设置藩界、制订禁令而加以守护。如果要按时开采，就勘测开采地，绘成地图而授予开采者。巡视是否有人违犯禁令。

六二　角人

1. 角人掌以时征齿、角、凡骨物于山泽之农①，以当邦赋之政令，以度量受之，以共财用。

【注释】

①齿、角：齿谓象牙。角谓犀牛麋鹿角。山泽之农，既种田又田猎畜牧的山泽之民。

【译文】

角人掌管按时向山泽地区的农民征收兽齿、兽角和一切有用的骨制品，而用以抵作上缴国家赋税的政令，征收时用度量器具度量后才接受征收物，以供给国家有关部门的财用。

六三　羽人

1. 羽人掌以时征羽翮之政于山泽之农以当邦赋之政令①。凡受羽，十羽为审②，百羽为抟，十抟为縛。

【注释】

①羽翮：翮，羽茎。按，羽翮此指长茎的羽毛，故下文单称羽。

②审：及下文抟、縳(zhuàn)，据郑《注》，皆羽束计量单位。

【译文】

羽人掌管按时向山泽地区的农民征收羽毛而用来抵作上缴国家赋税的政令。凡是接受所征收的羽毛计算标准是：十根羽毛为一审，百根羽毛为一抟，十抟为一縳。

六四　掌葛

1. 掌葛掌以时征絺绤之材于山农[1]，凡葛征、征草贡之材于泽农以当邦赋之政令[2]，以权度受之。

【注释】

①絺绤之材：絺(chī)，细葛布。绤(xì)，粗葛布。絺绤之材，即指葛。

②凡葛征：江永曰："盖草类之如葛者亦征之。"征，税也。草贡之材：郑《注》曰："菼(qǐng)纻(zhù)之属可缉绩者。"按，纻谓纻麻，菼亦麻类植物。二者皆可搓绳织布。

【译文】

掌葛掌管按时向山地之农征收葛草和凡属与葛类似的草类、向泽农征收菼纻等麻类而用以抵作上缴国家贡赋的政令，征收时要称量轻重长短而接受下来。

六五　掌染草

1. 掌染草掌以春秋敛染草之物，以权量受之，以待时而颁之[1]。

【注释】

①时：此指秋天。

【译文】

掌染草掌管春秋两季征收可以用作染料的草类，征收时要用秤称量轻重而接受下来，以待秋天需用时颁授给染人。

六六　掌炭

1. 掌炭掌灰物、炭物之征令①，以时入之②，以权量受之，以共邦之用。凡炭灰之事。

【注释】

①灰物、炭物：皆用焚烧草木的办法制成。郑《注》曰："灰给浣练。"则灰可洗衣浣布。

②以时入之：《礼记·月令》："季秋之月，……草木黄落，乃伐薪为炭。"则炭的征收约在季秋。

【译文】

掌炭掌管执行征收草木灰、木炭等物的征收法令，按时征收，征收时要用秤称重量而后接受下来，以供给王国使用。凡是有关炭、灰的事情都掌管。

六七　掌荼

1. 掌荼掌以时聚荼①，以共丧事②。征野疏材之物，以待邦事③，凡畜聚之物④。

【注释】

①荼：指茅苇所开白花，可供丧事时填充衣被等使用。

②以共丧事：据《仪礼·既夕礼》，下棺入圹前要先放茵（垫子）入墓穴，作为棺木垫。茵主要以茶填充。

③以待邦事：孙诒让曰："以共祭祀、宾客及王以下之庶羞也。"

④凡畜聚之物：谓瓜瓠葵芋等。

【译文】

掌茶掌管按时征收茶，用以供给办丧事之需。还要征收野生的草木果实，以待王国有事时使用。以及凡是瓜瓠葵芋等可储聚之物都加以收聚以备使用。

六八　掌蜃

1. 掌蜃掌敛互物蜃物①，以共闉圹之蜃②，祭祀共蜃器之蜃③，共白盛之蜃④。

【注释】

①互物蜃物：互物，蚌蛤之属。蜃，大蛤，在此泛指蛤类。

②闉（yīn）圹之蜃：闉，通"堙"。郑《注》曰："闉，犹塞也。"谓用蜃灰填塞圹底以防潮。

③蜃器：装饰有蜃壳的祭器。

④白盛之蜃：盛，通"成"。以蛤灰涂物、墙，以成其白。"成""盛"可通。如上博楚简三《仲弓》："夫季氏，河东之成（盛）家也。"郑《注》曰："盛，犹成也。"

【译文】

掌蜃掌管征收蚌蛤中的蛤类，以供填塞墓穴底部所需的蜃灰。祭祀时供给装饰祭器所需的蜃壳。供给粉刷器物或墙壁使成白色所需的蜃灰。

六九　囿人

1. 囿人掌囿游之兽禁①，牧百兽②，祭祀、丧纪、宾客，共其生兽、死兽之物。

【注释】

①囿游之兽禁：囿，汉时称苑，即园林。囿游，离宫别苑。周代于大苑（即囿）中另建小苑，小苑中建离宫。因是王的游乐处，故称囿游。禁，郑《注》曰："囿游，囿之离宫小苑观处也。养兽以宴乐视之。禁者，其藩卫也。"

②牧百兽：郑《注》：备养众物也。"今掖庭有鸟兽，自熊虎孔雀，至于狐狸鸟鹤备焉。"

【译文】

囿人掌管囿中离宫别苑游乐处野兽的设置藩篱和防禁，畜养苑中的各种野兽，遇到祭祀、丧事、招待宾客，供给所需的从囿中猎获的活兽与杀死的禽兽。

七十　场人

1. 场人掌国之场圃[1]，而树之果蓏珍异之物[2]，以时敛而藏之。凡祭祀、宾客，共其果蓏。享亦如之[3]。

【注释】

①场圃：即种植瓜果蔬菜的园圃。

②果蓏（luǒ）珍异：蓏，瓜类植物的果实。珍异，郑《注》曰："蒲桃（葡萄）、枇杷之属。"

③享：指宗庙荐新礼，即将新出的瓜果珍异献之于宗庙。孙诒让曰："疑专指宗庙荐新言之。"

【译文】

场人掌管王国的场圃，而种植瓜果和珍异的果树，按时收获果实而加以收藏。凡是有祭祀或接待宾客之事，就供给所需的瓜果。行宗庙荐新礼也是这样做。

七一 廪人

1. 廪人掌九谷之数[1]，以待国之匪颁、赐赐、稍食[2]。

【注释】

①九谷：参见《天官·大宰》注。

②匪颁、赐赐、稍食：匪，通“分”。匪颁，即分颁。谓分颁给群臣的俸禄。赐赐，赐即《乡师》所谓“赐万民之艰阨”，赐谓好赐。孙诒让曰：“经凡云赐者，并谓好赐。”稍食，发给庶人在官者的食粮（参见《天官·宫正》注）。

【译文】

廪人掌管谷米数量，以备国家分颁群臣俸禄、救济或赏赐臣民、发放庶人在官者食粮。

2. 以岁之上下数邦用[1]，以知足否，以诏谷用，以治年之凶丰。

【注释】

①岁之上下数邦用：数，计数，计算，查点。郑《注》曰：“犹计也。”上下，贾《疏》曰：“即丰凶。”

【译文】

依据年成的好坏计算王国的粮食开支，以知道是否够用，以报告上级用谷的情况，据以制订出适合于丰年或荒年的不同用粮计划。

3. 凡万民之食食者，人四鬴，上也；人三鬴，中也；人二鬴，下也[1]。若食不能人二鬴，则令邦移民就谷，诏王杀邦用[2]。

【注释】

①“人四”至“下也”：郑《注》曰：“此皆谓一月食米也。六斗四升曰鬴。”按，鬴(fǔ)，同“釜”，古代量器名.内方外圆，容六斗四升。

②杀：减少。

【译文】

凡是民众吃粮，每人每月口粮数四鬴，那就算是丰收的上等年成；每人每月口粮数三鬴，那就算是中等年成；每人每月口粮数二鬴，那就算是歉收的下等年成。如果每人每月口粮数不足二鬴，就命令国中的饥民迁移到产粮谷多的丰收地方，并告诉王减省国家的支出费用。

4. 凡邦有会同、师、役之事，则治其粮与其食[1]。大祭祀[2]，则共其接盛[3]。

【注释】

①治其粮与其食：郑《注》曰：“行道曰粮，谓糒(bèi，干粮)也。止居曰食，谓米也。”

②大祭祀：谓祭祀天地、宗庙等神。

③共其接盛：阮校说，“共其”二字衍。郑《注》曰：“‘接’读为‘一扱再祭’，之‘扱’。”按，扱(chā)，收取。盛，谓祭祀所用粮。

【译文】

凡是国家有会同、征伐、劳役等事，就置备行路与宿营时所需要的粮食。每逢大祭祀，就供给收取的祭粮。

七二 舍人

1. 舍人掌平宫中之政①，分其财守②，以法掌其出入③。

【注释】

①平宫中之政：贾《疏》曰："谓平其给米多少，不得特多特少也。"政，郑《注》曰："政，谓用谷之政也。"

②分其财守：财，指谷物。郑《注》曰："分其财守者，计其用谷之数，分送宫正、内宰，使守而颁之。"贾《疏》曰："财即米也。……颁与所使守之人。"按，姑从郑说。

③掌其出入：据郑《注》，谓从廪人处支取米，如有多余则需退还。

【译文】

舍人掌管有关合理分发宫中用米的事务，分颁米给宫正、内宰，让他们管理好并分发给各官府办公人员，按规定制度掌管米的支出、退还。

2. 凡祭祀，共簠簋①，实之，陈之。宾客亦如之，共其礼车米、筥米、刍、禾②。丧纪，共饭米、熬谷③。

【注释】

①簠(fǔ)簋：簠，祭祀时盛黍稷的方形青铜器。簋(guǐ)，祭祀时盛稻粱的圆形青铜器。郑《注》曰："方曰簠，圆曰簋，盛黍稷稻粱器。"

②共其礼车米、筥米、刍、禾：郑《注》曰："礼，致饔饩之礼。"致饔饩，参见《天官·外饔》注。此处车米、筥米、刍、禾，亦行致饔饩之礼所馈。筥(jǔ)，盛物的圆形竹器。米指黍稷稻粱。据《仪礼·聘

礼》，笾米设于中庭，车米陈于门外，刍、禾亦盛于车而陈于门外。

③饭米、熬谷：饭米，是为死者行饭含礼（向死者口中填米）所用的米。熬谷，炒熟的谷，按，古人在殡棺时，将熬谷分置若干筐中，放在棺旁，引诱蚁类，使不危害棺尸。李调元曰："熬黍稷置棺旁，惑蚍蜉也。"

【译文】

凡是祭祀，供给簠簋，盛满祭品，加以陈列。遇到接待宾客也这样做，并供给行致饔饩之礼所需的用车载的米、用筥盛的米、草料和禾。遇到丧事，供给行饭含礼所用的米和熬谷。

3. 以岁时县穜稑之种①，以共王后之春献种②。

【注释】

①县穜稑之种：穜（tóng），先种后熟的谷物，稑（lù），后种先熟的谷物。穜稑，此处泛指各种谷物。郑司农曰："先种后孰谓之穜，后种先孰谓之稑。"据郑《注》，县（悬）之者，是为风干种子。

②王后之春献种：谓上春献种于王

【译文】

每年按四秀时令将各种谷物的种子悬挂起来风干，以供给王后到来年春天把这些种子献给天子。

4. 掌米粟之出入①，辨其物②。岁终则会计其政③。

【注释】

①米粟：已舂者为米，未舂者为粟。此处泛指各种谷物。

②辨其物：郑《注》曰："九谷六米别为书。"

③政：郑《注》曰："用谷之多少。"

【译文】

掌管米谷的支出和收入，辨明它们的种类和名称。每到夏历年终就统计用谷的多少。

七三　仓人

1. 仓人掌粟入之藏，辨九谷之物，以待邦用。若谷不足，则止余法用[1]，有余则藏之，以待凶而颁之。

【注释】

①止余法用：止，减少。余，谓足国用后所余。所余储藏起来以备用，即所谓委积。郑《注》曰："止，犹杀也。杀余法用，谓道路之委积，所以丰优宾客之属。"《遗人》郑《注》曰："委积者，廪人、仓人计九谷之数足国用，以其余共之，所谓余法用也。"

【译文】

仓人掌管所各种收入谷物的储藏，辨别九谷的名称种类，以备王国所用。如果谷物不够使用，就减少委积的支用；如果谷物有余，就储藏起来，以备灾荒年颁用。

2. 凡国之大事[1]，共道路之谷积、食饮之具[2]。

【注释】

①大事：关系国家利益、王地位之事。据郑《注》，此指丧事或战争。

②共道路之谷积：谷积，即委积之谷物。按，此官与遗人为官联，遗人所掌委积之谷，即由此官及廪人计九谷足国用而以其余供之。

【译文】

凡国家有丧葬、军旅等大事，供给道路委积所需的谷物、饮食用品。

七四　司禄(阙)[1]

【注释】

①阙：谓记载司禄职责的《周礼》经文亡佚，以下遇“阙”时同此。

七五　司稼

1. 司稼掌巡邦野之稼[1]，而辨穜稑之种，周知其名，与其所宜地以为法[2]，而县于邑闾[3]。

【注释】

①邦野：指畿内远郊以外的野地。

②以为法：郑《注》曰：“后年种谷用为法也。”

③闾：此指里门，《秋官·叙官·修闾氏》郑《注》曰：“闾谓里门。”

【译文】

司稼掌管巡视邦野的庄稼，辨别各种谷物的种类，周遍了解它们的名称，以及它们所适宜种植的土壤，制订为下年种植的规章，悬挂在邑中里门上以便百姓知晓遵守。

2. 巡野观稼，以年之上下出敛法[1]。

【注释】

①以年之上下出敛法：秦蕙田《通考·凶礼一》曰：“《周礼》田税之制，虽有常式，而又命司稼一官，巡视稼之美恶，以知年之上下，小耗则减之，大耗则除之。”

【译文】

巡视野地的庄稼生长情况，根据年成的好坏制订征收赋税的法令。

3. 掌均万民之食[1]，而赒其急，而平其兴[2]。

【注释】

①均：郑《注》曰："谓度其多少。"

②平其兴：兴，征聚。江永曰："兴，起也，发也。谓赒急之时，平其所兴发之廪食。"

【译文】

掌管调度民众粮食的多少，而救济人们的急困，均平地分发储备粮给急困之民。

七六　舂人

1. 舂人掌共米物[1]。祭祀共其粢盛之米[2]。宾客共其牢礼之米[3]。凡飨食共其食米[4]。掌凡米事[5]。

【注释】

①米物：郑《注》曰："言非一米。"

②粢盛：谓盛在祭器内以供祭祀的谷物。郑《注》曰："谓黍稷稻粱之属，可盛以为簠簋实。"

③牢礼：谓向宾客馈送各种肉食、米禾之礼，即致饔饩之礼。致饔饩有米，据郑《注》，此指供给"可以实筐筥"者，亦即《舍人》所谓"筥米"。

④飨食：谓飨礼和食礼（参见《牛人》注）。按，"食"字原脱，孙诒让《校记》曰："'飨'下夺'食'字，各本并有。"故补。

⑤凡米事：孙诒让曰："谓凡舂抗（舀）之事，舂人悉掌之。"

【译文】

舂人掌管供给舂好的各种米。每逢祭祀，供给盛在簠簋等祭器中的米。招待宾客，供给行牢礼时盛在筥中的米。凡是举行飨礼、食礼，供给饭食所使用的米。掌管凡是有关舂米、舀米等事情。

七七　饎人

1. 饎人掌凡祭祀共盛①。共王及后之六食②。凡宾客共其簠簋之食③。飨、食亦如之。

【注释】

①饎(chì)人掌凡祭祀共盛：饎，同“饎”(参见本篇《叙官》第60节)。共盛，郑《注》曰：“炊而共之。”

②六食：六种谷物做成的饭。郑《注》曰：“六谷之饭。”孙诒让曰：“凡祭祀之粢盛，皆于灶炊之。”

③“凡宾客”句：郑玄注：“谓致飨饔。”即在致飨、致饔饩时。

【译文】

饎人掌管凡是属祭祀所当供给的装在簠簋中的炊熟的米。供给王和王后用六谷做的饭食。凡是招待宾客，供给用簠簋盛的炊熟的饭食。每逢举行飨礼和食礼等宴会，也是这样做。

七八　槁人

1. 槁人掌共外、内朝冗食者之食①。若飨耆老、孤子、士、庶子②，共其食。

【注释】

①外、内朝冗食者：外内朝，外朝和内朝。外朝在皋门内、库门外，

即在王宫五门的第一、二门之间，是司寇审案断狱处。内朝，即治朝，在路门外、应门内，即在王宫五门的第四与第五门之间，是群臣办事处，相对于外朝则为内朝。冗食者，贾《疏》曰："谓以次当直，留在朝宿不还，须以食供之。""冗，散也，外内朝上直(即值班)诸吏，谓之冗吏，亦曰散吏。以上直不归家食，槁人供之，因名冗食者。"

②耆老、孤子、士、庶子：耆老，六十岁以上的老人。《礼记·曲礼上》："六十曰耆，……七十曰老。"士、庶子，皆贵族子弟。郑《注》曰："士庶子，卿大夫士之子弟，宿卫王宫者。"

【译文】

槁人掌管供给在外朝和内朝当值加班和值班人员的饭食。如果国家用飨礼款待老人、烈士遗孤、士、庶子，就供给所需的饭食。

2. 掌豢祭祀之犬。

【译文】

掌管豢养供祭祀用的犬。

宗伯第三

【题解】

春官系统掌“邦礼”，又谓之“礼官”，即掌礼事的官。其长为大宗伯，其副为小宗伯。其所属编制，官府六十，其职官分为七十种。大宗伯职文归纳为“五礼”（吉、凶、宾、军、嘉礼）、“九仪”、“六瑞”、“六摯”、“六器”。其下六十八属官，大体可分以下几类。第一类是掌礼事的官，包括肆师、郁人、鬯人、鸡人、司尊彝、司几筵、典瑞、典命、司服、典祀、守祧、世妇、内宗、外宗、冢人、墓大夫、职丧、都宗人、家宗人、神仕等。第二类是掌乐事的官，包括大司乐、乐师、大胥、小胥、大师、小师、瞽矇、视瞭、典同、磬师、钟师、笙师、镈师、韎师、旄人，籥师，籥章、鞮鞻氏、典庸器、司干等。第三类是掌卜筮的官，包括大卜、卜师、龟人、菙氏、占人、筮人、占梦，视祲等。第四类是祝巫之官，包括大祝、小祝、丧祝、甸祝、诅祝、司巫、男巫、女巫等。第五类是掌史及星历的官，包括大史、小史、冯相氏、保章氏、内史、外史、御史等。第六类是掌车旗的官，包括巾车、典路、车仆、司常等。第七类是掌宗庙宝器以及吏治文书收藏的官，包括天府一职。可见，春官职责主要掌礼。礼、乐二官数量占其大半。然而第二类的官，又掌学校教育，如《大司乐》“掌成均（大学）之法”，《大胥》“掌学士之版”等，此种职责似当属之地官。杨天宇先生推测，此盖因作者对职官的分工尚不够严密所致。

据孙诒让统计，春官共设职七十个。其人员编制数目，属于春官直属系统的，计卿一人，中大夫五人，下大夫二十四人，上士四十九人，中士一百五十人，下士二百七十五人，府一百零八人，史二百六十三人，胥一百五十八人，徒一千七百六十人，工一百零四人：凡正官自卿至庶人，总计二千七百九十七人。又瞽矇上瞽四十人，中瞽一百人，下瞽一百六十人，视瞭三百人，眡师舞者十六人：凡乐工等无爵者，总计六百一十六人。又奄八人，又世妇官卿十二人，下大夫二十四人，中士四十八人，郑玄以为士人，今定为女官；女府十二人，女史十二人，奚九十六人，又女祧十六人，奚三十二人：凡女官女庶人，总计二百五十二人。此外，内宗、外宗、旄人舞者、男巫、女巫、以神仕者，并无员数。又都宗人，每都上士二人，中士四人，府二人，史四人，胥四人，徒四十人；家宗人，每家上士二人，中士四人，府二人，史四人，胥四人，徒四十人：皆有员数而无总数，不可计。大凡可计者三千六百七十三人。（《周礼正义》，中华书局1987年版，第1294、1295页）

叙官

1. 惟王建国，辨方正位，体国经野，设官分职，以为民极[①]。乃立春官宗伯[②]，使帅其属，而掌邦礼，以佐王和邦国[③]。

【注释】

①“惟王建国”五句：见《天官·冢宰》注。按，《春官·叙官》许多词未注释，可参见《天官·叙官》注。

②春官宗伯：即下文大宗伯。因宗伯在六官中位居第三，于四时当春，故称。宗谓宗庙，伯谓长官。宗伯，礼官之长，掌管邦礼。司徒在六官中分工是主管国家土地、人民、教化、产殖、赋税等事。

③“使帅其属”三句：按，此即《天官·大宰》所掌六典之三，所谓“三曰礼典，以和邦国，以统百官，以谐万民”之义。邦礼，国家的礼制，即吉、凶、宾、军、嘉五礼。详下文《大宗伯》。

【译文】

王建立国都，辨别国都所在地的方向，确定宗庙、朝廷所在的位置，主次有别地划分国都、郊野的界限，进行建设经营。分设百官职位，作为天下民众取法的榜样。为了达到此目的，于是设立春官宗伯这一官职，让他率领部属，来掌管天下的礼事，以辅佐王协和天下各国。

2. 礼官之属①：大宗伯②，卿一人；小宗伯③，中大夫二人；肆师④，下大夫四人，上士八人，中士十有六人，旅下士三十有二人，府六人，史十有二人，胥十有二人，徒百有二十人。

【注释】

①礼官：上节云春官宗伯“掌邦礼”，故称春官系统官员为“礼官”，即主管礼制之官。

②大宗伯：官名。礼官之长。掌管天神、地祇、人鬼之礼，以辅佐王建立、安定邦国。略如后世之礼部尚书。

③小宗伯：官名。大宗伯的副职。掌管建国之神位，辨昭穆及三族之别。职务略如后世之礼部侍郎。

④肆师：官名。大宗伯的助手。掌管国家祭祀的礼仪制度。肆，陈列。

【译文】

礼官的属官有：大宗伯，由卿一人任长官；小宗伯，由中大夫二人任长官；肆师，由下大夫四人任长官；此外还有上士八人，中士十六人，众下士三十二人递相辅佐，下辖府六人，史十二人，胥十二人，徒一百二十人。

3. 郁人[1]，下士二人，府二人，史一人[2]，徒八人。

【注释】

①郁人：官名。掌管祼器。郁，谓郁金香草，制造郁香酒的原料。祼，又作“灌”，谓以郁香酒浇地降神。

②府二人，史一人：据王引之说，当作“府一人，史二人”（参见《天官·叙官》注）。

【译文】

郁人，由下士二人任长官，下辖府二人，史一人，徒八人。

4. 鬯人[1]，下士二人，府一人，史一人，徒八人。

【注释】

①鬯(chàng)人：官名。掌管供给秬鬯酒。按，秬(jù)，黑黍。鬯即用黑黍酿造的酒。

【译文】

鬯人，由下士二人任长官，下辖府一人，史一人，徒八人。

5. 鸡人[1]，下士一人，史一人，徒四人。

【注释】

①鸡人：官名。掌管供给鸡牲及报时。

【译文】

鸡人，由下士一人任长官，下辖史一人，徒四人。

6. 司尊彝[1]，下士二人，府四人，史二人[2]，胥二人，徒二十人。

【注释】

①司尊彝：官名。掌管行礼所需的六尊、六彝的陈设位置，辨明其用途及所盛之酒醴。尊、彝皆酒器。彝用以盛郁香酒，尊盛五齐。郑《注》曰："彝亦尊也，郁鬯曰彝。"

②府四人，史二人：据王引之说，当为"府二人，史四人"。

【译文】

司尊彝，由下士二人任长官，下辖府二人，史四人，胥二人，徒二十人。

7. 司几筵[1]，下士二人，府二人，史一人[2]，徒八人。

【注释】

①司几筵：官名。掌管五几、五席的名称、种类，辨明其用途及陈设的位置。几，几案，条几。筵，席子。郑《注》曰："筵亦席也。铺陈之曰筵，藉之曰席。"

②府二人，史一人：据王引之说，当作"府一人，史二人"。

【译文】

司几筵，由下士二人任长官，下辖府一人，史二人，徒八人。

8. 天府[1]，上士一人，中士二人，府四人，史二人[2]，胥二人，徒二十人。

【注释】

①天府：官名。掌管收藏宗庙玉器宝物。

②府四人，史二人：据王引之说，当作“府二人，史四人”。

【译文】

天府，由上士一人任长官，中士二人任副职，下辖府二人，史四人，胥二人，徒二十人。

9. 典瑞[①]，中士二人，府二人，史二人，胥一人，徒十人。

【注释】

①典瑞：官名。掌管玉瑞、玉器的收藏保管。瑞，玉制的符信。郑《注》曰：“瑞，节信也。”

【译文】

典瑞，由中士二人任长官，下辖府二人，史二人，胥一人，徒十人。

10. 典命[①]，中士二人，府二人，史二人，胥一人，徒十人。

【注释】

①典命：官名。掌管王封迁诸侯、群臣爵位（命数）的文书。

【译文】

典命，由中士二人任长官，下辖府二人，史二人，胥一人，徒十人。

11. 司服[①]，中士二人，府二人，史一人[②]，胥一人，徒十人。

【注释】

①司服：官名。掌管王的吉凶礼服。

②府二人，史一人：据王引之说，当作“府一人，史二人”。

【译文】

司服，由中士二人任长官，下辖府一人，史二人，胥一人，徒十人。

12. 典祀[1]，中士二人，下士四人，府二人，史二人，胥四人，徒四十人。

【注释】

①典祀：官名。掌管四郊外祀之坛域。外祀，谓在国都四郊举行的祭祀。

【译文】

典祀，由中士二人任长官，下士四人任副职，下辖府二人，史二人，胥四人，徒四十人。

13. 守祧[1]，奄八人[2]，女祧每庙二人，奚四人。

【注释】

①守祧：官名。掌管守护先王先公的庙祧。按，庙、祧，对文则异，散文则通。祧本指远祖之庙或迁主所藏之庙，此泛指宗庙。金鹗曰："守祧职兼庙祧，而冠以祧名，是庙祧通称为祧也。"

②奄：及下文女祧、奚，参见《天官·叙官》注。

【译文】

守祧，由奄八人任长官，每庙下辖女祧二人，奚四人。

14. 世妇[1]，每宫卿二人[2]，下大夫四人，中士八人，女府二人，女史二人，奚十有六人。

【注释】

①世妇：妇官名。天子之妾，位次九嫔，协助王后掌管宫中行礼之事。按，据孙诒让说，此世妇及下所列属官皆为外命妇（即卿大夫之妻）。

②每宫卿二人：据郑《注》，王后六官，则十二人，余类推。

【译文】

世妇，每宫由卿二人任长官，下大夫四人，中士八人递相辅佐，下辖女府二人，女史二人，奚十六人。

15. 内宗[1]，凡内女之有爵者[2]。

【注释】

①内宗：官名。掌管佐助王后祭祀、宾客飨食之事。由内女（嫁于大夫士而有爵的王同姓之女）任长官。郑《注》曰："内女，王同姓之女，谓之内宗，有爵，其嫁于大夫及士者。"孙诒让认为宗妇亦应包括在内。姑从郑说。

②凡：表示无固定数目。郑《注》曰："无常数之言。"

【译文】

内宗，由凡是内女中出嫁而有爵位者任长官。

16. 外宗[1]，凡外女之有爵者[2]。

【注释】

①外宗：官名。掌管协助王后祭祀等事，由外女任长官。

②外女：郑《注》曰："王诸姑姊妹之女，谓之外宗。"孙诒让认为外亲之妇（即外姓卿大夫士之女嫁与王的姑、姊妹之子为妻者）亦包

括在内。姑从郑说。

【译文】

外宗，由凡是外女中出嫁而有爵位者任长官。

17. 冢人[1]，下大夫二人，中士四人，府二人，史四人，胥十有二人，徒百有二十人。

【注释】

①冢人：官名。掌管王族及贵族墓葬茔域及下葬事宜。

【译文】

冢人，由下大夫二人任长官，中士四人任副职，下辖府二人，史四人，胥十二人，徒一百二十人。

18. 墓大夫[1]，下大夫二人，中士八人，府二人，史四人，胥二十人，徒二百人。

【注释】

①墓大夫：官名。掌管王国中万民的墓葬事宜。

【译文】

墓大夫，由下大夫二人任长官，中士八人任副职，下辖府二人，史四人，胥二十人，徒二百人。

19. 职丧[1]，上士二人，中士四人，下士八人，府二人，史四人，胥四人，徒四十人。

【注释】

①职丧：官名。掌管诸侯、卿大夫士的丧事。

【译文】

职丧，由上士二人任长官，中士四人、下士八人递相辅佐，下辖府二人，史四人，胥四人，徒四十人。

20. 大司乐[①]，中大夫二人。乐师[②]，下大夫四人，上士八人，下士十有六人。府四人，史八人，胥八人，徒八十人[③]。

【注释】

①大司乐：官名。乐官之长，掌管王国大学教育之法，教国子乐德、乐语、乐舞。自乐师至鞮鞻氏，皆其属官。

②乐师：官名。大司乐之副职，掌管国子乐舞教育及乐官官吏。

③“府四人”至“徒八十人”：按，大司乐、乐师同府治事，故其府、史、胥、徒同。

【译文】

大司乐，由中大夫二人任长官。乐师，由下大夫四人任长官，此外还有上士八人、下士十六人递相辅佐，下辖府四人，史八人，胥八人，徒八十人。

21. 大胥[①]，中士四人。小胥[②]，下士八人，府二人，史四人，徒四十人。

【注释】

①大胥：乐官名。掌管学士（卿大夫之子学舞者）的名籍、招致并教育学舞者、管理学官中事务等。胥，有才智。

②小胥：官名。协助大胥掌管国学学士的征召、考察。按，大胥、小胥同府治事，故其府、史、徒同。

【译文】

大胥，由中士四人任长官。其副手小胥，由下士八人任长官，下辖府二人，史四人，徒四十人。

22. 大师[①]，下大夫二人。小师[②]，上士四人。瞽矇[③]：上瞽四十人，中瞽百人，下瞽百有六十人。视瞭三百人[④]。府四人，史八人，胥十有二人，徒百有二十人[⑤]。

【注释】

①大师：官名。为乐官之长。掌管六律、六同等音律。以盲人的贤智者任长官。

②小师：亦称少师，官名。掌管教授瞽矇演奏鼓乐、唱歌。以盲人任长官。

③瞽矇：官名。即众乐工，从事演奏乐器和歌唱。皆由盲人任长官。依其技艺高下分为上瞽、中瞽、下瞽三等。瞽、矇皆盲人，或曰，目缝黏合者谓之瞽，有眸子无视力者谓之矇。

④视瞭三百人：视瞭，官名。掌管击鼗（鼓）奏磬，扶助瞽矇。皆目明者，人数与瞽矇数相等。

⑤“府四人”至“徒百有二十人”：按，大师、小师、瞽矇、视瞭同府治事，故其府、史、胥、徒同。阮校曰：“（此）府、史、胥、徒，统属于四官（指大师、小师、瞽矇、视瞭），故经文合并为一条，如《大司乐》、《乐师》合为一条之例。”

【译文】

大师，由下大夫二人任长官。小师，由上士四人任长官。瞽矇：上瞽四十人，中瞽一百人，下瞽一百六十人。视瞭三百人。共下辖府四人，史八人，胥十二人，徒一百二十人。

23. 典同[1]，中士二人，府一人，史一人，胥二人，徒二十人。

【注释】

①典同：官名。掌管调理乐器的音律的官。同，同“吕”，阴律；律，阳律。

【译文】

典同，由中士二人任长官，下辖府一人，史一人，胥二人，徒二十人。

24. 磬师[1]，中士四人，下士八人，府四人，史二人[2]，胥四人，徒四十人。

【注释】

①磬师：官名。掌管教击编钟、编磬的官。

②府四人，史二人：据王引之说，当作“府二人，史四人”，是。

【译文】

磬师，由中士四人任长官，下士八人任副职，下辖府二人，史四人，胥四人，徒四十人。

25. 钟师[1]，中士四人，下士八人，府二人，史二人，胥六人，徒六十人。

【注释】

①钟师：官名。掌管敲击钟、镈，以为奏乐节奏。

【译文】

钟师，由中士四人任长官，下士八人任副职，下辖府二人，史二人，胥六人，徒六十人。

26. 笙师[1]，中士二人，下士四人，府二人，史二人，胥一人，徒十人。

【注释】

①笙师：官名。掌管教吹奏竽、笙等管乐器。

【译文】

笙师，由中士二人任长官，下士四人任副职，下辖府二人，史二人，胥一人，徒十人。

27. 镈师[1]，中士二人，下士四人，府二人，史二人，胥二人，徒二十人。

【注释】

①镈(bó)师：官名。掌管金奏时击鼓。镈，形如钟而略大的乐器。

【译文】

镈师，由中士二人任长官，下士四人任副职，下辖府二人，史二人，胥二人，徒二十人。

28. 韎师[1]，下士二人，府一人，史一人，舞者十有六人，徒四十人。

【注释】

①韎师：官名。掌管教授东方夷族舞乐。韎(mèi、又读 mò)，东方夷族之乐舞名。

【译文】

韎师，由下士二人任长官，下辖府一人，史一人，舞者十六人，徒四十人。

29. 旄人[1]，下士四人，舞者众寡无数，府二人，史二人，胥二人，徒二十人。

【注释】

①旄(máo)人：官名。掌管教授民间通俗乐舞及四夷乐舞。旄，牦牛尾，舞者手持的道具。

【译文】

旄人，由下士四人任长官，舞者的多少无定数，下辖府二人，史二人，胥二人，徒二十人。

30. 籥师[1]，中士四人，府二人，史二人，胥二人，徒二十人。

【注释】

①籥(yuè)师：官名。掌管教授国子跳文舞时吹籥。籥，正字作龠。竹制管乐器。单管，似笛，舞者所吹，有三孔、六孔两种。六孔者可兼为舞具。

【译文】

籥师，由中士四人任长官，下辖府二人，史二人，胥二人，徒二十人。

31. 籥章[1]，中士二人，下士四人，府一人，史一人，胥二人，徒二十人。

【注释】

①籥章：官名。掌管演奏、教授敲击土鼓和用籥吹奏豳地诗乐。

【译文】

籥章，由中士二人任长官，下士四人任副职，下辖府一人，史一人，胥二人，徒二十人。

32. 鞮鞻氏[1]，下士四人，府一人，史一人，胥二人，徒二十人。

【注释】

①鞮鞻(dīlóu)氏：官名。掌管教授四夷音乐歌舞。鞮，四夷舞者所着皮制舞鞋。

【译文】

鞮鞻氏，由下士四人任长官，下辖府一人，史一人，胥二人，徒二十人。

33. 典庸器[1]，下士四人，府四人，史二人[2]，胥八人，徒八十人。

【注释】

①典庸器：官名。掌管收藏、保管乐器、钟鼎之器。庸器，从战败国所获得的重器。

②府四人，史二人：据王引之说，当作“府二人，史四人”，是。

【译文】

典庸器，由下士四人任长官，下辖府二人，史四人，胥八人，徒八十人。

34. 司干[1]，下士二人，府二人，史二人，徒二十人。

【注释】

①司干：官名。掌管舞蹈所执之道具，如羽干戚等。干，盾，跳舞时手持的道具。

【译文】

司干，由下士二人任长官，下辖府二人，史二人，徒二十人。

35. 大卜[1]，下大夫二人。卜师[2]，上士四人。卜人[3]，中士八人，下士十有六人，府二人，史二人，胥四人，徒四十人。

【注释】

①大卜：官名。为卜官之长。掌管卜筮之法。下文自卜师至筮人，皆其属官。郑《注》曰："卜筮官之长。"卜，通过龟甲问吉凶叫卜。

②卜师：官名。掌管开取兆书、辨龟、授龟等具体占卜之事。

③卜人：官名。协助大卜、卜师做事。贾《疏》曰："卜人无别职（即分官述职无其职文），以其助大卜、卜师行事故也。"按，以上三官同府治事，故其府、史、胥、徒同。

【译文】

大卜，由下大夫二人任长官。卜师，由上士四人任长官。卜人，由中士八人任长官，下士十六人任副职，下辖府二人，史二人，胥四人，徒四十人。

36. 龟人[1]，中士二人，府二人，史二人，工四人[2]，胥四人，徒四十人。

【注释】

①龟人：官名。掌管龟甲的攻治、收藏及供给，以备占卜之用。

②工：据郑《注》，是掌取龟、攻(治)龟的工人。

【译文】

龟人，由中士二人任长官，下辖府二人，史二人，工四人，胥四人，徒四十人。

37. 菙氏[1]，下士二人，史一人，徒八人。

【注释】

①菙(chuí)氏：官名。掌管供给灼龟所用的燋(灼龟所用的火种)、契(灼龟所用的荆木)。菙，据阮校说，是“棰”字之误。即荆木。

【译文】

棰氏，由下士二人任长官，下辖史一人，徒八人。

38. 占人[1]，下士八人，府一人，史二人，徒八人。

【注释】

①占人：官名。掌管占视蓍、龟的卦兆而言吉凶。占，用龟甲、蓍草占问吉凶。

【译文】

占人，由下士八人任长官，下辖府一人，史二人，徒八人。

39. 筮人[1]，中士二人，府一人，史二人，徒四人。

【注释】

①筮人：官名。掌管占筮事。筮，用蓍草问吉凶。

【译文】

筮人，由中士二人任长官，下辖府一人，史二人，徒四人。

40. 占梦[1]，中士二人，史二人、徒四人。

【注释】

①占梦：官名。掌管占验梦的吉凶。

【译文】

占梦，由中士二人任长官，下辖史二人，徒四人。

41. 视祲[1]，中士二人，史二人，徒四人。

【注释】

①视祲(jìn)：官名。掌管占望云气，以辨吉凶妖祥。祲，妖氛，不祥之气。

【译文】

视祲，由中士二人任长官，下辖史二人，徒四人。

42. 大祝[1]，下大夫二人，上士四人。小祝[2]，中士八人，下士十有六人，府二人、史四人，胥四人，徒四十人。

【注释】

①大祝：官名。为祝官之长，掌管祭祀告神之赞辞。下文自小祝至诅祝，皆其属官。郑《注》曰："祝官之长。"《说文》："祝，祭主赞辞者。"

②小祝：官名。掌管小祭祀之祝号，并协助大祝行事。贾《疏》曰："大祝与小祝别职而同官，故共府、史、胥、徒。"

【译文】

大祝，由下大夫二人任长官，上士四人任副职。小祝，由中士八人任长官，下士十六人任副职。下辖府二人，史四人，胥四人，徒四十人。

43. 丧祝①，上士二人，中士四人，下士八人，府二人，史二人，胥四人，徒四十人。

【注释】

①丧祝：官名。掌管丧事祝告之事。

【译文】

丧祝，由上士二人任长官，中士四人任副职，[此外还有]下士八人递相辅佐，下辖府二人，史二人，胥四人，徒四十人。

44. 甸祝①，下士二人，府一人，史一人，徒四人。

【注释】

①甸祝：官名。掌管四时田猎及征伐、祭祀的祝告之事。甸，通"田"，田猎。郑《注》曰："甸之言田也，田狩之祝。"

【译文】

甸祝，由下士二人任长官，下辖府一人，史一人，徒四人。

45. 诅祝[1]，下士二人，府一人，史一人，徒四人。

【注释】

①诅祝：官名。掌管盟、诅及六祈（类、造、攻、说、禬、禜）等祝号之事。

【译文】

诅祝，由下士二人任长官，下辖府一人，史一人，徒四人。

46. 司巫[1]，中士二人，府一人，史一人，胥一人，徒十人。

【注释】

①司巫：官名。为巫官之长，掌管群巫的政令。巫，从事祈祷、卜筮兼用药物为人求福、去灾、治病的人。

【译文】

司巫，由中士二人任长官，下辖府一人，史一人，胥一人，徒十人。

47. 男巫[1]，无数。女巫[2]，无数。其师[3]，中士四人，府二人，史四人，胥四人，徒四十人。

【注释】

①男巫：官名。掌管望祀、望延（详其职文）及以茅招迎四方众神。

②女巫：官中女官。掌管以巫舞通神。

③其师：即巫师，男巫、女巫之长。孙诒让曰："为男女巫之长，以男巫之有才智者为之。"

【译文】

男巫，无定数。女巫，无定数。巫师，由中士四人任长官，下辖府二人，史四人，胥四人，徒四十人。

48. 大史[1]，下大夫二人，上士四人。小史[2]，中士八人，下士十有六人。府四人，史八人，胥四人，徒四十人。

【注释】

①大史：官名。史官之长。掌管法典、礼籍、祭祀、星历等。属官有小史、冯相氏、保章氏。郑《注》曰："史官之长。"

②小史：官名。大史之副。掌管王国及诸侯国之史籍以及定世系、辨昭穆等事。按，大史、小史同府治事，故其府、史、胥、徒同。贾《疏》曰："小史与大史别职而官同，故共府史也。"

【译文】

大史，由下大夫二人任长官，上士四人任副职。小史，由中士八人任长官，下士十六人任副职。下辖府四人，史八人，胥四人，徒四十人。

49. 冯相氏[1]，中士二人，下士四人，府二人，史四人，徒八人。

【注释】

①冯(píng)相氏：官名。掌管天文星历的推算，登高台以观测天文之次序。冯，登。相，视。

【译文】

冯相氏，由中士二人任长官，下士四人任副职，下辖府二人，史四人，徒八人。

50. 保章氏[1]，中士二人，下士四人，府二人，史四人，徒八人。

【注释】

①保章氏：官名。掌管观察、记录天星变动等天文现象，以观天下之变，分辨吉凶。

【译文】

保章氏，由中士二人任长官，下士四人任副职，下辖府二人，史四人，徒八人。

51. 内史①，中大夫一人，下大夫二人，上士四人，中士八人，下士十有六人，府四人，史八人，胥四人，胥四人，徒四十人。

【注释】

①内史：官名。掌管天子八柄之法及国法之贰，以助王治理邦国。属官有外史、御史。孙诒让曰："《宫正·注》谓其官府在宫中，故曰内史。又与大史相左右，亦曰右史，而与外史、御史为长。"按，因内史官府在宫内，职能如王之秘书长，故称。

【译文】

内史，由中大夫一人任长官，下大夫二人任副职，此外还有上士四人、中士八人、下士十六人递相辅佐，下辖府四人，史八人，胥四人，徒四十人。

52. 外史①，上士四人，中士八人，下士十有六人，胥二人，徒二十人。

【注释】

①外史：官名。掌管书写王下达给畿外邦国的命令，收藏各诸侯国史书及三皇五帝之书，并推广统一的文字。

【译文】

外史，由上士四人任长官，此外还有中士八人、下士十六人递相辅佐，下辖胥二人，徒二十人。

53. 御史[1]，中士八人，下士十有六人，其史百有二十人，府四人，胥四人，徒四十人。

【注释】

①御史：官名。掌管邦国、都鄙及万民之治令文件、档案典籍，并协助记事及起草文件。孙诒让曰："此官亦掌藏书，所谓柱下史也。本职不言藏书者，文不具也。"

②其史百有二十人：史人数特多，因御史有为王草拟诏令之责，故需多人从事。

【译文】

御史，由中士八人任长官，下士十六人任副职，其手下的史有一百二十人，下辖府四人，胥四人，徒四十人。

54. 巾车[1]，下大夫二人，上士四人，中士八人，下士十有六人，府四人，史八人，工百人，胥五人，徒五十人。

【注释】

①巾车：官名。掌管天子、王后及官用之车及用车规格、配备等政令。车官之长，属官有典路、车仆。巾，犹衣，车上蒙有装饰物，故称。

【译文】

巾车，由下大夫二人任长官，上士四人任副职，中士八人、下士十六人递相辅佐，下辖府四人，史八人，工人一百人，胥五人，徒五十人。

55. 典路[1]，中士二人，下士四人，府二人，史二人，胥二人，徒二十人。

【注释】

①典路：官名。掌管王、王后所乘的车辇，并佐助驾车、解马等事。路，车也，王、王后所乘之车。郑《注》曰："王之所乘车。"

【译文】

典路，由中士二人任长官，下士四人任副职，下辖府二人，史二人，胥二人，徒二十人。

56. 车仆[1]，中士二人，下士四人，府二人，史二人，胥二人，徒二十人。

【注释】

①车仆：官名。掌管五种战车（即戎路、广车、阙车、苹车、轻车）之副车的卒伍。

【译文】

车仆，由中士二人任长官，下士四人任副职，下辖府二人，史二人，胥二人，徒二十人。

57. 司常[1]，中士二人，下士四人，府二人，史二人，胥四人，徒四十人。

【注释】

①司常:官名。掌管各种旗帜的名称及其使用方法。常,旌旗。

【译文】

司常,由中士二人任长官,下士四人任副职,下辖府二人,史二人,胥四人,徒四十人。

58. 都宗人①,上士二人,中士四人,府二人,史四人,胥四人,徒四十人。

【注释】

①都宗人:官名。掌管王子弟及公卿所封采邑(即大都、小都)的祭祀。大都,王子弟、公的采邑。小都,卿的采邑。按,宗人性质同于宗伯,但级别较低。胡匡衷曰:"宗伯,诸侯以下通谓之宗人。"

【译文】

都宗人,每都由上士二人任长官,中士四人任副职,下辖府二人,史四人,胥四人,徒四十人。

59. 家宗人①,如都宗人之数。

【注释】

①家宗人:官名。掌管大夫采邑的祭祀。家,郑《注》曰:"谓大夫所食采邑。"

【译文】

家宗人,如同都宗人的编制数目。

60. 凡以神士者①,无数,以其艺为之贵贱之等②。

【注释】

①以神士者：神士者，以事神为官职的人。负责辨别天上鬼神祇的方位，祀之以消除灾祸。以男巫中有才智者担任。士，通“仕”，其职文即作“仕”。郑《注》曰：“以神士者，男巫之俊，有学问才智者。”

②以其艺为之贵贱之等：郑《注》曰：“艺，谓礼乐射御书数。高者为上士，次之为中士，又次之为下士。”

【译文】

凡是以神士为职业的人，没有固定的数目，国家按照他们技艺的高低来区分其地位贵贱的等次而给予不同待遇。

一　大宗伯

1. 大宗伯之职，掌建邦之天神、人鬼、地示之礼①，以佐王建保邦国。

【注释】

①人鬼、地示之礼：人鬼，谓宗庙之神。示，“祇”的本字，谓地神。礼：祭祀义。郑《注》曰：“谓祀之、祭之、享之”。孙诒让曰：“此经通例，天神曰祀，地祇曰祭，人鬼曰享。”

【译文】

大宗伯的职责，是掌管为王国建立对于天神、人鬼、地神的祭祀礼制，以辅佐王建立、安定天下各国。

2. 以吉礼事邦国之鬼神示①。以禋祀祀昊天上帝②，以实柴祀日、月、星、辰③，以槱燎祀司中、司命、风师、雨师④。

【注释】

①吉礼：五礼之一。也叫祭礼。按，《大宗伯》将古礼分为吉、凶、宾、军、嘉五大类，称为“五礼”，吉礼是有关祭祀之礼。事神致福是其基本内容，故名。

②禋(yīn)祀祀昊天上帝：禋祀，谓烧柴升烟以祭天。按，禋祀及下文实柴、槱(yǒu，堆积)燎，名虽不同而是同一种祭法：先积柴，再在柴上加牲体、玉帛等，然后燔烧而使烟气上升，天神闻到烟气，就算享用了。昊天上帝，是天上的至上神。

③以实柴祀日、月、星、辰：实柴，歆神之礼。星，谓五星。辰，谓二十八宿。郑《注》曰：“星，谓五纬，辰，谓日月所会十二次。”按，五纬，据贾《疏》，指五星：东方岁星(即木星)，南方荧惑(即火星)，西方太白(即金星)，北方辰星(即水星)，中央镇星(即土星)。十二次，参见《地官·大司徒》注。

④司中、司命：郑《注》曰：“司中、司命，文昌第五、第四星。”按，文昌，星官名，属紫微垣，有六星，第四星为司命，据说主赏功进贤；第五星为司中，据说主察人间咎过。风师、雨师：据郑司农说，即分别指箕星、毕星，能兴风、雨。

【译文】

用吉礼侍奉天下各国的人鬼、天神和地神。在祀天神开始请神降临时，用禋祀来祭祀昊天、上帝，用实柴来祭祀日、月、星、辰，用槱燎来祭祀司中、司命、风师、雨师。

3. 以血祭祭社稷、五祀、五岳①，以貍沉祭山林、川泽②，以疈辜祭四方、百物③。

【注释】

①“以血”至“五岳”：血祭，即用牲血祭祀。金鹗曰：“血祭，盖以血

滴于地，如郁之灌地也。”其祭法，据孙诒让说，是先荐而后灌，即先进献而后灌地，使血气达于地下，以供神享之。社稷，即土谷之神。五祀，据郑《注》，此谓祭祀“五官之神”。金鹗曰：“五神分列五方，佐地以造化万物，天子祀之，谓之五祀。《月令》云春神句芒，夏神祝融，中央后土，秋神蓐收，冬神玄冥，即五祀之神也。”五官，谓五行之官。《左传》昭公二十九年记蔡墨曰：“有五行之官，是谓五官，实列受氏姓，封为上公，祀为贵神，社稷五祀，是尊是奉。”五岳，郑《注》曰：“东曰岱宗，南曰衡山，西曰华山，北曰恒山，中曰嵩高山。”

②貍沉：貍，通“埋”。貍沉，谓祭地祇时的歆神之礼。指将牲体、玉帛等，埋于山，或沉于河以祭。郑《注》曰：“祭山林曰貍，川泽曰沉。”

③以䰞辜祭四方、百物：䰞(pì)辜，谓祭地祇的歆神之礼。郑司农曰：“披磔牲以祭。”即将牲体分割、肢解以祭。四方百物，谓四方小神。

【译文】

用血祭的礼数来祭祀社稷、五祀、五岳，用埋沉的礼数来祭祀山林、川泽，用䰞辜的礼数来祭祀四方众多小神。

4. 以肆、献、祼享先王，以馈食享先王①，以祠春享先王，以禴夏享先王，以尝秋享先王，以烝冬享先王②。

【注释】

①“以肆、献、祼(guàn)享先王”二句：此记宗庙四时祭的礼节。郑《注》曰：“肆者，进所解牲体，谓荐熟时也。献，献醴，谓荐血腥也。祼之言灌，灌以郁鬯，谓始献尸求神时也，”馈食，谓进献黍稷做的饭。按，祭祀的顺序，当先祼，再荐血腥、献醴(即醴齐)，

再荐熟，最后馈食（参见《天官·笾人》注），此处四事义互见，四时祭皆当备此四事。肆，通“剔”，此谓进献剔解过的牲体。献，谓献醴。谓以郁鬯香酒浇地而请神降临。馈食，祭祀时向尸进献熟食。孙诒让曰：“凡王礼庙享皆九献，而告祭及祈祷礼杀（即减），容有自馈食始者，故此经以为六享之一也。”

②“以祠春享先王”四句：祠、禴（yuè，古同“礿”）、尝、烝（zhēng），是宗庙四时的祭名。祠，春季祭祀先王的祭名。禴，夏季祭祀先王的祭名。尝，秋季祭祀先王的祭名。烝，冬季祭祀先王的祭名。钱玄《注》曰：“四时祭于宗庙祭祀中为最隆重的祭祀。天子、诸侯之四时祭，包括：祼、荐血腥、荐熟、馈食诸节。”（《三礼通论》页468）

【译文】

用经过解割而煮熟的牲肉、牲血和生的牲肉、向地下灌郁鬯香酒的礼数来祭祀先王，用馈食的礼数祭祀先王，春季用祠祭来祭祀先王，夏季用禴祭来祭祀先王，秋季用尝祭来祭祀先王，冬季用烝祭来祭祀先王。

5. 以凶礼哀邦国之忧①：以丧礼哀死亡，以荒礼哀凶札②，以吊礼哀祸灾③，以禬礼哀围败④，以恤礼哀寇乱⑤。

【注释】

①凶礼：五礼之二，凡是遇到凶事所行之礼，包括下述丧礼、荒礼、吊礼、禬礼、恤礼等。哀，郑《注》曰：“谓救患分灾。”

②荒礼：指遭遇饥荒、疾疫时所当行之礼，如王、群臣皆减膳、彻乐等以振救。

③以吊礼哀祸灾：吊，慰问。祸灾，谓水火之灾。郑《注》曰：“谓遭水火。”

④禬(guì)礼:谓同盟诸侯国聚合财物以救济某战败之同盟国之礼。

⑤恤礼:指慰问救济他国遭受寇乱之礼。郑《注》曰:"恤,忧也。邻国相忧。兵作于外为寇,作于内为乱。"

【译文】

用凶礼哀悼天下各国所遭遇的忧伤:用丧礼哀悼死亡者,用荒礼哀悼饥荒和疾疫流行,用吊礼哀悼水灾、火灾等灾祸,用禬礼哀悼被敌国战败的盟国,用恤礼哀悼遭受侵犯或有内乱的邻国。

6. 以宾礼亲邦国①:春见曰朝,夏见曰宗,秋见曰覲,冬见曰遇②,时见曰会③,殷见曰同④,时聘曰问⑤,殷覜曰视⑥。

【注释】

①宾礼:五礼之三,接待宾客之礼。包括下述朝、宗、覲、遇、会、同、问、视等八种礼。

②"春见曰朝"四句:朝、宗、覲、遇,是诸侯四时朝见王之礼名。按,朝、宗、遇三礼皆亡,覲礼存《仪礼·覲礼》篇中,可参。郑《注》曰:"朝犹朝(zhāo)也,欲其来之早。宗,尊也,欲其尊王。覲之言勤也,欲其勤王之事。遇,偶也,欲其若不期而偶至。"金鹗曰:"朝宗覲遇,特以时而异其名,其礼必不有异。"

③时见:据郑《注》,如王有征伐之事,就在国外筑坛,使诸侯国来朝,征讨不顺服的诸侯。因见无常期,故称时见。按,"时",谓不定时。

④殷见:据郑《注》,殷,众多义。谓众多诸侯。王本有巡守天下的制度(《大行人》曰"十二岁王乃巡守殷国"),若王不巡守,则诸侯同来王都朝见,此谓殷见之礼。

⑤时聘:郑《注》曰:"亦无常期,天子有事乃聘之焉。"按,此指诸侯遣卿前往聘问天子。因无常期,故称。

⑥殷覜(tiào):覜,《说文》曰"诸侯三年大相聘曰覜。覜,视也",即来探望王。郑《注》曰:"殷覜,谓一服(即侯服)朝之岁,以朝者少,诸侯乃使卿以大礼重聘焉。一服朝在元年、七年、十一年。"按,殷覜,指每十二年内,凡遇仅有侯服诸侯来朝的三年(王在位的元年、七年、十一年),其他诸侯遣卿来看望天子。

【译文】

用宾礼来使天下各邦国相亲附:诸侯春季朝王叫做朝,诸侯夏季朝王叫做宗,诸侯秋季朝王叫做觐,诸侯冬季朝王叫做遇,王将有征讨而无定期地会合诸侯叫做会,王在应巡守之年如没有巡狩,天下众诸侯国一齐来朝王叫做同,诸侯无定期地派卿前来慰问王叫做问,每十二年中有三年侯服诸侯来朝,而其他五服众诸侯派卿来探望王叫做视。

7. 以军礼同邦国①:大师之礼②,用众也;大均之礼③,恤众也;大田之礼④,简众也;大役之礼⑤,任众也;大封之礼⑥,合众也。

【注释】

①军礼:五礼之四,有关军事活动的礼数。包括下述大师、大均、大田、大役、大封之礼等五种礼。

②大师之礼:军礼之一。谓天子率兵征伐之礼。沈文倬曰:"大师之礼是天子或诸侯的征伐行动,究竟要举行多少典礼,经传亡佚,已无法稽考。但宗庙谋议,命将出师,载(木)主远征,凯旋献俘,凡《诗》、《书》、《国语》、《左传》等所涉及的,处处都有典礼的痕迹。可见军礼的内容是丰富的。"(《中国文化史三百题·古代的"五礼"包括哪些主要内容》,上海古籍出版社1987年版)

③大均之礼:军礼之一。谓校正户口、调整赋税之礼。孙诒让曰:

“校比户口，以平均征赋之事。事止于邦畿内。”

④大田之礼：军礼之一。谓天子诸侯亲自参加四时田猎及操练检阅士兵之礼。

⑤大役之礼：军礼之一。谓国家为建筑王宫、城邑等工程建设项目而征调徒众之礼。沈文倬认为：大役是国家兴办的筑城邑、建宫殿，以及开河、造堤等大规模的土木工程，无价征发的民工，如不用军法部勒，自难迅速完成。

⑥大封之礼：军礼之一。谓以武力校正封国疆界之礼。孙诒让曰：“大封者，谓邦国疆界有侵越者，当率师以定之。”

【译文】

用军礼协同天下各国使服从中央：大军出征之礼，是用来利用民众的义勇之志；大校比以平均赋税之礼，是用来体恤民众的赋税负担；举行大田猎之礼，是为了检阅徒众以习兵练武；大兴劳役之礼，是为了任用民众的劳力；大规模勘定疆界之礼，是为了聚合民众。

8. 以嘉礼亲万民①：以饮、食之礼②，亲宗族兄弟；以昏、冠之礼③，亲成男女；以宾射之礼④，亲故旧朋友⑤；以飨、燕之礼⑥，亲四方之宾客；以脤、膰之礼⑦，亲兄弟之国；以贺庆之礼⑧，亲异姓之国⑨。

【注释】

①嘉礼：五礼之五，即喜庆之礼。包括下述饮、食之礼、以昏、冠之礼、宾射之礼、飨、燕之礼、脤、膰之礼、贺庆之礼等六方面的礼。

②饮、食之礼：谓人君招待族人吃饭饮酒之礼。饮，谓饮酒礼。食，谓食礼。

③昏、冠之礼：婚礼和冠礼。男子二十而冠，则可娶妻；女子十五而

笄，则可出嫁。昏，古“婚”字。按，昏冠之礼虽就男子而言，亦包括女子姻笄。

④宾射之礼：谓天子与来朝诸侯（即宾）分宾主在朝比射之礼。射前有燕宴。宾射盖亦包括天子之故旧朋友。

⑤故旧朋友：据郑《注》，故旧是王为太子时的同学；做王后则与诸侯为友，是其朋友。

⑥飨、燕之礼：谓招待宾客的宴会之礼。飨，食礼之一。盖宴会饮食之礼有三等：飨、食、燕。飨最隆重，设太牢，有饭，有殽，有酒。次为食，设太牢，有殽，有饭，以饭为主，设酒而不饮。再次为燕，设犬牲，以饮酒为主，不醉不归。飨多用于接待朝聘之诸侯宾客，宴饮于庙；养老孤，则飨在学。王雪萍曰：“飨礼是既设盛礼——祼献礼向宾客致敬，又设盛宴——有食有饮有肴馔招待宾客。概而言之，飨礼是设有隆重礼仪招待宾客的盛宴。”（王雪萍：《〈周礼〉饮食制度研究》，广陵书社2010年版，页263）燕，通“宴”。

⑦脤、膰之礼：脤是祭祀社稷的肉，膰是祭祀宗庙的肉。天子将脤膰赐给同姓之国，表示彼此都能得到神的福佑。脤（shèn），社稷祭肉。膰（fán），宗庙祭肉。按，王祭祀后，有把祭肉分赐给同姓、异姓诸侯之礼，以示同受福祥。

⑧贺庆之礼：谓诸侯有值得庆贺之事，天子派人携带礼品前往庆贺。贾《疏》曰：“谓诸侯之国有喜可贺可庆之事，王使大夫往，以物贺庆之。”

⑨亲异姓之国：此句与上句当为互文：祭肉亦赐予异姓，同姓之国亦行贺庆之礼以亲之。

【译文】

用嘉礼来使民众相互亲善：用饮酒礼和食礼，来敦睦宗族兄弟相亲；用婚礼和冠礼，来使男女相亲相爱并使青年男女具有成人的品德性情；用宾射礼，来使故旧和朋友相亲昵；用飨礼和燕礼，来使四方朝聘的宾客相亲近；用赏赐祭祀社稷和宗庙祭肉之礼，来使同姓兄弟及异姓国家相亲近；用贺庆之礼，来使异姓国家相亲近。

9. 以九仪之命①，正邦国之位。壹命受职②，再命受服③，三命受位④，四命受器⑤，五命赐则⑥，六命赐官⑦，七命赐国⑧，八命作牧⑨，九命作伯⑩。

【注释】

①九仪之命：即九等仪命。命谓册命，即天子策命之诸侯群臣的等级。等级有九，总称九命。九命之制在于统一天下诸侯群臣之等级，以及其相应的礼仪等级，命数有九，仪制亦有九，故又称九仪之命、仪命。郑《注》曰："每命异仪，贵贱之位乃正。"

②壹命受职：壹命，是最低的贵族等级。王之下士、公侯伯之士、子男之大夫为壹命。受职，接受职务。

③再命受服：再命，王之中士、公侯伯之大夫、子男之卿为再命。受服，杜佑《通典》卷三六曰："受服于君，不自为也。然则一命者，其服自为也。"

④三命受位：三命，王之上士、列国之卿为三命。受位，郑《注》曰："此列国之卿，始有列位于王，为王之臣也。"

⑤四命受器：四命，据郑《注》，王之下大夫、公国之孤卿为四命。器，谓祭器。杜佑曰："四命始受器、三命以下皆自为之也。"（同上）

⑥五命赐则：则，郑《注》曰："地未成国之名。王之下大夫四命，出封加一等，五命，赐之以方百里、二百里之地者。方三百里以上为成国。"按，据郑《注》，受地不及三百里而未成国，实即子、男类小国，封地方百里或二百里，谓之则。一说，则为王掌控都鄙之

法。姑从郑说。

⑦六命赐官：六命，王之卿为六命，有采邑。赐官，据郑《注》，王之卿赐予自主选用官吏的特权。

⑧七命赐国：七命，王之卿六命，出封加一等，则为七命。赐国，据郑司农说，是出封为侯伯之国。

⑨八命作牧：侯伯七命，因有功德，加一命为八命。王之三公亦八命。牧，州牧。一州诸侯之长。九州共九牧。

⑩九命作伯：九命，王之八命，因有功德，加一命为九命，可为方伯。伯，即方伯，掌领一方的诸侯之长，由九命之上公担任，有代天子征伐的权力。

【译文】

用九等仪命，统一诸侯国的爵位贵贱。一命可以接受国君分派的职务进入仕途，再命可以接受国君所颁赐的命服，三命可以接受王朝的臣位，四命可以接受公所颁赐的祭器，五命可以由王赐予一则之地，六命可以赐予在采邑中自主选用官吏的权力，七命可以出封为侯伯之国的国君，八命可以被任命为一州的州牧，九命可以担任一方的方伯。

10. 以玉作六瑞①，以等邦国②。王执镇圭③，公执桓圭④，侯执信圭⑤，伯执躬圭⑥，子执谷璧⑦，男执蒲璧⑧。

【注释】

①六瑞：瑞，玉制的信物，《典瑞》郑《注》释之为“符信”。六瑞，即下文所记镇圭、桓圭、信圭、躬圭、谷璧、蒲璧。

②等：谓等级，区分公、侯、伯、子、男的不同等级。

③镇圭：镇，安也。圭，一种上圆下方的长方形瑞玉。镇圭，天子镇抚天下之圭，刻有四镇（见《职方氏》）山形，长一尺二寸，是圭中最长者。按，圭的形制，据《礼记·杂记下》引《赞大行》说，宽三

寸，厚半寸，顶端一寸半削成三角形，依爵等不同而有不同长度：公圭九寸，侯伯七寸，子男五寸。

④桓圭：一种长九寸、刻有桓（宫室的柱子）形的圭。公执桓圭，象征协助天子安定天下。

⑤信圭：一种长七寸、刻有伸直的人形的圭，画文较繁细。亦称身圭。郑《注》曰："信当为身，声之误也。"侯执信圭，象征"欲其慎行以保身"。

⑥躬圭：一种长七寸、刻有微曲的人形的圭，诸伯所执。象征意义同信圭。

⑦谷璧：璧，是一种正圆形的玉，中央有孔。据郑《注》说，璧径五寸。谷璧，一种直径五寸、刻有五谷形的璧。子执谷璧，表示养活民众。

⑧蒲璧：一种直径五寸、刻有蒲草花纹的璧。男爵执蒲璧，象征安民。

【译文】

用玉制作成六种玉瑞，以区别五等诸侯的等级。王手执镇圭，公手执桓圭，侯手执信圭，伯手执躬圭，子手执谷璧，男手执蒲璧。

11. 以禽作六摯[1]，以等诸臣。孤执皮帛[2]，卿执羔[3]，大夫执雁[4]，士执雉[5]，庶人执鹜[6]，工商执鸡[7]。

【注释】

①以禽作六摯：禽，鸟兽的总名。摯，拜访别人时所持的见面礼。

②孤执皮帛：孤，官爵名。有天子之孤和诸侯上公之孤两类。天子之孤为冢卿，于六卿中独尊（此王引之说）。诸侯唯有上公有孤，侯伯子男不设孤。此处泛指天子之孤与公国之孤。《通典》卷七十五引魏博士高堂隆曰："孤，谓天子七命之孤及大国四命之

孤。”皮帛，束帛外包上虎豹皮作为装饰。郑《注》曰：“束帛而表（包裹）以皮为之饰。皮，虎豹皮。”

③羔：《白虎通义》曰：“卿以羔为贽，羔者，取其群而不党，卿职在尽忠率下，不阿党也。”

④雁：郑玄等人解释为鸿雁，王引之等人认为是鹅，孙诒让曰：“王说是也。凡此经雁并为鹅。”

⑤雉：野鸡。郑《注》曰：“雉，取其守介而死，不失其节。”

⑥鹜（wù）：鸭子。鸭子不能飞远，如庶人只知守土耕种。

⑦鸡：郑《注》曰：“取其守时而动。”

【译文】

用禽兽作六种见面礼，以区别不同身份臣民的等级。孤手执兽皮裹饰的束帛作见面礼，卿手执羔羊作见面礼，大夫手执鹅作见面礼，士手执野鸡作见面礼，庶人手执鸭作见面礼，工商阶层手执鸡作见面礼。

12. 以玉作六器①，以礼天地四方②。以苍璧礼天③，以黄琮礼地④，以青圭礼东方⑤，以赤璋礼南方⑥，以白琥礼西方⑦，以玄璜礼北方⑧。皆有牲币⑨，各放其器之色⑩。

【注释】

①六器：用来祭祀方明（亦称六宗，即六方之神，包括天神、地神和四方之神）的六种玉器。即下文苍璧、黄琮、青圭、赤璋、白琥、玄璜等。

②礼：犹言祭祀。郑《注》曰：“谓（祭祀）始告神时，荐于神坐。”

③苍璧：苍，天的颜色。苍璧，青色的玉璧。天子祭天所荐之玉。外圆内方，象天之形。

④黄琮（cóng）：黄，地的颜色。琮是外方内圆，中央有孔如筒形的玉。出土玉琮皆如此。一说，琮为八角形（此郑《注》说），当

不确。

⑤青圭：青，东方之色。圭是上锐（象征春天万物出生。）下方的玉。

⑥赤璋：赤，南方之色。璋是圭的一半，象征夏物半死。《说文》曰："半圭为璋。"

⑦白琥：白，西方之色。琥，据贾《疏》，是虎形玉雕。象征秋天的肃杀。一说，琥是琮的一半（此孔广森说）。姑从贾说。

⑧玄璜：玄，北方之色。璜，璧的一半，象征冬天万物闭藏，只见半个天。《说文》曰："璜，半璧也。"

⑨牲币：牺牲和帛。币，即束帛，缯帛，用作祭祀或馈赠的礼品。（参见《天官·大宰》注）。

⑩放（fǎng）：仿效，依照。

【译文】

用玉制作六种玉器，祭祀时用以进献天、地和东西南北四方之神。用苍璧进献天，用黄琮进献地，用青圭进献东方，用赤璋进献南方，用白琥进献西方，用玄璜进献北方。祭祀上述诸神时，都有牺牲和束帛，而牲、帛之色各依照该方所用玉器的颜色。

13. 以天产作阴德①，以中礼防之②。以地产作阳德③，以和乐防之④。以礼乐合天地之化，百物之产⑤，以事鬼神，以谐万民，以致百物。

【注释】

①以天产作阴德：郑《注》曰："天产者，动物，谓六牲之属；地产者，植物，谓九谷之属。阴德，阴气在人者。……阳德，阳气在人者。"据郑《注》，天产指六牲等动物，属阳。阴德，指人所具有的阴气。一说，阴德指婚礼。姑从郑说。按，古人认为，人赋有阴阳二气，阴气主虚、主静，须阳物来调剂，故需吃动物性食物，"作

之使动”。

②以中礼防之：据郑《注》，“作之使动”，动得过分就会伤害人的正性（阴阳调和之性），故要用礼来调节，使其适中。

③以地产作阳德：据郑《注》，地产指植物，九谷之类，属阴。阳德，指人所具有的阳气。一说，阳德指乡射、乡饮酒之礼。姑从郑说。阳气主盈、主躁，须阴物来调剂，故需吃植物性食物，“作之使静”。

④以和乐防之：据郑《注》，“作之使静”，静得过分亦会伤害人的正性，因此要用乐来调节，使阴阳二气保持和谐。

⑤“以礼乐”二句：孙诒让曰：“天地之化，谓金玉锡石之等。百物之产，则谓《大司徒》五地动植诸物。圣人制作礼乐，合聚万物，为牲牢、粢盛、酒醴、器服之等，以待祭祀、宾客之事而用之也。”则前者谓无机物，如金玉锡石等；后者谓各种动植物等生物。

【译文】

用动物性食物调剂人体内的阴气动起来，用教人适中的礼来防止阴气动得过分；用植物性食物调剂人体内的阳气静下来，用和谐的音乐来防止阳气动得过分。圣人制礼作乐，合聚天地之间化生的无生物，各种动物、植物，用来祭祀鬼神，和谐万民，用来得到所需的种种物品。

14. 凡祀大神，享大鬼，祭大示，帅执事而卜日，宿①，视涤濯，莅玉鬯，省牲镬，奉玉粢②，诏大号③，治其大礼④，诏相王之大礼。若王不与祭祀，则摄位。凡大祭祀，王后不与，则摄而荐豆、笾彻⑤。

【注释】

①宿：再次申诫。祭祀前十日戒百官使斋谓之戒，祭祀前三日或一

日再戒百官谓之宿。孙诒让曰:“凡王礼,大祭祀,祭前十日则戒,……祭前三日申戒也。”

②“莅玉鬯”三句:王引之说,这三句“专谓享大鬼”,即专就宗庙祭祀言。又说,玉鬯,是指圭瓒(行祼礼时用以舀酒灌地之器:瓒是玉勺,而以圭为柄);玉粢,与《天官·九嫔》玉粢同,指玉敦,盛祭祀用黍稷等谷物的玉饰祭器。莅,亲临视察。玉鬯,宗庙祭祀行祼礼时舀郁鬯酒灌地的玉柄勺子。

③诏大号:诏,告诉。大号,尊称,美名。郑《注》曰:“大号,六号之大者,以诏大祝,以为祝辞。”按,大祝掌管“辨六号”(参见《大祝》)。又大祝“掌六祝之辞”,故诏之“以为祝辞”。

④治其大礼:大礼,王亲自行的对天神、地祇、人鬼的祭祀之礼,相对群臣礼为小礼言。郑《注》曰:“治,犹简习也。豫简习大礼,至祭,当以诏相王。群臣礼为小礼。”孙诒让曰:“阅习大礼所以理董之,故谓之治。”

⑤荐豆、笾彻:郑《注》曰:“荐、彻豆笾,王后之事。”参见《九嫔》。

【译文】

凡是祭祀大天神、大人鬼、大地神,要事先率领有关官吏占卜祭祀的日期,祭前三日重申对百官的告诫,祭祀前夕视察祭器、炊具的洗涤情况,前往视察行祼礼用的圭瓒,察看牺牲和烹煮牲体用的镬,亲手奉持盛黍稷用的玉敦,告诉大祝祭祀对象的美好称呼以便大祝作祝祷辞,预先演习王所当行的祭祀礼仪,等到正式祭礼时就提醒王并协助王行礼。如果王因故不参加祭祀,就代替王行祭礼。凡是大祭祀,如果王后因故不参加,就代替王后进献和撤除豆、笾。

15. 大宾客①,则摄而载果②。朝觐、会同,则为上相③。大丧亦如之。王哭诸侯亦如之④。王命诸侯,则傧⑤。

【注释】

①大宾客：谓来朝诸侯。

②摄而载果：载果，即再裸。载，通“再”。果，通“裸”。郑《注》曰：“载，为也。果，读为‘裸’，代王裸宾客以鬯。君无酌臣之礼。”按，裸宾客以鬯，即向宾客进献郁鬯，亦即行裸礼（参见《秋官·大行人》注）。

③上相：王举行大典时主持礼仪的最高官员，第一摈相。犹今司仪。相者多个，大宗伯为卿，级别高，排在最前，故称上相或上摈。郑《注》曰：“出接宾曰摈，入诏礼曰相。”

④王哭诸侯亦如之：贾《疏》曰：“谓诸侯薨于本国，赴告天子，天子为位哭之，大宗伯亦为上相。”亦如之，即亦为上相。

⑤摈：导引宾客，以礼迎宾。郑《注》曰：“进之也。”

【译文】

遇到招待大宾客，就代王向宾客行裸礼。遇到诸侯朝觐王或王外出会同，就担任上相。遇到王、王后或太子的丧事，也是这样。遇到诸侯死于本国而王哭吊死去的诸侯时也是这样。王策命诸侯时，就导引被策命者进前受命。

16. 国有大故①，则旅上帝及四望②。王大封，则先告后土③。

【注释】

①故：郑《注》曰；“谓凶灾。”

②旅上帝及四望：旅，祭名，一种祈求之祭（参见《天官·掌次》注）。上帝，据《注》《疏》，此处谓五方帝。四望，谓设坛四望而遥祭四方名山大川（五岳、四镇、四渎）及海（参见《舞师》注）。

③告后土：告，祭名，用牲币祭。郑《注》曰：“后土，土神也。”

【译文】

国家有重大灾害，就旅祭上帝和望祀四方的名山大川。王分封诸侯，就事先告祭后土。

17. 乃颁祀于邦国、都家、乡邑[1]。

【注释】

①颁祀于邦国、都家：祀，祀典。颁祀，郑《注》曰："班其所当祀及其礼。"都家，泛指大都、小都、家邑三等采邑（参见《地官·载师》注）。

【译文】

向各诸侯国、各采邑、各乡遂和公邑颁布所当遵循的祀典。并以天子的名义向邦国、都家、乡遂、公邑颁发祀典。

二 小宗伯

1. 小宗伯之职，掌建国之神位：右社稷，左宗庙[1]。兆五帝于四郊[2]。四望、四类亦如之[3]。兆山川丘陵坟衍[4]，各因其方[5]。

【注释】

①右社稷，左宗庙：孙诒让以为是在路门外、应门内之左右，中间夹王之治朝。

②兆五帝于四郊：兆，为祭坛圈定营域。郑《注》曰："为坛之营域。"五帝，即五方帝，即东方太皞、南方炎帝、西方少皞、北方颛顼、中央黄帝。据郑《注》说，中央黄帝亦兆于南郊。

③四类：谓日、月、星、辰、风师、雨师、司中、司命等神。郑《注》曰：

"日、月、星、辰,运行无常,以气类为之位:兆日于东郊,兆月与风师于西郊,兆司中、司命于南郊,兆雨师于北郊。"

④山川丘陵坟衍:参见《地官·大司徒》注。按,此皆地神而小于四望者。

⑤各因其方:郑《注》曰:"顺其所在。"谓如东方的山川丘陵坟衍,则兆之于东方。

【译文】

小宗伯的职责,掌管在都城及四郊建立王国祭祀的神位:在王宫路门外的右边建立社稷坛,左边建立宗庙。在四郊划定五帝祭祀坛场的范围。划定四望、四类祭祀坛场的范围也这样做。在四郊为山川丘陵坟衍划定祭祀坛场的范围,各自依照它们所在的方向。

2. 掌五礼之禁令①,与其用等②。

【注释】

①五礼:郑司农曰:"吉、凶、军、宾、嘉。"

②用等:谓因行礼者身份不同,所用牺牲、器物之尊卑等差。郑《注》曰:"牲器尊卑之差。"

【译文】

掌管有关吉、凶、宾、军、嘉五礼的禁令,以及在行礼时所用牺牲和礼器的级别等差。

3. 辨庙祧之昭穆①。

【注释】

①辨庙祧之昭穆:庙祧,据周制,天子七庙:始祖庙(即后稷庙)、二

祧庙(即文王庙、武王庙)和四亲庙(即父庙、祖庙、曾祖庙、高祖庙四庙)。昭穆,即宗庙中神主排列的顺序:始祖庙居中,文、武二祧分居左右,左为昭,右为穆。父子递为昭穆。郑《注》曰:"祧,迁主所藏之庙。自始祖之后,父曰昭,子曰穆。"按,新死者入父庙,而父庙中原来的父(现为祖)的牌位则上迁于祖庙。如此依次递迁,原来高祖的牌位就要迁出高祖庙(谓"迁主"),而藏于祧庙:当昭者藏于文王庙,当穆者藏于武王庙,即"辨庙祧之昭穆"。

【译文】

辨别四亲庙、祧庙神位的昭穆顺序。

4. 辨吉凶之五服①,车旗宫室之禁②。

【注释】

①五服:即五种吉服(即祭服)和五种丧服。郑《注》曰:"王及公、卿、大夫、士之服。"

②禁:据贾《疏》,谓车旗宫室皆严守等差,禁止僭越。

【译文】

辨别王和公、卿、大夫、士的五等吉服、凶服,掌管有关五等服装和车旗、宫室的禁令,禁止僭上逼下。

5. 掌三族之别①,以辨亲疏②,其正室皆谓之门子③,掌其政令。

【注释】

①三族:郑《注》:"谓父、子、孙。"按,实指九族,即自己,上有父、祖、

曾祖、高祖，下有子、孙、曾孙、玄孙。

②辨亲疏：谓依血缘关系远近，亲情有薄厚，亲情厚则丧服重，亲情薄则丧服轻。贾《疏》曰："据己上至高祖，下至玄孙，傍至緦麻，重服者则亲，轻服者则疏也。"

③其正室皆谓之门子：正室，嫡子。郑《注》曰："適子也。"按，侧室为庶子。门子，嫡子，将代父当门户者。

【译文】

掌管区别三族(九族)的远近，以辨别他们关系的亲疏，各族的嫡子都叫做门子，掌管有关征调使用门子的政令。

6. 毛六牲①，辨其名物，而颁之于五官，使共奉之②。辨六粢之名物与其用③，使六宫之人共奉之④。辨六彝之名物⑤，以待果将⑥。辨六尊之名物⑦，以待祭祀、宾客。

【注释】

①毛：据郑《注》，谓选择牲体的毛色。

②"而颁之于五官"二句：五官，谓地官大司徒、春官大宗伯、夏官大司马、秋官大司寇、冬官大司空。郑司农曰："司徒主牛，宗伯主鸡，司马主马及羊，司寇主犬，司空主豕。"据贾《疏》，所择之牲皆先交充人饲养，至祭日之旦，再颁与五官。

③辨六粢之名物与其用：郑《注》曰："六粢，谓六谷：黍、稷、稻、粱、麦、苽。"李光坡曰："用者，祭有大小，则用有多寡。"

④六宫之人：孙诒让说，谓女御以下。

⑤六彝：六种盛郁鬯香酒的酒器。郑《注》曰："鸡彝、鸟彝、斝(jiǎ)彝、黄彝、虎彝、蜼彝。"(参见《司尊彝》)

⑥果将：即祼将，谓助王行祼祭之礼，即持郁鬯香酒以献尸或宾客。郑《注》曰："果，读为'祼'。"

⑦六尊：谓六种酒器。郑司农曰："献尊、象尊、壶尊、著尊、大尊、山尊。"

【译文】

选择六牲的毛色挑出毛色纯一的，辨别牲的名称、实物，而分颁给大司徒等五官，让他们供奉于祭祀。辨别六谷的名称、实物及其用量多少，并让六宫之人按照要求供奉于祭祀。辨别六彝的名称、实物，以备行祼将礼时使用。辨别六尊的名称、实物，以备祭祀和招待宾客之用。

7. 掌衣服、车旗、宫室之赏赐①。

【注释】

①掌衣服、车旗、宫室之赏赐：郑《注》曰："王以赏赐有功者。"孙诒让曰："此亦谓辨其名物、等差，令有司共具之，以待赏赐。"又曰："宫室之赏赐，谓赐宅里也。"

【译文】

掌管衣服、车旗、宫室等赏赐的各种规格的事。

8. 掌四时祭祀之序事与其礼①。

【注释】

①序事：谓卜日、省牲、视涤濯、饔爨等事。因诸事有其顺序，故称。

【译文】

掌管四时祭祀之事中各种礼仪的前后顺序及其礼数。

9. 若国大贞①，则奉玉帛以诏号②。

【注释】

①大贞：即大卜，卜问大事。郑司农曰："大贞，谓卜立君，卜大封（封诸侯）。"

②奉玉帛以诏号：玉帛，用以礼神。号，名号，对神鬼等受祭者及祭品的美称。郑《注》曰："神号、币号。"按，币即玉帛，亦各有号，如"嘉玉"等（参见《大祝》注）。

【译文】

如果国家有大事而要占卜，就供奉玉帛并告知卜人神、玉帛的名号。

10. 大祭祀，省牲，视涤濯。祭之日，逆粢，省镬[1]，告时于王[2]，告备于王。凡祭祀、宾客，以时将瓒果[3]。诏相祭祀之小礼[4]。凡大礼，佐大宗伯。

【注释】

①"大祭"至"省镬"：贾《疏》曰："与《大宗伯》文同，谓佐大宗伯。……其逆粢，即《大宗伯》莅玉粢者是也。大宗伯莅之，小宗伯迎之，是相佐也。"据郑《注》，逆粢，逆，接受。粢谓粢盛。是受之于饎人（按，饎人"掌凡祭祀共盛"）；省镬，是"视烹腥熟"。

②时：郑《注》曰："荐陈之早晚。"

③将瓒果：瓒果，行祼礼时所用的瓒。郑《注》曰："将，送也，犹奉也。"果，亦读为"祼"。瓒，据郑《注》，谓天子圭瓒，诸侯璋瓒。按，瓒是勺，以圭为柄称圭瓒，以璋为柄称璋瓒，统名玉瓒。祭祀时将玉瓒递给天子，招待宾客时将玉瓒递给大宗伯。

④小礼：郑《注》曰："群臣之礼。"谓王不参加，王若参加则为大礼。

【译文】

遇到大祭祀，祭祀前夕要协助大宗伯省视祭牲是否合乎要求，察看祭器、炊具是否洗涤干净。等到祭祀那天，要从饎人手中迎受祭祀用的谷，并省视鑊中的牲肉烹煮情况，向王报告陈列、进献祭品的时间，并报告所有馔具都已经备齐。凡是祭祀或招待宾客，要按时奉送行祼礼所用的圭瓒。告知、教导群臣如何行祭祀小礼。凡是天子参加的祭祀大礼，就要佐助大宗伯告教王如何行礼。

11. 赐卿、大夫、士爵，则傧[1]。

【注释】

①赐卿、大夫、士爵，则傧：郑《注》曰："赐，犹命也。傧之，如命诸侯之仪。"按，《大宗伯》曰："王命诸侯，则傧。"与此同义。

【译文】

天子策命卿、大夫、士，就赞引被策命者前来受命。

12. 小祭祀，掌事如大宗伯之礼[1]。大宾客，受其将币之赍[2]。

【注释】

①"小祭祀"两句：贾《疏》曰："谓王玄冕所祭（按，小祭祀王著玄冕，见《司服》），则小宗伯专掌其事，其法如大宗伯也。"

②将币之赍：币，此处泛指贡献之物。赍，《说文》曰："持遗（送）也。"郑《注》曰："谓所赍来贡献之财物。"

【译文】

小祭祀，所掌管的礼事如同大宗伯掌管祭祀的礼法。有诸侯来朝，接受他们带来进贡给王的财物。

13. 若大师，则帅有司而立军社，奉主车[1]。若军将有事，则与祭有司将事于四望[2]。若大甸[3]，则帅有司而馌兽于郊[4]，遂颁禽。

【注释】

①“则帅有司”二句：有司，谓大祝。军社，军中之社。天子亲征，先祭祀社神，然后带社神神主出征，谓之军社。主车，载有神主的车。郑《注》曰：“有司，大祝也。王出军，必先有事于社及迁庙，而以其主行。社主曰军社，迁主曰祖。”按，有事于社及迁庙，谓出军前先要告祭社神和迁庙之神，告祭之后，就用斋车（据《礼记·曾子问》郑注说，斋车指金路）载着社主和迁主而行，社主称军社，迁主称祖。又所谓迁主，指新迁入祧庙的神主，即高祖之父的木牌位。《礼记·曾子问》孙希旦《集解》释迁庙主曰：“迁庙主多，莫适载焉，宜奉其近者而载之，故知为新迁庙之主也。”又郑《注》曰：“社之主，盖用石为之。”按，社主本为树，此言石者，秦蕙田《通考·吉礼四十二》引丘濬曰：“意者当时坛壝之上则树以木，而又以石为主，……遇有征行，则奉之以车而行乎。”

②“若军将有事”二句：王引之曰：“‘于四望’三字当在‘若军将有事’之下，写者错乱耳。”有事，郑《注》曰：“将与敌合战也。”祭有司，郑《注》曰：“谓大祝之属。”

③大甸：甸，通“田”，田猎。大甸，天子四时田猎活动。

④帅有司而馌（yè）兽于郊：馌，狩猎时以兽馈神。郑《注》曰：“有司，大司马之属。馌，馈也。以禽馈四方之神于郊，郊有群神之兆（坛位）。”

【译文】

如果王率军亲征，就要率领大祝设立军社，并守护载有神主的车辆。如果军队将要交战，就和掌管祭祀的官吏一道祭祀四方名山大川。

如果王亲自田猎，田猎结束之后就率领大司马的属官在国郊向四郊的群神进献猎获的禽兽，接着就将剩下的猎物颁赐给群臣。

14. 大灾，及执事祷祠于上下神示[1]。

【注释】

①及执事祷祠于上下神示：执事，郑《注》曰："大祝及男巫、女巫也。"祷，向神祈福之祭。祠，报谢神灵之祭，俗称还愿。

【译文】

国家发生大灾荒，就同大祝、男、女巫等官员一道向上上下下的天神地祇祈祷、报谢祭祀以求免灾。

15. 王崩，大肆以秬鬯渳[1]。及执事莅大敛、小敛[2]，帅异族而佐[3]。县衰冠之式于路门之外[4]。及执事视葬献器[5]，遂哭之[6]。卜葬兆[7]，甫窆[8]，亦如之。既葬，诏相丧祭之礼[9]。成葬而祭墓，为位[10]。

【注释】

①大肆以秬鬯渳(mǐ)：大肆，郑《注》曰："始陈尸，伸之。"按，伸之，谓将王的尸体伸直、放正。秬鬯，据《肆师》，即郁鬯。渳，李调元曰："谓浴尸。"据孙诒让说，小宗伯于渳尸仅起督察作用。

②大敛、小敛：为死人包裹衣衾曰敛。据《公羊传》定公元年何《注》说，王死第五天小敛，第七天大敛。大敛所用衣衾多，礼仪隆重，且当殡棺。

③帅异族而佐：异族，谓天子的异姓。佐，据郑《注》，谓佐助敛事。

④县衰冠之式：县，同"悬"。衰，丧服。冠，丧冠。式，法式，谓衰冠

所用布的尺寸、颜色等。

⑤及执事视葬献器：执事，郑《注》曰："盖梓匠（木工之长）之属。"葬献器，谓明器。

⑥哭之：谓代嗣王而哭。据《仪礼·士丧礼》，小敛之后需人代哭，据彼郑《注》说，为防孝子悲哀伤身，而哭声不可断绝，故制定代哭之礼。

⑦兆：界域。此指墓地四旁的界限。郑《注》曰："墓茔域。"

⑧甫窬（cuì）：甫，始也。窬，穿地挖墓穴。

⑨丧祭之礼：谓虞祭、祔祭。郑《注》曰："虞、祔也。"虞祭，葬后当天中午迎死者之神于殡宫的安神（安慰死者灵魂）之祭。祔祭，虞祭后数日将死者牌位按昭穆附于祖庙之祭。虞，安也。祔，付也。按，虞祭、祔祭间还有卒哭祭。

⑩"成葬"二句：郑《注》曰："成葬，丘已封也。天子之冢盖不一日而毕。位，坛位也。先祖形体托于此地，祀其神以安之。"神，据贾《疏》，谓地神后土，故祭墓实为祭地神。

【译文】

王驾崩，负责督察伸展王尸和监视有关官员用郁鬯香酒为王尸沐浴。同大祝等官员亲临大敛、小敛。并率领和王异姓的人帮助小敛、大敛。在路门外悬挂丧服、丧冠的标准样式，以昭示百官。到将葬时同梓匠等官吏察看随葬明器，接着便代替嗣王哭泣。占卜墓地，开始挖墓穴时，也这样代替嗣王哭泣。下葬以后，告教嗣王如何行虞祭、祔祭礼。聚土成坟以后要祭祀坟墓所在地的地神，在坟墓左边设置土神的神位。

16. 凡王之会同、军旅、甸、役之祷祠，肄仪[①]，为位。国有祸灾，则亦如之。凡天地之大灾[②]，类社稷[③]、宗庙，则为位。

【注释】

①肄仪：肄，习也。谓预先演习礼仪。

②天地之大灾：谓如水灾、火灾、日食、月食、地震等。

③类：祭名，属祈祷之祭。因征伐、灾变等非常事故而祭天神。礼数类似正常礼而略有精简，坛兆亦可临时就地设置，故名。孙诒让曰："盖依放祭社稷、宗庙之正礼而略杀。"

【译文】

凡是因王会同、征伐、田猎或征用劳役而祭祀求福，就预先演习礼仪，设置预演中的祭位。国家有灾祸而举行祭祀祈祷，也是这样做。凡是天地有了日食、地震等大灾祸，对社稷、宗庙进行类祭时，就安排神位。

17. 凡国之大礼，佐大宗伯。凡小礼，掌事如大宗伯之仪。

【译文】

凡是王国的重大典礼，就辅佐大宗伯行礼事。凡是小型典礼，就可以专掌礼事，如同大宗伯掌管重大礼事时那样的仪法。

三　肆师

1. 肆师之职，掌立国祀之礼[①]，以佐大宗伯。立大祀[②]，用玉、帛、牲牷[③]。立次祀，用牲币。立小祀，用牲。以岁时序其祭祀，及其祈珥[④]。

【注释】

①立国祀之礼：按，《大宗伯》曰："建邦之天神、人鬼、地示之礼。"即此所谓国祀之礼。

②大祀：及下文次祀、小祀，据郑司农及郑玄《注》说，大祀，对天地、宗庙等大神的祭祀；次祀，也叫中祀，指对日月星辰、社稷、五祀、五岳等中神的祭祀；小祀，指对司中、司命、风师、雨师、山川、百物（诸小神）等小神的祭祀。

③牲牷：角体完好无损而纯色的牲。牷，毛色纯一无杂色。

④祈珥：谓衅礼、衅庙礼，即杀牲取血以涂抹新成之器物。祈，假借作“刉”，割牲。珥，通“衈”，割牲取血。郑《注》读为“礼衈”（jīěr），曰：“衅礼之事。”按，衅礼，据郑《注》，新庙落成时用羊血涂屋，用鸡血涂门、夹室，即“礼衈”。

【译文】

肆师的职责是，掌管建立王国的祭祀礼仪，以协助大宗伯。建立大祭祀礼仪，规定祭品可以用玉、束帛、纯色而完好的牺牲。建立次一等祭祀礼仪，规定其祭品可以使用牲和束帛。建立小祭祀礼仪，规定其祭品可以使用牲。按照一年四季的时间，安排好那所有祭祀的顺序，以及行宫庙新落成的衅礼。

2. 大祭祀，展牺牲，系于牢，颁于职人①。凡祭祀之卜日、宿、为期②，诏相其礼。视涤濯亦如之③。祭之日，表粢盛④，告絜；展器陈，告备；及果，筑煮⑤。相治小礼⑥，诛其慢怠者。掌兆中、庙中之禁令⑦。凡祭祀礼成，则告事毕。

【注释】

①“大祭”至“职人”：贾《疏》曰：“肆师以将有天地、宗庙大祭祀，牧人以牲与充人之时，肆师省阅其牲，看完否及色，堪为祭牲，乃系于牢（栏圈），颁付于职人也。”据郑《注》，职人，“职”当读为“枳”，职人指充人及监门（参见《地官·司门》）。

②卜日、宿、为期：卜日，在祭前十日；宿，即祭前三日的申戒。（一说，宿，祭前一日的申戒。）为期，指在祭祀前夕，确定次日祭祀的具体时间。

③亦如之：谓亦诏相其礼。

④表粢盛：表，标明之。祭祀用的谷物。盛，谓盛之于器，如簠簋等。郑《注》曰："粢，六谷也。在器曰盛。"王志长曰："簠以盛稻粱，簋以盛黍稷，有盖，不知其实，故有徽识以表其名。"

⑤及果，筑煮：果，通"祼"，谓祼礼。即以郁香酒浇地歆神。筑，捣也。谓筑捣郁金香而煮成汁液，以备郁人调和鬯酒为郁鬯。

⑥相治小礼：相治，孙诒让曰："亦佐小宗伯。"小礼，谓臣礼。

⑦兆：界域。此指祭坛四旁的界限。郑《注》曰："坛茔域。"

【译文】

举行大祭祀时，要先察看牺牲是否合乎要求，然后把符合要求的牺牲拴系在栏圈里，交付给充人和监门负责精心饲养。凡是祭祀中的占卜日期、祭前三日申戒百官，以及祭祀前夕确定明日开始祭祀的具体时间等，都要告教并协助大宗伯行礼。视察祭器、炊具是否洗涤干净时也是这样做。正式祭祀那天，要在簠簋旁边用标签标明器物内所盛的谷物种类，报告所献谷物洁净；要检查所陈列的馔具，报告陈列齐备；等到将行祼礼时，要将郁金香草捣碎并煮汁而用以调和鬯酒。告教并协助小宗伯主持祭祀的小礼，责备行礼怠慢的人。掌管郊外各祭坛兆域、国中所有庙宇的禁令。凡是祭祀的礼仪完成，就报告说礼事完毕。

3. 大宾客，莅筵几①，筑煮，赞果将②。大朝觐，佐傧③，共设匪瓮之礼④。飨、食授祭⑤。

【注释】

①莅筵几：筵，席也。几，似今小炕桌，置于席左端，供人坐于席上

时凭依。贾《疏》曰:“司几筵设之,肆师莅之也。”

②赞果将:郑《注》曰:“酌郁鬯,授大宗伯载祼。”果将,即祼送,献郁鬯以行祼礼。

②佐傧:郑《注》曰:“为承傧。”孙诒让曰:“大朝觐大宗伯为上傧,此肆师佐之,是为承傧。”又曰:“傧,依郑义当作‘摈’。”

④共设匪瓮之礼:郑《注》曰:“设于宾客之馆。”又怀疑“匪”盖“筐”字之误。是。按,共,同“供”。按,诸侯来朝,王当以飨礼和食礼款待之,如王因故未设宴招待,就把主、副食装到筐、瓮中,派人送至宾客馆舍,此即“共设匪瓮之礼”。匪(筐)瓮,此指酒食。

⑤飨、食授祭:飨、食,谓王亲自为宾客举行飨礼、食礼。祭,谓行食前祭礼。授祭,谓由肆师拿起当祭的食物授给宾,由其行食前祭礼。郑《注》曰:“授宾祭肺。”按,食前必祭,即将食品取少许放器皿旁,以示对始造此食品先人的纪念。周人重肺,故食先祭肺。

【译文】

王设宴招待来朝诸侯,要亲临检查筵席和几案的设置,捣碎郁金香草并煮成汁液而调和鬯酒,协助大宗伯向宾客行祼礼。诸侯大朝觐时,担任第二傧相而协助上摈行事。王如果因故未能参加飨礼、食礼,就供给所当设的酒食装入筐瓮,派人送至宾客馆舍;王亲自为宾客举行飨礼或食礼,就把当祭的食物递给客人以供其行食前祭礼。

4. 与祝侯、禳于畺及郊[1]。

【注释】

①与祝侯、禳于畺及郊:祝,谓小祝。侯、禳,侯,祈祷福祥之祭,禳,祈祷消灾之祭。皆为祈福消灾的小祭名(参见《小祝》)。畺及郊,疆地及郊地。郑《注》曰:“畺五百里,远郊百里,近郊五十里。”

【译文】

同小祝一道在疆地和郊地举行侯祭和禳祭。

5. 大丧，大渳以鬯[1]，则筑煮。令外、内命妇序哭[2]。禁外、内命男女之衰不中法者[3]，且授之杖[4]。

【注释】

①大渳(mǐ)：谓浴尸。

②序哭：以丧服重轻为先后顺序而哭。

③禁外、内命男女之衰不中法者：外、内命男女，即外命男、内命男和外命女、内命女。郑《注》曰："外命男，六乡以出也。内命男，朝廷卿大夫士也。其妻为外命女。"即凡内外命男之妻皆为外命女，这是相对宫中九嫔以下内命女而言的。不中法，违背格式要求。

④授之杖：杖，谓丧杖。据贾《疏》，外、内命男和内命女都为王服斩衰丧，当授杖，而外命女则为王服齐衰丧，不授杖。

【译文】

有大丧，将要用郁鬯香酒洗沐尸体，就捣碎郁金香草并煮成汁液而调和鬯酒。命令外内命妇按照次序哭泣。禁止外内百官、外内命妇穿着不合定制的丧服，并且发给他们丧杖。

6. 凡师、甸，用牲于社、宗[1]，则为位。类造上帝[2]，封于大神[3]。祭兵于山川，亦如之。凡师不功，则助牵主车[4]。凡四时之大甸猎，祭表貉[5]，则为位[6]。

【注释】

①社、宗：社即《小宗伯》中的"军社"，宗谓军中的迁庙神主。郑

《注》曰:“社,军社也。宗,迁主也。”(参见《小宗伯》)

②类造上帝:类,一种祭祀祭名。造,即,就。郑《注》曰:“类礼,依郊祀(祭天礼)而为之者。”又曰:“造,犹即也。”贾《疏》谓与造门之造同。

③封于大神:郑《注》曰:“封,谓坛也。”大神,亦即上帝。

④助牵主车:郑《注》曰:“助大司马也。”按,《夏官·大司马》曰:“若师不功,则厌而奉主车。”故曰助大司马。

⑤祭表貉:立表举行貉祭。表,指练兵场上从南到北所立的四表(标杆)。据郑《注》,貉祭是军中之祭,在立表处祭祀始造军法之神(或曰蚩尤、黄帝),以鼓励士气。貉(mà),通“祃”。按,表貉之祭,当在最南第一表处。

⑥为位:谓设几筵以为神位。

【译文】

凡是出师征伐或四时田猎,如果用牲祭祀军社和迁主,就设置神位。如果用类祭祭上帝,就封土筑坛以行礼祭祀上帝。为军事而告祭山川,也是这样。凡是军队战败,就协助大司马牵引载有迁庙神主的斋车。凡是四季的大田猎,在练兵场立表处举行貉祭,就设立神位。

7. 尝之日[①],莅卜来岁之芟[②]。狝之日[③],莅卜来岁之戒[④]。社之日,莅卜来岁之稼。

【注释】

①尝:秋祭名。

②卜来岁之芟:郑《注》曰:“芟草,除田也。……卜者,问后岁宜芟不。”按,问宜芟不,犹问杂草多不。孙诒让曰:“卜者,卜其所收之草物多少。”姑从郑说。

③狝(xiǎn):秋季打猎。郑《注》曰:“秋田为狝。”

④卜来岁之戒：郑《注》曰："卜者，问后岁兵寇之备。"

【译文】

秋季用尝祭祭先王那天，亲临卜问来年是否需要芟除杂草。秋季开始田猎那天，亲临卜问来年是否有外敌入侵、是否有盗贼。秋季祭社神那天，亲临卜问来年庄稼的好坏情况。

8. 若国有大故[①]，则令国人祭[②]。岁时之祭祀亦如之。

【注释】

①大故：郑《注》曰："水旱凶荒。"

②祭：郑《注》曰："社及禜、酺。"即祭祀土地神、水旱神、给人与农作物带来灾害的神。

【译文】

如果国家发生了水旱凶荒等大灾害，就命令国人举行祭祀。一年四季的正常祭祀也命令国人照章举行。

9. 凡卿大夫之丧，相其礼[①]。

【注释】

①相：郑《注》曰："相其適子。"按，肆师需辅佐嫡长子行拜宾、送宾等礼事。

【译文】

凡是卿大夫的丧事，就相赞他们的嫡长子行礼事。

10. 凡国之大事，治其礼仪[①]，以佐宗伯。凡国之小事，治其礼仪，而掌其事，如宗伯之礼。

【注释】

①治其礼仪：贾《疏》曰："谓佐大、小宗伯治之，谨习其事也。"

【译文】

凡是国家的重大典礼，就演习有关的礼仪，而辅佐大宗伯。凡是国家的小型典礼，就演习有关的礼仪，而专掌礼事，如同大、小宗伯在重大典礼中所实行的礼法那样。

四　郁人

1. 郁人掌祼器①。凡祭祀、宾客之祼事，和郁鬯以实彝而陈之②。凡祼玉③，濯之，陈之，以赞祼事，诏祼将之仪与其节④。凡祼事沃盥。

【注释】

①祼器：行祼礼时所用的彝（盛郁鬯的尊）、舟（尊彝的托盘）和圭瓒、璋瓒（舀郁鬯的勺子）等器具。郑《注》曰："谓彝及舟与瓒。"

②和郁鬯：将郁金香草煮成的汁与秬鬯勾兑在一起。郑《注》曰："筑（捣）郁金，煮之以和鬯酒。"

③祼玉：郑《注》曰："谓圭瓒、璋瓒。"（参见《小宗伯》注）

④节：时间。郑《注》曰："谓王奉玉送祼早晏之时。"

【译文】

郁人掌管行祼礼所用的的器具。凡是祭祀或招待宾客有行祼礼的事，就调和郁鬯盛在彝中而加以陈设。凡是行祼礼所用的圭瓒、璋瓒，都要洗涤干净，加以陈设，而佐助行祼礼，告教王举行献祼的礼仪和行礼的适当时间。凡是行祼礼都要浇水洗手。

2. 大丧之渳，共其肆器①。及葬②，共其祼器③，遂貍之[4]。

【注释】

①肆器：浴尸器，包括浴尸所用床、席、枕及床下防腐的大冰盘。郑《注》曰："天子亦用夷盘。"

②及葬：指出葬当天黎明的大遣奠（即葬奠）。此为最后一次设奠。下葬后则称祭。

③共其祼器：郑《注》曰："遣奠之彝与瓒也。"即供彝与瓒，设遣奠时陈设之。遣奠，是出葬前所举行的奠祭礼。

④遂貍之：郑《注》曰："貍（埋）之于祖庙阶间。"按，遣奠设于祖庙，阶间谓堂前东西阶之间。

【译文】

有大丧将洗沐尸体，供给洗沐时陈放尸体所用的器具。等到将下葬时，供给设遣奠所需的祼器，用过之后就埋在祖庙的两阶之间。

3. 大祭祀[1]，与量人受举斝之卒爵而饮之[2]。

【注释】

①大祭祀：此谓宗庙之祭。

②与量人受举斝之卒爵而饮之：量人，官名。属夏官大司马。斝（jiǎ），青铜酒器，多为大口，圆腹，下有三空足。受，谓受之于主人（此指王）。卒爵，即最后一斝酒。据孙诒让说，当向尸九献以及献加爵礼后（参见《天官·笾人》注），还有太子与尸（代表死者受祭的人）的献酢之礼。即太子入室，尸举起席前未饮的一斝酒给太子，太子饮干斝中酒；又斟满而给尸献酒，尸接过来饮干；又斟酒回敬太子（即酢），太子只祭一祭、尝一尝就放下了。到祭祀结束，尸将出室时，王把太子未饮的斝赐给郁人、量人饮之，即此

“与量人受举斝之卒爵而饮之。”

【译文】

大祭祀的礼仪完毕后，与量人一起接受王赐予的最后一斝酒而饮干它。

五 鬯人

1. 鬯人掌共秬鬯而饰之①。

【注释】

①共秬鬯而饰之：秬鬯，用黑黍酿造的酒。其酒味强烈，上可通于天，下可通于地，故名。鬯，畅通。饰之，谓设巾。

【译文】

鬯人掌管供给秬鬯并用布巾覆盖盛放秬鬯的酒尊。

2. 凡祭祀社壝用大罍①，禜门用瓢赍②，庙用脩③，凡山川、四方用蜃④，凡祼事用概⑤，凡疈事用散⑥。

【注释】

①祭祀社壝用大垒：社壝，即社稷坛及周围矮墙。罍，盛酒器，圆形或方形，小口，广肩，深腹，下有圈足，上有盖，肩部有两耳或两环耳，饰有云雷图纹。

②禜(yíng)门用瓢赍：禜，掌管水旱之神，此指为禳除水旱等灾害而举行的祭祀。门，谓国都城门。瓢，谓葫芦。赍，通“脐”，指葫芦之腹。瓢赍指把葫芦锯成瓢作酒尊。赍，杜子春读为“粢”，训为盛。

③脩：及下文蜃、概、散，郑《注》以为“皆漆尊”。又说“脩”读为

"卣",是一种"中尊,谓献、象(皆尊名)之属"。所谓"中尊",是就其尊贵程度次于彝,而尊于罍。据程瑶田说,周制,酒尊有上中下三等:六彝是上等酒尊,实以郁鬯;六尊是中等酒尊,实以五齐;六罍是下等酒尊,群臣用以自酢。

④蜃:据《注》《疏》,是一种漆画蜃形的酒尊。

⑤凡祼事用概:祼,郑《注》曰:"当作'貍',字之误也。"貍,即《大宗伯》"貍沈"。贾《疏》曰:"若祼,则用郁,……而用概尊,故破从'埋'。埋谓祭山林。"所谓概尊,据《注》《疏》,是一种表面涂黑漆,尊腹有漆画朱带的酒尊。

⑥凡䵼事用散:䵼事,贾《疏》曰:"即《大宗伯》云'䵼辜祭四方百物'者也。"散,一种无装饰的单色漆尊。郑《注》曰:"无饰曰散。"王国维《观堂集林》则认为"散"是"斝"的讹字。姑从郑说。

【译文】

祭祀盛酒的器具,凡是设坛祭祀社稷就用大罍,因水旱而在国都城门举行禁祭就用葫芦锯成瓢盛酒,宗庙祭祀就用卣尊,凡是祭祀山川、四方就用蜃尊,凡是行埋祭祭祀山林川泽,就用概尊,凡是毁折牲体祭祀四方的小神,就用散尊。

3. 大丧之大渳,设斗①,共其衅鬯②。凡王之齐事,共其秬鬯③。凡王吊临,共介鬯④。

【注释】

①斗:郑《注》曰:"所以沃尸也。"沃,浇也。斗,勺形用具,是舀水浇尸体供沐洗。

②衅鬯:郑《注》曰:"衅尸以鬯酒。"按,衅谓以鬯涂尸,犹涂血以衅钟鼓。衅鬯的目的,孙诒让说,在于"去其臭恶,使之香美也。"

③共其秬鬯:贾《疏》曰:"给王洗浴,使之香美也。"

④介鬯：郑司农曰："王行吊丧被之，故曰介。"按，介，被义。孙诒让曰："殆即以鬯洒洒被王身，以辟(避)秽浊。"

【译文】

大丧将为尸体沐洗，就陈设舀水用的斗，供给涂抹尸体用的秬鬯。凡是王斋戒，就供给沐洗用的秬鬯。凡是王临吊臣下，供给王洒被身体以避秽的秬鬯。

六 鸡人

1. 鸡人掌共鸡牲，辨其物①。

【注释】

①辨其物：郑《注》曰："物，谓毛色也。辨之者，阳祀用骍，阴祀用黝。"孙诒让曰："凡牲畜，以毛色别其种类，通谓之物。"

【译文】

鸡人掌管供给祭祀用的鸡牲，辨别鸡牲的毛色。

2. 大祭祀，夜呼旦以叫百官①。凡国之大宾客、会同、军旅、丧纪，亦如之。

【注释】

①夜呼旦以叫百官：郑《注》曰："夜，夜漏未尽，鸡鸣时也。呼旦，以警起百官，使夙兴(早起)。"夜漏未尽，谓夜将尽而天将明时。

【译文】

举行大祭祀，夜将尽天快亮时就要高声呼喊"天亮了！"以叫起百官。凡是国家有招待来朝诸侯、大的会同、王率军出征、丧事等，也要这样做。

3. 凡国事为期，则告之时。

【译文】

凡是国家的事情确定了行事的具体时间，就要把时间报告给主事的官吏。

4. 凡祭祀，面禳[1]，衅，共其鸡牲。

【注释】

①面禳：禳，攘除变异之灾的祭祀。郑司农曰："四面禳也。"贾《疏》曰："面禳，谓祈祷之属。"

【译文】

凡是祭祀，或四面禳祭以消灾，或举行衅庙礼等事，供给所需要的鸡牲。

七　司尊彝

1. 司尊彝掌六尊、六彝之位[1]，诏其酌[2]，辨其用，与其实[3]。

【注释】

①六尊、六彝之位：六尊，盛放五齐（五种未经过滤的酒。参见《酒正》。）的六种酒器，即牺尊（尊作牺牛形，背开圆口）、象尊（象形）、著尊（著地无足之尊）、壶尊（壶形尊）、大（太）尊（太古瓦尊）、山尊（画有山云图纹的瓦尊）。六彝，盛放郁鬯香酒的六种酒器。即鸡彝、鸟彝、斝彝、黄彝、虎彝、蜼彝。位，陈设之位。有尊卑之分。详下节。

②诏其酌：酌，斟也，斟酒于尊彝。按，酒有清、浊两种，清者可径酌之，浊者则当先泲(jǐ，过滤)而后酌。故郑《注》曰："酌、泲之使可酌，各异也。"需诏告之。

③实：指六尊六彝和罍中各盛何酒。

【译文】

司尊彝掌管六尊、六彝的陈列位置，告知执事者酌酒的方法，辨别六尊、六彝等尊彝的不同用途及所当盛放的酒的种类。

2. 春祠，夏禴，祼用鸡彝、鸟彝①，皆有舟②；其朝践用两献尊③，其再献用两象尊④，皆有罍，诸臣之所昨也⑤。秋尝，冬烝，祼用斝彝、黄彝⑥，皆有舟；其朝献用两著尊⑦，其馈献用两壶尊⑧，皆有罍，诸臣之所昨也。凡四时之间祀，追享，朝享⑨，祼用虎彝、蜼彝⑩，皆有舟；其朝践用两大尊⑪，其再献用两山尊⑫，皆有罍，诸臣之所昨也。

【注释】

①祼用鸡彝、鸟彝：祼，郑《注》曰："祼，谓以圭瓒酌郁鬯，始献尸也。"谓酌郁鬯献尸，王先献，后继献(礼文中称亚献)。鸡彝、鸟彝，郑《注》曰："谓刻而画之为鸡、凤凰之形者。"据贾《疏》，盛郁鬯用鸟彝；鸡彝则用以盛明水，以与郁鬯相配，以示反本尚朴，而并不用以献尸。下文彝、尊各用二者，义皆仿此。

②舟：托盘。

③朝践用两献尊：朝践，即朝事，包括向神荐血腥(牲血和生牲肉)，王、王后先后从献尊中酌醴齐(参见《天官·酒正》)献尸，此为三献、四献(即第三、第四次向尸献酒，参见《笾人》注)。献尊，郑司农读"献"为"牺"，牺尊，犀形或牛形的尊。

④再献用两象尊：再献，郑《注》曰："王酳(yìn)尸之后，后酌亚献。"酳尸，谓尸食饭毕献酒供尸饮以洁口。酳尸亦王先献，后亚献，此为七献、八献，接着宾长(众宾中的尊者)一献，为九献，至此祭祀的正礼完毕。据贾《疏》，王酳尸用醴齐，后用盎齐。又据孙诒让曰，宾长亦用盎齐。按，朝践荐血腥之后当荐熟，即行馈食礼，王与后亦当各一献，即为五献、六献。象尊，是尊体为象形的尊。

⑤"皆有罍"二句：罍，一种壶形酒器。规格低于六彝、六尊。昨，通"酢"。郑《注》曰："昨，读为'酢'，字之误也。诸臣献者，酌罍自酢，不敢与王之神灵共尊。"按，诸臣向尸献酒，在宾长九献后，叫加爵。凡王、后、宾长、诸臣向尸献酒，尸都要回敬酒(即酢)。但因群臣位卑，献尸不敢用醴齐、盎齐，而用三酒(盖清酒)盛于罍；又不敢接受尸的酢酒，故就用罍倒清酒以自酢。

⑥斝彝、黄彝：郑司农曰："斝，读为'稼'，稼彝画禾稼也。"黄彝，又称黄目，《礼记·郊特牲》孔《疏》释"黄目"曰："以黄金镂其外以为目。"

⑦朝献用两著尊：朝献，郑《注》曰："谓尸卒食，王酳之。"是此朝献即指王酳尸之礼，即七献之礼。按，朝献既为王酳尸，当在馈献(五献、六献)之后，而述之于馈献之前者，据孙诒让说，是因朝献沿用朝践献尸所用著尊与泛齐。著尊，据郑司农引"或曰"说，是一种无足之尊。泛齐，祭祀用的五齐之一，酿酒初成，其上泛有浮沫，故称。参见《天官·酒正》。

⑧壶尊：郑司农曰："以壶为尊。"

⑨"凡四时之间祀"三句：间祀，四时之间不常举行的祭祀。指下文追享、朝享。追享、朝享，谓两种最隆重的宗庙之祭。三年一禘，五年一祫。郑《注》曰："追享，谓追祭迁庙之主，以事有所请祷。朝享，谓受朝政于庙。"按，迁庙主，谓高祖以上迁入祧庙的祖先。朝受政于庙，即行告朔礼，谓每月初一朝庙祭祖，而后回朝廷

听政。

⑩虎彝、蜼彝：虎彝，盖器体刻有虎形。蜼（wèi），郑司农曰："读为蛇虺之'虺'（huǐ，毒蛇），或读为'公用射隼'之'隼'（sǔn，一种凶猛的鸟）。"故蜼彝盖刻有蛇形或隼形。

⑪大尊：太古的瓦尊，形制原始质朴。用于四时间祀之禘祭、祫祭。郑司农曰："太古之瓦尊。"《礼记·礼器》孔《疏》曰："案《礼图》，瓦大受五升，口径尺，颈高二寸，径尺，大中，身锐，下平。"

⑫山尊：据贾《疏》，盛酒的祭器，六尊之一，亦称山罍，尊上刻有山纹云气。

【译文】

春季的祠祭，夏季的禴祭，行祼礼时使用鸡彝、鸟彝，下面都有托盘；行朝践礼使用两只牺尊，行酳礼使用两只象尊，春祠、夏禴都设有罍，供群臣酌酒行自酢礼时使用。秋季举行尝祭，冬季举行烝祭，行祼礼时使用斝彝、黄彝，下面都有托盘；行酳礼时使用两只著尊，行馈食礼时使用两壶尊，秋尝、冬烝都设有罍，供群臣酌酒行自酢礼时使用。凡是四季之间不常举行的祭祀，如追享、朝享，行祼礼时使用虎彝、蜼彝，下面都有托盘；行朝践礼时使用两只大尊，行酳礼时使用两只山尊，追享、朝享也都设有罍，供群臣自酌时使用。

3. 凡六彝、六尊之酌①，郁齐献酌②，醴齐缩酌③，盎齐涚酌④，凡酒修酌⑤。

【注释】

①酌：贾《疏》曰："凡言酌者，皆是泲之使可酌。"泲，谓过滤。

②郁齐献（suō）酌：献酌，搓揉郁金香草，和入秬鬯，过滤使之可酌用。郑《注》曰："献，读为摩莎之'莎'，齐语声之误也。煮郁和秬鬯，以酢（zhǎn）酒摩莎泲之，出其香汁也。"按，郁齐即郁鬯，郁鬯

是捣碎郁金香草煮之，然后调和于秬鬯而成。因调和出的郁鬯浊不可酌，故要掺和酅酒（即盎齐），使之稍清。同时为使郁金香草香气能充分调和于秬鬯中，故又用手摩莎（搓拌），以出其香气，然后过滤，再酌以献神。

③醴齐缩酌：缩酌，过滤醴齐酒去渣使可酌的一种方法。醴齐较浊，要加入事酒（临事而酿的速成酒，较清）冲淡，用茅草过滤去渣滓，然后方可酌用。郑《注》曰："醴齐尤浊，和以明酌，泲之以茅，缩去滓也。"明酌，据郑《注》，即三酒中的事酒。缩，即泲。孙诒让曰："凡泲用茅谓之缩，不用茅者谓之泲。"

④盎齐涕（shuì）酌：涕，亦泲。涕酌，滤酒使清。以清酒加入盎齐（冬酿夏成之酒），以竹筐过滤而使之可酌用。郑《注》曰："盎齐差清，和以清酒，泲之而已。"按，盎齐清于醴齐，故曰"差清"。但仍浊而有渣滓，故需以清酒和而泲之。

⑤凡酒修酌：凡酒，谓三酒，即事酒、昔酒、清酒。修酌，谓以水和三酒而过滤使之可酌用的方法。一说，郑《注》引郑司农云："修酌者，以水洗勺而酌也。"姑从前说。修，"涤"字之误。郑《注》曰："凡酒，谓三酒也。修，读如（段玉裁《汉读考》说当作"读为"）涤濯之'涤'。涤酌，以水和而泲之。"江永曰："凡酒涤酌，谓以所酌之玄酒涤之，非谓别取水也。"按，水即玄酒。三酒较清，只需掺水冲淡，用竹筐过滤即可酌用。

【译文】

凡是六彝、六尊中所盛之酒的过滤酌用，郁鬯是要和盎齐掺兑、用手搓拌再用茅草过滤，而后酌用，醴齐是和事酒掺兑、用茅草过滤而后酌用，盎齐用清酒掺兑、用筛子过滤而后酌用，三酒要加进明水再用竹筐过滤，而后酌用。

4. 大丧，存奠彝[①]。大旅亦如之[②]。

【注释】

①存奠彝：存，省察，省视。郑《注》曰："存，省也。"又据郑《注》，奠彝是出葬前为大遣奠而设。大遣奠是丧奠中最隆重者，故设有彝尊，以盛郁鬯。

②大旅：旅祭上帝与四望。即《大宗伯》所谓"国有大故，则旅上帝"。

【译文】

遇到王、王后或太子的丧事，省察举行大遣奠时所陈设的彝尊。举行大旅祭时也是这样。

八　司几筵

1. 司几筵掌五几、五席之名物[1]，辨其用与其位。

【注释】

①五几、五席：五几，即郑《注》所谓左右玉几、雕几、彤几、漆几、素几等五种几案。五席，即莞席、藻席、次席、蒲席、熊席等五种席子。

【译文】

司几筵掌管五几、五席的名称、种类，辨别它们的用途和所当陈设的位置。

2. 凡大朝觐、大飨、射[1]，凡封国、命诸侯，王位设黼依[2]，依前南乡设莞筵纷纯[3]，加缫席画纯[4]，加次席黼纯[5]，左右玉几[6]。祀先王昨席亦如之[7]。

【注释】

①大朝觐、大飨、射：据贾《疏》，大朝觐，是王因会同而在庙中行朝

觐之礼。大飨，是王为来朝诸侯在庙中行飨礼。大射，是王在祭祀前为选择助祭者而举行的射礼。

②黼依：据郑《注》，谓王座位后绣有黑白相间斧形花纹的屏风，以绛（大红）色帛制成。

③莞筵纷纯：莞筵，莞草编织的席。纷，有图纹的长条丝带。郑《注》曰："如绶，有文而狭者。"按，《尚书·顾命》曰："荀席玄纷纯。"则纷盖亦玄（黑）色。纯，即镶边，绲边。

④缫席画纯：缫席，以蒲篛（一种较细弱的蒲草）编织的、绘有五彩图案的席。据郑《注》，缫，同"藻"，五彩纹。画，画有云气图案。

⑤次席：用桃枝竹编织的席。郑《注》曰："桃枝席，有次列成文。"按，桃枝，竹名。次列成文，即依次编列而成花纹。

⑥左右玉几：谓席左右皆设玉饰之几，以示王至尊。玉几，饰有玉的几。

⑦祀先王昨席：昨席，即酢席。王接受尸的酢酒所坐之席。昨，通"酢"，回敬酒。郑《注》曰："昨，读曰'酢'，谓祭祀及王受酢之席。"按，受酢，谓王献尸后接受尸的酢酒。

【译文】

凡是大朝觐、大飨礼、大射礼，凡是分封立国、策命诸侯，在王位后面设置黼依，黼依的前边朝南方向铺设一层有黑丝带镶边的莞席，莞席上再加铺一层边缘画有云气图案的五彩蒲席，蒲席上再加铺一层绣有黑白相间斧形花纹丝带镶边的竹席，席的左右两端则设置玉几。祭祀先王时所铺设的席和接受尸的酢酒所铺设的席也是这样。

3. 诸侯祭祀，席蒲筵缋纯[①]，加莞席纷纯，右雕几[②]；昨席莞筵纷纯，加缫席画纯。筵国宾于牖前[③]，亦如之，左彤几[④]。

【注释】

①缋纯:用有花纹的丝带做的镶边。缋,同“绘”,郑《注》曰:“画文也。”

②雕几:雕琢有花纹而无玉饰的几。

③筵国宾于牖前:国宾,据郑《注》,指来朝的诸侯和来聘的孤卿大夫。牖,指庙堂后的室窗。

④左彤几:《说文》:“彤,丹饰也。”彤几,即漆成红色的几。据郑《注》,这是为来聘的孤卿大夫设的几,为诸侯则当设雕几。又上文曰“右雕几”,而此言“左彤几”者,前为神设,而此为人设。

【译文】

诸侯祭祀宗庙,为神铺设用有花纹的丝带镶边的蒲席,蒲席上面加铺一层用黑色丝带镶边的莞席,席的右端设置雕几。为诸侯接受酢酒铺设的酢席是,先铺上带有黑色镶边的莞席,莞席上面再加一层边缘绘有花纹的五彩蒲席。在王的宗庙里为国宾在堂上窗前铺席也是这样,国宾若是诸侯,就在席的左边设置雕几;国宾若是孤卿大夫,就在席的左边设置红漆几。

4. 甸役,则设熊席①,右漆几②。凡丧事③,设苇席,右素几④,其柏席用萑黼纯⑤,诸侯则纷纯,每敦一几⑥。

【注释】

①设熊席:郑《注》曰:“谓王甸(田猎),有司祭表貉所设席。”(参见《肆师》注)熊席,即以熊皮制成的席。

②漆几:段玉裁《汉读考》以为是黑漆之几。

③丧事:据郑《注》,此指为死者设奠祭祀。郑《注》曰:“谓凡奠也。”

④素几:无漆饰的木几。

⑤柏席用萑:柏席,据郑司农引或说是载黍稷之席。黍稷盛于敦,

置于几上，几置柏席上。一说，郑《注》曰："柏，椁字磨灭之余。椁席，藏中神坐之席也。"姑从郑司农引或说。萑(huán)，芦苇一类的植物。郑《注》曰："如苇而细者。"

⑥敦(dào)：通"焘(dào)"，覆盖。棺在殡时由椁覆盖，棺在墓穴时则由棺饰覆盖，故此处实指棺材。

【译文】

王发徒役田猎，举行貉祭时就铺设一层熊席，席的右边端设置黑漆几。凡是丧事中的奠祭，铺设苇席，席的右边设置素几；奠祭时放置黍稷的席是绘有黑白相间斧形花纹丝带镶边的萑席，诸侯设奠的萑席就用有图纹的黑色长条丝带镶边，每口棺设一张几。

5. 凡吉事变几①，凶事仍几②。

【注释】

①吉事变几：据郑《注》，吉事指宗庙祭祀，每进行一个仪节就更换一次几，因神事尚文，变几以"示新之也"。

②凶事仍几：丧事尚质，仍沿用同一条几。郑《注》曰："凶事谓凡奠，几朝夕相因。丧礼略。"

【译文】

凡是吉礼中的祭祀活动，随着仪节的进行都要更换新几，而凶礼中的所有奠祭活动，从头到尾则仍沿用同一条几。

九　天府

1. 天府掌祖庙之守藏①，与其禁令。凡国之玉镇、大宝器藏焉②。若有大祭、大丧，则出而陈之③，既事藏之。

【注释】

①祖庙之守藏：祖庙，据郑《注》，此指始祖后稷之庙。守藏，收藏保管。

②玉镇、大宝器：玉镇，指六瑞。大宝器，指六器。贾《疏》曰："此云玉镇，即《大宗伯》'以玉作六瑞'，镇圭之属即此宝镇也。彼又云'以玉作六器'，苍璧礼天之属即此宝器也。"按，六瑞谓之镇者，梁崔灵恩《三礼义宗》云："皆受之于天子，以为瑞信，镇抚国家也。"

③陈之：陈列展览。

【译文】

天府掌管始祖庙中珍宝、档案的收藏，以及有关的禁令。凡是王国的玉镇、大宝器都收藏在祖庙中，如果有大祭祀或大丧事，就拿出来陈列展览，事过之后再收藏起来。

2. 凡官府、乡、州及都鄙之治中[1]，受而藏之，以诏王察群吏之治。

【注释】

①凡官府、乡、州及都鄙之治中：贾《疏》曰："不言六遂及四等公邑之官者，于文略，其实皆有也。"治中，治理政事的文书档案。江永曰："凡官府簿书谓之中，……犹今之案卷也。此中字之本义。故掌文书者谓之史，其字从又从中。又者，以手持簿书也。吏字事字皆从中。"

【译文】

凡是王国中央、地方各级官府、各乡、州以及各采邑治理政事的办公文书档案，都接受而加以收藏保管，以告知王考察内外官吏们的政绩。

3. 上春，衅宝镇及宝器[1]。

【注释】

①衅宝镇及宝器：衅，杀牲以牲血涂器而祭之。宝镇、宝器，即玉镇、大宝器。

【译文】

每年春正月，要用牲血涂抹守藏的各种宝镇和宝器而祭之。

4. 凡吉凶之事[1]，祖庙之中，沃盥执烛[2]。

【注释】

①凡吉凶之事：据郑《注》，吉事，指宗庙四时祭祀；凶事指为王或王后之丧行迁祖奠（为迁柩朝祖而奠）、祖奠（为柩车将上路而奠）、大遣奠（即葬奠）等奠祭礼。

②沃盥执烛：按，吉凶之礼皆尚洁净，故事前当沃盥。又吉凶之礼皆天未明即行事，故需执烛。

【译文】

凡是祭祀或丧事，在祖庙中举行，有关官吏为尸和王浇水洗手时就在一旁为他们举起火把照明。

5. 季冬，陈玉以贞来岁之媺恶[1]。

【注释】

①陈玉以贞来岁之媺（měi）恶：媺，同“美”。陈玉，据贾《疏》，是贞卜前礼神。贞来岁之媺恶，孙诒让曰：“与肆师卜来岁之芟、戒、稼三事略同。”（参见《春官·肆师》）

【译文】

每年冬十二月，要陈设礼神的玉器而占卜来年年成的好坏。

6. 若迁宝则奉之[1]。

【注释】

①迁宝：国都迁移，宝器随之迁移。贾《疏》曰："谓王者迁都，若平王东迁，则宝亦迁。"

【译文】

如果国家迁都，也要随之迁移祖庙的宝器，就负责奉送。

7. 若祭天之司民、司禄[1]，而献民数、谷数[2]，则受而藏之。

【注释】

①司民、司禄：司民，星名。主民。司禄，星名。主谷。郑《注》曰："司民，轩辕角也。司禄，文昌第六星。"按，轩辕，星官名，有星十七颗，呈龙形，其中有大民、小民二星，盖即司民。谷物丰收才能颁禄，故郑《注》曰："祭此二星者，以孟冬既祭之，而上民谷之数于天府。"

②献民数、谷数：李光坡说孟冬司寇献民数、司徒献谷数于王，天府从王那里受而藏之。

【译文】

如果在每年冬十月祭祀司民、司禄二星以后，有关官吏向王进献本年全国的人民数和谷物数，就从王那里接受薄书并加以保管。

十 典瑞

1. 典瑞掌玉瑞、玉器之藏[1]，辨其名物与其用事，设其服饰[2]。

【注释】

①玉瑞、玉器：即《大宗伯》所谓六瑞、六器。郑《注》曰："人执以见曰瑞，礼神曰器。瑞，符信也。"

②服饰：指玉瑞、玉器的外部装饰。即下文所说的"缫藉"。郑《注》曰："服玉之饰，谓缫藉。"

【译文】

典瑞掌管玉瑞、玉器的收藏，辨别它们的名称和种类以及运用它们的事项，并为它们设置装饰用的衬垫。

2. 王晋大圭[1]，执镇圭[2]，缫藉五采五就[3]，以朝日[4]。公执桓圭，侯执信圭，伯执躬圭，缫皆三采三就[5]；子执谷璧，男执蒲璧，缫皆二采再就[6]：以朝、觐、宗、遇[7]、会同于王。诸侯相见，亦如之。瑑圭、璋、璧、琮[8]，缫皆二采一就[9]，以觐聘[10]。

【注释】

①晋大圭：晋，通"搢"，插也。郑司农曰："谓插于绅带之间。"大圭，天子所服之圭。长三尺，首方，用以朝日。钱玄说："这是特大的圭，长三尺，上略向内削，其上瑞如椎，方形。大圭亦谓之珽，或谓之玉笏，天子插在腰里的。"(《三礼通论》页249)

②镇圭：及下桓圭、信吏、躬圭、谷璧、蒲璧，参见本篇《大宗伯》。

③缫藉五采、五就：缫藉，是圭的彩色衬垫。亦为圭饰，可保护玉器避免受损。缫，通“藻”，文彩。据郑《注》，圭垫以木制，外包皮革，皮革画五彩，故谓之缫（藻），因用于衬垫玉器故谓之藉。五采，孙诒让说是玄、黄、朱、白、苍五种颜色。五就，即五匝，一就为一匝。用五种颜色依次绕缫藉而画之，画五圈，备五彩，是为一就，即一匝。五匝为五就。

④朝日：祭名。在国都东门外迎日而祭。孙诒让曰：“盖天子朝日之礼，每岁凡十有四举：一立春日，二春分日，并十二月每月朔日为十四。十四者之中，唯春分之朝日为特祭，其礼尤重。”

⑤三采三就：三采，谓朱、白、苍三色。三就，朱白苍三色各横绕画一圈叫一就。

⑥二采再就：二采，谓朱、绿二色。再就，将朱、绿二色各横绕画两圈。

⑦朝、觐、宗、遇：四季朝见天子之礼名。参见《大宗伯》。

⑧瑑圭、璋、璧、琮：瑑（zhuàn），玉器上雕刻的凸起花纹。璋、璧、琮，参见《大宗伯》。

⑨二采：据贾《疏》，亦朱、绿二色。

⑩覜（tiào）聘：覜，谓诸侯遣卿以大礼定期聘问天子。郑《注》曰：“大夫众来曰覜，寡来曰聘。”按，诸侯朝见天子以距离王畿远近分一年、二年、三年、四年、五年、六年朝见一次，故一个朝见周期（十二年）内，第七、十一年只有一年一朝的诸侯前来，其他诸侯则派卿以大礼聘问。此即“覜”、“殷覜”、“视”。即如郑《注》说，众多诸侯的大夫都定期来聘问称覜；不定期来聘问称聘。参见《大宗伯》。

【译文】

王腰插大圭，手执镇圭，圭垫上用玄黄朱白苍五种颜色横绕着画五匝，这样来行拜日礼。公手执桓圭，侯手执信圭，伯手执躬圭，圭垫都用朱白苍三种颜色横绕着画三匝；子手执谷璧，男手执蒲璧，璧垫都用朱绿两种颜色横绕着画两匝：这样来向王行春朝、秋覲、夏宗、冬遇和会同之礼。诸侯之间会见也是这样。刻有凸起花纹的圭、璋、璧、琮，它们的衬垫都是用两种颜色横绕着画一匝，在诸侯派遣大夫聘问王时使用。

3. 四圭有邸以祀天①，旅上帝②。两圭有邸以祀地③，旅四望。祼圭有瓒④，以肆先王⑤，以祼宾客⑥。圭璧以祀日月星辰⑦。璋邸射以祀山川⑧，以造赠宾客⑨。

【注释】

①四圭有邸以祀天：四圭，圭名，祭天所用的礼器。以一整块玉琢成，中央以圆璧为本，璧的上下左右四边各伸出一圭，故称。圭长一尺二寸。郑司农曰："于中央为璧，圭著其四面，一玉俱成。"邸，根本，此指中央的璧。可参见戴震《考工记图》。邸，本也。因四圭共著于一璧，如从同一根本生出四圭，故称"四圭有邸"。天，据秦蕙田《通考·吉礼一》说，与下文上帝同，皆谓至上帝。

②旅上帝：上帝，指受命帝。周代的受命帝是苍帝。参见《大宗伯》。按，上文祀天为正祭，旅祭礼简于正祭。

③两圭有邸：两圭，玉名，以一琮为本，上下各连有一圭，以一整块玉雕成。用于祀地及四望。邸指中央的琮。

④祼圭有瓒：即王行祼礼时所用的圭瓒。孙诒让曰："祼圭，谓以圭为柄；有瓒，谓以金为瓒。所谓天子圭瓒也。"瓒是勺头，圭是勺柄。祼圭，即圭瓒之柄。柄前端有供舀取郁鬯用的勺状瓒，故称。

⑤肆：本指剔解牲体以祭，引申为祭祀名。郑《注》曰："肆解牲体以祭，因以为名。"

⑥祼宾客：即向宾客献酒。孙诒让曰："此据朝覲诸侯言之，凡五等诸侯来朝，礼及飨并有祼。"

⑦圭璧：玉名。形如一圭而根端著于璧，故名。

⑧璋邸射：玉名。器形如从琮上伸出一璋，而琮的八钝角被削成锐角。郑《注》曰："璋有邸而射，取杀于四望。"按，邸，此谓琮。射，谓圭璋上端锐出的部分。言射剡者，因璋形如圭之半，顶端甚尖似箭之射。

⑨造赠宾客：造与赠都是馈赠宾客之礼。孙诒让曰："凡造，至宾馆而致礼皆是也。"如王派人到宾馆致食、飨之礼，称造。孙氏又曰："赠则为宾行至近郊劳送之礼。"此指来聘的宾客（即使者）回国，出主国（被聘问国）都城而下榻在近郊馆舍时，主国国君派人来向宾客馈送礼物，称赠（参见《仪礼·聘礼》）。造赠宾客都要拿玉器（即璋邸射）致辞。

【译文】

用以璧为本的四圭祭祀昊天，并用来旅祭上帝。用以琮为本的两圭祭祀地，并用来旅祭四方的名山大川。用有勺的祼圭肆祭先王，并在设宴招待宾客时用来向宾客行祼礼。用圭璧来祭祀日月星辰。用以琮为本而锐出一璋的玉器祭祀中小山川，并用来在造赠宾客生熟食品时拿着它致辞。

4. 土圭以致四时日月①，封国则以土地②。珍圭以征守③，以恤凶荒。牙璋以起军旅④，以治兵守。璧羡以起度⑤。驵圭、璋、璧、琮、琥、璜之渠眉⑥，疏璧、琮以敛尸⑦。谷圭以和难，以聘女⑧。琬圭以治德，以结好⑨。琰圭以易行，以除慝⑩。

【注释】

①土圭以致四时日月：土圭，玉名。长一尺五寸，可用来求地中，故

称。郑《注》曰:“以致四时日月者,度其景至不至,以知其行得失也。冬夏以致日,春秋以致月。”(参见《地官·大司徒》注)

②封国以土地:土地,即度地。土,通“度”,测量。郑《注》曰:“土地,犹度地也。封建诸侯,以土圭度日景,观分寸长短,以制其域所封也。”

③珍圭以征守:据郑《注》,珍圭,玉名。是天子派遣使臣传达王命时授予使臣的瑞节(符信),大小、形制与琬琰接近。按,据《考工记·玉人》,琬、琰皆长九寸,琬圭顶端不作三角形而呈弧形,琰圭则两侧向里坳作弧形。杜子春曰:“以征守者,以征召守国诸侯。”

④牙璋:兵符之一种。长七寸,形似半圭,锐出部分边缘有齿,以玉制成,故称。是天子使臣传达王命时所持瑞节,作用如后世虎符。钱玄说:“属于璋的一种。旧说,璋之上削部分有不平如锯齿者,谓之牙璋。”(《三礼通论》页253)

⑤璧羡以起度:璧羡,一种椭圆形的璧,长一尺,宽八寸。羡,通“延”。详《考工记·玉人》。郑司农曰:“羡,长也。此璧径长尺,以起度量。”即谓其径长可用作一尺的标准。琬圭,玉名。长九寸,上端半圆形。天子使臣传达王命时所持之瑞节。琰圭:一种玉名。长九寸,上端锐如锋芒。天子使臣传达王命时所持之瑞节。琰圭有锋芒,故有征讨诛伐之象。

⑥驵圭、璋、璧、琮、琥、璜之渠眉:驵,郑《注》以为当读为“组”,声之误也。组为丝带,用以贯穿以下六玉以为敛尸所用,故贾《疏》以为六玉两头皆有孔,以便穿系丝带。渠眉,即玉饰的隆起沟纹。凹下部分为渠,渠两侧为眉。郑《注》曰:“渠眉,玉饰之沟瑑也。以组穿联六玉沟瑑之中,以敛尸。圭在左,璋在首,琥在右,璜在足,璧在背,琮在腹,盖取象方明(即天、地、四方神),神之也。”按,穿丝带的孔盖凿于玉器两头的沟纹中。

⑦疏璧、琮以敛尸：疏，通也。据郑《注》，谓璧、琮上的沟纹上下打眼贯通，璧象天，琮象地，打眼象征通于天地。敛尸，据郑《注》，指大敛，其法：璋在头部，圭在左边，琥在右边，璜在足部，璧在背部，琮在腹部。

⑧“谷圭”二句：谷圭，玉名。长七寸，是上刻五谷图纹的圭。谷，善也。天子派遣使臣做好事，就授予谷圭作瑞节。难，郑《注》曰：“仇雠。”易祓曰：“若天子遣人和诸侯之难，及遣人聘女于诸侯，皆以谷圭行之。”即拿着谷圭以致辞。

⑨“琬圭”二句：治德，郑《注》曰：“诸侯有德，王命赐之。”结好，据郑《注》，诸侯派大夫来聘，王即使大夫执此圭回国向其君“命事”，即命以结友好之事。

⑩“琰圭”二句：易行，改变（坏的）品行。郑司农曰：“易行除慝，易恶行令为善者，以此圭责让喻告之也。”

【译文】

土圭用来测度四季的日影、月影的长短，分封诸侯国就用来测量封域。珍圭用来征召诸侯、传达王命，抚恤凶年灾荒。牙璋用来发兵，用来调动军队、发兵防守。璧的美径长可用来作度量的标准。用丝带贯穿圭、璋、璧、琮、琥、璜沟纹中镂出的孔眼，使璧、琮的沟纹贯通，这样用来敛尸。谷圭用来调和诸侯间的仇怨，用来给女方下聘礼，琬圭用来奖励有德的诸侯，用来缔结诸侯间的友好关系。琰圭用来责备行为不端的诸侯改变行为，除恶向善。

5. 大祭祀、大旅①，凡宾客之事②，共其玉器而奉之。大丧，共饭玉、含玉、赠玉③。凡玉器出，则共奉之④。

【注释】

①大祭祀、大旅：孙诒让曰：“即上经祀天地，肆先王，亦兼有祀日月

星辰山川等。”

②宾客之事：孙诒让曰：“即裸及造赠等是也。”

③饭玉、含玉、赠玉：郑《注》曰：“饭玉，碎玉以杂米也。”按，此为王、诸侯、大夫之礼，士则只用米。《注》又曰：“含玉，柱左右齻及在口中者。”则含玉即在死者的左右齻（diān，牙床末端最后长出的两对磨牙，亦称智牙）及口的中部放入小璧。赠玉，棺材放入墓穴后赠给死者的璧。郑《注》曰：“盖璧也。”饭玉，在死者口中放少许碎玉（杂有米粒）。

④“凡玉器出”二句：郑《注》曰：“玉器出，谓王所好赐也。奉之，送以往；远则送于使者。”

【译文】

举行大祭祀、大旅祭，以及凡是招待宾客的事，供给所需要的玉器并奉送到行礼处。有大丧，供给所需的饭玉、含玉和赠玉。凡是有玉器赐予臣下，就供给并奉送到被赐者之处。

十一　典命

1. 典命掌诸侯之五仪[①]，诸臣之五等之命。上公九命为伯[②]，其国家、宫室、车旗、衣服、礼仪皆以九为节[③]。侯伯七命，其国家、宫室、车旗、衣服、礼仪皆以七为节；子男五命，其国家、宫室、车旗、衣服、礼仪皆以五为节。王之三公八命，其卿六命，其大夫四命，及其出封，皆加一等，其国家、宫室、车旗、衣服、礼仪亦如之。

【注释】

①五仪：五等诸侯（公、侯、伯、子、男）的礼仪。郑《注》曰：“五仪，公、侯、伯、子、男之仪。五等，谓孤以下四命、三命、再命、一命、

不命也。或言仪，或言命，互文也。”

②上公九命为伯：即《大宗伯》“九命为伯”。郑《注》曰：“上公，谓王之三公有德者，加命为二伯。”按，王之三公八命，加一命则为九命，称上公，出任为方伯。

③“其国家”至“为节”：国家，谓都城。郑《注》曰：“国家，国之所居，谓城方也。公之城盖方九里，宫方九百步。”按，下文侯伯七命以七为节，子男五命以五为节，其国家、宫室皆放此。又，车旗、衣服、礼仪之数，参见《秋官·大行人》。

【译文】

典命掌管诸侯的五等礼仪，以及王的诸臣的五等命数。上公九命就成为伯，其都城面积、宫室大小、车旗、衣服、礼仪的规格都以九为节度；侯、伯是七命，其都城面积、宫室大小、车旗、衣服、礼仪的规格都以七为节度；子、男是五命，其都城面积、宫室大小、车旗、衣服、礼仪的规格都以五为节度。王的三公是八命，王的卿是六命，王的大夫是四命，如果到他们被出封为王畿之外的诸侯，都加一等，他们的都城面积、宫室大小、车旗、衣服、礼仪的规格也就随着依命数都加一等。

2. 凡诸侯之適子誓于天子[①]，摄其君，则下其君之礼一等[②]；未誓，则以皮帛继子男[③]。

【注释】

①適子：嫡子。適，通“嫡”。誓：册命，郑《注》曰：“犹命也。”

②则下其君之礼一等：谓公之子不能享受公的待遇，只能享受侯伯待遇；侯伯之子不能享受侯伯的待遇，而只能享受子男待遇。

③以皮帛继子男：此指朝聘天子时。据郑《注》，已命者，“公之子如侯伯而执圭，侯伯之子如子男而执璧”，皆下其所当执一等。此

未命者，则不得执圭璧，而执皮帛。皮帛，大国之孤为宾客时所执之礼品，以十端白缯为束帛，以虎豹之皮包裹帛以为饰。

【译文】

凡是诸侯的嫡长子被天子册命立为太子，代理他的国君朝聘天子时，就比国君的礼仪降低一等；如果尚未被天子册命认可，朝聘天子时就只能拿着用皮裹饰的束帛排在子男后面行礼。

3. 公之孤四命①，以皮帛视小国之君②；其卿三命，其大夫再命，其士一命。其宫室、车旗、衣服、礼仪各视其命之数。侯伯之卿、大夫、士亦如之。子男之卿再命，其大夫一命，其士不命③。其宫室、车旗、衣服、礼仪各视其命之数。

【注释】

①公之孤：据郑司农说，九命上公能够置孤一人。

②视小国之君：郑《注》曰："列于卿，大夫之位而礼如子男也。"

③不命：非正式任命的士，地位低于命士一等。

【译文】

公的孤卿的等级是四命，朝聘天子时以用皮裹饰的束帛作为见面礼而比照小国之君的礼仪；公的卿是三命，公的大夫是再命，公的士是一命；他们的宫室大小、车旗、衣服、礼仪的规格，各自比照他们的命数为节度。侯、伯的卿、大夫、士也是这样。子、男的卿的等级是再命，子男的大夫是一命，子男的士不命，他们的宫室大小、车旗、衣服、礼仪的规格，也各自比照他们的命数为节度。

十二　司服

1. 司服掌王之吉凶衣服，辨其名物，与其用事。

【译文】

司服掌管王行吉礼或凶礼时所应当穿的衣服，辨别这些衣服的名称、种类，以及所适用的礼事场合。

2. 王之吉服①：祀昊天上帝则服大裘而冕②，祀五帝亦如之；享先王则衮冕③；享先公、飨、射则鷩冕④；祀四望、山川则毳冕⑤；祭社稷、五祀则希冕⑥；祭群小祀则玄冕⑦；凡兵事韦弁服⑧；视朝则皮弁服⑨；凡甸冠弁服⑩。

【注释】

①吉服：即祭服。

②服大裘而冕：大裘，郑司农说，即黑羔裘。据金榜说，大裘外还有玄衣，玄衣外还有十二章之衮服。冕，首服之最尊者，其形制，上有一块长方形的木板叫做延，延下有一冠圈叫做武，延的前沿垂有一串串的小玉珠叫做旒。天子之冕有十二旒（详《夏官·弁师》）。然陈祥道《礼书》卷一曰："大裘之冕盖无旒。"

③衮冕：礼服名，即穿衮服而戴冕。按，下文凡曰"某冕"，皆谓穿某服而戴冕。衮服，是绘刺有卷曲的龙形之服。衮服有两种：一种十二章；一种九章。所谓十二章，是指衣裳上绘刺有日、月、星、龙、华虫（有五色文采的虫类）、宗彝（虎蜼[wèi]，一种体形较大的黄黑色长尾猴，尾长数尺）、藻（水藻）、火、粉米（白米）、黼（黑白相间）、黻（黑青相间）等十二种花纹图案。所谓九章，是揩十二章去掉日、月、星。据金榜说，王祭天服十二章之衮，祭先王则服九章之衮。

④享先公、飨、射则鷩冕：先公，指后稷之后、大王（文王之祖父）前的周人先祖。因其未被追尊为王，故称。鷩冕，即鷩服而冕。鷩

(bì),赤雉,即“锦鸡”。据郑《注》,鷩冕是七章之服,即九章之衮服去掉龙、山,并将华虫改为雉(野鸡),但仍称华虫。

⑤毳(cuì)冕:毳,鸟兽的细毛。据郑《注》,是五章之服,即鷩服之七章去掉华虫、火。

⑥希(zhǐ)冕:即希服而冕。希,假借作“黹”。黹(zhǐ),缝纫,刺绣。此礼服图纹是绣上的,故称。又据郑《注》说,此为三章之服,即毳服五章去掉宗彝、藻。

⑦祭群小祀则玄冕:群小祀,郑《注》曰:“林泽、坟衍、四方百物之属。”玄冕,即玄衣而冕。据郑《注》,玄衣只一章,其上衣无图纹,只下裳上绣黻纹。又据郑《注》说,凡冕服,从衮冕以至玄冕,皆“玄衣纁裳”,即上衣为玄色,下裳为纁(xūn,浅红色)色。

⑧韦弁服:据郑《注》,用韎(mèi,赤黄色)韦(熟牛皮)制成的弁和衣裳。弁,一种礼帽,形似瓜皮帽。孙诒让曰:“兵事虽服韦弁服,临战则韦弁服上又蒙甲胄。”

⑨皮弁服:皮弁,据《仪礼·士冠礼》郑《注》说,是白鹿皮制成的弁。其服,据《士冠礼》,是一种白色而腰间有褶皱的裳,外束缁带,系白色蔽膝。据胡培翚《仪礼正义》说,衣、冠同色,亦白色。

⑩冠弁服:弁服之一。据郑《注》,冠弁即玄冠,即用黑缯做的冠。服为缁布衣,裳与上皮弁服同。一说,据孙诒让说,是头戴冠弁(即先戴玄冠,后在其上戴皮冠。皮冠行礼时可去掉)。姑从郑说。

【译文】

王行吉礼时穿的服装:祭祀昊天和上帝就身穿大裘而头戴冕,祭祀五帝时的穿戴也是这样;祭祀先公、举行飨礼招待宾客、举行大射礼,就身穿鷩服而头戴冕;祭祀四方的名山大川和一般的山川就身穿毳服而头戴冕;祭祀社稷、五行之神就身穿希服而头戴冕;祭祀各种小的神灵就身穿玄服而头戴冕;凡是军事活动就身穿韦服而头戴韦弁;处理朝政就身穿白布衣裳而头戴皮弁;凡是田猎就身穿缁衣白裳而头戴玄冠。

3. 凡凶事服弁、服①。凡吊事弁绖、服②。凡丧,为天王斩衰,为王后齐衰③;王为三公六卿锡衰④,为诸侯緦衰⑤,为大夫、士疑衰⑥,其首服皆弁绖。大札、大荒、大灾素服⑦。

【注释】

①凡凶事服弁、服:凶事,此指丧事。服弁,即丧冠。服,谓丧服。郑《注》曰:"服弁,丧冠也。其服,斩衰、齐衰。"按,丧服分五等,最重的是斩衰,其次是齐衰,以下还有大功、小功、緦麻。详《仪礼·丧服》。

②凡吊事弁绖、服:吊事,谓王吊诸侯、诸臣。弁绖,吊唁时所戴的帽子。在爵弁上绕一圈麻绳。郑《注》曰:"如爵弁而素,加环绖。"按,爵弁,是赤而微黑的布制成,其形略似冕而无旒。但吊丧的爵弁是白色,故云"爵弁而素"。环绖,即首绖,是麻做的孝带,加在爵弁上如环,故名。服,谓吊服,郑《注》曰:"其服锡衰、緦衰、疑衰。"

③"凡丧"三句:《礼记·昏义》云:"天子之与后,犹父之与母也。故为天王服斩衰,服父之义也;为后服齐衰,服母之义也。"天王,王死告丧于诸侯称天王。

④锡衰:天子参加三公六卿丧仪所穿的、以细麻布制成的一种丧服。按,用十五升的布(一升八十缕)为原料,成布前先将十五升布的线缕抽去一半(七升半)加灰捶洗使洁白光滑;成布后将布再如此加工一次后,制作锡衰。锡,通"緆",光滑的麻布。经典习见"锡"假为"緆"。《仪礼·丧服》:"传曰:锡者何也?麻之有锡者也。锡者十五升抽其半。无事其缕,有事其布,曰锡。"郑《注》曰:"谓之锡者,治其布使之滑易也。"即谓锡衰是用麻布做

成，布的粗细是“十五升去其半”。

⑤缌衰：天子参加诸侯丧仪所穿的一种丧服。郑《注》引郑司农曰：“缌亦十五升去其半，有事其缕，无事其布。”可见缌衰与锡衰的区别在于，先将麻缕加灰捶洗再织布，而织成的布则不再捶洗。

⑥疑衰：天子参加大夫、士丧仪所穿的一种丧服。郑众说用十四升布做成。郑《注》曰：“疑之言拟也，拟于吉。”据贾《疏》，吉服用布十五升，疑衰则十四升，只比吉服少一升，故云“拟于吉”。孙诒让则曰：“窃谓疑衰，衰裳皆当以十五升布，布缕皆有事，与吉布同，其异于吉服者，以为衰制耳。”即谓疑衰布料和平常衣服布料相同，只是剪成孝服。按，姑从孙说。

⑦大札、大荒、大灾素服：素服，本色或白色衣服。国有大灾荒，天子、卿大夫所穿，头戴缟冠，身穿白布衣，素裳，素屦，全身皆白。郑《注》曰：“大札，疫病也。大荒，饥僅也。大灾，水火为害。”

【译文】

凡是丧事就头戴丧冠、身穿丧服。凡是吊唁群臣的事就戴爵弁加环绖，身穿吊服。凡是服丧，诸侯群臣都要为天王服斩衰丧，为王后服齐衰丧；王为三公、六卿服丧就身穿锡衰，为诸侯服丧就身穿缌衰，为大夫、士就身穿疑衰，不管哪种丧服，头上戴的都是爵弁加环绖。遇到发生大瘟疫、大饥荒、重大灾害，君臣就都穿戴白色的衣帽。

4. 公之服，自衮冕而下如王之服[①]；侯伯之服，自鷩冕而下如公之服；子男之服，自毳冕而下如侯伯之服；孤之服，自希冕而下如子男之服；卿大夫之服，自玄冕而下如孤之服，其凶服加以大功、小功[②]；士之服，自皮弁而下如大夫之服[③]，其凶服亦如之[④]，其齐服有玄端、素端[⑤]。

【注释】

①自衮冕而下如王之服：是谓除王之大裘及其十二章之衮冕外，自九章之衮冕，以至七章之鷩冕、五章之毳冕、三章之希冕、一章之玄冕，公皆可服，皆同于王。下文义仿此。郑《注》曰："自公之衮冕，至卿大夫之玄冕，皆其朝聘天子及助祭之服。"

②其凶服加以大功、小功：据《注》《疏》，天子、诸侯服丧，其正服只服斩衰、齐衰，至卿大夫，则还要加上大功、小功。

③自皮弁而下：谓士可服皮弁服、冠弁服。

④其凶服亦如之：郑《注》曰："士亦如之，又加缌焉。"谓亦如卿大夫之加大功、小功，此外还要加上缌麻之服。

⑤齐服有玄端、素端：齐，通"斋"，斋戒。玄端，一种黑色礼服。玄冠（或爵弁、布冠等），缁布衣，玄裳（或黄裳、杂裳），黑屦。玄端为士之常服，天子、诸侯作为燕居之服。吉事斋戒时穿玄端。《仪礼·士冠礼》曰："玄裳、黄裳、杂裳（前玄后黄的裳）可也。"其袖正直端方，故名。素端，诸侯、大夫、士的祭服名。缟冠，白布衣，素裳，素屦，全身皆素（白）。与玄端样式相同。凶事斋戒穿素端。郑《注》曰："士齐有素端者，亦为札荒有所祷请。变素服言素端者，明异制。"贾《疏》曰："素端者，即上素服。"

【译文】

公的服装，从衮冕以下与王的服装相同；侯、伯的服装，从鷩冕以下与公的服装相同；子、男的服装，从毳冕以下与侯伯的服装相同；孤的服装，从希冕以下与子、男的服装相同；卿大夫的服装，从玄冕以下与孤的服装相同，他们的丧服除了斩衰、齐衰以外，还要加上大功、小功丧服；士的服装，从皮弁服以下与大夫的服装相同，他们的丧服除了斩衰、齐衰以外，还要加上大功服、小功服以及缌麻服，他们斋戒时的服装都是玄端和素端。

5. 凡大祭祀、大宾客[1]，共其衣服而奉之。大丧，共其复衣服，敛衣服，奠衣服[2]，廞衣服[3]，皆掌其陈序[4]。

【注释】

①大祭祀、大宾客：贾《疏》曰："大祭祀，则中兼有次小祭祀，以其皆是王亲祭，故举大而言。宾客言大者，据诸侯来朝也。"

②奠衣服：死者的魂衣，祭奠时取出陈列于坐上，送葬时陈于容车（送葬时载死者画像、衣冠之车）。

③廞（xīn）衣服：陈列作为明器用的衣服。盖以竹木制作。廞，陈列，陈设。孙诒让曰："凡器物之陈而不用者谓之廞。"按，据孙氏说，葬前一日陈明衣于祖庙之庭，葬日至圹，则陈于墓道。

④皆掌其陈序：孙诒让曰："自复衣服以下，并陈而后用，皆以尊卑次第序列之也。"

【译文】

凡是遇到王亲自参加祭祀或招待来朝诸侯，供给王所需的礼服并奉送给王。有大丧，供给用来招魂的衣服，大敛、小敛时要用的衣服，奠祭死者要用的衣服，以及陈列要用的明衣，都要掌管这些衣服陈列的次序。

十三　典祀

1. 典祀掌外祀之兆守[1]，皆有域，掌其政令。

【注释】

①外祀之兆守：外祀，谓在四郊祭祀的诸神。如南郊祭天，北郊祭地，四郊望祭名山大川等。相对宗庙为内祀而言。参见《外饔》注。郝敬曰："皆有坛位曰兆。"

【译文】

典祀掌管外祭祀坛位的守护，都有一定的界限，掌管此范围内闲人不得进入的禁令。

2. 若以时祭祀，则帅其属而修除，征役于司隶而役之。及祭，帅其属而守其厉禁而跸之[1]。

【注释】

①厉禁而跸之：警戒防护的守卫、屏障及禁令。郑司农曰："遮列禁人，不得令入。"

【译文】

如果是按季举行的祭祀，就率领本部门的下属先期对祭祀坛场进行打扫除草，并从司隶那里征调徒役前来听候役使。等到祭祀那天，就率领本部门的下属守卫警戒而禁止闲人出入走动。

十四　守祧

1. 守祧掌守先王、先公之庙祧[1]，其遗衣服藏焉[2]。

【注释】

①先王：周代的先王，一般指太王、王季、文王、武王。庙祧：此泛指宗庙。

②遗衣服：谓大敛时剩下的衣服。郑《注》曰："大敛之余也。"据说王者大敛用衣一百二十称(套)，此外所余尚多，即所谓"遗衣服"。

【译文】

守祧掌管守护先王、先公的宗庙，并将他们遗留的衣服收藏在庙中。

2. 若将祭祀，则各以其服授尸①。其庙则有司修除之，其祧则守祧黝垩之②。既祭，则藏其隋③，与其服。

【注释】

①各以其服授尸：郑《注》曰："尸当服卒者之上服，以象生时。"按，上服，谓生前服之最尊者。

②"其庙"二句：庙，作动词用，谓祭祀此庙。祧，作动词用，谓祭祀此祧。郑《注》曰："庙，祭此庙也。祧，祭迁主。有司，宗伯也。"据郑司农说，涂墙使白谓之垩，涂地使黑谓之黝。黝，段玉裁、孙诒让认为当作"幽"，而幽通"黝"，黑也。按，"幽""黝"通假者传世文献习见。《礼记·玉藻》："一命缊韨幽衡，再命赤韨幽衡。"郑《注》："幽读为黝。"《诗·曹风·侯人》《毛传》、《小雅·采芑》《正义》引幽作黝。（高亨等《古文通假会典》，页708）出土文献亦有用例。如九店楚简《丛辰》："（长）者吉，（幼）者不吉。"上博楚简（九）《颜渊问于孔子》："老老而（慈）（幼）。"（白于蓝《战国秦汉简帛古书通假字汇纂》，页124）黝垩，与上文"修除"互文。

③隋：尸行食前祭礼时，从俎豆上取下置于席前的黍稷等当祭的食物。郑《注》曰："隋尸所祭肺脊黍稷之属。"按，隋，字亦作"堕"。堕，下也，将当祭之物从高处取下。《仪礼·士虞礼》郑《注》曰："下祭曰堕，堕之犹言堕下也。"

【译文】

如果将要祭祀先王、先公，就把各庙所藏他们遗留的衣服授予各庙的尸。如果将要举行祭祀宗庙的神主，就由宗伯负责事先打扫除草，祭祀庙祧的神主，就由守祧负责事先把墙涂白、把地涂黑、打扫除草。祭祀结束，就将尸用以行食前祭礼剩下的食品收藏起来埋在西阶东面的地下，并把尸穿的衣服重新收藏起来。

十五　世妇

1. 世妇掌女宫之宿戒①，及祭祀，比其具②。

【注释】

①女宫之宿戒：女宫，因罪或从坐没入宫中服役的女子。郑《注》曰："刑女给宫中事者。"宿戒，戒是祭前十日戒百官使斋。宿是祭前三日或一日再戒百官使斋。贾《疏》曰："祭前十日，戒之使齐(斋戒)，祭前三日又宿(申)之，故宿戒并言。"

②比其具：比，检查，查对。郑《注》曰："比，次也。具，所濯溉及粢盛之爨。"爨，谓灶具。

【译文】

世妇掌祭祀前三日重申对女宫的告诫，等到祭祀那天，依次检查应当由女宫具备的各种祭祀器物。

2. 诏王后之礼事。帅六宫之人共粢盛①。相外、内宗之礼事②。大宾客之飨、食亦如之③。

【注释】

①六宫之人：孙诒让曰："谓女御以下。"

②相外、内宗：据郑《注》，外宗谓异姓之女有爵者，内宗谓同姓之女有爵者，皆是被选出佐王后行祭礼者，而世妇则相助之。

③亦如之：郑《注》曰："比帅诏相，其事同。"即招待来朝诸侯而举行飨礼、食礼时，该提醒、率领、告教的，还要随时进行。

【译文】

告教王后祭祀应行的礼仪事项。率领六宫的人供给祭祀所用的谷物。协助外宗、内宗祭祀应行的礼仪事项。为招待来朝诸侯而举行飨礼、食礼时也是这样做。

3. 大丧，比外、内命妇之朝莫哭[1]，不敬者而苛罚之。凡王后有拜事于妇人[2]，则诏相。

【注释】

①比外、内命妇之朝莫哭：比，贾《疏》曰："以尊卑为位而哭。"外、内命妇，参见《天官·内宰》注。朝莫（暮）哭，即朝夕哭。按，人死殡后，亲属每天早晨、傍晚都要入殡宫（殡棺之寝）去哭，叫朝夕哭。

②有拜事于妇人：据贾《疏》，此指拜谢二王后之夫人于堂上。按，周分封夏、殷二王后裔为杞、宋二国，有大丧则此二国君与其夫人前来吊丧，而由王太子（即嗣王）拜谢二君于堂下，由王后拜其夫人于堂上。

【译文】

有大丧，依尊卑次序排列外、内命妇的朝夕哭位，如发现有不恭敬的就加以呵斥责罚。凡是王后拜谢前来吊丧的夏殷二王后代国君夫人，就告教并协助行拜谢礼。

4. 凡内事有达于外官者[1]，世妇掌之。

【注释】

①外官：谓宫外的百官官府。

【译文】

凡是内宫的事有需要通知宫外官府的，就由世妇负责办理。

十六 内宗

1. 内宗掌宗庙之祭祀荐加豆、笾[1]，及以乐彻，则佐传豆、笾[2]。宾客之飨、食亦如之。

【注释】

①加豆笾：加爵之豆笾。九献后，诸臣向尸敬酒，谓加爵。加爵时进献的豆笾谓加豆笾。

②佐传豆、笾：王后将豆、笾从神坐前彻下递给外宗，外宗递给内宗，内宗再递给外官。

【译文】

内宗掌管宗庙祭祀时向尸进献加豆、加笾，等到依照音乐的节奏撤除祭品时，就协助传递撤下的豆、笾。招待宾客举行飨礼、食礼时也是这样做。

2. 王后有事则从。

【译文】

王后有事则在后跟随。

3. 大丧，序哭者。哭诸侯亦如之[1]。凡卿大夫之丧，掌其吊临[2]。

【注释】

①哭诸侯：据贾《疏》，此指有诸侯来朝而死于国都，因而哭之。

②掌其吊临：据贾《疏》，卿大夫为王臣，位较诸侯轻，王后不亲吊，

故使内宗代掌吊事。

【译文】

有大丧，按照亲疏尊卑次序排列内外宗、内外命妇的哭位。王后哭吊诸侯时也是这样做。凡是王的卿大夫的丧事，就代王后掌管吊唁临哭的事情。

十七　外宗

1. 外宗掌宗庙之祭祀佐王后荐玉豆[1]，视豆笾[2]，及以乐彻，亦如之。

【注释】

①王后荐玉豆：玉豆，玉饰的豆。按，此处言荐玉豆而不言荐笾，文略。王后荐玉豆，是在行朝事礼和馈食礼时（参见《天官·笾人》）。荐玉豆：实际上是“荐玉豆荐玉笾”，这里没说“荐玉笾”，是省文。

②视豆笾：贾《疏》曰：“谓在堂东未设之时，视其实也。”按，豆笾未设时放置在堂东。

【译文】

外宗掌管宗庙祭祀时协助王后向尸进献玉豆、玉笾，进献前要察看豆笾中的祭品是否合乎要求，到依照音乐节奏撤除祭品时，也协助王后彻豆笾。

2. 王后以乐羞粢则赞[1]。凡王后之献，亦如之。王后不与，则赞宗伯[2]。

【注释】

①羞:进,进献食物。粢,谓粢盛。即装有黍稷的簠簋。贾《疏》曰:"粢,黍稷也。"

②"王后不与"二句:郑《注》曰:"后有故不与祭,宗伯摄其事。"

【译文】

王后依照音乐节奏向尸进献黍稷时就要在旁协助。凡是王后向尸献酒时,也协助王后。王后如果因故不参与宗庙祭祀,就要协助代替王后的宗伯行祭礼。

3. 小祭祀①,掌事。宾客之事,亦如之。

【注释】

①小祭祀:指祭祀宫中的灶神、门神、户神之类。亦即《天官·女祝》所谓"王后之内祭祀"。

【译文】

王后举行小祭祀,就为王后掌管祭事。接待宾客,也掌管须由王后参与的有关事宜。在宫中举行的小祭祀,由外宗全权负责。设宴招待来朝诸侯也是这样。

4. 大丧,则叙外内朝莫哭者①。哭诸侯亦如之②。

【注释】

①叙外内朝莫哭者:外内,郑《注》曰:"内外宗及外命妇。"朝莫哭,参见前文《世妇》注。

②哭诸侯:哭来朝而死于国都的诸侯。

【译文】

有大丧，在朝夕哭时，就要依照亲疏尊卑的次序排列外内宗和外命妇的哭位。哭吊诸侯也是这样做。

十八　冢人

1. 冢人掌公墓之地①，辨其兆域而为之图，先王之葬居中，以昭穆为左右②。凡诸侯居左右以前，卿、大夫、士居后③，各以其族④。

【注释】

①公墓：郑《注》训公为君，贾《疏》以为君通王与诸侯言。按，此处实指“王之墓域”，即王及其同姓墓地。

②以昭穆为左右：参见《小宗伯》注。昭穆既是宗庙的排列次序，也是墓葬的排列次序。郑《注》曰：“昭居左，穆居右，夹处东西。”

③“凡诸侯”至“居后”：此谓把整个墓地划分为中、前、后三部分：先王及其子孙王者的墓葬居中，其庶子为诸侯者的墓葬居前，而庶子之为卿大夫士者的墓葬居后，皆依昭穆分列左右。又据孙诒让说，此指王的庶子分封在畿内为诸侯及卿大夫士者。

④各以其族：族，谓所出之王，郑《注》曰：“子孙各就其所出王，以尊卑处其前后。”贾《疏》曰：“尊谓诸侯，卑谓卿大夫。”按，如某王之子为诸侯，子为昭，就葬在该王墓左之前，为卿大夫士则葬在墓左之后；其孙为诸侯，孙为穆，则葬在该王墓右之前，为卿大夫士，则葬在墓右之后。

【译文】

冢人掌管王的墓地，辨明墓地四周的范围而绘制成图，先王的坟墓处在墓地的中央，子孙们按照昭穆的顺序分葬左右。凡是陪葬的同姓诸侯葬在王墓的左右前方，凡是陪葬的同姓卿、大夫、士葬在王墓的左右后方，各自按照所属的王族系安排前后左右。

2. 凡死于兵者，不入兆域①。凡有功者居前②，以爵等为丘封之度③，与其树数。

【注释】

①“死于兵者”二句：姜兆锡说，王族无斩刑，死于兵，犹受斩刑，遗体不全，故不得居兆域之内。

②凡有功者居前：郑《注》曰：“居王墓之前，处昭穆之中央。”

③以爵等为丘封之度：贾公彦引《春秋纬》曰：“天子坟高三仞，树以松；诸侯半之，树以柏；大夫八尺，树以药草；士四尺，树以槐；庶人无坟，树以杨柳。”丘封，泛指坟墓。王公之墓高大，曰丘；群臣之墓低小，曰封。方苞《集注》曰：“王公曰丘，诸臣曰封。”

【译文】

凡是死于刀兵的人，不得入葬王族墓地。凡是有功者葬在王墓的正前方，按照死者爵位的等级来确定所起坟的大小和坟上种植树木的多少。

3. 大丧，既有日，请度甫窆①，遂为之尸②。及窆，以度为丘隧③，共丧之窆器④。及葬，言鸾车、象人⑤。及窆，执斧以莅，遂入藏凶器⑥，正墓位，跸墓域，守墓禁⑦。凡祭墓为尸。

【注释】

①“既有日”两句：郑司农曰：“既有日，既有葬日也。”一说，孙诒让认为指“诹日”，诹，谋也，即商量好的破土穿圹之日。姑从郑众

说。甫，始也。窴，挖地造墓穴。贾《疏》曰："谓冢人请于冢宰，量度始穿地之处也。"

②为之尸：谓为墓地地神之尸。郑《注》曰："为祭墓地之尸也。"

③度为丘隧：郑《注》曰："隧，羡道（即墓道）也。度丘与羡道广袤所至。"

④窆（biǎn）器：下葬入葬的用器，如丰碑（为天子下棺所设）等。郑《注》曰："下棺丰碑之属。"

⑤言鸾车、象人：言犹语，谓告以当行。鸾车，据郑《注》，即遣车，象征王的神灵居于车上。木制，装有鸾、和（皆车铃），作为明器以送葬，故称遣车。遣，送葬。象人，谓随葬的桐木制人偶，即俑。

⑥凶器：谓明器，藏于墓圹中的器物。

⑦禁：用以防卫、封闭、阻隔的设施。郑《注》曰："所为茔限。"

【译文】

有大丧，已经确定了葬期，就报请冢宰开始度量挖墓穴的地方，等到葬毕祭祀墓地时就充当尸。等到正式挖墓穴时，度量建造坟丘、墓道的规模，供给丧事下葬时所需的器物。等到出葬那天，要告诉随葬的鸾车和人偶说"该上路了"。等到下葬时，要手执斧亲临督察以备不虞，接着便把明器藏入椁中，然后规正墓位使位次不乱，禁止闲人进入墓域之内，守护好墓区的地界围栏严禁随便动土。凡是祭墓地之神就充当尸。

4. 凡诸侯及诸臣葬于墓者[1]，授之兆，为之跸，均其禁。

【注释】

①诸侯及诸臣：据贾《疏》，此处泛指同姓、异姓诸侯及诸臣（谓卿大夫士）的墓地。

【译文】

凡是王的同姓或异姓诸侯及诸臣要葬入墓地的，就要给他们划定墓葬区域，为之禁止闲人通行，平均安排守护墓地界域的人的工作量。

十九　墓大夫

1. 墓大夫掌凡邦墓之地域[1]，为之图。令国民族葬而掌其禁令，正其位[2]，掌其度数[3]，使皆有私地域。

【注释】

①邦墓：公墓，国家的墓地，万民归葬之所。由国家指定地域，无偿提供给无爵之平民，令其以族相从而葬。有爵者则入于公墓。郑《注》曰："凡邦中之墓地，万民所葬地。"郝敬曰："民间族葬之地。"孙诒让曰："万民族葬之处谓之邦墓。"

②位：谓昭穆顺序。

③度数：指根据其身份高低确定坟头大小。郑《注》曰："爵等之大小。"据孙诒让说，庶民亦有上升为士大夫者。

【译文】

墓大夫掌管全国所有公共墓地的地域，并将这些墓地绘制成图。命令国中民众都要聚族而葬而掌管有关的禁令。指导民众排正昭穆位置，掌管其中依爵位所定坟墓建造规模的大小，并使每一家都有本族私有的墓葬地域。

2. 凡争墓地者，听其狱讼。帅其属而巡墓厉[1]，居其中之室以守之[2]。

【注释】

①厉：警戒防护的守卫及其藩篱。此谓茔域之界限。郑《注》曰："茔限遮列处。"

②居其中之室以守之：居其中，郑司农曰："有官寺在墓中。"室，谓墓大夫的办公处。

【译文】

凡是有争夺墓地的纠纷，就听断他们的争讼。率领其下属巡视墓地四周的地界围栏，在墓地中央的办公处指挥下属分别守护各处墓地。

二十　职丧

1. 职丧掌诸侯之丧，及卿、大夫、士凡有爵者之丧，以国之丧礼，莅其禁令，序其事①。

【注释】

①事：指袭、小敛、大敛、殡、葬之事。

【译文】

职丧掌管王畿内诸侯的丧事，以及卿、大夫、士等所有有爵位者的丧事，按照国家规定的丧礼，亲临死者家督察他们执行禁令，安排好丧事中各个环节的先后顺序。

2. 凡国有司以王命有事焉①，则诏赞主人。凡其丧祭②，诏其号③，治其礼④。

【注释】

①凡国有司以王命有事焉：国有司，谓王国的官吏。有事，郑《注》曰："谓含、襚、赠、赗之属。"按，含谓赠送饭含（含在死者口中的玉），襚谓赠送死者衣被，赠谓赠送随葬物，赗谓赠丧家助葬的车马等物。

②丧祭：谓虞祭、祔祭等（参见《小宗伯》注）。

③号：谓祭神时给牺牲等取的尊称、美名。

④治其礼：谓演习其礼。

【译文】

凡是王国的官吏依照王的命令前来行致含、致襚、致赠、致赗等吊丧礼事，就告知并帮助主人如何行礼，并接受礼品。凡是主人举行丧祭，就要告知所用牲、谷等的名号，指导演习有关礼仪。

3. 凡公有司之所共[1]，职丧令之，趣其事。

【注释】

①公有司：王国之有司。与“国有司”同义。

【译文】

凡是王国官吏按照规定应当为丧家供给的物品，由职丧告令他们，并催促从速办理。

二一　大司乐

1. 大司乐掌成均之法[1]，以治建国之学政，而合国之子弟焉[2]。凡有道者、有德者，使教焉，死则以为乐祖[3]，祭于瞽宗[4]。

【注释】

①成均：据黄以周《礼书通故·学礼通故一》说，是周代大学之通称。

②国之子弟：即国子，贵族子弟。

③乐祖：音乐的祖师。乐官才艺出众、道德高尚者，死后尊为乐祖。郑《注》曰：“死则以为乐之祖，神而祭之。”

④瞽宗：据郑司农说，泛指学校。

【译文】

大司乐掌管大学的教学法规，建立并掌理王国有关学校教育的政令，于是聚集国子们到大学里学习。凡是有道艺、有德行的人，就请他们来大学执教，死后就尊奉他们为乐祖，并在学校里祭祀他们。

2. 以乐德教国子中、和、祗、庸、孝、友[①]，以乐语教国子兴、道、讽、诵、言、语[②]，以乐舞教国子舞《云门》、《大卷》、《大咸》、《大韶》、《大夏》、《大濩》、《大武》[③]。

【注释】

①以乐德教国子中、和、祗、庸：乐德，据柯尚迁说，是"以乐涵养而成"之德，即指下文中、和、祗、庸、孝、友六者。中，通"忠"。和，刚柔适中。祗，恭敬。庸，有常，有原则。孝，孝顺，善事父母。友，和睦兄弟。郑《注》曰："中，犹忠也。和，刚柔适也。祗，敬。庸，有常也。"

②以乐语教国子兴：乐语，即指下文兴、道、讽、诵、言、语六种说话应答的技巧。兴，郑《注》曰："以善物喻善事。"借用乙物来比喻甲物。道，通"导"，引导。谓称引古语以论今。讽，背诵诗文。诵，吟咏诗文。言，主动发言。语，回答叙述。道、讽、诵、言、语：郑《注》曰："道，读曰'导'。导者，言古以剀(kǎi，摩也)今也。"孙诒让曰："导引远古之言语，以摩切今所行之事。"郑《注》又曰："倍(背诵)文曰讽。以声节之曰诵。"据孙诒让说，讽是直言，诵是吟咏而有声调。郑《注》又曰："发端曰言。答述曰语。"

③"以乐舞"至"《大武》"：乐舞，即下文的七种舞，郑《注》说，是周所存六代之舞：《云门》、《大卷》是黄帝之舞。据贾《疏》说，二者是同一乐曲。《大咸》(又名《咸池》)是唐尧之舞。咸，皆也，池，施

也。言尧德之无所不施也。《大韶》是虞舜之舞。韶者，绍也，言舜能继承帝尧之德。《大夏》是夏禹之舞。夏，大也，言夏禹平治水土，其德大。《大濩》是商汤之舞。濩，护，救，言汤能救民之急。《大武》是周武王之舞。武王伐纣而以武功救民于水火。

【译文】

用乐德教育国子具备六种德行：忠诚、刚柔适中、恭敬、有原则、孝顺父母、友爱兄弟，用乐语教育国子掌握六种语言技巧：比喻、称引古语、背诵诗文、吟咏诗文、主动发言、回答叙述，用乐舞教育国子学会六代舞蹈：《云门》、《大卷》、《大咸》、《大韶》、《大夏》、《大濩》、《大武》等舞蹈。

3. 以六律、六同、五声、八音、六舞大合乐①，以致鬼、神、示，以和邦国，以谐万民，以安宾客，以说远人，以作动物②。

【注释】

①六律、六同：合起来即十二律，十二个声高不同的标准音。各有其特定名称：1. 黄钟，2. 大吕，3. 大蔟，4. 夹钟，5. 姑洗，6. 中吕，7. 蕤宾，8. 林钟，9. 夷则，10. 南吕，11. 无射，12. 应钟。十二律分为阴阳两类：奇数六律为阳律，称六律；偶数六律为阴律，称六吕、六同。参见《大师》。五声：即宫、商、角、徵、羽五等音阶。八音：指金、石、土、革、丝、木、匏、竹八类乐器。据《大师》郑《注》说，金指钟镈，石指磬，土指埙，革指鼓鼗，丝指琴瑟，木指柷敔，匏指笙，竹指箫。六舞大合乐：六舞即六代之舞。大合乐，谓合奏六大乐舞，乐器演奏、歌唱配合进行，使音律谐和，舞蹈应节。孙诒让曰："李氏(李光坡)以大合乐为肄习之事，最为允当。盖'合'之云者，亦谓讲肄其器调，谐协其音节。"

②动物：生物之一类，与植物相对。包括毛物、鳞物、羽物、介物、蠃

物等。郑《注》曰:“羽、羸之属。”

【译文】

用六律、六同、五声、八音和六代的舞一起进行大规模的联合演奏,以招致人鬼、天神和地祇而祭祀,以使得各邦国亲睦,以和谐民众,以安定宾客,以使边远的少数民族悦服归附,以使动物繁盛兴旺。

4. 乃分乐而序之[1],以祭,以享,以祀。乃奏黄钟,歌大吕[2],舞《云门》,以祀天神;乃奏大蔟,歌应钟,舞《咸池》[3],以祭地示;乃奏姑洗,歌南吕,舞《大韶》,以祀四望;乃奏蕤宾,歌函钟[4],舞《大夏》,以祭山川;乃奏夷则,歌小吕[5],舞《大濩》,以享先妣[6];乃奏无射,歌夹钟,舞《大武》,以享先祖[7]。凡六乐者,文之以五声,播之以八音[8]。

【注释】

①分乐而序之:贾《疏》曰:“上总云六舞,今分此六代之舞,尊者用前代,卑者用后代,使尊卑有序,故云序。”

②奏黄钟,歌大吕:孙诒让曰:“经凡以‘奏’与‘歌’对文者,奏,并谓金奏;歌,并谓升歌。奏以《九夏》,歌则以三百篇之《诗》。”“奏黄钟者,击钟磬等以黄钟宫起调毕曲;歌大吕者,歌《诗》等以大吕宫起调毕曲。”按:凡言奏,并在堂下;凡言歌,并在堂上。崔灵恩曰:“奏黄钟者,用黄钟为调;歌大吕者,用大吕为调。奏者谓堂下四悬,歌者谓堂上所歌。”徐养原曰:“六歌六奏,盖皆宫调也。”此谓奏,谓演奏堂下庭中四面所悬的钟磬等,其调式则是黄钟宫(即用黄钟律来定宫音的音高);所谓歌,即升歌,即乐人升堂而歌,歌的调式则是大吕宫(即用大吕律来定宫音的音高)。下文奏某、歌某,义皆放此。

③《咸池》：即《大咸》。

④函钟：即林钟。

⑤小吕：即中吕。

⑥先妣：郑《注》曰："姜嫄也。姜嫄履大人迹，感神灵而生后稷，是周之先母也。"按，姜嫄是周人祖先后稷之母，其传说见《诗·大雅·生民》。

⑦先祖：祖先。郑《注》曰："先王、先公。"

⑧"凡六乐者"三句：郑《注》曰："六者，言其均，皆待五声、八音乃成也。播之言被也。"按，均谓调式。文、播(被)，皆调和、协调、配合义。

【译文】

于是分别演奏六代的乐舞而依尊卑顺序排列先后，用以祭地祇，享人鬼，祀天神。钟磬演奏黄钟宫调式的乐曲，用大吕宫调式歌唱，跳起《云门》舞，用来祭祀天神；钟磬演奏大蔟宫调式的乐曲，用应钟宫的调式歌唱，跳起《咸池》舞，用来祭祀地神；钟磬演奏姑洗宫调式的乐曲，用南吕宫的调式歌唱，跳起《大韶》舞，用来祭祀四方名山大川；钟磬演奏蕤宾宫调式的乐曲，用函钟宫的调式歌唱，跳起《大夏》舞，用来祭祀山川；钟磬演奏夷则宫调式的乐曲，用中吕宫的调式歌唱，跳起《大濩》舞，用来祭祀国母姜嫄；钟磬演奏无射宫调式的乐曲，用夹钟宫的调式歌唱，跳起《大武》舞，用来祭祀先王、先公。所有六种调式的舞乐，在表演时都要用五声、八音来相协调。

5. 凡六乐者，一变而致羽物①，及川泽之示；再变而致蠃物，及山林之示；三变而致鳞物②，及丘陵之示；四变而致毛物，及坟衍之示③；五变而致介物，及土示；六变而致象物④，及天神。

【注释】

①一变而致羽物：变，郑《注》曰："犹更也，乐成则更奏也。"意谓演奏一遍后从头再来。致，谓感召而使之来。羽物，及下文蠃物、鳞物、毛物、介物等五类动物，参见《地官·大司徒》。

②致：《注疏》本误刻作"示"。

③坟衍：指水边高地及低下平坦之地。贾《疏》曰："水涯曰坟，下平曰衍。"

④象物：指龙、凤、龟、麟等四灵。郑《注》曰："象物，有象在天，所谓四灵者。天地之神，四灵之知，非德至和则不至。《礼运》曰：何谓四灵？麟凤龟龙，谓之四灵。"按，有象在天，谓龙、凤、龟分别像二十八宿中的青龙、朱雀、玄武；孙诒让曰："惟麟无所属。"一说，白虎七宿盖为麟。（《十三经辞典·周礼卷》，页308）

【译文】

上述六种舞乐，演奏一遍就招致有羽毛的动物，以及川泽之神；演奏两遍就招致毛短浅的兽类动物，以及山林之神；演奏三遍就招致有鳞甲的鱼类动物，以及丘陵之神；演奏四遍就招致毛细密的动物，以及坟衍之神；演奏五遍就招致有甲壳的动物，以及土神；演奏六遍就招致龙凤龟麟，以及天神。

6. 凡乐，圜钟为宫①，黄钟为角，大蔟为徵，姑洗为羽，雷鼓、雷鼗②，孤竹之管③，云和之琴瑟④，《云门》之舞，冬日至，于地上之圜丘奏之⑤，若乐六变，则天神皆降，可得而礼矣⑥。凡乐，函钟为宫，大蔟为角，姑洗为徵，南吕为羽，灵鼓、灵鼗⑦，孙竹之管⑧，空桑之琴瑟，《咸池》之舞。夏日至，于泽中之方丘奏之⑨，若乐八变，则地示皆出，可得而礼矣。凡乐，黄钟为宫，大吕为角，大蔟为徵，应钟为羽，路鼓、路鼗⑩，阴竹之管[11]，龙门之琴瑟[12]，《九德》之歌，《九韶》之舞[13]，于宗庙之中奏之，若乐九变，则人鬼可得而礼矣。

【注释】

①圜钟为宫：谓以圜钟律来定宫音的音高。圜钟，即夹钟也。孙诒让曰："首用圜钟宫调，则中吕商，林钟角，无射徵，黄钟半律羽也。"下三句义放此。

②雷鼓、雷鼗(táo)：雷鼓，是一种八面鼓。鼗，一种长柄手摇的小鼓，两旁缀灵活小耳，执柄摇动时，两耳双面击鼓作响。俗称"拨浪鼓"。郑《注》曰："雷鼓雷鼗，八面；灵鼓灵鼗，六面；路鼓路鼗，四面。"孙诒让曰："胡彦升谓三鼓并止二面，未知是否。"

③孤竹之管：孤竹，据郑《注》，一种独生的竹。管，古乐器名，像笛，六孔，双管并吹。

④云和：郑《注》说是山名。

⑤圜丘：国都南郊祭天的圆形高丘。圆象征天。

⑥礼：谓向神进献玉。郑《注》曰："先奏是乐以致其神，礼之以玉而祼焉。"

⑦灵鼓、灵鼗：据郑《注》，都是六面鼓。

⑧孙竹：段玉裁《周礼汉读考·春官》："枝根谓根之横生者，《韩非·解老》所谓曼根，今俗所谓竹鞭是也。鞭所行之末生竹，曰孙竹。"据段氏说，是横生的竹根生出的小竹。

⑨泽中之方丘：前文"空桑"，郑《注》曰是山名。方丘，国都北郊祭地的方形高丘。方象地。贾《疏》曰："言泽中方丘者，……因下以事地，故于泽中。……不可以水中设祭，故亦取自然之方丘，象地方故也。"

⑩路鼓、路鼗：据郑《注》，都是四面鼓。

⑪阴竹：郑《注》曰："生于山北者。"

⑫龙门：郑《注》说是山名。在今陕西韩城和山西河津之间，黄河穿越其间。

⑬“《九德》之歌”两句：《九德》之歌，是歌颂六府三事功德的乐歌。郑司农曰：“《春秋传》所谓水、火、金、木、土、谷谓之六府，正德、利用、厚生谓之三事。六府三事谓之九功，九功之德皆可歌也，谓之九歌也。”古人或以为是禹时乐歌，用于宗庙大祭祀颂扬祖德。《九韶》，郑《注》曰：“当读为‘大韶’，字之误也。”

【译文】

凡是舞乐，用圜钟律定宫音的音高，用黄钟律定角音的音高，用大蔟律定徵音的音高，用姑洗律定羽音的音高，为演奏定基调，敲响雷鼓、雷鼗，吹奏孤竹制成的管乐器，弹奏云和山上的木材制成的琴瑟，表演《云门》舞，冬至那天，在国都南郊的圜丘上演奏起来，如果舞乐演奏六遍，天神就会纷纷下降，这时候就可以向神进献玉，而行祭祀之礼了。凡是舞乐，用函钟律定宫音的音高，用大蔟律定角音的音高，用姑洗律定徵音的音高，用南宫律定羽音的音高，为演奏定基调，敲响灵鼓、灵鼗，吹奏孙竹制成的管乐器，弹奏空桑山上的木材制成的琴瑟，表演《咸池》舞，夏至那天，在国都北郊泽中的方丘上演奏起来，如果舞乐演奏八遍，地神就都会纷纷出来，这时候就可以向神进献玉，而行祭祀之礼了。凡是舞乐，用黄钟律定宫音的音高，用大吕律定角音的音高，用大蔟律定徵音的音高，用应钟律定羽音的音高，为演奏定基调，敲响路鼓、路鼗，吹奏阴竹制成的管乐器，弹奏龙门山的木材制成的琴瑟，唱起《九德》歌，表演《大韶》舞，在宗庙中演奏起来，如果舞乐演奏九遍，就会吸引祖先的神灵纷纷降临，这时候就可以向神灵进献玉，而行祭祀之礼了。

7. 凡乐事大祭祀宿县[1]，遂以声展之[2]。王出入则令奏《王夏》[3]；尸出入则令奏《肆夏》；牲出入则令奏《昭夏》。帅国子而舞。大飨不入牲，其他皆如祭祀④。大射⑤，王出入令奏《王夏》⑥，及射，令奏《驺虞》⑦；诏诸侯以弓矢舞⑧。王大食，三宥⑨，皆令奏钟鼓。王师大献⑩，则令奏愷乐⑪。

【注释】

①宿县：宿，谓祭之前夕。县，同“悬”。指悬挂钟磬等敲击乐器于簨虡（乐器支架）之上。

②以声展之：郑《注》曰：“叩听其声，具陈次之，以知完不。”

③王出入则令奏《王夏》：王出入，以及下言尸、牲出入，据贾《疏》，皆谓出入庙门。《王夏》，及下《肆夏》、《昭夏》，郑《注》曰：“三《夏》皆乐章名。”

④其他：谓天子出入则令奏《王夏》，宾客出入则令奏《肆夏》。郑《注》曰：“谓王出入、宾客出入，亦奏《王夏》、《肆夏》。”

⑤大射：王为选择助祭者而举行的射礼。

⑥出入：据孙诒让说，此大射是在辟雍（即大学）中举行的，故亦出入于此。

⑦《驺虞》：《诗经·召南》之一篇。天子射箭时，以《驺虞》为节拍。

⑧诸侯：谓参加大射者。

⑨王大食，三宥：郑《注》曰：“大食，朔月、月半以乐侑食时也。侑犹劝也。”谓王每月初一、十五加牲盛馔，其礼胜于常日，需三次奏钟鼓以劝食。

⑩大献：出师得胜，告捷于祖庙。郑《注》曰：“献捷于祖。”

⑪愷乐：即凯旋之乐。愷，《说文》作“豈”，今通作“凯”。郑《注》曰：“献功之乐。”

【译文】

凡是演奏音乐的事，大祭祀时，就在祭祀前夕把乐器悬挂起来，依次陈列并试奏检查乐器有无缺损。祭祀时王出入庙门就下令演奏《王夏》;尸出入庙门就下令演奏《肆夏》;牲出入时就下令演奏《昭夏》。率领国子表演舞蹈。招待宾客举行大飨礼时没有牵牲入庙的礼节,其他都和祭祀时一样。举行大射礼时,王出入辟雍就下令演奏《王夏》,等到王射箭时,就下令演奏《驺虞》;告知诸侯手持弓矢舞蹈。每逢初一、十五王大食时,要三次奏乐以劝王进食,都下令演奏钟鼓。王出征凯旋向宗庙列祖列宗大献战功,就下令演奏凯旋的乐曲。

8. 凡日月食,四镇、五岳崩①,大傀异灾②,诸侯薨,令去乐。

【注释】

①四镇、五岳:郑《注》曰:"四镇,山之重大者,谓扬州之会稽,青州之沂山,幽州之医无闾,冀州之霍山。五岳,岱在兖州,衡在荆州,华在豫州,岳在雍州,恒在并州。"按,此《注》并据《夏官·职方氏》为文。

②大傀异灾:令人心惊胆战的灾异。如星陨如雨、地震等。傀,奇怪。郑《注》曰:"傀犹怪也。大怪异灾,谓天地奇变,若星辰奔霣(陨)及震裂为害者。"

【译文】

凡是遇见日食、月食,四镇、五岳发生崩裂,以及天地奇变等大怪异的灾害,或有诸侯去世,就下令撤去舞乐并收藏起来。

9. 大札、大凶、大灾、大臣死,凡国之大忧,令弛县。

【译文】

大瘟疫、大饥馑、大水灾或火灾、大臣死,凡是遇到此类国家的大忧患，就下令暂时解下悬挂的乐器。

10. 凡建国，禁其淫声、过声、凶声、慢声[1]。

【注释】

①“禁其”句：淫声，淫乱之声。凶声，郑《注》曰：“亡国之声，若桑间、濮上。”过声，郑《注》曰：“失哀乐之节。”按，谓当哀不哀，当乐不乐，或哀乐过度。

【译文】

凡是建立诸侯国，要一律禁止该国制作、演奏淫乱的乐曲、哀乐失节的乐曲、不祥的亡国乐曲、惰慢不恭的乐曲。

11. 大丧，莅廞乐器[1]。及葬，藏乐器，亦如之。

【注释】

①廞（xīn）：陈列。

【译文】

遇有大丧，要亲临督察陈列随葬的乐器。等到下棺入圹，要把乐器藏于椁中时，也是这样做。

二二　乐师

1. 乐师掌国学之政[1]，以教国子小舞[2]。凡舞，有帗舞[3]，有羽舞[4]，有皇舞[5]，有旄舞[6]，有干舞[7]，有人舞[8]。

【注释】

①国学：指都城王宫左面的小学。小学，对大学而言。国子十三岁

入小学，二十岁入大学。

②小舞：郑《注》曰："谓以年幼少时教之舞。"按，谓下文帗舞、羽舞、皇舞、旄舞、干舞、人舞等六舞。据贾《疏》，此小舞是对《云门》等六代之舞为大舞而言。

③帗舞：舞者执帗（五色帛制舞具，有柄可执）而舞。参见《地官·鼓人》注。

④羽舞：手执白色羽毛制成的舞具而舞。参见《舞师》注。

⑤皇舞：执皇（舞具，似帗，用五彩羽毛制成，有柄可执）而舞。

⑥旄舞：手持牦牛尾而舞。郑司农曰："旄舞者，氂（旄）牛之尾。"盖谓手执牦牛尾而舞。

⑦干舞：手执干戚而舞。郑司农曰："兵舞。"按，干是盾牌，属兵器。又《礼记·文王世子》孔《疏》曰："若其小舞，则以干配戈，则周礼《乐师》教小舞干舞是也。"

⑧人舞：舞者手无所执，以衣袖为舞具。郑《注》曰："人舞无所执，以手袖为威仪。"

【译文】

乐师掌管有关小学的政令，而教育国子学习小舞。凡是小舞，有帗舞，有羽舞，有皇舞，有旄舞，有干舞，有人舞。

2. 教乐仪：行以《肆夏》，趋以《采荠》[1]，车亦如之。环拜以钟鼓为节[2]。

【注释】

①"教乐仪"三句：郑《注》曰："教乐仪，教王以乐出入于大寝、朝廷之仪。"大寝，即路寝。《肆夏》，及下《采荠》，郑司农曰："皆乐名。或曰皆逸诗。"

②环拜：环，旋转，转身。环拜，转身与直拜。

【译文】

教王按照音乐节奏走路的礼仪：徐徐行走时要合乎《肆夏》的节奏，小步快走时要合乎《采荠》的节奏，乘车时也是这样。转身或行拜礼都要合乎钟鼓的节奏。

3. 凡射，王以《驺虞》为节，诸侯以《貍首》为节[1]，大夫以《采蘋》为节，士以《采蘩》为节[2]。

【注释】

①貍首：逸诗名。

②“大夫以《采蘋》为节”两句：《采蘋》、《采蘩》，皆《诗经·召南》篇名。

【译文】

凡是举行射礼，王射箭时要演奏《驺虞》为节奏，诸侯射箭时要演奏《貍首》为节奏，大夫射箭时要演奏《采蘋》为节奏，士射箭时要演奏《采蘩》为节奏。

4. 凡乐掌其序事，治其乐政[1]。凡国之小事用乐者[2]，令奏钟鼓。凡乐成则告备。诏来瞽[3]，皋舞[4]。诏及彻，帅学士而歌彻[5]，令相[6]。

【注释】

①“凡乐”二句：序事，郑《注》曰：“序事，次序用乐之事。”乐政，孙诒让曰：“谓若正乐县（即端正悬挂的乐器）、舞位及诸戒令，皆是也。”

②小事：据郑《注》，谓小祭祀。

③诏来瞽：郑《注》曰："诏视瞭扶瞽者来入也。"视瞭，官名，负责搀扶瞽师进出。瞽者，即瞽矇，演奏乐器、讽诵诗歌。

④皋舞：呼叫国子跳舞。皋，通"嗥"。呼告。郑司农曰："皋，当为'告'"。郑《注》曰："告国子当舞者舞。"

⑤"诏及彻"二句：句首"诏"字盖涉上文而衍。据郑《注》，学士谓国子，歌谓歌《雍》(《诗经·周颂》篇名)。歌彻，据郑《注》曰，撤掉祭品时唱《雍》诗(在《诗经·周颂》中)。按，歌者本为瞽者，舞者本为学士，曾钊曰"学士非专为舞而不歌"。

⑥令相：郑《注》曰："令视瞭扶工。"工谓乐工，即瞽者。

【译文】

凡是演奏音乐掌管有关乐器陈列与演奏先后次序的事，治理有关音乐演奏中的事务。凡是国家举行小祭祀需用乐的，就下令演奏钟鼓。凡是音乐演奏结束就向王报告演奏完毕。告知视瞭扶着瞽者进来表演歌唱，告诉应该跳舞的国子表演舞蹈。等到祭祀完毕撤祭器时，就要率领国子而歌唱并撤去祭器，下令视瞭把瞽者搀扶出去。

5. 飨、食诸侯，序其乐事，令奏钟鼓，令相，如祭之仪。燕射①，帅射夫以弓矢舞②，乐出入③，令奏钟鼓。凡军大献④，教恺歌，遂倡之⑤。凡丧，陈乐器，则帅乐官⑥。及序哭⑦，亦如之。

【注释】

①燕射：燕饮之射。天子与诸侯举行燕礼后举行的射礼。射时张兽侯。孙诒让曰："王与诸侯、群臣因燕而射。"

②射夫：谓众射者。郑《注》曰："众耦也。"按，众耦谓参加燕射的诸侯匹配成的射耦。

③乐出入：据郑《注》，指吹笙、歌唱、舞蹈者及其乐器的出入。

④大献：贾《疏》曰："谓师克胜献捷于祖庙也。"

⑤"教恺歌"二句：倡，领唱。贾《疏》曰："师还未至之时，预教瞽矇，入祖庙，遂使乐师倡导为之。"

⑥乐官：贾《疏》曰："谓笙师、镈师之属。"

⑦序哭：按次序哭。郑《注》曰："哭此乐器亦帅之。"贾《疏》曰："谓使人持此乐器向圹(墓穴)，及入圹之时序哭之也。"

【译文】

用飨礼或食礼招待诸侯时，安排有关乐器布置及演奏前后顺序的事，下令演奏钟鼓，下令视瞭挽扶瞽者进来，都和祭祀的礼仪一样。举行燕射时，要率领射者手持弓矢而舞。凡是乐人进场出场时，就下令演奏钟鼓。凡是征伐胜利后向祖庙大献战功，要预先教会瞽者唱凯歌，到时候就担任领唱。凡是王家的丧事，陈列随葬的乐器时，就要率领乐官前往陈列。等到这些乐器填入墓穴、排列哭位而哭泣时，也率领乐官哭泣。

6. 凡乐官掌其政令，听其治讼①。

【注释】

①治讼：孙诒让曰："治谓陈请，讼谓争讼。"

【译文】

掌管所有乐官的事务、戒令，听断他们的请求、争讼。

二三　大胥

1. 大胥掌学士之版①，以待致诸子②。

【注释】

①学士之版：郝敬曰："学士，谓卿大夫诸子之入国学者。版，名籍也。"

②待致诸子：郝敬曰："谓有事则按名籍招致。"诸子，即上文学士。

【译文】

大胥掌管学士的花名册，以待有事时召集他们。

2. 春入学，舍采①，合舞②。秋颁学，合声③。以六乐之会正舞位④，以序出入舞者⑤。

【注释】

①舍采：即释菜礼。古代学生入学时，以芹藻之类蔬菜祭祀先师。郑《注》曰："采，读为'菜'。始入学必释菜，礼先师也。"

②合舞：使舞蹈合乎乐曲之节奏。郑司农曰："等其进退，使应节奏。"

③秋颁学，合声：颁，分别，分辨，区分学生才艺高下。郑《注》曰："春使之学，秋颁其才艺所为。合声，亦等其曲折，使应节奏。"

④舞位：舞者在舞蹈时若干佾（行列）中的位置。

⑤以序出入舞者：郑《注》曰："以长幼次之，使出入不纰错。"

【译文】

学士春季入学，用释菜礼祭祀先师教他们舞蹈，使他们舞蹈动作整齐而又合乎乐曲节奏。秋季区分他们的学习成绩，并使他们歌声整齐而合乎节奏。用六代的音乐与舞蹈紧密配合并端正舞位，依年龄长幼安排舞者的出入次序。

3. 比乐官，展乐器。

【译文】

考核乐官的优劣，检查乐器有无损坏缺失。

4. 凡祭祀之用乐者，以鼓征学士。

【译文】

凡是祭祀需要用乐的场合，就击鼓召集学士。

5. 序宫中之事。

【译文】

依次安排好学宫中有关教授舞乐的事情。

二四　小胥

1. 小胥掌学士之征令而比之①，觥其不敬者②；巡舞列，而挞其怠慢者。

【注释】

①小胥掌学士之征令而比之：贾《疏》曰："大胥掌学士之版，以待召聚舞者，小胥赞大胥为征令校比之，知其在不。"

②觥其不敬者：觥，罚爵，以兽角制成。参见《地官·闾胥》。不敬，郑《注》曰："谓慢期不时至也。"

【译文】

小胥掌管协助大胥发布征召学士的命令而考查人数是否到齐，用觥爵罚迟到者饮酒；巡视舞蹈的队列，而用教鞭责罚怠慢的人。

2. 正乐县之位[1]。王宫县，诸侯轩县，卿大夫判县，士特县[2]。辨其声。凡县钟磬，半为堵，全为肆[3]。

【注释】

①乐县：郑《注》曰："谓钟磬之属悬于筍虡（悬挂钟磬的支架）者。"县，同"悬"。

②"王宫县"三句：宫，围绕。宫县，四面皆有乐悬。轩，曲折。轩县，三面有乐悬，缺一面，状如古文"曲"字形。判，一半。判县，只两面有乐悬，为四面之半。特，独特。特县，只一面有乐悬。郑司农曰："宫县四面县，轩县去其一面，判县又去其一面，特县又去其一面。"按，古代钟磬等乐器悬挂在架子上，其形制因用乐者身份不同而有别。据郑《注》，轩县是去南面，判县去南北两面，特县则县于东面。

③"凡县钟磬"三句：郑《注》曰："钟磬者，编悬之，二八十六枚，而在一虡（jù，悬钟磬的木架）谓之堵。钟一堵，磬一堵，谓之肆。"

【译文】

端正所悬挂乐器的位置。王的乐器悬挂堂下四面，诸侯悬挂东西北三面，卿大夫悬挂东西两面，士只悬挂东面一面。辨别所悬挂乐器的声音是否符合音律。凡是悬挂钟磬，如果仅在一个支架上悬挂十六枚钟或十六枚磬，只有一种，就叫做堵，钟磬二者全都悬挂，就叫做肆。

二五　大师

1. 大师掌六律、六同，以合阴阳之声。阳声：黄钟、大蔟、姑洗、蕤宾、夷则、无射；阴声：大吕、应钟、南吕、函钟、小吕、夹钟[1]。皆文之以五声：宫、商、角、徵、羽；皆播之以八音：金、石、土、革、丝、木、匏、竹[2]。

【注释】

①“大师”至“夹钟”：参见《大司乐》注。

②“皆文”至“匏、竹”：参见《大司乐》注。

【译文】

大师掌理审定六律、六吕，以调和阴声、阳声。阳声是：黄钟、大蔟、姑洗、蕤宾、夷则、无射等六律；阴声是：大吕、应钟、南吕、函钟、小吕、夹钟等六吕。阳声、阴声都要分别与宫、商、角、徵、羽五声及金、石、土、革、丝、木、匏、竹八音相配合，以吹奏出美妙的音乐。

2. 教六诗①：曰风，曰赋，曰比，曰兴，曰雅，曰颂②。以六德为之本③，以六律为之音④。

【注释】

①教六诗：教，郑《注》曰：“教瞽矇也。”六诗，即《诗》之六义：风、赋、比、兴、雅、颂。

②“曰风”至“曰颂”：郑《注》曰：“风，言圣贤治道之遗化也。赋之言铺，直铺陈今之政教善恶。比，见今之失，不敢斥言，取比类以言之。兴，见今之美，嫌于媚谀，取善事以喻劝之。雅，正也，言今之正者，以为后世法。颂之言诵也，容也，诵今之德，广以美之。”

②六德：六种德行标准。据郑《注》，谓知、仁、圣、义、忠、和。一说，孙诒让以为即《大司乐》“乐德”：“中、和、祗、庸、孝、友”。按，出土文献郭店楚简《六德》言“六德”为“圣、智、仁、宜(义)、忠、信”。可参。姑从郑说。

④以六律为之音：郑《注》曰：“以律视其人为之音，知其宜何歌。”

【译文】

教瞽矇掌握诗的六种表现手法：叫做风，叫做赋，叫做比，叫做兴，叫做雅，叫做颂。受教育者要以六德作为立身根本，施教者要以六律来确定受教育者适合学的歌唱的音调。

3. 大祭祀，帅瞽登歌[1]，令奏击拊[2]；下管播乐器，令奏鼓朄[3]。大飨亦如之。大射，帅瞽而歌射节[4]。大师，执同律以听军声[5]，而诏吉凶。大丧，帅瞽而廞[6]；作柩，谥[7]。

【注释】

①登歌：谓登堂而歌。

②令奏击拊：拊，打击乐器名。皮制，内填糠，形如小鼓。郑《注》曰："拊形如鼓，以韦为之，著之以糠。"又曰："击拊，瞽乃歌。"

③"下管"二句：下管，在堂下吹奏管乐器。播乐器，八音中管外其他乐器也演奏起来。鼓，击也。朄(yǐn)，一种小鼓。大师击朄，表示奏乐开始。郑司农曰："小鼓也。先击小鼓，乃击大鼓，小鼓为大鼓先引，故曰朄。朄读为道引之'引'。"

④歌射节：郑《注》曰："射节王歌《驺虞》。"歌射节：歌诗作为射箭的节拍。

⑤执同律以听军声：同律，谓铜制的律管，共十二支，可发出十二个高度不同的标准音，即所谓十二律。同，通"铜"，《典同》郑《注》曰："律(管)……皆以铜为。"听军声，以耳受声，听取吉凶。郑《注》引《兵书》曰："王者行师出军之日，授将弓矢，士卒振旅，将张弓大呼，大师吹律合音。商则战胜，军士强；角则军扰多变，失士心；宫则军和，士卒同心；徵则将急数怒，军士劳；羽则兵弱，少威明。"

⑥"大丧"二句：大丧，据贾《疏》，其上当有"凡"字。据王引之说，是帅瞽陈乐器(作为明器的乐器)，陈之者实为视瞭，而曰瞽者，"以视瞽相譬故也。"

⑦作柩，谥：王引之曰："作柩，盖谓将载时也。作，起也，动也。……言当作柩之时，大师则进而谥焉。"

【译文】

每逢举行大祭祀，就率领瞽矇登堂歌唱，敲击拊作为开始歌唱的命令。歌毕堂下演奏管乐器及其他乐器时，而大师敲击棘作为笙师开始吹奏的命令。举行大飨礼招待来朝诸侯而奏乐时也是这样做。举行大射礼时，要率领瞽矇在堂下歌唱以作为射箭的伴奏。大征伐时，大师要手持铜制律管以辨别军将发出的呼声，而辨别、告知王出师的吉凶。凡是有大丧时，要率领瞽矇陈列随葬的乐器；出葬那天将把棺柩装到柩车上时，为死者进上谥号。

4. 凡国之瞽矇正焉①。

【注释】

①正焉：正，听从。郑《注》曰："从大师之政教。"

【译文】

凡是王国的瞽矇都听从大师的政教指挥。

二六　小师

1. 小师掌教鼓、鼗、柷、敔、埙、箫、管、弦、歌①。

【注释】

①柷、敔、埙：柷（zhù），打击乐器名，方匣形，木制，奏乐开始时击柷。《尔雅·释乐》郭《注》曰："柷如漆桶，方二尺四寸，深一尺八寸，中有椎，柄连底，挏（dòng，摇动）之，令左右击。"敔（yǔ），打击乐器名，木制，状如伏虎，背上有鉏铻，用杖敲击发声。奏乐将终时，击之使演奏停止。《释乐》郭《注》曰："敔如伏虎，背上有二十七鉏铻（chúwú），刻以木，长尺，栎之籈者，其名。"按，

籈(zhēn),击敔的木棒。鉏铻,齿状的突起物。柝,刮击。埙,即陶埙,大如鹅卵,锐上平底,中空,上有吹孔,旁有按音孔。歌:谓歌诗。

【译文】

小师掌管教导瞽矇演奏鼓、鼗、柷、敔、埙、簫、管、琴瑟以及歌诗。

2. 大祭祀,登歌,击拊①;下管,击应鼓②;彻,歌③。大飨亦如之。大丧,与廞④。凡小祭祀小乐事,鼓朄。

【注释】

①击拊:按,击拊令奏本是大师的职责(见《大师》),此小师亦曰击拊者,据郑《注》,是佐大师令奏,而小师"亦自有拊击之"。

②应鼓:据郑《注》,又叫应鼙,一种小鼓。设在堂下东阶,因与堂下西阶的朔鼙相呼应,故称。按,当下管(即堂下演奏管乐器)时,大师先令击朄,随之而小师击应鼓以应和之,众鼓则随应鼓而奏之。

③歌:郑《注》曰:"于有司彻而歌《雍》。"

④与廞:郑《注》曰:"从大师。"

【译文】

举行大祭祀,瞽矇登堂歌唱时,就敲击拊;歌毕堂下用管乐器吹奏乐曲时,就敲击应鼓;祭毕撤除祭器时,就率领瞽矇歌唱《雍》诗。举行大飨礼招待来朝诸侯时也是这样做。有大丧时,要协助大师参与陈设随葬的乐器。凡是举行小祭祀而小规模地演奏音乐,就敲击朄为管乐器等的演奏发令。

3. 掌六乐声音之节与其和。

【译文】

掌管辨别六代舞乐声音的节奏并使其相互谐和。

二七 瞽矇

1. 瞽矇掌播鼗、柷、敔、埙、箫、管、弦、歌，讽诵诗[1]，世奠系[2]，鼓琴瑟[3]。

【注释】

①讽诵诗：讽诵，背诵。不以声节之为讽，以声节之为诵。郑司农曰："主诵诗以刺君过。"

②世奠系：奠，定也；世系，帝王家谱。奠世系，谓已编定的帝王家谱。奠，杜子春云："读为'定'。"按，据俞樾说，此处"世"字与"奠系"误倒，当依《小史》作"奠系世"，彼处郑司农曰："系世，谓帝系、世本之属是也。小史主定之，瞽矇讽诵之。"此处杜子春云："瞽矇主诵诗，并诵世系，以戒劝人君也。"

③鼓琴瑟：孙诒让曰："是于诵诗及世系时，鼓琴瑟以播其音叹美之。"

【译文】

瞽矇掌管演奏鼗、柷、敔、埙、箫、管、弦等乐器以及歌唱，讽诵诗以及小史撰定的帝王家谱、世本等以劝诫王，弹奏琴瑟。以示赞美嘉言懿行。

2. 掌《九德》、六诗之歌[1]，以役大师[2]。

【注释】

①《九德》、六诗：《九德》，参见《大司乐》。六诗，指《诗经》中的六首诗。金鹗曰："其诗或《雅》或《南》。"按，《雅》盖指《小雅》中的《鹿

鸣》、《四牡》、《皇皇者华》，或《鱼丽》、《南有嘉鱼》、《南山有台》；《南》盖指《周南》中的《关雎》、《葛覃》、《卷耳》，或《召南》中的《鹊巢》、《采蘩》，《采蘋》(见于《仪礼·乡饮酒礼》)。

②役：役使。此用为被动。郑《注》曰："为之使。"

【译文】

掌管《九德》和六诗的歌唱，以听从大师的役使。

二八　视瞭

1. 视瞭掌凡乐事播鼗，击颂磬、笙磬[①]，掌大师之县[②]。凡乐事相瞽。

【注释】

①颂磬、笙磬：编磬悬在堂下西阶西称颂磬，悬在堂下阼阶东称笙磬。《仪礼·大射仪》郑《注》曰："笙犹生也。东为阳中，万物以生，……是以东方钟磬谓之笙。"彼处郑《注》曰："成功曰颂。西为阴中，万物之所成，……是以西方钟磬谓之颂。"

②掌大师之县：大师目盲，故由视瞭代悬。

【译文】

视瞭掌管凡有演奏时就摇动鼗，敲击颂磬、笙磬。掌管为大师悬挂乐器。凡是演奏音乐的事情，就搀扶瞽矇。

2. 大丧，廞乐器。大旅亦如之[①]。宾射，皆奏其钟鼓[②]，鼜、恺献[③]，亦如之。

【注释】

①大旅亦如之：大旅，参见《天官·掌次》注。亦如之，谓亦陈乐器。

②奏其钟鼓：郑《注》曰："击幞以奏之。"

③鼛(qì)：鼓名。用于巡夜警戒守备。参见《地官·鼓人》注。

【译文】

遇到有大丧时，陈设随葬的乐器。举行大旅祭时也陈设乐器。凡是举行宾射礼，都击幞以令击奏钟鼓。巡夜警戒的鼛鼓和军队凯旋献功奏乐的钟鼓，也负责击奏。

二九　典同

1. 典同掌六律、六同之和①，以辨天地、四方、阴阳之声②，以为乐器。

【注释】

①六律、六同：六律属阳声，六同属阴声。郑《注》曰："阳声属天，阴声属地，天地之声布于四方。"

②天地、四方、阴阳之声：六律属天；六同属地；将十二律分布四方，每方有三律：东方有大蔟、夹钟、姑洗，南方有中吕、蕤宾、林钟，西方有夷则、南吕、无射，北方有应钟、黄钟、大吕。译文姑直译。

【译文】

典同掌管六律、六同的谐和，以辨别天地、四方、阴阳的声音，以调整各种乐器的声音。

2. 凡声：高声硜①，正声缓②，下声肆③，陂声散④，险声敛⑤，达声赢⑥，微声韽⑦，回声衍⑧，侈声筰⑨，弇声郁⑩，薄声甄⑪，厚声石⑫。

【注释】

①高声锟：锟(gǔn)，形容钟的声音沉闷重浊，不响亮。郑《注》曰："高，钟形大上，上大也。高则声上藏，衮然旋如裹(阮校曰"盖作'裹'是")。"

②正声缓：郑《注》曰："正，谓上下直正，则声缓无所动。"

③下声肆：郑《注》曰："下，谓钟形大下，下大也。下则声出去放肆。"

④陂(bēi)声散：陂，倾斜。谓钟形一边偏大。郑《注》曰："陂，读为险陂之'陂'，陂谓偏侈，陂则声离散也。"

⑤险声敛：郑《注》曰："险，谓偏弇也，险则声敛不越也。"

⑥达声嬴：郑《注》曰："达，谓其形微大也，达则声有余若大放也。"即声音宏大有余。

⑦微声韽(ān)：韽，声音微小。郑《注》曰："微，谓其形微小也。"又曰："韽，声小不成也。"

⑧回声衍：回，圆。郑《注》曰："回谓其形微圜也，回则其声淫衍无鸿杀也。"

⑨侈声筰(zuó)：侈，大也。筰，通"笮"，狭窄。郑《注》曰："侈，谓中央约也，侈则声迫筰，出去疾也。"按，钟体中央过于狭窄则两头必大。

⑩弇声郁：郑《注》曰："弇，谓中央宽也，弇则声郁勃不出也。"按，中央过宽必然钟口过小。

⑪薄声甄：甄，通"震"，震动。郑《注》曰："甄犹掉也。钟微薄则声掉。"

⑫厚声石：石，形容声音重浊、不响亮。郑《注》曰："钟大厚则如石，叩之无声。"

【译文】

凡是钟所发出的声音：如果钟体上部过大，发出的声音就盘旋在钟内而不响亮;如果钟体上下过直同大,发出的声音就缓慢凝滞;如果钟体下部过大,发出的声音就会放肆外出而毫无余韵;钟体一边偏大,发出的声音就离散而不内聚;如果钟体一边偏窄,发出的声音就内敛而不外扬;如果钟体偏大,发出的声音就过于宏大;如果钟体偏小,发出的声音就微弱而小;如果钟体过圆,发出的声音就过于宛转回旋略无节奏;如果钟体中央偏小,发出的声音就过于迫促细长;如果钟体中央偏宽,发出的声音就抑郁回旋而不扬;如果钟体偏薄,发出的声音就震颤动摇;如果钟体过厚,就发出的声音就如敲打石头而重浊无声。

3. 凡为乐器①,以十有二律为之数度②,以十有二声为之齐量③。凡和乐亦如之④。

【注释】

①凡为乐器:孙诒让曰:"此官制乐器之官法也。乐器,亦通晐八音诸器。而以钟为律度之本。"

②以十有二律为之数度:数度,广和长。钟类乐器,广谓口径、宽度,长谓高度。按,琴弦的粗细长短,钟磬的大小厚薄,以及各种乐器的大小尺寸,皆以发声能符合十二律为准,以确定其广、长。

③以十有二声为之齐量:十有二声,即上文十二种有毛病的钟声。齐量,即容量。郑《注》曰:"侈弇之所容。"按,钟要依十二病钟来查找、纠正其毛病。

④和:郑《注》曰:"谓调其故器也。"

【译文】

凡是制造乐器,都以发出的声音能够符合钟的十二律来确定它们的口径、高度,对照十二种病钟的声音来纠正其容量使合乎要求。凡是调整旧乐器也是这样。

三十　磬师

1. 磬师掌教击磬、击编钟，教缦乐、燕乐之钟磬[1]。

【注释】

①缦乐、燕乐：缦乐，杂乐。郑《注》曰："杂声之和乐"。据孙诒让说，杂声非雅乐，但却可同雅乐相和。燕乐，此即房中之乐，指后、夫人在房中演唱以讽劝其君的乐歌。郑《注》曰："房中之乐，所谓阴声也。"

【译文】

磬师掌管教导视瞭敲击编磬、编钟，教导他们敲击缦乐、燕乐演奏中的钟磬。

2. 凡祭祀，奏缦乐。

【译文】

凡是举行祭祀，就演奏缦乐。

三一　钟师

1. 钟师掌金奏[1]。

【注释】

①金奏：郑《注》曰："击金以为奏乐之节。金，谓钟及镈。"贾《疏》曰："此即钟师自击不编之钟。凡作乐，先击钟，故郑云金奏，击金以为奏乐之节。"孙诒让曰："凡诸侯以上作乐之节，以金奏

为始。”

【译文】

钟师掌管敲击钟镈，作为演奏的开端。

2. 凡乐事，以钟鼓奏九《夏》[1]：《王夏》、《肆夏》、《昭夏》、《纳夏》、《章夏》、《齐夏》、《族夏》、《祴夏》、《骜夏》[2]。

【注释】

①以钟鼓奏九《夏》：九夏，金鹗等以为，即《王夏》以下九种大的乐曲。一说，郑《注》以为属颂类诗篇，秦汉时已亡佚。夏，大也。郑《注》曰：“以钟鼓者，先击钟，次击鼓，以奏九《夏》。”徐养原曰：“窃疑《九夏》皆总名，每夏不止一曲。”孙诒让曰：“皆奏而不歌。”姑从金说。

②《王夏》至《骜夏》：杜子春曰：“祴，读为陔鼓之‘陔’。王出入奏《王夏》，尸出入奏《肆夏》，牲出入奏《昭夏》，四方宾来奏《纳夏》，臣有功奏《章夏》，夫人祭奏《齐夏》，族人侍奏《族夏》，客醉而出奏《陔夏》，公出入奏《骜夏》。”

【译文】

凡是演奏音乐之事，就用钟鼓演奏九《夏》：《王夏》、《肆夏》、《昭夏》、《纳夏》、《章夏》、《齐夏》、《族夏》、《祴夏》、《骜夏》。

3. 凡祭祀、飨、食，奏燕乐[1]。凡射，王奏《驺虞》，诸侯奏《狸首》，卿大夫奏《采蘋》，士奏《采蘩》。

【注释】

①奏燕乐：郑《注》曰：“以钟鼓奏之。”

【译文】

凡是举行祭祀、飨礼或食礼，就演奏燕乐。凡是举行射礼，王射箭时为之奏《驺虞》，诸侯射箭时为之奏《狸首》，卿大夫射箭时为之奏《采蘋》，士射箭时为之奏《采蘩》。

4. 掌鼙[1]，鼓缦乐[2]。

【注释】

①鼙：即应鼙，小鼓。

②鼓缦乐：据郑《注》，谓击鼙以和之。

【译文】

掌管敲击应鼙，磬师演奏缦乐时就敲击应鼙以应和之。

三二　笙师

1. 笙师掌教吹竽、笙、埙、籥、箫、篪、篴、管[1]，舂牍、应、雅[2]，以教《祴》乐[3]。

【注释】

①竽：竹制簧管乐器。与笙似而略大。《广雅·释乐》云："竽象笙，三十六管。"长沙马王堆汉墓出土竽为二十二管。籥（yuè）：竹制管乐器。单管，似笛。有吹龠（三孔）、舞龠（六孔）两种。《尔雅·释乐》郭《注》曰："籥如笛，三孔而短小。"篪（chí）：竹制管乐器，单管横吹，似笛。按，原文作"篪"。据阮校改。篴：同"笛"。竹制管乐器。孙诒让曰："笛虽古乐，经秦汉而失传，汉笛起于羌。大抵汉魏六朝所谓笛，皆竖笛也。宋元以后谓竖笛为箫，谓横笛为笛，而笛之名实淆矣。"

②春牍、应、雅：郑《注》以为“春”字统“牍、应、雅”三字言。牍，据郑司农说，是以直径五六寸的大竹做成而撞地为节奏的乐器，郑司农又曰：“应，长六尺五寸，其中有椎。雅，状如漆筒而弇口，大二围，长五尺六寸，以羊韦鞔之，有两纽，疏画。”可见应、雅亦是撞击以为节奏的乐器。

③《祴》乐：郑《注》曰：“《祴夏》之乐。”按，《祴夏》即《陔夏》，是宾醉而出时演奏的送宾乐曲，据郑《注》说，奏《陔夏》时，视瞭撞击牍、应、雅出声以为宾出之行节。

【译文】

笙师掌管教导视瞭吹奏竽、笙、埙、籥、箫、篪、篴（笛）、管，以牍、应、雅捣地发声，以教导他们配合演奏《陔夏》乐曲的节奏。

2. 凡祭祀、飨射，共其钟笙之乐①。燕乐亦如之。大丧，廞其乐器；及葬，奉而藏之。大旅，则陈之。

【注释】

①钟笙之乐：此谓钟笙并奏时，笙师吹出与钟声相应的笙乐。郑《注》曰：“钟笙，与钟声相应之笙。”

【译文】

凡是举行祭祀、飨礼或食礼，供给与钟声相应和的笙乐。演奏燕乐时也是这样做。遇到有大丧时，陈列所掌管而用以随葬的乐器；等到下葬时，奉送乐器到墓地而藏于椁中。举行大旅祭时，就陈列所掌管的乐器。

三三　镈师

1. 镈师掌金奏之鼓。凡祭祀，鼓其金奏之乐①。飨、食、宾射亦如之[2]。军大献，则鼓其恺乐。凡军之夜，三鼜皆鼓之，守鼜亦如之[3]。大丧，廞其乐器，奉而藏之。

【注释】

①掌金奏之鼓：郑《注》曰："谓主击晋鼓，以奏其钟镈也。"按，《地官·鼓人》曰："以晋鼓鼓金奏。"孙诒让曰："金奏于乐始作时奏之。盖先击编钟，次击镈，而后以晋鼓和之。"此职与彼为官联。

②亦如之：贾《疏》曰："皆鼓其金奏之乐也。"

③守鼜(cào)：鼜，巡夜警戒守备之鼓。孙诒让曰："谓王宫中常时戒守之鼓。"

【译文】

镈师掌管演奏钟镈时敲击晋鼓以与金奏之声相和。凡是举行祭祀，敲击晋鼓配合钟镈演奏。举行飨礼、食礼和宾射礼时也是这样做。王师出征凯旋而在宗庙大献战功时，就敲击鼓配合演奏凯旋乐曲。凡是军营中的巡夜，一夜敲三遍以示警戒的鼜鼓都由镈师负责敲击，王宫平时巡夜警戒守备的镈鼓也如此敲击。遇到大丧时，陈列出所掌管的用来随葬的乐器，并奉送到墓地而藏于椁中。

三四　韎师

1. 韎师掌教韎乐[1]，祭祀则帅其属而舞之。大飨亦如之。

【注释】

①韎(mèi)乐：据郑《注》，为东方夷族之舞乐名。

【译文】

韎师掌管教练东夷舞乐，遇到祭祀就率领其下属跳东夷之舞。举行大飨礼时也是这样。

三五 旄人

1. 旄人掌教舞散乐[1]，舞夷乐[2]。凡四方之以舞仕者属焉[3]。

【注释】

①散乐：郑《注》曰："野人为乐之善者。"即民间舞乐之优秀者。一说，乐舞名。周代民间乐舞，别于雅乐。(《十三经辞典·周礼卷》，页170)孙诒让曰："此经凡言散者，皆粗沽猥杂、亚次于上之义。"姑从郑说。

②夷乐：郑《注》曰："四夷之乐，亦皆有声歌及舞。"

③四方之以舞仕者：贾《疏》曰："此即野人能舞者。"亦即从民间选出的善舞者。

【译文】

旄人掌管教练民间选拔出来的善于舞乐的人，教练四夷舞乐。凡是从四方选出从事舞乐的人都隶属于旄人管理。

2. 凡祭祀、宾客，舞其燕乐[1]。

【注释】

①舞其燕乐：贾《疏》曰："谓作燕乐时，使四方舞士舞之以夷乐。"

【译文】

凡是举行祭祀或设宴招待宾客，在演奏燕乐时就让其属下的四方从事舞乐的人表演四夷舞乐。

三六　籥师

1. 籥师掌教国子舞羽吹籥[1]。祭祀则鼓羽籥之舞。宾客飨、食，则亦如之。大丧，廞其乐器，奉而藏之。

【注释】

①舞羽吹籥：即文舞。郑《注》曰："文舞有持羽、吹籥者，所谓籥舞也。……《诗》云：'左手执籥，右手秉翟（野鸡羽毛）。'"按，籥，管乐器，六孔，舞者所吹。

【译文】

籥师掌管教导国子持羽吹籥而跳文舞。每逢举行祭祀就击鼓作为跳文舞的节奏。招待宾客举行飨礼或食礼时，就也是这样做。遇到大丧时，就要陈列所掌管而用来随葬的乐器，并奉送到墓地而藏于椁中。

三七　籥章

1. 籥章掌土鼓、豳籥[1]。中春，昼击土鼓，吹豳诗[2]，以逆暑。中秋，夜迎寒亦如之。凡国祈年于田祖[3]，吹豳雅[4]，击土鼓，以乐田畯[5]。国祭蜡[6]，则吹豳颂[7]，击土鼓，以息老物[8]。

【注释】

①土鼓、豳籥：土鼓，古乐器名。即瓦鼓，陶制鼓身，蒙以皮革，击打发声。杜子春曰："以瓦为匡，以革为两面。可击也。"豳籥，豳地之籥。郑司农曰："豳国之地竹。"孙诒让说，豳籥是豳地（在今陕西旬邑西南）所吹的苇籥，所吹为《诗经》之《雅》、《颂》。一说，豳人吹籥所奏之乐章。郑《注》曰："豳人吹籥之声章。"姑从郑司

农、孙诒让说。

②吹豳诗：郑《注》曰："《豳风·七月》也。"

③田祖：最初教民稼穑之官。又叫先啬。郑《注》曰："谓神农也。"

④豳雅：据郑《注》，亦指《七月》，此盖指其首章。孙诒让曰："此经云'吹《诗》'者，谓以豳之土音为声；'吹《豳》雅'者，谓以王之正音为声；'吹《豳》颂'者，谓以宫庙大乐之音为声。其声虽殊，而为《七月》之诗则一也。"

⑤以乐田畯：田畯，又叫司啬，古代治农之官，此指农神。郑司农曰："田畯，古之先教田者。"贾《疏》曰："此田祖与田畯，所祈当同日，但位别礼殊，乐则同，故连言之也。"

⑥祭蜡：即大蜡八祭（参见《地官·党正》注）。蜡，祭名。每年十二月农事结束，祭祀各类农神。

⑦豳颂：据郑《注》，亦指《七月》，此盖指其末章。

⑧息老物：郑《注》曰："（蜡祭）求万物而祭之者，万物助天成岁事，至此为其老而劳，乃祀而老息之，于是国亦养老焉。"

【译文】

籥章掌管敲击土鼓和吹奏豳籥。每年春二月，在白天敲击土鼓，用苇籥吹奏《豳风·七月》诗，以迎接暑气的到来。每年秋八月，在夜间迎接寒气的到来时也是这样做。凡是国家祭祀田祖祈求丰年时，就要用苇籥吹奏豳雅，敲击土鼓，以使田畯感到快乐。每逢国家举行蜡祭时，就要用苇籥吹奏豳颂，敲击土鼓，以祈使衰老而疲劳的万物，以及整年操劳的农人得到休息。

三八　鞮鞻氏

1. 鞮鞻氏掌四夷之乐与其声歌，祭祀则吹而歌之[①]，燕亦如之[②]。

【注释】

①吹而歌之：据郑《注》，是吹管、籥。

②燕：此谓燕礼。

【译文】

鞮鞻氏掌管四方少数民族的舞乐及其歌唱，祭祀时就以管、籥吹奏歌唱，举行燕礼时也是这样做。

三九　典庸器

1. 典庸器掌藏乐器、庸器[1]。及祭祀，帅其属而设笋虡[2]，陈庸器[3]。飨、食、宾射亦如之。大丧，廞笋虡。

【注释】

①庸器：据郑《注》，谓从战败国所获钟鼎等重器。庸，功也。因刻有记功文字，故称。

②笋虡(sǔnjù)：悬挂钟磬等乐器的木架，两柱之间悬挂钟磬的横梁称笋，两边的立柱称虡。

③陈庸器：郑《注》曰："陈功器，以华国也。"按，陈庸器以壮国威。

【译文】

典庸器掌管收藏乐器和庸器。等到祭祀时，率领其下属陈列笋虡，陈列庸器。举行飨礼、食礼和宾射礼时也是这样做。遇到大丧时，陈列用来随葬的笋虡。

四〇　司干

1. 司干掌舞器[1]。祭祀，舞者既陈，则授舞器，既舞，则受之。宾飨亦如之。大丧，廞舞器；及葬，奉而藏之。

【注释】

①舞器：据《注》《疏》，谓舞者所执羽籥（文舞时执）、干戚（武舞时执）等道具。

【译文】

司干掌管授予、收藏舞蹈器具。举行祭祀时，舞蹈者已经排列好了队伍，就授予他们舞器，舞蹈完毕后再接受舞器而收藏起来。招待宾客举行大飨礼时也是这样做。遇到大丧时，要陈列用来随葬的舞器；到下葬时，奉送到墓地并且藏于椁中。

四一　大卜

1. 大卜掌三兆之法①：一曰玉兆，二曰瓦兆，三曰原兆。其经兆之体皆百有二十②，其颂皆千有二百③。

【注释】

①三兆：兆，是龟甲经火烧灼后呈现的裂纹，卜者可据以推测吉凶。三兆，即下文玉兆、瓦兆、原兆。据郑《注》说，因兆纹分别与玉、瓦或原田上的裂纹相似，故分此三类。

②经兆之体：基本兆象。据《占人》注疏，龟甲烧灼后裂纹呈金、木、水、火、土五种基本兆象，即经兆。每种经兆又分二十四体，即经兆之体。参见《占人》。

③颂：据郑《注》，谓繇（zhòu）辞，即占辞，推断兆象吉凶的文辞。因其皆韵语，故称颂。

【译文】

大卜掌管对于三类兆象的占卜法：一是玉兆，二是瓦兆，三是原兆。每种占卜法的基本兆象，都有一百二十种，而这些兆象的繇辞都有一千二百条。

2. 掌三《易》之法：一曰《连山》[1]，二曰《归藏》，三曰《周易》。其经卦皆八[2]，其别皆六十有四[3]。

【注释】

①掌三《易》之法：易，变易义，古人认为据蓍草的分组变易可预测吉凶。三《易》，指《连山》、《归藏》、《周易》。据贾《疏》引《郑志》及《易赞》说，分别为夏、商、周三代的《易》书，即三代的占筮书。按，关于三《易》得名，《连山》，贾《疏》曰："其卦以纯《艮》为首，《艮》为山，山上山下，是名《连山》。云气出内于山，故名《易》为《连山》。"《归藏》，郑《注》曰："万物莫不归而藏于其中。"《周易》，《周易郑康成注》曰："言易道周普，无所不备。"《连山》、《归藏》二书汉初已佚，内容不详。

②经卦皆八：按，经卦即单卦、基本卦，是由三爻（爻分阴阳二种）构成，共有乾、坤、震、巽、坎、离、艮、兑八种卦形。

③其别皆六十有四：按，八经卦两两相重，可组成六十四卦，即所谓别卦、重卦。

【译文】

掌管三种《易》书的占筮方法：一叫做《连山》，二叫做《归藏》，三叫做《周易》。它们的经卦都有八个，它们的别卦都有六十四卦。

3. 掌三梦之法：一曰《致梦》，二曰《觭梦》，三曰《咸陟》[1]。其经运十[2]，其别九十[3]。

【注释】

①"掌三梦之法"四句：三梦，即下文《致梦》、《觭梦》、《咸陟》，据郑《注》，这是夏、商、周三代的占梦书。觭（qí），通"奇"。《致梦》，谓

梦中所至之境。《觭梦》，谓奇怪之梦。《咸陟》，谓所梦皆得应验。按，此三种占梦书今均佚。

②其经运十：运，假借作“员”，数目。毛应龙引郑锷曰：“占梦之正法有十也。”

③九十：毛应龙引郑锷曰：“一运而九变，十运而九十变，故云‘经运十，其别九十也’。”

【译文】

掌管三种梦书的占梦方法：一叫做《致梦》，二叫做《觭梦》，三叫做《咸陟》。它们所记载的基本占法都有十种，又都变化出九十种占法。

4. 以邦事作龟之八命[1]：一曰征，二曰象，三曰与，四曰谋，五曰果，六曰至，七曰雨，八曰瘳。以八命者，赞三兆、三《易》、三梦之占，以观国家之吉凶，以诏救政。

【注释】

①作龟之八命：命，谓命龟之文辞，即将所要占卜之事制作成辞，占卜时告知于龟。郑《注》曰：“定作其辞，于将卜以命龟也。”按，以下八方面命辞，占筮、占梦时亦用之。

【译文】

占卜时根据国家大事制作八方面的命龟辞：一是征伐与否，二是天象吉凶，三是是否参与某事，四是谋议可行与否，五是事情结果如何，六是某人到达与否，七是是否下雨，八是疾病能否痊愈。用这八方面的命辞，帮助推演三类兆象、三种《易》书和三种梦书的占卜，从而来观测国家的吉凶，如果不吉就告诉王应如何采取补救政事的措施。

5. 凡国大贞，卜立君，卜大封，则视高作龟[1]；大祭祀，则视高命龟[2]；凡小事，莅卜[3]。

【注释】

①视高作龟：视高，指示龟骨高起可灼烧处。郑《注》曰："视高，以龟骨高者可灼处示宗伯也。大事宗伯莅卜，卜用龟之腹骨，骨近足者其部高。"郑司农曰："作龟，谓凿龟令可爇也。"按，作龟，即取龟腹甲，于高处背面凿眼（但不凿透），用火灼烤，凿处因较薄而裂开兆纹。

②命龟：郑《注》曰："命龟，告龟以所卜之事。"

③凡小事，莅卜：大事由大宗伯莅卜，小事则由大卜莅卜。莅卜，亲临主持占卜事。郑《注》曰："代宗伯。"

【译文】

凡是国家有大事要卜问，如卜问立新君，卜问大分封，就向大宗伯指示龟的腹甲高起当灼的部位并且在此凿眼以便灼烤。大祭祀的卜日，就向大宗伯指示龟的腹甲高起当灼的部位并且发布命龟辞；凡是卜问小事情，就代替大宗伯亲临主持占卜。

6. 国大迁、大师，则贞龟[1]。凡旅，陈龟[2]。凡丧事，命龟。

【注释】

①贞龟：郑《注》释"贞"为正，端正，曰："正龟于卜位也。"

②陈龟：陈列诸侯进献的宝龟。

【译文】

如果占卜国家大规模的迁移，或进行大规模的征伐，就把龟甲端正地放在卜位上。凡是占卜举行旅祭，就要陈列龟甲。凡是占卜丧事，就宣读命龟之辞。

四二　卜师

1. 卜师掌开龟之四兆[1]：一曰《方兆》，二曰《功兆》，三曰《义兆》，四曰《弓兆》。

【注释】

①开龟之四兆：四兆，龟卜兆书的四篇。郑《注》曰："开出其占书也。经兆百二十体，此言四兆者，分之为四部，若《易》之二篇。"按，基本兆象一百二十种，每三十种编为一篇，共四篇。各篇的具体内容，郑玄亦不详其实。一说，四兆谓四类兆象。姑从郑说。

【译文】

卜师掌管占卜时取出龟卜的四篇兆书：一是《方兆》，二是《功兆》，三是《义兆》，四是《弓兆》。

2. 凡卜事视高[1]，扬火以作龟，致其墨[2]。

【注释】

①视高：王与之引郑锷曰："凡卜必以龟骨可灼之高处视于莅卜之人。"

②墨：龟甲经烧灼后出现如墨线般明显的裂纹。孙诒让曰："即兆也。谓之墨者，如墨画之分明。"

【译文】

凡是有占卜之事就给主持卜事的官员指示龟甲高起当灼的部位，并把火烧旺来灼烤龟甲，直到得到明显的兆纹。

3. 凡卜，辨龟之上、下、左、右、阴、阳[1]，以授命龟者，而诏相之[2]。

【注释】

①上、下、左、右、阴、阳：郑《注》曰："上，仰者也；下，俯者也；左，左倪也；右，右倪也；阴，后弇也；阳，前弇也。"倪，谓低下。弇，覆盖，遮蔽。此谓甲长掩覆其体。按，据郑《注》，上谓龟行走仰头，下谓龟行走低头，左谓龟甲左侧稍斜，右谓龟甲右侧稍斜，阴谓甲后部稍长而下掩，阳谓甲前部稍长而下掩。

②诏相之：郑《注》曰："告以其辞及威仪。"

【译文】

凡是用龟占卜，辨别龟甲形状的上仰、下俯、向左斜、向右斜、后边长、前边长，将应该用的龟甲授给命龟的人，并在一旁告知命龟之辞、协助命龟的礼仪。

四三　龟人

1. 龟人掌六龟之属[1]，各有名物：天龟曰灵属，地龟曰绎属，东龟曰果属，西龟曰雷属，南龟曰猎属，北龟曰若属[2]，各以其方之色与其体辨之[3]。

【注释】

①六龟之属：六龟，即下文天龟、地龟、东龟、西龟、南龟、北龟。属，类也。

②"天龟"六句：郑《注》曰："龟俯者灵，仰者绎，前弇果，后弇猎，左倪雷，右倪若，是其体也。……天龟俯，地龟仰，东龟前，南龟却，西龟左，北龟右。"按，所谓天龟俯、俯者灵，惠士奇曰："谓行低

头。”即行走时低头的龟，其甲前低。此类龟取名天龟，而名之为灵属。依五行学说(下同)，天色玄，故天龟缘是玄色。所谓地龟仰、仰者绎，惠士奇曰：“谓行前头仰。”即行走仰头的龟，其甲前仰，取名地龟，而名之为绎属。地色黄，故其甲缘黄色。所谓东龟前、前弇果，谓龟甲前略长，前长则弇(掩)覆其前体，此类龟取名东龟，而名之为果属。果，通“裸”。贾《疏》曰：“此龟前甲长，后甲短，露出边，为裸露。”东方色青，故其甲缘青色。所谓南龟却、后弇猎，谓龟行走时头向左下垂，故甲后略长，后长则掩覆其后体，此类龟取名南龟，而名之为猎属。南方色赤，故其甲缘是赤色。所谓西龟左、左倪雷，是说龟甲左侧略斜，此类龟取名西龟，而名之为雷属。类，通“雷”。西方色白，故其甲缘是白色。所谓北龟右、右倪若，是说龟行走时头向右下垂，故甲右侧略斜，此类龟取名北龟，而名之为若属。北方色黑，故其甲缘是黑色。此处诸多取名，为故意神秘其事。

③各以其方之色与其体辨之：郑《注》曰：“谓天龟玄，地龟黄，东龟青，西龟白，南龟赤，北龟黑。”所谓体，即所谓俯、仰、前弇、后弇、左倪、右倪，此皆六类龟体的特征。

【译文】

龟人掌管六类龟，各自有它的名称与特征：行走低头的天龟之类叫做灵属，行走仰头的地龟之类叫做绎属，前甲略长的东龟之类叫做果属，龟甲左侧略斜的西龟之类叫做雷属，后甲略长的南龟之类叫做猎属，龟甲右侧略斜的北龟之类叫做若属，各自按照这些龟所在方位的颜色及其形体特征来辨别它们。

2. 凡取龟用秋时①，攻龟用春时②，各以其物，入于龟室。

【注释】

①取龟：谓杀龟取甲。

②攻龟：谓整治龟甲。

【译文】

凡是杀龟取甲都在秋季，整治加工龟甲都在春季，各自依照它们的名称种类，分别收进储藏龟甲的仓库。

3. 上春衈龟[1]，祭祀先卜[2]。若有祭事，则奉龟以往。旅亦如之。丧亦如之。

【注释】

①衈龟：谓杀牲取血以涂抹龟甲。

②先卜：郑《注》曰："始用卜筮者。"

【译文】

每年春正月用牲血涂抹龟甲，祭祀发明卜筮的先人。如果有祭祀之事，就捧着龟甲而前往。举行旅祭时也是这样。有丧事时也是这样。

四四　菙氏

1. 菙氏掌共燋、契[1]，以待卜事。凡卜，以明火爇燋[2]，遂吹其焌契[3]，以授卜师，遂役之。

【注释】

①燋、契：燋，占卜时用以灼龟引火的苇束火炬。郑《注》曰："燋谓炬，其存火。"孙诒让曰："燋即未爇之烛，烛即已爇之炬。二者同物异名。"按，炬，《说文》作"苣"，谓"束苇烧也"。朱骏声《说文通训定声》："炬谓之燋，如今之火把，以苇为之。"契，刻龟甲的荆木

制凿子。(《十三经辞典·周礼卷》,页86)一说,古代在龟甲、兽骨上灼刻文字和灼刻文字用的刀具,皆称契。(《辞源》上册,页792)姑从《十三经辞典》说。郑《注》曰:"楚焞,即契所用灼龟也。"楚焞,楚,荆木。焞(tūn),《说文》段注以为是明火。孙诒让曰:"盖契龟之凿亦所以钻刻,故直谓之契也。"燋、契(楚焞),皆为占卜时灼龟用具。

②以明火爇(ruò)燋:用阳燧(类似凹透镜)在日光下取火,将燋点燃,以保存火种。

③焌(jùn),谓点火。《说文》曰:"然火也。"

【译文】

菙氏掌管供给引火、灼龟用的燋、契,以待占卜之用。凡是用龟占卜时,先用明火点燃燋,接着吹燋火点燃灼龟用的契,再把燃烧的契授给卜师,让他灼龟,然后听从卜师的吩咐以充任其助手。

四五　占人

1. 占人掌占龟[①],以八筮占八颂[②],以八卦占筮之八故[③],以视吉凶。

【注释】

①占人掌占龟:掌占龟,占人既掌管占龟,又掌管占筮。郑《注》说,因"筮短龟长",此处主其长者而言。

②以八筮占八颂:郑《注》曰:"将卜八事,先以筮筮之。言颂者,同于龟占也。"按,所谓八事,即《大卜》所载"以邦事作龟之八命",即八方面大事。因是大事,故卜前当先筮。颂,本指龟占的繇辞,此谓筮辞,因繇辞为韵语,筮辞亦为韵语,都可名之为颂。

③以八卦占筮之八故:故,事也。郑《注》曰:"谓八事不卜而徒筮之也。"孙诒让说,占八事若王不参与,就可"徒筮",即只用筮。

【译文】

占人掌管用龟甲占卜和用蓍草占筮。占卜之前先据筮辞用蓍草占筮八事，如果只占筮而不占卜，就依八卦占筮的八事来进一步占问，来观察吉凶。

2. 凡卜筮①，君占体②，大夫占色③，史占墨④，卜人占坼⑤。

【注释】

①卜筮：用龟甲曰卜，用蓍草曰筮，此处言卜筮，实主卜言。

②体：指占卜之兆象，即龟甲上的裂纹。贾《疏》："（兆象）谓金木水火土五种之兆。……其兆直上向背者为木兆，直下向足者为水兆，邪向背者为火兆，邪向下者为金兆，横者为土兆。是兆象也。"

③色：谓兆气。《春官·太卜》郑《注》曰："体有五色。五色者，《洪范》所谓曰雨、曰济、曰圛、曰蒙、曰克。"按，《史记·宋世家》集解引郑玄《书注》曰："卜五占之用，谓雨、济、圛、雾、克也。……雨者，兆之体，气如雨然也。济者，如雨止之云气在上者也。圛者，色泽而光明也。雾者，气不释，郁冥冥也。克者，如祲气之色相犯也。"

④墨：郑《注》曰："兆广也。"即较粗而明显的兆纹，如树干者。

⑤坼（chè）：谓龟甲裂纹之细小纹路。郑《注》曰："兆璺（xìn）也。"

【译文】

凡是卜筮，国君观察兆象的吉凶，大夫观察兆气的善恶，史官观察兆的粗大裂纹，卜人观察兆的细小裂纹。

3. 凡卜筮既事，则系币以比其命[1]。岁终，则计其占之中否。

【注释】

①系币以比其命：郑《注》曰："谓既卜筮，史必书其命龟之事及兆于册，系其礼神之币，而合藏焉。"按，币，帛也，荐神所用。比，并也。命，谓命龟辞。

【译文】

凡卜筮完毕，就把进献神的帛和记录在简策上的命辞及兆象，系在一起收藏起来以对照命辞是否应验。每到年终，就要统计全年卜筮的结果应验与未应验的各有多少。

四六　筮人

1. 筮人掌三《易》，以辨九筮之名：一曰《连山》，二曰《归藏》，三曰《周易》；九筮之名，一曰巫更，二曰巫咸，三曰巫式，四曰巫目，五曰巫易，六曰巫比，七曰巫祠，八曰巫参，九曰巫环[1]：以辨吉凶。

【注释】

①"一曰巫更"九句：郑《注》曰："此九'巫'读皆当为'筮'。更，谓筮迁都邑也。咸，犹佥也，谓筮众心欢不也（即民众是否欢喜拥护某项举措）。式，谓筮制作法式也（即国家采用某种制作法式当否）。目，谓事众筮其要所当也（即有关民众最重要的事是什么）。易，谓民众不说（悦），筮所改易也（即民众所不喜悦的事当如何改易更张）。比，谓筮与民和比也（即如何与民众和好协同）。祠，谓筮牲与日也（谓祭祀之牲与日期）。参，谓筮御（驾车

人)与右(车右)也。环,谓筮可致师(挑战,用兵)不也。"是谓占筮不同的事项,有不同的名称,以上凡九事,故有九名。如筮迁都就叫"筮更",筮"致师"就叫"筮环",等等。

【译文】

筮人掌管三种《易》书,以辨别九筮的名称:一是《连山》,二是《归藏》,三是《周易》;九筮的名称,一是筮更,二是筮咸,三是筮式,四是筮目,五是筮易,六是筮比,七是筮祠,八是筮参,九是筮环:用以辨别吉凶。

2. 凡国之大事,先筮而后卜。

【译文】

凡是国家大事,先占筮而后占卜。

3. 上春相筮[1]。凡国事共筮。

【注释】

①相筮:筮,此指占筮所用蓍草。郑《注》释"相"为择,曰:"谓更选择其蓍也。"

【译文】

每年春正月选择蓍草。凡是占筮国事就负责供给蓍草。

四七　占梦

1. 占梦掌其岁时观天地之会[1],辨阴阳之气[2]。以日月星辰占六梦之吉凶[3]:一曰正梦[4],二曰噩梦[5],三曰思梦[6],四曰寤梦[7],五曰喜梦[8],六曰惧梦[9]。

【注释】

①天地之会：日月所会之次。一年中日月交会十二次，其交会点每月在不同之次，如正月会于诹訾之次，二月会于降娄之次，三月会于大梁之次，十二月日月会于玄枵之次，等等。吕飞鹏曰："当指日月所会之次而言。"按，次谓十二次，日依次而行；月与日每月交会一次，当天即朔日（初一）。

②阴阳之气：盖谓五行之相生相克。

③日月星辰：郑《注》曰："谓日月之行及合辰所在。"即日月运行的度数和交会的位置，如在十二次的某次、二十八宿的某宿等。

④正梦：正常状态下做的梦。郑《注》曰："无所感动，平安自梦。"

⑤噩梦：因惊愕而得梦。杜子春曰："'噩'当为惊愕之'愕'，谓惊愕而梦。"

⑥思梦：因有所思念而得梦。郑《注》曰："觉时（白天）所思念之而梦。"

⑦寤梦：即白日之梦。郑《注》曰："觉时道之而梦。"孙诒让曰："盖觉时有所见而道其事，神思偶涉，亦能成梦。"

⑧喜梦：因喜悦而得梦。郑《注》曰："喜悦而梦。"

⑨惧梦：因恐惧而得梦。郑《注》曰："恐惧而梦。"

【译文】

占梦掌管每年四季观察日月的交会，辨别五行的相生相克。依据做梦时日月星辰运行度数、交会位置来占测六类梦的吉凶：一是正梦，二是噩梦，三是思梦，四是寤梦，五是喜梦，六是惧梦。

2. 季冬，聘王梦①，献吉梦于王②，王拜而受之。乃舍萌于四方③，以赠恶梦④。遂令始难欧疫⑤。

【注释】

①聘王梦：聘，问也。俞樾曰："聘王梦，为王求吉梦也。"

②献吉梦：是将全年所占吉梦的记录献于王。

③舍萌：即释菜。谓行释菜之礼。郑《注》曰："舍，读为释。舍萌犹释采(菜)也。古书释菜、释奠多作'舍'字。萌，菜始生也。"

④赠：郑《注》曰："送也。"

⑤令始难欧疫：郑《注》曰："令，令方相氏也。……(方相氏)帅百隶为之欧疫疠鬼也。"难，通"傩"(nuó)，腊月驱逐疫鬼的仪式。欧，假借为"殴"，驱也。

【译文】

冬季十二月，问王所梦以为王占卜来年吉凶，并且把全年所占王的吉梦献给王，王先拜而后接受。于是在四方行释菜之礼，以求送走噩梦。接着令方相氏开始驱逐疾疫之鬼。

四八　视祲

1. 视祲掌十煇之法①，以观妖祥②，辨吉凶：一曰祲③，二曰象④，三曰鐫⑤，四曰监⑥，五曰暗⑦，六曰瞢⑧，七曰弥⑨，八曰叙⑩，九曰隮⑪，十曰想⑫。

【注释】

①煇(yùn)：同"晕"。指太阳周围的光气圈、气晕。

②妖祥：妖，恶也。祥，善也。

③祲：郑司农曰："阴阳气相侵也。"

④象：谓云气构成某种具体的形象。据郑司农说，谓有云如众赤鸟在日旁。

⑤鐫(xī)：一种锥形的解结工具。谓日旁云气作刺日状。郑司农曰："谓日旁气四面反乡(向)，如辉状也。"

⑥监：谓日上下、两旁都有云气内向，似监守太阳状。郑司农曰：

“云气临日也。”

⑦暗：谓白天无日，黑暗无光。郑司农曰：“日月食也。”

⑧瞢(méng)：谓虽有日而暗淡无光。郑司农曰：“日月瞢瞢无光也。”

⑨弥：郑司农曰：“白虹弥天也。”一说，孙诒让引徐养原曰：“弥、迷同音相通。”姑从郑司农说。

⑩叙：郑司农曰：“云有次序，如山在日上也。”

⑪隮(jī)：谓彩虹。郑司衣曰：“升气也。”

⑫想：郑司农曰：“辉光也。”孙诒让曰：“亦谓光气可想象也。”

【译文】

视祲掌管观察十种日旁气晕之法，以观察善恶的征兆，辨别吉凶：一是祲，二是象，三是鑴，四是监，五是暗，六是瞢，七是弥，八是叙，九是隮，十是想。

2. 掌安宅叙降[1]。正岁则行事，岁终则弊其事[2]。

【注释】

①叙降：郑《注》曰：“次序其凶祸所下，谓禳移之。”

②弊：评判，决定。郑《注》曰：“断也，谓计其吉凶然否、多少。”

【译文】

掌管安定居宅、依次占测凶祸所降之地而进行攘除、迁移。每年夏历正月就开始进行安定居宅的事，年终就评判全年安定居宅的情况并总计应验多少。

四九　大祝

1. 大祝掌六祝之辞，以事鬼神示，祈福祥，求永贞[1]：一曰顺祝[2]，二曰年祝[3]，三曰吉祝[4]，四曰化祝[5]，五曰瑞祝[6]，六曰策祝⑦。

【注释】

①永贞：谓长享正命、永得吉祥。郑《注》曰："永，长也。贞，正也。……历年得正命也。"

②顺祝：祈祷丰年之祝。郑司农曰："顺丰年也。"

③年祝：祈祷年年吉利之祝。郑司农曰："求永贞也。"

④吉祝：祈祷多福之祝。郑司农曰："祈福祥也。"

⑤化祝：祈祷逢凶化吉之祝。郑司衣曰："弭灾兵也。"

⑥瑞祝：郑司农曰："逆(迎)时雨、宁风旱也。"

⑦策祝：祈祷远离犯罪、无病灾之祝。郑司农曰："远罪疾。"

【译文】

大祝掌握六种祝告辞，用于祭祀人鬼、天神和地神，祈求福祥，祈求永得正命吉利而无邪：一是顺祝，二是年祝，三是吉祝，四是化祝，五是瑞祝，六是策祝。

2. 掌六祈以同鬼神示①：一曰类②，二曰造，三曰禬，四曰禜，五曰攻，六曰说。

【注释】

①祈：郑《注》曰："祈，嗥也，谓为有灾变，号呼告神以求福。"六祈，即下文类、造、禬、禜、攻、说六种祈祷祭祀。同鬼神示：郑《注》曰："天神、人鬼、地祇不和，则六疠作见，故以祈礼同之。"

②类：及下文造、禬、禜、攻、说，皆祭名。类、造二祭之礼亡，今不可考。禬(guì)，是为祈祷禳除疠疫病灾而举行的祭祀。禜(yíng)，是为祈祷攘除水旱等灾祸而举行的祭祀。攻、说，郑《注》曰："以

辞责之。”盖亦为攘灾而责疠鬼，其详今皆不可考。

【译文】

掌握六种祭祀祈祷法以协调人鬼、天神和地神的关系：一是类祭，二是造祭，三是禬祭，四是禜祭，五是攻祭，六是说祭。

3. 作六辞，以通上下、亲疏、远近：一曰祠①，二曰命②，三曰诰③，四曰会④，五曰祷⑤，六曰诔⑥。

【注释】

①祠：谓得体的应酬话。郑司农曰：“当为辞，谓辞令也。”孙诒让曰：“谓朝聘往来交接之辞令。”

②命：亦辞，谓外交辞令。

③诰：是上对下发布的一种告诫、勉励文辞。

④会：郑《注》曰：“谓会同盟誓之辞。”

⑤祷：郑《注》曰：“贺庆言福祚之辞。”

⑥诔：是总述死者一生德行以示哀悼的祭告之辞。

【译文】

制作六类文辞，以沟通上下、亲疏、远近的人：一是朝聘往来交接之辞，二是外交辞令，三是上对下的告诫、劝励之辞，四是会同盟誓之辞，五是贺庆祝福之辞，六是概括死者生平以示哀悼的诔辞。

4. 辨六号①：一曰神号②，二曰鬼号③，三曰示号④，四曰牲号⑤，五曰粢号⑥，六曰币号⑦。

【注释】

①号：祭祀时所用美称。

②神号：对天神的美号。据郑《注》，如称至上神为“皇天上帝”。

③鬼号：对人鬼的美号。据郑《注》，如称某祖为“皇祖伯某”。

④示号：对地祇的美号。据郑《注》，如称地神为“后土地祇”。

⑤牲号：对牺牲的美号。如《礼记·曲礼》称牛曰一元大武，羊曰柔毛，鸡曰翰音等。

⑥粢号：对粢盛的美号。谓祭祀用谷。如《曲礼》称黍曰香合，粱曰香萁，稻曰嘉蔬等。

⑦币号：对礼神的礼品的美号。币谓玉帛。郑《注》曰：“若玉云嘉玉，币（帛）云量币。”

【译文】

辨别六种祭祀时所用的尊美的称号：一是神的美号，二是人鬼的美号，三是地神的美号，四是牺牲的美号，五是谷物的美号，六是玉帛的美号。

5. 辨九祭①：一曰命祭②，二曰衍祭③，三曰炮祭④，四曰周祭⑤，五曰振祭⑥，六曰擩祭⑦，七曰绝祭⑧，八曰缭祭⑨，九曰共祭⑩。

【注释】

①九祭：皆谓食前祭。

②命祭：即堕祭。接受祝的命令之后，佐食（即佐尸食者）负责为尸取下当祭的食物授给尸，再由尸祭之。据凌廷堪《释例》卷五《周官九祭解》曰：“谓堕祭也。堕祭，必祝命之，故曰命祭。”按，命祭是九祭中礼最重的一种。

③衍祭：祭祀名。有四说：一、郑玄以为衍当为延，延祭即主人延客（引导客人）进行食前祭祀，主人先祭，客人后祭。衍，通“延”，引导。孙诒让赞同郑玄说。二、郑司农以为即羡祭，道中以食物祭

祀野鬼。三、李光坡释衍为酳(yìn,食后以酒漱口),谓为饮酒之祭祀。凌廷堪说,即祭酒,用酒行食前祭礼。凡接受献酒皆当祭,其法,左手执爵,右手舀取少许酒倒在豆间地下。四、夏炘谓以勺子舀取羹祭祀。姑从郑玄说。

④炮祭:即包祭、兼祭,谓豆间已有祭物,又以他物置入,兼而祭之。炮,通"包",兼。郑《注》曰:"炮,字当为'包'。……包犹兼也。"凌廷堪曰:"笾实为糗脩,豆实为菹醢,则用兼祭。豆笾同祭,故谓之兼祭。"

⑤周祭:即遍祭。谓将所有佳肴,依次一一祭之。郑《注》曰:"周,犹遍也。"

⑥振祭:据《注》《疏》,即将所当祭的食物先擩(rǔ,即醮一下)醢或盐,然后取出在手中振动几下,尝一尝,再放在豆间以示祭祀。

⑦擩祭:将笾中的肉脯取出一点,放在醢里蘸一下,然后放在盛脯的笾和盛醢的豆之间。郑《注》曰:"振祭、擩祭本同,不食者擩则祭之,将食者既擩必振乃祭也。"按,所谓食与不食,即尝与不尝。不尝则不振,擩毕即置于豆间,即所谓擩祭。

⑧绝祭:据郑司农说,谓掐断肺的末端以祭。绝,掐断。

⑨缭祭:亦谓将肺的末端掐断以祭,但此前要用手从肺的底部抚摸至肺的末端。缭,扭断。郑司农曰:"以手从持肺本循之至于末,乃绝以祭也。"按,缭祭、绝祭的区别,在于是否循本。

⑩共祭:即供祭、授祭。祭者不亲自取所祭食品,而由他人将祭品递来。共,通"供",供给。《注》曰:"共犹授也。王祭食,宰夫(孙诒让以为当作膳夫)即授祭。"

【译文】

辨别九种食前祭礼:一是命祭,二是衍祭,三是包祭,四是周祭,五是振祭,六是擩祭,七是绝祭,八是缭祭,九是共祭。

6. 辨九拜，一曰稽首①，二曰顿首②，三曰空首③，四曰振动④，五曰吉拜⑤，六曰凶拜⑥，七曰奇拜⑦，八曰褒拜⑧，九曰肃拜⑨，以享、右祭祀⑩。

【注释】

①稽首：九拜之一。先拱手下地，而后叩头下地。为九拜最恭敬者，多为君臣之礼。秦蕙田《通考·吉礼六十二》引郑锷曰："稽之为言久也，拜头至地，其留甚久，此拜之最重者也。"

②顿首：九拜之一，为男子之正拜。双膝跪地，拱手俯身，手、首、心三者平行，再下俯以首急遽叩地，至地即举。顿，击也。秦蕙田引郑锷曰："顿之为言暂也，头虽叩地，顿而便起，不久留焉，此稍重者也。"段玉裁曰："何以谓之头至手？既跪而拱手，而头俯至手，与心平，是之谓头至手。头不至于地，是以谓之空首，对稽首、顿首之头着地而言也。"

③空首：九拜之一。又叫拜。郑《注》曰："拜头至手，所谓拜手也。"贾《疏》曰："先以两手拱至地，乃头至手，是为空首也，以其头不至地，故名空首。"段玉裁《经韵楼集·释拜》曰："何以谓之头至手也？……既跪而拱手，头俯至于手，与心平，是之谓头至手。头不至于地，是以《周礼》谓之空首。"

④振动：九拜之一。其说有四：郑司农以为，"以两手相系也"；郑玄以为，郑《注》曰："战栗变动之拜"，即谓有所感动悚栗而拜；凌廷堪据杜子春注以为，"振动，即丧礼拜而后踊（顿足跳跃）也"；孙诒让以为，"疑即拜仪之应乐节者也。乐师教乐仪，云环拜以钟鼓为节，盖吉拜之最繁者，当与乐节相应，故有振动之仪。"姑从孙说。即与音乐节拍相应的拜礼。

⑤吉拜：谓尚左手之拜。孙诒让说，凡常时之拜皆尚左手，即左手放在右手上而拜。

⑥凶拜：谓尚右手之拜。孙诒让说，居丧时之拜，皆尚右手。

⑦奇拜：谓一拜。奇(jī)，数目不成双的。段玉裁《释拜》曰："谓一拜也。奇者，不耦也。凡经言拜，不言再拜者，皆谓一拜也。"

⑧褒拜：谓再拜以上之拜。褒，大也。黄以周曰："古人行礼，多用一拜。其或再拜以加敬，三拜以示遍，皆为褒大之拜。"段玉裁《释拜》曰："谓再拜以上也。褒者，大也，有所多大之辞也。"

⑨肃拜：九拜之一。屈膝跪地，双手下垂不至于地而头微俯。为妇人所行之常礼。段玉裁《释拜》曰："妇人之拜也。"孙诒让曰："盖跪而微俯其首，下其手，则首虽俯不至于手，手虽下不至地也。"按，对九拜的解释，异说颇多，此处仅略释以备参。

⑩以享、右祭祀：右，通"侑"，劝也，谓劝尸进食。郑《注》曰："享，献也，谓朝献、馈献也。右，读为'侑'，侑劝尸食而拜。"按，献，谓向尸献酒。王祭礼当九献，此处唯举二礼为例。所谓劝侑尸食，王祭礼，尸食十五饭(即一共吃十五口饭)，当吃毕十一饭后，尸要"告饱"，祝要行拜礼侑食，劝尸继续吃饭，直至尸食足十五饭而止。贾《疏》曰："此九拜不专为祭祀，而以祭祀结之者，祭祀事重，故举以言之。"

【译文】

辨别九种跪拜的礼节：一是稽首，二是顿首，三是空首，四是振动，五是吉拜，六是凶拜，七是奇拜，八是褒拜，九是肃拜，用于祭祀祖宗进献祭品时向尸献酒和劝侑尸吃饭。

7. 凡大禋祀、肆享、祭示①，则执明水、火而号祝②。

【注释】

①禋祀：谓祭祀天神。郑《注》曰："祭天神也。"(参见《春官·大宗伯》注)肆享：谓祭祀祖庙。肆谓剔解牲体，享是庙祭的通名。

②明水、火：明水、明火。明水，即夜间用铜盘承接的露水。明火，指用阳燧（类似凹面镜）在日光下取火。《秋官·司烜氏》曰："掌以夫遂取明火于日，以鉴取明水于月。"

【译文】

凡是用大禋祀祭祀天神、剔解牲体祭祀宗庙、祭祀地神，就手执明水、明火而告知各种祭祀名号、向神祝告。

8. 隋衅、逆牲、逆尸①，令钟鼓。右亦如之②。

【注释】

①隋衅：郑《注》曰："谓荐（进献）血也。凡血祭曰衅。"孙诒让曰："《说文·肉部》云："'隋，裂肉也。'血祭必先杀牲，故取割裂之义。"

②右：通"侑"。

【译文】

当向祖先进献牲血、迎取祭祀用牲、迎接尸的时候，就命令钟师等击鼓钟鼓，劝侑尸吃食时也是这样。

9. 来瞽，令皋舞①，相尸礼②。既祭，令彻。

【注释】

①来瞽，令皋舞：皋，通"号"，谓呼叫。据郑《注》，来、皋皆呼人进入之声。

②相尸礼：郑《注》曰："延（请）其出入，诏其坐作（起）。"

【译文】

呼喊瞽者进来歌唱奏乐，并下令呼喊舞者进来表演舞蹈，教导尸如何行礼。祭祀结束了，下令彻除祭器、祭品。

10. 大丧，始崩，以肆鬯渳尸①，相饭②，赞敛，彻奠③；言甸人读祷④，付、练、祥⑤，掌国事⑥。

【注释】

①以肆鬯渳尸：肆，陈也，谓陈尸。鬯，郁鬯。郑《注》曰："肆鬯，所为陈尸设鬯也。"渳，浴尸。

②饭：谓饭含。

③彻奠：据贾《疏》，谓彻始死奠、小敛奠和大敛奠。

④言甸人读祷：郑《注》曰："言，犹语也。……甸人丧事代王受眚灾，大祝为祷辞语之，使以祷于藉田之神也。"按，甸人即甸师，有王丧代王受眚灾的职责。参见《甸师》。

⑤付、练、祥：付，通"祔"，祭名。指卒哭后次日，将新死者按昭穆附于祖庙。参见《小宗伯》注。练，即小祥祭，人死一周年举行的祭名，孝子除去縗服，穿上白素之练服。祥，谓大祥祭，人死两周年举行的祭名。孝子除去孝服，生活恢复正常。

⑥掌国事：郑《注》曰："辨护之。"据贾《疏》，谓大祝于祔、练、祥之时，供其祭物，相其礼仪。按，祔、练、祥皆国事，故曰大祝"掌国事"。

【译文】

大丧，王刚刚驾崩时，为陈尸设郁鬯香酒并用以浴尸，辅助行饭含礼，协助大敛、小敛，依次撤除奠祭物；既殡之后，制作并告诉甸师读代王受灾祸的祈祷之辞；到了举行祔祭、小祥祭和大祥祭时，掌管供给祭物、指教礼仪等有关事务。

11. 国有大故、天灾[1]，弥祀社稷[2]，祷，祠[3]。

【注释】

①大故、天灾：大故，此谓兵寇之灾。郑《注》曰："大故，兵寇也。天灾，疫疠、水旱也。"

②弥：表示统括，遍。郑《注》曰："犹遍也。"

③祷，祠：祷，祈祷，向神许愿。祠，向神还愿。郑《注》曰："既则祠之以报焉。"贾《疏》曰："以其始为曰祷，得求曰祠，故以报赛（亦报）解祠。"

【译文】

如果国家有大的变故或天灾，就要遍祀社稷，并举行祈祷之祭，事后则要向神祭祀还愿。

12. 大师，宜于社[1]，造于祖[2]，设军社[3]，类上帝，国将有事于四望[4]，及军归献于社，则前祝[5]。

【注释】

①宜：祭名，或是祈求适宜之祭。其详不可考。《尔雅·释天》曰："起大事，动大众，必先有事乎社而出，谓之宜。"《尔雅》此句邢昺疏："言国家起发军旅之大事，以兴动其大众，必先有祭祀于此社而后出行，其祭之名谓之为宜。"按，刘信芳怀疑近期楚地出土文献中的"祷"（《包山楚简》200、《望山楚简》一 112、119）、"宜祷"（《望山楚简》一 50）、"弋祷"（《葛陵箭》乙四 82）等，与古代"宜"祭相类，云："祷，疾病祈祷之仪，仅见于楚出土文字资料，祭主多为先祖，祭品多为特牲。"可参考。（刘信芳《楚系简帛释例》，页258）

②造：及下文类，皆祭名。

③设军社：参见《小宗伯》注。

④有事：谓祭祀。

⑤前祝：郑《注》曰："大祝居前，先以祝辞告之。"

【译文】

王亲征，要用宜祭祭祀社神，用造祭祭祀祖先，在军中设立军社，并要用类祭祭祀上帝，国家将要祭祀四方名山大川，以及军队出征凯旋向社神献捷时，就要在祭祀神灵前先致以祝告辞。

13. 大会同，造于庙，宜于社。遇大山川，则用事焉。反行舍奠[1]。

【注释】

①舍奠：即释奠，祭名。用于庙社、山川、征伐等事。舍，通"释"。

【译文】

遇到有大会同，就要到宗庙举行造祭，到社举行宜祭。前往会同途中经过大山川，就要进行祭祀。返回以后就要举行释奠之礼，大祝都掌管其事并负责祝告。

14. 建邦国，先告后土，用牲币。

【译文】

分建诸侯国，大宗伯负责事先告祭社神后土，而大祝则用牲和玉帛做祭品。

15. 禁督逆祀命者[1]。颁祭号于邦国、都鄙[2]。

【注释】

①逆祀命：祀命，祀令，国家所颁祀典的规定。郑《注》曰："王之所命，诸侯之所祀，有逆者，则刑罚焉。"

②祭号：郑《注》曰："六号。"

【译文】

禁止和督察诸侯中是否有违背祭祀命令的。向各诸侯国、王畿各采邑颁发有关祭祀的六种名号。

五〇　小祝

1. 小祝掌小祭祀[①]，将事侯、禳、祷、祠之祝号[②]，以祈福祥，顺丰年，逆时雨，宁风旱，弥灾兵[③]，远罪疾。

【注释】

①小祭祀：即指下文侯、禳、祷、祠等祭。

②侯、禳、祷、祠：侯，祈求福祥之祭。内容即下文"祈福祥，顺丰年，逆时雨"。禳，禳除灾害之祭。禳的内容即下文"宁风旱，弥灾兵，远罪疾"。祷、祠，参见《大祝》注。

③弥：停息，防止。郑《注》曰："读曰'敉'(mǐ)，敉，安也。"孙诒让曰："经凡云弥者，并取安息御止之义。"

【译文】

小祝掌管在举行小祭祀时，来负责侯祭、禳祭、祈祷和报福之祭时的祝辞、祭祀的名号，来祈求福祥，祈求年成丰收，迎接时雨，消除风旱，消弭灾祸兵乱，远离罪戾和疾病。

2. 大祭祀，逆粢盛[①]，送逆尸，沃尸盥，赞隋，赞彻，赞奠。

【注释】

①逆粢盛：迎取祭祀用的黍稷。孙诒让曰："逆粢盛当有两次，一在祭日之晨，所逆者未炊之米也；一在六献后，尸将入室时，所逆者已炊之食。"

【译文】

举行大祭祀时，协助小宗伯迎取盛在祭器中的谷物，迎尸、送尸，浇水为尸洗手，协助尸行隋祭，协助大祝下令撤除祭器，协助安放祭祀用的酒爵。

3. 凡事佐大祝。

【译文】

凡事都要协助大祝来做。

4. 大丧，赞渳，设熬①，置铭②。及葬设道赍之奠③，分祷五祀④。

【注释】

①设熬：熬，炒熟的谷物。参见《地官·舍人》注。

②铭：郑司农曰："书死者名于旌。"按，旌即死者生前的旗，死后书名其上，以作为棺柩的标志。

③道赍之奠：在送葬道中陈牲体以祷告五方之神。赍，赍送也。郑《注》曰："赍犹送也。送道之奠，谓遣奠也。"按，遣奠，即大遣奠，谓临出葬前为死者所设奠祭礼。

④分祷五祀：五祀，谓中霤（主堂室之神）、国门（主城门之神）、国行（主行路之神）、户（门神）、灶（灶神）等小神。郑《注》曰："分其牲

体以祭五祀，告王去此宫（指殡宫）中，不复反，故兴祭祀也。王七祀，祀五者，司命、大厉，平生出入不以告。”按，据《礼记·祭法》，王七祀指祭祀司命（宫中小神）、中霤、国门、国行、泰厉（古代帝王无后者之鬼）、户、灶等七神。此谓分出设遣奠的牲体，以祭五祀。

【译文】

有大丧，要协助大祝沐浴尸体，殡棺时在棺柩旁边放置炒熟的谷物，设置铭旌。等到将出葬时置遣奠，并分出牲体以祭祀五祀。

5. 大师，掌衅、祈、号、祝[1]。有寇戎之事，则保郊祀于社[2]。

【注释】

①衅：即以牲血涂鼓。郑司农曰：“谓衅鼓也。”

②保郊祀于社：贾《疏》曰：“保、祀互文，……郊社皆守而祀之。”孙诒让曰：“于社，犹言及社。”

【译文】

王率领大军亲征，则掌管衅鼓、祈祷、祭祀的名号和宣读祝告辞。如果有寇贼或外敌入侵的事，就要负责进行祭祀和守护四郊的群祀坛域及社坛。

6. 凡外内小祭祀、小丧纪、小会同、小军旅[1]，掌事焉。

【注释】

①“凡外内”至“小军旅”：据贾《疏》，外小祭祀，谓祭祀林泽、四方百物；内小祭祀，谓宫中祭祀七祀等；小丧纪，孙诒让说，谓王之夫

人、子弟及公卿大夫之丧礼；小会同，谓王不亲往，而使卿大夫与诸侯会同；小军旅，谓王不亲征，而派遣卿大夫率军出征。

【译文】

凡外内小祭祀、小丧祭、小会同、小征伐，皆由小祝掌管有关祈祷祝号的事。

五一　丧祝

1. 丧祝掌大丧劝防之事①。及辟，令启②。及朝，御柩，乃奠③。及祖④，饰棺，乃载⑤，遂御⑥。及葬，御柩出宫⑦，乃代⑧。及圹，说载，除饰。小丧亦如之。掌丧祭祝号。王吊，则与巫前⑨。

【注释】

①劝防：柩车行进时，告诫引柩车者放置棺柩倾跌。郑《注》曰："劝，犹倡帅前引者。防，谓执披备倾戏（亏）。"按，倡帅犹言指挥。前引谓在前拉柩车者。披，指拴系在柩车上棺柩两侧的帛带，柩车行路时，有人在两旁执披，以防因颠簸致使棺柩倾斜。

②及辟，令启：郑司农曰："辟，谓除蔟（cuán，丛也）涂椁也。令启，谓丧祝主命役人开之也。"按，天子殡棺时，要在棺周围丛集堆积树枝，此即蔟；然后用泥巴涂封起来，算作是椁，谓之涂椁。到葬前启殡时，则令人除去蔟涂，谓之辟。

③及朝，御柩，乃奠：朝，谓出葬前行朝庙礼，即葬前将棺柩运到祖庙，犹如活人出门远行，要到祖庙行告庙礼一样。御，谓将载棺柩的蜃车拉至庙，而丧祝执纛居前指挥其事。奠，谓因迁柩朝庙而设奠祭礼。

④祖：一种祭名。出行时祭祀路神。此谓丧柩始行将葬而设奠，称

祖奠。

⑤饰棺，乃载：贾《疏》曰："既载乃饰。……此先云'饰棺'，后言'乃载'者，直取便文，非行事之次第。"饰棺，参见《天官·缝人》。

⑥遂御：为出葬做准备而御。按，饰棺后，将把车辕朝内的柩车车头调转朝外。这一行动由丧祝指挥。

⑦出宫：谓柩车出祖庙。据贾《疏》，柩车出庙，丧祝在车前退行指挥拉柩车。

⑧乃代：郑《注》曰："丧祝二人相与更也。"

⑨与巫前：参见下文《男巫》。

【译文】

丧祝掌管大丧出葬时指挥拉柩车者、执披者以防护柩车的事。到了需要除去殡棺外的涂封物时，就下令开启棺殡。等到要迁柩行朝庙礼时，则指挥运载棺柩前往祖庙，于是设置朝庙奠。等到要设祖奠时，就装饰棺柩，将棺柩装载到柩车上，接着执纛走在前面，指挥柩车调头前进。等到要出葬时，就指挥拉柩车出庙，于是由另一个丧祝换班接替指挥。到达墓穴处，就把棺柩从柩车上卸下来，除去棺饰。遇有小丧事时也是这样做。掌管丧祭中的祝告辞和各种美号。如果王外出到群臣家里去吊唁，就要手执笤帚与手执桃枝的男巫一道走在王前面为王驱除不祥的邪气。

2. 掌胜国邑之社稷之祝号[1]，以祭祀、祷、祠焉[2]。

【注释】

①胜国邑之社稷：参见《地官·媒氏》注。

②祭祀、祷、祠：贾《疏》曰："祭祀谓春秋正祭，祷，祠谓国有故（而祭）。祈请求福曰祷，得福报赛曰祠。"

【译文】

掌管对被灭之国的社稷的祝辞和各种名号，以对它进行祭祀、祈祷福佑和事后的报祭还愿。

3. 凡卿大夫之丧，掌事而敛、饰棺焉。

【译文】

凡是卿大夫的丧事，掌管有关的事项并负责尸体入殓和装饰棺柩等。

五二　甸祝

1. 甸祝掌四时之田表貉之祝号[1]，舍奠于祖庙、祢亦如之[2]。

【注释】

①表貉：兵祭名。立望表以行貉祭。古代田猎或出征前，立望表于营前或阵前以祭神。祭祀造兵之神黄帝、蚩尤。（参见《肆师》注）。

②舍奠：即行释奠礼（参见《大祝》注）。祢：父庙。

【译文】

甸祝掌管四季田猎在立表处举行貉祭时拟制的祝告辞和各种名号，出发之前要在祖庙和祢庙行释奠礼时也要这样做。

2. 师甸[1]，致禽于虞中[2]，乃属禽[3]。及郊，馆兽[4]，舍奠于祖祢[5]，乃敛禽[6]。禂牲、禂马[7]，皆掌其祝号。

【注释】

①师甸：师，众也。郑《注》曰："师田，谓起大众以田也。"

②虞中：树有虞旗的田猎处的中央(参见《天官·兽人》注)。

③属禽：郑《注》曰："别其种类。"

④馆兽：馆，馈赠，进献。郑《注》曰："馆，馈也。以所获兽馈于郊，荐于四方群兆。"(参见《小宗伯》注)

⑤舍奠于祖祢：据《注》《疏》，是以所获禽牲荐庙，并报告田猎返回。

⑥敛禽：谓收取百分之三十所获禽兽送交腊人，作为原料制作祭祀用的脯腊。郑《注》曰："谓取三十入腊人也。"按，其余的猎获物，贾《疏》曰："入宾客庖厨。"

⑦禂牲、禂马：禂(dǎo)，祭名。为牲畜无疾病、肥壮而祭祷。郑《注》曰："杜子春云：'禂，祷也。为马祷无疾，为田祷多获禽。'……玄谓禂，读如伏诛之'诛'，今'侏大'字也。为牲祭，求肥充；为马祭，求肥健。"按，《集韵·虞韵》曰："侏，大也。"此为肥大义。一说，禂，同"祷"。俞樾《群经平议·周官二·甸甸》："禂字盖即祷之古文。"孙怡让引曾钊曰："禂即祷别体。"姑从郑说。

【译文】

举行大田猎，当把所获猎物集中到树有虞旗的田猎处的中央时，便给猎物分门归类。返回时来到国郊，就用所猎获的禽兽馈祭国郊四方的群神，回到都城又用所猎获的兽在祖庙、祢庙行释奠礼，挑选三十头禽牲缴纳给腊人以备作为原料制作脯腊。用禂祭祭所猎获的禽牲祈祷多获禽兽，用禂祭祭马祈祷马不生病，都要掌管祝告辞和各种名号。

五三　诅祝

1. 诅祝掌盟、诅、类、造、攻、说、禬、禜之祝号[1]。

【注释】

①盟、诅：郑《注》曰："盟、诅主于要誓，大事曰盟，小事曰诅。"又说自盟、诅以至禬、禜八者，皆祝告神明之辞。按，类、造以下六者，参见《大祝》。

【译文】

诅祝掌管制作盟、诅、类、造、攻、说、禬、禜的祝告辞和各种美号。

2. 作盟、诅之载辞①，以叙国之信用，以质邦国之剂信②。

【注释】

①作盟、诅之载辞：盟、诅，皆为对神盟誓。据郑《注》，大事的盟誓称盟，小事的盟誓称诅。载辞，将文辞记载到盟书契约上。郑《注》曰："为辞而载之于策。"

②质邦国之剂信：质，成也。剂，契约，证券。贾《疏》曰："谓要券。"按，要券即券书，确定买卖信用关系的凭证，此泛指各种券书。

【译文】

写作盟、诅的誓词而记载到简策上，以申述王国的信用，以促成诸侯国券书的信任，如同对契约的信任。

五四　司巫

1. 司巫掌群巫之政令。

【译文】

司巫掌管有关群巫的管理政令。

2. 若国大旱，则帅巫而舞雩[1]。国有大灾，则帅巫而造巫恒[2]。

【注释】

①舞雩：雩，求雨之祭。《公羊传》桓公五年何《注》曰："雩，旱请雨祭名。……使童男女各八人，舞而呼'雩'，故谓之雩。"

②造巫恒：郑《注》曰："恒，久也。巫久者，先巫之故事。"按，其故事即前辈巫师做事成例。盖记录在册可造往而视之。

【译文】

如果国家发生大旱，就率领群巫跳舞而进行雩祭。国家如果发生重大灾祸，就率领群巫翻阅先辈巫师攘除同类灾情的旧例以便仿效。

3. 祭祀，则共匰主及道布[1]，及葅馆[2]。凡祭事，守瘗[3]。凡丧事，掌巫降之礼。

【注释】

①匰(dān)主及道布：匰，宗庙安放神主的竹制器具。《说文》曰："宗庙盛木主器也。"《广雅·释器》云："笥也。"孙诒让引黄以周曰："于祭时设之，平时在石函，无匰。"按，木主即死者的木制牌位，亦名神主。据孙诒让说，宗庙木主盛在石匣(即所谓石室)中，当祭祀时从石匣中取出，而盛于匰中，以授大祝，祭毕还当藏之于石匰中。道布，祭神时所设之巾，以供神自洁。孙诒让曰："生人有巾以自洁清，故祭时亦得为神共之。"

②葅(zū)馆：葅，草垫，祭祀时用以盛放黍稷等祭品。参见《地官·乡师》注。馆，祭祀时盛放祭品的筐。郑《注》曰："所以承藉，谓若今筐也。"

③守瘞(yì):祭祀地神时,将牲币埋在地下,设人负责守护。瘞,掩埋,埋葬。此谓埋牲币以祭地。

【译文】

举行祭祀时,就供给盛放木主的匣以及神所用的布巾,以及盛放草垫用的筐。凡是用埋沉方法祭地神的祭祀,负责守护瘞埋在地下的牲币。凡是丧事,掌管巫下神之礼。

五五　男巫

1. 男巫掌望祀、望衍授号[①],旁招以茅[②]。

【注释】

①望祀、望衍授号:望祀,祭名,遥望四方名山大川之祭。郑《注》曰:"望祀,谓有牲、粢盛者。"望衍,祭名,遥望延请神灵。郑《注》曰:"衍,读为'延',声之误也。"又曰:"延,进也,谓但用币致其神。"孙诒让曰:"但用币,则无牲及粢盛也。致其神,即是进而礼之,故云望延。然则望衍与望祀神同,唯礼有详略耳。"一说,杜子春以为"望衍"即"衍祭"。姑从郑说。授号,方苞《集注》曰:"授奉祭者以神之号。"

②旁招:旁,谓四方。招,郑《注》曰:"招四方之所望祭者。"

【译文】

男巫掌管在举行望祀、望延时接受诅祝所授给应祭之神的名号,用茅作旌向四方招呼所望祭之神。

2. 冬堂赠[①],无方无筭[②]。春招弭[③],以除疾病。

【注释】

①冬堂赠：据郑《注》，冬谓岁终；赠，送走。谓以礼送不祥及恶梦；送必由自堂始，故曰堂赠。

②无方无筭：无方，不分方向。无筭，距离不分远近。筭，“算”的借字。郑《注》曰：“当东则东，当西则西，可近则近，可远则远，无常数。”

③招弭：据郑《注》，招谓招福；弭读为“敉”，安也，谓安凶祸。

【译文】

每年岁终举行堂赠之祭以送走不祥和恶梦，所送的方向和远近则不确定。每年春季以礼招求福祥，安息灾祸，以除去疾病。

3. 王吊，则与祝前。

【译文】

王到群臣家里吊唁，就手执桃枝与手执笤帚的丧祝走在王前面以驱除凶邪不祥之气。

五六　女巫

1. 女巫掌岁时祓除、衅浴[①]。

【注释】

①岁时祓除、衅浴：岁时，曾钊曰：“岁时，谓岁之良时。”祓除，祭名，谓除灾去邪的祭礼。岁首于宗庙社坛行之，三月于水滨行之。《说文》曰：“祓，除恶祭也。”郑《注》曰：“岁时祓除，如今三月上巳如水上之类。”衅浴，衅假借为“薰”，薰谓香草。郑《注》曰：“衅浴，谓以香熏草药沐浴。”

【译文】

女巫掌管每年在一定时节举行以除灾去邪的祓祭，以及用香草煮水沐浴以洗去不洁。

2. 旱暵[1]，则舞雩。

【注释】

①旱暵(hàn)：干旱。暵，贾《疏》曰："谓热气也。"

【译文】

发生旱灾，就跳舞以求雨。

3. 若王后吊[1]，则与祝前[2]。

【注释】

①王后吊：据孙诒让说，是吊唁诸侯夫人或公卿之妻。

②祝：据贾《疏》，谓女祝。

【译文】

如果王后外出吊唁，就要手执桃枝与手执笤帚的女祝走在王后前面以驱除凶邪不祥之气。

4. 凡邦之大灾，歌哭而请。

【译文】

凡是国家发生了重大灾祸，就要或者悲歌或者号哭而请求神灵消除灾祸。

五七　大史

1. 大史掌建邦之六典，以逆邦国之治；掌法以逆官府之治；掌则以逆都鄙之治[①]。凡辨法者考焉[②]，不信者刑之[③]。

【注释】

①“大史”四句：此处的典、法、则，即大宰所掌建之“六典（治典、教典、礼典、政典、刑典、事典）、八法（官属、官职、官联、官常、官成、官法、官刑、官计）、八则（祭祀、法则、废置、禄位、赋贡、礼俗、刑赏、田役）”（参见《天官·大宰》第1、2、3节），据《注》《疏》，大史是从大宰处“迎受其治职文书”而掌之。

②辨法者考焉：辨，用法同“辩”，争讼，争辩。辨法者，郑《注》释为争讼者。贾《疏》曰：“案上文，大史既受邦国、官府、都鄙治职文书，其三者之内，有争讼来正之者，大史观其辨法，得理考之。”

③不信者：理亏的一方。信，通“伸”，直也。

【译文】

大史掌握大宰所建王国的六典，以迎受天下各诸侯国上报的关于治理情况的文书；掌握八法以迎受各官府上报的关于治理情况的文书；掌握八则以迎受各采邑上报的关于治理情况的文书。凡各邦国、官府、采邑因六典、八法、八则发生争讼的就据法考其是非，理亏的一方就要加以惩罚。

2. 凡邦国、都鄙及万民之有约剂者藏焉[①]，以贰六官，六官之所登[②]。若约剂乱，则辟法[③]，不信者刑之。

【注释】

①约剂：作为凭据的契约文书。郑《注》曰："要盟之载辞及券书也。"

②六官之所登：郑《注》曰："其有后事，六官又登焉。"孙诒让说，后事谓约剂有所更改，又登谓更改后抄写副本登之大史。

③辟法：辟，打开。贾《疏》曰："为之开府库考按其然否。"

【译文】

凡是各邦国、采邑和民众相互间订有契约券书的就负责收藏，用来作为六官所藏正本的副本，如果契约券书有所更改，又收藏六官所上报的副本。如果有违背契约券书的，就打开契约券书副本加以按验，不守约而理屈的一方就要加以处罚。

3. 正岁年以序事①，颁之于官府及都鄙。颁告朔于邦国②。闰月，诏王居门终月③。

【注释】

①正岁年以序事：正岁年，即通过置闰，协调阴、阳历的岁、年之间的误差。郑《注》曰："中数曰岁，朔数曰年。中、朔大小不齐，正之以闰。"按，中谓中气，即阴历每月的第二个节气，如立春为正月的节气，惊蛰即为正月中气。所谓中数，即指今年某中气到明年该中气的天数，如今年冬至（是十一月的中气）到明年冬至，是365.25天，实即地球绕太阳一周的时间，即一个太阳年，此即岁，古人谓之中数，今人谓之阳历。朔，谓阴历每月初一，是日月交会之日。朔数即十二次日月交会的天数，也即阴历的十二个月，其天数为354天（比一个太阳年少11.25天），此即年，古人谓之朔数，今人谓之阴历。通过置闰协调岁、年间的误差，即"正之以闰"。序事，郑《注》曰："定四时，以次序授民时之事。"

②颁告朔于邦国：据郑众说，即将下一年十二个月的朔政（每月的

天文、节气、候应，及据之制订的政令）布告于诸侯。

③门：郑《注》曰："谓路寝门也。"

【译文】

用置闰调整岁和年的误差而制订历法，以便排出一年各季节民众应做事情的顺序，并向各官府和采邑颁布。年终颁布下一年十二个月的朔政给天下各诸侯国。逢闰月，就告诉王一整月都居住在路寝门内听政。

4. 大祭祀，与执事卜日①。戒及宿之日②，与群执事读礼书而协事③。祭之日，执书以次位常。辨事者考焉④，不信者诛之。

【注释】

①与执事卜日：郑《注》曰："执事，大卜之属。与之者，当视墨。"视墨，参见《占人》注。

②戒及宿之日：戒，谓祭前十日告诫百官，宿谓祭前三日申诫百官。

③读礼书而协事：礼书，记载礼法之书。协，协同，协助。协事，郑《注》曰："协，合也。合谓习录所当共之事也。"习，谓演习。

④辨事者：孙诒让说，与前"辨法"义同，亦谓以事争讼者。

【译文】

举行大祭祀，与掌卜事的官吏一起占卜吉日。告诫百官那天和申诫那天，都要同众多参与祭祀事务的官员一起阅读礼书而演习、记录所当办的事情。到了祭祀那天，要手执礼书来安排助祭诸臣依照常礼所当站立的位次。有因祭祀事务争讼的就根据礼书审核判断，违礼的一方就要加以责罚。

5. 大会同朝觐[1]，以书协礼事。及将币之日[2]，执书以诏王。大师，抱天时与大师同车[3]。大迁国，抱法以前[4]。大丧，执法以莅劝防[5]，遣之日读诔[6]。凡丧事考焉[7]。小丧赐谥[8]。凡射事，饰中，舍筭[9]，执其礼事。

【注释】

①大会同朝觐：参见《天官·大宰》注。

②将币：奉献玉帛等财物。将，送也。孙诒让曰："凡言将币者，皆指授玉。"

③抱天时与大师同车：抱，谓占验。天时，亦称式、栻，是占卜天时的器具。其形上圆象天，下方象地，四周刻二十八星宿、十二月次、干支等。按，1977年安徽阜阳双古堆1号汉墓出土一个汉代式盘，是有年代可考的最早的一件。孙诒让曰："盖以观台占侯仪器自随。"大师，瞽官之长。按，《大师》曰："大师，执同律以听军声，而诏吉凶。"是亦主占事，故大史与之同车。

④法：郑《注》曰："司空营国之法也。"

⑤劝防：参见《丧祝》注。

⑥遣：谓大遣奠，是对死者的最后一次祭奠。（参见《小祝》注）。遣者，送也。因其祭品丰盛，故称。

⑦凡丧事考焉：郑《注》曰："为有得失。"

⑧小丧：据郑《注》，谓卿大夫之丧。一说，惠士奇说，谓诸侯之丧。姑从郑说。

⑨饰中，舍筭：中，是木制伏兽形盛筭器（筭，射筹，计算射中次数的筹码）。中的形制，《礼记·投壶》孔《疏》曰："刻木为之，状如兕、鹿而伏，背上立圜圈以盛筭。"饰，谓洗刷之。舍，通"释"。释筭，即将中里的筭释之于地，以计射中次数。

【译文】

遇到诸侯大会同和诸侯来朝觐王，也要事先依照礼书演习并记录所当行的礼事。到了诸侯向王进献玉那天，要手执礼书告知王应如何行礼。遇到王亲自率军出征，要占验天象吉凶，就抱持占卜天时的式与大师同乘一车。遇到国都大迁徙，就要抱持司空营建国都之法前往。遇到大丧时，要执掌丧葬之法而亲临指挥拉柩车者和执披者防护柩车的事，举行大遣奠那天宣读诔辞。凡是丧事要考察礼数是否得体。遇到小丧，负责赐予死者谥号。凡有举行射箭比赛的事，要刷洗盛筭的中，从中里取筭放在地上来统计射中的次数，并执掌有关的礼事。

五八　小史

1. 小史掌邦国之志①，奠系世②，辨昭穆。若有事，则诏王之忌讳③。

【注释】

①邦国之志：郑司农曰："志，谓记也。"孙诒让曰："谓掌王国及畿内侯国之史记。"

②奠系世：奠，确定，规定。郑司农曰："小史主定之，瞽矇讽诵之。"参见《瞽矇》注。

③忌讳：死日和名字。郑司农曰："先王死日为忌，名为讳。"

【译文】

小史掌管王国和王畿内侯国的史记，确定帝系和世本，辨别其中的昭穆次序。如果王有事到宗庙中祈祷祭祀，就告诉王先王的忌日和名讳以免触犯。

2. 大祭祀，读礼法①，史以书叙昭穆之俎簋②。

【注释】

①礼法：贾《疏》说，即上文《大史》的“礼书”。

②俎簋：两种祭器。俎用以盛牲体，簋用以盛黍稷。郑《注》曰：“牲与黍稷。”

【译文】

举行大祭祀，大史与有关官吏读礼法书，小史要按照礼法书的规定排好昭穆、俎簋的次序。

3. 大丧、大宾客、大会同、大军旅[①]，佐大史。凡国事之用礼法者，掌其小事[②]。

【注释】

①大宾客、大会同、大军旅：大宾客指来朝诸侯，大会同指王亲自参加会同，大军旅指王亲征。

②小事：与“大事”相对而言，可随文而释。王应电曰：“若小祭祀、小丧纪、小宾客、小军旅及燕射。”

【译文】

遇到有大丧、大宾客、大会同、大征伐时，就佐助大史行事。凡是王国的事要使用礼法的，就单独掌管其中小事所涉及的礼法。

4. 卿大夫之丧，赐谥、读诔。

【译文】

卿大夫的丧事，负责依据王的命令赐予谥号、宣读诔辞。

五九　冯相氏

1. 冯相氏掌十有二岁[①]，十有二月[②]，十有二辰[③]，十日④，二十有八星之位⑤，辨其叙事，以会天位⑥。冬夏致日，春秋致月⑦，以辨四时之叙。

【注释】

①十有二岁：即指太岁十二年绕天一周。岁，谓太岁。又叫岁阴、太阴。郑《注》曰："岁，谓大(太)岁。"按，古人以为岁星(即木星)十二年运行一周天(实为11.86年)，故将黄道十二等分，以岁星所在的部分作为岁名以纪年，如某年岁星运行到星纪之次，此年就记作"岁在星纪"：此称"岁星纪年法"。但岁星运行方向自西向东，与将黄道分为十二支(即子丑寅卯等)的方向相反，使用不便。于是古人又虚构出一个岁星(即太岁)承担纪年任务，而运行则和真岁星方向相反。如某年岁星运行到玄枵之次，太岁便运行到大火之次，当十二辰的卯，此年记作"太岁在卯"：此称"太岁纪年法"。

②十有二月：指十二个朔望月，即月球绕地球十二周的时间，即阴历的一年，约345.37天。

③十有二辰：谓十二地支，即子、丑、寅、卯、申、酉、戌、亥、辰、巳、午、未。辰，郑《注》曰："斗所建之辰。"按，古人依照十二辰把天空分为十二个方位，北斗星绕北极星旋转，其斗柄正好一年旋转一周，分别指向十二辰之位，如夏历二月斗柄指向卯，此月即称建卯之月。

④十日：谓一旬的十天，称十天干，即甲、乙、丙、丁、戊、己、庚、辛、壬、癸。

⑤二十有八星：即二十八宿。古人把位于黄道附近的二十八个星宿作为观察日月五星运行位置的坐标，即东方苍龙七宿：角、亢、氐、房、心、尾、箕；北方玄武七宿：斗、牛、女、虚、危、室、壁；西方白虎七宿：奎、娄、胃、昴、毕、觜、参；南方朱雀七宿：井、鬼、柳、

星、张、翼、轸。其由西向东，把一周天分成二十八个不等分。

⑥会天位：郑《注》曰："会天位者，合此岁、日、月、辰、星宿五者，以为时事之候。"孙诒让曰："谓推岁、日、月、辰、星宿五者所在次度，合而课之，以推时之早晚，为行事之候，若后世推步家所为。"

⑦"冬夏致日"二句：冬夏春秋，分指冬至、夏至、春分、秋分。孙诒让说，此处所论"即《典瑞》土圭以致四时日月之法"，即测度日、月影的长短，以判定时节是否来临（参见本篇《典瑞》注）。

【译文】

冯相氏掌管观测十二年绕天一周的太岁、一年十二次盈亏的月亮、斗柄所指的十二辰、一旬的十日、日月五星所在二十八宿的位置，辨别和排列年月时节朔望等历法的事，而据以安排农事，以推算日月五星等天体运行、会合的情况。冬至、夏至那天，立表测度日影的长短，春分、秋分那天，立表测度月影的长短，据以辨别四季的代序是否正常。

六〇　保章氏

1. 保章氏掌天星，以志星、辰、日、月之变动[1]，以观天下之迁，辨其吉凶。

【注释】

①以志星、辰：志，记也，谓记之于简策。星，谓五星。即金、木、水、火、土五星。辰，星次。农历每月月朔日月交会，其交会于天空中星辰所在的位置谓之星次。

【译文】

保章氏掌管观测天上的星象，以记录星、辰、日、月的变动、交会，据以观测天下的变化，辨别这种变化的吉凶。

2. 以星土辨九州之地[1]，所封封域皆有分星，以观妖祥[2]。

【注释】

①星土：郑《注》曰："星所主土也。"星所主土，即星宿的分野。按，古人根据地上的区域来划分天上的星宿，把天上的星宿分别指配于地上的州国，说某星是某国的分星，或某某星宿是某某州国的分星；反之，某某州国也即是某某星宿所主，或某某星宿的分野。如《史记·天官书》将二十八宿分配于地上的九州，曰"角、亢、氐，兖州。房、心，豫州。尾，箕，幽州"，等等。又如《淮南子·天文训》将二十八宿分指地上的列国，曰："角、亢、郑。房、氐、心，宋。尾、箕，燕"，等等。

②以观妖祥：据郑《注》，观察妖祥的办法是，看该分野是否出现客星、彗星，有则主凶，无则主吉。

【译文】

根据星宿的分野来辨别九州的地域，所分封诸侯国的封域都有自己的分星，通过观察分星据以观测妖祸吉祥的预兆。

3. 以十有二岁之相[1]，观天下之妖祥[2]。

【注释】

①十有二岁之相：十有二，谓十二次。岁，谓岁星，也指太岁。相，视也，孙诒让曰："谓可视而占者，即前《注》云'赢缩圜角'。"按，赢缩谓运行的快慢，圜角谓光芒的明暗。

②观天下之妖祥：据郑司农说，似乎哪个国家位于太岁所在，岁星所居的分野，就有福祥。其并举例说："吴伐越。越得岁而吴伐

之，必受其凶。”

【译文】

根据岁星历经十二次运行一周天时的星象，来观测天下的妖祸吉祥。

4. 以五云之物[1]，辨吉凶、水旱降丰荒之祲象[2]。

【注释】

①五云之物：五种日旁云气的颜色。物，郑《注》曰：“色也。视日旁云气之色。”

②水旱降丰荒之祲象：郑《注》曰：“降，下也，知水旱所下之国。”祲，阴阳相侵形成的云气，能显示灾祥征兆。祲象，五色云气所显示的吉凶迹象。

【译文】

根据日旁五种云气的颜色，来辨别能预兆吉凶、水旱所降以及年成丰歉的阴阳相侵形成的迹象。

5. 以十有二风[1]，察天地之和、命乖别之妖祥[2]。

【注释】

①十有二风：郑《注》曰：“十有二辰皆有风。”十二辰，在此实指十二月。

②察天地之和、命乖别：和，和谐、和顺义，与“乖别”对举，乖别则不和，故郑《注》曰：“吹其律以知和不。”命，告知。按，古人把乐律和历法联系起来，以十二乐律分配于十二月。到某月即吹某种律管，察风声与律声是否和谐，据以判断天地之气是

否和谐。

【译文】

根据十二个月的风情，来观测天地之气的和谐与否，告知乖戾不和等所蕴含的妖祸福祥预兆。

6. 凡此五物者，以诏救政，访序事①。

【注释】

①“凡此五物者”三句：凡此五物，指上文五种占验天象的方法。诏救政，孙诒让说：“盖兼修德（修养德行）、修政（改良政治）、修救（采取补救措施）言之。”访序事，郑《注》曰：“访，谋也。……谋今时天时占相所宜，次序其事。”

【译文】

凡是以上所述五种占验方法，用以报告王采取多种措施补救政治失误，谋议并依次安排好所应做的事情。

六一　内史

1. 内史掌王之八枋之法①，以诏王治：一曰爵，二曰禄，三曰废，四曰置，五曰杀，六曰生，七曰予，八曰夺。

【注释】

①内史掌王之八枋之法：枋，通“柄”。八柄，天子驾驭臣下的八种手段，本是大宰所建（参见《天官·大宰》），内史居宫中协助大宰诏王，故郑《注》说“大宰据以诏王，内史又居中贰之”。

【译文】

内史协助大宰掌管王驾驭群臣的八种权柄的运用之法，用以告知王的治理群臣：一是爵位，二是俸禄，三是废黜官职，四是安置官职，五是诛杀，六是赦免死罪，七是赐予，八是剥夺。

2. 执国法及国令之贰[1]，以考政事，以逆会计。

【注释】

①“执国法”句：国法，王国的法律条文。据郑《注》，谓六典、八法、八则。按，国法的正本掌于大宰，内史则掌其副本。国令，王所下达的政令。孙诒让说，此指先王及今王下达到畿内的政令。

【译文】

执掌国法和王所下达政令的副本，据以考核各诸侯国、官府和采邑的政事，据以接受并核查他们的会计文书以便据以施行诛赏。

3. 掌叙事之法[1]，受纳访以诏王听治[2]。

【注释】

①叙事之法：即“序事之法”。郑《注》曰：“叙，六叙也。……六叙六曰‘以叙听其情’。”（参见《天官·小宰》第3节）据郑《注》，此“叙事之法”由内史协助小宰掌之。

②纳访：访，谋议。郑《注》曰：“纳访，纳谋于王也。”

【译文】

掌管根据尊卑次序安排百官向王奏事之法，接纳群臣的谋议并转告给王作为听断处理政务的参考。

4. 凡命诸侯及孤卿大夫，则策命之。凡四方之事书，内史读之。王制禄，则赞为之，以方出之。赏赐亦如之。内史掌书王命，遂贰之。

【译文】

凡是策命诸侯以及孤卿大夫，就受王命拟写策书加以任命。凡是四方诸侯有事请示的文书，由内史宣读给王听。王制订俸禄，就帮助王起草文书，写在方版上宣示出去。当王有所赏赐时也是这样做。内史掌管书写王的命令，接着便抄写副本以备参考。

六二　外史

1. 外史掌书外令。

【译文】

外史掌管撰书王下达给畿外的命令，并保存副本以备参考。

2. 掌四方之志[1]，掌三皇五帝之书[2]。

【注释】

①四方之志：四方诸侯的史记。据郑《注》，如鲁之《春秋》，晋之《乘》。

②三皇五帝之书：《左传》称之为《三坟》、《五典》，今皆不存。郑《注》曰："楚灵王所谓《三坟》、《五典》。"三皇五帝所指有多说。据郑《注》，三皇为伏牺、女娲、神农。据司马迁说，五帝为黄帝、颛顼、帝喾、帝尧、帝舜。

【译文】

掌管四方诸侯国的史记，掌管三皇五帝时的典籍。

3. 掌达书名于四方[1]。

【注释】

①达书名于四方：书名，谓文字。郑《注》引或说曰："古曰名，今曰字，使四方知书之文字，得能读之。"孙诒让曰："谓以书名（文字）制形声，达之四方，使通其音义，即后世字书之权舆也。"

【译文】

掌管将统一规范的文字定本传达到四方各国。

4. 若以书使于四方[1]，则书其令。

【注释】

①书：与下文"令"互文，皆谓王的书面命令。

【译文】

如果王派遣使者手持王的命令出使四方诸侯，就负责书写王的命令而将之授给使者。

六三　御史

1. 御史掌邦国、都鄙及万民之治令，以赞冢宰[1]。凡治者受法令焉。掌赞书。凡数从政者[2]。

【注释】

①"御史"二句：谓掌治其文书，以赞冢宰。冢宰即大宰。

②凡数从政者：凡数，《释文》作"数凡"，孔继汾、洪颐煊等赞同作"数凡"。郑《注》曰："自公卿以下至胥吏凡数，及其见在空缺者。"从政者，谓自公卿至胥徒所有在官府工作的人员。

【译文】

御史掌管有关各诸侯国、采邑以及民众治理方面的命令文书，以协助冢宰进行治理。凡是从事治理的官吏都从御史那里收受书面的法令条文。掌管帮助王起草命令。统计所有从政人员的数目。

六四　巾车

1. 巾车掌公车之政令①，辨其用与其旗物，而等叙之，以治其出入②。

【注释】

①公：朝廷，公家。郑《注》曰："犹官也。"

②出入：贾《疏》曰："冬官造车讫，来入巾车，又当出封同姓之等亦是也。"

【译文】

巾车掌管有关公家车辆的政令，辨别它们的用途和其上所当建树的旌旗种类，区别不同等级、尊卑次序而按等次使用，管理车辆的接受和派出。

2. 王之五路：一曰玉路①，锡②，樊缨十有再就③，建大常④，十有二斿⑤，以祀；金路，钩⑥，樊缨九就，建大旂⑦，以宾，同姓以封⑧；象路，朱⑨，樊缨七就，建大赤⑩，以朝，异姓以封⑪；革路⑫，龙勒⑬，条缨五就⑭，建大白⑮，以即戎，以封四卫；木路⑯，前樊鞈缨⑰，建大麾⑱，以田，以封蕃国⑲。

【注释】

①玉路：郑《注》曰："以玉饰诸末。"贾《疏》曰："凡车上之材，于末头

皆饰之。”按，以下金路、象路二车仿此。

②钖(yáng)：又称当卢，马额上的半月形饰物，以韦(熟牛皮)为之而镂饰之以金。郑《注》曰：“钖，马面当卢刻金为之，所谓镂钖也。”

③樊纓十有再就：樊，是“緐”(今作“繁”)的借字。《说文》曰：“緐，马髦(即马髦，马颈上的长毛)饰也。”纓，系于马胸的革带装饰。孙诒让曰：“以削革缀于緐，而下复绕胸而上，则似冠纓；纓之下有垂饰，则似冠緌。”就，一圈。孙诒让曰：“众采备匝为一就。”十有再就，郑《注》曰：“玉路之樊及纓，皆以五彩罽饰之十二就。”按，罽(jì)，一种毛织品。就，匝也，

④大常：是一种正幅上画有日月徽号的旗。正幅下边缀有十二根旒(飘带)，旒上画有龙。

⑤斿(liú)：同“旒”，旗正幅旁的飘带状饰物。

⑥钩：马颔下的装饰物。郑《注》曰：“娄颔之钩也。”孙诒让曰：“凡马颔间亦皆有革络，更以金饰之，则谓之钩也。”“盖即句曲维娄马颐颔之鞁(bèi)具。”按，句曲谓弯曲如钩，维娄即拴系，颐颔即马的颔部，鞁具是马首及马身装备等套车用器之总称。郑《注》又曰：“金路无锡有钩，亦以金为之。”

⑦大旂(qí)：旂，同“旗”，是一种画有交龙徽号、缀有九根飘带的旗。

⑧同姓：同族兄弟。郑《注》曰：“同姓以封，谓王子母弟率以功德出封。”按，上博楚简逸诗《多薪》：“多人多人，莫奴(如)(兄)(弟)。……[多人多人，]莫奴(如)同生(姓)。”可参考。(刘信芳《楚简帛通假汇释》，页568)

⑨朱：郑《注》曰：“象路无钩，以朱饰勒而已。”按，勒即笼头，朱饰盖画为朱色。

⑩大赤：一种画有隼鸟徽号、缀有七根飘带的旗。又名旟(yú)。金榜曰：“大赤即鸟隼(sǔn，鸟名，凶猛善飞。亦称“鹘”)。”

⑪异姓：指婚姻之亲。郑《注》曰："王甥舅。"

⑫革路：即蒙有漆饰之革（犀牛皮）而无其他装饰的车。郑《注》曰："鞔之以革而漆之，无他饰。"按，鞔（mán），蒙，覆盖。

⑬龙勒：即駹勒，用杂饰以白黑二色的兽皮制成的马勒（笼头）。龙，当作"駹（máng）"，谓杂有白黑二色毛的牲口。郑《注》曰："龙，駹也。以白黑饰韦杂色为勒。"

⑭条缨：条，通"绦（tāo）"，用丝线编织成的花边或扁平的带子或绳子，可装饰衣物。郑《注》曰："条，读为'绦'。其樊及缨以绦丝饰之而五成。不言'樊'字，盖脱尔。"

⑮大白：一种画有熊虎徽号、缀有五根飘带的旗。金榜曰："大白即熊虎。"

⑯木路：车上不蒙犀牛皮，只漆成黑色。郑《注》曰："不鞔以革，漆之而已。"

⑰前樊鹄缨：用浅黑色牛皮饰樊，用白色牛皮饰缨。前，通"翦"，谓浅黑色。鹄，《释文》曰："白也。"郑《注》曰："前，读为缁翦之'翦'。翦，浅黑也。木路无龙勒，以浅黑饰韦为樊，鹄色饰韦为缨。不言就数，饰与革路同。"

⑱大麾：又名旐（zhào），一种画有龟蛇徽号、缀有四根飘带的旗。金榜曰："大麾即龟蛇。"

⑲蕃国：建于九州之外的国家，包括夷服、镇服、蕃服。受封于天子，为九州之藩篱屏障。《大行人》："九州之外谓之蕃国。"

【译文】

王的五种车：一是玉路，驾车的马有用金镂饰的当卢，还有繁和缨均以五彩毛织品缠绕十二匝作装饰，车上树着大常旗，大常旁饰有十二根飘带，用以祭祀；二是金路，驾车的马身上装饰有金饰的钩，还有樊和缨均以五彩毛织品缠绕九匝作装饰，车上树大旂旗，用于会见宾客，赏赐同姓诸侯；三是象路，驾车的马身上配有朱饰的笼头，还有樊和缨均以五彩毛织品缠绕七匝作装饰，车上树着大赤旗，用于每天上朝，赏赐异姓诸侯；四是革路，驾车的马身上配有白黑二色皮革做成的马笼头，还有樊和纓均以五彩丝絛缠绕五匝作装饰，车上树着大白旗，用于军事，用于赏赐守卫四方的诸侯；五是木路，驾车的马身上有浅黑色牛皮装饰的樊和白色牛皮装饰的纓，车上树着大麾旗，用于田猎，用于赏赐九州外的蕃国诸侯。

3. 王后之五路：重翟①，钖面，朱总②；厌翟③，勒面，缋总④；安车⑤，雕面，鹭总⑥，皆有容盖⑦；翟车⑧，贝面，组总⑨，有握⑩；辇车⑪，组挽⑫，有翣⑬，羽盖⑭。

【注释】

①重翟：车名。车两旁遮风尘的蔽（又叫藩）用双层翟羽为饰，故称。翟（dí），雉（野鸡）也，在此指雉羽。贾《疏》曰："凡言翟者，皆谓翟鸟之羽，以为两旁之蔽。言重翟者，皆二重为之。"

②钖面，朱总：钖，参见上节注。总，车马上的装饰物，以丝带为之（参见注⑥）。郑司农曰："总著马勒直两耳与两镳。"贾《疏》曰："凡言总者，谓以总为车马之饰，若妇人之总，亦既系其本，又垂为饰，故皆谓之总也。"按，用总作装饰的有笼头、两耳、两镳、车衡、车轴的两头等处。

③厌翟：车名。车两旁的蔽亦用翟羽作为装饰，但翟羽根部排列互相迫近。贾《疏》曰："谓相次以厌其本。"按，厌，通"压"，谓车两旁用作遮罩的翟羽，上一排的羽稍压着下一排的羽根，下一排的羽稍又压着再下一排的羽根，即"相次压其本"。

④勒面，缋总：勒面，也指钖，而用白黑二色的牛皮作装饰。郑《注》曰："谓以如王龙勒之韦，为当面饰也。"按，当面，孙诒让说即当卢。缋，郑《注》曰："画文也。"

⑤安车：妇人坐乘的小车。郑《注》曰："坐乘车。凡妇人车皆坐乘。"贾《疏》曰："王后五路皆是坐乘，独此得安车之名者，以余车有重翟、厌翟、翟车、辇车之名之称，此无异物之称，故独得安车之名也。"

⑥雕面，鷖总：雕面，谓在油漆过的牛皮上雕刻图案作为钖的装饰。郑《注》曰："雕者，画之。"面，即当面，亦即当卢。鷖(yī)，鸥鸟名，其羽青黑色，在此指代缯色。郑司农曰："鷖总者，青黑色，以缯为之。"

⑦容盖：容，据郑《注》，即车帏裳。按，帏裳之上有盖，帏裳自盖之四旁垂而下，故曰容盖。

⑧翟车：车旁饰以翟羽的车。郑《注》曰："不重不厌，以翟饰车之侧耳。"

⑨贝面，组总：贝面，郑《注》曰："贝饰勒之当面也。"组总，贾《疏》曰："以组绦为之。"按，组绦即丝带。

⑩握：通"幄"，车上的帷幕。《释名·释床帐》曰："握，屋也，以帛衣板，施之形如屋。"

⑪辇车：是一种无装饰、靠人力拉行的小车。郑《注》曰："辇车不言饰，后居宫中从容(无事时)所乘，但漆之而已。"

⑫组挽：以丝带为辇之挽绳。据郑《注》，辇车是人拉的车，组挽供人执以拉车所用。

⑬有翣：郑《注》曰："所以御风尘。"按，翣如大扇，孙诒让曰："盖亦为大羽扇，树车两旁，故可以御风尘与？"

⑭羽盖：羽毛作盖，遮挡阳光。郑《注》曰："以羽作小盖，为翳(遮蔽)日也。"

【译文】

王后的五种车：一是重翟，驾车的马面部有用金镂饰的当卢，马勒两侧缀饰着红色的丝带；二是厌翟，驾车的马面部有杂饰黑白二色的韦做的当卢，马勒两侧缀饰着画有花纹的丝带；三是安车，驾车的马面部有雕刻装饰的当卢，马勒两侧缀饰着青黑色的丝带，以上三种车上都设有容盖；四是翟车，驾车的马面部有用贝壳装饰的当卢，马勒两侧缀饰着丝带，车上设有帷幕，没有上边的盖子；五是辇车，备有拉车用的丝带，车两旁设有遮挡风尘的翣扇，车上设有羽毛做的车盖。

4. 王之丧车五乘：木车①，蒲蔽②，犬禂③，尾槀④，疏饰⑤，小服皆疏⑥；素车⑦，棼蔽⑧，犬禂，素饰⑨，小服皆素；藻车⑩，藻蔽，鹿浅禂⑪，革饰⑫；駹车⑬，藿蔽⑭，然禂⑮，髹饰⑯；漆车⑰，藩蔽⑱，豻禂⑲，雀饰⑳。

【注释】

①木车：天子五丧车之一。即素木之车，未经油漆的丧车，粗布为饰。是新天子始遭丧时所乘，车上备有兵器。郑《注》曰："不漆者。"

②蒲蔽：用蒲叶做成的系于车厢两旁遮蔽风尘的帘子。蔽，郑《注》曰："车旁御风尘者。"

③犬禂(mì)：禂，同"幣"。古代白犬皮制成的车前横木上的覆盖物。郑《注》曰："犬，白犬皮。既以皮为覆笭，又以其尾为戈戟之弢。"郑司衣曰："犬皮为覆笭。"按，覆笭，即车前横木上的覆盖物。

④尾槀(gāo)：槀，盛兵器的戈戟套，用白犬皮的尾部做成。郑《注》曰："既以皮(指白犬皮)为覆笭，又以其尾为戈戟之弢。"

⑤疏饰：用粗布镶边作装饰。疏，粗也。郑《注》曰："粗布饰二物之侧缘。"

⑥小服皆疏：小服，装刀剑等短兵器的套子。服，通"箙"。郑《注》曰："小箙，刀剑短兵之衣。"孙诒让曰："亦以犬皮为之，而缘以疏

布也。”

⑦素车：据郑《注》，天子五丧车之一，用白垩土涂为白色的车。车上不放长兵器。

⑧棼蔽：用麻布织成的系于车厢两旁遮蔽风尘的帘子。棼，苴麻（结子的麻）。此谓苴麻织成的布。郑《注》曰：“棼，读为‘蘋’，蘋麻以为蔽。”

⑨素：及下文“皆素”的“素”，据郑《注》，皆指白缯。

⑩藻（zǎo）车：天子五丧车之一，以青色土涂车，以青色缯为车帷。小祥以后天子所乘。藻，同“藻”，据郑《注》，一种苍色的水草，在此指代苍色。

⑪鹿浅幂：夏天新生浅毛的鹿皮。

⑫革：郑《注》曰：“以所治去毛者缘之。”

⑬駹车：天子五丧车之一，只在车两旁有漆饰。为服丧二十五月“大祥”时所乘。駹，黑白相杂之色。郑《注》曰：“駹车，边侧有漆饰也。”

⑭藋（huán）：郑《注》曰：“细苇席也。”

⑮然：郑《注》曰：“果然也。”按，果然，兽名，据丁晏说，似猿，皮毛白色，杂有黑文。

⑯髹（xiū）：据郑《注》，是一种赤而微黑的皮革。

⑰漆车：天子五丧车之一。漆以黑漆之车。为禫时天子所乘。郑《注》曰：“黑车也。”贾《疏》曰：“凡漆不言色者，皆黑。”

⑱藩蔽：据孙诒让说，用漆成黑色的细苇席做成的系于车厢两旁遮蔽风尘的帘子。藩，苇席。

⑲豻（àn）：古代北方的一种野犬，似狐，黑嘴。

⑳雀：据郑《注》，是一种黑而微赤的皮革。

【译文】

王的丧车有五种：一是木车，有用蒲草做成的藩蔽，车轼上覆盖用白狗皮制成的裼，设有用白狗皮尾制成的盛放长兵器的櫜，裼和櫜都用粗布镶边，用白犬皮制成的小兵器袋也都用粗布镶边；二是素车，有用苴麻布制成的藩蔽，车轼上覆盖用白狗皮制成的裼，裼用白缯镶边为饰，用白犬皮制的小兵器袋也都用白缯镶边为饰；三是藻车，用苍色的缯做成的藩蔽，车轼上覆盖用夏季浅毛的鹿皮制成的裼，裼用去毛的鹿皮镶边为饰；四是駹车，有用细苇席做成的藩蔽，车轼上覆盖用野兽果然的皮做的裼，裼用赤而微黑的皮革镶边为饰；五是漆车，有用黑漆的细苇席做成的藩蔽，车轼上覆盖用北方野狗皮制成的裼，裼用黑而微赤的皮革镶边为饰。

5. 服车五乘①：孤乘夏篆②，卿乘夏缦③，大夫乘墨车④，士乘栈车⑤，庶人乘役车⑥。

【注释】

①服车：指官车，即服王事者所用之车。郑《注》曰："服事者之车。"

②夏篆：孤办公所乘车，车毂上雕有隆起的花纹，并漆有五彩。夏，谓五彩。篆，通"瑑"，指雕刻的隆起花纹。郑《注》曰："五彩画毂约也。"按，毂，在车轮的正中，中空贯轴，周围为车辐所凑。绕毂的圆周刻成隆起的道道，即篆。篆如绳子拴束毂，故称之为毂约。

③夏缦：卿办公所乘车，车毂上只有五彩画文，而无雕刻的花纹。郑《注》曰："亦五彩画，无瑑尔。"

④墨车：大夫办公所乘车，不加纹饰，蒙以皮革。孙诒让曰："谓车舆（车厢）黑漆之，毂则徒漆，无刻文，又无画文也。"按，大夫以上所乘车，车厢皆鞔以革。

⑤栈车：士办公所乘车，用竹木制成，不蒙皮革。郑《注》曰："不革鞔（mán，蒙上）而漆之。"

⑥役车：庶人所乘车。据郑《注》，有方形车厢，可载工具以供役事

之用。

【译文】

执行公务的车有五种：孤乘用夏篆，卿乘用夏缦，大夫乘用墨车，士乘用栈车，庶人乘用役车。

6. 凡良车、散车不在等者[1]，其用无常[2]。

【注释】

①良车、散车不在等者：良车，指制作工艺精良的车。散车，指制作工艺粗糙的车。不在等者，孙诒让："谓贵贱通用之车，不在五路及服车五者之等者也。"

②其用无常：按，前所举王及后之五路，王之丧车，以及服车五乘，其用途皆有一定，而良车和散车，据郑《注》说，是供王外出燕游或有恩惠之赐时所用，既不在等，其用亦无常例。

【译文】

凡是良车或散车，不在上述规定的分等级的车之内，它们的用途也就不固定。

7. 凡车之出入，岁终则会之[1]，凡赐阙之[2]。毁折入赀于职币[3]。

【注释】

①会之：郑《注》曰："计其完败多少。"

②凡赐阙之：郑《注》曰："完败不计。"

③赀(jī)：通"资"，资财，费用。杜子春曰："乘官车毁折者，入财以偿缮治之直。"

【译文】

凡是车辆的派出收回，每到年终就要统计一下本年度车辆的完损情况。凡是赏赐出去的车不论完损都不在统计之列。损毁公家车辆的要交给职币赔偿金。

8. 大丧，饰遣车①，遂廞之，行之②。及葬，执盖从车，持旌③。及墓，呼启关，陈车④。小丧⑤，共柩路，与其饰⑥。

【注释】

①饰遣车：遣车，随葬明器，载大遣奠所设牲体以遣送死者之车，刻木为之，特小，有铃及旌旗，亦称鸾车。遣车要先装饰，贾《疏》曰："言饰者，还以金、象、革饰之，如生存之车，但麤（粗）小为之耳。"

②遂廞之，行之：郑《注》曰："廞，……谓陈驾之。行之，使人以次举之以如墓也。"按，遣车小，可人举而行。

③执盖从车，持旌：据郑《注》，执盖，像死者生前乘车外出所建，可用以防雨；旌，谓铭旌，即生前的旗而死后书名其上者。

④呼启关，陈车：关，此指墓道之门。陈车，孙诒让曰："谓陈祥车也。"按，祥车指死者生前所乘车，此时用作载魂车，随柩车而行。王生前所乘车即五路（参见第2节），五路各有副车，叫做贰车，此时皆于墓地陈之。据郑《注》所引《士丧礼》，陈于墓道的东（左）边，车面朝北，由东向西排列，以东边为上位。

⑤小丧：谓王的夫人以下之丧。

⑥饰：谓柩车之饰。参见《缝人》。

【译文】

有大丧，装饰遣车，然后就陈列起来，而后让人举着前往墓地。到了出葬时，手执车盖跟从柩车，并手举写有死者名字的旌旗。到了墓前，呼令开启墓道的门，陈列祥车。遇到小丧，供给载运棺柩的车，以及柩车上的装饰物。

9. 岁时更续，共其弊车[1]。

【注释】

①共其弊车：弊，《注疏》本原误刻作“币”。郑《注》曰：“巾车既更续之，取其弊车，共于车人，材或有中用之。”

【译文】

每年按季节更换新车以备续用，把更换下来的坏车供给车人以备循环取材。

10. 大祭祀，鸣铃以应鸡人[1]。

【注释】

①鸣铃以应鸡人：郑《注》曰：“鸡人主呼旦，鸣铃以和之。”

【译文】

举行大祭祀的清晨，摇铃以与鸡人大喊“天亮了”的叫声相呼应。

六五　典路

1. 典路掌王及后之五路[1]，辨其名物，与其用说[2]。

【注释】

①王及后之五路：按，分别见《巾车》第2、3节。

②用说：用，谓驾车以行事。说，通“税”，舍也，停止，止息。此谓卸车解马。

【译文】

典路掌管王和王后的五路，辨别它们的名称种类，以及使用时的套马驾车和用过以后卸车解马的事。

2. 若有大祭祀，则出路①，赞驾说②。大丧、大宾客亦如之③。凡会同、军旅、吊于四方，以路从④。

【注释】

①出路：据《巾车》，祭祀当出玉路。

②赞驾说：郑《注》曰："赞仆与趋马也。"驾说，同上节"用说"。

③大丧、大宾客亦如之：据《巾车》，大丧用丧车，大宾客用金路。

④以路从：郑《注》曰："王乘一路，典路以其余路（即五路之其余四路）从行，亦以华国。"华国，谓炫耀国力。

【译文】

如果有大祭祀，就出车，帮助驭者给车套马和解马卸车。如果遇到有大丧、大宾客，也是这样做。凡是王会同、征伐、吊唁四方诸侯，就驾着王所乘以外的其余四路车随行。

六六　车仆

1. 车仆掌戎路之萃①，广车之萃②，阙车之萃③，蕤车之萃④，轻车之萃⑤。

【注释】

①戎路之萃：戎路的正车、副车。戎路，天子在军中所乘之车。萃，通"倅"，副也，此谓副车。郑《注》曰："萃，犹副也。"又曰："戎路，王在军所乘也。"一说，孙诒让曰："后注云'萃各从其元'，元即正

戎(即正车),则郑意五戎正副,此官通掌之,经唯云'萃'者,明五戎皆有副也。"姑从孙说。

②广车:纵横陈列阵前以作防御屏障的车。广,横也。郑《注》曰:"横陈之车也。"

③阙车:用以后备补阙的车。类似机动战车。郑《注》曰:"所用补阙之车也。"

④蕃车:有屏蔽的战车。四周蒙以皮甲,以抵御矢石。蕃,通"屏"。郑《注》曰:"蕃,犹屏也,所用对敌自蔽隐之车也。"

⑤轻车:用以冲锋挑战、轻便快捷的兵车。郑《注》曰:"所用驰敌致师之车也。"

【译文】

车仆掌管戎路的正、副车,广车的正、副车,阙车的正、副车,蕃车的正、副车,轻车的正、副车。

2. 凡师共革车①,各以其萃②。会同亦如之。大丧廞革车③。

【注释】

①共革车:即供王戎车,王之五戎车皆革车(见《巾车》),王乘其一,其余四车则从行。

②各以其萃:郑《注》曰:"萃各从其元焉。"元,谓正车。

③大丧廞革车:孙诒让曰:"廞应当训为陈,谓葬前一日,则陈于祖庙之庭;葬日至圹,则陈于墓道也。"

【译文】

凡有征伐供给王革车,又以其余革车的副车随行。遇到王外出会同时也是这样做。遇到有大丧就陈列作为明器用的革车。

3. 大射，共三乏[1]。

【注释】

①共三乏：乏，亦名容、防，是唱获者（犹今射击比赛的报靶人）藏身的屏障。据聂氏《三礼图》卷八引《旧图》说，乏，屏风状，长、宽皆七尺，用牛皮制成。按，大射要设三侯，每侯设一唱获者，各需设一乏，故需供三乏。

【译文】

举行大射礼，为报靶人供给所需的三乏。

六七　司常

1. 司常掌九旗之物名[1]，各有属[2]，以待国事。日月为常[3]，交龙为旂，通帛为旃[4]，杂帛为物，熊虎为旗，鸟隼为旟，龟蛇为旐，全羽为旞，析羽为旌[5]。

【注释】

①物名：根据旗上的各种徽号所取的不同名称。郑《注》曰："所画异物则异名也。"

②属：此指与正旗同徽号之小旗。郑《注》曰："属，谓徽识也。"孙诒让曰："诸旗大者为正，又各依其章物为小徽识，与大者为属。"

③日月为常：日月，即所画徽号，亦即章物。常，旗名。下放此。

④通帛为旃：通帛，谓旌旗的縿（shān，旌旗的正幅）与斿（liú，同"旒"，旌旗正幅旁的饰物）为同一色的帛制成。而下文"杂帛为物"则谓縿与斿所用帛不同色。据孙诒让说，旃与物二者，仅指旗的縿与斿的颜色相同或不同，并非各自别为一旗。如大常之制即为旃，通帛为纁色（参见下注）。

⑤“全羽为旞”二句：旞(suì)，旗杆上系由完整五彩羽毛为饰物的旗。九旗中的五种正旗常、斿、旗、旟、旐皆以全羽为饰。孙诒让曰：“旞、旌皆用染羽，全羽盖谓一羽备五彩，析羽则众羽杂五彩。”按，全羽、析羽即所谓旄，是旗杆上端的饰物。所注之羽有两种：每根羽毛都染作五彩，称全羽；每根羽毛只染一色，而众羽杂备具五彩，称析羽。因装饰旗杆有全羽、析羽，故分别名为旞、旌。据孙氏说，九旗中的旃、物、旞、旌是讲旗物的通制，而并非另有其旗。

【译文】

司常掌管九种旗因所画图像不同而取来的名称，各种旗都有同类属的小旗，以待国家有事时使用。画有日月的旗子叫做常，画有交龙的旗子叫做旂，縿和斿颜色相同的旗子叫做旃，縿和斿颜色不同的旗子叫做物，画有熊虎的旗子叫做旗，画有鸟隼的旗子叫做旟，画有龟蛇的旗子叫做旐，用全羽装饰旗杆的旗子叫做旞，用析羽装饰旗杆的旗子叫做旌。

2. 及国之大阅①，赞司马颁旗物：王建大常，诸侯建旂，孤卿建旃，大夫、士建物②，师都建旗③，州里建旟④，县鄙建旐⑤。道车载旞，斿车载旌⑥。皆画其象焉⑦，官府各象其事，州里各象其名，家各象其号⑧。

【注释】

①大阅：贾《疏》曰：“谓仲冬无事，大简阅军礼。”

②“孤卿建旃”二句：据孙诒让说，孤卿与大夫士所建皆画鸟隼之旟，其所异者，孤卿所建为旃之旟，大夫士所建为物之旟，以异尊卑。

③师都建旗：师，据王引之说当作“帅”。孙诒让说，帅即军中将帅，

指六乡、六遂大夫；都指大、小都之长，采邑之主。旗，画有熊虎者，旗之制为旃(通帛)。

④州里建旟：州里，据孙诒让说，指六乡之吏。六乡之吏有乡大夫、州长、党正、族师、闾胥、比长，虽皆建旟，然斿数则异，最尊者乡大夫六斿；最卑者比长，仅一斿。

⑤县鄙建旐：县鄙，郑《注》说指“遂之官”，则当包括遂人、遂大夫、遂师、县正、鄙师、酇长、里宰、邻长。旐，画有龟蛇的旗子。据孙诒让说，自县正以上旐并四斿，鄙师三斿，酇长二斿，里宰一斿，邻长不在命士中，无旗。

⑥“道车载旞”二句：据郑《注》，道车，又叫德车，即象路，是王平时无事时在国都内所乘之车；斿车，又叫游车，即木路，是在国都外行游、田猎所乘之车。按，象路当建大赤(即旟)，木路当建大麾(即旐，参见《巾车》)；大赤杆饰为全羽，故曰“道车载旞”；大麾杆饰为析羽，故曰“斿车载旌”。

⑦皆画其象：杜子春曰：“画，当为‘书’。”象，指所书之官事(所为之官，所掌之事)、姓名。

⑧“官府”三句：郑《注》曰：“或谓之事，或谓之名，或谓之号，异内外也。”按，官府是王之官府，在国都中，为内；州里及家(谓都家，即采邑主)则皆在国都外。据孙诒让说，经为异内外而殊其名，或曰事，或曰名，或曰号，其实所书皆同，即皆书其官事、姓名。

【译文】

等到国家举行大阅兵时，要协助大司马颁发旗帜：王的车上竖立大常，诸侯的车上竖立旂，孤卿的车上竖立繆和斿同色的旗，大夫士的车上竖立繆和斿异色的旗，军中将帅和大都、小都之长的车上竖立繆和斿同色的旗，乡吏的车上竖立繆和斿异色的旗，县鄙官吏的车上竖立旐，道车所载旟旗杆以全羽为装饰，斿车上所载旐旗杆以析羽为装饰。在旗的繆上都要各自书写上各自的官事、姓名：是官府就各自书写上官事、姓名，是州里官吏就各自书写上官事、姓名，采邑主就各自书写上自己的官事、姓名。

3. 凡祭祀，各建其旗①。会同、宾客，亦如之，置旌门②。大丧，共铭旌③，建廞车之旌④；及葬，亦如之⑤。凡军事，建旌旗⑥，及致民置旗，弊之。甸亦如之⑦。凡射，共获旌⑧。

【注释】

①各建其旗：谓参加祭祀者，自王至诸侯、卿大夫，皆各建其旗：王建大常，诸侯建旂，孤卿建旃旟，大夫建物旟。

②置旌门：旌门，竖立旌旗作为门。按，此与掌舍为官联。《天官·掌舍》曰："掌王之会同之舍，……为帷宫，设旌门。"

③铭旌：又叫明旌。竖立在灵柩前标志死者官职姓名的旗幡。郑《注》曰："王则大常也。"

④建廞车之旌：孙诒让说，廞车即廞（陈）遣车，王遣车备五路，则所建亦五路之旗，即大常、旂、旗、旟、旐，所用较粗糙而稍小。

⑤及葬，亦如之：据《注》《疏》，遣车在祖庙陈列时要建旗，出葬上路则去之而由人执以行，到墓地下葬时则又当建之。

⑥凡军事，建旌旗：孙诒让曰："谓凡大师戎车所建，若前大阅王建大常之等。"

⑦甸亦如之：谓亦为田猎之车和为致民而置旗。

⑧获旌：唱获者（射击报靶者）所执的旌旗。

【译文】

凡举行祭祀，为参加祭祀者各自树立其旌旗。遇到会同、接待宾客也是这样，并为王在外的住处设置旌门。有大丧，供给铭旌，为用于陈列的遣车树立旌旗，到了下葬时也是这样。凡有军事行动，协助大司马为兵车树立旌旗，等到召集民众时也设置旌旗，到民众到齐以后就把旌旗放倒。四时的田猎也是这样。凡是举行射箭比赛，供给报靶者所需用的旌旗。

4. 岁时共更旌。

【译文】

每年按季供给需要更换的新旗。

六八　都宗人

1. 都宗人掌都祭祀之礼[1]，凡都祭祀，致福于国[2]。

【注释】

①掌都祭祀之礼：按，“祭”，《注疏》本原误刻作“宗”，据阮校改。都，谓大都（公及王子弟的采邑）、小都（卿的采邑）。郑《注》曰：“主其礼者，警戒之，纠其戒具。”

②致福于国：谓致祭肉于王。按，臣祭祀后，要致祭肉于君，即所谓归胙，以示致福。

【译文】

都宗人掌管都中的祭祀之礼。凡是都中举行祭祀，祭祀后要把祭肉送给王。

2. 正都礼与其服[1]。

【注释】

①服：指服饰及宫室、车旗。

【译文】

监督并规正国都中的各种礼仪和服饰等。

3. 若有寇戎之事，则保群神之壝。国有大故，则令祷、祠[1]；既祭，反命于国[2]。

【注释】

①令祷、祠：令，是以王的名义发命令。祷，祈求福佑之祭，祠，向神还愿之祭。参见《大祝》注。

②既祭，反命于国：郑《注》曰："祭，谓报塞(赛)也。反命，还白王。"

【译文】

如果有贼寇或外敌侵犯之事，就保护群神的祭祀坛域。国家有重大的灾祸变故，就要命令都中官吏举行祈祷并于事后向神还愿；报神祭举行过后，也要向王汇报。

六九　家宗人

1. 家宗人掌家祭祀之礼[1]，凡祭祀致福。

【注释】

①家：谓大夫采地食邑。

【译文】

家宗人掌管大夫家邑的祭祀之礼。凡是举行祭祀，祭毕都要送祭肉给王。

2. 国有大故，则令祷、祠[1]，反命。祭亦如之[2]。

【注释】

①令：据郑《注》，谓以王命令之。

②祭亦如之：祭，此谓祈祷获福后的报神还愿之祭。亦如之，谓亦以王命令祭之。

【译文】

国家有重大灾祸变故，就命令家邑官吏举行祈祷、事后报神，之后要向王汇报。获福后王命令举行报神还愿祭祀，祭后也是这样。

3. 掌家礼与其衣服、官室、车旗之禁令。

【译文】

掌管有关大夫家邑的礼仪及其衣服、官室、车旗等的禁令。

七〇　神仕

1. 凡以神仕者①，掌三辰之法②，以犹鬼、神、示之居③，辨其名物。

【注释】

①神仕者：以事神为官职的人。负责辨别天上鬼神祇的方位，祀之以消除灾祸。以男巫中有才智者担任。

②三辰之法：此处的三辰，指日、月、星。按，神仕是掌天地众神神位的官，天地众神皆在天上有其位，但天空宽广，神位众多，故以日、月、星所在二十八宿及十二次的位置，来说明众神之位，即孙诒让所谓“以日、月、星辰之宿、次为识别”，此即“三辰之法”。

③以犹鬼、神、示之居：郑《注》曰：“犹，图也。居，谓坐也。”按，犹，图画，图绘。坐，位。

【译文】

凡是以事神为官职的人，掌管根据日、月、星三辰位置以确定众神神位之法，以绘制人鬼、天神和地神在天位置的图形，辨别它们的名称和类别。

2. 以冬日至，致天神、人鬼；以夏日至，致地示、物魅[1]，以禳国之凶荒，民之札丧[2]。

【注释】

①物魅(mèi)：物之老而能为精怪者。魅，郑《注》曰："百物之神曰魅。"《广雅·释天》："物神谓魅。"

②"以禳国之凶荒"二句：禳，禳除。杜子春曰："禳，除也。"凶荒，札丧，参见《地官·司市》注。

【译文】

在冬至那天招致天神和人鬼降临接受祭祀，在夏至那天招致地神和百物之神降临接受祭祀，以除去国家的凶年灾荒和民众的瘟疫死亡。

中华经典名著

全本全注全译丛书

徐正英 常佩雨◎译注

周礼 下

中華書局

夏官

司马第四

【题解】

夏官系统掌“邦政”，即掌理军政，又谓之“政官”。夏官之长为大司马，其副为小司马。其所属编制，所属官府六十三，总共七十种职官。大司马职文归纳为“九法”、“九伐”、“九畿”，其职能为：掌管天下军队的编制，王国军队的训练，统率王国六军，军旅的训练使用、武器的置办保管，六马的驯养使用，天子的保卫，等等。其中，军司马、舆司马、行司马、掌疆、司甲五官职文缺佚；小司马职文残存数语。军政之官可分为四类。第一类是掌军事者，包括司勋、环人、挈壶氏、诸子、司右、司兵、司戈盾、司弓矢、槁人、戎右、戎仆、掌固、司险、候人、都司马、虎贲氏、旅贲氏等。第二类是掌天下邦国的封建划疆、协调和同、通财度量、徕民致贡者，包括职方氏、量人、土方氏、怀方氏、合方氏、训方氏、形方氏、山师、川师、原师、匡人、撢人等。以上两类职官数量最多，所掌是夏官的最主要职责。第三类是掌养马、马政者，包括校人、趣马、巫马、牧师、廋人、圉师、圉人、马质等。第四类是为王掌车者，包括戎右、戎仆、齐右、道右、大驭、齐仆、道仆、田仆、驭夫等。此外，还有一些职官与军政无关。如掌吏治、朝仪的司士，掌出纳王命的大仆、小臣，掌吏民上书、奏事的御仆，掌王冕服的节服氏、弁师，以及掌寝庙杂役的隶仆，似当属之天官；掌射礼的缮人、射人，掌视察祭祀准备的祭仆，掌羊牲的小子、羊人，掌驯养猛兽的服不氏，掌射鸟、捕鸟、养鸟的射鸟氏、罗氏、掌畜，掌驱疫鬼魍魉的方相氏等等，则似当属之春官。还有掌行火政令的司爟可独立成类。可见，《周礼》中夏官属官职掌最复杂。

据孙诒让统计，夏官共设职七十，其人员编制数目，计卿一人，中大夫十四人，下大夫三十人，上士六十七人，中士一百五十八人，下士二百六十七人，府七十六人，史二百零五人，胥二百四十五人，徒二千一百八十八人，贾八人，工四人，医四人，虎士八百人，方相氏狂夫四人。凡正官，自卿至庶人，总四千零七十一人。又，趣马，每皁下士一人，徒四人。都司马，有员数，无总数。家司马亦然。六军之军将、师帅、旅帅、卒长、两司马、伍长，皆出军时才设置。以上三种情况皆不可计。大凡可计者四千零七十一人。（《周礼正义》，中华书局1987年版，第2277、2278页）

叙官

1. 惟王建国，辨方正位，体国经野，设官分职，以为民极[①]。乃立夏官司马[②]，使帅其属而掌邦政[③]，以佐王平邦国。

【注释】

①“惟王建国”五句：参见《天官·叙官》注。

②夏官司马：即下文的大司马，主管全国军事的长官。因为司马在六官中位居第四，于四时当夏，夏天是整齐万物的季节，而司马也有整齐万民的职责，故称夏官。马，武也，上古马、武同音。

③邦政：此即《天官·大宰》所掌六典之四的政典，即所谓“四曰政典，以平邦国，以正百官，以均万民”之义。邦政：王邦的军事法令等事务。政，有平诸侯、正天下之义。

【译文】

王建立国都，辨别国都所在地的方向，确定宗庙、朝廷所在的位置，主次有别地划分国都、郊野的界限，进行建设经营。分设百官职位，作为天下民众有所取法的榜样。为此目的，于是设立夏官司马这一官职，让他率领部属，来掌管天下的政典，以辅佐王安定天下。

2. 政官之属①：大司马②，卿一人；小司马③，中大夫二人；军司马④，下大夫四人；舆司马⑤，上士八人；行司马⑥，中士十有六人；旅下士三十有二人，府六人，史十有六人，胥三十有二人，徒三百有二十人。

【注释】

①政官：案因上节云夏官司马的职责是“掌邦政”，故称夏官系统的官为“政官”。政官：即夏官。

②大司马：官名。政官的最高长官，其职务略等于后世的兵部尚书。

③小司马：官名。大司马的副手，其职务略等于后世的兵部侍郎。

④军司马：官名。政官中的第三把手。主司对夏官系统官吏的考核。其职文佚缺。

⑤舆司马：及下文行司马，据易祓、黄度曰：舆司马掌管战车。下文的行司马掌管步卒，而上文的军司马则战车、步卒兼掌。舆司马职文佚缺。

⑥行司马：官名，见注⑤，其职文佚缺。

【译文】

政官的属官有：大司马，由卿一人担任；小司马，由中大夫二人担任；军司马，由下大夫四人担任；舆司马，由上士八人担任；行司马，由中士十六人担任；另配有众下士三十二人，下辖府六人，史十六人，胥三十二人，徒三百二十人。

3. 凡制军[1]，万有二千五百人为军[2]，王六军，大国三军[3]，次国二军，小国一军，军将皆命卿[4]；二千有五百人为师，师帅皆中大夫；五百人为旅，旅帅皆下大夫；百人为卒，卒长皆上士；二十五人为两[5]，两司马皆中士；五人为伍，伍皆有长。一军则二府，六史，胥十人，徒百人。

【注释】

①制军：军队编制。

②万有二千五百人为军：六乡每乡一万二千五百家，家出一人为卒，恰为一军之人数。

③大国：上公为大国。下文的次国指侯伯之国，小国指子男之国。

④军将：军的最高指挥官。犹今言军长。下文的师帅、旅帅，分别是师和旅的最高指挥官。

⑤两：同“辆”。孙诒让说：“盖两即车一乘之名。在军则以五伍共卫一车，因谓二十五人为两。”

【译文】

凡军队编制，一万二千五百人为一军，王拥有六军，大的诸侯国可以拥有三军，中等的诸侯国可以拥有二军，小的诸侯国可以拥有一军，军将皆由卿来担任；二千五百人为一师，师帅皆由中大夫担任；五百人为一旅，旅帅皆由下大夫担任；一百人为一卒，卒长皆由上士担任；二十五人为一两，两司马皆由中士担任；五人为一伍，每伍都有伍长。战时，每一军配有府二人，史六人，胥十人，徒一百人。

4. 司勋[1]，上士二人，下士四人，府二人，史四人，胥二人，徒二十人。

【注释】

①司勋：官名，郑《注》引郑司农曰："勋，功也。此官主功赏。"

【译文】

司勋，由上士二人担任，下士四人为副手，还配有府二人，史四人，胥二人，徒二十人。

5. 马质[1]，中士二人，府一人，史二人，贾四人，徒八人。

【注释】

①马质：郑《注》曰："质，平也。主买马，平其大小之贾直。"

【译文】

马质，由中士二人担任，还配有府一人，史二人，贾四人，徒八人。

6. 量人[1]，下士二人，府一人，史四人，徒八人。

【注释】

①量人：是掌都城建设的规划之法以及土地度量的官。

【译文】

量人，由下士二人担任，还配有府一人，史四人，徒八人。

7. 小子[1]，下士二人，史一人，徒八人。

【注释】

①小子：郑《注》曰："主祭祀之小事。"所谓小事，谓如荐羞，饰（洗刷）牲等。

【译文】

小子，由下士二人担任，还配有史一人，徒八人。

8. 羊人[1]，下士二人，史一人，贾二人，徒八人。

【注释】

①羊人：官名，掌管羊牲和祭祀时杀羊等事。羊人与政典没有关系，只是因为五行象类才属于夏官。羊是火畜，司马是火官，故羊人属夏官。下文的司爟也属于这种情况。

【译文】

羊人，由下士二人担任，还配有史一人，贾二人，徒八人。

9. 司爟[1]，下士二人，徒六人。

【注释】

①司爟（guàn）：爟，《说文》："举火曰爟。"司爟，是掌管有关火的政令官。

【译文】

司爟，由下士二人担任，还配有徒六人。

10. 掌固[1]，上士二人，下士八人，府二人，史四人，胥四人，徒四十人。

【注释】

①掌固：官名，掌畿疆守固之事。

【译文】

掌固，由上士二人担任，下士八人为副手，还配有府二人，史四人，胥四人，徒四十人。

11. 司险①，中士二人，下士四人，史二人，徒四十人。

【注释】

①司险：掌守九州天然险阻的官。

【译文】

司险，由中士二人担任，下士四人为副手，还配有史二人，徒四十人。

12. 掌疆①，中士八人，史四人，胥十有六人，徒百有六十人。

【注释】

①掌疆：贾《疏》曰："其职文缺，未知其事，盖掌守疆界，亦是禁戒之事。"

【译文】

掌疆，由中士八人担任，还配有史四人，胥十六人，徒一百六十人。

13. 候人①，上士六人，下士十有二人，史六人，徒百有二十人。

【注释】

①候人：官名，郑《注》曰："候迎宾客之来者。"掌管迎送宾客，保护其安全。

【译文】

候人，由上士六人担任，下士十二人为副手，还配有史六人，徒一百二十人。

14. 环人[1]，下士六人，史二人，徒十有二人。

【注释】

①环人：官名，掌致师（对敌挑战）和查察军中奸慝等事。

【译文】

环人，由下士六人担任，还配有史二人，徒十二人。

15. 挈壶氏[1]，下士六人，史二人，徒十有二人。

【注释】

①挈壶氏：官名，掌悬壶滴漏以记时刻等事。

【译文】

挈壶氏，由下士六人担任，还配有史二人，徒十二人。

16. 射人[1]，下大夫二人，上士四人，下士八人，府二人，史四人，胥二人，徒二十人。

【注释】

①射人：官名，掌朝位及射礼等事。

【译文】

射人，由下大夫二人担任，上士四人为副手，还配有下士八人，府二人，史四人，胥二人，徒二十人。

17. 服不氏[1]，下士一人，徒四人。

【注释】

①服不氏：官名，掌驯兽及射箭比赛时充任唱获。

【译文】

服不氏，由下士一人担任，还配有徒四人。

18. 射鸟氏[1]，下士一人，徒四人。

【注释】

①射鸟氏：官名，掌射鸟及射箭比赛时取矢。

【译文】

射鸟氏，由下士一人担任，还配有徒四人。

19. 罗氏[1]，下士一人，徒八人。

【注释】

①罗氏：官名，郑《注》曰："能以罗网搏鸟者。"

【译文】

罗氏，由下士一人担任，还配有徒八人。

20. 掌畜[1]，下士二人，史二人，胥二人，徒二十人。

【注释】

①掌畜:官名,掌畜养鸟。

【译文】

掌畜,由下士二人担任,还配有史二人,胥二人,徒二十人。

21. 司士[①],下大夫二人,中工六人,下士十有二人,府二人,史四人,胥四人,徒四十人。

【注释】

①司士:官名,掌朝位以及有关士之政令。

【译文】

司士,由下大夫二人担任,中士六人为副手,还配有下士十二人,府二人,史四人,胥四人,徒四十人。

22. 诸子[①],下大夫二人,中士四人,府二人,史二人,胥二人,徒二十人。

【注释】

①诸子:官名,亦称庶子,郑《注》曰:"主公卿大夫士之子者。"掌管由国子单独编成的队伍。

【译文】

诸子,由下大夫二人担任,中士四人为副手,还配有府二人,史二人,胥二人,徒二十人。

23. 司右[①],上士二人,下士四人,府四人,史四人,胥八人,徒八十人。

【注释】

①司右：官名，掌管车右。贾《疏》曰："王车之右，执干戈以卫王。"天子乘车，战时居中，其左为驭者，其右为车右；平时则天子居左，驭者居中，车右居右。车右皆以有勇力之士充任，负责执干戈以保卫天子。

【译文】

司右，由上士二人担任，下士四人为副手，还配有府四人，史四人，胥八人，徒八十人。

24. 虎贲氏[1]，下大夫二人，中士十有二人，府二人，史八人，胥八十人，虎士八百人[2]。

【注释】

①虎贲氏：官名，掌王出入时充任仪卫之事。

②虎士：即徒，勇士之称。郑《注》曰："不言徒，曰虎士，则虎士徒之选有勇力者。"贲，通"奔"，言其猛怒如虎之奔走。

【译文】

虎贲氏，由下大夫二人担任，中士十二人为副手，还配有府二人，史八人，胥八十人，虎士八百人。

25. 旅贲氏[1]，中士二人，下士十有六人，史二人，徒八人。

【注释】

①旅贲氏：官名，执戈盾在王车左右护卫王。旅，众也。贾《疏》曰："言旅见其众，言贲见其勇。"

【译文】

旅贲氏，由中士二人担任，下士十六人为副手，还配有史二人，徒八人。

26. 节服氏[1]，下士八人，徒四人。

【注释】

①节服氏：官名，掌王冕服。

【译文】

节服氏，由下士八人担任，还配有徒四人。

27. 方相氏[1]，狂夫四人[2]。

【注释】

①方相氏：官名，扮作恐怖之貌执戈举盾以惊驱疫疠之鬼。

②狂夫：孙诒让曰："亦武士之类。……狂夫无爵，盖与虎贲氏虎士同。"方相，犹言模仿想象；因为方相氏蒙着熊皮，戴着假面具，手执戈盾，使人一望而产生可畏怖的联想。

【译文】

方相氏，由狂夫四人担任。

28. 大仆[1]，下大夫二人；小臣[2]，上士四人；祭仆[3]，中士六人；御仆[4]，下士十有二人。府二人，史四人，胥二人，徒二十人。

【注释】

①大仆：官名，郑《注》曰："仆，侍御于尊者之名，大仆其长也。"

②小臣：官名，掌传达王的小命令及诏相王小仪法等事。和大仆一样，都是侍奉天子的，但大仆侍奉的是大事，而小臣侍奉的是小事。

③祭仆：官名，祭祀时警戒和纠察百官。

④御仆：官名，为王接受群吏及民众奏书。

【译文】

大仆，由下大夫二人担任；小臣，由上士四人担任；祭仆，由中士六人担任；御仆，由下士十二人担任。还配有府二人，史四人，胥二人，徒二十人。

29. 隶仆[1]，下士二人，府一人，史二人，胥四人，徒四十人。

【注释】

①隶仆：官名，为王掌扫除洗刷等劳作之事。由于其工作不太干净，所以虽然是官员，但却称为“隶”。

【译文】

隶仆，由下士二人担任，还配有府一人，史二人，胥四人，徒四十人。

30. 弁师[1]，下士二人，工四人[2]，史二人，徒四人。

【注释】

①弁师：官名，为王掌弁冕等首服。弁师何以置于夏官之列，不详。

②工：孙诒让曰：“为弁冠及治弁饰等之工。”

【译文】

弁师，由下士二人担任，还配有工四人，史二人，徒四人。

31. 司甲[1]，下大夫二人，中士八人，府四人，史八人，胥八人，徒八十人。

【注释】

①司甲：官名，掌管甲兵。郑《注》曰："司甲兵戈盾官之长。"下文的司兵、司戈盾是其部属。

【译文】

司甲，由下大夫二人担任，中士八人为副手，还配有府四人，史八人，胥八人，徒八十人。

32. 司兵[1]，中士四人，府二人，史四人，胥二人，徒二十人。

【注释】

①司兵：官名，掌五兵、五盾。

【译文】

司兵，由中士四人担任，还配有府二人，史四人，胥二人，徒二十人。

33. 司戈盾[1]，下士二人，府一人，史二人，徒四人。

【注释】

①司戈盾：官名，掌戈盾之物。

【译文】

司戈盾，由下士二人担任，还配有府一人，史二人，徒四人。

34. 司弓矢[1]，下大夫二人，中士八人，府四人，史八人，胥八人，徒八十人。

【注释】

①司弓矢：官名，郑《注》曰："弓弩矢箙官之长。"下文的缮人、槁人是其部属。

【译文】

司弓矢，由下大夫二人担任，中士八人为副手，还配有府四人，史八人，胥八人，徒八十人。

35. 缮人①，上士二人，下士四人，府一人，史二人，胥二人，徒二十人。

【注释】

①缮人：官名，掌王所用弓弩矢箙等射具。郑《注》曰："缮之言劲也，善也。"缮，修旧造新之谓。

【译文】

缮人，由上士二人担任，下士四人为副手，还配有府一人，史二人，胥二人，徒二十人。

36. 槁人①，中士四人，府二人，史四人，胥二人，徒二十人。

【注释】

①槁人：官名，掌弓弩箭矢。孙诒让说，"槁"当作"稾"。槁，通"稾"，谓箭杆。

【译文】

槁人，由中士四人担任，还配有府二人，史四人，胥二人，徒二十人。

37. 戎右[1]，中大夫二人，上士二人。

【注释】

①戎右：官名，王的军车（戎路）的车右。车右，省称右，又叫骖乘、参乘。

【译文】

戎右，由中大夫二人担任，上士二人为副手。

38. 齐右[1]，下大夫二人。

【注释】

①齐（zhāi）右：官名，据郑《注》，该官充当王玉路、金路之车右。齐，音斋。下齐仆之“齐”音同。金路，天子朝觐会同时所乘。因为天子将朝觐会同，必先斋戒，故称金路为齐车。参见《春官·巾车》。

【译文】

齐右，由下大夫二人担任。

39. 道右[1]，上士二人。

【注释】

①道右：官名，充当王之象路车右。象路，又名德车、道车。

【译文】

道右，由上士二人担任。

40. 大驭[1]，中大夫二人。

【注释】

①大驭：官名，为王掌驭玉路者，郑《注》说，是驭者中最尊者。

【译文】

大驭，由中大夫二人担任。

41. 戎仆[1]，中大夫二人。

【注释】

①戎仆：是为王掌驭戎路者。

【译文】

戎仆，由中大夫二人担任。

42. 齐仆[1]，下大夫二人。

【注释】

①齐(zhāi)仆：官名，为王掌驭金路。

【译文】

齐仆，由下大夫二人担任。

43. 道仆[1]，上士十有二人。

【注释】

①道仆：官名，为王掌驭象路。

【译文】

道仆，由上士十二人担任。

44. 田仆[1]，上士十有二人。

【注释】

①田仆：官名，为王掌驭田猎时所乘之木路。

【译文】

田仆，由上士十二人担任。

45. 驭夫[1]，中士二十人，下士四十人。

【注释】

①驭夫：官名，为王掌驭贰车、从车、使车。

【译文】

驭夫，由中士二十人担任，下士四十人为副手。

46. 校人[1]，中大夫二人，上士四人，下士十有六人，府四人，史八人，胥八人，徒八十人。

【注释】

①校人：官名，郑《注》曰："马官之长。"校，马厩。下文的趣马、巫马、牧师、廋人、圉师、圉人都是其部属。

【译文】

校人，由中大夫二人担任，上士四人为副手，还配有下士十六人，府四人，史八人，胥八人，徒八十人。

47. 趣马[1]，下士皂一人[2]，徒四人。

【注释】

①趣(cǒu)马：官名，校人之属官。郑《注》曰："趣(督促)养马者也。"趣，假借为"驺"。《说文》："驺，厩御也。"

②皂：《校人》职文曰："三乘为皂。"案每乘四马，是十二匹马为一皂，设一趣马。

【译文】

趣马，每皂由下士一人担任，还配有徒四人。

48. 巫马[1]，下士二人，医四人，府一人，史二人，贾二人，徒二十人。

【注释】

①巫马：官名，掌疗养马疾。校人之属官。古时巫、医不分，巫马就是医马，也就是马医。

【译文】

巫马，由下士二人担任，还配有马医四人，府一人，史二人，贾二人，徒二十人。

49. 牧师[1]，下士四人，胥四人，徒四十人。

【注释】

①牧师：官名，掌放牧马匹。校人之属官。郑《注》曰："主牧放马而养之。"

【译文】

牧师，由下士四人担任，还配有胥四人，徒四十人。

50. 廋人[1]，下士闲二人，史二人，徒二十人。

【注释】

①廋(sōu)人：官名，为王掌十二闲之马政。闲，养马的木栏。

【译文】

廋人，每闲下士二人，史二人，徒二十人。

51. 圉师[1]，乘一人[2]，徒二人。圉人[3]，良马匹一人，驽马丽一人[4]。

【注释】

①圉(yǔ)师：圉，养马处。圉师，官名，掌教圉人养马等事。

②乘：郑《注》曰："四马为乘。"

③圉人：专职养马的人。

④丽：郑《注》曰："耦也。"一对，两。

【译文】

圉师，每四匹马一人，还配有徒二人。圉人，好马每匹一人，劣马每两匹一人。

52. 职方氏[1]，中大夫四人，下大夫八人，中士十有六人，府四人，史十有六人，胥十有六人，徒百有六十人。

【注释】

①职方氏：职，掌管，郑《注》曰："职，主也，主四方之职贡者。职方氏，主四方官之长。"职方氏，官名，掌管天下的地图，辨别九州之地利，掌管四方的职贡。此官为所有掌管四方事务官员的官长，下文的土方氏至撢人，皆其部属。

【译文】

职方氏，由中大夫四人担任，下大夫八人为副手，还配有中士十六人，府四人，史十六人，胥十六人，徒一百六十人。

53. 土方氏①，上士五人，下士十人，府二人，史五人，胥五人，徒五十人。

【注释】

①土方氏：官名，郑《注》曰："主四方邦国之土地。"土，通"度"。

【译文】

土方氏，由上士五人担任，下士十人为副手，还配有府二人，史五人，胥五人，徒五十人。

54. 怀方氏①，中士八人，府四人，史四人，胥四人，徒四十人。

【注释】

①怀方氏：官名，掌管招来四方之民及其物。郑《注》曰："怀，来也。主来四方之民及其物。"

【译文】

怀方氏，由中士八人担任，还配有府四人，史四人，胥四人，徒四十人。

55. 合方氏[1]，中士八人，府四人，史四人，胥四人，徒四十人。

【注释】

①合方氏：官名，掌调和合同四方之事。

【译文】

合方氏，由中士八人担任，还配有府四人，史四人，胥四人，徒四十人。

56. 训方氏[1]，中士四人，府四人，史四人，胥四人，徒四十人。

【注释】

①训方氏：官名，掌管教导四方之民。郑《注》曰："训，道也，主教四方之民。"

【译文】

训方氏，由中士四人担任，还配有府四人，史四人，胥四人，徒四十人。

57. 形方氏[1]，中士四人，府四人，史四人，胥四人，徒四十人。

【注释】

①形方氏：官名，负责正定四方邦国封疆。

【译文】

形方氏，由中士四人担任，还配有府四人，史四人，胥四人，徒四十人。

58. 山师[1]，中士二人，下士四人，府二人，史四人，胥四人，徒四十人。

【注释】

①山师：官名，掌辨山林之名物及其利害。

【译文】

山师，由中士二人担任，下士四人为副手，还配有府二人，史四人，胥四人，徒四十人。

59. 川师[1]，中士二人，下士四人，府二人，史四人，胥四人，徒四十人。

【注释】

①川师：官名，掌辨川泽之名物及其利害。

【译文】

川师，由中士二人担任，下士四人为副手，还配有府二人，史四人，胥四人，徒四十人。

60. 原师[1]，中士四人，下士八人，府四人，史八人，胥八人，徒八十人。

【注释】

①原师：官名，掌辨四方地形。

【译文】

原师，由中士四人担任，下士八人为副手，还配有府四人，史八人，胥八人，徒八十人。

61. 匡人①，中士四人，史四人，徒八人。

【注释】

①匡人：官名，掌以法则匡正诸侯。

【译文】

匡人，由中士四人担任，还配有史四人，徒八人。

62. 撢人①，中士四人，史四人，徒八人。

【注释】

①撢(tàn)人：撢人，官名，掌宣达王旨。郑《注》曰："主撢序王意(案'王'《注疏》本原误作'主'，据阮校改)，以语天下。"

【译文】

撢人，由中士四人担任，还配有史四人，徒八人。

63. 都司马①，每都上士二人，中士四人，下士八人，府二人，史八人，胥八人，徒八十人。

【注释】

①都司马：官名，掌管都的军赋。郑《注》曰："主其军赋。"都，即采

邑中的大都、小都。大都是王子弟以及三公采地，小都是卿的采地。孙诒让说："此官与家司马及春官之都宗人、家宗人，秋官之都士、家士，皆都家私臣之受命于王者也。以其掌采地军赋，得以职事自达于王朝，故亦以事类附列《夏官》之末，而实非大司马之属官也。"

【译文】

都司马，每都由上士二人担任，中士四人为副手，还配有下士八人，府二人，史八人，胥八人，徒八十人。

64. 家司马①，各使其臣，以正于公司马②。

【注释】

①家司马：官名，掌管家的军赋。家，谓卿大夫之采邑。

②"各使其臣"二句：郑《注》曰："各自使其家臣为司马。"据吴廷华、姜兆锡、孙诒让说，"各使其臣，以正于公司马"这两句当作"家司马亦如之"。这两句本是《家司马》职文，误入《叙官》；而《叙官》的"家司马亦如之"一句，又误入《家司马》职文。其说是，今从之。正于公司马：郑《注》曰："正，犹听也。公司马，国司马也。"又曰："往听政于王之司马。王之司马其以王命来有事，则曰国司马。"

【译文】

家司马，各使自己的家臣担任，而听命于公司马。

一　大司马

1. 大司马之职，掌建邦国之九法①，以佐王平邦国②。制畿封国，以正邦国；设仪辨位，以等邦国；进贤兴功，以作邦国③；建牧立监④，以维邦国；制军诘禁⑤，以纠邦国；施贡分职⑥，以任邦国；简稽乡民，以用邦国；均守平则⑦，以安邦国；比小事大⑧，以和邦国。

【注释】

①九法：即下文所说自“制畿封国”至“比小事大”九项。

②平：郑《注》曰：“成也，正也。”孙诒让曰：“谓成其政治，正其违僭。”

③作：郑《注》曰：“起也，起其劝善乐业之心，使不堕废。”

④建牧立监：郑《注》曰：“牧，州牧也。监，监一国，谓君也。”

⑤制军诘禁：制军，贾《疏》说，即上文所谓大国三军，次国二军，小国一军（参见本篇《叙官》第3节）。诘，郑《注》曰：“犹穷治也。”

⑥职：郑《注》曰：“谓赋税也。”

⑦均守平则：郑《注》曰：“诸侯有土地者均之，尊者守大，卑者守小。则，法也。”孙诒让曰：“均之者，谓若大司徒建五等爵土之差，爵尊则地大，爵卑则地小，均平之使各守其境土也。”

⑧比：郑《注》曰：“犹亲。”

【译文】

大司马的职责，负责建立有关诸侯国的九项法则，以辅佐王成就诸侯国的政治。一是划定诸侯国的封域，以明确诸侯国之间的疆界；二是为诸侯国设立仪法、辨别君臣的尊卑之位，以明确诸侯国君臣的等级；三是进用和荐举贤能有功的人，以激发诸侯国臣民的进取心；四是设立州牧和国君，以维系邦国的臣民；五是建立军队，惩治和追究违法者，以纠正邦国的失误；六是分配诸侯国应缴的贡赋，以确定诸侯国的合理负担；七是查核诸侯国的乡民数，以便在用得着时征召；八是根据诸侯国爵位的尊卑和拥有土地的大小，建立合理的守卫土地之法，以安定诸侯国。九是使大国亲小国、小国服事大国，以使各诸侯国和睦相处。

2. 以九伐之法正邦国[1]。冯弱犯寡，则眚之[2]；贼贤害民，则伐之；暴内陵外，则坛之[3]；野荒民散，则削之；负固不服，则侵之[4]；贼杀其亲，则正之[5]；放弑其君，则残之[6]；犯令陵政，则杜之[7]；外内乱，鸟兽行，则灭之。

【注释】

①以九伐之法正邦国：郑《注》曰："诸侯有违王命，则出兵以征伐之，所以正之也。"案：下文所述九项，皆属违王命而当伐者。伐：征讨，攻打，师有钟鼓曰伐，即大张旗鼓地声讨其罪。这和下文的"侵"不同，侵则师无钟鼓，是出其不意的偷袭。

②"冯弱犯寡"二句：郑《注》曰："冯，犹乘陵也。言不字（亲）小而侵侮之。眚，犹人眚瘦也。《王霸记》曰：'四面削其地。'"

③坛之：坛，是"墠"的假借字。墠，音 shàn，谓空旷之野地。墠之，相当于后世之幽禁。郑《注》曰："谓置之空墠，以出其君，更立其次贤者。"惠士奇曰："置之空墠之地，幽之也。"

④侵之：郑《注》曰："兵加其境而已，用兵浅者也。"

⑤"贼杀其亲"二句：亲，孙诒让曰："凡五服之内为亲。"正之，郑《注》曰："执而治其罪。"

⑥残：郑《注》曰："杀也。"

⑦"犯令陵政"二句：郑《注》曰："陵政者，轻政法，不循也。杜之者，杜塞使不得与邻国交通。"

【译文】

用九伐之法规正诸侯国。诸侯有以强凌弱、以大侵小的，就削弱他；有杀害贤良和民众的，就讨伐他；有对内暴虐、对外欺凌邻国的，就幽禁他而更立新君；有土地荒芜、人民离散的，就削减他的封地；有依仗险固地形而不服从的，就派兵进入他的国境以示惩罚；有无辜杀害亲族的，就抓起来治罪；有放逐或弑杀他的国君的，就杀死他；有违犯王的命令、轻视国家政法的，就杜塞他同邻国交通的途径；对于在家庭内外恣行淫乱、行为如同禽兽的，就诛灭他。

3. 正月之吉，始和布政于邦国都鄙，乃悬政象之法于象魏，使万民观政象，挟日而敛之[1]。

【注释】

①“正月”五句：参见《天官·大宰》第11节。“布政”的政即政法，亦即《大宰》所谓“政典”。

【译文】

周历正月初一，开始向各诸侯国和王畿内的采邑宣布政法，把形成文字的政法悬挂在象魏上，让万民观看政法，过十天而后收藏起来。

4. 乃以九畿之籍[1]，施邦国之政职。方千里曰国畿[2]，其外方五百里曰侯畿[3]，又其外方五百里曰甸畿[4]，又其外方五百里曰男畿[5]，又其外方五百里曰采畿[6]，又其外方五百里曰卫畿[7]，又其外方五百里曰蛮畿[8]，又其外方五百里曰夷畿[9]，又其外方五百里曰镇畿[10]，又其外方五百里曰蕃畿[11]。

【注释】

①九畿之籍：郑《注》曰：“畿，犹限也。”又曰：“籍，其礼差之书也。”案：九畿，即下文的侯畿以下九畿。九畿，《职方氏》谓之九服。九畿内的诸侯，按其距离王城的远近，承担不同的职贡。

②国畿：《职方氏》叫做王畿。这是天子的直辖领土。

③侯：侯者，候也；主为天子伺候非常，故称。

④甸：甸者，田也；主为天子治田，以出赋贡，故称。

⑤男畿：男者，任也（古音男与任读音相近）；主为天子任事，故称。

⑥采畿：采取美物以供天子，故称。

⑦卫畿：作为屏障，承担拱卫天子的任务，故称。

⑧蛮：蛮者，縻也（縻是牛绳，此为笼络之义）；对此畿要求较低，只要服从中央的正朔，其他听其自治。贾公彦说："自此以上六服，是中国之九州；自此已外，是夷狄之诸侯。"

⑨夷畿：因为是夷狄之所居，故称。

⑩镇畿：因为离中原地区遥远，须要镇守，故称。

⑪蕃畿：蕃，通"藩"，屏蔽。因为此畿有屏蔽作用，故称。

【译文】

依照划分九畿的簿籍，分施各诸侯国所当奉行的政务和职责。地方千里是国畿，国畿之外地方五百里是侯畿，侯畿之外地方五百里是甸畿，甸畿之外地方五百里是男畿，男畿之外地方五百里是采畿，采畿之外地方五百里是卫畿，卫畿之外地方五百里是蛮畿，蛮畿之外地方五百里是夷畿，夷畿之外地方五百里是镇畿，镇畿之外地方五百里是蕃畿。

5. 凡令赋①，以地与民制之。上地食者参之二②，其民可用者家三人；中地食者半，其民可用者二家五人；下地食者参之一，其民可用者家二人。

【注释】

①赋：刘沅曰："兵也。以地之美恶，人之众寡而制兵。"

②上地食者参之二：郑司农曰："假令一家有三顷，岁种二顷，休其一顷。"下仿此。

【译文】

凡征兵，依据土地的好坏和人口的多少来制定服役人数的标准。上等土地每年可耕种的占三分之二，休耕三分之一，耕种上等土地的农民可用以服役的每家三人；中等土地每年可耕种的占一半，休耕一半，耕种中等土地的农民可用以服役的每二家五人；下等土地每年可耕种的占三分之一，休耕三分之二，耕种下等土地的农民可用以服役的每家二人。

6. 中春，教振旅①，司马以旗致民，平列陈，如战之陈。辨鼓、铎、镯、铙之用：王执路鼓，诸侯执贲鼓，军将执晋鼓②，师帅执提③，旅帅执鼙④，卒长执铙，两司马执铎，公司马执镯⑤。以教坐、作、进、退、疾、徐、疏数之节⑥。遂以蒐田⑦。有司表貉⑧，誓民⑨，鼓，遂围禁。火弊⑩，献禽以祭社。

【注释】

①振旅：本指战罢回师，此处指借春田以习战。郑《注》曰："凡师，出曰治兵，入曰振旅，皆习战也。"

②"辨鼓"至"晋鼓"：参见《地官·鼓人》第2节。鼓、铎、镯、铙：皆军中乐器。郑珍认为，路鼓、贲鼓、晋鼓的体积都比较大，车上容纳不下，所以天子、诸侯、军将无法亲自执桴击鼓。孙诒让进一步说："窃疑此经师帅执提'以下，其鼓较小，皆是亲执。其军将以上所用三鼓广长之度绝侈（按：即太大），将车所不易建，当别以车载之，则三鼓不必亲执。经文以与下提、鼙等牵连并举，故通言执耳。实则王、侯、军将所亲执者仍是鼙。临战之时，王车亦止载鼙以令鼓，而鼓人别乘副车，载路鼓以从之，如大阅中军以鼙令鼓，而后'鼓人三鼓。鼓人所鼓者，盖即路、贲、晋诸鼓别载以从者也。"

③师帅执提：师帅，即下文所述旅帅、卒长、两司马。提，即提鼓，据孙诒让说，是一种有柄可提持以击的鼓，较鼙鼓稍大。

④鼙：即应鼙（参见《春官·小师》第2节）。

⑤公司马：谓伍长。郑《注》曰："伍长谓之公司马，虽卑，同其号。"

⑥坐：江永曰："古人之坐，两膝着席而坐于足，与跪相似。但跪者直身，臀不着地，又谓之跽。跪危而坐安。《曲礼·疏》云：'坐亦跪也'。坐通名跪，跪名不通坐，此跪坐之别也。孙诒让曰："此坐陈即跪地也。"

⑦蒐（sōu）：春季的田猎。郑《注》曰："春田为蒐。"

⑧有司表貉：有司，谓肆师、甸祝。黄以周《礼书通故·田礼通故》曰："肆师为表貉之位，甸祝掌表貉之祝号。"郑《注》曰："立表而貉祭也。"（参见《春官·肆师》第6节注）

⑤表貉（mò）：立表举行禡祭。表，练兵场上的标杆，其作用详下。貉，通"禡"。禡祭是军中之祭，祭祀始造军法之神。其神或曰蚩尤，或曰黄帝。禡祭的目的是鼓舞士气。

⑨誓民：誓，诫也。誓民，将违犯田猎规则所应受到的处罚告诫民众。郑《注》曰："誓以犯田法之罚也。"

⑩火弊：火，是焚烧荒草所燃之火，其作用有二：一为驱兽，即所谓火田；二为烧除陈草以利生新草。弊：停止。将要围猎时放火，田猎停止则止火，即此所谓火弊。郑《注》曰："春田主用火，因焚莱除陈草，皆杀（谓猎杀）而火止。"

【译文】

仲春，教民众习战。大司马用旗召集民众，整编队列阵形，如同实战时那样列阵。教民众辨别鼓、铎、镯、铙的用途。王执掌路鼓，诸侯执掌贲鼓，军将执掌晋鼓，师帅执掌提鼓，旅帅执掌鼙鼓，卒长执掌铙，两司马执掌铎，公司马执掌镯。教民众坐下、起立、前进、后退、快速、慢速以及距离疏密的节度。接着便让他们进行春季田猎，有关官吏在立表处举行貉祭，警诫民众不要违犯有关田猎之法，然后击鼓，于是开始围猎。焚烧野草的火停止燃烧，然后进献所猎获的兽以祭祀社神。

7. 中夏，教茇舍[1]，如振旅之陈。群吏撰车徒[2]，读书契[3]。辨号名之用[4]：帅以门名[5]，县鄙各以其名[6]，家以号名[7]，乡以州名[8]，野以邑名[9]，百官各象其事[10]，以辨军之夜事。其他皆如振旅。遂以苗田，如蒐之法。车弊，献禽以享礿。

【注释】

①茇(bá)舍：在草野宿营。郑《注》曰："茇舍，草止之也。"案：草谓草野；止，息也。在野地上芟除杂草，而使军队宿营其中。

②撰车徒：撰，通"算"，计点。郑《注》曰："撰，读曰'算'。算车徒，谓数择之也。"贾《疏》曰："皆选择其在车甲士三人，步徒七十二人之等。"

③读书契：郑《注》曰："以簿书校录军实之凡要。"孙诒让曰："军实，谓兵甲器械。"

④号名：郑《注》曰："徽识，所以相别也。"案：此所谓号名，实指属，即正旗的副旗(参见《春官·司常》第1节注)。

⑤帅以门名：郑《注》曰："帅，谓军将及师帅、旅帅，至伍长也。以门名者，所被徽识如其在门所树者也。"案：此处"名"即"号名"之省，谓徽识，亦即属。以下诸"名"义同。郑《注》又曰："凡此言'以'也，'象'也，皆谓其制同耳。"又自此至县鄙、家、乡、野、百官六者，据郑《注》，其徽识"皆书其官与名氏焉"，亦即《春官·司常》所谓"皆画(书)其象(指官事、姓名)焉"之义。

⑥县鄙：是六遂的行政组织，在此指代六遂。《春官·司常》曰："县鄙建旐。"(见彼第2节)

⑦家以号名：家，谓都家，即采邑主。《春官·司常》曰："家各象其号。"(同上)谓于旗的正幅上书写其官事、姓名。

⑧乡以州名：乡谓六乡，州谓州里，实指六乡之吏。《春官·司常》曰“州里建旟”，又曰“州里各象其名”（同上），即于其旟的正幅上书写各自的官事、姓名。

⑨野：谓郊外之地，包括甸、稍、县、都，野中设有公邑，公邑之长谓公邑大夫，而此处之野即指代公邑大夫，故郑《注》曰：“野谓公邑大夫。”

⑩百官各象其事：案《春官·司常》曰“官府各象其事”（见彼第2节），与此义同。苗田：郑《注》曰：“夏田为苗。”如蒐之法：贾《疏》曰：“如上蒐时有司表貉、誓民、令鼓，遂围禁之等。”车：郑《注》曰：“驱兽之车”。礿：音 yào（药），郑《注》曰：“宗庙之夏祭也。”

【译文】

仲夏，教民众在草野之地宿营，如同仲春教民习战那样布阵。选择车辆和兵众加以配合，阅读簿册校核兵甲器械。教民众辨别各种徽识的用途：各级军帅的徽识都与他们军营门前所树旌旗书写同样的官事、姓名，六遂的徽识各与本遂的旌旗书写同样的官事、姓名，采邑主的徽识各与本采邑的旌旗书写同样的官事、姓名，六乡官吏的徽识各与本官的旌旗书写同样的官事、姓名，公邑大夫的徽识都与各邑的旌旗书写同样的官事、姓名，各官府的徽识都与它们的旌旗书写同样的官事、姓名，以便夜间军事行动好辨别。其他方面都同仲春教民习战那样。接着进行夏季田猎，如同春季田猎之法。车停止追逐野兽，田猎结束，便进献所猎获的野兽祭祀宗庙。

8. 中秋，教治兵，如振旅之陈。辨旗物之用。王载大常①，诸侯载旂，军吏载旗，师都载旃②，乡家载物③，郊野载旐④，百官载旟，各书其事与其号焉。其他皆如振旅。遂以狝田⑤，如蒐田之法。罗弊，致禽以祀祊⑥。

【注释】

①大常：及下旂、旗、旖、物、旐、旖，皆旌旗名（参见《春官·司常》第2节）。

②师都载旃：师，当作“帅”（参见《春官·司常》第2节）。据《司常》，帅都建旗（画有熊虎者），而此处说“载旃”，当互见（参见同上）。

③乡家载物：乡，谓乡吏，与《春官·司常》“州里”同（参见彼第2节）。家，《注疏》本原误作“遂”，据阮校改，谓家邑（即大夫的采邑）之长。案《司常》曰“州里建旟”，当与此互见。旟，画有鸟隼者。

④郊野载旐：郊野，指郊野的公邑大夫。孙诒让曰：“郊遂公邑地相连比，故同载旐。”旐，画有龟蛇者（参见《春官·司常》第1节）。

⑤狝（xiǎn）：郑《注》曰：“秋田为狝。”

⑥祊：郑《注》曰：“当为‘方’，声之误也。秋田主祭四方，报成万物。”

【译文】

仲秋，教民众演习作战，如同仲春教民习战那样布阵。教民辨别各种旌旗的用途。王树大常，诸侯树旂，军吏树旗，军帅和大都、小都之长树旟和旃同色的旗，乡吏和家邑之长树旟和旃不同色的旗，郊野的公邑大夫树旐，王的百官树旗，各旗的旟上都书写各自的官事、姓名。其他方面都同仲春教民习战那样。接着进行秋季田猎，如同春季田猎之法。停止用网捕兽，田猎结束，集中所猎获的兽并用以祭祀四方之神。

9. 中冬，教大阅①。前期，群吏戒众庶②，修战法。虞人莱所田之野为表③，百步则一，为三表，又五十步为一表④。田之日，司马建旗于后表之中，群吏以旗物、鼓、铎、镯、铙各帅其民而致。质明弊旗，诛后至者，乃陈车徒，如战之陈，皆坐。群吏听誓于陈前[5]，斩牲以左右徇陈，曰："不用命者，斩之！"中军以鼙令鼓[6]，鼓人皆三鼓。司马振铎[7]，群吏作旗，车徒皆作，鼓行，鸣镯，车徒皆行，及表乃止。三鼓，摝铎[8]，群吏弊旗，车徒皆坐。又三鼓，振铎，作旗，车徒皆作。鼓进，鸣镯，车驟，徒趋，及表乃止，坐、作如初。乃鼓，车驰，徒走，及表乃止。鼓戒三阕[9]，车三发，徒三刺，乃鼓退[10]，鸣铙[11]，且却，及表乃止[12]，坐、作如初[13]。遂以狩田[14]。以旌为左右和之门[15]，群吏各帅其车徒以叙和出，左右陈车徒，有司平之[16]。旗居卒闲以分地[17]，前后有屯百步[18]，有司巡其前后。险野人为主，易野车为主[19]。既陈，乃设驱逆之车[20]，有司表貉于陈前[21]。中军以鼙令鼓。鼓人皆三鼓，群司马振铎，车徒皆作，遂鼓行，徒衔枚而进[22]。大兽公之，小禽私之，获者取左耳。及所弊[23]，鼓皆譟，车徒皆噪[24]。徒乃弊，致禽儘兽于郊[25]，入献禽以享烝[26]。

【注释】

①大阅：检阅兵车及驾车之马。

②群吏：郑《注》曰："乡师以下。"案乡师以下，还有州长、党正、族师等，但不包括乡大夫，因为乡大夫不掌田役致众之事。

③虞人：指山虞、泽虞二官。若猎场在山，则由山虞负责下面之事；若猎场在泽，则由泽虞负责下面之事。莱，方苞《集注》曰："芟除其草莱，令车徒可陈列也。"表，标志。孙诒让说是"树木为表"。

④"百步"三句：据孙诒让说，表是从南向北而设，第一表叫做前表（或称四表），往北间隔百步为三表，再往北间隔百步为二表，再往北间隔五十步为后表（最北一表），四表间隔总计二百五十步。

又据《注》《疏》说，表立于可列阵之空地（即虞人所芟之地）的中央，表的左右两边各容三军之众。

⑤群吏听誓于陈前：郑《注》曰："群吏，诸军帅也。"案即前之乡吏，此时则为军帅。又据《注》《疏》说，士卒是面朝北坐以听誓，群吏则出列到后表之北，面朝南面向后表、与士卒相向而立以听誓。孙诒让曰："誓以军法。"

⑥中军：郑《注》曰："中军之将也。天子六军，三三而居一偏。"即谓表的左右各三军。江永曰："中军，元帅也。……如王在军，则王为中军。"

⑦司马振铎：郑《注》曰："司马，两司马也。振铎以作众。"两司马，参见本篇《叙官》第3节。

⑧摝(lù)铎：摝，振动，摇动。摝铎，盖摇动铎时以手握住铎上部，使其声闷哑，以示停止前进。

⑨鼓戒三阕：郑《注》曰："鼓戒，戒攻敌。"案这里的戒，有警众之义，实际就是命令兵众向敌进攻。阕，止也。三阕，犹言三次。

⑩乃鼓退：贾《疏》曰："谓至南表，军吏及士卒回身向北，更从南为始也。"是此所谓退，实际是调转方向再由南向北进攻。

⑪鸣铙：郑《注》曰："军退，卒长鸣铙以和众，鼓人为之止也。"案百人为卒，卒长执铙，由卒长鸣铙。和众者，协调兵众后退的步伐，以免发生紊乱。铙鸣则鼓止。

⑫及表乃止：郑《注》曰："自前表至后表。"

⑬坐、作如初：案退兵先后退三次：第一次退至三表，第二次退至二表，第三次才退至后表。每退一表都要坐，然后起立，再退一表，其动作同当初的进时一样。

⑭狩：郑《注》曰："冬田为狩。"

⑮以旌为左右和之门：和门即军门，军门两边树旌旗以为标志。郑《注》曰："军门曰和，今谓之垒门，立两旌以为之。"

⑯有司平之：有司，谓乡师。郑《注》曰："乡师居门，正其出入之行列也。"

⑰旗居卒闲：旗，郑《注》曰："军吏所载。"孙诒让引吴廷华曰："卒百人，卒长统之，旗居卒间，则一卒长一旗以分部也。"

⑱前后有屯百步：郑《注》曰："车徒异群相去之数也。"

⑲险野人为主，易野车为主：郑司农曰："险野人为主，人居前；易野车为主，车居前。"

⑳驱逆之车：即驱车和逆车，前者为驱赶野兽入围，后者为拦击野兽不使逃窜。

㉑有司表貉于陈前：孙诒让说，有司亦谓肆师、甸祝之属。贾《疏》曰："车设讫，即为表貉之祭于陈前也。"

㉒衔枚：口中衔一筷子形状之物的东西，防说话，以免被敌人发觉。

㉓及所弊：孙诒让曰："田有界限，至其所则止。"

㉔鼓皆譟，车徒皆噪：譟，骇之俗字，郑《注》曰："疾雷击鼓曰譟。噪，讙也。"讙，音huān(欢)。

㉕致禽馐兽于郊：参见《春官·小宗伯》第13节。

㉖烝：冬祭宗庙曰烝。

【译文】

仲冬，教民众大检阅之礼。大检阅之前，乡吏们要告诫民众，演习战法。虞人芟除将要举行田猎的野地的荒草而设表，每百步设一表，设三表，又间隔五十步设一表。到举行田猎那天，司马在后表与二表的中间树立旗帜，乡吏们打着旗，敲着鼓、铎、镯、铙等各率领乡民到来。天亮时司马把旗帜放倒，惩罚后到的人。于是用车辆和徒众布阵，如同实战时的阵形，全体坐下。军帅们站在阵前听取有关军法的誓诫，斩杀牲给左右军阵看，说："不服从命令的，斩！"中军元帅敲击鼙鼓命令击鼓，鼓人都击鼓三通。两司马摇响金铎，军帅们举起旗帜，车辆和步兵都起立。鼓人击鼓命令前进，公司马敲响镯作为行进的节度，车辆和步兵都前进，从后表前进到二表而后停止。鼓人击鼓三通，两司马用手捂住铎口而摇铎，军帅们放下旗帜，车辆停止前进、步兵都坐下。鼓人又击鼓三通，两司马摇响金铎，军帅们举起旗帜，车辆和步兵都起立。鼓人击鼓命令前进，公司马敲响镯，车辆快速奔跑，步兵快步前进，从二表前进到三表才停止，坐下和起立都和前次一样。于是鼓人又击鼓，车辆迅猛奔驰，步兵快速奔跑，从三表前进到四表才停止。三次连续不断地击鼓命令进攻，车上的射手先后射出三发箭，步兵三次击刺。于是击鼓命令从南向北退兵，卒长敲响铙，兵众向北退，退到后表处才停止，坐下和起立都如同当初一样。接着进行冬季田猎。用旌旗分立左右作为军门，军帅们各率领车辆和步兵依次出军门，分左右用车辆和步兵布阵，乡师规正兵众出入军门的队列。旗树在卒与卒之间以划分地段，车和步兵前后分别屯驻而相距百步，乡师巡视军阵前后。凡布阵，险阻的地方步兵在前，平坦的地方车辆在前。布阵完毕，于是设置驱赶野兽的车和拦击野兽的车，肆师、甸祝等在阵前立表处举行貉祭。中军元帅敲击鼙鼓命令击鼓，鼓人击鼓三通，两司马们摇响金铎，车辆和步兵都起立，接着鼓人击鼓命令前进，步兵都口中衔枚而行。猎获大兽交给公家，小兽留给自己，猎获野兽的人割取兽的左耳以便计功。到达田猎场的边界处就停下来，鼓声震响如雷，车辆和步兵齐声欢呼。徒众于是停止田猎，就集中所猎获的禽兽并在国郊馈祭四方之神，进入国都又进献所猎获的兽以祭祀宗庙。

10. 及师[1]，大合军，以行禁令，以救无辜，伐有罪。

【注释】

①师：据郑《注》，谓王有事（如巡守、会同等）外出，则率军随行。

【译文】

到需要率军队随王出行时，就集合六军，执行有关的禁令，以救援无辜被侵之国，讨伐有罪的人。

11. 若大师，则掌其戒令，莅大卜[1]，帅执事莅衈主及军器[2]。及致，建大常，比军众，诛后至者。及战，巡陈视事而赏罚[3]。若师有功，则左执律[4]，右秉钺以先[5]，恺乐献于社。若师不功，则厌而奉主车[6]。王吊劳士、庶子[7]，则相。

【注释】

①莅大卜：郑《注》曰："卜出兵吉凶也。"案《春官·大卜》有云："大师，则贞龟"（见彼第6节），大司马则莅其贞也。

②衈主：主，郑《注》曰："谓迁庙之主及社主在军者。"据贾《疏》，负责衈主者是小子（参见《夏官·小子》第4节），而大司马莅之。

③事：郑《注》曰："谓战功也。"

④律：谓律管，郑《注》曰："律所以听军声。"（参见《春官·大师》第3节）

⑤钺：壮军威的大斧。

⑥厌而奉主车：厌，谓厌冠，即丧冠，郑《注》谓之"伏冠"，孙诒让曰："谓冠梁低伏，不隆起也。"郑《注》又曰："奉，犹送也。送主归于庙与社。"

⑦士、庶子：士，为卿大夫士之士。庶子，郑《注》曰："卿大夫之子从军者，或谓之庶士。"

【译文】

如果王亲征，就执掌有关的戒令。出发前临视大卜占卜吉凶，率领有关官吏临视衈祭将随军而行的迁庙主和社主以及军事器械。到召集军众时，就树起王的大常旗，校核所到的军众人数，惩罚后到的人。到作战时，巡视军阵，看有无战功以施行赏罚。如果军队打了胜仗，就左手拿着律管，右手拿着钺，在军前做先导，奏凯旋之乐而向社神献功。如果军队战败，就头戴厌冠而护送载有迁庙主和社主的车回来。王吊唁、慰问死伤的士、庶子，就协助王行礼。

12. 大役[1]，与虑事，属其植[2]，受其要[3]，以待考而赏诛。大会同，则帅士、庶子，而掌其政令。若大射，则合诸侯之六耦[4]。大祭祀、飨、食，羞牲、鱼[5]，授其祭[6]。大丧，平士大夫[7]；丧祭[8]，奉诏马牲[9]。

【注释】

①大役：郑《注》曰："筑城邑也。"

②属其植：郑《注》曰："属，谓聚会之。"植，郑司农曰："谓部曲将吏。"孙诒让曰："大役人徒众多，略依军法部署，故亦有将吏。"

③要：郑《注》曰："簿书也。"即各乡上报的役徒名册。

④合诸侯之六耦：郑《注》曰："王射三侯，以诸侯为六耦。"王射三侯，参见《天官·司裘》第3节。耦，即射耦，参见《天官·掌次》第5节。

⑤牲、鱼：孔广林《臆测》曰："牲，羊牲、马牲，与鱼为三。故先言牲，后言鱼。不正言羊、马者，文省。"

⑥授其祭：郑《注》曰："祭，谓宾、尸所以祭也。"案此处祭谓食前祭，谓取所当祭之物授给宾、尸行食前祭礼。

⑦平士大夫：郑《注》曰："平者，正其职与其位。"

⑧丧祭：据郑《注》，此处指大遣奠（参见《春官·小祝》第4节）。孙诒让曰："礼例，凡有尸谓之祭，无尸谓之奠。散文祭、奠亦通称，故遣奠谓之丧祭。"

⑨奉诏马牲：据郑《注》，奉，送也；诏，告也；谓送马牲至墓，"告而藏

之”。孙诒让曰:“告谓告于柩。藏之,谓藏于棺旁椁内也。”

【译文】

兴建大的工程,参与工程的谋画,聚集役徒,接受役徒的名册,以待考核他们的成绩而决定对他们的赏罚。大会同,就率领士和庶子跟从王而掌管有关他们的政令。如果举行大射礼,就匹配诸侯为六耦。举行大祭祀、飨礼、食礼,负责进献羊牲、马牲和鱼牲,取当祭之物授给尸或宾客以行食前祭礼。有大丧,负责规正士大夫的职责与尊卑位次;举行丧祭时,奉送马牲到墓地并向死者报告。

二 小司马

小司马之职掌[1]……凡小祭祀、会同、飨、射、师、田、丧纪[2],掌其事,如大司马之法。

【注释】

①小司马之职掌:郑《注》曰:“此下字脱灭,札烂,文阙。汉兴,求之不得,遂无识其数者。”

②凡小祭祀:贾《疏》曰:“‘小祭祀’以下至‘丧纪’,皆蒙此‘小’字,对大司马大祭祀之等。”案凡言小者,皆谓王不参加,其中小丧纪,据贾《疏》,谓王的三夫人以下之丧纪。

【译文】

小司马的职责掌管……凡小祭祀、小会同、小飨礼、小射礼、小征伐、小田猎、小丧事,都负责掌管其事,如同大司马掌管有关事项之法。

三 军司马(阙)

四 舆司马(阙)

五 行司马(阙)

六 司勋

1. 司勋掌六乡赏地之法,以等其功①。王功曰勋,国功曰功,民功曰庸②,事功曰劳③,治功曰力④,战功曰多。凡有功者,铭书于王之大常,祭于大烝⑤,司勋诏之。大功,司勋藏其贰。

【注释】

①等:差别。

②民功:郑《注》曰:"法施于民,若后稷,"案传说后稷曾教民稼穑,使民学会了播殖百谷。

③事功:郑《注》曰:"以劳定国,若禹。"案传说禹平治水土,使天下国家安定。

④治功:郑《注》曰:"制法成治,若咎繇。"案传说咎繇为舜制定刑法,使国家得到治理。

⑤祭于大烝:郑《注》曰:"死则于烝先王祭之。"案烝,冬祭宗庙名。孙诒让曰:"谓配享孟冬之时祭。"即烝祭宗庙时,以有功者配祭。

【译文】

司勋掌管六乡赏赐土地的法则,以赏赐的多少体现功劳的大小,辅成王业之功叫做勋,保全国家之功叫做功,有利民生之功叫做庸,勤劳定国之功叫做劳,为国制法之功叫做力,战功叫做多。凡有功劳的人,就书写他的名字和功劳在王的大常旗上,死后就在冬季祭祀宗庙时让他配食,司勋向神报告他的功劳。大功劳,由司勋收藏功劳簿的副本。

2. 掌赏地之政令[1]。凡赏无常，轻重视功，凡颁赏地，参之一食[2]。惟加田无国正[3]。

【注释】

①政令：郑《注》曰："谓役赋。"政，通"征"。

②参之一食：郑《注》曰："赏地之税，参分计税，王食其一也，二全入于臣。"

③加田无国正：加田，郑《注》曰："既赏之，又加赐以田，所以厚恩也。"正，亦通"征"，郑司农曰："谓税也。"

【译文】

掌管有关征收所赏赐田地的赋役的政令。凡赏赐田地的多少没有一定数额，赏赐的轻重依据功劳的大小。凡所颁赐的赏地，国家收取三分之一的租税。只有加赐的田地国家不征税。

七　马质

1. 马质掌质马[1]，马量三物：一曰戎马[2]，二曰田马，三曰驽马，皆有物贾。

【注释】

①质马：王应电曰："质者，平成之义，谓平其马价而成其交易。"

②戎马：及下田马、驽马，郑《注》曰："此三马，买以给官府之使。"

【译文】

马质掌管评估马的价值以成交，衡量和购买三种马：一是戎马，二是田马，三是驽马，都有一定的毛色和价格。

2. 纲恶马[1]。凡受马于有司者，书其齿毛与其贾。马死，则旬之内更[2]，旬之外入马耳，以其物更，其外否[3]。

【注释】

①纲：郑《注》曰："以縻索维纲狎习之。"

②旬之内更：更，偿也。郑《注》曰："旬之内死者，偿以齿毛与贾，受之日浅，养之恶也。"

③其外否：郑《注》曰："旬之外逾二十日而死，不任用，非用者罪。"

【译文】

用大绳拴系悍劣的马加以驯养。凡从马质那里领受马的，记录马的年齿、毛色与马价。如果马死了，是在十天之内死的就要原价赔偿，十天之外死的就要将马耳上缴以便验证死马的毛色，依照死马的皮肉骨骼的价格加以偿还，二十天以上死的就不赔偿了。

3. 马及行[1]，则以任齐其行[2]。若有马讼，则听之。禁原蚕者[3]。

【注释】

①马及行：江永曰："此谓将远行之马，亦谓受马于有司（马质）者。"

②以任齐其行：任，是指马的负载能力以及可行里程的远近。齐，调剂。行，指马的行程，包括马的负担。这是说，马质要把马的任载能力告诉领取马而将用以远行的人，以便"齐其行"。

③禁原蚕者：原，郑《注》曰："再也。"是原蚕即一年两次养蚕，两次收获蚕茧。之所以禁原蚕，据郑《注》，因为"蚕与马同气"，而"物莫能两大"，再蚕将会伤马，故禁之。

【译文】

马将远行，就要告诉领取马的人根据马的任载能力调剂马的负担和行程。如果有因买卖马而而争讼的，就受理听断。禁止一年两次养蚤，以免伤马。

八 量人

1. 量人掌建国之法[1]，以分国为九州[2]，营国城郭[3]，营后宫[4]，量市、朝、道、巷、门、渠[5]。造都邑亦如之[6]。

【注释】

①建国之法：据贾《疏》，此所谓法，是指建国的“远近、广长之数”等。

②九州：谓扬州、荆州、豫州、青州、兖州、雍州、幽州、冀州、并州。详《职方氏》。

③营国城郭：营，《考工记·匠人》郑《注》曰：“谓丈尺其大小。”

④后：郑《注》曰：“君也。”

⑤市、朝：市在宫后，朝在宫前。

⑥造都邑亦如之：贾《疏》曰：“谓造三等采地，亦有城、郭、宫室、市、朝之等，故云‘如之’。”

【译文】

量人掌管营建国家的法则，划分天下的国家为九州，丈量将营建之国的国都的城郭，丈量国君的宫室，丈量市、朝以及道路、里巷、宫门和沟渠，营建采邑也这样做。

2. 营军之垒、舍，量其市、朝、州涂、军社之所里[1]。

【注释】

①市、朝、州涂、军社之所里：州涂，郑司农曰：“还市、朝而为道里

也。”是郑司农读“州”为“周”，故释之为还(环)。又所谓朝，盖军帅召集军吏处理军务处；市，参见《地官·司市》第12节；军社，郑《注》曰：“社主在军者。”里，郑《注》曰：“居也。”

【译文】

丈量驻军处的壁垒、营房，丈量军中的市、朝、市、朝周围的道路和军社所在之处。

3. 邦国之地与天下之涂数，皆书而藏之。

【译文】

各诸侯国的土地和天下的道路数，都记载而加以收藏。

4. 凡祭祀、飨宾，制其从献脯、燔之数量①。掌丧祭、奠窬之俎实②。

【注释】

①从献脯、燔之数量：郑《注》曰：“从于献酒之肉、炙也。”案祭祀或飨宾，都设有牲俎殽馔，但在向尸或宾客献酒的时候，还有肉殽随从酒献上，这肉殽就叫做从献。脯是干肉，燔是烤肉，故郑《注》谓之肉、炙。数量，郑《注》曰：“数，多少也。量，长短也。”

②丧祭、奠窬之俎实：丧祭，据贾《疏》，此谓大遣奠。窬音cuì(翠)，本谓穿圹(墓穴)，此处即指代圹。郑《注》曰：“窬亦有俎实，所谓包遣奠。”案大遣奠时设有牲俎，到出葬时则包取牲肉从葬于墓穴，即昕谓奠窬。俎实，即牲肉，因牲肉皆盛于俎，故称。

【译文】

凡祭祀或用飨礼招待宾客，确定随同献酒时献上的干肉或烤肉的多少和长短。掌管设大遣奠的牲肉和从葬于墓的牲肉。

5. 凡宰祭，与郁人受斝历而皆饮之[1]。

【注释】

①与郁人受斝历而皆饮之：即《春官·郁人》的“与量人受举斝之卒爵而饮之”。所不同的是，彼处是天子亲自祭祀，而此处是冢宰主祭。历，据俞樾说，是“沥”的假借字，《广雅·释器》曰：“沥，酒也。”余详《春官·郁人》第3节。

【译文】

凡举行祭祀，同郁人一起接受王举以授给的最后一斝酒而都饮下。

九 小子

1. 小子掌祭祀羞羊肆、羊殽、肉豆[1]。

【注释】

①羊肆：郑《注》曰：“‘肆’，读为‘鬄’。羊鬄者，所谓豚解也。”鬄，音tì，通“剔”。羊鬄，即剔解羊，如豚解然。豚解，参见《地官·大司徒》第21节。羊殽：郑司农曰：“体解节折也。”据孙诒让说，体解亦为解割牲体的方法之一，即将牲体解割为二十一个部分，其解法，即在豚解之七体的基础上，又各解之为三，是为二十一体。肉豆：宋无名氏《集说》引刘氏曰：“谓切肉而以豆羞者也。”

【译文】

小子掌管祭祀时进献豚解的羊牲、体解的羊牲、盛于豆的切肉。

2. 而掌珥于社稷，祈于五祀[1]。

【注释】

①“而掌珥”二句：郑《注》曰：“‘珥’读为‘衈’。‘祈’或为‘刲’(音jí)。刲、衈者，衅礼之事也。用毛牲曰刲，羽牲曰衈。衈、刲社稷五祀，谓始成其宫兆时也。”这是说，珥(衈)、祈(刲)都是衅礼，是在社稷坛刚修成，或宫室刚落成时进行的，前者用羽牲(鸡)，后者用毛牲(羊、犬、豕等)，取其血以涂之。五祀，据《礼记·月令》，是指宫室中的户、灶、中霤、门、行五者。

【译文】

掌管对新建成的社稷坛的衅礼，对新建成的宫室的五祀的衅礼。

3. 凡沈、辜、侯禳①，饰其牲②。

【注释】

①沈、辜、侯禳：郑司农曰：“沈，谓祭川。……辜，谓磔牲以祭也。……侯禳者，候四时恶气，禳去之也。”侯禳，《春官·小祝》郑《注》释侯、禳为二事，以为侯为候嘉庆、祈福祥，禳则为禳却凶咎(参见彼第1节)，与此郑司农说异，而郑《注》不破其说，则侯禳或得连文而为一义也。

②饰其牲：饰谓洗刷牲体以致洁。易祓说，此谓羊牲。

【译文】

凡举行埋沉、磔辜、侯禳之祭，负责洗刷所用的牲。

4. 衅邦器及军器①。

【注释】

①邦器：郑《注》曰：“谓礼乐之器及祭器之属。”

【译文】

用牲血涂新制成的邦器和军事器械。

5. 凡师、田，斩牲以左右徇陈[1]。祭祀，赞羞，受彻焉。

【注释】

①徇陈：郑《注》曰："示犯誓必杀之，"

【译文】

凡出征或田猎，斩杀牲以巡示左右军阵。祭祀时，协助进献祭品，祭祀完毕接受所撤下的祭品。

一〇 羊人

1. 羊人掌羊牲。凡祭祀，饰羔。祭祀，割羊牲，登其首[1]。凡祈珥[2]，共其羊牲。宾客，共其法羊。凡沈、辜、侯禳、衅、积[3]，共其羊牲。

【注释】

①登其首：郑《注》曰："升首于室。"

②祈珥：亦当读为"刲衈"（参见上文《小子》注），此处指衅庙礼。

③沈、辜、侯禳、衅、积：沈、辜、侯禳，参见《小子》注。积，据郑《注》，谓积柴，实指代禋祀、槱燎、实柴之祭。（参见《春官·大宗伯》第2节）

【译文】

羊人掌管羊牲。凡举行祭祀，就洗刷羔羊。祭祀时，宰杀羊牲，将羊头拿上堂献入室中。凡举行衅庙礼，供给所需的羊牲。接待宾客，供给按礼法所当供给的羊。凡举行沉埋、疈辜、侯禳、衅祭和积柴燔烟之祭，供给所需的羊牲。

2. 若牧人无牲，则受布于司马，使其贾买牲而共之。

【译文】

如果牧人那里没有符合要求的羊牲，就从司马那里领取钱，派手下的贾人去购买羊牲而供给所需。

一一 司爟

1. 司爟掌行火之政令，四时变国火，以救时疾[①]。季春出火[②]，民咸从之。季秋内火，民亦如之。时则施火令[③]。

【注释】

①“四时”二句：案古代钻木取火，用以取火之木，当随季节而改变，即所谓“四时变国火”。之所以要变国火，是因为时气太盛，将使人致病，故通过变更国火，来调节时气，以防救其病，故曰“以救时疾”。

②出火：郑《注》曰：“火，所以用陶冶。”孙诒让曰：“此经出、内（纳）之火，专主陶冶。”

③时则施火令：时，郑《注》曰：“焚莱之时。”孙诒让曰：“谓中春大蒐及十月以后，凡田猎焚莱之时。”即指从冬十月至春二月，可以放火烧野草。施火令，据贾《疏》，谓“不掌火禁”，即令民可以放火烧荒而不禁。

【译文】

司爟掌管用火的政令，四季变更国中用以取火的木材，来防救时气造成的疾病。春三月开始用火烧陶冶炼，民众都跟着烧陶冶炼；秋九月熄灭陶冶的火，民众也这样做。到时候就施行可以放火烧荒的命令。

2. 凡祭祀，则祭爟[1]。

【注释】

①祭爟：方苞《集注》曰："祭先代出火者。"即祭祀先代发明火的人。

【译文】

凡祭祀，在祭祀结束时就行祭爟礼。

3. 凡国失火，野焚莱，则有刑罚焉。

【译文】

凡国中有失火的，或有擅自放火烧野草的，就有刑罚加以惩处。

一二　掌固

1. 掌固掌修城郭、沟池、树渠之固[1]，颁其士庶子[2]，及其众庶之守[3]。设其饰器[4]，分具财用，均其稍食[5]，任其万民，用其材器[6]。

【注释】

①沟池、树渠：沟指五沟，详下《司险》；池指城郭外之池，即护城河。树渠，据王引之说，谓借树木以为篱落，古曰树渠，可加强对城郭的守卫。

②士庶子：孙诒让曰："谓县鄙公邑贵族子弟来助守御者。……已命者为士，未命而在官者为庶子。"

③众庶：郑《注》曰："民递（轮流）宁固者也。"

④饰器：据郑《注》，谓兵甲。兵甲多有英饰，故称饰器。

⑤稍食：参见《天官·宫正》第3节。

⑥材器：据郑《注》，谓构筑防御设施所需的木材、版筑以及掘沟挖堑所需的工具等等。

【译文】

掌固掌管修筑城郭、沟池和篱落等阻固，分派士、庶子和役徒守卫任务，设置兵甲等防守器械，分拨守卫所需的财物，合理发给守卫者食粮，可以根据需要役使民众，征用他们的材物器械。

2. 凡守者受法焉，以通守政①，有移甲与其役财用，唯是得通，与国有司帅之，以赞其不足者。昼三巡之，夜亦如之。夜三鼜以号戒。

【注释】

①守政：据郑《注》，指有关“兵甲役财”的调度，使之合理。

【译文】

凡守卫者都从掌固那里接受约束的法纪，而使守卫所需财物器械得以调度流通，但必须是有必要调动的兵甲、役徒和财物，只有这一部分才能够流通，并与有关官吏率领着守卫者，以帮助守备薄弱的地方。白天要三次巡视守卫处，夜里也这样做。夜里还要三次敲击鼜鼓并发出注意警戒的呼号。

3. 若造都邑，则治其固，与其守法。凡国、都之竟，有沟树之固。郊亦如之。民皆有职焉。若有山川，则因之。

【译文】

凡建造都邑，就为之修筑阻固，并颁授守卫之法，凡王国和都邑的边境处，都有沟渠和沿沟栽种的树木作为阻固，都城的四郊也是这样。民众都有守卫和修筑阻固的职责。如果境内有山河，就借以修筑为阻固。

一三　司险

1. 司险掌九州之图，以周知其山林、川泽之阻，而达其道路。设国之五沟、五涂[①]，而树之林，以为阻固，皆有守禁，而达其道路。

【注释】

①五沟、五涂：郑《注》曰："五沟，遂、沟，洫、浍、川也。五涂，径、畛、涂、道、路也。"（参见《地官·遂人》第4节及《考工记·匠人》第10节）

【译文】

司险掌管九州的地图，以遍知各州的山林、川泽的险阻，而开通其间的道路。在国都郊野之地设置五沟、五途，而种植林木，作为阻固，阻固处都设有守禁，而使道路通达。

2. 国有故，则藩塞阻路而止行者，以其属守之，唯有节者达之。

【译文】

国家有变故，就设藩篱阻塞道路而禁止行人，用下属守卫要害处，只有持旌节的人才可通行。

一四　掌疆(阙)

一五　候人

1. 候人各掌其方之道治与其禁令,以设候人[1]。若有方治[2],则帅而致于朝;及归,送之于竟。

【注释】

①候人:据孙诒让说,此处指候人的徒属(参见本篇《叙官》第13节)。

②方治:郑《注》曰:"其方来治国事者也。"

【译文】

候人各自掌管所分管的那一方的道路的治安和有关的禁令,而分设下属掌管各条道路。如果某方诸侯派使者为治理国事而来,就引导他们而把他们送到王朝;到回国时,又把他们送到国境。

一六　环人

1. 环人掌致师[1]。察军慝[2]。环四方之故[3]。巡邦国[4]。搏谍贼。讼敌国[5]。扬军旅。降围邑。

【注释】

①致师:犹言挑战。郑《注》曰:"致师者,致其必战之志。古者将战,先使勇力之士犯敌焉。"

②军慝:郑《注》曰:"慝,阴奸也。"即谓军中阴谋叛变或造谣惑众者。

③环四方之故:环,通"还",却也。故,事也。郑《注》曰:"却其以事

谋来侵伐者。”

④邦国：此指王国。

⑤讼敌国：郑《注》曰：“敌国兵来，则往之与讼曲直。”

【译文】

环人负责对敌挑战。查察军中的奸慝。预先挫败敌人的侵略阴谋。巡视王国。抓捕间谍。有敌国来犯，出使敌营与敌争辩是非曲直。宣扬军威。负责接受被包围城邑的投降。

一七　挈壶氏

1. 挈壶氏掌挈壶以令军井①，挈辔以令舍，挈畚以令粮②。

【注释】

①挈(qiè)：《说文》曰：“县持也。”即悬挂标志物。

②畚(běn)：用草绳编的盛粮器。

【译文】

挈壶氏掌管在打成的水井上悬挂水壶做标志以使军士们前来汲水，在当宿营处悬挂马辔做标志以使军士们前来宿营，在存放军粮处悬挂畚做标志以使军士们前来领取粮食。

2. 凡军事，县壶以序聚柝①。凡丧，县壶以代哭者②。皆以水火守之③，分以日夜④。及冬，则以火爨鼎水而沸之，而沃之⑤。

【注释】

①县壶以序聚柝：郑司农曰：“县壶以为漏。以序聚柝，以次更聚击

柝备守也。”案县壶以为漏，谓悬壶以记时刻。古代以滴漏法记时，其法，据《注》、《疏》说，悬一漏壶，壶下设一器以承接壶中所漏之水，器中有刻度，依器中水所没刻度以计时，一昼夜凡百刻。巡夜人所敲击的木梆名柝。聚柝，即两柝相聚而击之义。

②代哭：谓小敛后、大敛前，由人轮替代孝子而哭（参见《春官·小宗伯》第15节）。

③皆以水火守之：案漏壶中的水当常添以保持其水常满，否则就不能保持滴漏的匀速准确，故需设专人“沃漏”。以火守壶，则为照明，以便夜间随时可以观察刻数。

④分以日夜：据贾《疏》，四季昼夜长短不同，须区分之，故云“异昼夜漏”。

⑤“及冬”三句：郑司农曰：“冬水冻，漏不下，故以火炊水，沸以沃之，谓沃漏也。”

【译文】

凡有军事行动，悬挂漏壶计时以轮流更换击柝巡夜的人。凡有丧事，悬挂漏壶计时以轮流更换代哭的人。所设的漏壶都设有专人用水火在一旁守候，并负责区分昼漏和夜漏的长短。到冬天，就用火烧沸鼎中的水，而用以注入漏壶。

一八　射人

1. 射人掌国之三公、孤、卿、大夫之位[①]：三公北面，孤东面，卿大夫西面。其挚：三公执璧，孤执皮帛，卿执羔，大夫雁。

【注释】

①位：据孙诒让说，此指治朝的朝位。治朝在应门内、路门外。据

黄度说，此处射人所掌，是初受命之公卿大夫朝见王之位，因而有挚。

【译文】

射人掌管王国的三公、孤、卿、大夫的朝位：三公面朝北而立，孤面朝东而立，卿、大夫面朝西而立。他们所拿的见面礼：三公拿玉璧，孤拿兽皮裹饰的束帛，卿拿羔羊，大夫拿鹅。

2. 诸侯在朝，则皆北面，诏相其法。若有国事[1]，则掌其戒令，诏相其事。掌其治达[2]。

【注释】

①国事：此谓祭祀。

②治达：宋本《释文》"达"作"逆"，孙诒让以为于义作"治逆"为长。"治逆"犹"复逆"（参见《天官·宰夫》第2节）。

【译文】

诸侯在王朝，都面朝北而立，告教并帮助他们履行有关的仪法。如果王有祭祀的事，就掌管有关诸侯的戒令，告教并帮助他们行助祭的事。掌管转达诸侯们对王的报告或奏书。

3. 以射法治射仪[1]。王以六耦[2]，射三侯[3]，三获，三容[4]，乐以《驺虞》[5]，九节，五正[6]。诸侯以四耦射二侯[7]，二获，二容，乐以《狸首》，七节，三正。孤、卿、大夫以三耦射一侯[8]，一获，一容，乐以《采蘋》，五节，二正。士以三耦，射豻侯[9]，一获，一容，乐以《采蘩》，五节，二正。

【注释】

①以射法治射仪：郑《注》曰："射法，王射之礼。治射仪，谓肄之也。"案肄，通"肄"，习也。此处指习大射礼。

②六耦：谓正耦数，《大司马》曰："若大射，合诸侯之六耦。"

③三侯：参见《天官·司裘》第3节。

④三获，三容：获，谓唱获者。容，即乏（参见《春官·车仆》第3节）。

⑤乐以《驺虞》：案大射礼的射箭比赛要进行三次，到第三次时要用《驺虞》音乐伴奏，参赛者的动作必须符合音乐的节奏。

⑥九节，五正：及下文七节、三正，五节、二正，据金鹗说，这里的节，犹遍，谓音乐演奏的遍数，几节即几遍。正，谓射前先奏以听的遍数，几正即先听几遍，以便熟悉乐曲的节奏，又射箭比赛每次都是射耦二人交替射四矢，因此用于射的音乐有四节就够了，故王大射"九节，五正"，诸侯"七节，三正"。然则孤、卿、大夫、士当"五节，一正"，而此经云"五节，二正"，金鹗曰："窃疑经文'二正'，'二'字当为'一'字之误。五正、三正、一正，皆降杀以两，尊卑之差也。"

⑦二侯：据郑司农说，为熊侯、豹侯。

⑧一侯：谓豹侯。

⑨犴侯：用犴皮饰侯中的侧边，是为犴侯（参见《天官·司裘》第3节）。

【译文】

依据王的射礼演习射箭的礼仪。王的射礼用六耦为正耦，设三处射侯，设三名唱获者，设三容，用《驺虞》作为伴奏的音乐，音乐演奏九遍，射前先听五遍。诸侯的射礼用四耦为正耦，设二处射侯，设二名唱获者，设二容，用《狸首》作为伴奏的音乐，音乐演奏七遍，射前先听三遍。孤、卿、大夫的射礼用三耦为正耦，设一处射侯，设一名唱获者，设一容，用《采蘋》作为伴奏的音乐，音乐演奏五遍，射前先听二遍（案当为一遍）。士的射礼用三耦为正耦，射轩侯，设一名唱获者，设一容，用《采蘩》作为伴奏的音乐，音乐演奏五遍，射前先听二遍（案当为一遍）。

4. 若王大射①，则以狸步②，张三侯。王射，则令去侯③，立于后，以矢行告④，卒，令取矢⑤。祭侯，则为位⑥。与大史数射中⑦。佐司马治射正⑧。

【注释】

①若：据孙诒让引朱大韶说，其义在此犹及（等到）。

②以狸步：狸步为量器名，长六尺，上面刻有狸（俗所谓野猫）之形，故名。这里是指用狸步量侯道之长。

③令去侯：郑《注》曰："命负侯者去侯也。"案负侯者即获者（亦即唱获者），射箭比赛开始前，获者当执旌背靠射侯而立，故称为负侯者。现在王将射，故令之离去，隐蔽到乏后，以防为矢所伤。

④以矢行告：郑司农引《仪礼·大射》曰："射人以矢行高下左右告于王也。曰：'大射正立于公后，以矢行告于公；下曰留，上曰扬，左右曰方。'"这是说当王射箭射得不准的时候，射人就把王射箭的毛病告诉王，以帮助王纠正：如果偏下就说"留"，偏上就说"扬"，偏左或偏右就说"方"。

⑤令取矢：取矢，谓拾取已射出在射侯处的矢。令者，令射鸟氏也，彼职文曰："射则取矢。"（见《夏官·射鸟氏》第2节）

⑥"祭侯"二句：案据《仪礼·大射》，射毕要祭射侯，祭侯是先把酒、脯醢和折俎献给服不氏，然后服不氏用以祭侯，祭毕再饮下所献的酒。服不氏受献的位置，是在大侯的西北边三步远的地方。彼为诸侯射礼，王之服不氏盖亦然，唯易大侯为熊侯为异。

⑦数射中：郑《注》曰："数射者中侯之筭也。"案筭犹今所谓筹码，是

记射中次数用的。

⑧射正：郑《注》曰："射之法仪也。"贾《疏》曰："射之威仪，乃是礼之正，故名射仪为射正也。"

【译文】

到王举行大射礼的时候，就用狸步测量侯道，张设三侯。王开始射箭时，就命令背靠射侯而立的获者离开射侯，然后站到王的身后，把王所射出的箭飞行的毛病告诉王，以帮助王纠正。射毕，命令射鸟氏拾取射出的矢。将要祭射侯的时候，就为服不氏确定接受献酒的位置。与大史一起数筭以计算射中的次数。协助大司马治理有关射礼的仪法。

5. 祭祀，则赞射牲，相孤、卿、大夫之法仪。会同、朝觐，作大夫介①。凡有爵者②。大师，令有爵者乘王之倅车③。有大宾客④，则作卿、大夫从⑤，戒大史及大夫介⑥。大丧，与仆人迁尸⑦，作卿、大夫掌事，比其庐⑧，不敬者，苛罚之⑨。

【注释】

①作大夫介：郑《注》曰："诸侯来至，王使公、卿有事焉，则作大夫使之介。"贾《疏》曰："作，使也。"案"有事"，据孙诒让说，谓对诸侯进行慰劳、礼赐、赠送等，王使公卿往，而由射人使大夫为介。介，即副手。

②凡有爵者：孙诒让曰："明介之外，凡使卿、大夫将事者，并此官作之。"

③倅(cuì)车：倅，副也。倅车，郑《注》曰："戎车之副。"戎车即革路。据贾《疏》，王戎车的副车有十二乘，出征时皆从王行。

④大宾客：指来朝的诸侯。

⑤作卿、大夫从：郑《注》曰："作者，选使从王见诸侯。"

⑥戒大史及大夫介：据贾《疏》，这是指王派三公前往诸侯之馆舍传达对诸侯的命令，就由大史和大夫介随同前往，而由射人对大史和大夫介进行告诫。

⑦与仆人迁尸：郑《注》曰："仆人，大仆也。"又曰："王崩，小敛、大敛，迁尸于室、堂。"案王死在室内床上，小敛时要将尸从床上迁于地下，是迁尸于室。大敛在堂上进行，要将尸从室内迁出，是迁尸于堂。

⑧比其庐：孙诒让曰："谓校比其居庐之人数，并纠察其礼仪也。"案庐，谓倚庐（参见《天官·宫正》第7节）。

⑨苛：郑《注》曰："谓诘问之。"

【译文】

举行祭祀，就协助王射杀牲，协助孤、卿、大夫行祭祀的礼仪。王外出与诸侯会同，或诸侯前来朝觐，就使大夫做公、卿的副手前往对诸侯进行慰劳或赠赐。凡使卿、大夫与诸侯接洽，都由射人派出。王出征，就使卿、大夫乘坐王的军车的副车。有诸侯来朝时，就选派卿、大夫随从王接见，告诫随同三公前往诸侯馆舍传达王命的大史和做副手的大夫。有大丧，就同大仆负责迁移尸体，使卿、大夫分掌职事，查核居庐的人数及其是否遵守丧礼，有不严肃的，就加以责问和惩罚。

一九　服不氏

1. 服不氏掌养猛兽而教扰之①。凡祭祀共猛兽。宾客之事，则抗皮②。

【注释】

①掌养猛兽而教扰之：郑《注》曰："猛兽，虎豹熊罴之属。扰，驯也。教习使之驯服。"

②抗皮：抗，举也。皮，朝聘者所献的兽反，郑司农曰："服不氏主举

藏之。”

【译文】

服不氏掌管饲养猛兽而加以教习使之驯服。凡祭祀供给猛兽做牺牲。有宾客来朝聘的事,就举起他们所进献的兽皮进内收藏。

2. 射则赞张侯[1],以旌居乏而待获[2]。

【注释】

①赞张侯:案张侯是射人的职责(参见《夏官·射人》第4节),而服不氏赞之。

②待获:获谓唱获,据《仪礼·大射仪》,获者在乏后,若有射中者,即举旌唱获,报告射中。

【译文】

举行射箭比赛就协助射人张设射侯。射箭比赛开始后,拿着旌旗在乏后等待有入射中而唱获。

二〇 射鸟氏

1. 射鸟氏掌射鸟[1]。祭祀,以弓矢驱乌鸢[2]。凡宾客、会同、军旅,亦如之。

【注释】

①鸟:据郑《注》,是指“中膳羞”的鸟。

②驱乌鸢(yuān):郑《注》说,乌和鸢都是“善钞盗”的鸟,而且粪便污人,所以要加以驱逐。

【译文】

射鸟氏掌管射鸟。举行祭祀,就用弓箭驱逐乌鸦和鸢。凡有接待宾客、会同、出征等事，也这样做。

2. 射则取矢。矢在侯高，则以并夹取之[1]。

【注释】

①并夹：是一种长柄的钳，以便钳取高处的矢。

【译文】

举行射箭比赛就负责收取射在侯处的矢。矢在侯上过高，就用并夹夹取。

二一　罗氏

1. 罗氏掌罗鸟鸟。蜡[1]，则作罗襦[2]。中春罗春鸟[3]，献鸠以养国老[4]，行羽物[5]。

【注释】

①蜡：谓大蜡之祭（参见《地官·党正》第3节注①）。

②作罗襦：郑《注》曰："作，犹用也。"郑司农曰："襦，细密之罗。"

③春鸟：郑《注》曰："蛰而始出者。"

④养国老：即行养老礼，举行这种礼的目的在于诱导人们尊重和孝敬老人。国老，指大夫以上退休者。

⑤行羽物：郑《注》曰："行，谓赋赐。"羽物，即飞鸟。

【译文】

罗氏掌管用罗捕获鸟鸦。举行蜡祭后，就用细密的罗捕鸟。春二月，用罗捕获春季始出的鸟，进献鸠鸟以供行养国老礼，用鸟赏赐官吏们。

二二　掌畜

1. 掌畜掌养鸟，而阜蕃教扰之。祭祀共卵鸟[1]。岁时共鸟物[2]。共膳献之鸟。

【注释】

①卵鸟：郑《注》曰："其卵可荐之鸟。"案即雌性家禽，如母鹅、母鸭之类，但不包括鸡。孙诒让曰："其鸡牲则鸡人掌之。"

②鸟物：据郑《注》，指候鸟，如大雁之类。

【译文】

掌畜掌管喂养鸟，使鸟繁殖并调教而使之驯服。举行祭祀供给会生蛋的家禽。每年按季节供给候鸟。供给王用，膳所当进献的鸟类。

二三　司士

1. 司士掌群臣之版，以治其政令，岁登下其损益之数[1]，辨其年岁，与其贵贱，周知邦国、都家、县鄙之数卿、大夫、士、庶子之数[2]。

【注释】

①下：犹今言注销。

②县鄙之数卿：县邸，孙诒让曰："经凡言'县鄙'者，皆当从姜兆锡说为公邑。"又王引之校以为"数"字衍。

【译文】

司士掌管群臣的名籍，以施行有关的政令，每年登记或注销群臣增加或减少的员数，辨明他们的年龄和级别的高低，遍知各诸侯国、畿内各采邑、各公邑的卿、大夫、士和庶子的员数。

2. 以诏王治[1]：以德诏爵，以功诏禄，以能诏事，以久奠食[2]。

【注释】

①诏王治：郑《注》曰："告王所当进退。"

②食：郑《注》曰："稍食也。"

【译文】

报请王所当黜陟的臣：根据德行报请黜陟爵位，根据功劳报请黜陟俸禄，根据能力报请黜陟职事，根据长期任职的表现确定所当给予的食粮数。

3. 正朝仪之位[1]，辨其贵贱之等。王南向；三公北面，东上；孤东面，北上；卿、大夫西面，北上；王族故士、虎士在路门之右[2]，南面，东上；大仆、大右、大仆从者[3]，在路门之左，南面，西上。司士摈[4]：孤、卿特揖[5]，大夫以其等旅揖[6]，士旁三揖[7]，王还揖门左，揖门右。大仆前[8]。王入，内朝皆退[9]。

【注释】

①朝仪之位：孙诒让曰："此亦天子治朝之朝位也，与射人所掌朝位同。"

②王族故士、虎士：王族故士，据郑《注》，是指王族中过去为士、现已退休而留在宫中担任宿卫者。虎士，参见本篇《叙官》第24节。

③大右、大仆从者：据郑《注》，大右即司右；大仆从者，指小臣、祭仆、御仆、隶仆，皆详其职文。

④摈：即担任摈者，导王行礼仪。

⑤特揖：特，一。揖，拱手为礼。

⑥大夫以其等旅揖：郑《注》曰："旅，众也。大夫爵同者，众揖之。"案大夫有上、中、下之分：其揖数，孙诒让说，当各三揖。

⑦士旁三揖：案经不言士的朝位，据贾《疏》说是在"西方，东面"，盖在孤之南而稍后，自为一列，故曰"旁"。

⑧大仆前：案即《大仆》"王视朝，则前正位而退"之义（参见《夏官·大仆》第2节）。

⑨"王入"二句：郑《注》曰："王入，入路门也。王入路门，内朝朝者皆退，反其官府治处也。"案此处内朝即指治朝，是相对库门外之外朝而言。

【译文】

规正朝仪的位置，分辨贵贱的等级。王面朝南而立；三公面朝北而立，以东边为上位；孤面朝东而立，以北边为上位；卿、大夫面朝西而立，以北边为上位；王族故士、虎士在路门的右边，面朝南而立，以东边为上位；大仆、大右、大仆从者，在路门的左边，面朝南而立，以西边为上位。司士担任摈者，引导王揖请群臣就位：对孤、卿每人一揖，对大夫依照等级分别向同级者三揖，对一旁的士总行三揖，王又转身向门左、门右的人行揖礼。大仆在王前引导王就朝位。王进入路门，内朝的群臣都退去。

4. 掌国中之士治①，凡其戒令。掌摈士者②，膳其挚③。凡祭祀，掌士之戒令，诏相其法事。及赐爵④，呼昭穆而进之⑤；帅其属而割牲⑥，羞俎豆⑦。凡会同，作士从。宾客亦如之。作士适四方使，为介⑧。大丧，作士掌事，作六军之士执披⑨。凡士之有守者，令哭无去守。国有故，则致士而颁其守。

【注释】

①士治：士，谓命士。治，贾《疏》曰："所有治功善恶皆掌之，以拟黜陟。"

②摈士：郑《注》曰："告见初为士者于王也。"

③膳其挚：郑《注》曰："膳者，入于王之膳人。"案膳人即膳夫，士之挚为雉。

④赐爵：即赐酒，指行旅酬礼。案凡祭祀，到向尸九献并进加爵（参见《天官·笾人》第1节）之后，就要开始行旅酬礼。旅，序也。凡参加祭祀的人，依尊卑次序递相酬酒，叫做旅酬。

⑤呼昭穆而进之：这是指向王的同姓之士赐酒时，士依昭穆之次进受酬酒。《礼记·祭统》云："凡赐爵，昭为一，穆为一，昭与昭齿，穆与穆齿。"

⑥割牲：郑《注》曰："制体也。"案制体，谓根据需要将牲体解割成七体或二十一体。

⑦俎豆：俎盛牲体，豆盛酱类，皆以享神。

⑧"作士"二句：郑《注》曰："士使，谓自以王命使也。介，大夫之介也。"

⑨作六军之士执披：士，《注疏》本原误作"事"，据孙诒让校改。披，指拴系在柩车上棺柩两侧的帛带，参见《春官·丧祝》第1节。

【译文】

掌管王都中士的任职情况，以及凡有关士的戒令。掌管引导初命为士的人入见王，把士所拿的挚交给膳夫。凡举行祭祀，掌管有关士的戒令，告教并协助他们行礼仪的事；到行旅酬礼向众人赐酒的时候，依照昭穆的次序呼唤士进前接受赐酒；率领下属而解割牲体，进献俎和豆。凡王前往与诸侯会同，就选派士做随从。王接见宾客时也这样做。以王命使士为使者出使四方，或做大夫使者的副手。有大丧，分派士掌理有关事项，并选派六军中的士执披。凡士有职守的，令他们哭而不离开职守。国家有变故，就召集士而分派他们职守。

5. 凡邦国三岁则稽士任[1]，而进退其爵禄[2]。

【注释】

①士：据贾《疏》，此处实总称邦国之卿、大夫、士而言。

②进退其爵禄：贾《疏》曰："司士作法与之，使诸侯自黜陟耳，非谓司士自黜陟也。"

【译文】

凡诸侯国每三年考核一次他们的卿、大夫、士的任职情况，而升降他们的爵位和俸禄。

二四　诸子

1. 诸子掌国子之倅[1]，掌其戒令，与其教治[2]，辨其等，正其位。

【注释】

①国子之倅：国子，即庶子，《礼记·燕义》的开头一段引此文即作"庶子"，是指公、卿、大夫、士之子而未仕者。倅，副也。因凡子皆其父之副贰，故郝敬曰"子贰父曰倅"。

②教治：郑玄注：教治，修德学道也。"所谓"德"，即《师氏》的三德三行；所谓"道"，即《保氏》的六艺六仪。

【译文】

诸子掌管国子这些做父亲副手的人，掌管有关他们的戒令，以及对他们的教育和管理，区别他们的尊卑等级，规正他们的朝位。

2. 国有大事，则帅国子而致于大子，惟所用之。若有兵甲之事，则授之车甲，合其卒伍[1]，置其有司，以军法治之，司马弗正[2]。凡国正弗及[3]。

【注释】

①卒伍：军法，百人为卒，五人为伍，此泛指军事编制。

②司马弗正：郑《注》曰："国子属大子，司马虽有军事，不赋之。"

③凡国正弗及：据贾《疏》，谓凡乡遂中之征役皆不及之。孙诒让曰："此读'正'为'征'也。凡此经'征'字，或作'正'。"

【译文】

国家有大事，就率领国子到太子那里，听从差遣使用。如果有战争，就授给他们战车和铠甲，按军事编制征集他们，为他们设置军官，依照军法进行管理，司马不征发他们的赋役。凡国家征发役徒都不涉及他们。

3. 大祭祀，正六牲之体[1]。凡乐事，正舞位，授舞器[2]。大丧，正群子之服位。会同、宾客，作群子从。

【注释】

①正六牲之体：郑《注》曰："正，谓朼载之。"案朼(bǐ)是一种木制的长柄勺，类似今天的羹匙，用以从鼎中捞出煮熟的牲肉载之于俎，故曰"朼载之"。载，把牲体从鼎中取出放到俎上曰载。

②舞器：据贾《疏》，谓羽籥(yuè)、干戚(qī)等。

【译文】

举行大祭祀，负责用朼捞出鼎中的牲体放置在俎上。凡举行舞乐的事，规正舞蹈者的行列，授给舞蹈者道具。有大丧，规正群国子的丧服和哭位。王有会同或接待宾客的事，选派国子随从。

4. 凡国之政事[1]，国子存游倅[2]，使之修德学道：春合诸学，秋合诸射[3]，以考其艺而进退之。

【注释】

①政事：据贾《疏》，此处指徭役之事。孔颖达说：此国之政事，既不是大事，也不是兵甲之事，而是国之寻常政事，如力役、土功、胥徒之类，不需要国子参加。

②游倅：郑《注》曰："倅之未仕者。"案未仕则无职事，故贾《疏》释"游"曰"游暇无事"。

③射：郑《注》曰："射宫也。"案射宫即举行射礼的场所，如大学、小学、治朝等，于其处行射礼，即为射宫，而无定称。

【译文】

凡国家有徭役的事，国子就列入游暇无事的国子之中而不参加，让他们修养德行、学习道艺：春季把他们集合在大学里，秋季把他们集合在射宫里，以考察他们的道艺，而决定对他们的进用或黜退。

二五　司右

1. 司右掌群右之政令[1]。凡军旅、会同，合其车之卒伍[2]，而比其乘，属其右[3]。凡国之勇力之士能用五兵者属焉[4]，掌其政令。

【注释】

①右：即车右。天子六军，拥有戎车三千乘，每乘车右一人，则计有车右三千人。

②合：及下文比、属，在此皆谓编次、安排。卒伍：此卒伍非步兵之卒伍，乃戎车之卒伍。戎车五十乘谓之卒，一百二十五乘谓

之伍。

③属其右：孙诒让曰："六军之车凡三千乘，有右三千人，并此官属聚教令之也。"

④五兵：据郑《注》引《司马法》，指弓矢、殳、矛、戈、戟五者。属焉：郑玄《注》曰："勇力之士属焉者，选右当于中。"意思是说，选拔车右时，就从这些勇力之士中挑选。

【译文】

司右掌管有关众车右的政令。凡出征、会同，就负责组合车队，编排车乘，安排车右。凡国中勇力之士能使用五种兵器的就选为属员，掌管有关他们的政令。

二六　虎贲氏

1. 虎贲氏掌先后王而趋以卒伍①。军旅、会同亦如之。舍则守王闲②。王在国，则守王宫③。国有大故，则守王门。大丧亦如之；及葬，从遣车而哭④。适四方使，则从士、大夫。若道路不通有征事⑤，则奉书以使于四方。

【注释】

①卒伍：此谓步兵之卒伍，即五人为伍，百人为卒。

②舍则守王闲：郑《注》曰："舍，王出所止宿处。闲，梐枑。"（参见《天官·掌舍》第1节）

③宫：此处指王宫周围的墙垣。

④遣车：贾《疏》曰："将葬，盛所苞奠遣送者之车。"（参见《春官·巾车》第8节）

⑤若道路不通有征事：郑《注》曰："不通，逢兵寇若泥水。"征事，贾《疏》曰："若兵寇则征师，若泥水则征役。"

【译文】

虎贲氏掌管王外出时率领虎士按照军事编制列队在王前后行进，以护卫王。王出征、会同时也这样做。留宿时就守卫王行宫周围的槛枑。王在国都，就守卫王宫。国家有大变故，就守卫王的宫门。有大丧也这样做；到出葬时，跟从遣车而哭。出使四方，就护从担任使者的士或大夫。如遇兵寇或泥水致使道路不通而有征调军队或役徒的事，就奉持王的征令简书出使四方之国。

二七　旅贲氏

1. 旅贲氏掌执戈盾夹王车而趋，左八人，右八人，车止则持轮①。凡祭祀、会同、宾客，则服而趋②。丧纪，则衰葛③、执戈盾。军旅，则介而趋。

【注释】

①持轮：孙诒让曰："谓立轮旁，若扶翼维持之也。"

②服而趋：郑《注》曰："夹王车趋也。"又以为其所服为士之齐（斋）服，即玄端服（参见《司服》第4节）。

③衰葛：衰谓斩衰服，是丧服中最重的一种。葛谓葛麻做的绖带：系在头上的叫首绖，系在腰间的叫腰绖。

【译文】

旅贲氏负责手持戈盾夹在王车的两边而行，左边八人，右边八人，车停下来就站在车轮两旁。凡举行祭祀、会同或接待宾客，就穿玄端服夹在王车两边而行。有丧事，就身穿斩衰服、系葛首绖和葛腰绖、手持戈盾夹在嗣王的车两边而行。出征，就身穿甲衣夹在王车的两边而行。

二八　节服氏

1. 节服氏掌祭祀、朝觐衮冕①，六人维王之大常②。诸侯则四人，其服亦如之。郊祀裘冕[3]，二人执戈，送逆尸从车。

【注释】

①衮冕：参见《春官·司服》第2节。

②六人维王之大常：郑《注》曰："维，维之以缕。王旌十二旒，两两以缕缀连，旁三人持之。"大常：天子的九旗之一。大常旗的正幅上画有日月星，正幅下缀有十二根飘带（即所谓旒）。详《春官·司常》注。

③郊祀裘冕：郊祀，谓冬治郊祭天。裘冕，谓服大裘而冕（参见同上）。

【译文】

节服氏掌管王祭祀、朝觐时的衮冕，当王祭祀或朝觐时由六人执持王的大常旗的旒。诸侯就由四人持旒，诸侯祭祀、朝觐的服装也由节服氏掌管。王郊祭天服大裘而戴冕，就由二人持戈盾，迎送尸的时候跟从在尸车的后边。

二九　方相氏

1. 方相氏掌蒙熊皮，黄金四目[1]，玄衣朱裳，执戈扬盾，帅百隶而时难[2]，以索室驱疫。

【注释】

①黄金四目：孙诒让曰："铸黄金为目者四，缀之面间，若后世假面具也。"

②帅百隶而时难：百隶，孙诒让曰："即《司隶》所掌五隶之民。"（详《秋官·司隶》）时难，郑《注》曰："四时作方相氏以难（傩 nuó）却凶恶也。"（参见《春官·占梦》第2节）

【译文】

方相氏负责蒙着熊皮，戴着黄金铸造的有四只眼的面具，上身穿玄衣而下身着朱裳，拿着戈举着盾，率领群隶四季行傩法，以搜索室中的疫鬼而加以驱逐。

2. 大丧，先柩。及墓，入圹，以戈击四隅，驱方良[1]。

【注释】

①方良：郑《注》曰："罔两。"案方良、罔两、魍魉，皆叠韵字通，是传说中的精怪名。

【译文】

有大丧，出葬时走在柩车前边。到达墓地，将把棺柩下入墓穴时，用戈击刺墓穴的四角，驱逐魍魉。

三〇　大仆

1. 大仆掌正王之服位，出入王之大命[1]，掌诸侯之复逆[2]。

【注释】

①出入王之大命：郑《注》曰："出大命，王之教也。入大命，群臣所奏行。"

②孙诒让说："全经'复逆'之文四见，并为告请之义。"

【译文】

大仆负责规正王行礼时的服装和所在的位置，对外发布王有关国家大事的命令并转奏群臣执行王命的报告，掌管转达诸侯的奏事和上书。

2. 王视朝[1]，则前正位而退[2]。入亦如之。

【注释】

①视朝：此谓视路门外之治朝。

②则前正位：即《司士》的“太仆前”。

【译文】

王上朝，就在前引导王就朝位而后退回己位。王退朝入路门时也这样做。

3. 建路鼓于大寝之门外[1]，而掌其政，以待达穷者与遽令[2]，闻鼓声，则速逆御仆与御庶子[3]。

【注释】

①建路鼓于大寝之门外：路鼓，据贾《疏》，是一种“击之以声冤枉”的鼓。其形制，据孙诒让说，是以一木贯鼓身，木下有跗（鼓足），可将鼓树立起来。大寝，据郑《注》，即路寝。案路寝，是王处理政事的官室（参见《天官·宫人》第1节）。

②以待达穷者与遽令：达穷者，据郑《注》，即指大司寇的属官朝士，朝士“掌以肺石达穷民”，故称。案肺石是设在外朝门外（即库门外）的赤石，百姓有冤者，可立于石上以诉告其冤，因石色赤如肺，故名。诉冤者先由朝士听其辞，然后朝士率此民至路门，使击路鼓，再通过大仆，而使冤情得闻达于王。遽令，遽，传也，即传遽者，也就是古代的邮驿者，是负责为朝廷和官府传达公文和情报的人，遽令则是掌管传遽者的官。

③以速逆御仆与御庶子：郑《注》曰：“御仆、御庶子，直事鼓所者（即在路鼓处当值者）。大仆闻鼓声，则速逆此二官，当受其事

以闻。”

【译文】

在大寝门外树路鼓，而掌管有关击鼓的事，以等待达穷者引导冤民前来击鼓或遽令前来击鼓，听到鼓声，就迅速迎接在路鼓处当值的御仆和御庶子，听他们报告情况而转达王。

4. 祭祀、宾客、丧纪，正王之服位，诏法仪，赞王牲事①。

【注释】

①牲事：郑《注》曰：“杀、割、匕载之属。”匕载即朼载，参见《夏官·诸子》第3节。

【译文】

有祭祀、接待宾客或丧事，规正王所应穿的服装和应在的位置，告教王应行的礼仪，协助王做杀牲、解割牲体和用匕捞取牲体放在俎上等事。

5. 王出入，则自左驭而前驱①。

【注释】

①自左驭而前驱：郑《注》曰：“前驱，如今道引也。”据黄以周《礼书通故·御礼通故》说，大仆自左驭的车，是王车的副车；副车从王车在后，此则在前，以为王车导引。

【译文】

王出入宫门、国门，就亲自在副车的左边驾驭副车而为王车做前导。

6. 凡军旅、田役，赞王鼓[1]。救日月亦如之[2]。

【注释】

①赞王鼓：据贾《疏》，军旅、田役，王皆亲自击鼓。所鼓为路鼓，路鼓四面，王鼓其一面，大仆赞鼓一面，戎右赞鼓一面，共鼓三面。

②救日月亦如之：挽救日食、月食也要击鼓。参见《地官·鼓人》。

【译文】

凡征伐、田猎，协助王击鼓。解救日食、月食也协助王击鼓。

7. 大丧，始崩，戒鼓传达于四方。窆亦如之。县丧首服之法于宫门[1]。

【注释】

①县丧首服之法于宫门：首服，头上的丧饰。宫门，据贾《疏》，谓路门。

【译文】

有大丧，王始死，击鼓警众，鼓声传达到四方。把棺柩下入墓穴时也这样击鼓。悬挂丧服的首服的法式在宫门前，使人们依此而服。

8. 掌三公、孤、卿之吊劳。

【译文】

负责奉王命前往吊唁或慰劳三公、孤、卿。

9. 王燕饮，则相其法。王射，则赞弓矢[1]。王视燕朝[2]，则正位，掌摈相[3]。王不视朝，则辞于三公及孤、卿。

【注释】

①赞弓矢：据贾《疏》，谓负责授受弓矢。

②燕朝：郑《注》曰："朝于路寝之庭。"案燕朝又叫内朝，在路门内，为天子三朝（外朝、治朝、燕朝）之一。江永说："因燕群臣在寝（谓路寝），故谓之燕朝。"案每日治朝退朝以后，若天子与群臣无事商议，天子退回路寝，群臣退回各自办公处；如果有事商议，就至燕朝。

③掌摈相：孙诒让曰："其法如治朝司士摈也。"（参见《司士》第3节）

【译文】

王行燕饮酒礼，就协助王行礼。王行大射礼，就协助王拿弓矢。王在燕朝处理政事，就引导王就朝位，并负责引导和协助王行礼。王因故不能上朝处理朝政，就通告三公和孤、卿。

三一　小臣

1. 小臣掌王之小命①，诏相王之小法仪②。

【注释】

①小命：据郑《注》，谓随时有所敕问。

②小法仪：郑《注》曰："趋行拱揖之容。"

【译文】

小臣负责传达王随时有事要敕问臣下的小命令，告教和协助王有关行走、拱手行揖礼等小礼仪。

2. 掌三公及孤、卿之复逆。正王之燕服位，王之燕出入，则前驱。

【译文】

掌管转达三公及孤、卿的奏事和上书。规正王闲暇时的服装和所处的位置。王闲暇时出入宫门、国门，就为王做前导。

3. 大祭祀、朝觐，沃王盥[1]。小祭祀、宾客飨、食、宾射[2]，掌事如大仆之法[3]。

【注释】

①沃王盥：盥谓盥手。盥手时由一人自上浇水，即所谓沃，而一人在下就而盥之。

②宾客飨、食，宾射：宾客，亦谓小宾客，是指诸侯所遣聘问天子之臣。宾射，郑《注》曰："与诸侯来朝者射。"

③如大仆之法：案《大仆》曰："祭祀、宾客，丧纪，正王之服位，诏法仪。"（见前文《大仆》第4节）

【译文】

举行大祭祀、大朝觐时，浇水供王盥手。举行小祭祀、用飨礼和食礼招待小宾客、举行宾射礼，所掌管的事如同大仆掌事之法。

4. 掌士、大夫之吊劳。

【译文】

负责奉王命前往吊唁或慰劳士、大夫。

5. 凡大事，佐大仆。

【译文】

凡有大事，协助大仆。

三二　祭仆

1. 祭仆掌受命于王以视祭祀，而警戒祭祀有司，纠百官之戒具[1]。既祭，帅群有司而反命，以王命劳之，诛其不敬者[2]。

【注释】

①纠：郑《注》曰："谓校录所当共之牲物。"

②敬：《说文》曰："肃也。"

【译文】

祭仆负责奉王命视察祭祀的准备情况，而警诫负有祭祀职责的官吏，检查和记录各官依事前的告诫所当具备的牲物。祭祀之后，率领负有祭祀职责的官吏们向王汇报，奉王命慰劳负有祭祀职责的官吏，责罚那些不严肃认真的人。

2. 大丧，复于小庙[1]。

【注释】

①复于小庙：复，招魂。小庙，郑《注》曰："高祖以下也。始祖曰太庙。"

【译文】

有大丧，就在诸小庙为死者招魂。

3. 凡祭祀，王之所不与，则赐之禽[1]。都家亦如之。凡祭祀致福者[2]，展而受之[3]。

【注释】

①赐之禽：官献瑶曰："以王命赐之，虽不与犹与也。"案禽，此处指牺牲。

②致福：致祭肉于君。

③展而受之：郑《注》曰："展谓录视其牲体数。"据《礼记·少仪》，进献胙肉的礼数为：若以太牢而祭，将牛之左前腿折成九段进献；若以少牢而祭，就将羊之左前腿折成七段进献；若以特豚（一头猪）而祭，就将豚的左前腿折成五段进献。

【译文】

凡畿外同姓诸侯祭祀，王不参加的，就以王的名义赐给牺牲。对于畿内同姓采邑主也这样。凡臣下祭祀毕而向王馈送祭肉的，就记录所送的牲体数而接受下来。

三三　御仆

1. 御仆掌群吏之逆，及庶民之复，与其吊劳。

【译文】

御仆负责向王转达群臣的上书，以及百姓的奏事和王对他们的吊唁、慰劳。

2. 大祭祀，相盥而登①。大丧，持翣②。

【注释】

①相盥而登：郑《注》曰："相盥者，谓捧槃授巾与？登，谓为王登牲体于俎。"

②翣（shà）：一种棺饰。扇形，木框木柄布面，布面上画有种种图案。

柩车行进时，人持之随行在柩车的前后左右。天子八翣，须八人持之。

【译文】

举行大祭祀时，帮助王盥手并将牲体载于俎上。有大丧时，负责持翣。

3. 掌王之燕令。以序守路鼓[1]。

【注释】

①以序守路鼓：郑《注》："序，更。"路鼓，在大寝门外（参见《夏官·大仆》第3节）

【译文】

负责传达王闲暇时对外发布的命令。轮流守候在路鼓旁。

三四　隶仆

1. 隶仆掌五寝之埽除粪洒之事[1]。祭祀，修寝[2]。王行，洗乘石[3]。掌跸宫中之事。大丧，复于小寝、大寝[4]。

【注释】

①五寝之埽（sào）除粪洒：五寝，郑《注》曰："五庙之寝也。周天子七庙，唯祧无寝。……前曰庙，后曰寝。"案五庙，谓始祖（后稷）庙及四亲庙，即始祖庙、高祖庙、曾祖庙、祖庙、父庙之寝。案古代的宗庙制度，是仿照生前的宫室制度。《注》又曰："氾埽曰埽，埽席前曰拚。"案"拚"与"粪"音义同。

②修寝：孙诒让曰："亦即五寝埽除粪洒之事。"

③乘石：王登以上车之石。

④小寝、大寝：曾钊曰："小寝，君所常燕居；大寝，君所常听朝政，故复之。大寝，路寝也，亦名适室。"(参见《天官·宫人》第1节)

【译文】

隶仆掌管五寝打扫卫生的事。将举行祭祀，打扫五寝。王将乘车出行，为王洗登车石。宫中有事负责禁止通行。有大丧，负责在小寝、大寝招魂。

三五　弁师

1. 弁师掌王之五冕①，皆玄冕、朱里延②，纽③，五采繅十有二就④，皆五采玉十有二，玉笄，朱纮⑤。

【注释】

①五冕：五服之冕，即衮冕、鷩冕、毳冕、希冕、玄冕(详《春官·司服》第2节)。

②玄冕、朱里延：案延是覆于冕上的长方形的木板，延外裹以布，延上面的布是玄色，下面是朱色，即所谓玄冕、朱里。

③纽：是延下武的两侧留以贯笄的孔。

④五采繅十有二就：五采，据贾《疏》，谓青、赤、黄、白、黑。繅，同"藻"，在此指五彩的丝线合成的绳，用以贯玉珠以为旒。就，在此指旒，孙诒让曰："一就即是一斿。"旒悬垂于延的前沿。

⑤朱纮：是固冕的朱色丝带，其一头系于笄的左端，另一头绕颐下再上曲而系于笄的右端。

【译文】

弁师掌管王的五冕，五冕的延都是玄表、朱里，武的两侧都有贯笄的纽，冕的前沿都悬有五彩丝绳贯穿玉珠做成的十二旒，每旒都有五彩玉珠十二颗，纽中都贯玉笄，笄两端都系朱纮。

2. 诸侯之繅斿九就[1]，缗玉三采[2]，其余如王之事[3]。繅斿皆就[4]，玉瑱[5]，玉笄。

【注释】

①斿：阮校以为衍文。

②缗(mín)玉三采：缗，似玉的美石。三采，郑《注》曰："朱白苍也。"据孙诒让说，缗玉数同旒，亦九。

③其余如王之事：郑《注》曰："其余，谓延纽皆玄覆朱里，与王同也。出此则异。"

④就：据郑《注》，在此谓三彩皆备。

⑤玉瑱(tiàn)：瑱，缀于冕两侧用以塞耳的玉。郑《注》曰："玉瑱，塞耳者。"

【译文】

诸侯的冕上有彩色丝绳做的九旒，每旒都有三彩的缗玉珠九颗，其他方面如延纽等与王冕相同。丝线绳做的旒都具备三彩，冕两侧缀有玉瑱，纽中贯有玉笄。

3. 王之皮弁[1]，会五采玉璂[2]，象邸[3]，玉笄。王之弁绖[4]，弁而加环绖。

【注释】

①皮弁：其尊仅次于冕，是王的朝服，以白鹿皮制成，其形制颇似后世瓜皮帽。

②会五采玉璂(qí)：郑《注》曰："会，缝中也。……皮弁之缝中，每贯结五采玉十二以为饰，谓之綦。"璂，通"璨"，结也，缀也。案皮弁以十二块白鹿皮并合而成，每两块皮结合处的缝叫作会，缝中嵌

以丝线贯结五彩玉十二以为饰，即所谓璂。

③象邸：郑《注》曰："邸，下柢也，以象骨为之。"案邸是弁下的周缘，犹冠冕之武(冠圈)。

④王之弁绖：弁绖是王的吊服，即在弁上加一圈麻绖带，故下文说"弁而加环绖"。这是王吊诸侯、卿大夫所服。

【译文】

王的皮弁，缝中饰有用五彩的玉珠贯结的璂，弁下有象骨做的周缘，弁中贯有玉笄。王吊丧戴的弁绖，是在弁上面加环绖。

4. 诸侯及孤、卿、大夫之冕、韦弁、皮弁、弁绖[1]，各以其等为之[2]，而掌其禁令[3]。

【注释】

①韦弁：染成赤黄色的熟牛皮做的弁(参见《春官·司服》第2节)。

②各以其等为之：郑《注》曰："缫斿、玉璂如其命数也。"案如果是冕，侯伯七命的就饰以七旒，每旒上的玉珠也是七颗，余仿此。韦弁，皮弁上的玉璂，亦如其命数。

③禁令：郑《注》曰："禁令者，不得相僭逾也。"

【译文】

诸侯及孤、卿、大夫的冕、韦弁、皮弁和弁绖，各依他们的爵等来装饰缫旒和玉璂，而掌管有关的禁令，严禁僭越。

三六　司甲(阙)

三七　司兵

1. 司兵掌五兵、五盾[1]，各辨其物与其等，以待军事。及授兵，从司马之法以颁之。及其受兵输[2]，亦如之。及其用兵[3]，亦如之。

【注释】

①五兵、五盾：五兵，郑司农曰："戈、殳、戟、酋矛、夷矛。"（参见《考工记·庐人》第1节）贾《疏》说，这里是指"车之五兵"。五盾的名目，郑《注》曰："未尽闻也。"

②兵输：据郑《注》，谓战罢送还兵器。

③用兵：郑《注》曰："谓出给卫守。"

【译文】

司兵掌管五种兵器、五种盾牌，辨别它们的种类和质量等级，以供军事所需。到出兵打仗发授兵器时，遵从司马的法令而颁授。到打完仗接受送还的兵器时，也遵从司马的法令。授给守卫所需的兵器时，也遵从司马的法令颁授。

2. 祭祀，授舞者兵。大丧，廞五兵[1]。军事，建车之五兵[2]；会同亦如之。

【注释】

①廞（xīn）：陈列。

②建车之五兵：六军之制，二十五人为两，配革车一乘，车上皆备建五兵，故谓之兵车。

【译文】

举行祭祀时，授给舞蹈者用作舞具的兵器。有大丧时，陈列用作明器的五种兵器。有军事行动，装备战车上的五种兵器；会同时也这样做。

三八　司戈盾

1. 司戈盾掌戈盾之物而颁之。祭祀授旅贲殳、故士戈盾[1]，授舞者兵亦如之。军旅、会同，授贰车戈盾[2]，建乘车之戈盾[3]，授旅贲及虎士戈盾[4]。及舍[5]，设藩盾，行则敛之。

【注释】

①授旅贲殳：旅贲，详《旅贲氏》。殳，形如杖，长一丈二尺。故士：参见《夏官·司士》第3节。

②授贰车戈盾：贰车：即副车。有军旅之事，天子乘革路；有会同之事，天子乘金路。这里的副车，就是革路、金路的副车。据贾《疏》，贰车皆有车右，故授之以戈盾。

③乘车：郑《注》曰："王所乘车也。军旅则革路，会同则金路。"

④虎士：虎贲氏的部下。参见本篇《叙官》第24节。

⑤舍：止也，谓王止宿于外。

【译文】

司戈盾掌管戈盾之类的兵器而负责颁授。举行祭祀就授给旅贲氏殳和王族故士戈盾以保卫王，并同样授给舞蹈者兵器用作舞具。王出征、会同，就授给副车的车右戈盾，给王所乘坐的车装备戈盾，并授给担任保卫的旅贲氏和虎士戈盾。到王在外停宿时，就设置盾作为屏藩，起行时就收起来。

三九　司弓矢

1. 司弓矢掌六弓、四弩、八矢之法[1]，辨其名物，而掌其守藏，与其出入。中春献弓弩，中秋献矢箙[2]。

【注释】

①六弓、四弩、八矢之法：六弓，指王弓、弧弓、夹弓、庾弓、唐弓、大弓。弩，是一种用机括发射的弓。四弩，是指夹弩、庾弩、唐弩、大弩。八矢，是指枉矢、絜矢、杀矢、鍭矢、矰矢、茀矢、恒矢、庳矢。之所以谓之枉矢，是因为此矢可以携带火球，飞行有光，很像天上的妖星枉矢（此为星名），故名；絜矢则与之类似。杀矢，谓一旦射中，其人必死，故名；鍭矢则与之类似。矰矢，谓拴有丝绳的箭；茀矢则与之类似。恒矢，恒者，常也，谓平常安居之矢；庳矢则与之类似。法，郑《注》曰："曲直长短之数。"

②箙：郑《注》曰："盛矢器也，以兽皮为之。"

【译文】

司弓矢掌管六种弓、四种弩、八种矢的制作法式，辨别它们的名称和种类，负责它们的保管，以及它们的颁授和收回。仲春献弓和弩，仲秋献矢和箙。

2. 及其颁之，王弓、弧弓以授射甲革、椹质者①，夹弓、庾弓以授射豻侯、鸟兽者②，唐弓、大弓以授学射者、使者、劳者③。其矢箙皆从其弓④。

【注释】

①"王弓、弧弓"句：王弓、弧弓，是两种弓体相类似的弓，郑《注》曰："往体寡、来体多，曰王、弧。"孙诒让曰："往体，谓弓体外挠（曲）；来体，谓弓体内向。凡弓……但以往来之多少为强弱之差。"案王弓、弧弓是六弓中射力最强的两种。甲革，即革甲，此处是指以皮革为甲，用作射箭的靶子。椹质，椹，音 zhēn，即砧板；质，案射侯之中谓之侯中，侯中之中谓之鹄，鹄之中谓之正，正之内谓之质，是质为靶心。此处是指以椹板做射箭的靶子，故曰椹质。

之所以用甲革和椹质做射箭的靶子，郑《注》曰："试弓习武也。"可见平时习武并不张射侯。

②"夹弓、庾弓"句：夹弓、庾弓，也是两种弓体类似的弓，郑《注》曰："往体多，来体寡，曰夹、庾。"案这是六弓中射力较弱的两种弓，据郑《注》，主要用于近射。犴侯，参见《夏官·射人》第3节。

③唐弓、大弓：也是两种弓体类似的弓，郑《注》曰："往体、来体若一，曰唐、大。"又据郑《注》，这是两种强度适中的弓。

④矢箙皆从其弓：郑《注》曰："从弓数也。每弓者一箙、百矢。"

【译文】

到颁授弓的时候，王弓和弧弓颁授给射革甲、椹板以习武的人，夹弓和庾弓授给射犴侯、鸟兽的人，唐弓和大弓授给学射的人、出使之臣以及慰问远方之臣用。所颁授的矢和箙的数量，都依照弓数配给。

3. 凡弩，夹、庾利攻守，唐、大利车战、野战。

【译文】

凡弩，夹弩、庾弩利于进攻和防守，唐弩、大弩利于车战和野战。

4. 凡矢，枉矢、絜矢利火射[1]，用诸守城、车战。杀矢、鍭矢用诸近射、田猎[2]。矰矢、茀矢用诸弋射[3]。恒矢、庳矢用诸散射[4]。

【注释】

①枉矢、絜矢：据郑《注》，枉矢用于弓，絜矢用于弩。案下文杀矢和鍭矢、矰矢和茀矢、恒矢和庳矢，亦分别为弓、弩所用，是八矢而弓、弩所用各四。据郑《注》，枉矢与絜矢相似，都是可以结火以

射敌的矢，其镞（箭头）稍轻。

②杀矢、鍭矢：据郑《注》，这也是两种类似的矢，其镞较重，故可用于近射、深中，而不可用于远射。

③矰（zēng）矢、茀（fú）矢用诸弋射：据郑《注》，这是两种可以结绳而射飞鸟的矢，结绳而射即所谓弋射。这两种矢之镞比枉矢、絜矢稍轻。

④恒矢、庳（bēi）矢用诸散射：案庳，《注疏》本原误作“痺”，据阮校改。据郑《注》，恒矢与庳矢类似，是八矢中镞最轻的两种。这两种矢是平日安居习礼之射或参加礼射所用，即所谓散射。故郑《注》曰“散射，谓礼射及习射”。案礼射，谓大射、宾射、燕射等。

【译文】

凡矢，枉矢、絜矢利于结火而射，用于守城或车战。杀矢、鍭矢用于近射或田猎。矰矢、茀矢用于弋射飞鸟。恒矢、庳矢用于礼射或习射等散射。

5. 天子之弓合九而成规[1]，诸侯合七而成规，大夫合五而成规，士合三而成规。句者谓之弊弓[2]。

【注释】

①合九而成规：案凡言合几而成规，都是说弓的弧度的深浅，从而表示弓的强弱。规即圆周，360 度。合几而成规，即谓连接几张弓可构成一圆周。孙诒让说：“此四等成规之度，以割圆术言之，合九者其弧四十度，合七者五十一度强，合五者七十二度，合三者百二十度也。”合弓愈多，则弓的弧度愈小，弓的强度也愈大。此处合九而成规，是弓弧为 40 度，是最强的弓，天子所用。下文合七而成规，则弓弧为 51 度强；合五而成规为 72 度；合三而成规为 120 度，弓最弱。

②句者谓之弊弓：句，同“勾”。弊，郑《注》曰：“犹恶也。”

【译文】

天子的弓连接九张弓而成一圆周，诸侯连接七张弓而成一圆周，大夫连接五张弓而成一圆周，士连接三张弓而成一圆周。弯曲弧度过大的弓是劣弓。

6. 凡祭祀，共射牲之弓矢①。泽②，共射椹质之弓矢③。大射、燕射共弓矢如数、并夹④。大丧，共明弓矢。凡师役、会同⑤，颁弓弩各以其物⑥，从授兵甲之仪⑦。田弋，充笼箙矢⑧，共矰矢⑨。凡亡矢者，弗用则更⑩。

【注释】

①“凡祭祀”二句：凡祭祀，谓凡内外大祭祀，天子都要亲自射牲，故需供弓矢。

②泽：郑司农曰：“泽宫也，所以习射选士之处也。”《礼记·射义》孔《疏》曰：“泽是宫名，于此宫中射而择士，故谓此宫为泽。”案，泽即“择”。

③椹质：参见本篇第2节。

④如数：郑《注》曰：“如当射者之数也。每人一弓、乘（四）矢。”并夹：是钳射侯上的矢所用的一种长柄的夹（参见《夏官·射鸟氏》第2节）。

⑤师役：据贾《疏》，谓巡守、征伐。

⑥各以其物：谓各依其所需之物颁授之。物，指弓弩矢箙。

⑦甲：《注疏》本原误作“至”，据阮校改。

⑧笼箙：一种竹编的盛矢的箭筒。

⑨矰矢：是一种结绳而用以弋射的矢（参见本官职文第4节）。

⑩弗用则更：郑《注》曰："更，偿也。用而弃之则不偿。"

【译文】

凡举行祭祀，就供给王射牲所用的弓矢。在泽宫习射，就供给射椹板所用的弓矢。举行大射或燕射，就按参加人数供给弓矢、并供给并夹。有大丧，就供给用作明器的弓矢。凡有巡狩、征伐、会同的事，各依所需颁授弓弩矢箙等，颁授时依从颁授其他兵器和铠甲的仪法。田猎弋射，供给盛有矢的笼箙，并供给矰矢。凡丢失矢的，如果不是用掉的就要赔偿。

四〇 缮人

1. 缮人掌王之用弓、弩、矢、箙、矰、弋、扶、拾[①]。掌诏王射，赞王弓矢之事[②]。

【注释】

①弋、扶、拾：弋，指系缯矢的绳。扶，是射箭时套在右手大拇指上的象骨套，是钩弦时保护手指用的。拾，是皮制的臂衣，射箭时套在左臂上，以防发射时左臂衣袖碍弦。

②赞王弓矢之事：郑《注》曰："授之，受之。"即王射时授给王弓矢，射毕又接过王的弓矢。案《大仆》亦云："王射，则赞弓矢。"两处的"赞"字，郑玄都释作"谓授之，受之"。因为太仆比缮人爵位高，所以很可能是太仆授受弓矢于天子，而缮人掌管弓矢，又以弓矢授受于太仆。

【译文】

缮人掌管王所用的弓、弩、矢、箙、矰、弋、扶、拾等射具。负责告教王行射礼，并协助王拿弓矢的事。

2. 凡乘车，充其笼箙，载其弓弩，既射则敛之。无会计。

【译文】

凡王乘车，就给笼箙盛满矢，为车装备弓弩，射毕就把射具收藏起来。不计算用矢的多少。

四一　槁人

1. 槁人掌受财于职金①，以赍其工②。

【注释】

①槁人：孙诒让曰："槁，亦当作'稿'。"（参见本篇《叙官》第36节）职金：官名，属秋官。掌管接受从司法部门得到的罚金、罚物，用于制造兵器。

②以赍(jī)其工：赍，付与、送给。郑《注》曰："给市财用之直(值)。"案直通"值"。

【译文】

槁人负责从职金那里领取财货，以授于工匠。

2. 弓六物为三等①，弩四物亦如之②。矢八物皆三等③，箙亦如之。春献素④，秋献成⑤，书其等以飨工⑥。乘其事⑦，试其弓弩，以下上其食而诛赏⑧。乃入功于司弓矢及缮人。

【注释】

①弓六物为三等：弓六物，即弓六种，详《司弓矢》。三等，是依尺寸的大小不同而分为上中下。据《考工记·弓人》，弓的长度有六

尺六寸、六尺三寸和六尺三等。

②弩四物亦如之：弩四物，亦详《司弓矢》。亦如之，亦为三等也。郑《注》曰："弩及矢箙长短之制未闻。"

③矢八物：亦详《司弓矢》。

④素：未经精加工的半成品。

⑤秋献成：案此专据矢箙言。郑《注》曰："矢服春作秋成。"

⑥书其等以飨工：郑司农曰："书工功拙高下之等，以制其飨食也，"飨，郑《注》曰："酒肴劳之也。"

⑦乘：郑司农曰："计也。"

⑧食：谓稍食。

【译文】

弓六种分为三等，弩四种也分为三等。矢八种都分为三等，箙也分为三等。春季呈献未经漆饰的矢箙，秋季呈献制作成功的矢，记载所献矢质量的等级以决定酬劳工匠所备酒肴的厚薄。计算工匠的事功，试验他们所制作的弓弩的好坏，以作为增减发给他们的食粮和进行赏罚的依据。把匠人制造的弓弩矢箙交到司弓矢和缮人那里。

3. 凡赍财与其出入，皆在槁人[1]，以待会而考之，亡者阙之[2]。

【注释】

①皆在槁人：郑《注》曰："其簿书槁人藏之。"

②亡者阙之：郑《注》曰："阙，犹除也。弓弩矢箙弃亡者除之，计今见在者。"

【译文】

凡颁授财货给匠人以及弓弩矢箙的颁发和收进，账册都在槁人那里收藏，以待核计考察，弓弩矢箙消耗丢失的就除去不计。

四二　戎右

1. 戎右掌戎车之兵革使[1]，诏赞王鼓[2]，传王命于陈中。

【注释】

①戎右掌戎车之兵革使：戎右，王的车右。戎车，王的军车，即革路。兵革使，据《注》《疏》，是一种执兵器穿甲衣之使，主要为王执行军中的诛杀任务。

②诏赞王鼓：朱申曰："诏谓告王以当鼓之节，赞谓助击之。"

【译文】

戎右负责在戎车中担任王的兵革使，告教并协助王击鼓，向军阵中传达王的命令。

2. 会同，充革车[1]。盟，则以玉敦辟盟[2]，遂役之[3]。赞牛耳、桃茢[4]。

【注释】

①"会同"二句：据郑《注》，王会同当乘金路，而以革路从行，戎右则充（居）革路之左。戎右之所以居左，是因为只有当王丧，王的载魂车才旷左（空出左边的位子），平时则不敢旷左故也。

②以玉敦辟盟：玉敦，盛牲血，以供歃血。歃血即以牲血涂口而盟誓，以示诚信。敦，一种食器。会盟时内中装着牲血；详《天官·玉府》。辟，开也，谓揭开敦盖。

③遂役之：郑《注》曰："传敦血，授当歃者。"

④"赞牛耳"句：据郑《注》，与诸侯会盟，王为主盟者，割牛耳盛于珠盘，戎右协助王进行；牲血盛于敦中，又协助王用桃茢拂之，以扫

除不祥。桃即桃枝，据说，因为鬼怕桃木，所以可用来扫除不祥；茢即笤帚。

【译文】

王外出会同，就居处革车左边的位置跟从王车。盟誓时，就用玉敦盛牲血，打开敦盖以供歃血盟誓，传授玉敦给所有当盟誓的人。协助王割牛耳、执牛耳和取牲血，并协助王用桃枝和笤帚拂除不祥。

四三　齐右

1. 齐右掌祭祀、会同、宾客前齐车[1]，王乘则持马，行则陪乘[2]。凡有牲事[3]，则前马[4]。

【注释】

①齐：音义皆同“斋”，下同。齐车：指王五路的金路。详《叙官》注。

②陪乘：即参乘，亦即车右。

③牲事：牲，谓牺牲。郑《注》曰：“王见牲则拱而式。”式，通“轼”，行轼礼。

④前马：据郑《注》，是说齐右下车来到马前，面向马而退行，以防马惊奔。

【译文】

齐右负责在有祭祀、会同、接待宾客等事时站在齐车前等候王乘车，王上车时就扶持驾车的马，车子行进时就担任参乘。凡遇有王在车上向牲行轼礼的事，就下车到马的前边退行而监视马。

四四　道右

1. 道右掌前道车[1]，王出入，则持马、陪乘，如齐车之仪。自车上谕命于从车[2]。诏王之车仪。王式则下[3]，前马。王下，则以盖从[4]。

【注释】

①道车：指王五路的象路。

②从车：跟从王的诸臣之车。

③王式：据孙诒让说，如进入里巷，或遇牺牲，王皆当轼。案式通“轼”，此谓凭轼行礼。

④以盖从：郑玄《注》：“以盖从，表尊。”盖，即车盖，可蔽雨，蔽日。

【译文】

道右负责站在道车前等候王上车，王出入宫门，就为王扶持驾车的马，并担任参乘，如同齐右侍候王乘齐车的仪法。从车上把王的命令告诉从车。告教王在车上的威仪。王行轼礼时就下车，到马前边监视马。王下车，就取下车盖跟从王。

四五　大驭

1. 大驭掌驭玉路以祀。及犯轷[1]，王自左驭[2]，驭下祝，登，受辔，犯轷，遂驱之。及祭，酌仆[3]，仆左执辔，右祭两轵，祭轨[4]，乃饮。

【注释】

①犯轷(bá)：轷，行神之名，亦为祭名。其法，据郑《注》及《说文》“轷”下(注)说，当王乘车出了国都城门，便筑一土堆以象山，或束菩草，或束茅草，或用棘树，或用柏树，植于山上作为神主，即所谓轷。杀牲(盖用犬牲)祭之，祭毕车碾土山和牲而过，即所谓犯轷，这样行神就会保佑人一路平安。

②王自左驭：案玉路本由大驭居中而驭，王的位置在车左，因为行

轶祭而大驭下车祝告(见下文),故暂由王在车左的位置控驭车马。

③酌仆:贾《疏》曰:"使人酌酒与仆,仆即大驭也。"

④祭两轵,祭轨:轵,音 zhì,车毂的末端。轨,音 fàn。案车箱底之四边有木方框,木方框后边那根横木叫做轸,其他三边则叫做轨(参见《考工记·辖人》第2节)。祭轵、祭轨,祭法不详。

【译文】

大驭负责驾驭王的玉路而前往祭祀。到行轶祭时,王由车左边的位置控驭着车马不使行进,由大驭下车向轶神祝告,祝告完毕而后登车,从王手中接过马缰绳,驾车碾过祭轶神的土山,于是驱车前进。祭祀轶神时,王使人酌酒献给大驭,大驭左手握马缰,右手用酒祭车的两轵,又祭车轨,祭毕才饮酒。

2. 凡驭路①,行以《肆夏》,趋以《采荠》②。凡驭路仪,以鸾和为节③。

【注释】

①路:据郑《注》,泛指王的五路。

②"行以《肆夏》"二句:郑《注》曰:"《肆夏》、《采荠》,乐章也。行,谓大寝(即路寝)至路门。趋,谓路门至应门。"

③鸾和:两种金属铃铛。郑《注》曰:"鸾在衡,和在轼,皆以金(铜)为铃。"

【译文】

凡驾驭王的五路,从路寝到路门缓行时以《肆夏》为节奏,从路门到应门疾行时以《采荠》为节奏。凡驾五路的仪法,以鸾和二铃的鸣声为节奏。

四六　戎仆

1. 戎仆掌驭戎车[1]。掌王倅车之政[2]，正其服[3]。

【注释】

①戎车：即革路。

②倅车：即副车(参见《夏官·射人》第5节)。

③服：郑《注》曰："谓众乘戎车者之衣服。"案此戎车指王的戎车的副车。据贾《疏》，众乘戎车者与王同服，皆穿韦弁服(参见《春官·司服》第2节)。

【译文】

戎仆负责为王驾驭戎车。掌管有关王的戎车的副车的政令，规正乘副车者的服装。

2. 犯轵，如玉路之仪。凡巡守及兵车之会[1]，亦如之。

【注释】

①兵车之会：孙诒让曰："谓有征讨之事而合诸侯。"

【译文】

为王驾驭戎车举行轵祭碾土山而过，如同驾驭玉路的礼仪。如果王外出巡守或参加兵车之会，也这样行轵祭。

3. 掌凡戎车之仪。

【译文】

负责规正所有兵车的仪法。

四七　齐仆

1. 齐仆掌驭金路以宾。朝、覲、宗、遇飨、食，皆乘金路，其法仪，各以其等，为车送逆之节[1]。

【注释】

①“各以其等”二句：郑《注》曰：“节，谓王乘车迎宾客及送相去远近之数：上公九十步，侯伯七十步，子男五十步。”（详《秋官·大行人》第5节）

【译文】

齐仆负责为王驾驭金路以接待宾客。诸侯春朝、秋覲、夏宗、冬遇而王用飨礼和食礼款待诸侯时，都乘金路迎送诸侯，迎送的仪法是，各依诸侯等级的高低，作为迎送远近的节度。

四八　道仆

1. 道仆掌驭象路以朝夕[1]，燕出入，其法仪如齐车[2]。掌贰车之政令[3]。

【注释】

①朝夕：朝，谓早朝；夕，谓傍晚接见有事来朝之臣。

②其法仪如齐车：齐车，即王的金路。其仪法参见本篇前《道右》、《齐右》及《齐仆》。

③贰车：谓象路的副车，亦十二乘。凡王五路的副车皆各十二乘。

【译文】

道仆负责为王驾驭象路而早晚上朝，或燕游时进出，其仪法同齐车一样。掌管有关象路的副车的政令。

四九　田仆

田仆掌驭田路[1]，以田，以鄙[2]。掌佐车之政[3]。设驱逆之车[4]。令获者植旌[5]。及献，比禽[6]。凡田，王提马而走[7]，诸侯晋[8]，大夫驰。

【注释】

①田路：即王五路之木路。

②以鄙：据郑《注》，谓循行鄙地。鄙即野，也就是国都郊外、畿疆以内之地。

③佐车：田路的副车。

④驱逆之车：参见《夏官·大司马》第9节。

⑤令获者植旌：即植旌令获者，此与山虞、泽虞为官联（参见《地官·山虞》第4节及《泽虞》第3节）。

⑥比：郑《注》曰："种物相从次数之。"

⑦提马而走：孙诒让说，提犹控也。即控制马使缓行。

⑧晋：郑《注》曰："犹抑也。"谓抑制马不使疾奔，但比"提马"则稍疾。

【译文】

田仆负责为王驾驭田路，用以田猎，用以巡视野地。掌管有关田路的副车的政令。设置驱赶野兽的车和拦击野兽的车。树立旌旗令猎获禽兽的人献兽。到献禽兽的时候，将禽兽分类清点。凡田猎，为王驾车就控制着马而缓慢地跑，为诸侯驾车就抑制着马不使快跑，为大夫驾车就放马奔驰。

五〇　驭夫

1. 驭夫掌驭贰车、从车、使车[1]。分公马而驾治之[2]。

【注释】

①掌驭贰车、从车、使车：掌，《注疏》本原文误刻作“尝”。贰车即王所乘五路的副车。从车，诸臣所乘以从王之车。使车，王安石曰：“使者所乘之车。”

②分公马而驾治之：公马，即王马，亦即官马，别于民马。驾治，贾《疏》曰：“调习之也。”

【译文】

驭夫负责驾驭王车的副车、群臣的从车和使者之车。分类调习公马。

五一　校人

1. 校人掌王马之政①。辨六马之属：种马一物②，戎马一物，齐马一物，道马一物，田马一物，驽马一物。

【注释】

①王马：即公马、官马。

②种马：据郑《注》，是最好的马，驾王的玉路。以下戎马、齐马、道马、田马则差次，分别驾戎路、金路、象路、田路。驽马最次，用以服杂役。

【译文】

校人掌管有关王马的事务。辨别六种马的类别：种马为一类，戎马为一类，齐马为一类，道马为一类，田马为一类，驽马为一类。

2. 凡颁良马而养乘之①：乘马一师②，四圉；三乘为皂，皂一趣马；三皂为系，系一驭夫；六系为厩，厩一仆夫；六厩成校，校有左右。驽马三良马之数③，丽马一圉④，八丽一师，八师一趣马，八趣马一驭夫⑤。

【注释】

①颁良马而养乘之：据郑《注》，良马即善马，即驾王五路的五种马（参见上节）。又此处“养乘”连文，乃偏正关系，实即喂养之义。

②乘马一师：郑司农曰：“四匹为乘。”案此乘，及下文皂、系、厩、校，皆马的数量单位名，详下文。师，即圉师。案师及下文圉、趣马、驭夫、仆夫，皆养马官之名。孙诒让曰：“圉师帅圉，趣马帅圉师，驭夫帅趣马，仆夫帅驭夫，皆转相帅领。”

③“六厩”至“之数”：案六厩，六种马每种各一厩，其中良马五厩，驽马一厩，是为一校。但因校有左右，故每种马实为二厩，其中良马每厩216匹，二厩则为432匹，五种十厩合计2160匹；驽马二厩，每厩的匹数是良马的三倍（即所谓“三良马之数”），即每厩有驽马648匹，二厩合计1296匹。良马与驽马总计3456匹。故郑《注》曰：“五良一驽，凡三千四百五十六匹，然后王马大备。”

④丽：郑《注》曰：“耦也。”即二匹马。

⑤“八丽”三句：郑《注》曰：“驽马自圉至驭夫，凡马千二十四匹，与三良马之数不相应，‘八’皆宜为‘六’，字之误也。师十二匹，趣马七十二匹，则驭夫四百三十二匹矣，然后而三之。”案郑说诚是，然以经文传习既久，不敢辄改，故仍沿其旧。

【译文】

凡把良马分配给养马官喂养：每乘四匹马设一名圉师，设四名圉；每三乘十二匹马为一皂，每皂设一趣马；每三皂三十六匹马为一系，每系设一驭夫；每六系二百一十六匹马为一厩，每厩设一仆夫；六厩为一校，有左右二校。每厩驽马数是每厩良马数的三倍，每丽两匹驽马设一圉，八丽十六匹驽马设一圉师，八圉师一百二十八匹驽马设一趣马，八趣马一千零二十四匹驽马设一驭夫。

3. 天子十有二闲[1]，马六种。邦国六闲，马四种。家四闲，马二种。凡马，特居四之一[2]。

【注释】

①闲：郑《注》曰："每厩为一闲。"

②特：谓牡马，即雄性的马。

【译文】

天子有马十二闲，马有六种。诸侯每国有马六闲，马有四种。卿大夫每家邑有马四闲，马有二种。凡养马，雄性的马居四分之一。

4. 春祭马祖[1]，执驹[2]。夏祭先牧[3]，颁马[4]，攻特[5]。秋祭马社[6]，臧仆[7]。冬祭马步[8]，献马，讲驭夫[9]。

【注释】

①马祖：郑《注》曰："天驷也。"天驷，星名，即二十八宿的房宿。

②执驹："执"通"縶"。沈文倬说，縶驹是中国古代的一项重要的典礼，典礼的目的有二：一是使驹断乳离开母马，二是献马于王闲。王亲自参加典礼，接受马官所献之马。（《执驹补释》，参见《考古》1961 年第 4 期）

③先牧：郑《注》曰："始养马者，其人未闻。"

④颁马：颁，分也。李钟伦曰："颁马者，通淫之后，即分牝牡，使异处而养之。"

⑤攻特：即骟马，又叫去势。据郑《注》，攻特在夏季公马与母马交配之后，因公马性悍，去势则易于驾驭、乘用。

⑥马社：郑《注》曰："始乘马者。"又以为即传说中黄帝之臣相土，相土始作乘马。

⑦臧仆:《尔雅·释诂》曰:“臧,善也。”仆,郑《注》以为指驾驭王的五路的大驭、戎仆、齐仆、道仆、田仆。

⑧马步:郑《注》说,是一种为害马的神,祭之欲求其无害。

⑨讲:郑《注》曰:“犹简习。”

【译文】

春季祭祀马祖,举行执驹礼。夏季祭祀先牧,将公马与母马分开饲养,阉割公马。秋季祭祀马社,挑选优秀的驾车人。冬季祭祀马步,献马给王,挑选和训练驭夫。

5. 凡大祭祀、朝觐、会同,毛马而颁之①。饰币马②,执扑而从之。凡宾客,受其币马③。大丧,饰遣车之马④;及葬,埋之⑤。田猎,则帅驱逆之车。凡将事于四海山川⑥,则饰黄驹。凡国之使者,共其币马。凡军事,物马而颁之⑦。

【注释】

①毛马:据郑《注》,谓挑选毛色一样的马。

②币马:此指王赐宾客之马。

③币马:此指宾客献王之马。

④饰遣车:参见《春官·巾车》第8节。

⑤埋之:郑《注》曰:“言埋之,则是涂(泥)车、刍灵(草扎的人马)。”

⑥四海:郑《注》曰:“犹四方也。”

⑦物马:郑《注》曰:“齐其力。”即挑选同样有力的马。

【译文】

凡举行大祭祀、大朝觐、大会同,选择毛色相同的马以供驾王车,并分授给乘马的人。洗刷币马以备王赠赐,赠赐时拿着马鞭跟在马后。凡前来朝聘的宾客,接受他们献给王的币马。有大丧,洗刷驾遣车的马；葬后，埋掉草扎的马。举行田猎，就率领驱赶和拦击野兽的车。凡王巡守途中将祭祀四方山川，就洗刷用于祭祀的黄马。凡王国派出的使者，供给将赠赐诸侯的币马。凡有军事行动，挑选毛色和力量符合要求的马而加以分配。

6. 等驭夫之禄[1]，宫中之稍食[2]。

【注释】

①等驭夫之禄：等，犹差等也。据《注》《疏》，养马官驭夫之上有仆夫，驭夫之下有趣马，驭夫居其中，这里是举中以见上下。

②宫：孙诒让以为乃“官”字之误。贾《疏》以为上文所说驭夫等皆士以上的官，此官是指士以下的府、史、胥、徒等。

【译文】

区别驭夫等养马官俸禄的等差，以及他们的属吏的食粮。

五二　趣马

1. 趣马掌赞正良马[1]，而齐其饮食，简其六节[2]。

【注释】

①良马：参见《校人》第2节。

②简其六节：简，阅也。六节，王应电曰：“凡马驱之而进，旋之而反，此进退之节；提之而走，控之而止，此行止之节；骤之而趋，驰之而奔，此驰骤之节。”是所谓六节，谓进、退、行、止、驰、骤。

【译文】

趣马负责协助校人正确地喂养调教良马，调剂它们的饮食，观察它们的进、退、行、止、驰、骤六个方面。

2. 掌驾说之颁[1]，辨四时之居、治[2]，以听驭夫。

【注释】

①驾说之颁：驾说，犹“用说”(参见《春官·典路》第1节注②)。说：通“脱”，此谓不驾车。颁，犹“班”，次也，谓用马之次第。

②辨四时之居、治：贾《疏》曰：“谓二月已前、八月已后在厩，二月已后、八月已前在牧(牧场)。”治，郑《注》曰：“谓执驹、攻特之属。”

【译文】

负责安排王马驾车和卸车的次序，辨别四季王马所应居处的地方和治马的事，而听从驭夫的指挥。

五三　巫马

1. 巫马掌养疾马而乘治之[1]，相医而药攻马疾[2]，受财于校人。马死，则使其贾粥之[3]，入其布于校人。

【注释】

①乘治之：郑《注》曰：“乘谓驱步以发其疾，知所疾处乃治之。”是乘犹今所谓遛马。

②医：本篇《叙官》载巫马的属员有“医四人”。

③贾：本篇《叙官》载巫马的属员有“贾二人”。粥(yù)：通“鬻”，卖。

【译文】

巫马负责疗养病马，通过遛马观察马的疾病所在而加以治疗，协助医者用药治疗马的疾病，从校人那里领取财物以供治疗的开支。马死了，就让贾人把死马的皮、骨卖掉，而把所卖的钱上交校人。

五四　牧师

1. 牧师掌牧地[1]，皆有厉禁而颁之[2]。孟春焚牧，中春通淫。掌其政令。

【注释】

①牧地:在远郊,即《地官·载师》所谓牧田(见彼第2节)。

②厉禁而颁之:厉禁,谓划分牧马的区域范围,设置藩篱,而禁止其他的人和畜进入其中。

【译文】

牧师掌管牧地,都设有藩篱和禁令而颁授给养马官。春正月焚烧牧地的陈草,春二月使马交配,掌管有关的政令。

2. 凡田事,赞焚莱[1]。

【注释】

①赞焚莱:案焚莱是山虞、泽虞的职责(分见其职文),而牧师助之。

【译文】

凡举行田猎,协助山虞和泽虞焚烧荒草,以开辟田猎场地。

五五 廋人

1. 廋人掌十有二闲之政教[1],以阜马,佚特[2],教駣[3],攻驹及祭马祖[4],祭闲之先牧及执驹[5],散马耳[6],圉马[7]。

【注释】

①政教:指下文所说九事之政教。

②佚特:佚,通"逸"。郑《注》曰:"逸者,用之不使其劳,安其血气也。"

③教駣(táo):郑司农曰:"马三岁曰駣。"郑《注》曰:"教駣,始乘习

之也。”

④攻驹及祭马祖：驹，马二岁曰驹。攻驹，同《夏官·校人》“攻特”。（见彼第4节注）祭马祖，参见同上。

⑤先牧：郑《注》曰：“制闲者。”

⑥散马耳：据郑《注》，是一种训练马习惯声音的刺激、听到声音不致惊吓的方法。

⑦圉马：孙诒让：“《圉师》云‘掌教圉人养马’，即圉马之政教也。”

【译文】

廋人掌管有关十二闲王马的政教，以使马肥壮，使马用之而不过于劳累，教习驰马，阉割公马以及春季祭祀马祖，夏季祭祀发明用闲养马的先牧以及举行执驹礼，使马习惯声音的刺激，教圉人养马。

2. 正校人员选[1]。

【注释】

①正校人员选：郑《注》曰：“校人，谓师、圉也。正员选者，选择可备员者平之。”

【译文】

选择可任圉师、圉人的人员而对他们的才能加以评定。

3. 马八尺以上为龙，七尺以上为騋，六尺以上为马。

【译文】

马高八尺以上称作龙，高七尺以上称作騋，高六尺以上称作马。

五六　圉师

1. 圉师掌教圉人养马。春除蓐[1]，衅厩[2]，始牧。夏庌马[3]。冬献马。

【注释】

①春除蓐：郑《注》曰："蓐，马兹也。"案马兹即厩中铺垫的草，春天马出牧于野，故除之。

②衅厩：郑《注》曰："新（谓新建的马厩），衅焉，神之也。"

③庌（yǎ）：郑《注》曰："庐也，庐所以庇马者也。"

【译文】

圉师负责教圉人养马。春天除去马厩中铺垫的草，为新建的马厩行衅礼，开始放牧马。夏天把马系到庐下。冬天向王献马。

2. 射则充椹质[1]。茨墙则剪阖[2]。

【注释】

①椹质：参见《夏官·司弓矢》第2节。

②茨墙则剪阖：茨墙，谓以草覆盖墙，实即盖草屋。《释名·释宫室》云："屋以草盖曰茨。"阖，孙诒让以为是"盖"的借字。

【译文】

习射就供给椹板做靶子。建草屋就修剪所覆盖的草。

五七　圉人

1. 圉人掌养马刍牧之事，以役圉师。凡宾客、丧纪，牵马而入陈[1]。廞马亦如之[2]。

【注释】

①"凡宾客、丧纪"二句：据《注》《疏》，宾客入陈之马，是王赐宾客之

马，牵而陈于宾客馆舍；丧纪之陈马，是指启殡后、出葬前，行朝庙礼时所陈准备用以驾乘车之马，陈于祖庙。

②厌马：案这是指用作明器的驾车的车马（参见《夏官·校人》第5节）。

【译文】

圉人掌管饲养和放牧马的事，而听从圉师指使。凡接待宾客，或有丧事，就牵马进来陈列。陈列用作明器的驾遣车的马也一样。

五八　职方氏

1. 职方氏掌天下之图，以掌天下之地，辨其邦国、都鄙、四夷、八蛮、七闽、九貉、五戎、六狄之人民①，与其财用、九谷、六畜之数要②，周知其利害。

【注释】

①四夷、八蛮、七闽、九貉、五戎、六狄：此谓九州之外的少数民族。郑司农曰："东方曰夷，南方曰蛮，西方曰戎，北方曰貉、狄。"郑《注》曰："闽，蛮之别也。"（即蛮族的别种）又曰："四、八、七、九、五、六，周之所服国数也。"貉，音 mò，亦作"貊"，东北的少数民族。

②财用：郑《注》曰："泉（钱）谷货贿也。"九谷：详《春官·大宰》注。六畜：六种家畜，即马、牛、羊、豕、犬、鸡。

【译文】

职方氏掌管天下的地图，以掌握天下的土地，辨别各诸侯国、王畿内的采邑、四夷国、八蛮国、七闽国、九貉国、五戎国、六狄国的人民，以及他们的财物、九谷、六畜的数目，遍知他们的有利和不利条件所在。

2. 乃辨九州之国[1]，使同贯利[2]。东南曰扬州，其山镇曰会稽[3]，其泽薮曰具区[4]，其川三江[5]，其浸五湖[6]，其利金、锡、竹箭[7]，其民二男五女[8]，其畜宜鸟兽[9]，其谷宜稻。

【注释】

①九州：即下文的扬州、荆州、豫州、青州、兖州、雍州、幽州、冀州、并州。这是所谓周代的九州。

②贯：郑《注》曰："事也。"

③山镇曰会稽：山镇，谓山之重大而可为一州之镇者。会稽，山名，在今浙江省中部。

④泽薮曰具区：泽薮，即大泽。具区，古泽薮名，亦名震泽，即今江苏太湖。

⑤三江：有多种解释，据《汉书·地理志》，则是指今吴淞江和芜湖、宜兴间由长江通太湖一水，并长江下游，为南江、中江、北江三江。

⑥其浸五湖：浸，泛指可资灌溉的川泽。郑《注》曰："可以为陂灌溉者。"五湖，非确指某五湖，而是泛指太湖流域一带的湖泊。

⑦金、锡、竹箭：金，指铜。竹箭，可用作箭杆的小竹。南朝刘宋时戴凯之《竹谱》曰："箭竹，高者不过一丈，节间三尺，坚劲中矢，江南诸山皆有之，会稽所生最精好。"

⑧其民二男五女：这里说的是生男生女的比例。《淮南子·地形训》："土地各以其类生。是故山气多男，泽气多女。"意谓山多的地方生男多，水多的地方生女多。

⑨其畜宜鸟兽：指其自然条件所宜畜养者，据郑《注》，指孔雀、鸾、鸡鹊、犀、象之属。

【译文】

职方氏辨别九州内的国家，使各国都有他们共同的事业和利益。

东南是扬州，它的山镇是会稽，它的大泽是具区，它的河流有三江，它可资灌溉的川泽有五湖，它的特产有金、锡、竹箭，那里的人口男女比例是二比五，那里宜于畜养孔雀、鸾、鸡鹊、犀、象等鸟兽，宜于种植稻谷。

3. 正南曰荆州，其山镇曰衡山①，其泽薮曰云瞢②，其川江、汉③，其浸颍、湛④，其利丹、银、齿、革，其民一男二女，其畜宜鸟兽，其谷宜稻。

【注释】

①衡山：在今湖南省衡山县西。

②云瞢：即云梦，古泽薮名，在今湖北潜江西南。据胡渭说，其范围东起蕲春，西抵枝江，京山以南，青草以北。

③江、汉：江，谓长江。汉，谓汉水，是长江最长的支流。

④颍、湛：颍，即颍水，淮河最大的支流，当属豫州，《说文》"颍"下即云"豫州浸"，故郑《注》曰："宜属豫州，在此非也。"湛，水名，亦属豫州，故《说文》曰"湛水，豫州浸"。案荆州之浸"颍、湛"盖与"豫州"之"波、溠"互讹（见下节），《逸周书·职方》所记可证。

【译文】

正南是荆州，它的山镇是衡山，它的大泽是云梦，它的河流有长江、汉水，它可资灌溉的川泽有颍水、湛水，它的特产有丹砂、银、象牙、皮革，那里的人口男女比例是一比二，那里宜于畜养鸟兽，宜于种植稻谷。

4. 河南曰豫州，其山镇曰华山①，其泽薮曰圃田②，其川荧、雒③，其浸波、溠④，其利林、漆、丝、枲⑤，其民二男三女，其畜宜六扰⑥，其谷宜五种⑦。

【注释】

①华山：在今陕西省东部，其同名主峰在华阴县南。

②圃田：古泽薮名，故址在今河南省中牟县西。

③荧、雒：荧，原指荧泽（后世改“荧”为“荥”，据段玉裁、阮元、黄丕烈、孙诒让等说，属误改），故址在今河南郑州市西北古荥北，西汉以后已渐淤为平地。但此处的“荧”实指兖（yǎn）水。兖水是济水的别名，据郑《注》，荧泽是由兖水溢出而成，因此即以兖水释“荧”。雒，即今洛河（“雒”作“洛”亦后人误改，据段玉裁《汉读考》说，其误起于魏时），是黄河下游南岸的大支流。

④波、溠：波，即波水，源出今河南鲁山西北，入于汝水。孙诒让曰：“实则波亦当属荆州。溠，音 zhà，水名，源出湖北随州西北鸡鸣山，东南流入涢水。郑《注》曰：“溠宜属荆州，在此非也。”（参见本篇第 3 节注④）。

⑤林：郑《注》曰：“竹木也。”

⑥六扰：郑《注》曰：“马、牛、羊、豕、犬、鸡。”《逸周书·职方》孔晁《注》曰：“家所畜曰扰。”扰，驯服。

⑦五种：郑《注》曰：“黍、稷、菽、麦、稻。”

【译文】

河南是豫州，它的山镇是华山，它的川泽是圃田，它的河流有济水、雒水，它可资灌溉的川泽有波水、溠水，它的特产有竹木、漆、丝、麻，那里的人口男女比例是二比三，那里宜于畜养马、牛、羊、猪、狗、鸡，宜于种植黍、稷、豆、麦、稻。

5. 正东曰青州，其山镇曰沂山①，其泽薮曰望诸②，其川淮、泗③，其浸沂、沭④，其利蒲、鱼⑤，其民二男二女⑥，其畜宜鸡、狗，其谷宜稻、麦。

【注释】

①沂山：又名东泰山，在山东省中部。

②望诸：即孟诸，古泽薮名，在今河南商丘东北、虞城西北。金、元以后，因屡被黄河冲决，遂埋废。

③淮、泗：即淮河、泗水。泗水在山东省中部，源出山东泗水县东蒙山麓，四源并发，故名。

④沂、沭：即沂水、沭(shù)河，都在山东省南部、江苏省北部。

⑤蒲、鱼：蒲，即蒲柳，其枝条可做箭杆。鱼，孙诒让以为指海鱼。

⑥二男二女：郑《注》曰："数等，似误也。盖当与兖州同，二男三女，"案郑说是也，《逸周书·职方》及《汉书·地理志》皆作"二男三女"。

【译文】

正东是青州，它的山镇是沂山，它的大泽是望诸，它的河流有淮水、泗水，它可资灌溉的川泽有沂水、沭河，它的特产有蒲柳、海鱼，那里的人口男女比例是二比三，那里宜于畜养鸡、狗，宜于种植稻、麦。

6. 河东曰兖州，其山镇曰岱山①，其泽薮曰大野②，其川河、沛②，其浸卢、维④，其利蒲、鱼，其民二男三女，其畜宜六扰，其谷宜四种⑤。

【注释】

①岱山：亦名岱宗，泰山别名。

②大野：古泽薮名，又称巨野泽，故址在今山东巨野县北，五代后南部涸为平地，北部成为梁山泊的一部分。

③河、沛：河，即黄河，古称河水，亦单称河。沛，即济水，孙诒让曰：

“沛，俗通作‘济’。”

④卢、维：卢，水名，源出山东省东南部潍河上游诸城县东北三十里之卢山，故名。维，水名，即潍水，今名潍河，在山东省东部。

⑤四种：郑《注》曰：“黍、稷、稻，麦。”

【译文】

河东是兖州，它的山镇是泰山，它的大泽是大野，它的河流有河水、沛水，它的可资灌溉的川泽有卢水、潍水，它的特产有蒲柳、海鱼，那里的人口男女比例是二比三，那里宜于畜养马、牛、羊、猪、狗、鸡，宜于种植黍、稷、稻、麦。

7. 正西曰雍州，其山镇曰岳山①，其泽薮曰弦蒲②，其川泾、汭③，其浸渭、洛④，其利玉石，其民三男二女，其畜宜牛、马，其谷宜黍、稷。

【注释】

①岳山：据王引之校，“山”字衍。岳，山名，一名吴岳，在陕西省陇县西南。

②弦蒲：古泽薮名，在今陕西省陇县西。

③泾、汭：泾，水名，是渭水的支流。汭，水名，是泾水的支流。

④渭、洛：渭，即渭水，是黄河最大的支流。洛，水名，是渭水的支流，与黄河支流之“洛河”不同。

【译文】

正西是雍州，它的山镇是岳山，它的大泽是弦蒲，它的河流有泾水、汭水，它的可资灌溉的川泽有渭水、洛水，它的特产有玉石，那里的人口男女比例是三比二，那里宜于畜养牛、马，宜于种植黍、稷。

8. 东北曰幽州，其山镇曰医无闾[1]，其泽薮曰貕养[2]，其川河、沛[3]，其浸菑、时[4]，其利鱼、盐，其民一男三女，其畜宜四扰[5]，其谷宜三种[6]。

【注释】

①医无闾：山名，在今辽宁省北镇县西。

②貕(xī)养：貕养，古泽薮名，在今山东省莱阳县东，久已埋废。

③河、沛：参见第6节注③。

④菑、时：菑，水名，即淄水，亦作甾水，源出山东省莱芜县的原山，东北流至寿光县，入清水泊，由泊东北入海。时，水名，源出今淄博市西，北流至博兴县南向东折入海。

⑤四扰：郑《注》曰："马、牛、羊、豕。"

⑥三种：郑《注》曰："黍、稷、稻。"

【译文】

东北是幽州，它的山镇是医无闾山，它的大泽是貕养，它的河流有河水、沛水，它的可资灌溉的浸有淄水、时水，它的特产有海鱼、盐，那里的人口男女比例是一比三，那里宜于畜养马、牛、羊、猪，宜于种植黍、稷、稻。

9. 河内曰冀州[1]，其山镇曰霍山[2]，其泽薮曰杨纡[3]，其川漳[4]，其浸汾、潞[5]，其利松、柏，其民五男三女，其畜宜牛、羊，其谷宜黍、稷。

【注释】

①河内：案古黄河自今山西省芮城县的风陵渡向东至河南淇县的一段，称为南河；自风陵渡以上南北走向的一段称为西河；自淇

县折向北而稍偏东至入海的一段称为东河；东、西、南三河环抱之间的地方，即所谓河内。

②霍山：在今山西霍县东南。

③杨纡：古泽薮名，郑《注》曰："所在未闻。"

④漳：水名，即今漳河，是卫河的支流，在今河北、河南两省边境。

⑤汾、潞：汾，水名，即今汾河，黄河第二大支流，在山西省中部。潞，水名，即今山西省东南部的浊漳河。

【译文】

河内是冀州，它的山镇是霍山，它的大泽是杨纡，它的河流有漳水，它的可资灌溉的川泽有汾水、潞水，它的特产有松、柏，那里的人口男女比例是五比三，那里宜于畜养牛、羊，宜于种植黍、稷。

10. 正北曰并州，其山镇曰恒山①，其泽薮曰昭余祁②，其川虖池、呕夷③，其浸淶、易④，其利布、帛，其民二男三女，其畜宜五扰⑤，其谷宜五种⑥。

【注释】

①恒山：在今河北省曲阳县西北与山西省接壤处。

②昭余祁：古泽薮名，在今山西祁县西南、介休县东北。唐宋以来已日见涸塞。

③虖池、呕夷：虖池，古水名，即今滹沱河，是子牙河的北源，在今河北省西部。呕夷，古水名，一作沤夷，即滱水，亦即今大清河的支流唐河，在河北省西部。

④淶、易：淶，水名，即今拒马河，大清河支流，在河北省西部。易，水名，在河北省西部，亦大清河支流。

⑤五扰：郑《注》曰："马、牛、羊、犬、豕。"

⑥五种：郑《注》曰："黍、稷、菽、麦、稻。"

【译文】

正北是并州，它的山镇是恒山，它的大泽是昭余祁，它的河流有虖池水、呕夷水，它可资灌溉的川泽有淶水、易水，它的特产有布、丝织品，那里的人口男女比例是二比三，那里宜于畜养马、牛、羊、狗、猪，宜于种植黍、稷、豆、麦、稻。

11. 乃辨九服之邦国[1]。方千里曰王畿，其外方五百里曰侯服，又其外方五百里曰甸服，又其外方五百里曰男服，又其外方五百里曰采服，又其外方五百里曰卫服，又其外方五百里曰蛮服，又其外方五百里曰夷服，又其外方五百里曰镇服，又其外方五百里曰藩服[2]。

【注释】

①服：据《注》《疏》，取义于服事周天子。案此节下文同于《夏官·大司马》，唯彼称"九畿"。（参见彼第4节），而此称"九服"为异。

②藩：案《夏官·大司马》作"蕃"。

【译文】

辨别九服的诸侯国。地方千里的是王畿，王畿之外方五百里是侯服，侯服之外方五百里是甸服，甸服之外方五百里是男服，男服之外方五百里是采服，采服之外方五百里是卫服，卫服之外方五百里是蛮服，蛮服之外方五百里是夷服，夷服之外方五百里是镇服，镇服之外方五百里是藩服。

12. 凡邦国，千里，封公以方五百里，则四公；方四百里，则六侯;方三百里,则七伯[1];方二百里,则二十五子;方百里,则百男:以周知天下。

【注释】

①方三百里,则七伯:郑《注》曰:"方千里者,……以(伯)方三百里之积,以九约之(即以九做除数除之),得十一有奇,云'七伯'者,字之误也。"案方千里,即千里见方,1000×1000=1000000平方里;伯国方三百里,300×300=90000平方里;1000000÷90000≈11.1,即郑所谓"十一有奇"。"十一"二字竖写而上下靠近则颇似"七"字,盖传抄者误读以致讹。

【译文】

凡分封诸侯国,地方千里,分封方五百里的公国,可以分封四个公;分封方四百里的侯国,可以分封六个侯;分封方三百里的伯国,可以分封七(当为十一)个伯;分封方二百里的子国,可以分封二十五个子;分封方百里的男国,可以分封一百个男:根据这个比例就可遍知天下的诸侯国数。

13. 凡邦国,小大相维,王设其牧[1],制其职[2],各以其所能[3];制其贡,各以其所有。

【注释】

①设其牧:即设州牧,此即《天官·大宰》所谓"建其牧"之义(参见彼第12节)。

②制其职:职,谓君臣,此即《大宰》所谓"立其监,设其参,傅其伍,陈其殷,置其辅"之义(参见《天官·大宰》第12节)。

③各以其所能:谓所规定的职责都是依照诸侯国君臣的能力所能够做到的,与下文据邦国所有以制贡意思相类。案历来注家于

此句皆不得其解，兹姑以己意释之。

【译文】

凡诸侯国，小国与大国相互维系，王为他们设置州牧，制定诸侯国君臣应行的职责，各依照他们的所能；制定诸侯国应缴纳的贡赋，各依照他们国家之所有。

14，王将巡守，则戒于四方①，曰："各修平乃守②，考乃职事③，无敢不敬戒，国有大刑。"及王之所行，先道，帅其属而巡戒令。王殷国亦如之④。

【注释】

①戒于四方：贾《疏》曰："先以文书戒敕于四方。"

②修平乃守：平，安也。守，郑《注》曰："谓国竟之内。"

③职事：郑《注》曰："所当共具。"孙诒让释"共具"曰："若饔饩、委积之属。"

④王殷国：郑《注》曰："殷，犹众也。"金鹗曰："殷国与巡守同年，其与巡守异者，盖王有故不能远巡，故止于近于王畿之地巡行，大约在侯、甸二服中，则令四方诸侯毕来朝也。"

【译文】

王将巡守天下，就预先发文书告诫四方，说："各自搞好你们境内的治安，检察你们迎接王的准备情况，有敢不严肃认真的，王国有重刑。"到王启程前往所巡视之国时，就做先导，率领下属而巡视该国执行戒令的情况。王在附近的诸侯国接见众来朝的诸侯时，也这样做。

五九　土方氏

1. 土方氏掌土圭之法①，以致日景，以土地相宅②，而建邦国都鄙，以辨土宜、土化之法[3]，而授任地者[4]。

【注释】

①土圭：参见《地官·大司徒》第7节。

②以土地相宅：郑《注》曰："土地，犹度地，知东西南北之深，而相（察）其可居者。宅，居也。"

③土化：参见《地官·草人》第1节。

④授任地者：授，贾《疏》曰："谓以书作法授之。"任地者，郑《注》曰："载师之属。"案《地官·载师》曰："掌任土之法。"彼郑《注》曰："任其地势所能生育，且以制贡赋也。"（见彼第1节）

【译文】

土方氏掌管运用土圭的方法，通过测度日影，以度量土地的方位和远近而观测可居住的地方，建立诸侯国和采邑，辨别土地所宜种植的作物和所宜采取的改良方法，授给掌管使用土地之法的官吏。

2. 王巡守，则树王舍[1]。

【注释】

①树王舍：郑《注》曰："为之藩罗。"

【译文】

王外出巡守，就在王的行宫周围树立藩篱。

六〇　怀方氏

怀方氏掌来远方之民，致方贡[1]，致远物[2]，则送逆之，达之以节[3]。治其委积、馆舍、饮食。

【注释】

①致方贡：据贾《疏》，谓致六服之内的贡物。六服，即九服中的侯、甸、男、采，卫、蛮六服。孙诒让曰："致，谓以政令招致之。"

②致远物：郑《注》曰："远物，九州之外无贡法而至者。"九州之外，据《秋官·大行人》郑《注》说，是指九服的夷、镇、蕃三服。

③达之以节：达，谓通达，即通行。郑《注》曰："达民以旌节，达贡物以玺节。"

【译文】

怀方氏负责使远方的人民前来归附，命令六服之内的方国进献贡赋，命令远方国家进献土特产，而对他们负责迎送，发给他们旌旗或玺节以便通行，办理他们途中所需的粮草、馆舍和饮食。

六一　合方氏

合方氏掌达天下之道路，通其财利，同其数器①，壹其度量，除其怨恶，同其好善②。

【注释】

①器：据郑《注》，是指秤，计重量的器具。

②好善：郑《注》曰："所好所善，谓风俗所高尚。"

【译文】

合方氏负责使天下道路通达，使天下财物流通，使天下计数方法和称量轻重的器具统一，长度和容量的标准一致，消除国家间的仇怨，使天下的好尚相同。

六二　训方氏

训方氏掌道四方之政事，与其上下之志，诵四方之传道[1]。正岁，则布而训四方，而观新物[2]。

【注释】

①诵四方之传道：郑《注》曰："传道，世世所传说往古之事也，为王诵之，若今论圣德尧、舜之道矣。"

②观新物：郑《注》曰："四时于新物出则观之，以知民志所好恶。志淫行辟，则当以政教化正之。"孙诒让曰："新物，谓物产珍异及器械便利者。"

【译文】

训方氏负责向王叙说四方诸侯国的政事，和他们君臣的心志，向王诵说四方诸侯国世代传说的往古圣贤事迹。夏历正月初一，就布告天下而训导四方人民，注意观察新出现的物产器械。

六三　形方氏

1. 形方氏掌制邦国之地域，而正其封疆，无有华离之地[1]。使小国事大国，大国比小国。

【注释】

①华(kuā)离：华用若"侃"，郑《注》曰："正之使不侃邪离绝。"段玉裁《汉读考》曰："离绝，谓若间以他国之地，逾境而治之。"

【译文】

形方氏掌管制定诸侯国的地域，规正它们的疆界，不要有不正或相互绝离的土地。使小国服事大国，大国亲睦小国。

六四　山师

1. 山师掌山林之名[1]，辨其物，与其利害[2]，而颁之于邦国，使致其珍异之物。

【注释】

①山师：贾《疏》说："此山师及下川师、原师等，皆是遥掌畿外邦国之内山川原隰之等，使出税珍异，以供王家也。"

②利害：利，谓哪些物产可为人所利用；害，谓能毒人害人的虫兽。

【译文】

山师掌管山林的名号，辨别山中的物产，以及有利或有害于人的动、植物，而划分给诸侯国，使他们进贡珍异的物产。

六五　川师

1. 川师掌川泽之名，辨其物，与其利害，而颁之于邦国，使致其珍异之物。

【译文】

川师掌管河流和湖泊的名号，辨别其中的物产，以及有利或有害于人的动、植物，而划分给诸侯国，使他们进贡珍异的物产。

六六　原师

1. 原师掌四方之地名，辨其丘、陵、坟、衍、原、隰之名物、之可以封邑者[①]。

【注释】

①丘、陵、坟、衍、原、隰：参见《地官，大司徒》第 2 节注②。封邑：孙诒让曰："谓立邑而为之疆界。封，即《大司徒》'沟封'之'封'"。

【译文】

原师掌管四方的地形之名，辨别丘、陵、坟、衍、原、隰的名称和物产、辨别其中可以划分出来建造居邑的地方。

六七　匡人

1. 匡人掌达法则[1]，匡邦国，而观其慝[2]，使无敢反侧，以听王命。

【注释】

①法则：郑《注》曰："八法，八则，邦国之官府、都鄙亦用焉。"案八法、八则，参见《天官·大宰》第2、3节。

②慝(tè)：郑《注》曰："奸伪之恶也。"

【译文】

匡人负责宣达八法、八则，用以匡正诸侯国，而观察是否有为奸作恶的，使他们不敢违背法度，而听从王的命令。

六八　撢人

1. 撢人掌诵王志，道国之政事，以巡天下之邦国而语之，使万民和说而正王面[1]。

【注释】

①面：郑《注》曰："犹乡(向)也。"

【译文】

撢人掌管向诸侯国诵说王的心志，讲述王国的政事，通过巡行天下的诸侯国而告诉他们，使万民和睦高兴而心向王。

六九　都司马(附家司马)

1. 都司马掌都之士、庶子及其众庶[1]、车马、兵甲之戒令，以国法掌其政学②，以听国司马③。家司马亦如之④。

【注释】

①都司马掌都之士、庶子及其众庶：都，兼采邑中的大、小都言。士、庶子，皆卿大夫之子弟，其中尚未命士者称庶子。据孙诒让说，此处的士、庶子及下文的众庶，皆谓从军者。

②政学：王引之曰："即政教也。"

③国司马：郑《注》曰："大司马之属皆是。"所谓大司马之属，贾《疏》以为即小司马、军司马、舆司马等。

④家司马亦如之：家，大夫的采邑。司马，其家臣。孙诒让曰："此（叙官）之文误移于此，其《家司马》职文又误入《叙官》，二简互错。"（参见本篇《叙官》第64节注释中之"小结"）

【译文】

都司马掌管有关都中从军的士、庶子和兵众、车马、兵甲的戒令，依照国法掌管有关他们的政教，而听命于大司马的属官。家司马的职掌也是这样。

司寇第五

【题解】

秋官系统共有六十六职官，大司寇为该部众官之长，小司寇则是大司寇的副手。据本篇《叙官》所论，秋官为“刑官”，即执掌刑法之官。从后文看来，大司寇的主要职责确实是掌刑法相关之事，例如用“三典”惩治违法诸侯，以“五刑”惩罚犯法民众，建造“圜土”(监城)以聚教不良顽民，行“两造”之法以防禁诉讼中的诬告，又有罚坐“嘉石”和服苦役的方法惩办刁民，还立有“肺石”使穷困之民的冤情得以上达等等。此外，定期公开和宣布刑法，掌评断诸侯以至庶民诉讼的邦典、邦法和邦成，监督对违令将士之行刑等，也属于“掌刑法”之职。小司寇协助大司寇行使其掌刑法的主要职责，此外小司寇还要负责询万民和群臣，又负责大校比时清点登记民户口数以上报天府，以及孟冬献民数于王等等。大小司寇之下的六十四属官中，掌察、掌货贿、都则、都士、家士等五官职文亡佚，其余五十九官执掌较复杂，经过学者梳理，大体可分为以下几类：第一类是掌刑法狱讼的官，有士师、乡士、遂士、县士、方士等十六职；第二类是掌各种禁令的官，有雍氏、萍氏、司寤氏、司烜氏、野庐氏、修闾氏、衔枚氏凡七职，这或是因为禁令近于刑法；第三类为隶民之官，有司隶、罪隶、蛮隶、闽隶、夷隶、貉隶等六职。因这部分官吏掌管隶民罪犯和蛮族战俘，监管役使这些奴隶也是执法，故属之司寇；第四类为掌盟约事务的司约、司盟二职，因盟约往往也具有类似法律的约束力；第五类是掌接待四方宾客及与诸侯和蛮夷交往的官，有大行人、小行人、司仪、行夫、环人、象胥、掌客、掌讶和掌交凡九职；第六类是掌辟除的官，包括掩埋腐尸及捕捉鸟兽虫怪等，计有蜡氏、冥氏、庶氏、穴氏等十一职。除了以上这六类外，司寇属官还包括负责统计民户口数的司民，为王和诸侯出行巡时探路清道“执鞭以趋辟”的条狼氏，执掌矿物开采禁令的职金，负责清除野生草木以开辟野地的柞氏、薙氏，掌供祭祀用的杖和杖函的伊耆氏等等，皆可自成一类。这些与刑法无关的职事之官杂入秋官司寇属下，似乎并没有什么确切的理由，有些职官分工过细甚至琐杂，例如掌除虫的有除毒蛊类虫的庶氏，有除木中蠹虫的翦氏，有除墙中虫豸的赤发氏，又有除水虫的壶涿氏，甚至因为蛙类声音吵闹等缘故而专设蝈氏一职掌灭除蛙类，近乎荒诞，这些堂而皇之却不近情理的设置也往往受到后世学者的讥评讽刺。

据孙诒让《周礼正义》的统计，秋官之属计有卿一人，中大夫四人，下大夫八人，上士二十六人，中士百六十四人，下士二百五十一人，府七十人，史百五十九人，胥百六十五人，徒二千二百八人，贾四人，五隶六百人，凡正官自卿至庶人，总三千六百六十人。此外朝大夫，每国上士二人，下士四人，府一人，史二人，庶子八人，徒二十人。都则，依郑注每都中士一人，下士二人，府一人，史二人，庶子四人，徒八十人。都士，每都中士二人，下士四人，府二人，史四人，胥四人，徒四十人。家士，每家中士二人，下士四人，府二人，史四人，胥四人，徒四十人。皆有员数无总数，不可计。大凡可计者，总三千六百六十人。

叙官

1. 惟王建国[1]，辨方正位，体国经野。设官分职，以为民极。乃立秋官司寇[2]，使帅其属，而掌邦禁[3]，以佐王刑邦国[4]。

【注释】

①“惟王建国”五句：见《天官·叙官》注。

②秋官司寇：即下文大司寇。因司马在六官中位居第五，于四时当秋，秋天万物肃杀，而司寇主管刑禁诛杀，故称秋官。寇，害也。司寇是主管全国刑罚的长官。

③邦禁：即《大宰》中的“刑典”。禁是防止人们犯罪作恶的法律。

④刑：郑《注》曰：“刑，正人之法。”意谓对已经触犯律条的人绳之以法。

【译文】

王建立国都，辨别国都所在地的方向，确定宗庙、朝廷所在的位置，主次有别地划分国都、郊野的界限，进行建设经营。分设百官职位，作为天下民众取法的榜样。为了达到此目的，于是设立秋官司寇这一官职，让他率领部属，来掌管天下的禁令，以辅佐王以刑法治理天下各国。

2. 刑官之属①：大司寇②，卿一人；小司寇③，中大夫二人；士师④，下大夫四人；乡士⑤，上士八人；中士十有六人，旅下士三十有二人，府六人，史十有二人，胥十有二人，徒百有二十人。

【注释】

①刑官：即秋官。因上节云秋官司寇职责为“掌邦禁”，“佐王刑邦国”，故称秋官系统的官为刑官。

②大司寇：官名。刑官之长。掌制定国家的三种法典，辅佐天子以刑法治理邦国，督察四方诸侯。

③小司寇：官名。大司寇的副职。掌外朝之政，天子有大事，则征询群臣万民之意见。

④士师：官名。刑官的第三把手。掌管国家五禁、五戒之法令，听察狱讼。郑《注》曰："士，察也，主察狱讼之事者。"

⑤乡士：官名，掌管审理六乡中的狱讼。

【译文】

刑官的属官有：大司寇，由卿一人担任；小司寇，由中大夫二人担任；士师，由下大夫四人担任；乡士，由上士八人担任；此外还有中士十六人，众下士三十二人递相辅佐，下辖府六人，史十二人，胥十二人，徒一百二十人。

3. 遂士[1]，中士十有二人，府六人，史十有二人，胥十有二人，徒百有二十人。

【注释】

①遂士：官名。掌理六遂及四郊之狱讼。

【译文】

遂士，由中士十二人任长官，下辖府六人，史十二人，胥十二人，徒一百二十人。

4. 县士[1]，中士三十有二人，府八人，史十有六人，胥十有六人，徒百有六十人。

【注释】

①县士：官名。掌郊外野地公邑之狱讼。

【译文】

县士，由中士三十二人任长官，下辖府八人，史十六人，胥十六人，徒一百六十人。

5. 方士[1]，中士十有六人，府八人，史十有六人，胥十有六人，徒百有六十人。

【注释】

①方士：官名。主管王畿内四方采邑之狱讼。

【译文】

方士，由中士十六人任长官，下辖府八人，史十六人，胥十六人，徒一百六十人。

6. 讶士[1]，中士八人，府四人，史八人，胥八人，徒八十人。

【注释】

①讶士：官名。掌管四方诸侯之狱讼，兼迎送四方宾客。讶，迎也。

【译文】

讶士，由中士八人任长官，下辖府四人，史八人，胥八人，徒八十人。

7. 朝士[1]，中士六人，府三人，史六人，胥六人，徒六十人。

【注释】

①朝士：官名。掌管天子外朝秩序和治安。郑《注》曰："主外朝之法。"按，外朝在皋门内、库门外。

【译文】

朝士，由中士六人任长官，下辖府三人，史六人，胥六人、徒六十人。

8. 司民[1]，中士六人，府三人，史六人，胥三人，徒三十人。

【注释】

①司民：官名。掌管户籍，统计人口。郑《注》曰："主民数。"

【译文】

司民，由中士六人任长官，下辖府三人，史六人，胥三人，徒三十人。

9. 司刑[1]，中士二人，府一人，史二人，胥二人，徒二十人。

【注释】

①司刑：官名。掌管五刑之法以量刑定罪，协助司寇判决狱讼。

【译文】

司刑，由中士二人任长官，下辖府一人，史二人，胥二人，徒二十人。

10. 司刺[1]，下士二人，府一人，史二人，徒四人。

【注释】

①司刺：官名。掌管三刺、三宥、三赦之法（详其职文），协助司寇判决狱讼。

【译文】

司刺，由下士二人任长官，下辖府一人，史二人，徒四人。

11. 司约[1]，下士二人，府一人，史二人，徒四人。

【注释】

①司约:官名。掌管邦国及万民契约券书。

【译文】

司约,由下士二人任长官,下辖府一人,史二人,徒四人。

12. 司盟①,下士二人,府一人,史二人,徒四人。

【注释】

①司盟:官名。掌管订立盟约、记载盟辞的法式。载,盟辞。

【译文】

司盟,由下士二人任长官,下辖府一人,史二人,徒四人。

13. 职金①,上士二人,下士四人,府二人,史四人,胥八人,徒八十人。

【注释】

①职金:官名。掌管金玉锡石等矿产的戒令,兼管接受金罚、货罚。

【译文】

职金,由上士二人任长官,下士四人任副职,下辖府二人,史四人,胥八人,徒八十人。

14. 司厉①,下士二人,史一人,徒十有二人。

【注释】

①司厉:官名。掌管罚没盗贼的兵器、偷盗的财物。厉,犯法作恶。

【译文】

司厉，由下士二人任长官，下辖史一人，徒十二人。

15. 犬人[1]，下士二人，府一人，史二人，贾四人，徒十六人[2]。

【注释】

①犬人：官名。掌管祭祀时供犬牲。犬于五行属金，故列于秋官。

②徒十六人：阮校说，“十”下当补“有”字。

【译文】

犬人，由下士二人任长官，下辖府一人，史二人，贾四人，徒十六人。

16. 司圜[1]，中士六人，下士十有二人，府三人，史六人，胥十有六人，徒百有六十人。

【注释】

①司圜：官名。掌管收教不从化之恶人。圜，即圜土，即监狱（参见《地官·比长》注）。

【译文】

司圜，由中士六人任长官，下士十二人任副职，下辖府三人，史六人，胥十六人，徒一百六十人。

17. 掌囚[1]，下士十有二人，府六人，史十有二人，徒百有二十人。

【注释】

①掌囚：官名。掌管囚禁罪犯。郑《注》曰：“囚，拘也。主拘系当刑

杀之者。”

【译文】

掌囚，由下士十二人任长官，下辖府六人，史十二人，徒一百二十人。

18. 掌戮[1]，下士二人，史一人，徒十有二人。

【注释】

①掌戮：官名。掌管斩杀、刑戮罪犯。据郑《注》，戮犹辱，杀后还当陈尸示众以辱之。

【译文】

掌戮，由下士二人任长官，下辖史一人，徒十二人。

19. 司隶[1]，中士二人，下士十有二人，府五人，史十人，胥二十人，徒二百人。

【注释】

①司隶：官名。掌管从事劳役的犯人。统领下文罪隶、蛮隶、闽隶、夷隶、貉隶五隶。隶，被强迫从事劳辱之役者。

【译文】

司隶，由中士二人任长官，下士十二人任副职，下辖府五人，史十人，胥二十人，徒二百人。

20. 罪隶[1]，百有二十人。

【注释】

①罪隶：凡罪犯之家属没为官奴者，皆谓之罪隶。此处罪隶盖指掌

管罪隶之官。

【译文】

罪隶，一百二十人。

21. 蛮隶[1]，百有二十人。

【注释】

①蛮隶：郑《注》曰："征南夷所获。"按，此处蛮隶则是指掌管征伐南方少数民族所获俘虏而为奴者之官。下闽隶，夷隶、貉隶，义放此。

【译文】

蛮隶，一百二十人。

22. 闽隶[1]，百有二十人。

【注释】

①闽隶：闽族之民入供使役者。掌管养鸟。郑《注》曰："闽，南蛮之别[种]。"

【译文】

闽隶，一百二十人。

23. 夷隶[1]，百有二十人。

【注释】

①夷隶：征伐东夷所获俘虏在国家服役者。郑《注》曰："征东夷所获。"

【译文】

夷隶，一百二十人。

24. 貉隶[1]，百有二十人。

【注释】

①貉(mò)隶：征伐东北夷所获俘虏在国家服役者。掌管养兽及守王宫厉禁。貉，通“貊”，古代对北方少数民族的泛称。郑《注》曰：“征东北夷所获。”

【译文】

貉隶，一百二十人。

25. 布宪[1]，中士二人，下士四人，府二人，史四人，胥四人，徒四十人。

【注释】

①布宪：官名。掌管颁布天子之刑法禁令。宪，悬挂公布。郑《注》曰：“宪，表也。主表刑禁者。”

【译文】

布宪，由中士二人任长官，下士四人任副职，下辖府二人，史四人，胥四人，徒四十人。

26. 禁杀戮[1]，下士二人，史一人，徒十有二人。

【注释】

①禁杀戮：官名。掌管侦察罪犯、制止庶民互相杀戮。

【译文】

禁杀戮，由下士二人任长官，下辖史一人，徒十二人。

27. 禁暴氏[1]，下士六人，史三人，胥六人，徒六十人。

【注释】

①禁暴氏：官名。掌管禁止庶民的违法乱暴行为。

【译文】

禁暴氏，由下士六人任长官，下辖史三人，胥六人，徒六十人。

28. 野庐氏[1]，下士六人，胥十有二人，徒百有二十人。

【注释】

①野庐氏：官名。掌管国中郊野道路的畅通及宾客途中的食宿、安全。野庐，国中郊野道旁的客舍。

【译文】

野庐氏，由下士六人任长官，下辖胥十二人，徒一百二十人。

29. 蜡氏[1]，下士四人，徒四十人。

【注释】

①蜡(qù)氏：官名。掌管掩埋腐尸及道路上不干净的东西。蜡，同“蛆”，谓腐肉生蛆。

【译文】

蜡氏，由下士四人任长官，下辖徒四十人。

30. 雍氏[1]，下士二人，徒八人。

【注释】

①雍氏：官名。掌管防禁田间沟渎水潦等及禽兽等危害庄稼。雍，通“壅”，堵塞。此谓防止水流漫溢。

【译文】

雍氏，由下士二人任长官，下辖徒八人。

31. 萍氏[1]，下士二人，徒八人。

【注释】

①萍氏：官名。掌管国家的水禁。郑《注》曰：“主水禁，萍之草无根而浮，取名于其不沉溺。”

【译文】

萍氏，由下士二人任长官，下辖徒八人。

32. 司寤氏[1]，下士二人，徒八人。

【注释】

①司寤氏：官名。掌管辨别夜晚的时间和禁戒。

【译文】

司寤氏，由下士二人任长官，下辖徒八人。

33. 司烜氏[1]，下士六人，徒十有六人。

【注释】

①司烜氏：官名。掌管取明火、明水、负责火禁等事。烜，火也。

【译文】

司烜氏，由下士六人任长官，下辖徒十六人。

34. 条狼氏[1]，下士六人，胥六人，徒六十人[2]。

【注释】

①条(dí)狼氏：官名。掌管清除道路，驱避行人。条，通“涤”，清除。狼，谓道上之狼藉。

②“下士六人”三句：按，沈彤以为三句的“六”均当改为“八”字。其曰：“其职云：王出入则八人夹道。此下士属王，当八人也。下士之夹道者八，则随而涤狼之胥亦当八；胥为什长，胥八则徒当八十也。”

【译文】

条狼氏，由下士八人任长官，下辖胥八人，徒八十人。

35. 修闾氏[1]，下士二人，史一人，徒十有二人。

【注释】

①修闾氏：官名。掌管王城中里门的守卫禁戒。闾，里门。

【译文】

修闾氏，由下士二人任长官，下辖史一人，徒十二人。

36. 冥氏[1]，下士二人，徒八人。

【注释】

①冥(mì)氏:官名。掌管捕取野兽的机弩、网罗等。孙诒让曰:“以下至庭氏十二职,并掌攻除鸟兽虫蛊及草木之官,以其亦是杀伐之事,故并属司寇。”

【译文】

冥氏,由下士二人任长官,下辖徒八人。

37. 庶氏①,下士一人,徒四人。

【注释】

①庶(zhù)氏:官名。掌管驱除毒蛊。段玉裁曰:“庶氏既掌除毒蛊,则其官曰蛊氏可矣,而书不作‘蛊’字者,庶与蛊同,是以作庶氏。”

【译文】

庶氏,由下士一人任长官,下辖徒四人。

38. 穴氏①,下士一人,徒四人。

【注释】

①穴氏:官名。掌管捕捉蛰藏于洞穴的野兽。

【译文】

穴氏,由下士一人任长官,下辖徒四人。

39. 翼氏①,下士二人,徒八人。

【注释】

①翼(chì)氏:官名。掌管捕捉鹰隼等猛鸟。郑司农曰:“翼,读为

‘翅翼’之‘翅’。”

【译文】

翟氏，由下士二人任长官，下辖徒八人。

40. 柞氏[1]，下士八人，徒二十人。

【注释】

①柞氏：官名。掌管除野草及砍伐林木。

【译文】

柞氏，由下士八人任长官，下辖徒二十人。

41. 薙氏[1]，下士二人，徒二十人。

【注释】

①薙(tì)氏：官名。掌管剪除野草。

【译文】

薙氏，由下士二人任长官，下辖徒二十人。

42. 硩蔟氏[1]，下士一人，徒二人。

【注释】

①硩(chè)蔟氏：官名。掌管捣毁妖鸟(叫声怪异的鸟)的鸟巢。硩，捣毁。蔟，鸟巢。

【译文】

硩蔟氏，由下士一人任长官，下辖徒二人。

43. 翦氏[1]，下士一人，徒二人。

【注释】

①翦氏：官名。掌管除毒虫。郑《注》曰："主除虫蠹者。"按，蠹，(dù)，蛀虫。

【译文】

翦氏，由下士一人任长官，下辖徒二人。

44. 赤发氏[1]，下士一人，徒二人。

【注释】

①赤发(bá)氏：官名。掌管除去埋藏于墙屋中的害虫。赤发，是"拂拔"的假借。拂拔，除去。

【译文】

赤发氏，由下士一人任长官，下辖徒二人。

45. 蝈氏[1]，下士一人，徒二人。

【注释】

①蝈(guō)氏：官名。掌管除蛙类。

【译文】

蝈氏，由下士一人任长官，下辖徒二人。

46. 壶涿氏[1]，下士一人，徒二人。

【注释】

①壶涿(zhuō)氏:官名。掌管除去水中毒虫。壶,瓦鼓。涿,敲击。

【译文】

壶涿氏,由下士一人任长官,下辖徒二人。

47. 庭氏①,下士一人,徒二人。

【注释】

①庭氏:官名。掌管射杀夜鸣之恶鸟,使王城中清洁如宫廷。郑《注》曰:"主射妖鸟,令国中絜(洁)清如庭者也。"

【译文】

庭氏,由下士一人任长官,下辖徒二人。

48. 衔枚氏①,下士二人,徒八人。

【注释】

①衔枚氏:官名。掌管禁止人说话、喧哗。

【译文】

衔枚氏,由下士二人任长官,下辖徒八人。

49. 伊耆氏①,下士一人,徒二人。

【注释】

①伊耆氏:官名。掌管提供函、拐杖。

【译文】

伊耆氏,由下士一人任长官,下辖徒二人。

50. 大行人[1]，中大夫二人；小行人[2]，下大夫四人；司仪[3]，上士八人，中士十有六人；行夫[4]，下士三十有二人；府四人，史八人，胥八人，徒八十人。

【注释】

①大行人：官名。行人之长。掌管接待诸侯及其孤卿的朝聘接待礼仪。孙诒让曰："以下至掌货贿十一职，并掌四方朝聘宾客及使命往来之官。亦属秋官者，以大司寇掌佐王刑邦国、诘四方，故以义类属之。"

②小行人：官名。大行人之副。掌管邦国宾客的礼籍（名位尊卑之书），以接待四方诸侯国的使者。

③司仪：官名。掌管接待宾客的九等礼仪中的傧相之礼，诏告礼仪之节度。

④行夫：官名。掌管奉王命出使诸侯国庆喜、吊丧等小事。

【译文】

大行人，由中大夫二人担任；小行人，由下大夫四人担任；司仪，由上士八人任长官，另有中士十六人任副职；行夫，由下士三十二人担任；下辖府四人，史八人，胥八人，徒八十人。

51. 环人[1]，中士四人，史四人，胥四人，徒四十人。

【注释】

①环人：官名。为秋官之属。掌管迎送诸侯的宾客。按，此与《夏官·环人》字同而义异。

【译文】

环人，由中士四人任长官，下辖史四人，胥四人，徒四十人。

52. 象胥[1]，每翟上士一人[2]，中士二人，下士八人，徒二十人。

【注释】

①象胥：官名。掌管语言翻译。郑《注》曰："通夷狄之言者曰象。胥，其有才智者也。"

②翟：同"狄"，此作四方少数民族的泛称。

【译文】

象胥，每一少数民族设上士一人任长官，此外还有中士二人、下士八人递相辅佐，下辖徒二十人。

53. 掌客[1]，上士二人，下士四人，府一人，史二人，胥二人，徒三十人[2]。

【注释】

①掌客：官名。掌管宴请宾客、供给饮食的等级和数量。

②三十人：据阮校，"三"当作"二"。

【译文】

掌客，由上士二人任长官，下士四人任副职，下辖府一人，史二人，胥二人，徒二十人。

54. 掌讶[1]，中士八人，府二人，史四人，胥四人，徒四十人。

【注释】

①掌讶：官名。掌管迎送宾客。郑《注》曰："讶，迎也。宾客来，主

迎之。”

【译文】

掌讶，由中士八人任长官，下辖府二人，史四人，胥四人，徒四十人。

55. 掌交[1]，中士八人，府二人，史四人，徒三十有二人。

【注释】

①掌交：官名。掌管巡行各诸侯国，与之交好。郑《注》曰：“主交通结诸侯之好。”

【译文】

掌交，由中士八人任长官，下辖府二人，史四人，徒三十二人。

56. 掌察[1]，四方中士八人[2]，史四人，徒十有六人。

【注释】

①掌察：官名。其职文阙，盖掌管督察四方邦国之事。贾《疏》说掌督察邦国之事。俞樾曰：“此官以‘掌察四方’四字为名，非名‘掌察’也。”暂存疑。

②四方中士八人：是每方二人。

【译文】

掌察，四方共由中士八人任长官，下辖史四人，徒十六人。

57. 掌货贿[1]，下士十有六人，史四人，徒三十有二人。

【注释】

①掌货贿：官名。其职文阙，孙诒让说掌四方所进献的财货，与外

府、内府为官联。

【译文】

掌货贿，由下士十六人任长官，下辖史四人，徒三十二人。

58. 朝大夫[1]，每国上士二人，下士四人，府一人，史二人，庶子八人[2]，徒二十人。

【注释】

①朝大夫：官名。三公、王子弟、卿大夫采地派驻朝廷的代表。掌管朝廷、采邑之间的上传下达。

②庶子：公卿贵族子弟在官当差而尚未授爵命者。孙诒让曰："盖都家贵族之子弟未命而在官者。"

【译文】

朝大夫，每采邑由王派上士二人任长官，下士四人任副职，下辖府一人，史二人，庶子八人，徒二十人。

59. 都则[1]，中士一人，下士二人，府一人，史二人，庶子四人，徒八十人。

【注释】

①都则：官名，盖掌管都鄙之"八则"。郑《注》曰："主都家之八则者也。"

【译文】

都则，每采邑由中士一人任长官，下士二人任副职，下辖府一人，史二人，庶子四人，徒八十人。

60. 都士[1]，中士二人，下士四人，府二人，史四人，胥四人，徒四十人。家士亦如之[2]。

【注释】

①都士：官名。其职文阙。盖掌管都内吏民狱讼。郑《注》曰："主治都家吏民之狱讼，以告方士者也。"按，此都士是指采邑中的大、小都之都士，大夫的采邑（即家）则称家士。

②家士亦如之：谓每家亦中士二人，下士四人，府二人，史四人，胥四人，徒四十人。家士，官名。其职文阙。盖掌管大夫采地内吏民的狱讼。

【译文】

都士，每都由中士二人任长官，下士四人任副职，下辖府二人，史四人，胥四人，徒四十人。家士的编制也是这样。

一　大司寇

1. 大司寇之职，掌建邦之三典[1]，以佐王刑邦国，诘四方[2]：一曰刑新国用轻典[3]，二曰刑平国用中典[4]，三曰刑乱国用重典[5]。

【注释】

①建邦之三典：建，亦兼建立和颁行二义。典，法也。

②诘：犹禁。

③新国用轻典：轻典，比较宽大的法典。郑《注》曰："为其民未习于教。"

④平国用中典：平国，孙诒让曰："谓立国日久，承平无事者也。"中典，轻重适宜的法典。

⑤刑乱国用重典：乱国，谓篡弑叛逆之国。重典，从严从重的法典。

【译文】

大司寇的职责，掌管建立和颁行治理天下的三种法典，以辅佐王用刑法惩罚违法的诸侯国，禁止四方诸侯国为非作歹：一是惩罚违法的新建立国家用轻典，二是惩罚违法的承平守成的国家用中典，三是惩罚叛乱篡弑的国家用重典。

2. 以五刑纠万民①：一曰野刑②，上功纠力③；二曰军刑，上命纠守④；三曰乡刑，上德纠孝；四曰官刑，上能纠职；五曰国刑；上愿纠暴⑤。

【注释】

①以五刑纠万民：刑，亦法。纠，郑《注》曰："犹察异之。"孙诒让曰："察异之，谓察其善恶而别异之。"

②野：谓甸地、稍地、县地、都地。即王城外二百里至五百里之地。

③上功纠力：上，通"尚"，崇尚。郑《注》曰："功，农功。力，勤力。"纠力，谓纠其不力。

④上命纠守：郑《注》曰："命，将命也。守，不失部伍。"盖谓将不失兵，兵不掉队。

⑤上愿纠暴：郑《注》曰："愿，悫慎也。暴，当为'恭'，字之误也。

【译文】

用五种刑法来纠察民众：一是适用于野地之民的刑法，以倡导务农而纠察懒惰不力；二是适用于军队的刑法，以倡导服从命令而纠察失去部伍者；三是适用于六乡之民的刑法，以倡导德行而纠察不孝行为；四是适用于官府的刑法，以倡导贤能而纠察失职行为；五是适用于国都之民的刑法，以倡导谨慎诚实而纠察凶暴不恭。

3. 以圜土聚教罢民[1]。凡害人者[2]，置之圜土而施职事焉，以明刑耻之[3]。其能改者，反于中国[4]，不齿三年[5]。其不能改而出圜土者，杀。

【注释】

①罢民：此谓游手好闲、不从教化之民。罢，通“疲”。毛应龙曰：“民之游惰不能自强于为善，谓之罢民。”

②害人者：据郑《注》，此种人已触犯刑律，但属过失犯法，因此不判刑而“寘(置)之圜土系教之”。

③明刑：郑《注》曰：“书其罪恶于大方版，著其背。”

④反于中国：郑《注》曰：“谓舍之还于故乡里也。”反，今作“返”。中国，方苞《集注》曰：“谓故乡里也。”

⑤不齿：郑《注》曰：“不得以年次列于平民。”

【译文】

用狱城聚教那些不从教化的不良之民。凡是过失伤人触犯法律的，把他关入狱城而罚做工，写明罪行让其背上以让其感受羞耻。那些能改过的，就释放回故里，但在三年内不得与平辈的人按年龄大小排列位次。那些不能改过而逃出狱城的，抓住就处死。

4. 以两造禁民讼[1]，入束矢于朝[2]，然后听之。以两剂禁民狱[3]，入钧金[4]，三日乃致于朝[5]，然后听之。

【注释】

①以两造禁民讼：造，至也。两造，谓使诉讼双方都到场。讼，对下文“狱”，谓因小事而诉讼。黄度曰：“小曰讼，大曰狱。”禁民讼，禁民不实之讼。贾《疏》曰：“禁民狱讼不使虚诬。”

②入束矢：郑《注》以为古时一弓备百矢，束矢盖即百矢。按，此束矢，犹今所谓诉讼费，双方都入束矢，然后受理诉讼，如一方不入，就是自认理曲。诉讼审理完毕，败诉者就没收其所入矢，胜诉者则退还其矢。

③剂：此谓文字证明材料的状纸。郑《注》曰："今券书也。"

④入钧金：此亦犹诉讼费。钧，三十斤曰钧。金指铜。孙诒让曰："既断之后，则不直者没入金以示罚。"

⑤三日乃致于朝：郑《注》曰："又三日乃治之，重刑也。"重刑，即表示慎重大案的受理。

【译文】

用使诉讼双方当事人都到场的办法来防禁诉讼不实之辞，每方先交一束矢给朝廷，表明自己是理直的一方，然后开始审理诉讼。为防止诬陷，通过诉讼双方都携带有关文字证明材料的办法来防止，先交三十斤铜作为保证金，过三天才让诉讼双方来朝，然后审理诉讼。

5. 以嘉石平罢民①。凡万民之有罪过而未丽于法②，而害于州里者，桎梏而坐诸嘉石，役诸司空。重罪，旬有三日坐③，期役；其次九日坐，九月役；其次七日坐，七月役；其次五日坐，五月役；其下罪三日坐，三月役。使州里任之④，则宥而舍之。

【注释】

①以嘉石平罢民：据郑《注》，嘉石即放在外朝门左的有纹理的巨石。平，郑《注》曰："成也，成之使善。"贾《疏》曰："欲使罢(pí)民思其文理，以改悔自修。"

②未丽于法：丽，附丽，触犯。郑《注》曰："丽，附也。未附于法，未著于法也。"

③三日：王引之说，"三"当为"二"，因涉下文"三日坐"而误。

④任之：任，担保。据孙诒让说，谓使州里之人担保其不再犯。

【译文】

用嘉石来感化有恶习的人改过向善。凡民众犯有罪过而尚未犯法，却为州里所痛恶的，就给他们戴上手镣脚铐罚跪在嘉石前，然后交给司空罚服一定时间的劳役。罪重的罚在嘉石前跪十三(二)天，服役一年；其次罚跪九天，服役九个月；又其次罚跪七天，服役七个月；又其次罚跪五天，服役五个月；又轻一等的罪罚跪三天，服役三个月。服劳役期限满后由同州里的人担保他改恶从善，这才宽宥而释放他。

6. 以肺石达穷民①。凡远近惸独老幼之欲有复于上②，而其长弗达者，立于肺石三日，士听其辞，以告于上，而罪其长。

【注释】

①以肺石达穷民：肺石，即放在外朝门外右边的赤色石头(参见《夏官·大仆》注)。达，通也，谓使穷民之冤辞得通达于上。按"达"字《注疏》本原误刻作"远"，盖涉下"凡远近"之文而讹。《秋官·朝士》即作"达穷民"。穷民，谓鳏寡孤独。郑《注》曰："天民之穷而无告者。"

②惸独老幼之欲有复于上：惸(qióng)，亦作"茕"。郑《注》曰："无兄弟曰惸，无子孙曰独。复犹报也。上，谓王与六卿也。……长，谓诸侯若(或)乡遂大夫。"

【译文】

用肺石来上达穷苦无告之民的冤辞。凡远近孤独无靠或年老、幼弱之民想要向上申诉冤屈，而其地方长官又不予转达的，就可以在肺石上站三天，然后朝士就会听取他诉说反映的情况，以报告朝廷，而惩罚其地方长官。

7. 正月之吉，始和布刑于邦国都鄙，乃县刑象之法于象魏，使万民观刑象，挟日，而敛之①。

【注释】

①“正月”至“敛之”：参见《天官·大宰》第11节注。

【译文】

每年周历正月初一，开始向各诸侯国和王畿内的采邑臣民宣布刑典，把形成文字的刑典悬挂在象魏上，让万民观看，十天以后收藏起来。

8. 凡邦之大盟约①，莅其盟书，而登之于天府②，大史、内史、司会及六官③，皆受其贰而藏之。

【注释】

①凡邦之大盟约：贾《疏》曰：“谓王与诸侯，因大会同而与盟所有约誓之辞。”

②登之于天府：按，《春官·天府》曰“掌祖庙之守藏”，故登之。

③六官：郑《注》曰：“六卿之官也。”按，即指天、地、春、夏、秋、冬六官之长。

【译文】

凡是王与诸侯因大会同而订立盟约，就要亲临监视盟书的制作，然后将盟书正本上交天府保管于祖庙，大史、内史、司会以及六卿，都接受盟书的副本而收藏起来。

9. 凡诸侯之狱讼，以邦典定之[1]。凡卿大夫之狱讼，以邦法断之[2]。凡庶民之狱讼，以邦成弊之[3]。

【注释】

①邦典：即《大宰》的六典。六典治理对象主要是诸侯。郑《注》曰："六典也，以六典待邦国之治。"(参见《天官·大宰》)

②邦法：即《大宰》的八法。八法治理对象主要是百官。郑《注》曰："八法也，以八法待官府之治。"

③以邦成弊之：邦成，即《小宰》的八成。八成治理对象是万民。郑《注》曰："邦成，八成也，以官成待万民之治。"弊，听断。郑司农曰："弊之，断其狱讼也。"

【译文】

凡是诸侯之间的诉讼，就根据国家的六典来审断。凡是卿大夫之间的诉讼，就根据国家的八法来审断。凡是庶民之间的诉讼，就根据国家的八成来裁决。

10. 大祭祀，奉犬牲。若禋祀五帝[1]，则戒之日[2]，莅誓百官[3]，戒于百族[4]。及纳亨[5]，前王。祭之日亦如之[6]。奉其明水火[7]。

【注释】

①禋(yīn)祀五帝：禋祀，烧柴升烟以祭天。参见《春官·大宗伯》注。五帝，五方天帝。详《天官·大宰》注。

②戒之日：戒，告也。据郑《注》，谓告以占卜所定祭祀日期。

③涖誓百官：誓，谓誓诫，即告诫百官勿失礼。孙诒让说，大宰誓诫百官，大司寇涖其事。

④戒于百族：戒，誓诫。百族，指参加祭祀的府史胥徒。郑《注》曰："谓府史以下。"

⑤纳亨：即纳牲。亨，同"烹"。参见《天官·大宰》注。

⑥祭之日亦如之：指纳亨当天天亮之后，故《天官·大宰》郑《注》曰："日，旦也。"亦如之，谓亦前王。

⑦明水火：明水、明火。参见《秋官·司烜氏》注。据贾《疏》，明水，用于调配郁鬯和五齐；明火，用于给烹牲的灶生火。

【译文】

举行大祭祀，负责奉进犬牲。如果用禋祀祭祀五帝，就要宣告祭祀的日期，亲临监督大宰对百官的告诫，又对官府服务的府史胥徒们进行告诫。到祭祀那天黎明行纳亨礼的时候，要走在前面为王做前导。到天亮以后正式祭祀时也是这样做。负责进奉明水、明火。

11. 凡朝觐、会同，前王。大丧亦如之[①]。大军旅[②]，莅戮于社[③]。凡邦之大事[④]，使其属跸。

【注释】

①大丧亦如之："大丧"如指天子去世，则"亦如之"指走在嗣王前面作前导。

②大军旅：王亲在军，故称"大"。

③戮于社：戮，谓戮不用命者。社，谓军社（参见《春官·小宗伯》注）。

④邦之大事：谓有天子参与的大祭祀、大丧纪、大军旅、大宾客等。

【译文】

凡是举行朝觐、会同，都要走在前面为王作前导。遇到大丧也是这样做，有天子参与的重大军事活动，要亲临监视在军社前处死犯令将士。凡是国家有大事，都要派遣属吏清道，禁止闲人通行。

二 小司寇

1. 小司寇之职，掌外朝之政[1]，以致万民而询焉：一曰询国危[2]，二曰询国迁，三曰询立君[3]。

【注释】

①外朝：在皋门与库门之间。江永曰："外朝在库门外，无宫室，平时臣民得皆往来。"

②国危，郑《注》曰："谓有兵寇之难。"

③询立君：郑《注》曰："谓无冢適，选于庶也。"按，冢適谓嫡长子，庶，谓庶子，在此泛指嫡长子以下诸子。

【译文】

小司寇的职责，掌管有关外朝的政事，以聚集民众而征询他们对国家大事的意见：一是当国家有危难如兵寇作乱等时征询意见，二是当国家要迁都时征询意见，三是当国家需选立新君时征询意见。

2. 其位：王南乡，三公及州长、百姓北面[1]，群臣西面[2]，群吏东面[3]。小司寇摈以叙进而问焉[4]，以众辅志而弊谋[5]。

【注释】

①百姓：据金鹗说，同上节"万民"。

②群臣：谓在朝的百官。郑《注》曰："卿大夫士也。"

③群吏：谓乡遂、公邑、都鄙的官吏。金鹗曰："乡遂都鄙之官也。"即指地方官。

④摈：接待、引导宾客。郑《注》曰："谓揖之使前也。"

⑤志：李钟伦曰："王之志也。"

【译文】

外朝的朝位：王面向南而立，三公和州长、百姓面向北而立，群臣面向西而立，群吏面向东而立。小司寇按照爵位尊卑揖请他们依次进前而接受王的意见问询，用众人的智慧辅助王的思虑而进行谋断。

3. 以五刑听万民之狱讼[①]，附于刑，用情讯之[②]，至于旬乃弊之，读书则用法[③]。

【注释】

①五刑：司刑所掌五刑，即墨（在面额上刺字）、劓（yì，割鼻）、刖（yuè，断足），宫（损坏男子生殖器，或破坏女性生殖机能，一说禁闭女子于宫中），杀（又称大辟，即死刑）等五刑，详《秋官·司刑》。此指有关五刑的法律条文。

②用情讯之：讯，讯问，审讯。郑《注》曰："用情理言之，冀有可以出之者。"孙诒让曰："以情理更重讯问之，冀可附于轻比，出其刑罪。"

③读书则用法：贾《疏》曰："谓五刑之时，当读刑书罪状，则用法刑之。"

【译文】

按照五刑来审理民众的诉讼，凡是触犯刑律将要判刑的案件，又要以情理再加以审讯，为慎重起见，还要等到十天后才下判决，宣读犯人罪状之后就应施加刑罚。

4. 凡命夫、命妇[①]，不躬坐狱讼[②]。凡王之同族有罪，不即市[③]。

【注释】

①命夫、命妇：爵位是大夫以上的男子为命夫，大夫之妻为命妇。参见《地官·司市》注。

②不躬坐：据郑《注》，即不亲自到场受审，而由其家属子弟代之，是为避免治狱之吏亵渎尊者的身份。坐，谓诉讼双方对坐于地以受审。

③不即市：王的同族人有罪，则到郊野的甸师处行刑。以避免国人聚观而议论其罪过(参见《天官·甸师》注)。

【译文】

凡是命夫、命妇，审判时不亲自到场对坐受审。凡是王的同族犯罪，不到闹市上行刑。

5. 以五声听狱讼①，求民情：一曰辞听②，二曰色听③，三曰气听④，四曰耳听⑤，五曰目听⑥。

【注释】

①五声：又叫五听。狱讼审理中五种判断曲直的听审方法。

②辞听：听其言辞而判断曲直，理屈者词烦，理直者言要。郑《注》曰："观其出言，不直则烦。"不直，犹言理屈。

③色听：根据面色神情而判断曲直。郑《注》曰："观其颜色，不直则赧然。"

④气听：根据当事人的呼吸缓急而判断曲直。郑《注》曰："观其气息，不直则喘。"毛应龙说，如理亏心虚，吐气则喘。

⑤耳听：观其能否听懂他人言词而判断曲直。郑《注》曰："观其听聆，不直则惑。"毛应龙引郑锷曰："心有不直，则耳所听者，必疑而不审。"

⑥目听：观其眼神而判断曲直。郑《注》曰："观其眸子视，不直则

眊然。”

【译文】

根据五种方法来听断诉讼，求得诉讼人的实情：一是根据言辞判断曲直，二是根据神色判断曲直，三是根据气息是否急促判断曲直，四是根据听觉判断曲直，五是根据眼神如眸子是否明亮判断曲直。

6. 以八辟丽邦法[1]，附刑罚：一曰议亲之辟[2]，二曰议故之辟[3]，三曰议贤之辟[4]，四曰议能之辟，五曰议功之辟，六曰议贵之辟[5]，七曰议勤之辟[6]，八曰议宾之辟[7]。

【注释】

①以八辟丽邦法：辟，法也。八辟，八种议罪法，后世谓之八议，即从八方面来议人之罪，看是否可对享有减免罪罚的特权者从宽处理。因被议者多为官员，故将“八辟”附“邦法”来议罪。丽，附丽，附着。邦法，即大司寇听断卿大夫狱讼所用的“邦法”。

②亲：指王的亲族。

③故：指王的故旧。

④贤：指廉吏。

⑤贵：指大夫以上。

⑥勤：孙诒让说，此特为命士以下不在议贵之科者所设。

⑦宾：此指继承先代之后为国宾者。如，武王灭商后，封商汤后代于宋，宋国国君即为周之国宾。

【译文】

用八种议罪法附以国家的八法来对特殊人物议论减罪，而后再附着于刑罚：一是对王的亲族犯罪的议罪法，二是对王的故旧犯罪的议罪法，三是对德行高尚的廉吏犯罪的议罪法，四是对有道艺者犯罪的议罪法，五是对立过大功勋者犯罪的议罪法，六是对地位尊贵者犯罪的议罪法，七是对长期勤劳国事者犯罪的议罪法，八是对国宾犯罪的议罪法。

7. 以三刺断庶民狱讼之中[1]：一曰讯群臣，二曰讯群吏[2]，三曰讯万民。听民之所刺宥[3]，以施上服、下服之刑[4]。

【注释】

①以三刺断庶民狱讼之中：三刺，向三方面征求意见，问是否当杀。刺，探也，讯也。中，公正。郑《注》曰："谓罪正所定。"孙诒让说，当遇到疑难案件时，才行此三刺之法。

②群吏：指地方官。

③听民之所刺宥：民，在此实包括上文群臣、群吏言。刺，此指杀。宥，宽。郑《注》曰："民言杀，杀之；民言宽，宽之。"

④上服、下服：即上刑、下刑，即重刑、轻刑。据孙诒让说，上刑为五刑中的大辟（死刑）、宫、刖三者，劓、墨二者则为下刑。

【译文】

通过向三方面征求意见来使对平民诉讼的审断公正准确：一是讯问群臣，二是讯问群吏，三是讯问民众。听从三方面的意见来决定诛杀或从宽，决定施用重刑或轻刑。

8. 及大比[1]，登民数，自生齿以上[2]，登于天府。内史、司会、冢宰贰之，以制国用。

【注释】

①大比：即大校比，三年进行一次的全国性民数、财物调查统计（参见《地官·小司徒》注）。

②生齿：长牙。郑《注》曰："男八月而生齿，女七月而生齿。"

【译文】

等到进行大校比时，登记人民及财产数目，自生出牙齿的婴儿以上算起，都要登记，登记的正本上报给天府收存。内史、司会、冢宰保存副本，据以制订国家的财政计划预算。

9. 小祭祀，奉犬牲。凡禋祀五帝，实镬水[1]，纳亨亦如之。

【注释】

①实镬(huò)水：镬，煮牲肉的大锅。据郑《注》，此时实镬水是用于解割牲体时清洗牲体，到纳亨时实镬水才用于煮牲肉。

【译文】

举行小祭祀，负责进献犬牲。凡用禋祀祭祀五帝，负责给镬中添满水。到祭祀那天黎明王牵牲行纳亨礼需烹煮牲体时，也是这样。

10. 大宾客，前王而辟。后、世子之丧亦如之。小师莅戮[1]。凡国之大事，使其属跸[2]。

【注释】

①小师涖戮：小师，郑《注》曰："王不自出之师。"涖戮，参见《大司寇》。

②使其属跸：此为协助大司寇进行。

【译文】

遇到接待来朝的诸侯，为王作前导并戒严清除行人。遇到为王后或太子举办丧事也是这样做。举行小规模军事行动，就亲临监视处罚犯令的将士。凡是国家有大事，就派部属清道，禁止闲人来往。

11. 孟冬祀司民[1]，献民数于王[2]，王拜受之[3]，以图国用而进退之[4]。

【注释】

①司民：星名（参见《春官·天府》注）。

②献民数于王：据郑《注》，小司寇在祭祀司民时献民数，以示重民。

③王拜受之：王拜而受，亦表示重民。

④进退：增加与减少。郑《注》曰："犹损益也。"

【译文】

每年冬十月祭祀司民之神时，把当年全国的人口数呈献给王，王行拜礼而后接受之，并据以计划国家财政开支的增加、减少。

12. 岁终则令群士计狱弊讼[1]，登中于天府[2]。

【注释】

①狱弊讼：即弊狱讼。弊，断也，即已审结的案件。郑《注》曰："上其所断狱讼之数。"

②中：谓官府簿书，即文件、档案、判决书等（参见《春官·天府》注）。

【译文】

每到夏历年终，就命令所有司法官们统计本年内已审结的案件数量，并将案卷报送天府保存备查。

13. 正岁，帅其属而观刑象[1]，令以木铎曰："不用法者，国有常刑。"令群士[2]。乃宣布于四方，宪刑禁[3]。

【注释】

①刑象：悬于象魏的刑法。

②群士：郑《注》曰："遂士以下。"据贾《疏》，遂士以下，是指县士、方士、讶士等。

③宪刑禁：宪，悬挂，公布。刑禁，刑罚禁令。郑《注》曰："宪，表也，谓县之也。刑禁，《士师》之五禁。"（详《秋官·士师》）

【译文】

每年夏历正月初一，率领部属观看刑法条文，手摇木铎告诫说："如果不遵守刑法的，国家有常设的刑罚来加以惩处！"又同样来告诫遂士、县工、方士、讶士等。接着又向四方宣布刑法，并悬挂公布刑禁条文。

14. 乃命其属入会①，乃致事②。

【注释】

①乃命其属入会：按，此句实蒙上"岁终"为文。因入会、致事皆在年终，而无在年初之例。会，计也，此指记录所断狱讼的计簿，即簿书。

②致事：郑《注》曰："致之于王。"

【译文】

每到年终，命令部属上报记录所审理案件的簿书，而后呈交给王。

三　士师

1. 士师之职，掌国之五禁之法，以左右刑罚①：一曰宫禁，二曰官禁，三曰国禁，四曰野禁，五曰军禁②。皆以木铎徇之于朝，书而县于门闾。

【注释】

①左右刑罚：辅助刑罚禁民为非。左右，辅助。郑《注》曰："左右，助也。助刑罚者，助其禁民为非也。"

②"一曰"五句：据郑《注》，古禁书已亡，五禁内容不详。

【译文】

士师的职责，掌管有关五禁之法，以辅助刑罚禁民为非作歹：一是王宫的禁令，二是官府的禁令，三是都城中的禁令，四是都城外田野的禁令，五是军中的禁令。这五种禁令，都要摇响木铎在外朝宣示，并书写出来悬挂在城门、里门上。

2. 以五戒先后刑罚①，毋使罪丽于民②：一曰誓③，用之于军旅；二曰诰④，用之于会同；三曰禁，用诸田役；四曰纠⑤，用诸国中；五曰宪，用诸都鄙。

【注释】

①先后：辅助。郑《注》曰："犹左右也。"

②丽：附丽。

③誓：誓言，约束。郑《注》说，如《尚书》的《甘誓》、《汤誓》等。

④诰：以上告下之文辞。郑《注》说，如《尚书》的《大诰》、《康诰》等。

⑤纠：及下文宪，皆当为纠察、禁令。其具体内容不详。

【译文】

用五戒辅助刑罚而预先告诫民众，不要使民众因不知戒令而犯罪：一是誓，用之于军旅；二是诰，用之于会同；三是禁令，用之于田猎和劳役；四是纠，用之于都城中；五是宪，用之于采邑。

3. 掌乡合州、党、族、闾、比之联①，与其民人之什伍②，使之相安、相受，以比追胥之事[3]，以施刑罚庆赏[4]。

【注释】

①乡合州、党、族、闾、比之联：乡合，郑《注》曰："乡所合也。"按，乡之下有州、党、族、闾、比，其隶属关系是：五家为比，五比为闾，四闾为族，五族为党，五党为州，五州为乡（见《地官·大司徒》）。故比5家，闾25家，族100家，党500家，州2500家，乡12500家。《地官·族师》曰"五家为比，十家为联"，是二比为联；又曰"四闾为族，八闾为联"，是二族为联。孙诒让据此以为"乡合之法，止于二族，二百家"，至于族以上之两党、两州之间，因"家数太多，里居较远，则皆不为联。凡此为联，皆以通其情志，而因以施政教"。

②与其民人之什伍：《族师》曰："五人为伍，十人为联。"一比五家每家出一人组成一伍，二比十家出十人为一什而相联。孙诒让曰："依彼二族八闾为联，则亦当以二百家二百人为联。其二党以上，人数较多，则不为联也。"按，这里说的是从军入伍的联合。

③追胥：参见《地官·小司徒》注。

④以施刑罚庆赏：即《地官·族师》"刑罚庆赏相及相共"。

【译文】

掌管六乡的州、党、族、闾、比的联合，以及民众按照军队编制组成什伍的联合，使他们平时相安无事彼此亲和、有事时相互托付，以相互配合进行追击敌寇、抓捕盗贼的事，用以施行刑罚、庆赏。

4. 掌官中之政令[1]，察狱讼之辞[2]，以诏司寇断狱弊讼[3]，致邦令[4]。

【注释】

①官中：官，官府。郑《注》曰："大司寇之官府中也。"

②狱讼之辞：据孙诒让说，此指疑难未决案件的狱讼之辞。

③诏：告知。此谓提供参考意见，以协助司寇判决疑难案件。

④致邦令：郑《注》曰："以法报之。"按，法，谓断案所依据的国家有关法令。报之，谓报予司寇。

【译文】

掌管大司寇官府中的政令，审阅考察疑难案件的讼辞，以向司寇提供判案的参考意见，并提供国家的法令依据。

5. 掌士之八成[1]：一曰邦汋[2]，二曰邦贼[3]，三曰邦谍，四曰犯邦令，五曰挢邦令[4]，六曰为邦盗，七曰为邦朋[5]，八曰为邦诬。

【注释】

①士之八成：士，泛指士师以下的乡士、遂士、县士、方士等掌理诉讼的官。成，成例，先例。庄存与曰："若今现行例也，乃决狱之成案。"

②邦汋(zhuó)：汋，通"酌"，斟酌。斟酌有求取之义，引申为刺探、盗取。郑司农曰："汋，读如'酌酒尊中'之'酌'。国汋者，斟汋盗取国家密事，若今时刺探尚书事。"

③邦贼：贼，犯上作乱、对国家造成严重危害者。郑《注》曰："为逆乱者。"

④挢邦令：挢，假托，诈称。俗作"矫"。王志长曰："挢，与'矫'同，犹今矫诏书也。"

⑤朋：朋党，结党营私。

【译文】

掌管司法官断案的八方面的成例：一是有关盗取国家机密案件的

成例，二是有关犯上作乱案件的成例，三是有关为外国作间谍案件的成例，四是有关违反王的教令案件的成例，五是有关假冒王命案件的成例，六是有关窃取国家宝藏案件的成例，七是有关朋比为奸结党营私案件的成例，八是有关歪曲事实诬蔑官长案件的成例。

6. 若邦凶荒，则以荒辩之法治之[1]：令移民，通财，纠守，缓刑。

【注释】

①辩：郑《注》说，是“贬”字之误，贬损义。此谓遭遇饥荒则在刑罚、国事上，暂时有所贬损、降低标准。

【译文】

如果国家发生凶年饥荒，就采用荒年减损之法来处理有关事宜：命令灾区移民，对无法迁移的民众则运输财物救灾，加强纠察守备以防盗贼，对犯罪的人减缓刑罚。

7. 凡以财狱讼者，正之以傅别、约剂[1]。

【注释】

①傅别、约剂：傅别，犹今借贷契约。约剂，即质剂，犹今买卖合同。参见《天官·小宰》注。

【译文】

凡是因财货纠纷而引发诉讼的，要根据契约、合同来裁决。

8. 若祭胜国之社稷[1]，则为之尸。

【注释】

①胜国之社稷：胜国，亡国，被本朝灭亡的前朝之国。参见《地官·媒氏》注。

【译文】

如果祭祀前代亡国的社稷，就充当尸以代神受祭。

9. 王燕出入，则前驱而辟。

【译文】

王闲暇时出入宫门或国都，就为王充当前导，并让过往行人避开。

10. 祀五帝，则沃尸及王盥①，洎镬水②。凡刉珥③，则奉犬牲。

【注释】

①沃尸：沃，谓浇水以供盥。尸，谓五帝之尸。

②洎镬水：洎，谓向镬中添水。

③刉珥：谓衅礼。即杀牲取血以涂抹新成的器物。

【译文】

祭祀五帝时，就浇水供尸和王洗手，并负责向镬中添水以便煮牲。凡举行衅礼，就进奉作为牺牲用的犬以便取其血。

11. 诸侯为宾，则帅其属而跸于王宫。大丧亦如之。大师，帅其属而禁逆军旅者①，与犯师禁者②，而戮之。

【注释】

①逆军旅：郑《注》曰："反将命也。"按，将命即军令。

②犯师禁：郑《注》曰："干行陈也。"

【译文】

诸侯作为王的宾客前来朝见王而接受款待时，就率领自己的属下在王宫中警戒禁止闲人通行。有大丧时也是这样做。有大规模军事行动时，率领自己的属下查禁违反军令者，以及扰乱军队行列者，而对其加以诛杀。

12. 岁终，则令正要会[1]。正岁，帅其属而宪禁令于国及郊野。

【注释】

①正要会：正，定也。要会，谓统计所审理狱讼的账册、簿书。

【译文】

每到夏历年终，就命令属下统计整理所审理案件的簿书以备考核。每年夏历正月，率领自己的属下在国都以及郊野悬挂公布禁令。

四　乡士

1. 乡士掌国中[1]，各掌其乡之民数而纠戒之[2]，听其狱讼，察其辞，辨其狱讼[3]，异其死、刑之罪而要之[4]，旬而职听于朝[5]。司寇听之，断其狱，弊其讼于朝[6]。群士、司刑皆在，各丽其法[7]，以议狱讼。狱讼成，士师受中。协日刑、杀[8]，肆之三日[9]。若欲免之，则王会其期。

【注释】

①掌国中：据郑《注》，掌，谓掌其狱讼；国中，实兼王城及四郊六乡言。按，乡士主要职掌六乡狱讼，而言及国中者，据郑《注》说“六乡之狱在国中”，故曰“掌国中”。

②各掌其乡：按，乡士上士八人，据郑《注》，是每四人而分管三乡。

③辨其狱讼：辨，《注疏》本原误作“辩”，据阮校改。王应电曰：“辨其辠(罪)状轻重。”

④要之：要，司法文书名。郑《注》曰：“为其罪状之要辞。”按，要辞，即扼要写明其罪状、判罪所依据的法律条文，以及所拟判之刑等，上报大司寇，以待定罪。

⑤旬而职听于朝：职，谓审断案件的职事。听，即听断、审断。朝，谓外朝。之所以旬(十日)而听，郑《注》曰：“十日，乃以职事治之于外朝，容其自反覆(即允许翻供)。”是容罪犯有反复，以便重新审察判决意见，如无反复，再呈报大司寇，而后定罪。

⑥“断其狱”二句：贾《疏》曰：“此即朝众听之事。狱言断，讼言弊，弊亦断，异言耳。”

⑦各丽其法：郑《注》曰：“各附致其法以成议也。”

⑧协日：干支相合之吉日。郑司农曰：“协，合也，和也，和合干支善日。”

⑨肆：谓陈尸。贾《疏》曰：“陈也，杀讫陈尸也。”

【译文】

乡士掌管六乡以及国都中的诉讼，各自掌管所辖乡的民众数目并督察乡民遵守戒令，受理他们的诉讼，审察他们的讼辞，辨别案件的大小，区别死罪或施刑之罪而写出判决意见上报司寇，过十天以后再依其职责在外朝加以审断。大司寇主持审断，在外朝对重案、轻案分别作出判决。掌诉讼和掌刑法的官员们也都在场，各自提出法律依据而进行量刑，以参议判决。案件会审判决以后，士师接受判决书加以保存。由乡士选择可行刑的合适日期施刑或诛杀，死刑犯被处死后陈尸三日。如果要赦免罪犯的罪行，王就要在大司寇主持外朝审断那天前往参加合议定罪。

2. 大祭祀、大丧纪、大军旅、大宾客，则各掌其乡之禁令，帅其属夹道而跸。

【译文】

如果有大祭祀、大丧事、大的军事行动，以及迎送来朝诸侯等事，则各自掌管所辖乡的禁令，率领其部属站在道路两边戒严，禁止闲人通行。

3. 三公若有邦事，则为之前驱而辟。其丧亦如之。

【译文】

三公如有国事外出，就为他们充当前导并清除行人。三公去世时也是这样做。

4. 凡国有大事，则戮其犯命者。

【译文】

凡国家有大事时，就负责惩罚那些违犯禁令的人。

五　遂士

1. 遂士掌四郊[1]，各掌其遂之民数[2]，而纠其戒令，听其狱讼，察其辞，辨其狱讼，异其死、刑之罪而要之，二旬而职听于朝[3]。司寇听之，断其狱，弊其讼于朝，群士、司刑皆在，各丽其法以议狱讼。狱讼成，士师受中，协日就郊而刑、杀，各于其遂肆之三日[4]。若欲免之，则王令三公会其期。

【注释】

①遂士掌四郊：遂，地在距王城百里至二百里之间。掌，亦谓掌其狱讼。按，遂士主六遂狱讼，而亦兼四郊，据郑《注》说"六遂之狱在四郊"，故曰"掌四郊"。孙诒让曰："此官以主六遂狱讼为正，而亦兼掌四郊之狱讼也。""四郊"实谓郊里，即六乡外的四郊之地。

②各掌其遂之民数：按，遂士凡中士十二人，郑《注》说，每二人分管一遂，故曰各。

③二旬而职听于朝：贾《疏》曰："以其去王城较远，恐多枉滥，故至二旬，容其反复也。"按，六遂距王城较远，担心有冤假错案，多上一旬，允许当事人翻供。以下《县士》云"三旬"，《方士》言"三月"，义皆放此。

④"协日"二句：孙诒让曰："六遂之狱在郊，刑、杀各于其狱所在之市也，肆各于其遂，既杀之后，则以尸各移向当遂之市肆之，不于郊市也。"

【译文】

遂士掌管六遂以及四郊的诉讼，各自掌管所属辖之遂的民众数目，并纠察他们遵守戒令的情况，审理他们的诉讼，审察他们的讼辞，辨别其案件的大小，区别死罪或施刑之罪而写出判决意见上报司寇，过二十天以后再依其职责在外朝对案件加以会审。届时大司寇主持会审，在外朝对重案、轻案作出判决，掌诉讼和掌刑法的官员们也都在场，各自提出法律依据及量刑意见，以参议判决。案件会审判决以后，士师接受判决书加以保存。由遂士选择可行刑的合适日期，到国郊施刑或诛杀，死刑犯被处死后，各在犯人所居之遂陈尸三日。如果要赦免罪犯的罪行，王就要命三公在大司寇主持外朝会审的那天前往参与合议定罪。

2. 若邦有大事聚众庶，则各掌其遂之禁令，帅其属而跸。

【译文】

如果国家有大事需要聚集六遂的民众，就各自掌管有关本遂民众的禁令，率领其部属戒严禁止闲人通行。

3. 六卿若有邦事，则为之前驱而辟。其丧亦如之。

【译文】

六卿如果有国事而到遂地去，就为他们充当前导并清除路上的行人，六卿去世时也是这样做。

4. 凡郊有大事①，则戮其犯命者。

【注释】

①大事：据贾《疏》，谓在郊地进行的征伐、田猎等事。

【译文】

凡郊地有征伐、田猎等大事需征调六遂之民服役，就惩罚那些违犯命令的人。

六　县士

1. 县士掌野①，各掌其县之民数②，纠其戒令，而听其狱讼，察其辞，辨其狱讼，异其死、刑之罪而要之，三旬而职听于朝。司寇听之，断其狱，弊其讼于朝，群士、司刑皆在，各丽其法以议狱讼。狱讼成，士师受中，协日刑、杀，各就其县肆之三日。若欲免之，则王命六卿会其期。

【注释】

①县士掌野：野，泛指郊以外之地，包括二百里之甸，三百里之稍，四百里之县，以至五百里之都。按，甸至都皆有公邑，县士就是掌公邑狱讼的官。县师的“县”，皆谓公邑。金榜说，“公邑谓之县”。

②各掌其县：县，谓公邑。按，县士凡中士三十二人，而公邑有四等（甸、稍、县、都），盖每等八人；或据公邑之多少，县士各分掌其若干。

【译文】

县士掌管野地四等公邑的诉讼，各自掌管所辖公邑的民众数目，并纠察他们遵守戒令的情况，而审理他们的诉讼，审察他们的讼辞，辨别其案情的轻重大小，区别死罪或施刑之罪而写出判决意见上报司寇，三十天以后再在外朝对案件加以会审。大司寇主持会审，在外朝对各类案件予以判决，掌诉讼和掌刑法的官员们也都在场，各自根据罪行提出法律依据发表量刑意见。案件判决以后，士师接受判决书加以保存，由县士挑选适宜的日期施刑或诛杀，各押往本公邑的市上行刑，犯人处死后还要陈尸三日。如果要赦免某罪犯的罪行，王就要命令六卿在大司寇主持外朝会审的那天前往参预合议。

2. 若邦有大役聚众庶，则各掌其县之禁令。

【译文】

如果国家有大规模劳役需要聚集公邑民众，就各自掌管有关本公邑民众的禁令。

3. 若大夫有邦事，则为之前驱而辟。其丧亦如之。

【译文】

如果大夫有国事而到公邑来，就为他们充当前导并清除路上的行人。大夫去世时也是这样做。

4. 凡野有大事，则戮其犯命者。

【译文】

凡野地有大事需征调邑民服役，就惩罚违犯命令的人。

七　方士

1. 方士掌都家①，听其狱讼之辞，辨其死、刑之罪而要之，三月而上狱讼于国。司寇听其成于朝②，群士、司刑皆在，各丽其法以议狱讼。狱讼成，士师受中，书其刑、杀之成与其听狱讼者。

【注释】

①都家：泛指家、小都、大都三等采邑。郑《注》曰："都，王子弟及公卿之采地。家，大夫之采地。大都在畺地，小都在县地，家邑在稍地。"（参见《地官·载师》注）按，据贾《疏》说，方士不直接掌管三等采地的狱讼，而"遥掌之"。

②成：指审判书、判决书。

【译文】

方士掌管采邑的诉讼，审理吏民的讼辞，分辨死罪或施刑之罪而制成判决意见文书，过三个月以后把案件判决文书上报给王朝。大司寇在外朝审理方士上报的判决意见文书，掌管诉讼、掌管刑法的官员们也都在场，各自提出法律依据发表量刑意见。案件会审判决以后，士师接受判决书以保存备查，而由方士记录所判刑罚、死罪等判决意见以及参与审判案件的法官姓名。

2. 凡都家之大事聚众庶，则各掌其方之禁令[1]。

【注释】

①各掌其方：按，方士凡十六人，而每四人分管一方采邑，故郑《注》说“四人而主一方”。

【译文】

凡是都家因有大事聚集民众以服劳役，就各自掌管有关本方民众的禁令。

3. 以时修其县法[1]，若岁终则省之，而诛赏焉。

【注释】

①县法：县师之法，实为都家之法。据惠士奇说，县师受法于司马，而方士受法于县师。参见《地官·县师》。

【译文】

按四季贯彻施行都家之法，每到夏历年终就考察都家之法的贯彻执行情况，而分别对官员给予处分或奖赏。

4. 凡都家之士所上治[1]，则主之[2]。

【注释】

①都家之士所上治：都家之士，即都士、家士。治，据孙诒让说，谓疑狱，难断的官司。

②主之：主，掌管。此谓方士提出初审意见上报司寇，由司寇审断。郑《注》曰："告于司寇，听平之。"

【译文】

凡是都士、家士所上报的有疑难未决的案件，就掌管初审而后转呈司寇审理判决。

八　讶士

1. 讶士掌四方之狱讼[1]，谕罪刑于邦国[2]。凡四方之有治于士者，造焉[3]。四方有乱狱[4]，则往而成之。

【注释】

①狱讼：据郑司农说，谓诸侯之狱讼。

②谕罪刑：郑《注》曰："告晓以丽罪及制刑之本意。"

③凡四方之有治于士者，造焉：治，郑《注》曰："谓谳疑辩事。"谳疑，谓请示疑难案件；辩事，谓辩论法律。贾《疏》曰："谓四方诸侯有疑狱不决，遣使来上王府士师者，先造诣讶士……乃通之士师也。"

④乱狱：郑《注》曰："谓若君臣宣淫、上下相虐者也。"

【译文】

讶士掌管四方诸侯的诉讼，向各个诸侯国晓谕刑法条文及制定刑法的本意。凡是四方诸侯国有疑难未决的案件或法律条文疑问需派人前来向士师请示的，都先到讶士那里由其通报士师。如果四方诸侯发生君臣淫乱、上下相虐等大逆不道的案件，就亲自前往审断。

2. 邦有宾客，则与行人送逆之。入于国，则为之前驱而辟。野亦如之。居馆，则帅其属而为之跸。诛戮暴客者。客出入则道之，有治则赞之①。

【注释】

①“客出入则道之”二句：道，引导，先导。治，孙诒让曰：“谓咨问陈请之事，与上‘士治’不同。”

【译文】

国家有宾客，就与小行人一起负责迎送。宾客进入王都以后，就为宾客充当前导并清除行人。进入郊野时也是这样做。宾客居住在馆舍，就率领其部属禁止闲人通行。诛杀以暴力侵犯宾客的人。宾客出入王朝就充当前导，有事咨询、提出请求就帮助转达给王。

3. 凡邦之大事聚众庶，则读其誓禁。

【译文】

凡是国家有大事需要聚集民众，就宣读誓辞与禁令。

九　朝士

1. 朝士掌建邦外朝之法①。左九棘②，孤、卿、大夫位焉，群士在其后。右九棘，公、侯、伯、子、男位焉，群吏在其后③。面三槐④，三公位焉，州长、众庶在其后⑤。左嘉石，平罢民焉。右肺石，达穷民焉⑥。

【注释】

①法：孙诒让曰："谓位次及刑禁之类。"

②左九棘：左，按，外朝位面朝南，以东为左。棘，酸枣树。郑《注》曰："取其赤心而外刺，象以赤心三刺也。"三刺，参见《秋管小司寇》。

③群吏：谓乡、遂、公邑、采邑等地方官吏。

④面三槐：面，前也，指南边的位置，三公面朝北立于此。槐，据郑玄说，怀义，把民众怀来（吸引来）以商议国事。参见《小司寇》"三询"。

⑤州长、众庶在其后：按，州长本当与群吏为伍，亦在孤、卿、大夫之后，而在三公之后者，孙诒让曰："以其领众庶，殊异之。"

⑥"左嘉石"四句：参见《秋官·大司寇》。

【译文】

朝士掌管建立国家的外朝之法。外朝的左边种有九棵酸枣树，这是孤、卿、大夫的朝位，群士的朝位在他们的身后。外朝的右边也种有九棵酸枣树，这是公、侯，伯、子、男的朝位，群吏的朝位在他们的身后。正南面种有三棵槐树，这是三公的朝位，州长与民众的代表的朝位在他们的身后。外朝的左边放有嘉石，用以感化不良之民改过向善。外朝的右边放有肺石，用以使鳏寡孤独求告无门之民的上访冤辞能够上达。

2. 帅其属而以鞭呼趋且辟①。禁慢朝、错立、族谈者②。

【注释】

①呼趋且辟：呼，吆喝。趋，孙诒让释为巡行，又曰："库门外之外朝，平时庶民皆得往来，故朝士帅其属趋于朝，且辟行人，使无干犯也。"辟，避开。

②慢朝、错立、族谈：据《注》《疏》，慢谓傲慢、怠慢、不肃敬；错谓杂

乱、离开原位；族，丛集，聚集。

【译文】

每逢外朝集会时，要率领其部属巡行外朝，手执皮鞭呼喊着清除闲人躲开。禁止在朝而怠慢不敬、站错朝位，以及扎堆交谈的人。

3. 凡得获货贿、人民、六畜者[1]，委于朝，告于士，旬而举之：大者公之，小者庶民私之。

【注释】

①人民：特指在逃的官私奴婢、刑人、奴隶等。其可以买卖，故与牛马、货贿并言。

【译文】

凡是拾得财物、获得逃亡的奴婢、犯人和牲畜的，要送交外朝，报告朝士等待认领，过了十天无人认领就予以没收：大的物件归公，小的物件归拾得者私人所有。

4. 凡士之治有期日[1]：国中一旬，郊二旬，野三旬，都三月，邦国期。期内之治听，期外不听。

【注释】

①凡士之治有期日：士，泛指司法官。治，讼，谓受理案件。孙诒让曰："凡治、讼，对文则异，散文亦通。"期日，期限。孙诒让曰："盖有二义：一则民以事来讼，士官为约期日以治之；二则狱在有司而断决不当者，许其于期内申诉。"

【译文】

凡是司法官受理诉讼案件都有一定的期限规定：都城之中是十天，

四郊是二十天，野地是三十天，都家是三个月，诸侯国是一年。在期限以内来控告、申诉者就予以受理，在期限以外的就不予受理。

5. 凡有责者[1]，有判书以治则听[2]。凡民同货财者，令以国法行之[3]，犯令者刑罚之。凡属责者，以其地傅，而听其辞[4]。

【注释】

①责：同“债”。

②判书：即《小宰》傅别，犹今所谓借券、借贷契约。因其一分为二，各持一半，故称。

③“凡民同货财者”二句：所谓同货财，据郑《注》，是指富人当市场上某种货物多余时购进，紧缺时再抛售出以求利，好像贷方、借方共同拥有此货财，与《地官·司市》“以泉府同货而敛赊”之义略同。但售出时必须按国家的规定定价。

④“凡属责者”三句：属责，委托他人收回债务。属，委托。郑《注》曰：“转责使人归之，而本主死亡，归受之数相抵冒者也。”曾钊曰：“属，托也。属责（债）者，谓远贾异方（到远方做买卖）而死者，属伴侣之人收取其责，负者（即债务人）或赖不偿，因讼于官，则官召其地相比近之民，问是果与亡者为侣伴否，然后听而负责者偿之。”以其地傅，郑《注》曰：“以其地之人相比近，能为证者来。”傅，接近，靠近。

【译文】

凡有债务借贷纠纷，有借贷契约来告状就受理。凡民众有囤积或抛售货物的，命令他们按照国家规定的利率经营，那些违反命令的，就处以罚款或判刑。凡是接受已故债权人嘱托而向债务人收债发生纠纷的，通过与受委托人居处相近的知情人作证，证明其接受过债主委托，而后才受理他们的诉讼。

6. 凡盗贼军乡、邑及家人[1]，杀之无罪。凡报仇雠者，书于士，杀之无罪[2]。

【注释】

①军：用作动词，手持兵器劫掠。江永曰："犹攻杀。"

②"凡报仇雠者"三句：孙诒让曰："乃谓杀人而不义者，罪本当杀，或逃匿，官捕之未得，则报者得自杀之。"

【译文】

凡是盗贼手持武器攻略杀害乡遂、公邑以及平民人家的，被劫掠者杀死这些盗贼无罪。凡是报仇的人，只要事先书面报告司法官而备案，杀死仇人就无罪。

7. 若邦凶荒、札丧、寇戎之故，则令邦国、都家、县鄙虑刑贬[1]。

【注释】

①县鄙虑刑贬：据孙诒让说，县鄙指公邑。又曰："不及乡、遂者，举外以包内，文不具也。"贬，郑《注》曰："犹减也。谓当图谋缓刑，且减国用，为民困也。"

【译文】

如果国家发生了大灾荒、瘟疫流行或敌寇侵犯及军事行动，就命令诸侯国、采邑、公邑考虑采取宽缓刑罚和减少经费开支的措施。

一〇 司民

1. 司民掌登万民之数[1]，自生齿以上皆书于版[2]，辨其国中与其都鄙及其郊野，异其男女，岁登下其死生[3]。

【注释】

①登：登记与除去。

②生齿：长牙。郑《注》曰："男八月、女七月而生齿。"

③登下：孙诒让曰："犹言增减。"

【译文】

司民掌管登记万民的数目，自长了牙的婴儿以上的人都登记入户籍，在户籍上辨明他们居住的具体地址，是在都城、采邑或在郊野，区别其男女性别，并登记清楚每年出生、死亡的人数变化。

2. 及三年大比[1]，以万民之数诏司寇。司寇及孟冬祀司民之日，献其数于王，王拜受之，登于天府。内史、司会、冢宰贰之，以赞王治。

【译文】

等到三年大校比时，把万民的数目上报司寇。司寇到每年冬十月祭祀司民之神时，献民数给王，王行拜礼而后接受，将正本收藏于天府。内史、司会和冢宰都拥有副本，以协助王管理政事。

一一 司刑

1. 司刑掌五刑之法，以丽万民之罪：墨罪五百[1]，劓罪五百，宫罪五百，刖罪五百，杀罪五百。

【注释】

①墨罪五百：墨，及下文劓，宫、刖、杀，参见《秋官·小司寇》注。五

百，约数。周代刑书不存，不详。

【译文】

司刑掌管五刑之法，以施加于万民中的犯罪者：判墨刑的罪有五百条，判劓刑的罪有五百条，判宫刑的罪有五百条，判刖刑的罪有五百条，判死刑的罪有五百条。

2. 若司寇断狱弊讼，则以五刑之法诏刑罚，而以辨罪之轻重①。

【注释】

①“则以五刑之法”二句：按，此两句当为倒文，应先辨罪之轻重，而后诏刑罚。译文顺序作调整。

【译文】

如果大司寇在外朝审断诉讼案件，就根据五刑之法辨别罪行的轻重，而建议大司寇所应施加的刑罚条款。

一二　司刺

1. 司刺掌三刺、三宥、三赦之法①，以赞司寇听狱讼：壹刺曰讯群臣②，再刺曰讯群吏③，三刺曰讯万民；壹宥曰不识④，再宥曰过失⑤，三宥曰遗忘⑥；壹赦曰幼弱，再赦曰老旄⑦，三赦曰蠢愚。以此三法者求民情，断民中，而施上服、下服之罪，然后刑、杀。

【注释】

①司刺掌三刺、三宥、三赦之法：三刺，参见《秋官·小司寇》注。宥，宽宥。赦，赦免。

②群臣：谓孤、卿、大夫、士等在朝官员。

③群吏：谓乡遂、都鄙、公邑等地方官员。

④不识：郑《注》曰："识，审也。不审，若今仇雠当报甲，见乙，诚以为甲而杀之者。"

⑤过失：郑《注》曰："若举刃欲斫伐，而轶中人者。"

⑥遗忘：郑《注》曰："若间（隔）帷薄，忘有（人）在焉，而以兵矢投射之。"

⑦旄：通"耄"。八十岁以上的老人。《礼记·曲礼上》："八十九十曰耄。"

【译文】

司刺掌管三次讯问、三种宽宥、三项赦免之法，以协助大司寇审理好诉讼案件：三刺中所谓壹刺，就是讯问群臣的意见，所谓再刺，就是讯问群吏的意见，所谓三刺，就是讯问万民的意见。三宥中所谓壹宥，就是宽宥由于认错人而误杀人者，所谓再宥，就是宽宥由于无心的过失而误杀人者，所谓三宥，就是宽宥由于忘记某处有人而误杀人者。三赦中所谓壹赦，就是赦免年龄幼小而杀了人者，所谓再赦，就是赦免年老而杀了人者，所谓三赦，就是赦免痴傻而杀了人者。用这三法求得当事人犯罪的实情，使得对于犯罪者的断决公正准确，而决定判决施以重刑或轻刑的具体罪状，然后执行刑罚或死刑。

一三　司约

1. 司约掌邦国及万民之约剂①，治神之约为上②，治民之约次之③，治地之约次之④，治功之约次之⑤，治器之约次之⑥，治挚之约次之⑦。凡大约剂书于宗彝⑧，小约剂书于丹图⑨。

【注释】

①约剂：约，谓契约。剂，郑《注》曰："谓券书也。"按，此处泛指有关的制度、规定、文书档案等一切可作为判断是非依据的文字材料。

②神之约：谓祭祀所当遵循的祀典。郑《注》曰："神约，谓命祀郊社、群望及所祖宗也。"按，凡祀典皆王所命而颁，皆有约，《春官·大宗伯》曰："乃颁祀于邦国、都家、乡邑。"

③民之约：谓管理百姓有关征税、迁移、买卖、赊欠、仇家和解等民事契约，以备检稽。郑《注》曰："谓征税、迁移、仇雠既和。"

④地之约：谓有关土地的契约。郑《注》曰："地约，谓经界所至，田、莱之比(比例)也。"

⑤功之约：谓功勋赏赐的契约。郑《注》曰："谓王功、国功之属，赏爵所及也。"

⑥器之约：谓有关礼乐、器物、车服的契约。郑《注》曰："谓礼乐吉凶车服所得用也。"即受朝廷之赐而所得用之器，朝廷亦有存档，即其约也。

⑦挚之约：谓礼物往来的契约。郑《注》曰："谓玉帛禽鸟，相与往来也。"参见《大宗伯》"以禽作六挚"。

⑧大约剂书于宗彝：大约剂，即国与国之约。郑《注》曰："邦国约也。"宗彝，谓钟鼎等礼器。

⑨小约剂书于丹图：小约剂，谓民间之约。郑《注》曰："万民约也。"丹图，盖即丹书，以丹砂书于竹帛。

【译文】

司约掌管各诸侯国以及百姓们之间的契约券书事宜。在这些契约券书中，管理有关神约纠纷的事最重要，再其次是管理有关民约纠纷的事，再其次是管理有关地约纠纷的事，再其次是管理有关功约纠纷的事，再其次是管理有关器约纠纷的事，再其次是管理有关挚约纠纷的事。凡是诸侯间重大的契约券书要雕刻在宗庙彝器上，百姓间小事的契约券书用丹砂书写在竹简缣帛上。

2. 若有讼者，则珥而辟藏[1]，其不信者服墨刑[2]。若大乱[3]，则六官辟藏[4]，其不信者杀。

【注释】

①珥而辟藏：珥，即行衅礼，杀牲取血涂物以祭祀。郑《注》曰："珥，读曰'衈'，谓杀鸡取血衅其户。"辟，打开。

②不信：违约，不信实。郑《注》曰："不如约也。"

③大乱：郑《注》曰："谓僭约。"即发生严重僭越违礼事件。

④六官：谓天、地、春、夏、秋、冬六官之长。《大司寇》："凡邦之大盟约，六官皆受其贰而藏之。"

【译文】

如果有因契约而发生诉讼的，就要先行衅礼，然后打开府库核对所藏的契约原件，违约而不信实的一方要服墨刑。如果有严重僭越违礼的大乱事件，就会同六卿打开府库核对所藏的契约原件，违约而不信实的一方要处死。

一四　司盟

1. 司盟掌盟载之法[1]。凡邦国有疑会同[2]，则掌其盟约之载及其礼仪，北面诏明神[3]。既盟则贰之[4]。盟万民之犯命者[5]，诅其不信者[6]，亦如之[7]。

【注释】

①盟载之法：签订盟约的礼仪。载，即盟辞。其法，构盟者将盟辞

书于策，杀牲取血，歃血申誓，然后将盟书加于牲上而埋入坑中，与盟者各持其副本而归。

②有疑：不和谐，彼此相怀疑。郑《注》曰："不协也。"

③明神：明察之神。谓日月山川之神明。

④贰之：谓抄写副本。郑《注》曰："写副当以授六官。"

⑤盟万民之犯命者：盟，即盟诅，对神立誓诅咒。其仪式为：召集众人，宣讲坏人坏事，让大家共同诅咒、弃绝之。犯命，违抗命令。郑《注》曰："犯君教令也。"

⑥不信：违约，不信实。郑《注》曰："违约者。"

⑦亦如之：亦如盟载之法。

【译文】

司盟掌管订立盟辞的礼仪。凡诸侯国之间因不和谐而举行会同订立盟约时，就掌管记载盟约之辞以及签订盟约的礼仪，面向北方宣读盟辞以禀告神明。已经签订盟约后，就书写若干副本交给六卿。盟诅民众中违犯国君教令的人，盟诅违犯誓约不信实的人，也是这样做。

2. 凡民之有约剂者，其贰在司盟。有狱讼者，则使之盟诅[①]。凡盟诅，各以其地域之众庶共其牲，而致焉。既盟，则为司盟共祈酒脯[②]。

【注释】

①"有狱讼者"二句：郑《注》曰："不信则不敢听此盟诅，所以省狱讼。"按，在审理狱讼之前，先使双方盟诅，违约者心虚，害怕盟诅应验而遭受神的惩罚，就不敢听盟诅之辞，狱讼则不断自明。

②祈：据郑《注》，谓祈神，使降灾于违约者。

【译文】

凡是民众之间订有契约券书的，其副本要收藏在司盟那里。如果有因契约纠纷发生诉讼的，就让他们先在神前盟诅。凡是举行盟诅，各使当地的民众供给歃血所需用的牲，并把民众召集起来。盟诅之后，还要为司盟提供祈祷神明所需的酒和肉脯。

一五　职金

1. 职金掌凡金玉锡石丹青之戒令①。受其入征者，辨其物之媺恶，与其数量，楬而玺之，入其金锡于为兵器之府，入其玉石丹青于守藏之府②。入其要③。

【注释】

①丹青：丹，即丹砂、朱砂，色深红，可作染料。青，空青、杨梅青，可作染料的矿物，产于铜矿中。

②守藏之府：据郑《注》，谓玉府、内府。

③入其要：贾《疏》曰："职金既知量数，录要簿入大府。"

【译文】

职金掌管凡是有关金、玉、锡、石、丹、青等的戒令。接受开采者作为赋税缴纳来的金、玉等物，辨别所缴纳矿物的质量好坏及数量多少，然后书写标签并加盖官印，把金、锡转交到制造兵器的官府，把玉、石、丹、青等转交到负责收藏的官府。上交记录物资收支情况的簿书送交大府。

2. 掌受士之金罚、货罚①，入于司兵。

【注释】

①金罚：罪犯依法交纳的赎金。古有赎刑。金，铜也。货罚：犹如今日之罚款。货，泉贝（古代的货币）。

【译文】

掌管接受司法官所罚来赎罪和处罚犯罪的铜和货币，并将它们转交给司兵。

3. 旅于上帝，则共其金版[1]。飨诸侯亦如之。

【注释】

①金版：一种饼形金属块，用途不详。郑《注》曰："饼金谓之版，此版所施未闻。"

【译文】

旅祭上帝，就供给所需的金版。用飨礼设宴招待诸侯时也是这样做。

4. 凡国有大故而用金石[1]，则掌其令[2]。

【注释】

①"凡国"句：大故，外敌入侵等变故。贾《疏》曰："谓寇戎。"用金石，谓用金石制造武器。

②掌其令：郑《注》曰："主其取之令。"

【译文】

凡是国家有外敌入侵等变故而需用铜石，就掌管有关领取铜石的命令。

一六　司厉

1. 司厉掌盗贼之任器、货贿[1]，辨其物，皆有数量，贾而楬之，入于司兵。其奴，男子入于罪隶，女子入于舂、槁。凡有爵者与七十者，与未龀者[2]，皆不为奴。

【注释】

①任器、货贿：任器，用器，用具。郑司农曰："谓盗贼所用伤人兵器及所盗财物也。"

②龀(chèn)：儿童换牙。古称"毁齿"。郑《注》曰："男八岁、女七岁而毁齿。"

【译文】

司厉掌管所收缴的盗贼所用伤人的兵器、盗窃的财物，辨别它们的种类，都有数量的统计，然后估计价格而加上标签，转交到司兵那里。那些盗贼罚做奴隶的，男子交到罪隶那里，女子交到舂人、槁人那里。凡是盗贼中原来有爵位的人和年已七十岁的人，以及尚未换牙的小孩儿，都不罚为奴隶。

一七　犬人

1. 犬人掌犬牲。凡祭祀共犬牲，用牲物[1]。伏、瘞亦如之[2]。凡几珥、沉、辜[3]，用駹可也。凡相犬、牵犬者属焉[4]，掌其政治。

【注释】

①牲物：参见《地官·牧人》注。

②伏、瘞：伏，指軷祭。即把犬放在象征小山的土堆上，让车轮从其上碾过。郑司农曰："伏，谓伏犬，以王车轹之。瘞，谓埋祭。"瘞，即"埋"，谓祭地祇时，将牲体埋到地里。(参见《夏官·大驭》注及《春官·司巫》注)

③几珥、沉、辜：几珥，同"刲衈"，即衅礼，杀牲取血以涂抹新器物。

黄以周曰："衈者，割牲血以涂，乃衅礼之别名。经传或言刲，或言衈，或言刲衈，单文连文，义得两通。"参见《夏官·小子》注。沈，即埋沈。辜，即分裂牲体以祭祀四方百物及九门等。

④凡相犬、牵犬者：贾《疏》曰："犬有三种：一者田犬（田猎用）、二者吠犬（看家用）、三者食犬（食用）。若田犬、吠犬，观其善恶；若食犬，观其肥瘦，故皆须相之。牵犬者，谓呈见之。"相，察看。郑《注》曰："谓视择，知其善恶。"

【译文】

犬人掌管作牺牲用的犬。凡是祭祀供给所需的犬牲，要选用毛色纯一的犬。伏牲行軷祭、埋牲祭地神时也是这样。凡是举行衅祭、沉祭、肢解牲体而祭祀，用杂色的犬也可以。凡是相看挑选犬的人、牵犬的人都隶属犬人领导，由犬人掌管他们的事务和对他们的管理。

一八　司圜

1. 司圜掌收教罢民[1]。凡害人者弗使冠饰[2]，而加明刑焉[3]，任之以事而收教之，能改者，上罪三年而舍，中罪二年而舍，下罪一年而舍。其不能改而出圜土者，杀。虽出，三年不齿。凡圜土之刑人也[4]，不亏体[5]；其罚人也[6]，不亏财。

【注释】

①罢（pí）民：据《注》，指不愿劳动、不从教化而不够处以肉刑者。

②弗使冠饰：不许戴冠及相关的头饰，而令以黑头巾蒙头。以示有罪羞辱。郑《注》曰："着墨幪。"按，幪（méng），覆。

③明刑：参见《秋官·大司寇》。

④刑人：据郑《注》，谓加明刑者。

⑤不亏体：只有"明刑"，无皮肉之苦。

⑥罚人：郑《注》曰："但任之以事耳。"

【译文】

司圜掌管收容不良之民而加以教育。凡是为害他人的人不许他们戴冠及其他头饰，而写明其罪状让他们背在背上以示众，强迫他们服劳役而收容教育他们。如果能改过自新的，重罪劳教三年而后释放，罪恶中等的拘禁两年而后释放，罪恶轻的劳教一年而后释放。如果不能改过自新而逃出狱城的，抓住了就杀掉。改过者即使被释放回乡，三年之内还不得按年龄与乡民排列尊卑位次。凡是收容在狱城中而身加明刑的人，就不施加肉刑而亏损他们的身体；给予强迫服劳役处罚的，不罚没他们的钱财。

一九　掌囚

1. 掌囚掌守盗贼，凡囚者①。上罪梏、拲而桎②，中罪桎梏，下罪梏。王之同族拲，有爵者桎，以待弊罪③。

【注释】

①凡囚者：郑《注》曰："谓非盗贼，自以他罪拘者也，"

②梏、拲（gǒng）而桎：梏、拲、桎，三种木制的刑具，即所谓三木。梏，刘敞曰："在颈曰梏。"拲，手械，两手共一拲。桎，足械，两足各一桎。

③弊：审断。

【译文】

掌囚掌管看守盗贼，以及所有在押的囚犯。重罪囚犯戴梏、拲、桎，中罪囚犯戴桎、梏，轻罪囚犯只戴梏。王的同族人犯罪只戴拲，有爵位的人犯罪只戴桎，囚犯们戴着这些刑具以等待判罪。

2. 及刑杀，告刑于王[1]，奉而适朝士，加明梏[2]，以适市而刑、杀之。凡有爵者与王之同族，奉而适甸师氏以待刑、杀[3]。

【注释】

①告刑于王：郑《注》曰："告王以今日当行刑及所刑姓名也。"

②加明梏：郑《注》曰："谓书其姓名及其罪于梏而著之也。"

③甸师氏：即甸师。按，《甸师》云："王之同姓有罪，则刑焉。"庶姓无爵者，在市上刑杀。王之同姓、有爵者，在郊外刑杀。

【译文】

等到施刑或处死罪犯时，要向王禀告行刑日期和将行刑罪犯的姓名，然后把罪犯押送到朝士那里，朝士给罪犯戴上写有姓名、罪状的梏，然后押送到市上施刑或处死。囚犯凡是有爵位的或是王的同族中人的，就把他们押送到郊外甸师氏那里，以等待施刑或处死。

二〇　掌戮

1. 掌戮掌斩杀贼谍而搏之[1]。凡杀其亲者焚之[2]，杀王之亲者辜之[3]。凡杀人者踣诸市[4]，肆之三日。刑盗于市。凡罪之丽于法者，亦如之。唯王之同族与有爵者，杀之于甸师氏。凡军旅、田、役斩杀刑戮，亦如之。

【注释】

①搏：郑《注》以为是"膊"字之误，膊，"谓去衣磔之"。磔，谓分裂尸体。

②亲：指五服以内的亲属。郑《注》曰："亲，緦服以内也。"

③辜：杀死而分解肢体。郑《注》曰："谓磔之。"

④踣(bó):向前跌倒。此犹言处死陈尸。郑《注》曰:“僵尸也。”孙诒让曰:“人毙则尸僵,故曰踣也。”

【译文】

掌戮掌管斩杀犯上作乱的盗贼和间谍,杀后剥去衣服并分裂尸体。凡是杀害五服以内亲属的人处死后还要焚尸,杀害王的亲属的人处死后还要分裂尸体。凡是杀人者在市上处死,并陈尸三日。对盗贼行刑也在市上。凡有罪依法够得上判处死刑的,也都在市上行刑。惟独王的同族与有爵位的人,在郊外甸师氏那里处死。凡出征、田猎、劳役,对犯罪的人斩杀行刑,也都这样做。

2. 墨者使守门,劓者使守关,宫者使守内,刖者使守囿,髡者使守积[①]。

【注释】

①髡(kūn):古代剃去男子头发的一种刑罚。按,髡刑不在五刑之内。

【译文】

受过墨刑的人让他看守城门,受过劓刑的人让他守边关,受过宫刑的人让他看守宫内,受过刖刑的人让他看守苑囿,受过髡刑的人让他看守仓库粮草。

二一 司隶

1. 司隶掌五隶之法[①],辨其物[②],而掌其政令。帅其民而搏盗贼[③],役国中之辱事,为百官积任器[④],凡囚执人之事。邦有祭祀、宾客、丧纪之事,则役其烦辱之事。掌帅四翟之隶[⑤],使之皆服其邦之服,执其邦之兵,守王宫与野舍之厉禁。

【注释】

①五隶之法：五隶，谓罪隶、蛮隶、闽隶、夷隶、貉隶。郑《注》曰："谓罪隶、四翟之隶也。"法，孙诒让曰："谓简阅隶民，部署员数之法。"

②物：郑《注》曰："衣服、兵器之属。"

③民：隶民，五隶官属下之民。五隶中每一隶限额一百二十人，限额以外的五隶，谓之民。

④任器：用器，用具。任，郑《注》曰："犹用也。"贾《疏》曰："用器，除兵之外，所有家具之器皆是用器也。"

⑤四翟之隶：谓蛮隶、闽隶、夷隶、貉隶。

【译文】

司隶掌管有关五隶的管理之法，辨别他们的衣服、器物，掌管有关他们的政令。率领五隶官属下的隶民协助追捕盗贼，从事国都中低贱繁杂的事情，为百官积聚所需用的器具，凡是拘执罪人的事都用他们做。国家有祭祀、接待宾客或丧纪之事等，就役使隶民去从事低贱繁杂的事情。负责率领四翟隶官属下的奴隶，让他们都各自穿着本国的服装，手持本国兵器，守卫王宫和承担王在野外停宿处屏障物的警卫事宜。

二二　罪隶

1. 罪隶掌役百官府与凡有守者①，掌使令之小事。凡封国若家②，牛助为牵傍③。其守王宫与其厉禁者，如蛮隶之事④。

【注释】

①役百官府与凡有守者：役，郑《注》曰："给其小役。"按，即《司隶》

所谓“烦辱之事”。有守者，即守有一方土地之官。

②凡封国若家：家，大夫采地。据王引之校，此下当有“子则取隶焉”五字(脱错于《闽隶》文中)，当移补于此。按，据王校，此句当作“凡封国若家、子，则取隶焉。”且以为“子”上又有脱文。

③牛助为牵傍：王引之校以为此五字当在《夷隶》“掌役牧人养牛”下，而错出于此。

④其守王官与其厉禁者，如蛮隶之事：此十四字，王应电曰：“按，《司隶职》止言：‘掌帅四翟之隶，守王宫与野舍之厉禁’，未及于罪隶者。……以文势推之，岂有未言蛮隶，而遽言‘如蛮隶之事’乎？《闽隶》正脱此简(指此十四字)，故愚直以为误衍于此也，”王引之又以为此十四字之“其守王官”下脱“者”字，“与其”下脱“守”字，并以为当如王应电说，移此十四字于《闽隶》，而补“者”字和“守”字。按，据二王之校，校正后的《罪隶》之经文当为：“罪隶掌役百官府与凡有守者，掌使令之小事，凡封国若家、[子，则取隶焉]。”译文从二王说。

【译文】

罪隶掌管为百官官府与一切有职守的官员役使的隶民，负责指使他们做些杂役小事。凡是封建诸侯国或采邑、或遇到王子出封，就从罪隶处选取隶民以备役使。

二三　蛮隶

1. 蛮隶掌役校人养马[①]。其在王宫者，执其国之兵以守王宫，在野外则守厉禁。

【注释】

①掌役校人养马：校人，官名。掌管养马，属地官。贾《疏》以为《夏官·校人》养马不见隶者，是蛮隶盖充养马之杂役。

【译文】

蛮隶负责接受校人役使而养马。那些在王宫中的蛮隶，手持本国兵器以守卫王宫，在野外时，就担任警卫守卫王的行宫的屏藩。

二四　闽隶

1. 闽隶掌役畜养鸟①，而阜蕃教扰之，掌子则取隶焉②。

【注释】

①闽隶掌役畜养鸟：掌役畜：据王安石、王引之说，当作“掌役掌畜”。掌畜，官名，负责养鸟，属夏官。王安石曰：“役，役于掌畜也。”王引之以为“畜”上脱“掌”字，曰：“蛮隶役于校人，夷隶役于牧人，貉隶役于服不氏，不应闽隶无所役之官。”按，掌畜在《夏官》。

②掌子则取隶焉：据王引之校，“子则取隶焉”五字，当在《罪隶》“凡封国若家”之下（参见《罪隶》注）。“掌”字下则当补“与鸟言。其守王宫者，与其守厉禁者，如蛮隶之事”十九字。其中“与鸟言”三字脱错在《夷隶》文中（参见《夷隶》注），“其守王宫者”以下三句则脱错在《罪隶》职文中（参见《罪隶》注）。按，据王校，校正后的《闽隶》经文当为：“闽隶掌役掌畜养鸟，而阜蕃教扰之，掌[与鸟言。其守王宫者，与守厉禁者，如蛮隶之事]。”译文从王说。

【译文】

闽隶负责接受掌畜的役使而养鸟，使鸟繁殖增多并调教驯化鸟，负责与鸟对话。那些守卫王宫的，与担当警卫守卫王在野外行宫周围屏藩的职责，都和蛮隶的事情一样。

二五　夷隶

1. 夷隶掌役牧人养牛马①，与鸟言②。其守王宫者，与其守厉禁者，如蛮隶之事。

【注释】

①养牛马：王引之以为“马”字衍，曰：“养马乃蛮隶之事，不得属之夷隶。”又以为“牛”字下脱“牛助为牵傍”五字，而错出在《罪隶》职文中（参见《罪隶》注）。按，牵傍谓牵牛，牵辕前之牛曰牵，牵辕两旁之牛曰傍（参见《地官·牛人》注）。

②与鸟言：王引之以为此三字当在《闽隶》“而阜蕃教扰之，掌”之下。据王氏校，则《夷隶》经文当为：“夷隶掌役牧人养牛，[牛助为牵傍]。其守王宫者，与其守厉禁者，如蛮隶之事。”译文从王说。

【译文】

夷隶负责接受牧人的役使而养牛，牛驾车时在辕外帮助牵牛或在旁边看管。那些守卫王宫的，与担当警卫守卫王在野外行宫屏藩的职责，都同蛮隶的事情一样。

二六　貉隶

1. 貉隶掌役服不氏而养兽①，而教扰之，掌与兽言。其守王宫者，与其守厉禁者，如蛮隶之事。

【注释】

①掌役服不氏而养兽：王引之以为“而”字衍。按，服不氏在《夏官》，掌管饲养猛兽。

【译文】

貉隶负责接受服不氏的役使而饲养猛兽，对猛兽加以调教驯化，掌管与猛兽对话。那些负责守卫王宫的，与担当警卫守卫王在野外行宫屏藩的职责，都和蛮隶的事情一样。

二七　布宪

1. 布宪掌宪邦之刑禁[1]。正月之吉，执旌节以宣布于四方[2]，而宪邦之刑禁，以诘四方邦国及其都鄙[3]，达于四海[4]。凡邦之大事合众庶，则以刑禁号令[5]。

【注释】

①刑禁：郑《注》曰："刑禁者，国之五禁，所以左右刑罚者。"按，国之五禁，参见《秋官·士师》。

②旌节：迁移、奉命出使四方的竹制信物。以旄牛尾及五彩羽毛为饰。

③诘：郑《注》曰："谨也，使四方谨行之。"

④四海：指四夷，即九州之夷、狄、戎、蛮等地区。《尔雅·释地》："九夷、八狄、七戎、六蛮，谓之四海。"孙诒让曰："四海，谓夷、镇、蕃三服在九州之外者也。"

⑤以刑禁号令：孙诒让说，虑众庶有犯禁者，故号令以使知之。

【译文】

布宪掌管悬挂公布国家的刑法禁令。周历每年正月初一，就手持旌节到四方宣布刑法禁令，而悬挂公布国家的刑法禁令，以使四方诸侯国及其采邑都谨慎遵行，甚至使刑法禁令传达到四夷等天下各地。凡是国家有大事集合民众，就以刑法禁令号令民众。

二八　禁杀戮

1. 禁杀戮掌司斩杀戮者[1]，凡伤人见血而不以告者，攘狱者，遏讼者[2]，以告而诛之。

【注释】

①司斩杀戮者：司，通“伺”，伺察，稽察。斩杀戮者，皆谓杀人者。斩，腰斩；杀，砍头；戮，戮尸。参见《秋官·掌戮》。

②攘狱者，遏讼者：攘，推却。郑《注》曰：“攘，犹却也。却狱者，言不受也。”遏，阻止。郑司农曰：“遏止欲讼者。”

【译文】

禁杀戮掌管稽察斩、杀、戮等杀人事件，以及一切伤害他人至于流血而被害者无法控告的，被害者告官而拒绝受理诉讼的，或阻挠被害者诉讼的等事件，查明情况后报告司寇而加以处罚。

二九　禁暴氏

1. 禁暴氏掌禁庶民之乱暴力正者①，挢诬犯禁者②，作言语而不信者，以告而诛之。凡国聚众庶，则戮其犯禁者以徇。凡奚、隶聚而出入者③，则司牧之，戮其犯禁者。

【注释】

①乱暴力正：郑《注》曰：“力正，以力强得正也。”孙诒让曰：“当读为‘征’，言恃强力以相争取。”

②挢：欺诈，假托。

③奚、隶：奚为女奴，隶为男奴。郑《注》曰：“女奴男奴也。”

【译文】

禁暴氏掌管禁止民众中的暴乱和恃强凌弱以力服人的人，托名欺诈和违犯禁令的人，以及言语浮夸不信实的人，把这几种人报告司寇而加以惩处。凡是国家聚集民众的时候，就诛杀那些违犯禁令的人以示众。凡是男女奴隶成群集中出入，就对他们加以监督管理，诛杀那些违犯禁令的人。

三〇 野庐氏

1. 野庐氏掌达国道路至于四畿，比国郊及野之道路、宿息、井、树[1]。若有宾客，则令守涂地之人聚柝之[2]，有相翔者[3]，则诛之[4]。

【注释】

①比：郑《注》曰："犹较也。"宿息：宾客于道路休息住宿之处。郑《注》曰："庐之属，宾客所宿及昼止者也。"

②守涂地之人聚柝之：守涂（途）地之人，郑《注》曰："道所出庐宿旁民也。"聚柝（tuò），击柝，敲打更梆子。聚，通"掫"，敲击。《说文》："掫，夜戒守有所击。"郑司农曰："聚柝之，聚击柝以宿卫之也。"

③相翔者：郑《注》曰："犹昌翔观伺者。"按，相翔、昌翔、相佯，异形叠韵词，皆徘徊观望义。

④则诛之：按，《注疏》本原脱"则"字，据阮校补。

【译文】

野庐氏掌管保持国家到四畿的道路畅达无阻，巡视考查国郊及野地的道路、供行人食宿的庐舍、供饮水的井、作为屏障的树的情况。如果有宾客在馆舍止宿，就命令宾客所经过的道路旁庐舍附近的百姓聚集起来为之击柝巡夜守卫，如果发现在馆舍周围徘徊观望想要伺机盗窃的人，就抓起来予以惩处。

2. 凡道路之舟车轚互者[1]，叙而行之。

【注释】

①轚（jí）互：互相碰撞。轚，撞击。《说文》曰："车辖相击也。"按，

辖，车轴顶端的插销，使轮不脱落。此谓舟车相撞击。互，车辆拥挤。

【译文】

凡水陆道路因狭窄导致船车互相碰撞的，要加以疏导使船车有秩序地驶过。

3. 凡有节者及有爵者至，则为之辟。禁野之横行径逾者①。

【注释】

①禁野之横行径逾者：横行，谓不走道路，而从田间穿行。径，不走大路走小路。逾，不走桥而翻堤越渠。郑《注》曰："横行，妄由田中。径逾，射邪趋疾，越堤渠也。"按，射邪谓走小路斜径以图便捷，越堤渠谓不由桥梁。据王与之引郑锷说，走小路斜径可能毁人庄稼，越堤渠则可能损坏堤防，"此争端之所由起，不可以不禁"。

【译文】

凡是持有官方符节的人以及有爵位的人到来，就为他们清除行人。禁止不走正道而横穿田野走小道捷径和不由桥梁而横越沟渠堤防的人。

4. 凡国之大事，比修除道路者①，掌凡道禁②。邦之大师，则令埽道路，且以几禁行作不时者、不物者③。

【注释】

①"凡国之大事"二句：大事，关系国家利益和王地位之事。贾《疏》

曰："谓若征伐、巡守、田猎、郊祀天地，王亲行所经，并须修除道路及修庐，校比民夫，使有功效。"比，考核，考校。谓考校修除道路的长度以计功。

②道禁：郑《注》曰："若今绝（禁绝）蒙布巾、持兵杖之属。"

③"且以几禁"句：几禁，盘查禁止。不物，衣服及所操器物不合常法。郑《注》曰："谓衣服、操持非比常人也。"

【译文】

凡国家有大事，考核修治道路者的成绩，掌管一切有关道路的禁令。国家有大的军事行动，就命令清扫道路，并盘查禁止那些不在正常时间出行作息的人，以及所穿衣服和所持器物异常的人。

三一　蜡氏

1. 蜡氏掌除骴[1]。

【注释】

①骴（cī）：肉未烂尽的尸骨。王与之引刘执中曰："枯骨曰骼，肉腐曰骴，人兽皆同。"

【译文】

蜡氏掌管掩埋无主的人、禽兽的腐尸枯骨。

2. 凡国之大祭祀，令州里除不蠲[1]，禁刑者、任人及凶服者[2]。以及郊野大师、大宾客亦如之。

【注释】

①令州里除不蠲（juān）：州里，即乡里，六乡七万五千家所居之里。不蠲，不洁净。

②任人：郑《注》曰："司圜所收教罢民也。"

【译文】

凡国家举行大祭祀，命令州里清除不洁之物，禁止受过刑的人、判罚劳役的不良之民和穿丧服者出现。如果都郊、野地有大军事行动或有诸侯前来朝觐，也是这样做。

3. 若有死于道路者，则令埋而置楬焉，书其日月焉，县其衣服任器于有地之官[①]，以待其人。

【注释】

①有地之官：郑《注》曰："主此地之吏也。"

【译文】

如果有死在道路上的人，就命令加以掩埋而在掩埋处设置标牌，上面写明死的日期，把死者的衣服用器悬挂在当地官员的办公处，以待死者家属前来认领。

4. 掌凡国之骴禁。

【译文】

掌管国家一切有关掩埋腐尸枯骨的禁令。

三二　雍氏

1. 雍氏掌沟、渎、浍、池之禁[①]，凡害于国稼者[②]。春令为阱、擭、沟、渎之利于民者[③]，秋令塞阱杜擭[④]。禁山之为苑、泽之沉者[⑤]。

【注释】

①沟、渎、浍、池：沟、渎、浍皆田间水道，而宽度、深度不同。池谓池塘。参见《地官·遂人》注。

②害于国稼者：郑《注》曰："谓水潦及禽兽也。"

③擭(huò)：据郑《注》，是一种设于陷阱中的捕兽装置，可系绊兽足，使不得腾跃而出。

④秋令塞阱杜擭：阱，陷阱。用于捕捉野兽。擭，一种捕兽机关，常置于浅阱内。按，阱、擭设于田野间，防其秋天民众劳作来往时害民，故令杜塞之。

⑤禁山之为苑、泽之沉者：沉，谓下毒药于水中。郑司农曰："不得擅为苑囿于山也。泽之沉者，谓毒鱼及水虫之属。"

【译文】

雍氏掌管有关沟、渎、浍、池等水利设施的禁令，凡可能有害于国家庄稼作物的行为都加以禁止。春季就命令整修陷阱，阱中设擭，修筑沟、渎等有利于民众生产的设施，秋季就命令填塞阱擭以防误伤百姓。禁止在山中修建苑囿和在湖泽中投毒药捕鱼。

三三　萍氏

1. 萍氏掌国之水禁①。几酒②，谨酒③。禁川游者④。

【注释】

①水禁：有关河川水域的禁令。郑《注》曰："谓水中害人之处，及入水捕鱼鳖不时。"

②几酒：郑《注》曰："苛察酤买过多及非时者。"朱申曰："司察非时饮酒者。"按，古人饮酒有时，如祭祀、举行乡饮酒礼及婚娶等，非此则不饮。

③谨酒：郑《注》曰："使民节用酒也。"

④禁川游者：据郑《注》，是为防人溺水。

【译文】

萍氏掌管国家有关水的禁令。稽察百姓饮酒是否适量、时间适宜，节制人们用酒。禁止在河里游泳以防意外。

三四　司寤氏

1. 司寤氏掌夜时[①]，以星分夜，以诏夜士夜禁[②]。御晨行者，禁宵行者，夜游者[③]。

【注释】

①夜时：夜间的时刻。古人将一日分十二时，以日入至鸡鸣（一夜）分五夜：甲夜、乙夜、丙夜、丁夜、戊夜，亦称五更。郑《注》曰："谓夜晚早，若今甲乙至戊。"

②以诏夜士夜禁：夜士，王城中的巡夜官员。郑《注》曰："主行夜徼候者。"夜禁，夜间禁止通行。一更三刻至五更三刻间禁止人行游于道路。

③"御晨行者"三句：御，禁止，阻止。晨，天亮之前。宵，黄昏之后。夜，谓夜半。郑《注》曰："备其遭寇害及谋非公事。"

【译文】

司寤氏掌管夜间报告时辰，根据星宿的位置来区分夜的早晚，以告诉巡夜的官员实行宵禁。禁止晨行，禁止夜行，禁止半夜游荡。

三五　司烜氏

1. 司烜氏掌以夫遂取明火于日[①]，以鉴取明水于月[②]，以共祭祀之明粢、明烛[③]，共明水[④]。

【注释】

①夫遂取明火：夫遂，即阳燧，又名金燧。古人就日下取火的一种工具，是金属制的尖底杯，杯底置艾、绒等易燃物，置于日光下，光线聚于杯底，即可燃着艾、绒。一说是用铜制的凹镜，放在日下可聚焦取火。明火，即火。

②以鉴取明水于月：郑《注》曰："鉴，镜属，取水者，世谓之方诸。"按，鉴即铜镜，可置于月下以承接露水。一说用大蛤取明水。明水，即水，用铜镜在月下承接的露水。

③明粢：即粢盛，供祭祀用的谷物，用明水淘洗过。郑司农曰："谓以明水滫涤（淘洗）粢盛黍稷。"明烛：用明火点燃的火把。

④共明水：郑《注》曰："明水以为玄酒。"按，古代以水当酒，谓之玄酒。

【译文】

司烜氏掌管用阳燧向日聚焦取明火，用铜镜向月取露水（即明水），以便供淘洗祭祀时用的谷物、供点燃火把，供给充当玄酒的明水。

2. 凡邦之大事，共坟烛、庭燎①。

【注释】

①坟烛、庭燎：皆为照明用的火把。郑《注》曰："坟，大也。树于门外曰大烛，于门内曰庭燎。"

【译文】

凡是国家有大事，供给树在门外的大火把和树在门内庭中的火把。

3. 中春，以木铎修火禁于国中①。军旅，修火禁。

【注释】

①修火禁：意在备火灾。郑《注》曰："火禁，谓用火之处及备风燥。"

【译文】

每年中春二月，在国都中摇动木铎告诫城中居民严格遵守有关用火的禁令。遇到有军事行动，告诫军中严格遵守有关用火的禁令。

4. 邦若屋诛[1]，则为明竁焉[2]。

【注释】

①屋诛：郑《注》读"屋"为"剧"。剧诛，据《注》《疏》，谓不在闹市而在郊外偏僻处甸师之屋处死罪犯。

②明竁(cuì)：明，察明，说明。竁，谓挖墓穴。明竁有二义，一、在墓前树木牌，写明死者姓名、罪行及所受之刑；二、执火照明，因夜晚行刑，需照明竁处。

【译文】

如果国家中有在郊外甸师的屋舍中处决罪犯，就为挖墓穴者照明，并在墓前竖立标牌写明死者的罪行和所受的刑罚。

三六　条狼氏

1. 条狼氏掌执鞭以趋辟[1]。王出入，则八人夹道，公则六人，侯、伯则四人，子、男则二人。

【注释】

①趋辟：巡行喝道。

【译文】

条狼氏掌管手拿鞭子走在前边清除行人。王出入宫门或国门，就由八人夹在道路两旁，公出入就由六人夹在道路两旁，侯、伯出入就由四人夹在道路两旁，子、男出入就由二人夹在道路两旁护卫并清除行人。

2. 凡誓，执鞭以趋于前，且命之[1]。誓仆、右[2]，曰“杀”；誓驭[3]，曰“车辕”[4]；誓大夫，曰“敢不关[5]，鞭五百”；誓师，曰“三百”；誓邦之大史[6]，曰“杀”；誓小史，曰“墨”。

【注释】

①且命之：郑《注》曰：“有司读誓辞，则大言其刑以警所誓也。”盖强调誓辞中的惩罚语句以引起重视。

②仆、右：仆，谓王五路的驾车者，即大驭、戎仆、齐仆、道仆、田仆。右，谓王的车右，即戎右、齐右、道右。

③驭：指驭夫，为王驭贰车、使车、从车者。

④车辕(huàn)：辕，车裂。古代用车分裂人体的一种酷刑。

⑤关：禀告，请示报告。

⑥大史：及下“小史”，王引之以为二“史”字皆当为“事”。

【译文】

凡主管官员当众誓诫众人时，就手拿鞭子巡行在众人队伍的前面，并高声重复宣告誓辞中的惩罚语句。誓诫大仆和车右，高声重复说“违命者处死”；誓诫驭夫，高声重复说“违命者车裂”；誓诫大夫，高声重复说“有事胆敢不向王报告请示，鞭打五百”；誓诫乐师，高声重复说“违命者鞭打三百”；凡因国家有大事而誓诫众人，就高声重复说“违命者处死”；凡因有小事誓诫众人，就高声重复说“违命者处以墨刑”。

三七　修闾氏

1. 修闾氏掌比国中宿、互、柝者①，与其国粥②，而比其追胥者③，而赏罚之。

【注释】

①宿、互：据郑司农说，宿，谓宿卫；互，通“枑”，谓槛枑(bìhù)、行马，用木条交叉制成的栅栏，置于官署前遮拦人马。

②国粥(yù)：粥，古义同“育”。郑《注》曰：“粥，养也。国所游养，谓羡卒也。”羡卒，孙诒让曰：“审绎郑意，盖谓简择丁壮，以备守徼，给以稍食，故谓之国粥。以其在六军之外，故谓之羡卒。”按，此指从羡卒中选出的担任巡逻守卫者。

③追胥：追，谓逐外寇。胥，谓伺捕盗贼。统言之，谓追捕寇盗。参见《地官·小司徒》注。

【译文】

修闾氏掌管考核在都城内值班守卫、设置行马和击柝巡夜的宿卫，以及由国家供养他们食粮的羡卒，考核他们追逐外寇和伺捕国内盗贼的情况而予以赏罚。

2. 禁径逾者①，与以兵革趋行者②，与驰骋于国中者。

【注释】

①径逾：参见《秋官·野庐氏》注。

②兵革：兵器和甲衣。孙诒让曰：“此通人与车马言之，”

【译文】

禁止不走大路而走小路捷径和有桥不走而翻越沟渠堤防的人，禁止武装的人和车马在都城中疾行，以及在都城中骑马飞奔。

3. 邦有故，则令守其闾互，唯执节者不几。

【译文】

如果国家有变故时，就命令人们守卫闾里之门和所设置的行马，只有持有符节往来的人不盘查，其他人等均盘查。

三八　冥氏

1. 冥氏掌设弧、张[①]，为阱、擭[②]，以攻猛兽，以灵鼓驱之[③]。若得其兽，则献其皮、革、齿、须、备[④]。

【注释】

①弧、张：据孙诒让说，弧谓机弩之类，张谓网罗之类。

②阱、擭：参见《秋官·雍氏》注。

③灵鼓驱之：郑《注》曰："灵鼓，六面鼓。驱之，使惊趋阱、擭。"

④须、备：须，郑司农曰："直谓颐（下巴）下须。"备，谓兽爪。惠士奇曰："备所以卫也，爪牙所以卫其体。"一说，杨天宇以为，备即齐备、全部义。按，译文姑从惠氏说。

【译文】

冥氏掌管设置机弩、网罗，设置陷阱、陷阱中设擭，用以捕捉猛兽。敲击灵鼓驱赶猛兽，使其落入陷阱，触动机关。如果捕得猛兽，就献出猛兽的皮、革、牙齿、须胡、脚爪等。

三九　庶氏

1. 庶氏掌除毒蛊[①]，以攻、说禬之[②]，以嘉草攻之[③]。凡驱蛊，则令之、比之[4]。

【注释】

①毒蛊：郑《注》曰："虫物而病害人者。"

②以攻、说禬(guì)之：郑《注》曰："攻、说，祈名，祈其神求去之也。"禬，禳除，消除殃灾。参见《春官·大祝》注。

③以嘉草攻之：按，《注疏》本原脱"以"字，据孙诒让校补。嘉草，郑《注》曰："嘉草，药物，其状未闻。攻之，谓熏之。"一说，《神农本草经》、干宝《搜神记》、李时珍《本草纲目》等书以为嘉草即蘘荷。译文姑从郑氏说。

④令之、比之：郑《注》曰："使为之，又校次之。"孙诒让释校次为"校次其人众"。按，校次，此谓部署、检查。

【译文】

庶氏掌管驱除危害人的毒虫，用攻祭和说祭以祈求神灵除掉毒虫，用燃烧嘉草来熏驱毒虫。凡是驱除毒虫，就事前下令并部署、事后检查。

四〇　穴氏

1. 穴氏掌攻蛰兽[1]，各以其物火之[2]，以时献其珍异[3]、皮革。

【注释】

①蛰兽：郑《注》曰："熊罴之属冬藏者也。"

②各以其物火之：郑《注》曰："将攻之，必先烧其所食之物于穴外以诱出之，乃可得之。"

③珍异：谓熊掌等难得的美味。

【译文】

穴氏掌管攻捕冬季蛰伏的野兽，各用它们喜欢吃的食物在洞穴外用火烧，用香气引诱它们出洞然后捕捉。按季节进献可供膳羞的珍异美味和皮革。

四一　翟氏

1. 翟氏掌攻猛鸟[1]，各以其物为媒而掎之[2]。以时献其羽翮。

【注释】

①猛鸟：郑《注》曰："鹰、隼之属。"

②各以其物为媒而掎之：郑《注》曰："置其所食之物于绢中，鸟来下则掎其脚。"按，绢，孙诒让说是"罗"的借字。掎(jǐ)，拖住，牵住。此处谓捕获。

【译文】

翟氏掌管攻捕猛鸟，各用它们喜欢的食物放在罗网中作为诱饵，猛鸟下来取食时，绊住其脚而加以捕获。按季节进献猛鸟的羽毛。

四二　柞氏

1. 柞氏掌攻草木及林麓[1]。夏日至，令刊阳木而火之[2]；冬日至，令剥阴木而水之。若欲其化也，则春秋变其水火[3]。凡攻木者，掌其政令。

【注释】

①攻草木及林麓：据贾《疏》，此为开垦田地而伐除草木。草木，主要指木，此谓天然林。麓，生长在山脚的人造林木。

②刊阳木：阳木，长在山南边的树木。山南为阳。下文阴木，指长在山北边的树木。山北为阴。郑《注》曰："刊、剥互言耳，皆谓斫次地(近地)之皮。生山南为阳木，生山北为阴木。"

③春秋变其水火：变其水火，郑《注》曰："乃所火则水之，所水则火之，则其土和美。"孙诒让曰："犹言以水火变之。"按，其变之之法，据贾《疏》说，是夏至焚烧草木灰，到秋季再用水浸渍。冬至用水淹草木，到入春后再放火焚烧。如此则可使土地肥沃。

【译文】

柞氏掌管砍伐天然生长的草木及山脚的人造树林。如果是夏至那天，就下令剥去山南边树木靠近根部的树皮而后放火烧树墩，使其不再发芽生枝；如果是冬至那天，就下令剥去山北边树木靠近根部的树皮而后放水浸泡树墩，使其不再发芽生枝。如果想使伐除草木后的林区土质变化改良成耕地，就在春秋季节用水浸、火烧的办法来交替进行，如此则土地肥沃和美。凡涉及砍伐树木的事情，都由柞氏掌管有关的政令。

四三　薙氏

1. 薙氏掌杀草。春始生而萌之①，夏日至而夷之②，秋绳而芟之③，冬日至而耜之。若欲其化也，则以水火变之④。掌凡杀草之政令。

【注释】

①萌之：郑《注》曰："以兹其斫其生者。"按，兹其，即锄头，亦作"镃鎡"、"镃基"。《广雅，释器》曰："镃鎡，锄也。"

②夷之：郑《注》曰："以钩镰迫地芟之也。"

③绳：假借作"麈"，"麈"即古"孕"字，此处指草结籽。

④以水火变之：郑《注》曰："谓以火烧其所芟萌之草，已而水之，则其土亦和美矣。"

【译文】

薙氏掌管除草。春季杂草开始生长，就用锄头锄草，夏至就用镰刀挨着地割掉草，秋季杂草结籽就用大镰刀加以芟除，冬至就用耒耜犁地的办法铲除草根。如果想使除草后的土质变化改良，就将锄掉割掉的草用水浸火烧的办法来变化改良。掌管所有有关除草的政令。

四四　硩蔟氏

1. 硩蔟氏掌覆夭鸟之巢①。以方书十日之号②，十有二辰之号③，十有二月之号④，十有二岁之号⑤，二十有八星之号⑥，县其巢上，则去之⑦。

【注释】

①覆夭鸟之巢：夭鸟，即妖鸟。夭，通"妖"。妖鸟是猫头鹰之类的鸟，夜间叫声难听，迷信者以为听到者将遭遇不幸。郑《注》曰："覆，犹毁也。夭鸟，恶鸣（叫声怪异）之鸟。"

②以方书十日之号：十日，十干支（甲、乙、丙、丁、戊、己、庚、辛、壬、癸）所表示的日子。郑《注》曰："方，版也。日，谓从甲至癸。"

③十有二辰之号：郑《注》曰："谓从子至亥。"按，十二辰，谓斗所建之辰，即子、丑、寅、卯、辰、巳、午、未、申、酉、戌、亥等（参见《春官·冯相氏》注）。

④十有二月之号：郑《注》曰："谓从娵至荼。"按，据《尔雅·释天》从一月至十二月之号分别为：陬、如、寎（bǐng）、余、皋、且（jū）、相、壮、玄、阳、辜、涂。郑《注》即据此，而将正月之"陬"改为"娵"，十二月之"涂"改为"荼"，皆用其假借字。

⑤十有二岁之号：岁，谓太岁（参见《春官·冯相氏》）。郑《注》曰："谓从摄提格至赤奋若。"按，《尔雅·释天》所记十二个太岁年名称分别是：摄提格、单阏（chányān）、执徐、大荒落、敦牂（zāng）、协洽（xiá）、涒（tūn）滩、作噩、阉茂、大渊献、困敦、赤奋若。

⑥二十有八星之号：郑《注》曰："谓从角至轸。"按，角谓角宿，轸谓轸宿，是二十八宿的首、尾二宿名（参见《春官·冯相氏》注）。

⑦"县其巢上"二句：郑《注》曰："夭鸟见此五者而去，其详未闻。"

【译文】

硩蔟氏掌管捣毁妖鸟的鸟巢。用方木版写上十日的名称，十二辰的名称，十二月的名称，十二太岁年的名称，二十八宿的名称，将此木版悬挂在妖鸟的鸟巢上，妖鸟就飞走了。

四五　翦氏

1. 翦氏掌除蠹物①，以攻、禜攻之②，以莽草熏之③。凡庶蛊之事④。

【注释】

①蠹物：即蛀虫，

②攻、禜：两种祈祷之祭的祭名。参见《春官·大祝》。

③莽草：郑《注》曰："药物杀虫者，以熏之则死。"

④庶蛊：谓各种蠹虫。郑《注》曰："庶，除毒蛊者。蛊，蠹之类，或熏以莽草则去。"《左传》昭公元年："皿虫为蛊。谷之飞亦为蛊。"

【译文】

翦氏掌管除去蠹虫，用禜祭、攻祭两种祛邪法驱除蠹虫，用莽草点燃生烟熏杀它们。凡是除去蠹虫的事务都掌管。

四六　赤发氏

1. 赤发氏掌除墙屋[1]，以蜃炭攻之，以灰洒毒之[2]。凡隙屋，除其貍虫[3]。

【注释】

①除墙屋：郑《注》曰："除虫豸藏逃其中者。"

②"以蜃炭攻之"二句：郑《注》曰："蜃，大蛤也。捣其炭以坋之则走。淳之以洒之则死。"按，蜃炭，即大蛤所烧之炭。坋(bèn)，撒粉末，涂抹粉末。淳，沃也。孙诒让曰："谓以所捣蜃炭之灰，沃水以洒墙屋，虫豸遇之则死也。"

③貍(mái)虫：隐藏在墙屋孔穴中的虫子，如土鳖等。貍，通"埋"。孙诒让曰："即'蘾'之借字。"按，"蘾(mái)"，古同"埋"。

【译文】

赤发氏掌管灭除藏在屋墙中的虫子，用蛤炭灰捣成碎末撒到屋墙上驱除虫子，用这种碎末与水和成蛤炭灰汁洒墙屋上可毒杀虫子。凡是有缝隙的房屋，都掌管清除其孔穴中埋藏的虫子。

四七　蝈氏

1. 蝈氏掌去蛙黾[1]，焚牡鞠[2]，以灰洒之则死。以其烟被之，则凡水虫无声。

【注释】

①掌去蛙黾(měng)：黾，蛙的一种。《尔雅·释鱼》郭璞注："耿黾也，似青蛙，大腹，一名土鸭。"

②牡鞠：鞠，同"菊"，牡鞠，郑《注》曰："鞠不华(花)者。"

【译文】

蝈氏掌管除去叫声聒噪的耿黽等蛙类，焚烧不结籽的牡菊，用牡菊灰兑水洒向蛙类，蛙类就会死。如果将焚烧牡菊产生的烟散布在水面上，就会使水中所有虫子都不叫了。

四八　壶涿氏

1. 壶涿氏掌除水虫①，以炮土之鼓驱之②，以焚石投之③。若欲杀其神④，则以牡檡午贯象齿而沉之⑤，则其神死，渊为陵。

【注释】

①水虫：郑《注》曰："狐蜮之属。"狐蜮，一种水中的毒虫。

②炮土之鼓：陶瓦鼓，框架用土烧制，两面蒙以皮革。炮土，即陶、瓦。

③以焚石投之：按，石经焚烧，投水发声，水虫即惊去。

④神：郑《注》曰："谓水神龙罔象。"龙罔象，水怪名，据说能食人。《国语·鲁语下》："丘闻之：……水之怪曰龙、罔象。"韦昭注："龙，神兽也。非常见，故曰怪。或曰：罔象食人，一名沐肿。"

⑤以牡檡午贯象齿而沉之：檡(gū)，一种山榆树。牡檡，木名，榆树的一种。《尔雅·释木》谓之"无姑"。午，谓十字形，《仪礼·大射》郑《注》曰："一纵一横曰午。"贯，穿。午贯，纵横交叉。贾《疏》曰："以檡为干，穿孔，以象牙从檡贯之为十字，沉之水中，则其神死。"

【译文】

壶涿氏掌管驱除水中的毒虫，敲击陶瓦鼓来驱赶它们，用烧烫的石块投入水中发出声响来惊吓赶走它们。如果想要杀死水中毒虫之神，就在榆木棍上钻孔，以象牙十字交叉贯穿棍中，而沉入水底，水怪就会死去，深渊也会变为丘陵。

四九　庭氏

1. 庭氏掌射国中之夭鸟。若不见其鸟兽[1]，则以救日之弓与救月之矢夜射之[2]。若神也[3]，则以大阴之弓与枉矢射之[4]。

【注释】

①不见其鸟兽：据郑《注》，是指夜间恶声怪叫、闻声而不见形的鸟兽。

②救日之弓与救月之矢：日、月，指日食、月食。郑《注》说，之所以发生日食、月食，是因“阴阳相胜”造成的，故救日要射大阴（月亮），救月要射大阳（太阳），所用的弓矢，分别称救日、救月之弓矢。

③神：据郑《注》，指发出怪叫声的神怪。

④大阴之弓与枉矢：郑《注》曰：“太阴之弓，救月之弓。枉矢，救日之矢与？”按，枉矢，矢名，速度极快。参见《夏官·司弓矢》注。

【译文】

庭氏掌管射杀都城中的妖鸟。如果有夜间怪叫而看不见其形体的鸟兽，就用日食时射月救日的弓箭和月食时射日救月的弓箭循声射向它们。如果是神怪发出的怪叫声，就用月食、日食时救月用的大阴弓与救日用的枉矢循声射它。

五〇　衔枚氏

1. 衔枚氏掌司器[1]。国之大祭祀，令禁无器。军旅、田役，令衔枚。禁叫呼叹鸣于国中者[2]，行歌、哭于国中之道者。

【注释】

①司嚣:伺察喧哗。司,古同“伺”。郑《注》曰:“察嚣欢者,为其聒乱在朝者之言语。”

②叫呼叹鸣:鸣,郑《注》曰:“吟也。”

【译文】

衔枚氏掌管禁止伺察在朝廷上的喧哗吵闹者。国家举行大祭祀时,下令禁止:不许喧哗。在出征、因田猎而征调徒役时,下令军士衔枚以禁止喧哗。禁止在都城中大声呼叫、高声叹息、呻吟,禁止在都城中的街道上边走边唱或边走边哭的人。

五一 伊耆氏

1. 伊耆氏掌国之大祭祀共其杖咸①。军旅,授有爵者杖②。共王之齿杖③。

【注释】

①杖咸:临时存放拐杖的盒子。咸,通“函”,匣子,盒子。郑《注》曰:“咸,读为‘函’。老臣虽杖于朝,事鬼神尚敬,去之,有司以此函藏之,既事乃授之。”

②授有爵者杖:据《注》《疏》,有爵者,指士以上各级军官,授杖以与士兵相区别,将军则杖钺。

③齿杖:天子赐年老者(七十岁以上)的手杖。郑《注》曰:“王之所以赐老者之杖。”

【译文】

伊耆氏掌管在国家举行大祭祀时供给临时存放老臣们的杖所用的匣子。遇到军队出征,向有爵位者授杖。供给王赐予老人所用的杖。

五二　大行人

1. 大行人掌大宾之礼及大客之仪[1]，以亲诸侯。

【注释】

①大宾之礼及大客之仪：大宾，谓要服以内的诸侯。即九州以内的诸侯。大客，作为使者的诸侯的孤卿。郑《注》曰："大宾，要服以内诸侯。大客，谓其孤、卿。"按，要服，即《夏官·职方氏》所谓蛮服；要服以内，即九服的前六服。礼与仪，互文。

【译文】

大行人掌管有关大宾、大客的接待礼仪，用以与诸侯相亲睦。

2. 春朝诸侯而图天下之事[1]，秋覲以比邦国之功[2]，夏宗以陈天下之谟，冬遇以协诸侯之虑，时会以发四方之禁[3]，殷同以施天下之政[4]。

【注释】

①图天下之事：孙诒让曰："与诸侯图谋一岁行事之可否。"

②比：分出等次高下。郑《注》曰："比其功之高下。"

③时会以发四方之禁：时会，参见《春官·大宗伯》注，禁，郑《注》曰："谓九伐之法。"（参见《夏官·大司马》）

④殷同以施天下之政：郑《注》曰："殷同，即殷见也。"（参见《春官·大宗伯》注）四方诸侯齐来朝见王。又曰："政，谓邦国之九法。"（参见《夏官·大司马》）

【译文】

春季诸侯朝见王而共同谋划一年的天下大事，秋季诸侯覲见王而考查分出各国功绩的等次高下，夏季诸侯宗见王而陈述各自治理天下的谋议，冬季诸侯遇见王而协调相互的谋虑，通过不定期的时会征伐不顺服的诸侯而向四方诸侯发布禁令，通过殷同而施行治理天下的政令。

3. 时聘以结诸侯之好①，殷覜以除邦国之慝②。

【注释】

①时聘：聘，问也，郑《注》曰："时聘者，亦无常期，天子有事，诸侯使大夫来聘，亲以礼见之，礼而遣之，所以结其恩好也。天子无事则已。"

②殷覜(tiào)以除邦国之慝：殷覜，谓诸侯定期同遣使臣问候王。殷，众。覜，视，访问。郑《注》曰："殷覜，谓一服朝之岁也。慝，犹恶也。一服朝之岁，五服诸侯皆使卿以聘礼来覜(看望)天子，天子以礼见之，命以政禁之事，所以除其恶行。"(参见《春官·大宗伯》)

【译文】

时聘时对来聘的卿以礼相待以与诸侯建立友好的关系，殷覜时通过命以政事和下达禁令以消除诸侯国的恶行。

4. 间问以谕诸侯之志①，归脤以交诸侯之福②，贺庆以赞诸侯之喜，致禬以补诸侯之灾③。

【注释】

①问：王间隔一年派使者存省诸侯。郑《注》曰："间岁一问诸侯，谓存省之属。"

②归脤以交：脤，本指社稷祭肉，在此泛指用于社稷、宗庙的祭肉。归脤，谓赠送祭肉，以示同受福禄。交，俞樾以为当为"效"，致义。

③致襘(guì):襘,救济物资。郑《注》曰:"凶礼之吊礼、襘礼也。"按,襘礼,参见《春官·大宗伯》注。

【译文】

每隔一年就派遣使者慰问一次诸侯晓谕诸侯王的心志,赠送祭肉给诸侯以向诸侯致福,诸侯有喜庆的事就派遣使者向他们表示庆贺以增添他们的喜悦,行襘礼就派遣使者赠送救济物资以弥补诸侯国受灾的损失。

5. 以九仪辨诸侯之命①,等诸臣之爵,以同邦国之礼,而待其宾客。上公之礼②:执桓圭九寸③,缫藉九寸④,冕服九章⑤,建常九斿⑥,樊纓九就⑦,贰车九乘,介九人⑧,礼九牢⑨,其朝位宾主之间九十步⑩,立当车轵⑪,摈者五人⑫,庙中将币,三享⑬;王礼,再祼而酢⑭,飨礼九献⑮,食礼九举⑯,出入五积⑰,三问、三劳⑱。诸侯之礼:执信圭七寸,缫藉七寸,冕服七章,建常七斿,樊纓七就,贰车七乘,介七人,礼七牢,朝位宾主之间七十步,立当前疾⑲,摈者四人,庙中将币,三享;王礼,壹祼而酢,飨礼七献,食礼七举,出入四积,再问,再劳。诸伯执躬圭,其他皆如诸侯之礼。诸子执谷璧五寸,缫藉五寸,冕服五章,建常五斿,樊纓五就,贰车五乘,介五人,礼五牢,朝位宾主之间五十步,立当车衡⑳,摈者三人,庙中将币,三享;王礼,壹祼不酢,飨礼五献,食礼五举,出入三积,壹问,壹劳。诸男执蒲璧,其他皆如诸子之礼。

【注释】

①仪:天子接待不同朝见者而制定的九等规格的接待礼仪。九仪

是诸侯百官尊卑的具体表现。郑《注》曰:“谓命者五:公、侯、伯、子、男也;爵者四:孤、卿、大夫、士也。”按,爵、命实一义,皆谓等级。

②上公:九命为伯者(参见《春官·典命》注)。

③桓圭:及下文信圭、躬圭、谷璧、蒲璧,皆参见《春官·大宗伯》注。

④缫借:画有五彩的圭垫或璧垫(参见《春官·典瑞》注)。

⑤冕服九章:冕服,大夫以上的礼帽、礼服。郑《注》曰:“冕服,着冕所服之衣也。九章者,自山龙以下。”(参见《春官·司服》注)

⑥建常九斿:常,即旌旗。斿,是缀于旗的正幅旁的飘带形饰物。

⑦樊纓九就:樊纓,络马的带饰。纓,马颈革。参见《春官·巾车》注。

⑧介九人:介,宾的副职:公为正宾,介则为副宾。孙诒让曰:“介九人者,上介,卿一人;次介,大夫一人,余七人皆士也。”

⑨礼九牢:郑《注》曰:“大礼饔饩也。三牲(指牛、羊、豕)备为一牢。”按,大礼,又称牢礼、馈饔饩之礼,简称饔礼,是王馈送宾的最重的礼,以牛、羊、豕三牲宴饮宾客之礼。(参见《天官·宰夫》注及《天官·外饔》注)。

⑩朝位:指主人迎宾时,宾所立之位,其位在大门(皋门)外。

⑪立当车轵:车轵,车轴顶端。按,上公乘车来至大门外下车,车停在大门外偏西处,车辕朝北,公则立于车东(右)当轴端处。

⑫摈者五人:摈者,即傧相,主人派出迎宾相礼的接待官员。摈,通“傧”。宾有介,主有摈,皆为辅礼、相礼而设。据孙诒让说,五人之中,由大宗伯任王的上摈(首席接待),地位与公的上介相当;其余四人分别担任承摈、绍摈、末摈,依次与公的次介、末介(级别最低的介)相当。

⑬“庙中将币”二句:庙,郑《注》谓周文王之庙,王在此接受诸侯的聘问。将币,姜兆锡、方苞、金鹗、孙诒让等以为,谓向天子呈送

瑞玉。将，送。币，即《大宗伯》中六种瑞玉。即指公所执之桓圭（以下侯、伯、子、男，则分别指其信圭、躬圭、谷璧、蒲璧）。三享，行三次享礼。宾在向王授玉后，还要分三次向王进献方物。

⑭“王礼”二句：王礼，郑《注》曰：“王礼，王以郁鬯礼宾也。”孙诒让曰：“凡宾主行礼毕，主人用醴（甜酒）待宾，谓之礼。此用郁鬯，与用醴同，故亦称礼也。”再祼，两次酌郁鬯香酒敬宾。礼，谓向宾客行祼礼，即向宾客进献郁鬯。再祼，即两次向宾进献郁鬯。但因君无酌臣之礼，故两次祼礼都由大宗伯代行：先酌郁鬯代王献公，再酌而代王后献公。公接受祼礼后又要酌郁鬯回敬王，即所谓酢也。

⑮飨礼九献：飨礼，郑《注》曰：“设盛礼以饮宾也。”按，飨礼久佚，今不详。九献，即先后九次向宾献酒，亦由大宗伯代王与王后献公。孙诒让曰：“凡九献者，再祼后有七献；七献者，一祼后有六献；五献者，一祼后有四献。”

⑯食礼九举：食礼，一种宴请之礼，亦称食，规格低于飨礼而隆于燕礼。有饭有殽，虽设酒而不饮，以吃饭为主。九举，在客人吃饭时九次为之夹肉。举，谓举起牲体授予客人。郑《注》曰：“举牲体九饭也。”按，据祭礼（如《仪礼·少牢馈食礼》），盖有赞者助宾用饭，赞者先后九次举起牲肉以劝宾用饭，每次举一种，进献给宾，宾便尝一尝，然后用手抓一口饭吃。九举则九饭。黄以周《礼书通故·食礼通故二》云：“古代饭以手。凡食礼饭数，一手谓之一饭，手三取饭谓之三饭，一饭三咽。”故手九取饭谓之九饭。

⑰出入五积：出入，郑《注》曰：“谓从来讫去也。”积，积储。此谓供给宾道路所需的粮草牲牢。

⑱三问、三劳：上公入境以后，天子派人到宾客的馆舍问候三次、慰劳三次。第一次在入境时，第二次在远郊，第三次在近郊。郑

《注》曰："问，问不恙也。劳，谓苦倦之也。皆有礼（即皆赠送有礼物），以币致之。"

⑲前疾：据惠士奇、段玉裁等校，"疾"当作"侯"。郑司农读之为"前胡"，"胡"通"侯"。前侯，指车辖（单臂的车辕）与车身相接弯曲处。因在軓前，故称。立当前疾（侯），亦在车下、车的右边。

⑳车衡：车辖前端的横木。

【译文】

用九种礼仪区别来朝诸侯、诸臣的爵命等级的高低贵贱，以统一各诸侯国的礼仪规格，而用以接待来朝的诸侯国的宾客。上公的礼仪是：手执九寸长的桓圭，配有九寸长的彩绘圭垫，冕服上绘刺九种花纹图案，车上所树的旗帜旁饰有九斿，装饰马的樊和纓都用五彩的毛织品罽绕饰九圈，随从的副车有九乘，设立九名介，款待公的大礼用九牢，公的朝位在大门外与主人之间距离九十步的地方，公站立在当车的右轴端旁，王派出迎接导引公有五名摈者，在始祖庙中行聘礼将桓圭呈送给王，而后三次向王进献方物；王向公行祼礼，两次向公进献郁鬯香酒而后公酌酒回敬王，王用飨礼款待公并向公行九次献酒礼，又用食礼款待公并向公行九次举牲肉劝饭礼，从来直到返国的路上，要安排五次供给粮草牲牢，王还要在公入境后，向公行三次问礼、三次劳礼。诸侯的礼仪是：手执七寸长的信圭，配有七寸长的彩绘圭垫，冕服上绘刺七种花纹图案，车上所树的旗帜旁饰有七斿，装饰马的樊和纓都用五彩毛织品罽绕饰七圈，随从的副车有七乘，设七名介，款待诸侯的大礼用七牢，朝位在大门外与主人之间距离七十步的地方，站立在当车前侯处的右边，王派出迎接导引诸侯的有设四名摈者，在始祖庙中行聘礼把信圭呈送给王，并三次进献方物；王向诸侯行祼礼，向诸侯进献一次郁鬯香酒，而后诸侯酌酒回敬王，王用飨礼款待诸侯并向诸侯行七次献酒礼，又用食礼款待诸侯并向诸侯行七次举牲肉劝饭礼，从来直到返国的路上，要安排四次供给粮草牲牢，诸侯入境后，王还要向诸侯行两次问礼，两次劳礼。诸伯的礼仪是：手执躬圭，其他礼仪都同诸侯一样。诸子的礼仪是：手执直径五寸的谷璧，配有直径五寸的彩绘璧垫，冕服上绘刺五种花纹图案，车上所树的旗帜旁饰有五斿，装饰马的樊和纓都用五彩毛织品罽绕饰五圈，随从的副车有五乘，设五名介，款待诸子的大礼用五牢，朝位在大门外与主人之间距离五十步的地方，站立在当车衡处的右边，王派出迎接导引诸子的有三名摈者，在始祖庙中行聘礼将谷璧呈送给王，并三次进献方物；王向诸子行祼礼，向诸子进献一次郁鬯香酒而诸子不须回敬王，王用飨礼款待诸子，并向诸子行五次献酒礼，又用食礼款待诸子并向诸子行五次举牲肉劝饭礼，从来直到返国的路上，要安排三次供给粮草牲牢，诸子入境后，王还要向诸子行一次问礼，一次劳礼。诸男的礼仪是：手执直径五寸的蒲璧，其他礼仪都同诸子之礼一样。

6. 凡大国之孤执皮帛[①]，以继小国之君，出入三积，不问，壹劳，朝位当车前，不交摈[②]，庙中无相[③]，以酒礼之[④]，其他皆视小国之君。凡诸侯之卿，其礼各下其君二等以下[⑤]；及其大夫、士皆如之[⑥]。

【注释】

①大国之孤执皮帛：大国之孤，据贾《疏》，大国指上公之国，唯上公之国立孤一人，侯伯以下则无。按，此孤及下文卿、大夫、士，皆以其君命来聘者。执皮帛，在束帛外面包上虎豹之皮。参见《春官·大宗伯》注。据郑《注》，此皮为豹皮。孤的地位尊贵，在以君命行过聘享正礼之后，又得以个人名义特见王，此皮帛即见王所拿的摯(见面礼)。

②不交摈：即不交摈传辞，亲自向主君接待官员表述来意。按，诸侯将来意告诉自己的上介，上介传于次介，次介传至末介，末介

再传之于王的末摈，由末摈再依次上传于承摈、上摈，最后由上摈传之于王，王的辞命则依相反的程序传之于诸侯，即所谓交摈传辞。孤卿以下则无交摈传辞之礼。

③庙中无相：庙中，谓在文王庙中行将币（即授玉）礼。无相，即无相礼者。

④以酒礼之：即向宾献酒。酒，据《注》《疏》，指醴齐，未经过滤的酒。孙诒让曰："醴齐亦通称酒。"

⑤其礼各下其君二等：如上节记公的礼数皆九，则其孤的礼数皆七，是所谓下其君二等。侯伯子男之卿，皆可依此类推。

⑥其大夫、士皆如之：贾《疏》曰："大夫又各自下卿二等。士无聘之介数而言如之者，士虽无介与步数（指朝位宾主之间距离的步数），至于牢礼之等，又降杀大夫。"

【译文】

凡是大国的孤执持豹皮裹饰的束帛作为见面礼，跟在小国之君的后面朝见王，从来直到返国要三次安排供给粮草牲牢，王对于孤不须行问礼，只须行一次劳礼，朝位在大门外所乘车的前面，不行交摈传辞之礼，在始祖庙中行授玉礼时不设相礼者，用醴礼敬孤，其他礼仪都比照小国之君。凡是诸侯的卿受君命来向王行聘礼，礼数各自比照他们的君降低二等，卿以下的大夫、士则比照其卿又相应降低二等。

7. 邦畿方千里。其外方五百里谓之侯服，岁壹见，其贡祀物①。又其外方五百里谓之甸服，二岁壹见，其贡嫔物②。又其外方五百里谓之男服，三岁壹见，其贡器物③。又其外方五百里谓之采服，四岁壹见，其贡服物④。又其外方五百里谓之卫服，五岁壹见，其贡材物⑤。又其外方五百里谓之要服⑥，六岁壹见，其贡货物⑦。九州之外谓之蕃国⑧，世壹见[9]，各以其所贵宝为摯。

【注释】

①其贡祀物：郑《注》曰："祀贡者，牺牲之属。"按，此即《天官·大宰》九贡所谓"祀贡"。

②其贡嫔物：嫔物，即宾物，接待宾客所需之物。此即《大宰》九贡所谓"嫔贡"。嫔，通"宾"。王引之曰："嫔，亦当读为'宾'，……宾物，宾客之事所用物也。"

③其贡器物：郑《注》曰："尊彝之属。"按，此即《大宰》九贡所谓"器贡"。

④其贡服物：谓制作祭服所需之材，即郑《注》所谓纁、絺、纊等。按，此即《大宰》九贡所谓"服贡"。

⑤其贡材物：材物，可供制造成品的材料，即《大宰》的八材：珍珠、象牙、玉料、石料、木料、金属、兽革、鸟羽。

⑥要服：即《夏官·职方氏》所谓蛮服，距王畿三千里之诸侯国。

⑦其贡货物：货物，用作货币的龟贝之类，即《大宰》九贡所谓"货贡"。

⑧九州之外：即夷服、镇服、蕃服三服，即距离王城三千五百里至五千里之地。九州之外的诸侯，皆为子爵、男爵；九州之内的诸侯，公侯伯子男皆有。按，九州之外，即六服之外。

⑨世：谓父死子立，即嗣王即位。

【译文】

国家的畿疆地方千里。王畿之外方五百里的地方叫做侯服，每年朝见王一次，他们的贡品是祭祀用物。侯服之外方五百里的地方叫做甸服，每两年朝见王一次，他们的贡品是接待宾客用物。甸服之外方五百里的地方叫做男服，每三年朝见王一次，他们的贡品是尊彝之类宗庙器物。男服之外方五百里的地方叫做采服，每四年朝见王一次，他们的贡品是缝制祭服的材料。采服之外方五百里的地方叫做卫服，每五年朝见王一次，他们的贡品是玉石珠象等原材料。卫服之外方五百里的地方叫做要服，每六年朝见王一次，他们的贡品是珠玉龟贝等自然之物。九州之外的地方叫做蕃国，蕃国的一代新君即位时来朝王一次，各用他们所宝贵的物品作见面礼。

8. 王之所以抚邦国诸侯者：岁遍存①；三岁遍覜；五岁遍省；七岁属象胥②，谕言语，协辞命；九岁属瞽、史③，谕书名④，听声音；十有一岁达瑞节⑤，同度量，成牢礼⑥，同数器⑦，修法则⑧；十有二岁王巡守，殷国⑨。

【注释】

①存：问候、省视。《说文·子部》："恤问也。"

②属象胥：属，聚集，会合。郑《注》曰："属，犹聚也。"象胥，翻译官。

③瞽、史：瞽，指太师、小师等乐官；史，指大史、小史。郑《注》曰："瞽，乐师也。史，大史、小史也。"

④书名：书、名，皆为文字的别称。郑《注》曰："书文字也，古曰名。"

⑤达瑞节：瑞节即玉节，朝聘时用作信物、凭证的玉制符节。此谓颁各种瑞节的样式予诸侯国。

⑥成牢礼：郑《注》曰："成，平也。平其僭逾者也。"牢礼，以牛、羊、豕三牲宴饮宾客之礼。据贾《疏》，侯伯子男卿大夫士，牢礼皆有常例，随尊卑而定，不得僭越。

⑦数器：衡量轻重的度、量、衡等器具。此专指秤等衡器。郑《注》曰："铨衡也。"

⑧修法则：法则，谓《天官·大宰》的八法、八则。郑《注》曰："法，八法也。则，八则也。"

⑨殷国：天子十二年一巡守，途中因故不能继续巡守，就在所至诸侯国召集众多诸侯前来行朝会之礼，谓之殷国。孙诒让曰："谓王出在侯国而行殷见之礼也。……即于所至之国征诸侯而行朝会之礼，皆谓之殷国。"殷，众也。参见《夏官·职方氏》注。

【译文】

王用以安抚各国诸侯的办法：从巡守的次年开始，第一年派使者普遍慰问所有的诸侯一次；第三年派使者普遍看望所有的诸侯一次；第五年派使者普遍探视所有的诸侯一次；第七年聚集各诸侯国的翻译官，晓谕他们语言，协调他们的辞令格式；第九年聚集诸侯国的乐师和太史、小史等史官，晓谕他们文字，让他们听习声音；第十一年颁发瑞节的规定样式，统一度量单位，平抑牢礼的僭越，统一度量衡器，修治法则；第十二年王亲自巡守天下，或在所至的某诸侯国接见众多来朝的诸侯。

9. 凡诸侯之王事①，辨其位，正其等，协其礼，宾而见之②。

【注释】

①王事：谓诸侯朝王之事，即会同、朝觐宗遇等。郑《注》曰："以王之事来也。"

②宾：通"傧"。引导宾客，傧赞。

【译文】

凡是诸侯因王事而来朝，就辨别他们的朝位，规正他们的尊卑等级，协调他们的礼仪，充当摈相而引导其朝见王。

10. 若有大丧，则诏相诸侯之礼①。

【注释】

①诏相诸侯之礼：按，《注疏》本原脱“诏”字，据阮校补。

【译文】

如果有大丧，就诏告并协助诸侯行丧礼。

11. 若有四方之大事①，则受其币②，听其辞。

【注释】

①四方之大事：郑《注》曰：“谓国有兵寇，诸侯来告急者。”

②受其币：郑《注》说，诸侯来告急者亦需有挚（即此所谓币），大行人受其挚，而“以其事入告王”。

【译文】

如果有四方的诸侯国因遭到兵寇而前来告急的事，就接受他们呈送的见面礼，听他们告请的言辞然后转告于王。

12. 凡诸侯之邦交，岁相问也①，殷相聘也②，世相朝也③。

【注释】

①问：是一种相互慰问之礼。贾《疏》曰：“小聘曰问，不享是也。大聘使卿，小聘使大夫。”

②殷相聘：殷，谓隔上几年。郑《注》曰：“中也。”孙诒让曰：“中者，谓中闲闲阔（即间隔）。”又曰：“自闲岁（间隔一年）以上通得谓之殷，不论年数多少。”“此殷聘实含两义，一则中间久无事而相聘，一则中间遇有小国之君来殷朝者，大国君不报朝，则亦聘以报之。”聘，郑玄注《仪礼·聘礼目录》云：“大问曰聘。诸侯相于久

无事，使卿相问之礼。”

③世相朝：相朝，谓嗣君即位相朝。凡诸侯相朝，皆小国朝于大国，大国聘于小国。若即位新君是大国，小国往朝；若即位新君是小国，则君自往朝大国。郑《注》曰：“父死子立曰世。凡君即位，大国朝焉，小国聘焉。”

【译文】

凡是诸侯国之间的邦交，每年都要派遣大夫互相聘问一次，每间隔若干年要派遣卿互相聘问一次，新君即位时就要互相朝见。

五三　小行人

1. 小行人掌邦国宾客之礼籍①，以待四方之使者。令诸侯春入贡②，秋献功，王亲受之，各以其国之籍礼之。

【注释】

①礼籍：记载诸侯百官等不同等级的宾客所当使用礼仪的文书。郑《注》曰：“名位尊卑之书。”

②贡：贡品、贡物。即诸侯进献天子的财物。郑《注》曰：“六服所贡也。”六服，谓侯、甸、男、采、卫、要，见前篇《大行人》注。

【译文】

小行人掌管记载诸侯国宾客名位尊卑的礼籍，据以接待四方诸侯的使者。命令诸侯国春季进贡，秋季汇报政绩，王亲自接受其交纳的贡品和汇报的政绩，各按照有关该国的礼籍来安排接待规格接待他们。

2. 凡诸侯入王①，则逆劳于畿②。及郊劳、视馆、将币③，为承而摈④。

【注释】

①入王：谓前来朝见天子。

②劳：谓行劳礼(参见《大行人》注)。按，享受逆劳于畿待遇的只有上公。

③郊劳、视馆：郊劳，包括远郊(距王城百里)、近郊(距王城五十里)的迎接慰劳。公侯伯享受远郊劳、近郊劳，子男只有近郊劳。视馆，派臣下为客人安排下榻的馆舍。郑《注》曰："致馆也。"将币：贾《疏》曰："谓至庙将币、三享。"(参见《大行人》注)

④为承而宾：承，通"丞"，佐助，即佐助上摈担任丞摈。据郑《注》，郊劳、视馆、将币，皆使大行人为上摈，而小行人为丞摈。

【译文】

凡诸侯来朝见王，就前往畿疆上迎接并行劳礼。等到对来朝的诸侯行郊劳礼、为宾客安排馆舍以及诸侯在庙中向王呈送瑞玉时，都担任丞摈而佐助上摈进行接待。

3. 凡四方之使者，大客则摈①，小客则受其币②，而听其辞。

【注释】

①大客则摈：大客，谓要服之内诸侯的使臣。摈，郑《注》曰："摈而见之(王)。"

②小客则受其币：小客，谓六服之外蕃国派遣的使臣。黄度曰："此以事特来者也，王有见有不见。"币，摯也。据孙诒让说，蕃国君臣皆无玉，则此臣之币"亦束帛之属"。

【译文】

凡是四方诸侯国的使者来朝，如果是要服之内诸侯的使臣就担任摈者引导他们晋见王，是六服之外蕃国诸侯派遣的使臣就径自接受他们的见面礼，并倾听他们的言辞而后转告王。

4. 使适四方，协九仪[1]。宾客之礼：朝、觐、宗、遇、会同，君之礼也；存、覜、省、聘、问，臣之礼也[2]。

【注释】

①协九仪：协，协合。《春官·大史》郑《注》曰："合谓习录所当共之事也。""协"兼习、录二义。九仪，详《秋官·大行人》。

②存、覜、省、聘、问，臣之礼也：贾《疏》曰："存、覜、省三者，天子使臣抚邦国之礼。聘、问二者，是诸侯使臣行聘，时聘、殷覜，聘问天子之礼。"臣，通指王臣及侯国之臣。

【译文】

如果奉命前往四方诸侯国充当使者，帮助他们协合演习并记录下九种不同规格的接待宾客的礼仪。做宾客的礼包括：春季朝见王、秋季觐见王、夏季宗见王、冬季遇见王，以及参加王的会同，这是诸侯国君所应行的礼；存问、看望、探视、大聘、小聘，这是王或诸侯派出的使臣所应行的礼。

5. 达天下之六节[1]：山国用虎节[2]，土国用人节，泽国用龙节，皆以金为之；道路用旌节，门关用符节，都鄙用管节[3]，皆以竹为之。

【注释】

①达天下之六节：六节，诸侯国使臣朝聘天子诸侯，或吏民通行他国，用作凭证的六种符节。郑《注》曰："达之者，使之四方，亦皆赍法式以齐等之也。"

②虎节：及下人节、龙节、旌节、符节，皆参见《地官·掌节》。

③管节：以竹管制成的符节，为行使都鄙的凭证。孙诒让曰："盖截竹为节，若乐器之管。"

【译文】

出使天下各国以统一六种瑞节的样式：山区之国使用虎节，平地之国使用人节，泽地之国使用龙节，这三种节都是用铜制成的；道路通行使用旌节，进出城门、关卡使用符节，经过采邑使用管节，这三种节都是用竹制成的。

6. 成六瑞①：王用瑱圭②，公用桓圭，侯用信圭，伯用躬圭，子用谷璧，男用蒲璧。

【注释】

①成六瑞：成，平也。孙诒让曰："谓平其文瑑及尺寸等。"六瑞，六种瑞玉。其形制见《春官·大宗伯》注。瑞，即瑞玉，谓圭璧，是王执以祭祀天地宗庙，以及诸侯执以朝王的信物。

②瑱圭：据段玉裁《汉读考》，即镇圭，为天子镇抚天下之宝器。按，镇圭，及下文桓圭、信圭、躬圭、谷璧、蒲璧，皆见《春官·大宗伯》。

【译文】

统一六种瑞玉的样式：王使用的镇圭，公使用的桓圭，侯使用的信圭，伯使用的躬圭，子使用的谷璧，男使用的蒲璧。

7. 合六币①：圭以马，璋以皮②；璧以帛，琮以锦③；琥以绣，璜以黼④。此六物者，以和诸侯之好故。

【注释】

①合六币：合，配合，调和。孙诒让曰："谓玉与币各相合同不得差舛也。"按，玉即指下文圭、璋、璧、琮、琥、璜六者，参见《春官·大宗伯》；币即指下文马、皮、帛、锦、绣、黼等六物，何玉配何币，都有定规。郑《注》曰："六币，所以享也。"按，此处六币，兼指六玉与六物。享，献，谓行聘礼进献礼物。

②圭以马，璋以皮：郑《注》曰："用圭璋者，二王之后也。二王后尊，故享用圭璋而特之。"按，二王后，谓夏、殷二王的后裔，周封以为公。二王后来朝行聘礼，则用圭配马、璋配皮（虎豹之皮）以享，前者享王，后者享王后。特，一也。二王后尊，故享王所用的圭可不衬以束帛而直接奉上，且仅配以马而无其他礼物；享后所用的璋也直接奉上，且仅配以皮而无其他礼物，此即所谓"享用圭璋而特之"。

③璧以帛，琮以锦：此为诸侯分别向王、王后行聘礼所进献的礼物。璧以帛，即把璧放在束帛上奉进于王；琮以锦，则奉进于后。据郑《注》，所献除璧、琮外还有庭实（谓或马或皮，以及其他土特产，因进献时放置在堂前庭中，故称）。

④琥以绣，璜以黼：绣，是刺绣有花纹的丝织品；黼，是刺绣有黼纹（黑白相间的花纹）的丝织品：亦用以将币，即作为进献玉的衬垫物。按，据贾《疏》，此两种玉币是子、男二等诸侯相互行聘礼时所用，若二王后相享则用璧琮八寸，侯伯相享则用璧琮六寸。亦皆有庭实。

【译文】

六币的配合法：夏殷二王的后代进献给王的圭配以马，进献给王后的璋配以虎豹皮；五等诸侯进献给王的璧配以束帛，进献给王后的琮配以束锦；子男二等诸侯相互行聘礼进献给对方国君用琥配以五彩齐备的绣，进献给国君夫人用璜配以织有黑白二色的黼。这六种币，是用以和好诸侯的。

8. 若国札丧，则令赙补之[1]；若国凶荒，则令赈委之[2]；若国师役[3]，则令槁禬之[4]；若国有福事，则令庆贺之；若国有祸灾，则令哀吊之。凡此五物者，治其事故[5]。

【注释】

①赙(fù)：谓以财物助人办丧事。

②赈(zhōu)委：用粮草周济别人。赈，同“周”，周济。委，委积，储备的粮食。邻国凑集财物支援遭到兵寇的国家。

③师役：郑《注》曰：“国有兵寇以匮病者也。”

④槁禬(guì)：槁，孙诒让说，犒即槁之俗字，犒劳。槁禬，郑《注》曰：“使邻国合会财货以与之。”

⑤治其事故：故，事。孙诒让曰：“此官皆以法令治之。”

【译文】

如果某国因发生瘟疫而造成国人丧亡，就命令其他国家资助他们财物以帮助办理丧事；如果某国遭受凶年饥荒，就命令其他国家开仓救济他们粮食；如果某国遭受兵寇之灾，就命令其他国家聚集财物救助他们以弥补其损失；如果某国有喜庆福事，就命令其他国家都为他们庆贺；如果某国遭受水、火等重大灾祸，就命令其他国家都对他们哀悼吊问。凡是属以上五方面的事，由小行人依照有关法令予以治理。

9. 及其万民之利害为一书[1]，其礼俗、政事、教治、刑禁之逆顺为一书，其悖逆、暴乱、作慝、犹犯令者为一书[2]，其札丧、凶荒、厄贫为一书，其康乐、和亲、安平为一书。凡此五物者[3]，每国辨异之，以反命于王，以周知天下之故。

【注释】

①“及其万民之利害为一书”以下五句：贾《疏》曰：“此经陈小行人使适四方，所采风俗、善恶之事。”万民之利害，义同《夏官·职方氏》所谓“周知其利害”。

②慝、犹：郑《注》曰：“慝，恶也。犹，图也。”犹，通“猷”，图谋。

③五物：原文脱“五”字，据阮校补。

【译文】

将天下各诸侯国的自然形势对于民众有利、不利的事情汇集为一书，将天下各诸侯国的礼俗、政事、教化治理和刑法禁令违背、遵守的情况汇集为一书，将天下各诸侯国的反叛、暴乱、作恶和图谋不轨违反禁令者的情况汇集为一书，将天下各诸侯国的瘟疫丧亡、遭受凶年饥荒、百姓困厄贫穷的情况汇集为一书，将天下各诸侯国人民康乐、和睦相亲、安宁太平的情况汇集为一书。凡此五种情况，以每诸侯国为单位分列条目，以向王汇报，以让王周知天下的事。

五四　司仪

1. 司仪掌九仪之宾客摈相之礼[①]，以诏仪容、辞令、揖让之节。

【注释】

①九仪之宾客摈相：九仪，参见《秋官·大行人》。此处义即九等。摈相，也作“傧相”。掌管迎宾赞礼。郑《注》曰：“出接宾曰摈，入赞礼曰相。”摈、相实即一人，因事而异名。

【译文】

司仪掌管迎接九等宾客的摈相之礼，以告诉王接待宾客时应有的仪容、辞令和揖让的节度。

2. 将合诸侯，则令为坛三成[①]，宫旁一门[②]，诏王仪。南乡见诸侯，土揖庶姓，时揖异姓，天揖同姓[③]。及其摈之[④]，各以其礼[⑤]，公于上等，侯伯于中等，子男于下等[⑥]。其将币亦如之[⑦]。其礼亦如之[⑧]。王燕，则诸侯毛[⑨]。

【注释】

①三成：三层，三重。《尔雅》："丘一成为敦丘，再成为陶丘，三成为昆仑丘。"

②宫：环绕。此谓筑土为矮墙围坛以象宫。

③"土揖庶姓"三句：揖，古人的揖犹如今天的拱手而推。庶姓，犹言众姓。谓无姻亲关系的众姓。异姓，谓有婚姻关系的诸侯。郑《注》曰："庶姓，无亲者。"又曰："异姓，昏姻也，"土揖，郑《注》曰："推手小下之也。""时揖，平推手也"，"天揖，推手小举之。"江永曰："古人之揖，如今人之拱手而推之，高则为天揖，平则为时揖，低则为土揖也。"则推手微向上为天揖，推手平而致于前为时揖，推手微向下为土揖。

④摈之：谓王令摈者行交摈传辞之礼以传见诸侯。

⑤各以其礼：据金鹗说，即下文所谓"公于上等，侯伯于中等，子男于下等"。

⑥"公于上等"三句：按，此所谓上、中、下等，指宫坛的层次，亦即上摈（大宗伯）所在的位置。据孙诒让说，公见王，则上摈升坛之上等以相礼，侯伯则中等，子男则下等。

⑦将币亦如之：将币，参见《秋官·大行人》注。亦如之，谓也是公在上等，侯伯在中等，子男在下等。

⑧礼：谓王向诸侯行祼礼，即向诸侯进献郁鬯香酒。郑《注》曰："礼，谓以郁鬯祼之也。"

⑨毛：头发和胡须。谓以年齿大小排座次，年长者坐上座。郑司农

曰："谓老者在上也。老者二毛，故曰毛。"按，二毛，谓头发花白。

【译文】

王将有事与诸侯会同，就命令在城外筑坛高三层，坛周围筑矮墙以象宫，宫的四边每边设置一门，诏告王会同的礼仪。王面向南接见诸侯，向无亲属关系的庶姓诸侯行土揖礼，向有姻亲关系的异姓诸侯行时揖礼，向同姓诸侯行天揖礼。等到设摈者召五等诸侯见王时，各自按照所应行的礼：摈上公时站在坛的最上层，摈侯伯时站在坛的中层，摈子男时站在坛的最下层。五等诸侯向王呈交瑞玉和进献礼物时也是这样。王向五等诸侯行裸礼进献郁鬯时也是这样。如果王举行燕礼，诸侯就按照年龄大小而不按照爵位排列座次。

3. 凡诸公相为宾，主国五积，三问①，皆三辞拜受②，皆旅摈③；再劳④，三辞，三揖，登⑤，拜受，拜送⑥。主君郊劳⑦，交摈⑧，三辞，车逆，拜辱⑨，三揖，三辞⑩，拜受⑪。车送，三还，再拜⑫。致馆亦如之⑬。致飧如致积之礼⑭。及将币，交摈，三辞，车逆，拜辱。宾车进答拜，三揖三让⑮。每门止一相，及庙，唯上相入⑯。宾三揖三让⑰，登，再拜授币⑱。宾拜送币。每事如初⑲。宾亦如之⑳。及出，车送，三请，三进㉑，再拜。宾三还三辞，告辟。致饔饩㉒，还圭㉓。飨、食，致赠㉔，郊送：皆如将币之仪㉕。宾之拜礼㉖，拜饔饩，拜飨、食，宾继主君㉗，皆如主国之礼。

【注释】

①五积，三问：积，宾客往来途中馈送的粮食柴草牲牢。五积，即出入途中致送五次，来三去二。问，问安致意。三问，入境问、远郊问、近郊问。积问之礼均在馆舍。参见《秋官·大行人》注。

②皆三辞拜受：谓主国行五积、三问之礼，每一次前来送积、行问礼，宾都要三辞拜受。三辞，指佐助行礼的上介在馆舍外三次辞礼。拜受，接受礼物前先行拜礼，谓之行拜受礼。

③皆旅摈：此指朝君（即前往行朝礼的公）在宾馆迎接主君派来行礼的使者（即卿大夫）时之礼，朝君陈列其介九人为摈者以迎接使者，故曰“皆旅摈”。郑《注》曰：“旅读为鸿胪之胪，胪陈之也。宾之介九人，使者七人，皆陈摈位，不传辞也。”旅，读为“胪”，胪陈，谓陈列其介。旅摈，即列其位但不交摈传辞。

④再劳：指入境劳、远郊劳等两次劳礼。按，公作为宾要受主国三次劳礼，第一次在进入国境时，第二次在远郊，第三次在近郊（参见《仪礼·聘礼》）。

⑤三揖，登：郑《注》曰：“谓庭中时也。”按，宾（此时在宾馆中则为主人）对于主国派来行劳礼的使者，三辞（推辞三次）之后，便迎使者入馆。从进门到行至堂阶前行进时，要互行三次揖礼，即所谓三揖。登阶升堂前，宾主要互相谦让三次（让由对方先升），即所谓三让，而后宾主登阶升堂。

⑥拜送：送出礼物后又行拜礼，谓之行拜送礼：凡以物授人，先授而后拜，叫做拜送，与拜受正相对，

⑦主君郊劳：这是第三次劳礼，郊谓近郊，由主君亲行。

⑧交摈：谓交摈传辞（参见《秋官·大行人》注）。

⑨车逆，拜辱：贾《疏》曰：“传辞既讫，宾乘车出大门迎主君，至主君处下车，拜主君屈辱自至郊也。”

⑩三揖，三辞：三揖，参见上注⑤。三辞，谓宾主行至堂阶前，三辞对方之让升。传辞时双方地位最高的摈介受命传事，他们各自从上至下传达主君的致意，又转告自下而上传来的对方主君的意见，如是者三，即为三辞，亦即三次传辞致谢。

⑪拜受：谓宾拜受主君的劳礼。贾《疏》曰：“主君亦当拜送，不言，

省文也。”

⑫车送，三还，再拜：这是指劳礼毕，宾送主君之礼。贾《疏》曰：“宾乘车出门就主君，若欲远送之。三还者，主君见宾送己，三还辞之。再拜者，宾见主辞，遂再拜送主君也。”

⑬致馆亦如之：馆，宾馆，客舍。据郑《注》，这是指宾初到主国国都，主君先派大夫为之安排馆舍，然后亲自至馆送礼品致意，谓之致馆。贾《疏》曰：“亦如之者，上主君郊劳，此亲致馆，明亦如之也。”

⑭致飧如致积之礼：飧，一般饮食。郑《注》曰：“食也。小礼曰飧，大礼曰饔饩。”按，致飧，是在宾初至，尚未行朝礼时，主国为宾所致之食，犹今设便宴。《仪礼·聘礼》郑《注》曰：“食不备礼曰飧。”如致积之礼，郑《注》曰：“俱使大夫，礼同也。”按，飧、积俱使大夫相送。

⑮三揖三让：谓主君三次揖请宾入大门，而宾三次谦让，然后主君先入以导宾。

⑯“每门止一相”三句：按，每门，诸侯之宫三门：大门叫库门，中门叫雉门，内门叫路门。宗庙在雉门内东边，有墙相隔，墙上开有一门曰閤门，过閤门即进入宗庙区。又诸侯五庙，太祖庙居中，其西并列二穆庙，其东并列二昭庙，庙与庙之间亦有墙相隔，墙上亦开有閤门。据孙诒让说，宗庙之五庙自为一区，周围有墙（其西墙即雉门内的东墙），南墙正中开有一门，为正门，此门正与太祖庙门相应，入正门向东为两昭庙，向西为两穆庙。所谓每门，实则只谓雉门与宗庙正门。相，谓主君的摈者和客人的介。在门外负责传辞，进门后负责赞礼。入门相礼故变其名称为相。所谓每门止一相，是说宾主行至雉门和宗庙正门前时，宾只由其上介一人相礼，主君则只由其上摈一人相礼。上相，即主君的上摈、宾的上介。上摈是主君的首席接待官，上介是宾客的第一

随从。

⑰宾三揖三让：这是入庙门后宾主所行之礼。按，三揖是宾主互行之礼，三让则是主君所行之礼而宾则当三辞，此句主语为宾，实亦兼主君言。

⑱授币：指主国国君的接受瑞玉。贾《疏》曰："授，当为'受'。……宾授玉，主君受之，故云'再拜受币'也。"

⑲每事如初：每事，譬如向主国国君借粮、乞师之类。郑《注》曰："谓享及有言也。"按，享，即《大行人》所谓三享，即三次向主君进献礼物。有言，是指行过朝礼之后，宾有国事相告请，譬如向主国国君借粮、乞师之类，或有其他外交事务需同主国相交涉。据《仪礼·聘礼》，在聘礼完毕后，宾将事先准备好的书信加放在束帛上奉进于主君，到宾将返国的时候，主君再将答复的话，亦以书面形式，派其大夫以束帛奉于宾的馆舍。此朝礼，宾有言盖亦如之。

⑳宾：以郁鬯敬宾时，如果主人身份高于客人，就叫做"礼"；如果主人客人身份相等，就叫做"傧"。郑《注》曰："当为'傧'，谓以郁鬯礼宾也。上于下曰礼，敌者曰傧。"

㉑三请，三进：郑《注》曰："请宾就车也。主君每一请，车一进，欲远送之也。"

㉒致饔饩：参见《秋官·大行人》注。

㉓还圭：即归还瑞玉。朝君正式会见主君授玉后，礼毕，主君则至客馆归还。《礼记·聘义》："以圭璋聘，重礼也；已聘而还圭璋，此轻财而重礼之义也。"

㉔致赠：郑《注》曰："送以财。"据《仪礼·聘礼》，宾返国出了主国国都到达近郊时，主君还要派其卿前来赠送财物。

㉕皆如将币之仪：孙诒让曰："谓交摈及迎送、辞受、揖让之仪略同，其节次细别则异也。"

㉖宾之拜礼：据郑《注》，这是说宾将返国时，要去拜谢主君，所拜者即下文之三事。

㉗宾继主君：郑《注》曰："继主君者，傧主君也。傧之者，主君郊劳、致馆、饔饩、还圭、赠、郊送之时也。"即对于主君的盛情接待，客人要把主君作客人而回赠玉帛皮马等。

【译文】

凡诸公相互为宾[而行朝礼]，[宾从来直到返国]主国要安排为客人五次供给粮草牲牢，[要派遣卿大夫对宾]行三次问礼，[宾对于主国所致的礼]每次都要推辞三次而后行拜受礼[接受]，每次都要[在客舍的大门外]陈列介迎接[前来行礼的]使者；主国对宾行前两次劳礼时，每次宾都要推辞三次，[然后宾与前来行劳礼的使者进入馆舍]，[行进中]互行三次揖礼，登阶升堂，宾行拜受礼[接受劳礼]，使者行拜送礼。[第三次]主君亲行郊劳礼，宾主交摈传辞，[宾对主君亲行劳礼]三次表达推辞之意，然后乘车[出馆舍大门]迎接主君，拜谢主君屈驾亲临慰劳，[然后宾与主君进入馆舍]，[在庭中行进时宾主]互相行三次揖礼，[来到堂阶前，宾要三次让由主君先登阶升堂]，[主君]推辞三次，[客人率先升堂，主国国君随着登阶升堂]，宾行拜受礼[，表示接受主君的劳礼]。宾乘车送主君，主君三次转过身来辞谢，宾于是行再拜礼以示和主君告别。[宾进入主国国都后]为宾安排馆舍的礼仪也如同郊劳一样[由主君亲自进行]。为宾设便宴的礼仪也如同向宾赠送粮草牲牢之礼一样，[由主国的大夫前往进行]。到[第二天将正式行朝礼]向主君授玉时，[在大门前]通过交摈传辞，[主君]三次表示推辞不敢当之意，然后乘车[出大门]迎接宾，[下车]拜谢宾枉驾来访。宾乘车进前[而后下车]答拜。[接着宾主进入大门，每进一道门]主君都三次揖请宾先入而宾三次推让。每经过一道门都只由一名上相相礼，到了太祖庙庙门前，只有主人的上摈与客人的上介随着进入庙中。[进入庙门后]宾主在庭中行三揖三让之礼，登阶升堂。[主君]行再拜礼然后接受了客人呈交的瑞玉。宾授玉后行拜送礼。[向主君进献礼物,或有国事要同主国交涉],每件事的礼仪都同当初一样。主君向宾[进献郁鬯香酒]行祼礼的礼仪也是这样。等到宾告辞退出时,主君乘车送宾,三次请宾登车,并三次驱车前进[,以示意将要远送宾],[宾将要登车时]又向宾行再拜礼以相送。宾[对于主君的三请]三次转身推辞,[对于主君的再拜礼]告以不敢当并做出回避的样子,[然后登车而去]。[行过朝礼之后],主国要向宾馈送饔饩之礼,[宾将返国时]主君要把圭璋送归还给宾之礼,[宾在主国居留期间]主君要为宾安排飨礼、食礼,[宾返国出了主国都城到达近郊临别时]主君向宾赠送财物之礼,并到近郊馆舍送行之礼:以上礼仪都同宾前去向主君授玉时的礼仪一样。宾[回国上路之前]向主君行拜谢礼的[有以下三件事]:拜谢其馈送饔饩,拜谢其为己安排飨礼、食礼。宾用宾礼接待[到馆舍]来的主君,礼仪都如同主国接待自己时一样。

4. 诸侯、诸伯、诸子、诸男之相为宾也,各以其礼,相待也如诸公之仪①。

【注释】

①"各以其礼"二句:谓仪节如诸公,而礼数则不同,如诸公待以九牢而诸侯则七牢,诸公五积而诸侯则四积,等等(参见《秋官·大行人》)。

【译文】

诸侯、诸伯、诸子、诸男相互朝见而为宾,也都各自按照相应等级的礼数行事,而相互接待的进退揖让等仪节则与诸公相朝相同。

5. 诸公之臣相为国客①,则三积,皆三辞拜受。及大夫郊劳②，旅摈③，三辞，拜辱。三让，登。听命，下拜，登受④。宾使者如初之仪⑤。及退，拜送。致馆如初之仪⑥。及将币⑦，旅摈⑧，三辞，拜逆，客辟，三揖，每门止一相，及庙，唯君相入。三让，客登。拜，客三辟。授币，下⑨，出。每事如初之仪⑩。及礼，私面，私献⑪，皆再拜稽首。君答拜。出及中门之外⑫，问君⑬，客再拜对。君拜。客辟而对⑭。君问大夫⑮，客对。君劳客⑯，客再拜稽首。君答拜，客趋辟⑰。致饔饩，如劳之礼。飨、食、还圭⑱，如将币之仪。君馆客，客辟，介受命⑲。遂送。客从拜辱于朝。明日，客拜礼赐⑳，遂行。如入之积。

【注释】

①相为国客：郑《注》曰："谓相聘也。"

②大夫郊劳：据孙诒让说，此大夫即卿，因为卿也是大夫，又以为"凡臣聘，盖皆一劳"，即此郊劳是也。

③旅摈：谓排列摈介之位以迎客。

④受：谓接受大夫之劳礼。郑《注》曰："劳用束帛。"

⑤宾使者如初之仪：宾，亦当为"傧"，谓客以馆舍主人的身份用宾礼款待大夫。

⑥致馆如初之仪：如初之仪，据郑《注》，是指如郊劳礼，但不傧使者。贾《疏》说，前来致馆的亦为主国的卿。

⑦将币：贾《疏》曰："亦谓圭璋也。"

⑧旅摈：贾《疏》曰："亦谓于主君大门外，主君陈五摈，客陈七介，不传辞。"

⑨"三揖"至"下"：参见本篇第3节原文及注。唯"唯君相入"，与彼"唯上相入"文稍异。贾《疏》曰："彼是两君，故云：'唯上相入'。"

⑩每事：郑《注》曰："享及有言。"

⑪及礼，私面，私觌：私面，即私觌。谓客行过正聘礼之后，又以个人名义见主国国君。私觌的目的，《仪礼·聘礼》郑《注》曰："欲交其欢敬也。"觌，见。郑《注》曰："礼，以醴礼客。私面，私觌(dí)也。既觌则或有私献者。"按，礼，谓以醴礼宾客，即向宾客献醴。孙诒让曰："凡礼之通例，宾、主人行礼毕，主人待宾用醴，并谓之礼。"

⑫中门：按，诸侯三门，中门即雉门。

⑬问君：郑《注》曰："问君曰：'君不恙乎？'"

⑭"客再拜对"三句：这里客两次对，据方苞《周礼析疑》说，第一次是对"不恙"之问，第二次是对"别问君之所为也"，即有关君的其他情况。

⑮问大夫：郑《注》曰："问大夫曰：'二三子不恙乎？'"

⑯君劳客：郑《注》曰："劳客曰：'道路悠远，客甚劳。'"

⑰客趋辟：孙诒让曰："客不敢当主君之拜，故趋出辟之，且见不敢劳主君之远送也。"

⑱飨、食：郑《注》曰："亦谓主君不亲，而使大夫以币致之。"按，币谓束帛，此谓主君派其大夫前往客馆，手捧束帛代主君向客致辞，以馈送飨礼和食礼所当有的牲牢酒食等。

⑲"君馆客"三句：郑《注》曰："客将去，就(馆)省之，尽殷勤也。"客辟，义谓不敢当。介受命，孙诒让曰："使介于舍馆大门外听命也。"

⑳礼赐：郑《注》曰："谓乘禽，君之加惠也。"按，乘禽，是一种雌雄相伴而又群聚的雁、鹜等鸟类。据《仪礼·聘礼·记》，客到主国后，从第十天起，宰夫要每天供给客和介一定数量的乘禽，因此为致飨和馈饔汽等正礼外另又馈送的，故曰"君之加惠"。

【译文】

诸公的臣互相作为国客[行聘礼]，就[主国在从来到去的路上要]

三次供给粮草牲牢，客每次都要辞谢三次然后行拜礼接受。到主国[国君派遣的]的大夫前来行郊劳礼时，客陈列介迎接，并要辞谢三次，然后拜谢大夫屈尊前来。[客与大夫进入馆舍来到堂阶前]，客要三次谦让请大夫先登阶上堂，[而大夫三次推辞]，[然后客先登而大夫随之]登阶上堂，客聆听[大夫代表主君致]郊劳辞，[为表示尊敬主国国君，]听毕下堂[面向北]行拜礼，然后再上堂接受劳礼。客用宾礼接待使者也如同当初行劳礼的礼仪一样。等到大夫退出客舍时，客行拜礼相送。为客安排馆舍的礼仪也如同郊劳的礼仪一样。等到将[行正聘礼向主国国君]授玉时，主君陈列摈者[迎接客]，[对于客来行聘礼]三次表示推辞不敢当，然后[主国国君在大门内]拜迎客，客回避君的拜礼[表示不敢当]，[接着客进入大门以后，每进一门]主君都三次作揖请客先入，[而客三次推让]，每经过一门都只由一名上相相礼，等到了太祖庙的庙门前，只有主君的相进入庙中。[进庙后主君与客行三揖]三让之礼，然后客[随主君]登阶上堂。[客转达己君对主君的友好问候之辞，主君]拜谢客的到来，客三次退避[君的拜礼]。客把玉授给主君，然后走下堂下，出庙。[此后向主君进献礼物，或有国事要同主国交涉]，每件事的礼仪都同当初授玉一样。等到主君向客献醴，客以个人名义晋见主君，以及以个人名义向主君进献礼物时，都要向主君行再拜稽首礼，而主君则答以回拜礼。礼毕，客出庙走到中门外，主君询问[客的]国君的健康情况，客行再拜礼表示感谢，而后回答。主君则行回拜礼[表示欣慰]。客回避主君的拜礼而后又回答[有关国君的其他问题]。主君又问起卿大夫们的健康情况，客也作了回答。主君慰劳客[旅途一路辛苦]，客行再拜稽首礼[以表示感谢]。主君回拜礼，客快步出大门避开主君的拜礼。[主君派卿去向客]馈送饔饩，如同郊劳时的礼仪。[主君向客]致送飨礼、食礼，以及[客返国前]向客奉还玉圭，都如同客向主君授玉时的礼仪。[客返国前一天，]主君前往客馆看望客，客[因不敢当而]回避，而让自己的介听取主君的送别辞命。接着[主君行拜礼表示]送客。

[主君离去时]客跟从主君,到朝[的大门外]拜谢主君屈尊亲来馆送行。第二天,客到朝[的大门外]拜谢主君[在访问期间每天]礼赐的[乘禽],接着就启程上路回国。[主国馈送的粮草牲牢]如同客进入主国时所馈送之数。

6. 凡侯、伯、子、男之臣①,以其国之爵相为客而相礼②,其仪亦如之。

【注释】

①侯、伯、子、男之臣:侯,《注疏》本原误刻作"诸"。

②爵:据郑《注》,谓卿、大夫、士。

【译文】

凡是侯、伯、子、男的臣互相到对方国家访问,就按照他们在本国的爵位尊卑出聘而互相为客、互相礼待,其具体礼仪也和接待诸公的臣一样。

7. 凡四方之宾客,礼仪、辞命、饩牢、赐献①,以二等从其爵而上下之②。凡宾客,送逆同礼③。

【注释】

①饩牢:谓馈赠饔饩之类。赐献:谓礼赐、进献时新食品之类。

②以二等从其爵而上下之:谓爵尊者礼丰,爵卑者礼简,以二等为差。如诸侯的卿,所受礼遇就比其君降二等,大夫则比卿降二等,士又比大夫降二等;反之亦然。

③送逆同礼:郑《注》曰:"谓郊劳、郊送之属。"按,凡客皆为之行此二礼,故曰同礼。

【译文】

凡是来自四方诸侯国的宾客，接待他们所用的礼仪、辞命、向他们馈送的牲牢数，以及所礼赐和进献的物品，都可依照他们的爵位，爵位上下差一级，就上下相差二等。凡是宾客，都同样要行送迎之礼。

8. 凡诸侯之交，各称其邦而为之币①，以其币为之礼。

【注释】

①币：此谓三享中所用的币，即进献的礼。

【译文】

凡是诸侯国之间的交往，朝聘一方各自依据自己国家的大小来决定进献礼物的多少，而主国则根据来宾所进献礼物的多少而决定回赠之礼的多少。

9. 凡行人之仪①，不朝，不夕②，不正其主面③，亦不背客。

【注释】

①凡行人之仪：郑《注》曰："谓摈相传辞时也。"孙诒让以为，此为司仪预习其仪，而以告大、小行人。

②不朝，不夕：朝，谓正东；夕，谓正西。郑《注》曰："不正东乡，不正西乡。"按，依常礼皆宾居西边而面朝东，主居东边而面朝西。如摈相正面向东或向西，则背向宾或主，这样就不符合礼。

③不正其主面：此谓行人为摈相相礼，其面之所向，当兼顾宾主，如正面对着主人，则会背对宾客。

【译文】

凡是大、小行人担任摈相时的礼仪，脸不正向东，也不正向西，不正对着主人，也不背对着宾客。

五五　行夫

1. 行夫掌邦国传遽之小事，媺恶而无礼者[1]。凡其使也，必以旌节，虽道有难而不时，必达。居于其国，则掌行人之劳辱事焉[2]。使则介之。

【注释】

①“行夫掌邦国”二句：传遽，驿车，传车。《说文》：“遽，传也。”杨伯峻曰：“传车为古代驿站专用车辆，每抵一中途站，换车换马换驭者，继续前行，取其快速。”按，据孙诒让说，此谓乘轻车传达王命或报告消息。小事，即指“媺恶而无礼者”。据郑《注》，媺，同“美”，谓福庆之事。恶，谓死丧荒年之事。无礼，不需讲究礼仪而携带礼品、随从迎送接待等。贾《疏》曰：“无摈介而单行。”孙诒让曰：“亦谓无聘享玉帛之礼。”

②“居于其国”二句：居于其国，此谓行夫随大、小行人居所使之国。掌行人之劳辱事，孙诒让曰：“与行人为役也。劳辱事，犹《司隶》云‘烦辱之事’。”

【译文】

行夫掌管乘驿车前往诸侯国传达小事，这是些福庆、丧亡灾荒之类而出使传达者无须讲究礼仪而迎送接待的事情。凡是行夫被派遣出去，必须持有旌节而通行，即使出使途中道路艰险难走出现意外情况而不能及时到达，最终也一定要将王命传达到。随从大、小行人出使而留居在出使国期间，就掌管处理大、小行人的繁杂琐碎的事务，大、小行人为使臣就充当他们的介。

五六　环人

1. 环人掌送逆邦国之通宾客[1]，以路节达诸四方[2]。舍则授馆，令聚柝[3]。有任器[4]，则令环之。凡门关无几[5]，送逆及疆。

【注释】

①通宾客：郑《注》曰："以常事往来者也。"

②以路节达诸四方：路节，即旌节。出使、迁移所持之节，以为凭信。郑《注》曰："四方，圻(畿)上。"

③令聚柝：郑《注》曰："令野庐氏也。"聚柝，聚集守护馆舍的人击柝巡夜。(参见《秋官·野庐氏》注)

④任器：指除兵器以外的器物财货(参见《秋官·司隶》注)。

⑤凡门关无几：刘青芝曰："言有环人送迎，则宾客出入不见几。"几，稽查，苛察。

【译文】

环人掌管迎送诸侯国以平常事务而往来的宾客，发给旌节使他们能通行王畿内四方。旅途中，宾客住宿时就负责为之安排馆舍，并命令野庐氏聚集民众为之击柝巡夜。宾客带有器物的，就令人环绕看守以防备盗贼。对于有环人迎送的宾客，凡是经过城门、关卡都不稽查，送迎客人都以抵达畿疆为界。

五七　象胥

1. 象胥掌蛮、夷、闽、貉、戎、狄之国使[1]，掌传王之言而谕说焉，以和亲之。若以时入宾[2]，则协其礼，与其辞言传之。凡其出入送逆之礼节、币帛、辞令③，而宾相之。

【注释】

①蛮、夷、闽、貉、戎、狄之国使：郑《注》曰："谓蕃国之臣来覜聘者。"（参见《夏官·职方氏》及《秋官·大行人》注）

②若以时入宾：郑《注》曰："谓君其以一世见来朝为宾者。"按，此即《秋官·大行人》"九州之外谓之蕃国，世一见。"即只在新君即位时来朝见一次。

③出入：谓从来到去。

【译文】

象胥掌管蛮、夷、闽、貉、戎、狄等国家派来覜聘的使者，掌管向他们传达王所说的话而晓谕他们，以与他们和睦相亲。如果是蕃国国君新即位按时来朝为宾，就妥善协调接待他们的礼仪，翻译他们主、宾双方的言辞，并传达给他们双方。凡是有关蕃君从到来至离去的迎送礼节、进献币帛、应对辞令等，都担任摈相而诏告协助他们行礼。

2. 凡国之大丧，诏相国客之礼仪①，而正其位。

【注释】

①国客：奉君命朝聘天子或聘问他国的使臣。郑《注》曰："谓诸侯使臣来吊者。"李光坡引郑刚中曰："谓四夷遣其臣来也。中国之客自有大、小行人掌正其位。"

【译文】

凡国家有大丧，诏告并协助蕃国前来吊唁的使臣行丧礼之仪，而规正他们行礼的位置。

3. 凡军旅、会同，受国客币[1]，而宾礼之。

【注释】

①币：贾《疏》曰："礼动不虚，……以币致其君命（慰问辞），非谓别有币也。"

【译文】

凡是国家有出征、会同的事，就接受蕃国前来慰问的使臣敬献的币帛礼品，而以宾客之礼接待他们。

4. 凡作事[1]，王之大事诸侯，次事卿，次事大夫，次事上士[2]，下事庶子[3]。

【注释】

①作：谓有事派遣执行人员。郑《注》曰："使也。"

②上士：据王引之校，"上"字衍。

③庶子：谓尚未授爵命而任官职的公卿大夫之子。

【译文】

凡委派人做事，王的大事就委派诸侯去做，次一等的事就委派卿去做，再次一等的事就委派大夫去做，再次一等的事就委派士去做，小事就委派庶子去做。

五八　掌客

1. 掌客掌四方宾客之牢礼、饩、献、饮食之等数[1]，与其政治[2]。

【注释】

①牢礼、饩、献：据孙诒让说，此处牢礼，指凡当供给牲牢之礼，如下文所说之飨、积、殷膳等；饩，指饔饩（参见《天官·宰夫》注及《外饔》注）；献，指乘禽，即献雉雁等。饮食：即飨、食、燕之类。

②政治：此谓因祸灾等而减礼的事务。郑《注》曰："邦新杀礼之属。"（参见本篇下文第8节）

【译文】

掌客掌管招待四方宾客所当供给的牲牢、饔饩、乘禽和饮食的各种规格的礼数，以及有关因故减礼的事务。

2. 王合诸侯而飨礼①，则具十有二牢②，庶具百物备③。诸侯长④，十有再献⑤。

【注释】

①飨礼：此是最高规格的宴会，因下文"十有二牢"等皆天子之礼。

②十有二牢：即十二牢，十二太牢。牢，太牢。即牛一、羊一、豕一三牲具备为一牢。

③庶具百物备：庶具，庶羞，即众多的美味佳肴。朱申曰："庶羞之具，百物之品，莫不咸具。"孙诒让曰："十二牢为牲俎，则庶具百物盖指庶羞，《膳夫》所谓'羞用百有二十品'之属是也。"

④诸侯长：方伯。为九命之上公，东西二方各一，长诸侯。郑《注》曰："九命作伯者也。"又曰："献公侯以下，如其命数。"贾《疏》曰："《大行人》云'上公飨礼九献，侯伯七献，子男五献'，是也。"

⑤十有再献：即十二献。

【译文】

王与诸侯有事会同而举行规格最高的飨礼，就备办十二太牢，并备办百种美味。在飨礼上对于一方诸侯之长，要行十二次献酒之礼。

3. 王巡守、殷国[1]，则国君膳以牲犊，令百官百牲皆具[2]。从者，三公视上公之礼，卿视侯伯之礼，大夫视子男之礼，士视诸侯之卿礼，庶子壹视其大夫之礼。

【注释】

①巡守、殷国：殷国，天子在诸侯国行殷见之礼。孙诒让曰："王巡守近畿之国，因而合诸侯也。"参见《秋官·大行人》及注。

②令百官百牲皆具：郑《注》曰："令者，掌客令主国也。百牲皆具，言无有不具备。"

【译文】

王巡守天下或在附近的诸侯国接见众来朝的诸侯，王所到国的国君要向王进膳而用牛犊，命令供给王的百官所用的众多的牲牢都要具备。对于王出巡的随从官员的接待规格，接待三公比照上公的礼数，接待卿比照侯伯的礼数，接待大夫比照子男的礼数，接待士比照诸侯之卿的礼数，接待庶子比照诸侯之大夫的礼数。

4. 凡诸侯之礼[1]：上公五积，皆视飧牵[2]。三问皆脩[3]，群介行人宰史皆有牢[4]。飧五牢[5]，食四十[6]，簠十[7]，豆四十[8]，铏四十有二[9]，壶四十[10]，鼎、簋十有二[11]，牲三十有六[12]，皆陈。饔饩九牢[13]，其死牢如飧之陈[14]，牵四牢，米百有二十筥[15]，醯醢百有二十瓮，车皆陈[16]；车米视生牢，牢十车[17]，车秉有五籔[18]，车禾视死牢，牢十车[19]，车三秅[20]，刍薪倍禾[21]，皆陈[22]。乘禽日九十双[23]。殷膳大牢[24]。以及归，三飨、三食、三燕；若弗酌，则以币致之[25]。凡介、行人、宰、史，皆有飧、饔饩，以其爵等为之牢礼之陈数[26]，唯上介有禽献。夫人致礼[⑫]：八壶、八豆、八笾，膳大牢，致飨大牢，食大牢。卿皆见，以羔，膳大牢。

【注释】

①凡诸侯之礼：据贾《疏》，自本节起等3节，谓五等诸侯自相朝聘，主国接待聘君之礼。

②皆视飨牵：意谓每积供应的牲牢标准都和接风便宴上的一样。飨，参见《秋官·司仪》第3节注。牵，活牲。郑《注》曰："谓所共如飨。"下文云"飨五牢"，是每积供活牲五牢，五积则二十五牢。

③脩：加姜桂等调料制成的干肉。

④群介行人宰史皆有牢：据《注》《疏》，此九字衍。故不译。

⑤飨五牢：飨，接风便宴。郑《注》曰："飨，客始至，致小礼也。"郑《注》又曰："公侯伯子男飨皆饪（煮熟的牲肉）一牢，其余牢则腥（已杀而未煮熟的牲）。"五牢，五牢中，一牢是饪，即煮熟的肉；其余四牢是腥，即生肉。

⑥食：谓庶羞。郑《注》曰："其庶羞美可食者。"

⑦簠（fǔ）：盛放稻粱的食器。郑《注》曰："稻粱器也。"

⑧豆：盛放菹醢等濡汁食物的食器。郑《注》曰："菹醢器也。"菹，参见《天官·醢人》注。醢，肉酱。

⑨铏四十有二：铏，盛放盐菜和肉汁的器皿。郑《注》曰："铏，羹器也。"按，羹，谓既加调料又加盐菜的肉汁。据王引之校，"四十有二"之"四"，乃"三"字之误。

⑩壶四十：据郑《注》，十六壶陈放堂上，东夹、西夹各十二。壶，郑《注》曰："酒器也。"

⑪鼎、簋：鼎，盛放牲牢的器具。簋，盛放黍稷的食器。郑《注》曰："鼎，牲器也。簋，黍稷器也。"

⑫牲三十有六：牲，当作"腥"，鲜牲肉。此谓腥鼎，盛放鲜牲肉的

鼎。郑《注》据下文记侯伯之礼曰“腥二十有七”，以为此处“牲”乃“腥”字之误。

⑬饔饩：宰杀过的牲口谓之饔、死牢；待杀的活牲口谓之饩，也叫生牢、牵。饔又包括任（煮熟的肉）与腥（生肉）。参见《秋官·大行人》第5节注。

⑭其死牢如飧之陈：意谓其死牢也是五牢，其中一牢是熟肉（任），陈设在宾馆的西阶前，其余四牢是末煮的生肉（腥），陈设在东阶前。死牢，谓已杀的牲。据上文飧五牢，饔饩之死牢亦五牢。郑《注》曰：“如飧之陈，亦任一牢在西，余腥在东也。”

⑮米百有二十筥：米，此为稻、粱、黍、稷的总称。筥，竹制的圆形容器。可容半斛（即五斗）。米的放法，据郑《注》，十筥为一排，稻粱黍各两排，稷六排，共十二排，在庭中东西陈列。

⑯车皆陈：郑《注》说“车”字衍。又据郑《注》说，以上诸物都陈在宾馆门内。

⑰“车米视生牢”二句：车米，谓载米之车。生牢，即上文“牵四牢”。按，上文“牵四牢”，是指饔饩之生牢四牢，每牢十车，则米四十车。

⑱秉有五籔（sǒu）：即二百四十斗，也即二十四斛。秉、籔皆容量单位。一秉合十籔，一籔合十六斗。秉，《注疏》本原误作“乘”，据阮校改。《仪礼·聘礼·记》曰：“十斗曰斛，十六斗曰籔，十籔曰秉。”

⑲“车禾视死牢”二句：禾，据郑《注》，谓带穗的茎。按，饔饩死牢凡五牢，每牢十车，则五十车。

⑳车三秅（chá）：秅，古代的计禾单位。四百秉为一秅。秉，今言一把，此即一手能握住的量。《仪礼·聘礼·记》曰：“四秉曰筥，十筥曰稯（zōng），十稯曰秅，四百秉为一秅。”又郑《注》：“每车三秅，则三十稯也。”

㉑刍薪倍禾：刍，饲草。薪，柴。倍禾，按，禾五十车，倍禾则一百车。

㉒皆陈：据郑《注》，以上诸物皆横向陈列在宾馆门外。

㉓乘禽：雌雄相伴而又群聚的雉、雁等鸟。郑《注》曰："乘行群处之禽，谓雉、雁之属。于礼以双为数。"孙诒让曰："乘行谓双双相并而行，群处谓成群而居，犹言乘居而匹处矣。"

㉔殷膳：客人逗留期间，主人在正常牢礼外又不定期致送膳食。郑《注》曰："殷，中也。中又致膳，示念宾也。"贾《疏》曰："此为牢礼（即馈饔饩）之外，见宾中间未去（即尚未返国），恐宾虑主人有倦，更致此膳，所以示念宾之意无倦也。"

㉕"若弗酌"二句：若弗酌，谓主君因故不能亲酌酒献宾，实指主君不能亲自参加飨、食、燕礼，则要把飨、食、燕所需的酒食佳肴，派臣送到宾馆去。以币致之，谓奉上束帛代君致辞以馈送之。郑《注》曰："谓君有故，不亲飨、食、燕也。不飨则以酬币致之，不食则以侑币致之。"

㉖以其爵等为之牢礼之陈数：据郑《注》，如果是卿，则飨二牢，饔饩五牢；大夫，则飨大牢，饔饩三牢；士，则飨少牢（只有羊豕二牲），饔饩大牢。

㉗夫人致礼：据《仪礼·聘礼》，主君向宾馈饔饩后，夫人也要派人向宾"归（馈）礼"（国君所使，而以夫人的名义），以体现"助君养宾"义，但其礼则大减于君。

【译文】

凡接待[来朝聘]诸侯之礼：接待上公[从来直到返国]要五次供给粮草牲牢，[其中所供的]活牲数都比照致飨食的牲数。沿途三次问礼每次都进献有脯，（下"群介行人宰史皆有牢"九字衍，不译）。供给的飨食用五牢，还有各种美味食物四十[豆]，[稻饭、粱饭]十簠，[各种菹菜和酱类]四十豆，[各种肉羹]三十二铏，[酒]四十壶，[盛熟牲肉的]鼎和

[盛黍饭、稷饭的]簋各十二,[鲜牲肉]三十六鼎,都陈放[在一定的地方]。主君派卿到宾馆馈送的饔饩有九牢,其中已宰杀的牲牢如同飧食所供牲牢的陈列法,还有牵去的活牲四牢,送去的米一百二十筥,送去的醋酱一百二十瓮,都陈放[在宾馆的门内];送去的载米的车数比照馈赠活牲的牢数,每馈赠活牲口一牢,就配上馈赠的米十车,每车载米一秉零五籔,送去的载禾的车数比照馈赠死牲的牢数,每馈赠宰杀过的牲口一牢,就配上馈赠的禾十车,每车载禾三秅,送去的饲草和薪柴都比禾多一倍,[这些载米、载禾、载饲草、载烧柴的车辆]都陈列[在宾馆的门外]。[聘君逗留期间,]乘禽每天供给九十双。中间又赠送太牢为膳食。一直到宾返国之前,主君还要为宾举行三次飧礼、三次食礼、三次燕礼;如果主君因故不能亲自[参加飧礼、食礼、燕礼而]酌酒献宾,[就派人]奉上束帛代君致辞而把酒食馈送给宾[并代表主君致意]。凡[随从宾的]介、行人、宰、史等所有随员,主君也都要馈送飧食和饔饩,按照他们爵位的高低来决定所陈列的牢礼数的规格,其中只有上介供应乘禽。主君夫人[派下大夫向宾]所赠送的礼物有:八壶酒,八豆菹醢,八笾果脯,膳食用一具太牢,馈送的飧礼用一具太牢,食礼用一具太牢。[主国的]卿都来宾馆拜见宾,用羔羊作为见面礼,并馈送一具太牢用于膳食。

5. 侯伯四积,皆视飧牵。再问皆脩。飧四牢,食三十有二,簠八,豆三十有二,铏二十有八[1],壶三十有二,鼎簋十有二,腥二十有七,皆陈。饔饩七牢,其死牢如飧之陈,牵三牢,米百筥,醯醢百瓮,皆陈;米三十车,禾四十车,刍薪倍禾,皆陈。乘禽日七十双。殷膳大牢。三飨[2]、再食、再燕。凡介、行人、宰、史,皆有飧、饔饩,以其爵等为之礼,唯上介有禽献。夫人致礼:八壶、八豆、八笾,膳大牢,致饔大牢。

卿皆见，以羔，膳特牛③。

【注释】

①二十又八：据王引之校，当为“二十四”。

②三飨：据阮校，“三”当为“再”。

③特牛：一头牛。

【译文】

接待侯伯[从来直到返国]要四次安排供给粮草牲牢，[其中每次所供给的]活牲数都比照致飧食的牲数。[沿途派卿]两次问礼，每次慰问都进献有脯。[侯伯初到时]供给的飧食用四牢，还有各种美味食物三十二[豆]，[稻饭、粱饭]八簠，[各种菹菜和酱类]三十二豆，[各种肉羹]二十四铏，[酒]三十二壶，[盛熟牲肉的]鼎和[盛黍饭、稷饭的]簠各十二，[鲜牲肉]二十七鼎，都陈放[在一定的地方]。[行过正式聘礼后，主君派卿到宾馆]馈送的饔饩有七牢，其中已杀的牲牢的陈列如同飧食所供牲牢一样，还有牵去的活牲三牢，送去的米一百筥，醋酱一百瓮，都陈放[在宾馆门内]；米三十车，禾四十车，饲草和薪柴比禾多一倍，都陈列[在宾馆门外]。[逗留期间，主国]乘禽每天供给七十双。中间又馈送太牢作为膳食。[一直到宾返国之前，主君]还要为宾举行两次飨礼、两次食礼、两次燕礼。凡是[随从宾的]介、行人、宰、史[等所有随员]，[主君]都要馈送有飧食和饔饩，按照他们爵位级别的高低来确定所陈列的牢礼数的规格，其中只有上介才有资格接受乘禽。主君夫人[派下大夫向宾]赠送的礼物有：八壶酒，八豆菹醢，八笾果脯，膳食用一具太牢，馈送的飨礼用一具太牢。[主国的]卿都到宾馆去见宾，用羔羊作为见面礼，并馈赠一头牛用作膳食。

6. 子男三积，皆视飧牵。壹问以脩。飧三牢，食二十有四，簠六，豆二十有四，铏十有八①，壶二十有四，鼎簋十有二，牲十有八[2]，皆陈。饔饩五牢，其死牢如飧之陈，牵二牢，米八十筥，醯醢八十瓮，皆陈；米二十车，禾三十车，刍薪倍禾，皆陈。乘禽日五十双。壹飨、壹食、壹燕。凡介、行人、宰、史，皆有飧、饔饩，以其爵等为之礼，唯上介有禽献。夫人致礼：六壶、六豆、六笾[3]，膳视致飨[4]。亲见卿，皆膳特牛[5]。

【注释】

①铏十有八：据王引之校，当为"十有六"。

②牲：据郑《注》，亦当为腥。

③六壶、六豆、六笾：孙诒让怀疑当作"八壶、八豆、八笾"，曰："盖夫人致礼五等诸侯，数皆不降（按，谓与公侯伯的夫人一样），犹膳用太牢，亦五等同不降。"

④膳视致飨：孙诒让曰："谓子男则夫人不致飨，惟致膳礼特盛，有壶酒，与飨同。"按，致膳本无酒。

⑤"亲见卿"二句：郑《注》曰："言卿于小国之君，有不故造馆见者；故造馆见者，乃致膳。"

【译文】

子男[从来直到返国，主国]要三次安排供给粮草牲牢等，[其中每次所供给的]活牲数都比照致飨食的牲数。[沿途派卿]行一次问礼进献有脯。[聘君刚到，主君派卿]供给的飨食总共三牢，各种美味食物二十四[豆]，[稻饭、粱饭]六簠，[各种菹菜、酱类]二十四豆，[各种肉羹]十六铏，[酒]二十四壶，[盛熟牲肉的]鼎和[盛黍饭、稷饭的]簋各十二，[鲜牲肉]十八鼎，都陈放[在一定地方]。[行过正式聘礼后，主君派卿到宾馆]馈送的饔饩有五牢，其中已宰杀的牲牢的陈列如同飨食所供牲牢一样，牵去的活牲二牢，送去的米八十筥，醋酱八十瓮，都陈放[在宾馆门内]；米二十车，禾三十车，饲草和薪柴比禾多一倍，都陈放[在宾馆门外]。[聘君逗留期间，主国]乘禽每天供给五十双。[一直到宾返国，主君]还要为宾举行一次飨礼、一次食礼、一次燕礼。凡介、行人、宰、史[等宾的所有随员]，[主君]也都馈送有飧食和饔饩，按照他们爵位的等级来决定馈送牢礼的规格，只有上介供应乘禽。主君夫人[派下大夫向宾]赠送的礼物有：六壶酒，六豆菹醢，六笾果脯，馈送的膳食与馈送的飨礼规格相同。[主国]亲来拜见宾的卿，都要[向宾]馈送一头牛用作膳食。

7. 凡诸侯之卿、大夫、士为国客，则如其介之礼以待之。

【译文】

凡是诸侯的卿、大夫、士来行聘礼而作为国客，就用如同他们为诸侯国君做介随同访问时接待他们的礼数来接待他们。

8. 凡礼宾客，国新杀礼[①]，凶荒杀礼，札丧杀礼，祸灾杀礼，在野、在外杀礼。

【注释】

①杀：降低，减少。

【译文】

凡是以礼接待宾客，如果国家新建立礼就可以降低规格，如果有大灾荒礼就可以降低规格，如果有大瘟疫礼就可以降低规格，如果遭受兵寇侵犯或水火灾害礼就可以降低规格，如果在野地、在畿外礼就可以降低规格。

9. 凡宾客死，致礼以丧用。宾客有丧[1]，惟刍稍之受[2]。遭主国之丧[3]，不受飨、食，受牲礼[4]。

【注释】

①宾客有丧：据郑《注》，若君来朝为宾，则丧指其父母死；若臣来聘而为客，则丧还当包括君死。

②惟刍稍之受：谓不接受主国的飨礼和食礼，而只接受刍稍，即饲草和粮食。

③遭主国之丧：孙诒让曰："谓朝聘既入竟，遭主国君或夫人、世子之丧。"

④受牲礼：郑《注》曰："牲，亦当为'腥'，声之误也。"按，腥礼指飨和饔饩。腥，谓生肉。飨、饔饩皆有熟牲肉，主国因丧而无心煎烹，故按礼当致的熟牲，皆以腥致之。

【译文】

凡是宾客在主国期间死亡，主国就馈送礼物以供丧事之用。宾客进入主国访问期间闻报有丧，就只接受主国供给的最基本的生活资料草料和粮食。如果宾客进入主国访问期间遭逢主国的丧事，那就不再接受主国的飨礼和食礼，而接受按礼数送来的生牲肉。

五九　掌讶

1. 掌讶掌邦国之等籍[1]，以待宾客。若将有国宾客至，则戒官修委积[2]，与士迎宾于疆[3]，为前驱而入。及宿，则令聚柝[4]。及委，则致积[5]。至于国，宾入馆，次于舍门外，待事于客[6]。及将币，为前驱。至于朝，诏其位，入复。及退亦如之[7]。

【注释】

①等籍：即礼籍。记载诸侯官吏等级的簿册。郑《注》曰："等，九仪之差数。"（参见《秋官·大行人》注）

②官：指牛人、羊人、舍人、委人之属。皆和"修委积"有关。

③士：谓讶士，有迎送宾客的职责。参见《秋官·讶士》。

④令聚柝：参见《秋官·环人》注。

⑤致积：郑《注》曰："以王命致于宾。"

⑥待事于客：郑《注》曰："通其所求索。"

⑦退亦如之：郑《注》曰："如其为前驱。"

【译文】

掌讶掌管载有诸侯国礼仪等级尊卑的簿册，据以接待来朝聘的宾客。如果将有诸侯国的宾客到达，就先告诫牛人、羊人等有关官员准备好途中的粮草物资，然后与讶士一起前往边境迎接宾客，为宾客做前导而导引宾客入境。每逢宾客在途中住宿下来，就命令野庐氏聚集民众击柝守卫。每到该向宾客赠送粮草时，就以王的名义赠送给宾。到达国都中，宾客住进馆舍后，就在宾馆门外搭起帐篷，以待宾客有事时帮助处理各种需求。等到宾客将要上朝去向国君授玉行朝见礼时，就在前面导引。宾客到朝以后，要诏告他们应站的朝位，然后入内向王报告宾客已到。行朝聘礼完毕，到宾客退出返回馆舍时，也要同样做前导。

2. 凡宾客之治①，令讶，讶治之②。凡从者出，则使人道之。及归，送亦如之③。

【注释】

①凡宾客之治：郑《注》曰："此谓朝觐聘问之日，王所使迎宾客于馆之讶。"治，孙诒让曰："即复逆之事。"

②令讶，讶治之：郑《注》曰："以告讶，讶为如朝而理之。"

③送亦如之：郑《注》曰："如其前驱、聚柝、待事之属。"

【译文】

凡是宾客有事要报告，都要先告诉掌讶，由掌讶入朝报告而加以处理。凡是宾客的随从官员外出，就要派人做前导。等到宾客回国时，沿途相送的礼仪也像迎接时一样。

3. 凡宾客：诸侯有卿讶，卿有大夫讶，大夫有士讶，士皆有讶[①]。凡讶者，宾客至而往，诏相其事，而掌其治令。

【注释】

①"凡宾"至"有讶"：据郑《注》，此讶与掌讶不同，此为宾客行朝聘礼当天，王临时委派到宾馆去迎宾之讶，其身份低于所迎之宾客一等。

【译文】

凡是宾客，到要行朝聘礼那天，王要派前往宾馆迎宾的讶：如果宾客是诸侯就由卿充任讶，如果宾客是卿就由大夫充任讶，如果宾客是大夫就由士充任讶，如果宾客是士也都有讶。凡是充任讶的人，宾客到来时就要前往宾馆，诏告和协助宾客行礼事，并掌管处理有关接待事宜。

六十　掌交

1. 掌交掌以节与币巡邦国之诸侯[①]，及其万民之所聚者，道王之德、意、志、虑，使咸知王之好恶，辟行之[②]。

【注释】

①节与币：节，旌节，一种通行的凭证。币，指见诸侯时所持的束帛等见面礼。郑《注》曰："节以为行信，币以见诸侯也。"

②辟行之：王所厌恶者，避而不为。王所喜好者，则为之。辟，同“避”。

【译文】

掌交掌管手持旌节和携带礼品巡视诸侯国都，以及各国民众聚居的大城邑，宣扬王的盛德、意图、志趣和思虑所在，使人们都知道王的喜好、厌恶，从而就倡导去做或者避而不做。

2. 使和诸侯之好，达万民之说①。掌邦国之通事②，而结其交好。

【注释】

①达万民之说：说，古“悦”字。郑《注》曰：“说，所喜也。达者，达之于王若其国君。”

②通事：通，往来。郑《注》曰：“谓朝觐、聘问也。”

【译文】

诸侯间有想修好的，就从中和合，使诸侯之间保持和谐友好，把民众喜乐欢欣的事转达王或诸侯国君。掌管诸侯国间相互朝觐、聘问等以礼相交往的事，而缔结诸侯与王以及诸侯之间的相互友好关系。

3. 以谕九税之利①，九礼之亲②，九牧之维③，九禁之难④，九戎之威⑤。

【注释】

①九税：九种土地税。即《天官·大宰》之九赋。

②九礼：九仪的礼法。即《秋官·大行人》九仪之礼。

③九牧：九州之长。牧，州长。郑《注》曰：“九州之牧。”

④九禁：即《夏官·大司马》“掌建邦国之九法”。郑《注》曰：“九法之禁。”按，禁，谓用武力查禁违法者。

⑤九戎：即大司马“九伐”，九种用兵讨伐之法（参见《夏官·大司马》）。郑《注》曰：“九伐之戎。”按，《说文》曰：“戎，兵也。”

【译文】

向诸侯国晓谕九税制度的益处，九礼制度对于诸侯国带来的亲和作用，九牧制度对促成诸侯国的联系作用，九禁之法所形成的各邦国的敬畏态度，九戎之法树立的王朝的威严。

六一　掌察（阙）

六二　掌货贿（阙）

六三　朝大夫

1. 朝大夫掌都家之国治①。日朝以听国事故②，以告其君长。国有政令，则令其朝大夫。凡都家之治于国者，必因其朝大夫，然后听之，唯大事弗因③。凡都家之治有不及者，则诛其朝大夫；在军旅，则诛其有司④。

【注释】

①朝大夫掌都家之国治：都家，谓采邑。王子弟、公卿之采地谓之都；大夫之采地谓之家。国治，孙诒让曰：“谓国有事施于都家，及都家以事请于国，通谓之治。”又曰：“此官为都家之臣，奉其君长之命居于王国者，故国治（朝廷的文书）下达，都家治（都家的文书）上达，通掌之也。此职凡言国，并指王朝言。”

②国事故：国家施政的重大举措。俞正燮曰：“朝大夫，若汉郡国邸

吏。国事故者，谓邸报是也。”

③唯大事弗因：孙诒让曰：“都家有大事，则当令专使来至王国咨问辩论。”

④有司：掌管具体事务的官吏。其各有专司，故称。郑《注》曰：“都司马、家司马。”

【译文】

朝大夫掌管国家施于采邑及采邑请示于国家的一切治理事务。每天上朝听闻有关国家的政事举措，记录下来以报告给本采邑的君和卿大夫。国家有针对采邑的政令，就下达给采邑的朝大夫而将政令通报其采邑的君长。凡采邑的小政事要请示国家的，一定要由朝大夫转达，然后王朝官吏才受理，只有大事可不由朝大夫转达，而另派专使来向国家请示。凡采邑的政事有违反法令或拖延不及时办理的，就惩罚其朝大夫；如果在军旅之中发生类似情况，就惩罚采邑的都司马、家司马等有关官吏。

六四　都则（阙）

六五　都士（阙）

六六　家士（阙）

冬官

考工记第六

【题解】

《周礼》原书缺《冬官》，汉人揣摩全书体例意旨而以《考工记》补之，凑足六篇之数，仍以《冬官》为其篇名。实际上，据原书创作者在《天官·大宰》中对六官各自所执掌功能的总体构想，冬官系统当为“事官”，掌“事典”，其职能即《天官·小宰》所指的“事职”，包括了“富邦国”“养万民”“生百物”等丰富的工农业生产技术与服务保障内涵，其内容当不限于《考工记》所列出的具体工种。据清人江永在《周礼疑义举要》一书中考证：根据《周礼》原作者在《天官·大宰》等处的总述，冬官之长曰大司空，其副职曰小司空，其属职见于全书其他各处者，计有匠师、梓师、豕人、啬夫、司里、水师、玉人、雕人、漆氏、陶正、圬人、舟牧、轮人、车人、刍人等十五职，然而这些职务仅玉人、轮人、车人三者出现在《考工记》中，其余十二职虽然明显符合原书拟定的“冬官”功能范畴，在其他地方亦有提及，却并未出现于《考工记》。据后世学者考证，《考工记》是战国后期学者编纂的一部独立著作，简要总结了战国时期一些常见部门的生产技术，该书立足现实，并无意于完整实现“富邦国”“养万民”“生百物”的《周礼》式宏大目标。既然该书自成体系且自汉代以来传承不绝，则我们也不必专门再去深究它和或许存在（也许是本来就未写出）的《周礼·冬官司空》的差别，而不妨对其结构和内容特色另行分析。《考工记》全篇“总叙”第一句“国有六职，百工与居一焉”之后，即有专门一小节总论百工分工，我们也可据此概述：“凡攻木之工七”，一曰轮人，制作车轮与车盖；二曰舆人，制作车厢；三曰弓人，制作弓；四曰庐人，制作戈、戟、殳、矛等长兵器的木柄；五曰匠人，负责营建宫室、城郭、门墙、修建道路及开挖沟渠等；六曰车人，制作耒等农具和大车等；七曰梓人，制作悬挂钟磬的筍虡，以及饮器与射侯。“攻金之工六”，一曰筑氏，刊削简札的“削”；二曰治氏，制作田猎用的杀矢，以及戈和戟的金属部分；三曰凫氏，制作钟；四曰栗氏，制作豆、区、鬴等量器，五曰段氏，原书阙文；六曰桃氏，制作剑。“攻皮之工五”，一曰函人，制甲衣；二曰鲍人，鞣制皮革；三曰韗人，制皮鼓；四曰裘氏，五曰韦氏，原文俱缺。“设色之工五”，一曰画，二曰缋，记文中总称为“画缋之事”；三曰钟师，掌染羽毛，四曰筐人，原文缺；五曰㡛氏，掌湅丝、帛。“刮摩之工五”，一曰玉人，制作圭、璧、琮、璋等玉器，二曰椊人，三曰雕人，原文俱缺；四曰磬氏，制作磬，五曰矢人，制作矢。“搏埴之工二”，一曰陶人，制作甗、盆、甑、鬲、庾等陶器；二曰旊人，制作簋、豆。以上六大类，总计三十个工种。

总叙

1. 国有六职①，百工与居一焉②。

【注释】

①六职：指王公、士大夫、百工、商旅、农夫、妇功等六类职业、职守（详本篇下文第2节）。按，从此句开始，到“人长八尺，登下以为节”止，为《考工记总叙》。

②百工：指制造器物的各种专业工匠、技艺指导者及行政管理官员。因司空掌管国家的所有营造事宜，故百工由司空管辖。郑《注》曰：“百工，司空事官之属。……司空，掌营城郭，建都邑，立

社稷宗庙，造宫室车服器械，监百工者。”

【译文】

国家有六类职业，百工是其中之一。

2. 或坐而论道；或作而行之；或审曲、面埶，以饬五材[①]，以辨民器[②]；或通四方之珍异以资之[③]；或饬力以长地财[④]；或治丝麻以成之[⑤]。坐而论道，谓之王公[⑥]；作而行之，谓之士大夫；审曲、面埶，以饬五材，以辨民器，谓之百工；通四方之珍异以资之，谓之商旅[⑦]；饬力以长地财，谓之农夫；治丝麻以成之，谓之妇功[⑧]。

【注释】

①审曲、面埶(shì)，以饬五材：审曲，此指审视材料的外部特征(如曲直等)。审，审察，考察，评估。面埶，此指考察材料的内在特征。按，后世称为审方面势。如北宋沈括《梦溪笔谈·技艺》卷十八：“审方面势，覆量高深远近，算家为之軎(wèi)术。”(沈括《元刊梦溪笔谈》，文物出版社，1975年)軎术是我国古代的一门应用算术，主要用于考察、选择、规划用材，测量地势高低、距离远近等。《考工记》此节或可看作軎术的雏形。面，动词，犹审，审察，考察。一说，名词，郑司农曰：“审曲、面埶，审察五材曲直方面形埶之宜以治之，及阴阳之面背是也。”曲，谓曲直。埶，同“势”，谓形势。此谓因材之宜以制器。林希逸曰：“审曲者，审其文理曲直也。面埶者，视其方圆。”饬，整治，加工。五材，五种材料。郑《注》曰：“金、木、皮、玉、土。”

②辨：同“办”，备办。郑《注》曰：“犹具也。”

③资：郑《注》曰：“取也，操也。”

④饬力以长地财：饬力，致力，勤力，努力。饬，通“敕”。《尔雅·释诂》：“敕，……劳也。”贾《疏》曰：“勤也。”地财，谓五谷。

⑤丝麻：丝，蚕丝，纺织原料，具有柔韧、弹性、纤细、滑泽、耐酸等特性。按，我国是蚕丝的发源地，对蚕的认识，可以上溯到六千多年前。在距今四五千年前的良渚文化时期，养蚕、缫丝、织绸技术已经相当成熟。夏代至战国，我国是世界上唯一的养蚕、缫丝、织绸的国家，分布地区很广。春秋时期，齐国临淄附近已有茂密的桑林。战国时期，齐鲁逐渐发展为重要的蚕桑丝绸产地，齐地的丝织业能够织作冰纨绮绣纯丽之物，号称“冠带衣履天下”(闻人军《考工记译注》，上海古籍出版社，2008 年，第 2 页。下文有从科学技术史角度进行理论分析而参考该书者，不再出注)。麻，古代专指大麻，也泛指亚麻、苎麻、苘(qǐng)麻等麻纤维。按，大麻，桑科一年生草本植物，雌雄异株。苎麻，一种高大的荨(qián)麻科多年生草本(或灌木)植物，有深绿色的厚宽叶子。亚麻，细长直立的桑科一年生草本植物，具线形叶和蓝花。苘麻，锦葵科一年生草本植物，茎直立。大麻、苎麻和葛(一种豆科藤本植物)等的茎皮纤维是当时主要的植物纤维原料。

⑥王公：郑《注》曰：“天子、诸侯。”

⑦商旅：郑《注》曰：“贩卖之客也。”

⑧妇功：女功，又称女红(gōng)，指纺织、缝纫等工作。

【译文】

有的人安坐而谋虑探讨治国之道；有的人起来贯彻执行治国之道；有的人审视考察原材料的曲直、方圆等外部、内部特征，以整治加工五材，而备办民众所需的各种器物；有的人采办蓄积四方珍异的物品并加以流通；有的人勤力耕耘土地以生产粮食等财富；有的人缫丝绩麻而制成布帛衣物。安坐而谋虑治国之道的，是王公；起来贯彻执行治国之道的，是士大夫；审视考察原材料的曲直、方圆，整治加工五材，而备办民众所需器物的，是百工；采办蓄积四方珍异的物品并加以流通的，是商旅；勤力耕耘土地而以生产粮食等财富的，是农夫；缫丝绩麻而生产布帛衣物的，是妇功。

3. 粤无镈[①]，燕无函[②]，秦无庐[③]，胡无弓、车[④]。粤之无镈也[⑤]，非无镈也，夫人而能为镈也。燕之无函也，非无函也，夫人而能为函也。秦之无庐也，非无庐也，夫人而能为庐也。胡之无弓、车也，非无弓、车也，夫人而能为弓、车也。

【注释】

①粤无镈(bó)：粤，古同“越”。越，春秋战国时国名，亦称“於越”，据今浙江一带，建都会稽(今浙江绍兴)。及下文燕、秦、胡，郑《注》曰：“此四国者，不置是工也。”贾《疏》曰：“即今之‘越’字也。”按，勾践(？—前465)时发奋图强，越国日益强盛，青铜冶铸业居于全国先进水平。郑《注》曰：“粤地涂泥，多草秽，而山出金锡，铸冶之业，田器尤多。”镈，亦锄类青铜农具。《释名》曰：“镈，亦锄类也。”一说，释为铲(孙机《汉代物质文化资料图说(增订本)》，上海古籍出版社，2011年，第11页)。

②燕无函：燕，周王朝于公元前十一世纪分封的诸侯国，在今河北北部、辽宁西端，建都蓟(今北京城西南)。战国时为七雄之一。按，燕国皮甲制造业普及，制造皮甲的技术先进。随后其钢铁兵器也居于全国前列。函，皮甲或铠甲。据《考工记》全文，函人负责制造皮甲，则此指皮甲。郑《注》曰：“铠也。”

③秦无庐：秦，古国名。秦襄公(前777—前766在位)时被周平王(前770—前720在位)封为诸侯。春秋时占有今陕西关中全部、甘肃东南端，建都于雍(今陕西凤翔东南)。按，20世纪80年代，

在秦都雍城一带发掘了秦公(或为秦景公)大墓,取得了一系列重大考古发现。出土文物表明,秦人已经使用铁铲、铁锸、青铜手钳等较先进的生产工具。因注重车战,其长兵器类手工业亦相当发达。庐,通"簏",矛、戟、矛等长兵器的竹、木柄。《说文》曰:"簏,积竹矛、戟矜也。"按,矜,柄。

④胡无弓、车:胡,戎狄,我国古代北方、西北方少数民族的通称。战国时起戎狄开始称胡。郑《注》曰:"今匈奴。"弓、车,弓和车。按,蒙古高原发现许多青铜时代凿刻的车辆岩画。论者指出,自1978年至1987年间,在阴山、乌兰察布草原和锡林郭勒草原发现三十多幅车辆岩画。考古发现表明,当时蒙古高原,尤其是南部(内蒙古草原)已广泛使用车辆,造车、制弓业的确比较发达(盖山林《蒙古高原青铜时代的车辆岩画》,《中国少数民族科技史研究》第一辑,内蒙古人民出版社,1987)。

⑤"粤之无镈也"至"夫人而能为弓、车也":据郑玄注,越国草多,而山出金锡,故百姓中会铸造的多;燕国与匈奴为邻,故百姓习作甲胄;秦国小树多,故百姓善作矛戟之柄;匈奴之民,以田猎畜牧为生,逐水草而居,故会制造弓箭车辆的多。夫人,犹言凡人,人人。此极言懂得者很多。

【译文】

越地没有设置专门制作镈的工匠,燕地没有设置专门制作皮甲的工匠,秦地没有设置专门制作矛、戟等长柄武器的工匠,匈奴没有设置专门制作弓箭、车辆的工匠。越地没有设置专门制作镈的工匠,并不是说没有能够制作镈的人,而是说那里人人都能制作镈。燕地没有制作皮甲的工匠,并不是说没有能够制作皮甲的人,而是说那里人人都能制作皮甲。秦地没有设置专门制作矛、戟等长柄武器的工匠,并不是说没有能够制作矛戟等长柄武器的人,而是说那里人人都能制作长柄武器。匈奴没有设置专门制作弓箭、车辆的工匠,不是说没有能够制作弓箭、车辆的人，而是说那里人人都能制作弓箭、车辆。

4. 知者创物，巧者述之[1]，守之世，谓之工。百工之事，皆圣人之作也[2]。烁金以为刃，凝土以为器，作车以行陆，作舟以行水：此皆圣人之所作也[3]。

【注释】

①“知者创物”二句：知者，聪明、智慧、有创造才能的人。知，通“智”。巧者，工巧的人。

②圣人：智慧最高超的人。此指首创其物的人。《尚书·洪范》：“睿作圣。”《传》曰：“于事无不通之谓圣。”

③“烁金以为刃”五句：据《世本》载：“蚩尤以金作兵器，舜始陶，奚仲作车，共鼓、化狄作舟。”烁，通“铄”，熔化金属。《说文》曰：“铄，销金也。”凝，凝结，凝固。郑《注》曰：“坚也。”

【译文】

智慧而富有创造才能的人创制了各种器物，工巧的人循其制作法式传承并不断发展，守此职业世代相传，这就叫做工。百工制作的种种器物，都是圣人的发明创造。熔化金属而制作有利刃的器具，使泥土坚凝而制作陶器，制作车子而在陆地上行驶，制作舟船而在水上行进：这些都是圣人发明创造的。

5. 天有时[1]，地有气[2]，材有美，工有巧：合此四者，然后可以为良。材美工巧，然而不良，则不时、不得地气也。橘逾淮而北为枳[3]，鹦鸲不逾济[4]，貉逾汶则死[5]：此地气然也[6]。郑之刀，宋之斤，鲁之削[7]，吴、粤之剑[8]，迁乎其地而弗能为良：地气然也。燕之角，荆之干[9]，妢胡之笴[10]，吴、粤之金、锡[11]：此材之美者也。天有时以生，有时以杀；草木有时以生，有时以死；石有时以泐；水有时以凝，有时以泽：此天时也[12]。

【注释】

①时：郑《注》曰："寒温也。"

②地有气：气，中国古代的一种原始综合科学概念。郑《注》曰："刚柔也。"按，地气应包括地理、地址、生态环境等诸多客观因素。

③橘逾淮而北为枳：橘，柑橘属果树。果实多汁，味酸甜可食。淮，淮河，中国大河之一，源出河南省桐柏山，东流经河南、安徽等省，到江苏省入洪泽湖。现主流南入长江，另一部分水流入东海。枳(zhǐ)，似橘的落叶灌木或小乔木，果实肉少而味酸苦，不堪食用。也叫枸橘、臭橘。按，《晏子春秋·杂下之十》曰："婴闻之：橘生淮南则为橘，生于淮北则为枳，叶徒相似，其实味不同，所以然者何？水土异也。"则"橘逾淮而北为枳"，应当是反映了先秦古人对植物有水土性的认识(即由于水土变异，橘生淮南长橘，橘生淮北长出形、味如同枳的果实)。

④鹳鸲不逾济：鹳，孙诒让说，是"鸲"的俗字。鸲鸲(qúyù)，俗称八哥，能模仿人的某些声音。济，济水，古代四渎(长江、黄河、淮河、济水)之一，即《夏官·职方氏》之沛水。包括黄河南北两部分，河南部分是从黄河分出来的一条支流，流经山东入海，河北部分源出河南省济源市西王屋山。

⑤貉逾汶则死：貉，通"貊"。貊(hé)，哺乳动物，外形似狸，锐头尖鼻，昼伏夜出，穴居河谷、山边和田野间，杂食鱼、虫、鸟类、野果、杂草等。皮珍贵。《说文》曰："貊，似狐，善睡兽。"汶，水名，又名大汶水、大汶河，在今山东北部。郑《注》曰："汶水，在鲁北。"一说，指汶江，即长江。殷敬顺《列子释文》认为"汶"即长江上游支

流岷江(在今四川省)。按,长江南北水土差异明显。当以后一说为妥。姑从郑玄说。

⑥此地气然也:按,此句解释"地气",物种生长和地理位置的"阴阳向背"、土壤的酸碱度及成份差异都有相应的关系。

⑦"郑之刀"三句:郑,郑国,周代诸侯国,公元前806年郑桓公(前806—前771在位)受封于郑(今陕西华县东)。春秋初年郑为强国,建都新郑(今河南新郑),后渐衰落,公元前375年为韩国所灭。刀,砍杀兵器。宋,宋国,公元前十一世纪周公把商的旧都周围地区分封给商王纣的庶兄微子启,后者建立宋国,都商丘(今河南商丘市南),据有今河南东部和山东、江苏、安徽。公元前286年为齐所灭。斤,工匠所用斧头。鲁,鲁国,公元前十一世纪周分封的诸侯国,在今山东西南部,建都曲阜(今山东曲阜)。春秋时衰落,战国沦为小国,公元前256年为楚所灭。削,削刀,又称书刀,一种有柄而微弯的两刃小刀,用以刊削刮除竹、木简上需要修改的文字。

⑧吴、粤之剑:吴,古国名,也称句吴、攻吴,周代诸侯国名。据有今江苏、上海大部和安徽、浙江的一部分,建都于吴(今江苏苏州)。春秋后期国力渐强。公元前473年为越所灭。按,吴粤(越)指江浙一带,也包括安徽、江西的一部分。剑,刺杀用短兵器,大约起源于商末周初。吴越的铸剑技术在全国首屈一指,"吴越之剑"享誉全国。按,历年来考古发掘出土的吴越铜剑,为《考工记》记载提供了大量的实物例证。如湖北襄阳蔡坡12号墓1976年出土的吴王夫差剑(《文物》1976年第11期)、安徽南陵1978年出土的吴王光剑(《文物》1982年第5期)、湖北江陵望山1号墓1965年出土的越王勾践剑(《文物》1966年第5期)、湖北江陵藤店1号墓1973年出土的越王州句剑(《文物》1973年第9期),皆其代表。

⑨“燕之角”二句：荆，荆州，古九州之一。包括从荆州（今湖北南漳西）到衡山（今湖南衡山西北）南面的地区。春秋战国时期属楚。角，牛角。按，汉刘向《古列女传·辩通传·晋弓工妻》曰：“燕牛之角，……天下之妙选也。”干，木干，可能指柘木。郑《注》曰：“柘也，可以为弓弩之干。”皆为造弓的材料。荆，指荆州。

⑩妢（fén）胡之笴：妢胡，古国名，闻人军以为，妢当作“邠”，即豳，周祖先公刘所立之国，在今陕西旬邑县西泾河中游地区。妢（fén）胡即“邠胡”，指陕西泾河中游地区。其依据为：于鬯《香草校书》卷二十三曰：“妢与胡盖二国名。郑注引子春云：妢，书或为邠。邠妢并谐分声，例得通借。然则妢即太王居邠之邠也。胡者即上文胡无弓车之胡也。……下文云：吴粤之金锡，妢胡与吴粤为偶，即其近证。妢与胡为二国，犹吴与粤为二国。妢与胡举其西北，吴与粤举其东南也。”郑司农曰：“豳国之地［产］竹。”明顾祖禹《读史方舆纪要》曰：“寿山，在［邠］州城南……有茂林修竹之胜。”闻氏认为可见邠地的确产竹。此外有异说：一说，郑《注》曰：“胡子之国，在楚旁。”则当属荆州，在今安徽阜阳西北。二说，唐人认为，在豫州郾城（今河南郾城县）。笴，箭杆。

⑪吴、粤之金、锡：金、锡，铜锡。按，古代吴越一带铜锡产地甚多（章鸿钊《古矿录》卷一、二，地质出版社，1954年）。

⑫“天有时以生”八句：郑《注》曰：“言百工之事当审其时也。”泐（lè），石头依纹理裂开。郑司农曰：“谓石解散也。夏时盛暑大热则然。”《说文·水部》曰：“泐，水石之理也。从水从阞。”《说文·阜部》曰：“阞，地理也，从阜力声。”按，盛夏时有暴雨，昼夜温差大，岩石会因热胀冷缩，而顺其脉理裂开。据上下文语境，“石有时以泐”后当有脱文“有时以□”。泽，通“释”，溶解，消融。孙诒让曰：“泽、释声类同，古通用。《说文·采部》：‘释，解也。’《淮南子·诠言训》云：‘夫水向冬则凝而为冰，冰迎春则释而为水。’”

【译文】

天有寒温之时，地有刚柔之气，原材料有优良的，工艺有精巧的：把这四方面的因素结合起来，然后才可以制作精良的器物。材质优良、工艺精巧，然而制作出来的器物却不精良，那就是因为不合天时、不得地气。举例来说，橘树迁种到淮河以北就变成枳，八哥鸟从来不向北飞越济水，貉向南越过汶水就会死去：这些都是地气不同造成的结果啊。郑地铸造的刀，宋地铸造的斧，鲁地铸造的削，吴、越铸造的剑，都是质地精良的产品，离开当地而制作生产，质量就不能精良：这也是由于地气不同造成的啊。燕地所产的牛角，荆地所产的弓干，妫胡所产的箭杆，吴、越所产的铜锡：这些都是优良的原材料。天有的时候使万物生长茂盛，有的时候使万物凋零枯萎；草木有的时候生长，有的时候枯死零落；石头有的时候会风化崩裂；水有的时候会凝固，有的时候冰冻会消融：这些都是天时变化造成的结果啊。

6. 凡攻木之工七[1]，攻金之工六，攻皮之工五，设色之工五[2]，刮摩之工五，搏埴之工二[3]。攻木之工：轮、舆、弓、庐、匠、车、梓[4]。攻金之工：筑、冶、凫、栗、段、桃。攻皮之工：函、鲍、韗、韦、裘[5]。设色之工：画、缋、钟、筐、㡛[6]。刮摩之工：玉、椰、雕、矢、磬[7]。搏埴之工：陶、瓬[8]。

【注释】

①攻木之工：攻，整治，加工。按，加上辀人，实际上攻木之工有八。此外，自“凡攻木之工七”至“搏埴之工：陶、瓬”，此节总述三十个工种。三十工中，或称某人，或称某氏。人、氏之别，历代解释不一，如郑《注》曰：“其曰某人者，以其事名官也；其曰某氏者，官有世功，若族有世业，以氏名官者也。”江永则提出异议，曰：“考工

是工人之号，而工人非官。注谓‘以事名官’、‘以氏名官’，非也。”

②设色：赋色，染色，俗谓着色，即在素物上面涂以彩色。按，以下所列诸工种，以及攻金、攻皮、设色、刮摩、搏埴诸工种，皆详其职文。

③搏埴(zhí)：拍打黏土。谓制坯，烧制陶器。搏，《注疏》本原误作“抟”，据阮校改，下文亦然。埴，黏土。郑《注》曰：“搏之言拍也。埴，黏土也。”

④“轮、舆”句：按，据下文叙述，此句顺序似当为：车、轮、舆、弓、庐、匠、梓。车，指设计车辆的一般性工艺要领。轮、舆，专指设计与制作兵车车轮和车箱的工艺要领。弓、庐，指兵器制作。庐，指长兵器的木柄。梓，专指设计、制作乐器、礼器的工种。匠，本为技工的通称，此专指建造宫室城郭沟洫的技师。

⑤“函、鲍”句：函，制作铠甲、皮甲的工匠。鲍，制皮革的工匠。郑司农曰：“鲍读为鲍鱼之鲍，书或为鞄。”《说文·革部》曰：“鞄，柔革工也。”韥(yùn)，制作皮鼓的工匠。《说文·革部》曰：“韥，攻皮治鼓工也，从革军声，读若运。韥，韥或从韦。”韦，揉制皮革的工匠。裘，制作皮衣的工匠。

⑥画、缋：画，掌管绘画的工匠。缋，通“绘”，掌管绘画刺绣的工匠。初画曰画，成文曰缋。泛言无别。按，据上文“设色之工五”，则此画、缋当断为二工，然其职文则合二而为一，盖因二工职事相近而合之。钟、筐、幌：钟，专门给羽毛染色的工匠叫“钟氏”。筐，具体工艺不明，可能指专门从事藤、竹、柳等编织的工匠。幌(huāng)，漂练丝的工匠。

⑦榔(zhì)：具体工艺不明。榔，旧字形又作“榔”，同“櫛”，梳篦的总称。此或指专门制作梳篦的工匠。按，古人蓄发，亦用假发，梳篦为日常生活用品，故列入此书。

⑧瓬(fǎng):古代制作瓦器的工人。

【译文】

凡是整治木材的工匠有七种,整治金属的工匠有六种,整治皮革的工匠有五种,染色的工匠有五种,从事刮摩的工匠有五种,从事制陶的工匠有两种。整治木材的工匠有:轮人、舆人、弓人、庐人、匠人、车人、梓人。整治金属的工匠有:筑氏、冶氏、凫氏、栗氏、段氏、桃氏。整治皮革的工匠有:函人、鲍人、韗人、韦人、裘氏。染色的工匠有:画人、缋人、钟氏、筐人、㡛氏。从事刮摩的工匠有:玉人、柳人、雕人、矢人、磬氏。从事制陶的工匠有:陶人、瓬人。

7. 有虞氏上陶①,夏后氏上匠②,殷人上梓③,周人上舆④。

【注释】

①有虞氏上陶:有虞氏,古部落名。传说该部落联盟首领虞舜受尧禅让,其活动中心在蒲坂(今山西永济县东南)。有,词头。《国语·鲁语上》:"故有虞氏禘黄帝而祖颛顼,郊尧而宗舜。"上陶,提倡制陶业。上,通"尚",崇尚,提倡,劝勉。陶,陶器。按,有虞氏已处于新石器时代的龙山文化阶段,其著名文化代表即黑陶。

②夏后氏上匠:夏后氏,古部落名。也称夏后、夏氏。相传其首领禹受舜禅让,治水有功,禹之子启建立夏朝。上匠,提倡水利、营造业。匠,开挖沟洫等水利和建造城郭、宫室、道路等工程营造。

③殷人上梓:殷,商代,商王盘庚自奄(今山东曲阜)迁都至殷(今河南安阳西北),故商亦称殷、殷商。上梓,提倡木作手工业。梓,落叶乔木,材质轻软耐朽,多用于制作木器。梓因此成为木材及制作礼器乐器之木工的代称。

④周人上舆:周,公元前十一世纪周武王灭商后建立周朝,建都于

镐(今陕西西安西南沣水东岸)。公元前770年周平王东迁至洛邑(今河南洛阳)。平王东迁之前史称西周,东迁之后史称东周(又分春秋、战国两个时期)。上舆,提倡制车业。舆,车箱,泛指车。按,周代为先秦制车业全盛时期。按,"有虞氏上陶"四句,郑《注》曰:"官各有所尊,王者相变也。"

【译文】

有虞氏提倡制陶业,夏后氏提倡水利和营造业,殷人提倡制作礼乐器具的木作手工业,周人提倡制车业。

8. 故一器而工聚焉者,车为多①。车有六等之数:车轸四尺②,谓之一等;戈柲六尺有六寸③,既建而迤④,崇于轸四尺,谓之二等;人长八尺,崇于戈四尺⑤,谓之三等;殳长寻有四尺⑥,崇于人四尺,谓之四等;车戟常⑦,崇于殳四尺,谓之五等;酋矛常有四尺⑧,崇于戟四尺,谓之六等。车谓之六等之数。

【注释】

①车:按,车是古代国家机械制造工艺水平的集中代表。传说我国夏代已有制车手工业;殷商时期的独辕车已经相当成熟。春秋战国时期,战争频繁,战车发达。新式青铜工具的出现改进了木工工艺,分工日益精细,使得木车制造业工艺水平达到了高峰。《考工记》总结了独辕马车与直辕牛车的制作工艺,闻人军评价其为"世界上第一部详述木车设计制造的专著"。从考古文物看,1928年河南安阳殷墟发掘出商代车马坑。1950年12月至1951年1月,夏鼐等首次在河南省辉县琉璃阁清理剔掘出比较完整的战国大型木车。此后,商周至两汉的古车时有出土(文物

编辑委员会编《文物考古工作三十年(1949—1979)》,文物出版社,1979年,第60、145、147、194、279、281、364页)。大量出土文物的发掘面世,为正确理解《考工记》车制提供了实物资料。

②车轸四尺:轸,本义指车箱底部后面的横木。此谓车箱底部四边的木框。戴震曰:"舆下四面材合而收舆谓之轸。"舆此指车箱。轸本指木框后的横木。《说文》曰:"轸,车后横木也。"然通言之,四边之木均可称轸。亦名收。阮元《考工记车制图解》曰:"轸谓之收。"四尺,指车轸距地面的高度。

③戈柲(bì):戈,一种商周时期盛行的具有民族特色的青铜兵器,横刃,安放在竹木质的长柄上,可用前锋啄击,亦可用下刃钩割,还可用上刃推杵。石戈、玉戈多作明器、礼器。柲,兵器的柄。

④建而迤(yǐ):建,竖立,树立。迤,同"迤",斜行,此谓斜倚。吕调阳曰:"谓向后邪建于舆内之右也。"

⑤"人长八尺"二句:人长,人的身高。崇,高。

⑥殳(shū)长寻有四尺:殳,一种用于撞击、打击的杖类兵器,用竹、木制成,一般头上无刃。按,战国时期,殳出现了金属制作,如1978年湖北随县曾侯乙墓出土的殳,即带有铜头。寻,长度单位,即八尺。郑《注》曰:"八尺曰寻。"故殳长一丈二尺。按,古代长度单位一尺的长度,各诸侯国不尽相同。大体有大尺、小尺两个系统。大尺系统以周尺为代表,每尺约合今23.1厘米,而楚尺每尺约合今22.5厘米;小尺系统以齐尺为代表,每尺约合今19.7厘米。学者指出,《考工记》中的尺多为齐制。个别地方,可能是《考工记》流传到楚地,当地工匠加工制作时采用了楚尺或周尺。

⑦车戟常:车戟,战车车战所用之戟。戟,一种组合戈、矛为一体的兵器。具有直刺、啄击、推击、钩斫等多重功能。青铜戟始于商代,盛行于东周,铁戟始于战国。其形制详见《冶氏》节。常,长

度单位。二寻为常，即16尺。郑《注》曰："倍寻曰常。"故车戟长一丈六尺。

⑧酋矛常有四尺：酋矛，一种长矛名，用于兵车。常有四尺，酋矛长二丈。"庐人"职文郑《注》曰："酋、夷，长短名。酋之言'遒'也。酋，近；夷，长矣。"矛，古代刺杀用长兵器，即后世冷兵器枪的前身。

【译文】

因为周人提倡制车业，所以制作一种器物而需要聚集数个工种的工匠门类，以制作车所聚集工种为最多。车有六等差数：车轸高四尺，这是第一等；戈身连柄长六尺六寸，斜倚着插在车扃上，比轸高四尺，这是第二等；人的身长八尺，站在车箱上比戈高四尺，这是第三等；殳长一寻零四尺，插在扃车上比人高四尺，这是第四等；车扃上直插的车戟长一常，插在车上比殳高四尺，这是第五等；直插在车扃上的酋矛长一常零四尺，比戟高四尺，这是第六等。所以说车有六等差数。

9. 凡察车之道，必自载于地者始也，是故察车自轮始。凡察车之道，欲其朴属而微至①。不朴属，无以为完久也②；不微至，无以为戚速也③。轮已崇，则人不能登也；轮已庳，则于马终古登阤也④。故兵车之轮六尺有六寸⑤，田车之轮六尺有三寸⑥，乘车之轮六尺有六寸⑦。六尺有六寸之轮，轵崇三尺有三寸也⑧，加轸与轐焉四尺也⑨。人长八尺，登下以为节⑩。

【注释】

①欲其朴属而微至：其，承上文，指代车轮。朴属(pǔshǔ)，零件结合紧密牢固的样子。郑《注》曰："犹附着坚固貌。"按，附着，指车轮

各部件的结合。微至，郑《注》曰："谓轮至地者少，言其圆甚，着地者微耳。"据此说，谓车轮正圆，与地接触面小。按，接触面小，相当于几何学中的圆与直线相切，这样滚动摩擦阻力较小，则车轮运转轻快。

②完久：坚固而耐久。完，坚固。

③戚速：即疾速。戚，通"促"，快。郑《注》曰："齐人有名疾为戚者。"

④"轮已庳"二句：已，太，过分。庳(bēi)，低，矮。终古，常常。古，齐地方言，常也。郑《注》："齐人之言终古犹言常也。"登阤(zhì)，爬坡。阤，斜坡，山坡。王宗涑曰："轮庳则压马重，常若登阤然。"按，据理论力学中的滚动摩阻理论，同等条件下，滚动比滑动省力。在平地滚动时，轮径愈小愈费力；同属上坡时，轮径愈小愈费力。轮径相同时，上坡比平地拉车费力；在平地上拉轮径较小的车子，相当于拉轮径较大的车子上坡。此即"轮已庳，则于马终古登阤"。

⑤兵车之轮六尺有六寸：此谓兵车车轮直径为六尺六寸，合今130.02厘米(据齐尺，全篇同)。兵车，战车，据郑《注》，具体指革路。按，河南省辉县琉璃阁出土战国墓16号战车车轮直径实测为130厘米，与《考工记》此处相合(中国科学院考古研究所《辉县发掘报告》，科学出版社，1956年，第48页)。

⑥田车：田猎的车子，即木路。

⑦乘车：乘用之车，具体指玉路、金路、象路(参见《春官·巾车》第2节)。

⑧轵(zhǐ)：车轴长出于毂外的部分。据李惇说，车上有三物而同名为轵，此指"车轴之末出毂外者"。按，毂在车轮的中央，其中空，周围安车辐，中空处穿车轴。车上另外两种称"轵"的部位，分别指：车毂外端贯穿车轴的小孔，轵崇，即指车轮中心线高度；车箱

左右横直交结的栏木。

⑨加轸与轐(bú)焉四尺:轐,亦称伏兔(因状如伏兔)、輹,即垫在车箱和车轴之间的两块木块。按,据郑《注》,车的轸木与轐共厚七寸,加上轵高三尺三寸,就是四尺,亦即第8节所谓"车轸四尺"。商代车上未发现伏兔,西周则已出现。伏兔朝下一面各开有一弧形缺口,用以辖制车轴,使得轸、轴结合更为稳固,并且还有保护轴、轸木以及减震的作用(汪少华《中国古车舆名物考辩》,商务印书馆,2005年,第176页)。

⑩"人长八尺"二句:节,节度,标准尺度。按,据孙诒让说,八尺是中等身材人的身高,而车轸的高度则根据人身高的一半来设计,以便于人上下车。这一设计表明,春秋时期中国工艺设计中已经"以人为车",并规定了具体尺寸,可谓"人机工程学"思想的雏形。

【译文】

凡是观察车子好坏与否的要领,必须从车子接触地面的部位开始,因此观察车子的好坏要从车轮开始。凡是观察车子的要领,车轮要结构缜密坚固而与地面的接触面最小。结构不缜密坚固,车子就不能坚固耐用;与地面的接触面不是最小,车子就不能快速行进。车轮如果太高,人就不便于登车;车轮太低,马就常常像爬坡一样非常费力。因此兵车车轮的直径是六尺六寸,田车车轮的直径是六尺三寸,乘车车轮的直径是六尺六寸。直径六尺六寸的车轮,轵的高度三尺三寸,再加上轸木与车轐的高度,一共就是四尺。人高八尺,以此作为方便人上下的轸高的节度。

一 轮人

1. 轮人为轮,斩三材必以其时①。三材既具,巧者和之②。毂也者,以为利转也③;辐也者,以为直指也④;牙也者，以为固抱也⑤。轮敝，三材不失职，谓之完⑥。

【注释】

①“轮人”二句：轮，车轮。按，车轮是木车的核心部件，对车子质量影响最大。《考工记》作者将“轮人为轮”置于三十工之首，颇具深意。三材，指制作毂、辐、牙（车轮的圆框）所用的木材。经中有时即以三材指代毂、辐、牙。按，三材因工作状态不同，用材各异。周时，往往是毂用榆木，辐用檀木，牙材不详（汉代用檀木作牙）。

②“三材”二句：程瑶田《创物记》曰：“三材治之，各有度法，合之为轮，所谓和也。”

③“毂也者”二句：毂，即轮轴，车轮中心的圆木部件。外周中部凿出多个榫眼以备安装车辐，毂内的大孔名藪，用以贯穿车轴。利转，便利于转动，即转动轻快。

④“辐也者”二句：辐，即辐条，车轮中用以连结毂与轮圈的直木条。直指，笔直无偏差。按，辐条两端分别与毂和轮圈相连接，毂是小圈，轮圈是大圈，每两根辐条在大、小圆圈上的距离必须均等，才能使二者在运动中受力均衡，即谓直指。

⑤“牙也者”二句：牙，又名辋（wǎng），即轮圈，车轮的外圈。《说文》作“枒”，谓“车辋会也”。段玉裁曰：“谓之牙者，如草木萌芽句曲然。……车辋必合众曲而成大圆，故谓之辋会。”固抱，坚固而合抱为一。按，木制轮圈并非一块木料组合的，凡是结合缝隙处，必须填密合一。

⑥“轮敝”三句：敝，损坏，破败。职，职守，此指功能。完，坚固。郑《注》曰：“敝尽而毂、辐、牙不动。”

【译文】

轮人制作车轮，砍伐制造毂、辐、牙的三种木材必须适时。三种木材具备之后，由能工巧匠将它们加工装配组合而成为一个车轮。对于毂，要使它利于车轮的灵活转动；对于辐，要使它能够插入毂与牙的凿孔笔直无偏差；对于牙，要使它能够坚固合抱。轮子即使磨损破旧了，毂、辐、牙三个部件也不松动变形失去功能，这才叫作工艺高超制作坚固。

2. 望而视其轮[1]，欲其幎尔而下迆也[2]；进而视之，欲其微至也：无所取之，取诸圜也。望其辐，欲其挈尔而纤也[3]；进而视之，欲其肉称也[4]：无所取之，取诸易直也[5]。望其毂，欲其眼也[6]；进而视之，欲其帱之廉也[7]：无所取之，取诸急也。视其绠，欲其蚤之正也[8]。察其菑蚤不齵[9]，则轮虽敝不匡[10]。

【注释】

①轮：按，孙诒让以为是合三截弧形木为圆框而制成的轮牙。

②幎(mì)尔而下迆：谓轮圈周而复始均致地触地。幎，郑《注》曰："均致貌。"迆，同"迤"，斜倚。江永曰："凡圆形，远望，中半渐颓而下，幎尔而下迆，周遭皆均致也。"

③挈(xiāo)尔而纤：由粗逐渐变细。挈，尖细貌。纤，小。郑《注》曰："挈纤，杀小貌也。"据贾《疏》，谓辐指向牙的一端较细小。

④肉称：光滑均好，粗细适宜。称，谓适宜，恰好。郑《注》曰："弘杀好也。"按，弘杀好，即弘杀均匀。程瑶田《创物记》曰："弘(粗)谓股(辐近毂的粗大一端)，杀(细)谓骹(qiāo，近牙的较细小一端)，好谓弘杀之间弘不肿、杀不陷也。"按，每根车辐的股都一样粗，骹都一样细，十分均匀，不肿不陷，是谓肉称(即肉好)。

⑤易：平，亦谓其均匀而不肿不陷。

⑥眼：谓整齐、均匀、光洁义。郑《注》曰："出大貌也。"《说文》作"辊"，云："辊，毂齐等貌，从车昆声。《周礼》曰：'望其毂，欲其辊'。"段《注》曰："辊者，毂匀整之貌也。戴先生曰：'齐等者，不桡减也，干木圆甚。'""郑本当是作'睍'(xiàn)，睍者，目出貌也，毂之圜似之。"戴震《考工记图》以为"'眼'当作'辊'"。

⑦帱(chóu)之廉：帱，覆盖。此谓鞔在毂端的皮革。郑《注》曰："帱，幔毂之革也。革急则裹木廉隅见。"按，毂长出在轮外，在长出的部分上面缠以皮革，称为帱。皮革缠得很紧，毂端的木棱就显现出来，故曰"革急则裹木廉隅见"。廉，廉隅，棱角。

⑧"视其绠"二句：绠(gěng)，轮辐近轴处的突出部分。郑珍曰："轮偏出股凿之名。"蚤，通"爪"。谓车辐两头出榫，装入牙上榫眼中的部分。郑《注》曰："'蚤'当为'爪'，谓辐入牙中者也。"按，此外有异说：张道一认为，车辐之入牙的部分为蚤，其入而不满所衬垫者谓之绠。(张道一《考工记注译》，陕西人民美术出版社，2004年)而孙机则认为，菑、蚤均是偏榫，各辐装好后均向毂偏斜。从外侧看，整个轮子形成一个中凹的浅盆形。此种装辐法应即《考工记》所称的轮绠。这样可以加宽车的底基，而且行车时地面的支撑力有内倾的分力，使轮不易外脱。当道路起伏不平时，即使车身晃动倾斜，由于轮绠所起的补偿作用，增加了车轮对侧向推力的反抗力，车子仍不易翻倒。这可谓是一种符合力学原理的装置方法(孙机《中国古独辀马车的结构》，《文物》1985年第8期；史四维《木轮形式和作用的演变》，李国豪等主编《中国科技史探索》，上海古籍出版社，1986年)。

⑨菑(zì)蚤不齵(yú)：菑，插入，树立。此指辐条插入毂中的榫头。戴震曰："辐端之枘(榫)建毂中者，谓之菑。"此指辐的大端，即股端，股端亦有榫，插入毂上榫眼中，谓之菑。齵，牙齿不正，此喻参差不齐。

⑩匡：弯曲，扭曲。戴震曰："凡物刺起不平曰匡。"此指车轮变形，不为正圆。孙诒让曰："验其菑、蚤上下凿枘正相直，则可决其牙虽敝不至匡戾也。"

【译文】

从远处看车轮，要轮圈周而复始均致地触地；走近来看，要触地面积少而又少至最少：这没有别的可取法，只有取法于牙造得正圆。从远处看车辐，向牙的一端要由粗渐渐较细小；走到跟前来看，要每根车辐的粗细都很均匀适宜：这没有别的可取法，只有取法于辐条造得平直。从远处看车毂，要整齐、均匀；走到跟前来看，要缠革的地方隐起毂端的木棱角：这没有别的可取法，只有取法于皮革裹得紧固。近看车牙的绠处，要绠内侧的蚤安得很端正。观察辐的菑和蚤成直线相对而没有不整齐，那么即使轮子用坏了也不会变形。

3. 凡斩毂之道，必矩其阴阳①。阳也者稹理而坚②，阴也者疏理而柔，是故以火养其阴，而齐诸其阳，则毂虽敝不藃③。毂小而长则柞④，大而短则摯⑤。是故六分其轮崇，以其一为之牙围⑥。参分其牙围而漆其二⑦。椁其漆内而中诎之，以为之毂长⑧，以其长为之围⑨。以其围之阞捎其藪⑩。五分其毂之长，去一以为贤，去三以为轵⑪。容毂必直⑫，陈篆必正⑬，施胶必厚⑭，施筋必数⑮，帱必负干⑯。既摩，革色青白⑰，谓之毂之善⑱。

【注释】

①"凡斩毂之道"二句：矩，郑《注》曰："谓刻识之也。"阴阳，树木向阳面为阳，北面不向阳为阴。

②稹理：文理致密。稹，通"缜"，细密，致密。

③蔽(hào):缩耗,缩小,因变形而不平。据郑《注》,谓毂木缩耗而变细小,则裹在上面的皮革(即帱革)必然空虚暴起。

④柞:通"窄",狭窄。谓辐间距离窄狭。

⑤大而短则摯(niè):摯,假借作"槷",危,不坚牢。郑司农曰:"摯,读为'槷'(niè,木楔),谓辐危槷也。"此危槷谓不安稳。王宗涑以为郑司农所谓"辐危"当作"轮危",以为毂短则车轴穿在毂中的部分就短,因此易于游移不定,则危槷者是轮而非辐明甚。

⑥"是故六分"二句:牙围,轮牙的周围。郑《注》曰:"六尺六寸之轮,牙围尺一寸。"据此,轮高六尺六寸,其六分之一则为一尺一寸,此即牙围。

⑦参分其牙围而漆其二:把牙围三等分,三分之二髹漆。按,外围接近地面的三分之一则不漆。郑《注》曰:"不漆其践地者也。漆者七寸三分寸之一,不漆者三寸三分寸之二。"又曰:"令牙厚一寸三分寸之二,则内外不漆者各一寸。"按,据郑珍说,此处所谓牙厚,是指牙践地一边的厚度,此厚度要小于牙向辐的一边。牙向辐的一边厚度同于辐的股宽。

⑧"椁其漆内而中诎之"二句:椁,此谓量度。郑司农曰:"度两漆之内相距之尺寸也。"诎,曲,折,短缩。即度量两漆之内的长度而中折之,即为毂长。毂长,实指毂围。据上文可知,毂长、毂围皆是三尺二寸,毂直径一尺零三分之二寸。分为五等分,每一等分是二寸强。按,郑《注》曰:"六尺六寸之轮,漆内六尺四寸,是为毂长三尺二寸。"以圆周率 3.1416 除之,得出毂的直径为 1.0186 尺。

⑨以其长为之围:此谓毂的周长与毂长相等,皆为三尺二寸。

⑩以其围之阞捎其藪:阞(lè),零数;分数。一说,郑《注》曰:"三分之一也。"捎,消除。藪,毂中心穿轴之孔,内外两端大小不同。郑注曰:"藪者,众辐之所趋也。"一说,郑司农曰:"谓毂空壶中

也。”此谓毂的中心挖成圆孔，以便穿轴，这圆孔中当周围安辐的部分称藪、空壶。

⑪“五分其毂之长”三句：毂之长，同毂之围（见注⑨）。去其一，据郑《注》，“一”乃“二”之误，当云“去其二”。郑司农曰：“贤，大穿也。轵，小穿也。”按，车毂当中穿轴的圆孔，靠内侧直径较大，叫做贤、大穿；靠外侧的直径较小，叫做轵、小穿。这是因为车轴两端穿毂的部分的直径内大而外小的缘故。毂长三尺二寸，去其五分之二，余五分之三，即 1.92 尺，是为大穿之围长，除以 3.1416，得 0.6112 尺，是为大穿的直径，即所谓“五分其毂之长，去一（二）以为贤”也。又毂长去其五分之三，则为 1.28 尺，是为小穿的围长，除以 3.1416，得 0.4074 尺，是为小穿的直径，即所谓“去三以为轵”也。按，郑《注》凡由围长求直径，圆周率皆视为 3。车轴也是近贤处较粗，近轵处较细。如此则行车时车轴就不至内侵，可避免车轮与车箱相互摩擦。

⑫容毂：犹言治毂。孙诒让曰：“犹言治毂也。”

⑬陈篆必正：陈，列，陈设。篆，毂体上的纹饰。郑《注》曰：“毂约也。”按，篆像绳子拴束着毂，称毂约。篆在毂上一道道排列，故曰陈篆。又篆必为正圆，即篆的两侧面与毂面相交之角必处处皆为九十度，此称正。篆正，篆的排列也就正，即每两篆之间各处的距离都均等。又按，只有孤以上所乘的车才有毂约，故《春官·巾车》曰：“孤乘夏篆。”

⑭施胶：按，刻篆而后施胶。

⑮施筋必数：按，施胶而后施筋。胶、筋皆为使毂坚牢，不至破裂变形。数，密，多。

⑯帱必负干：所施加的胶筋与车毂紧密结合在一起。帱，覆。负，依，贴。孙诒让曰：“谓帱革与毂干密相依倚也。”

⑰“既摩”二句：郑《注》曰：“谓丸漆之，干而以石摩平之，革色青

白。”按，据《说文》“垸”下段《注》说，以骨烧灰和漆，抟之而为丸状，在给物上漆之前，先用以涂物，谓之丸漆。丸漆干后，再用石块把表面打磨平，就叫做摩。摩之色青白，而后漆之。

⑱毂之善：毂中的上品。按，考古发现与《考工记》所述加固毂围的状况可相互印证。如1988年发掘了太原金胜村251号大墓及车马坑。其中8号车车毂长47、贤端径12、轵端径9……毂上髹漆，保存完好，轵端向里共有8道凸起的环棱，高、宽和间隔各约1厘米。据观察，毂围是经过加固的，做法是，先在毂上琢刻8道环槽，再施以浓胶，然后用皮筋缠绕平齐，干后打磨髹漆（山西省考古研究所、太原市文物管理委员会《太原金胜村251号春秋大墓及车马坑发掘简报》，《文物》1989年第9期）。

【译文】

凡是砍伐毂材的方法，必须刻记下树的背阳一面和向阳一面。向阳一面的木材纹理较密致而木质坚硬，背阳一面的木材纹理较稀疏而木质柔软，因此要用火烘烤背阳的一面，而使木质硬度变得与向阳面一样坚硬，那么这样制造出来的毂即使用坏了木材也不会收缩而致使裹在上面的皮革鼓起疙瘩。毂小而长辐条之间的距离就狭窄，毂大而短车轮就不安稳牢固。所以用轮高六尺六寸的六分之一做牙围。再对牙围的三分之二加油漆。度量轮两边自油漆以内的长度而从中折分取其一半，用以作为毂的长度，又用毂的长度作为毂的周长。依照毂的周长的三分之一挖除毂心而为藪的周长。把毂的长度分为五等分，去掉二等分其中的三等分作为贤的周长，去掉三等分，以其中的二等分作为轵的周长。整治毂一定要它直，毂上转圈所雕刻的篆的排列一定要正，毂上所涂的胶一定要厚，所缠的筋一定要稠密，毂上所缠裹的皮革一定要紧紧地贴附着毂干。在此革上先涂丸漆，丸漆干了之后再用石块打磨，打磨之后，如果毂上的皮革显出青白色，这就叫做车毂中的上品。

4. 参分其毂长，二在外，一在内[①]，以置其幅。凡辐，量其凿深以为辐广[②]。辐广而凿浅，则是以大扤[③]，虽有良工，莫之能固；凿深而辐小，则是固有余而强不足也。故竑其辐广以为之弱[④]，则虽有重任，毂不折。参分其辐之长而杀其一[⑤]，则虽有深泥，亦弗之溓也[⑥]。参分其股围，去一以为骹围[⑦]。揉辐必齐，平沉必均[⑧]。直以指牙[⑨]，牙得则无槷而固[⑩]。不得则有槷，必足见也[⑪]。六尺有六寸之轮，绠参分寸之二，谓之轮之固[⑫]。

【注释】

①“参分”三句：按，此指毂上安辐处。外，指向轵（即小穿）的一端；内，指向贤（即大穿）的一端。

②量其凿深以为辐广：凿，谓毂上的榫眼，以便安辐菑。郑《注》曰：“令辐广三寸半。”据此经，辐广以凿深（即毂上卯眼的深度）为度，则凿深亦为三寸半。

③扤（wù）：摇动，摇晃。郑《注》曰：“摇动貌。”

④竑（hóng）其辐广以为之弱：竑，量度，计量。郑司农曰：“谓度之。”弱，此处谓辐菑，即插入毂中的辐条榫头。郑《注》曰：“菑也。”戴震曰：“菑没凿谓之弱。”是弱（即菑）宽亦当为三寸半。据郑珍说，入毂凿之菑，是削成尖角形如笋状的。这是因为毂愈向中心其半径愈小，故凿端亦当细小，要是仍然宽大如初（三寸半），则必伤毂木。按，这里要求凿孔深度、辐菑截面的宽度与辐端没入毂中的长度三者一致，这样可以符合各种力学要求，加工也较为方便。

⑤参分其辐之长而杀其一：按，据郑珍计算，辐长为二尺四寸七分五厘，即 2.475 尺（按，郑珍的计算有误差，实际当为 2.499 尺）参

分其辐长而杀其一，即杀其向牙一端的0.825尺。郑《注》曰："杀，衰小之也。"郑珍曰："止于广之向车箱一边杀，狭至爪(蚤)入牙际，其向外一边不杀。"所杀的这0.825尺，即为辐骹，不杀的一端则为辐股。

⑥溓(nián)：通"黏"，粘上，粘着。此谓辐条上不粘泥。

⑦"参分其股围"二句：此谓骹围是股围的三分之二。按，据郑珍计算，股围为8.4寸；则骹围为5.6寸。

⑧"揉辐必齐"二句：揉，同"煣"。辐条所用的木料未必都直，弯曲的木料要在用火烤后将其拉直，称煣。孙诒让引郑锷曰："木有曲直，不能皆易直，故以火矫揉其曲者，使与直者齐，则三十辐直必等矣。"平沉必均，郑司农曰："谓浮之水上无轻重。"按，木的轻重一样，沉入水中入水的深度就均平如一，这是用水验木轻重之法。林希逸曰："三十辐用水试之，必须均平，无复轻重也。"

⑨直以指牙：指，插入。按，辐的骹围虽比股小，但所杀只在内侧，且骹与股的厚度也一样(都厚七分)，这样从辐的外侧来看，是呈一条直线而直指向牙。

⑩牙得则无槷而固：槷，木楔。程瑶田《创物记》曰："谓蚤牙相称，齐密而无罅缝，故能无槷而固也。"按，所谓蚤牙相称，当谓骹蚤与牙凿(牙上开的榫眼)密合而无罅缝，故无须加楔而固。

⑪必足见：据郑《注》、贾《疏》，盖谓轮牙榫眼与辐条的榫头不相称，必然导致木楔透过卯眼。足，谓木楔的尖锐一端。郑珍曰："足，槷之末也。"

⑫"綆参分寸之二"二句：綆，谓蚤凿处的外侧所留出的牙边(参见第2节注⑧)，此牙边宽三分之二寸，亦即0.6666寸。牙上留出牙綆，是为了使牙安在辐上略偏向外侧(偏出的尺度等于綆宽，亦0.6666寸)。这样设计车轮，可使之更加稳固，无左右摇摆之患。郑《注》曰："轮箄则车行不掉也。参分寸之二者，出于辐股

凿之数也。”按，辐条由股至骹自内向外偏斜，偏斜之数为三分之二寸。

【译文】

把毂长分成三等分，使二等分在外边，一等分在里边，在这里外交会处安装车辐条。凡是辐条，度量毂上凿的深度来确定辐条的宽度。如果辐条宽度足够而凿孔太浅，这样装配起来的辐条就会因此而摇晃，即使有技术高超的工匠，也不能使之坚固；卯眼够深而辐条狭小，就会使辐牢固有余而强度不够容易折断。所以要度量辐条的宽度以作为毂上辐菑宽的尺寸，而菑端则削成尖笋状，那么车子即使装载很重，毂也不会折断。把辐条长度分成三等分而将靠近轮牙处那一等分的内侧削得细小些，即使遇有深泥，辐条上也不会粘上泥土。把辐条的股围长分成三等分，去掉一等分，剩下的二等分就是骹的围长。用火烤煣做辐的木材必须使它们一样笔直，把辐材沉入水中，浮沉的深浅也要均平如一。辐要笔直插在牙凿里，使蚤与凿正好密合，这样不加楔子也会很牢固。如果蚤与牙不能密合，那就要加楔子也不牢固，楔子的末端一定会从牙践地一边的凿眼中露出来。六尺六寸高的轮子，留出三分之二寸宽的绠，这样装配起来就可以称得上轮子牢固。

5. 凡为轮，行泽者欲杼[1]，行山者欲侔[2]。杼以行泽，则是刀以割涂也，是故涂不附[3]；侔以行山，则是抟以行石也，是故轮虽敝，不甐于凿[4]。凡揉牙，外不廉，而内不挫，旁不肿[5]，谓之用火之善。是故规之以视其圜也，萬之以视其匡也[6]，县之以视其幅之直也[7]，水之以视其平沉之均也[8]，量其薮以黍以视其同也[9]，权之以视其轻重之侔也[10]。故可规、可萬、可水、可县、可量、可权也，谓之国工[11]。

【注释】

①杼(zhù):削薄,削尖。此谓削薄轮牙的著地一面。郑《注》曰:"谓削薄其践地者。"郑珍曰:"泽地多涂(泥),山地多石,故行泽之轮须削牙如杼,使不为涂所著;行山之轮须牙上下等,使不为石所伤。"

②侔:相等。此谓轮牙著地一面与插入辐条一面厚度相等。郑《注》曰:"上下等。"

③涂:泥,泥巴。

④"侔以行山"四句:抟,圜。原误作"搏",据阮校改。郑《注》曰:"抟,圜厚也。"甐(lìn),破敝,松动,损坏。郑《注》曰:"亦敝也。以轮之厚,石虽啮之,不能敝其凿旁使之动也。"

⑤"外不廉"三句:外,指轮牙著地一面。内,指轮牙的插辐一面。廉,断裂。郑《注》曰:"廉,绝也。挫,折也。肿,瘣也。"按,瘣(huì),《说文》曰:"病也。……一曰肿旁出也。"王宗涑曰:"凡煣木使屈,火皆在内。火力不匀,则外或理伤而断绝,内或焦灼而挫损,旁或暴裂而壅肿,故煣牙必除此三者,始为善于用火。"《说文》曰:"㷭,火煣车网绝也。从火兼声,《周礼》曰:'煣牙,外不㷭。'"阮校以为,"廉本作㷭。"

⑥"是故规之以视其圜"二句:规,圆规。萬(jǔ),通"矩",木匠所用的曲尺。此谓以曲尺测量,观察车轮中辐与牙相交处是否呈直角。一说,萬,又称"萬萎",检验轮圈两侧是否平整的专用工具,与轮等大,圆形。江永曰:"凑合诸木成牙,恐其匡枉不平正,故须以萬萎运之,视其稍有枉处,则削而正之耳。……余见造车者,用木架作一圆,与轮同大,轮与之并立而运之,此正古人用萬萎之法也。"匡,弯曲,扭曲,不规整。孙诒让引郑锷曰:"萬,矩也。匡,方也。"

⑦县之以视其辐之直:县之,谓以悬绳检验。县,同"悬"。据郑

《注》,上下辐相应而呈一直线。

⑧水之以视其平沉之均:按,据贾《疏》说,是将两只轮子放入水中,以"观视四畔入水均否",利用浮力知识检验车轮的质量分布是否均匀。如果选材或制作不当,轮平面势必与水平面斜交;如果车轮四周均匀地浮出水面,说明其质量分布均匀对称,符合技术要求。

⑨量其藪以黍以视其同:此谓用黍测量两毂中空处,看其容积大小是否相同。黍,禾木本一年生草本植物,果实呈球形或椭圆形。古代用百黍排列,以其长度作为一尺的标准,称"黍尺"。黍也可以用来量容积。贾《疏》曰:"谓两轮俱用黍量,视其容受不同,齐同则无赢,亦无不足。"藪,据孙诒让说,此处泛指毂之中空受轴处。

⑩权:又称衡,天平。此谓用天平称量。按,古代天平的演变序列是:等臂天平→不等臂天平→杆秤。湖南地区楚墓出土的天平形制不大,每套砝码总重量少于两斤,这是当时楚国用它称量黄金货币的证明(参见文物编辑委员会《文物考古工作三十年》,文物出版社,1979年)。

⑪国工:一国中技术水平最为优秀的国家级工匠。郑《注》曰:"国之名工。"

【译文】

凡是制作车轮,行驶在泽地的轮牙践地的一面要削得较薄,行驶在山地的轮牙的上下要厚度均等。轮牙践地的一面削薄而行驶在泽地上,简直就像用刀割泥一样,因此泥不会黏附;轮牙上下厚度均等而行驶在山地上,简直就是用厚实的轮牙行驶在山石上,所以即使轮子用坏了,也不会使凿孔两侧的牙磨损变薄而致使凿中的辐蚤、辐条松动。凡是用火烤煣牙材,能够做到朝外的一侧木材的纹理不断裂,而朝内的一侧不挫损打褶,两旁也不曝裂臃肿,这就叫做善于掌握火候。所以,造好轮子后，就用规来测量以观察轮子是否很圆，以曲尺测量以观察视车轮中辐与牙相交处是否呈直角，悬垂绳子以观察上下车辐是否对直，将轮子放到水里来测量两只轮子沉入水中的深浅是否均等，用黍米测量两毂中空处以观察其容积大小是否相同，用天平来称量两个轮子以观察其重量是否相等。因此如果制作出的轮子能够经得起圆规、曲尺、水、垂线、黍米、天平的检验，有这样技术水平的工匠就可以称之为国家级工匠了。

6. 轮人为盖①，达常围三寸②，桯围倍之③，六寸。信其桯围以为部广④，部广六寸。部长二尺⑤。桯长倍之四尺者二⑥。十分寸之一谓之枚。部尊一枚⑦，弓凿广四枚⑧，凿上二枚，凿下四枚⑨，凿深二寸有半，下直二枚，凿端一枚⑩。弓长六尺，谓之庇轵⑪，五尺谓之庇轮，四尺谓之庇轸⑫。参分弓长而揉其一⑬。参分其股围，去一以为蚤围⑭。参分弓长，以其一为之尊⑮。上欲尊而宇欲卑⑯，上尊而宇卑，则吐水疾而霤远⑰。盖已崇，则难为门也⑱，盖已卑是蔽目也⑲，是故盖崇十尺⑳。良盖弗冒、弗纮，殷亩而驰不队㉑，谓之国工。

【注释】

①盖：车盖，形如伞，用以挡风避雨。

②达常：伞盖的柄分两节，上节即达常，下节即桯，达常插入桯中。两者连接处套以铜管箍加固。

③桯(yíng)：盖柄的下节，亦名盖杠。

④信其桯围以为部广：信，通“伸”，伸展，舒展。贾《疏》曰：“古之‘申’字，申上桯围六寸以为此部径。”部广，盖斗的直径。部，通“柎”。柎，本义花萼。此谓车盖上柄的顶部膨大处，亦名盖斗。

郑司农曰:“盖斗也。”广,谓直径。

⑤部长二尺:部与达常加在一起总长二尺。部长,郑《注》曰:“谓斗柄达常也。”

⑥桯长倍之四尺者二:即桯长八尺。加上二尺长的达常,车上伞盖高一丈。倍之四尺者二,倍之为四尺而又二之,是为八尺,故郑《注》曰:“杠长八尺,谓达常以下也。加达常二尺,则盖高一丈。”

⑦部尊一枚:部尊,盖斗上端隆起的高度。枚,古代长度单位名,即一分,一寸的十分之一。郑《注》曰:“尊,高也。盖斗上隆高,高一分也。”钱坫曰:“部厚一寸,而上隆高十分寸之一。”是盖斗顶部为一抛物面,而中央部分隆起高度为一分(即一枚),故盖斗厚一寸一分。

⑧弓凿广四枚:弓,盖弓,车盖上的弓形骨架。一端安在盖斗边上,一端向外伸出。弓凿,盖斗周围凿出的安装盖弓的榫眼。

⑨“凿上二枚”二句:此指榫眼上下留出不凿的宽度。按,盖斗边厚一寸,安弓的榫眼开在偏上部位:榫眼上留出二分,榫眼下留出四分,加上榫眼本身长四分,共为一寸。

⑩“下直二枚”二句:下直,指凿孔榫眼底部高。凿端,榫眼底部横宽。按,弓菑(榫)长度同于凿孔深度,皆为二寸半,但菑朝下一面削成斜面,即由四分厚渐削到菑端的二分;菑两侧也向里削,由四分宽渐削到菑端的一分;菑朝上一面则不削,仍然平直。盖斗四周所开凿孔则下面平直,上面为斜面,两侧亦向里逐渐收小,至凿端只剩一分。戴震曰:“弓凿外大内小,外纵横皆四分,内纵二分,‘下直二枚’是也;横一分,‘凿端一枚’是也。”

⑪“弓长六尺”二句:庇轵,遮盖两轵。庇,包容,遮盖,覆盖。轵,谓毂端。据郑《注》计算,车的两轵之间宽一丈一尺六寸,而车盖的直径则为一丈二尺六寸,即使有宇曲之减(即因弓向下斜而致使伸展的长度变短),也足以覆盖之两轵,故名庇轵。下文“庇轮”

“庇轸”义放此：弓长五尺，而车盖直径一丈零六寸，而两轮间距离仅为八尺，车盖足以覆盖之，故名庇轮。弓长四尺，而车盖直径为八尺零六寸，而车箱两轸间距离仅为六尺六寸，车盖亦足以覆盖之，故名庇轸。

⑫轸：参见《考工记·总叙》第8节注。

⑬参分弓长而揉其一：揉，烤炙使木弯曲。郑《注》曰：“六尺之弓，近部（盖斗）二尺，四尺为宇曲。”三分而揉其一，是揉其近盖斗的二尺。因为弓菑下面为斜面，而凿孔则上面为斜面，这样弓菑插入凿孔后，弓必上仰，故需将弓近盖斗处的二尺揉而使之变得平直。弓近盖斗二尺以外的四尺，是向下斜伸的，至弓的末端要下斜到比近盖斗低二尺的程度，是谓宇曲。按，此种设计既美观，又增加盖下的活动空间，但又不影响泻水效果。

⑭“参分其股围”二句：股围，股的周长，即一寸六分。股，指盖弓上端部分。蚤围，蚤的围长。蚤，指盖弓宇曲部分的末端。据郑《注》，股围为一寸六分，即1.6寸；蚤围为股围的三分之二，则为1.0666寸。

⑮“参分弓长”二句：尊，高。此指盖斗中心距弓末的高低差。郑《注》曰：“尊，高也。六尺之弓，上近部（盖斗）平者二尺。”此二尺平伸的部分，即尊。

⑯上欲尊而宇欲卑：上，车盖顶部的平直部分。宇，屋檐，此指车盖的外缘。郑《注》曰：“上，近部（盖斗）平者也。隤下曰宇。”则“上”即“尊”的部分，“宇”即宇曲部分。

⑰吐水疾而霤远：雨水从上往四周流得快而远。水，谓雨水。霤，本义指屋檐上流下的水。此谓车盖上的流水。一说，《礼记·玉藻》“颐霤”下孔《疏》曰：“屋檐。”按，霤远则雨水流远而不湿车。“参分弓长，以其一为之尊”，这是一种比较合理的经验数据。水滴在车盖面上的运动基本上是一种斜面运动，它由盖弓上下的

高度差所获得的势能，转化为离开车盖时的动能。水滴离开车盖后作斜抛运动，其轨迹为抛物线。可见《考工记》作者对斜面和斜抛运动已有较为细致的观察与研究。

⑱盖已崇则难为门：车盖太高，就难以通过宫室的大门。已，太，甚，过于。按，盖高一丈（见下文），加上车轸距地四尺（参见《总叙》第8节），是为一丈四尺。而宫室之门高，据孙诒让说，有“不及丈五尺者，故盖（高）逾十尺则难为门也。”

⑲盖已卑是蔽目：卑，低。蔽，障碍。按，盖高十尺，而其宇曲斜下二尺，是宇曲末端仅高八尺。郑《注》曰：“人长八尺，卑于此，蔽人目。”

⑳盖崇十尺：即盖高十尺。其中部长二尺，桯长八尺，合计十尺。

㉑良盖弗冒、弗纮，殷亩而驰不队：此谓盖弓安装得非常牢固，即使上面不蒙幕并用绳拴系，任车驰驱于垄亩间，也不会震动脱落。弗冒，盖弓上不蒙幕布。冒，覆盖。此谓蒙于盖弓之幕布。弗纮，弓末不缀绳。纮（hóng），车盖周围联缀弓之绳。王宗涑曰：“以幕蒙盖弓曰冒，以绳联缀盖弓之宇曰纮。”又曰：“凡为车盖，既植弓于部凿（盖斗周围的榫眼），乃以绳联缀其宇，而后衣之（即蒙以幕）。”殷（yīn），居中，横穿。郑《注》训为横。一说，殷（yǐn），振动，颠簸。垄亩，田中高处。队，同“坠”。坠落。

【译文】

轮人制作车盖，盖柄的上节叫做达常，其围长三寸，盖柄的下节叫做桯，其围长增大一倍，合六寸。用盖柄下节的围长作为上面盖斗的直径，盖斗的直径为六寸，盖斗下的柄长二尺。盖柄的下节比上节长一倍为四尺而又加一倍而为八尺。一寸的十分之一叫做枚。盖斗的上部高出一枚，盖斗周围安弓的凿孔宽四枚，凿孔上边留出二枚长的余地，凿孔下边留出四枚长的余地；凿孔深度是二寸半，下平，渐收，凿孔内减于凿口处二枚，凿孔顶端宽一枚。盖弓长六尺，覆盖两轵，叫做庇轵，长五尺覆盖两轮，叫做庇轮，长四尺覆盖两轸，叫做庇轸。将弓长分成三等分，而把靠近盖斗的一等分用火烤揉而变得平直。把弓股的围长分成三等分，去掉一等分，以其中的二等分作为弓蚤的围长。将弓长分成三等分，以靠近盖斗的一等分作为弓的末端高出而平伸的部分。近盖斗的中央部分要高而其四周宇曲的边沿部分要低。接近盖斗的中央部分高而远离盖斗的宇曲部分低，雨水落在上面就流淌得快，流泻得远。车盖太高，就难以通过宫室的大门，车盖太低，就会遮住乘车人的视线，因此盖的高度设计为十尺。好的车盖上即使盖弓不蒙幕、盖弓不用绳子拴系，任凭车子横驰在垄亩间盖弓也不会脱落，达到这种技艺水平的工匠，就可以叫做国工了。

二 舆人

1. 舆人为车[1]，轮崇、车广、衡长[2]，参如一，谓之参称[3]。

【注释】

①舆人为车：舆人，制作车箱的工匠。车，此处谓舆，即车箱，车子的荷载部分。马车车箱前后短，左右长，呈矩形。郑《注》曰："舆也。"《说文》"舆"下段《注》曰："不言'为舆'，而言'为车'者，舆为人所居，可独得车名也。"下文轼、较、轸、轵、轐，皆为车箱部件。

②车广、衡长：车广，车箱之宽。衡，是车辕（辀）前驾马的横木，两旁系轭以夹持马头。

③"参如一"二句：参如一，轮崇、车广、衡长三者皆为六尺六寸。贾《疏》曰："谓俱六尺六寸也。"参称，三者相等。

【译文】

舆人制作车箱，使车轮的高度、车箱的宽度、车衡的长度，三者尺寸如一，叫作三称。

2. 参分车广，去一以为隧①。参分其隧，一在前，二在后，以揉其式②。以其广之半为之式崇③，以其隧之半为之较崇④。六分其广，以一为之轸围⑤。参分轸围，去一以为式围⑥。参分式围，去一以为较围⑦。参分较围，去一以为轵围⑧。参分轵围，去一以为轛围⑨。圜者中规，方者中矩，立者中县，衡者中水，直者如生焉，继者如附焉⑩。

【注释】

①“参分车广”二句：车广是六尺六寸，以其三分之二作为车隧（即车箱长度，纵深），则车箱长四尺四寸。隧，通“邃”，深。指车箱之长。郑司农曰：“谓车舆深也。”按，据《注》《疏》，此指兵车和乘车（即小车）的纵长。

②“参分其隧”四句：意谓将车箱长度三等分，前边一等分作为轼的深度，后边二等分作为轕（即车箱两旁）的深度。式，通“轼”，车箱前部栏杆顶端的横木。按，车箱中部顶端的横木亦称轼。车轼形制，如一长方框而去掉一个长边，即是以三边之木围成：其长边在车箱前沿处，同于车箱之宽，为六尺六寸；横轼两端向下揉曲为轼柱，两短边与长边接合部呈九十度角，故曰“揉其式”；两短边的长度，为隧（车箱纵长）的三分之一，即为 1.4666 尺，则车轼总长为 9.5333 尺。江永曰：“式木不止横在车前，有曲而在两旁、左人可凭左手、右人可凭右手者，通谓之式。”“二在后”，则指车轕处（参见注④）。

③以其广之半为之式崇：式崇，即轼崇。按，轼高是车箱宽度的一半，即三尺三寸。

④以其隧之半为之较崇：较，车箱两旁的横木，跨于轕上，可供依凭。与车箱等长。郑《注》：“两轕上出式者。”轕（yǐ），古代车箱两

旁可倚靠的木板，可保护乘车者。《说文》："輪，车旁也。"段玉裁注："谓车两旁，轼之后，较之下也。……輪者，言人所倚也。"一说，较，车旁栏杆短柱为輪，輪柱上再加高的一节短柱为较。先秦輪是輪柱以及连接輪柱与轼柱之横栏的总称（汪少华《古车舆"輪""较"考》，《华东师范大学学报（哲学社会科学版）》2005年第3期）。

⑤"六分其广"二句：轸，据郑《注》，此指车箱后边连接两輪底部的横木。因其他三边之木都较粗，故此处特言舆底后之轸。

⑥"参分轸围"二句：式围，即轼围。是圆围。按，轸围一尺一寸，三分去一，则为0.7333尺。

⑦"参分式围"二句：较围，以圆木为之，是圆围。按，轼围0.7333尺，三分去一，则为0.4889尺。

⑧"参分较围"二句：轵围，轵以方木为之，故轵围是方围。轵，车箱左右两面横直交结的栏木。郑《注》曰："輪之植者、衡者也，与毂末同名。"当輪处有纵、横的栏木，即植（直）者、衡（横）者，即轵。较围0.4889尺，三分去一，则为0.3259尺。

⑨"参分轵围"二句：輟（zhuì），车轼下面横直交结的栏木。轵围0.3259尺，三分去一则为0.2173尺。郑《注》曰："輟，轼之植者衡者也。"

⑩"圜者中规"六句：圜者，指轼、较等组成车箱的圆形部件。中规，合乎规的要求。规，测圆的工具。矩，两边之间呈直角的曲尺。方者，指轵、輟等组成车箱的方形部件。如生，郑《注》曰："如生，如木从地生。"继，连缀，交接。江永曰："版之相连，与轵、輟横直之相交，皆为继。"如附，如枝附干，紧密相连。郑《注》曰："如附枝之弘杀（犹言大小）也。"贾《疏》曰："材有大小相附者，如木之枝柯本大末小之弘杀也。"

【译文】

把车箱的宽度分成三等分，去掉一等分，以二等分作为隧，就是车箱的纵深长度。将车箱的纵长分成三等分，一等分在前作为车轼短边的长度，二等分在后作为安置车軎和较木的长度，并将前边的一份用火煣制车轼。以车箱宽度的一半作为轼高的尺度。以车箱纵长的一半作为较的高出于轼的尺寸。将车箱的宽度分成六等分，以一等分的长度作为轸木的围长。把轸木的围长分为三等分，去掉一等分，以二等分作为轼木的围长。把轼木的围长分成三等分，去掉一等分，以二等分作为较木的围长。将较木的围长分成三等分，去掉一等分，以二等分作为轵木的围长。将轵木的围长分成三等分，去掉一等分，以二等分作为轚木的围长。凡是车箱上的部件，圆木圆得符合规，方木方得符合矩，立木直立得符合垂线，横木平直得如同水，直立之木如同从地里生长出来的那样笔直树立，纵横交叉之木如同树干的枝条那样附着为一体。

3. 凡居材，大与小无并[1]；大倚小则摧，引之则绝[2]。

【注释】

①“凡居材”二句：居材，处理材料。居，处理，整治。大与小无并，粗大与细小的材料不能掺杂使用。

②“大倚小则摧”二句：按，依据材料力学理论，物体由于外因或内在缺陷而发生变形时，在其内部相邻分子间的距离和相互作用力发生变化，这种变化力称为内力。内力的集中程度，即任一截面单位面积上两方相互作用的内力称为应力。受力构件在其形状尺寸突然改变之处，应力显著升高，这种现象叫作应力集中，容易使构件损坏。如果小件支撑大件，小件内的应力超过能够承受的限度，则会崩坏；如果小件牵引大件，则易断裂。

【译文】

凡是处理制造车的木材，粗大的与细小的木材不要掺杂使用；如果大件靠小件支撑，则会崩坏；小件牵引大件，则易断裂。

4. 栈车欲弇，饰车欲侈[1]。

【注释】

①“栈车欲弇”二句：栈车，是士乘的车，车箱不鞔皮革（参见《春官·巾车》第5节注）。按，不鞔革即无饰之车，与下文饰车相对。饰车，大夫以上乘的车，车箱鞔有皮革。郑《注》曰：“谓革鞔舆也。大夫以上革鞔舆。”孙诒让曰：“饰车，大夫以上之车，有重较，较上重耳反出，较之常车为张大，故欲侈。”弇、侈，皆指车箱而言。弇，狭小，狭窄。此谓简便狭小。侈，宽大。此谓考究宽敞。

【译文】

栈车车箱要简便狭小一些，饰车车箱要考究宽敞一些。

三　辀人

1. 辀人为辀[1]。辀有三度[2]，轴有三理[3]。国马之辀深四尺有七寸[4]，田马之辀深四尺[5]，驽马之辀深三尺有三寸[6]。轴有三理：一者以为媺也[7]；二者以为久也；三者以为利也[8]。

【注释】

①辀（zhōu）人为辀：辀人，制作车辀的工匠。辀，马车（即小车）上的独臂曲辕。《方言》曰：“辕，楚卫之间谓之辀。”楚人称曲辕为

辀。按，辀、辕有别：辀曲辕直，辀用于小车（兵车、田车、乘车），一车一辀，穹隆而曲形，前端有衡，衡左右各有一轭，两匹服马各套一轭；辕用于大车（即载货的牛车），是平行的两根，为直杠，牛套在两辕间。据《南齐书·文惠太子传》，南齐时有人盗发楚王冢，曾得科斗书《考工记》竹简，此为《考工记》曾在楚地流传的证据。1978年江陵天星观一号楚墓出土了十二件龙首曲辕（辀）明器（湖北省荆州地区博物馆《江陵天星观1号楚墓》，《考古学报》1982年第1期）。可以推测，楚地人或有可能参与了《考工记》的增益工作。

②三度：即下文所说国马之辀、田马之辀、驽弓之辀的三种不同的高度。度，计量长短高矮的标准。郑《注》曰："度，深浅之数。"

③三理：即三项质量标准，即下文"一者以为美也，二者以为久也，三者以为利也。"理，要求，标准。

④国马之辀深四尺有七寸：国马，国中优良的马，用以架兵车、乘车等。郑《注》曰："谓种马、戎马、齐马、道马，高八尺。"又据郑《注》，辀距地为八尺七寸。辀前端加有衡，辀高即衡高。

⑤田马之辀深四尺：田马，田猎时驾车的马，高七尺。据郑《注》，田车之轸高三尺七寸，加上辀高四尺，则辀衡距地七尺七寸。

⑥驽马之辀深三尺有三寸：驽马，劣马，能力低下之马，为百官官府拉车服役，高六尺。据郑《注》，驽马所驾车之轸高三尺四寸，加上辀高三尺三寸，是辀衡距地六尺七寸。

⑦嫩（měi）：同"美"，善，好。郑《注》："无节目也。"此指无节疤而美观光滑的木材。

⑧利：运转便利。

【译文】

辀人制作辀。辀有三种高度，轴有三项标准。国马驾车所用的辀下距轸高四尺七寸，田马驾车所用的辀下距轸高四尺，驽马驾车所用的辀下距轸高三尺三寸。制作车轴有三项标准：一要光滑好看，二要经久耐用，三要插入轂中粗细适度运转便利。

2. 轨前十尺[1]，而策半之[2]。

【注释】

①轨前十尺：轨，《注疏》本原误作“轨”，据阮校改。轨，车箱底部前边的横木（汪少华《从〈考工记〉看〈汉语大字典〉的释义失误》，《传统文化与现代化》1997年第3期）。按，车轼前有与轸前后相对的揜板亦谓之轨，则另是一物。

②策：马鞭。《礼记·曲礼》：“君车将驾则仆执策立于马前。”半之，一半，五尺。此谓马鞭长五尺。

【译文】

辀在前軓之前的长度为十尺，而车夫的马鞭长度是它的一半。

3. 凡任木[1]，任正者[2]，十分其辀之长，以其一为之围[3]；衡任者[4]，五分其长，以其一为之围[5]。小于度，谓之无任[6]。

【注释】

①任木：承受主要负荷的木部件。

②任正者：车箱下承受重压的木材。郑《注》曰：“谓舆下三面材，持车正者也。”按，舆下三面材，实即指轨。正，指舆即车箱，其为正方形。郑珍曰：“舆为车之正，轨持此正，故谓之任正者。”一说，戴震曰：“辀、衡、轴皆任木。任正者，辀也。衡任者，轴也，衡也。此先发其意，下文乃举其制。记中文体若是多矣。舆下之材，合而成方，通名轸，故曰轸之方也，以象地也。郑注专以舆后横木

为轸，以輈式之所树三面材为轵，又以轵为任正者，如其说，宜记于舆人。今辀人为之，殆非也。”

③“十分其辀”二句：郑《注》曰：“辀，轵前十尺，与隧四尺四寸，凡丈四尺四寸，则任正之围，尺四寸五分寸之二。”以其一为之围，以轵长的十分之一作为轵的围长。按，辀长轵前十尺，轵后则同于舆的纵深，为四尺四寸，故辀之总长为1.44丈，十分之一则为1.44尺，是为轵木之围长。据郑珍说，轵木厚0.14尺，宽0.58尺。

④衡任：车衡上两轭之间的木材。郑《注》曰：“谓两轭之间也。”轭，套在马颈部的人字形马具。黄以周曰：“衡之任重在中间当辀颈处，故注云两轭之间。”

⑤“五分其长”二句：按，衡长六尺六寸，五分之一，则得1.32尺，是为衡木的围长。

⑥无任：无法胜任。此谓小于上述比例的成品皆不能胜任其所承载之重量。

【译文】

凡是车上承受重力的木材，承受车箱重力的轵木，把辀长分为十等分，用一等分作为轵木的围长；两轭之间受力处的衡木，把它本身的长度分为五等分，用一等分作为它的围长。如果轵与衡的围长小于这个长度，那就叫做无法胜任它所承担的重量。

4. 五分其轸间，以其一为之轴围[①]。十分其辀之长，以其一为之当兔之围[②]。参分其兔围，去一以为颈围[③]。五分其颈围，去一以为踵围[④]。

【注释】

①“五分其轸间”二句：轸间，指车箱左右之间的距离。按，轸为舆底四边之木框，舆宽六尺六寸，轸间之宽度自亦如之。轸间宽度的五分之一，则为 1.32 尺，是为轴围，同于衡围，故郑《注》曰：“与衡任相应。”

②“十分其辀”二句：当兔，指深入车箱下与之相连结的辀正中的方形部件。据郑珍及孙诒让说，舆下之辀长四尺四寸，三分之，其正当中一段长 1.46 尺强，即所谓当兔。当兔的前、后还各有 1.46 尺强。车轴即横于当兔之下。因此段辀的两边正对着辖轴的伏兔（即所谓轐，凹孔的两侧两件木部件），当凸起（榫头）插入卯眼后，辕与伏兔相抵平，故名当兔。按，辀长一丈四尺四寸，十分之一，则为 1.44 尺，是为当兔之围长，与軓围相等，故郑《注》曰：“与任正者相应。”战国中期以前的木车，一般都在轴上侧和辀下侧凿出凹槽，互相卯合。在辀、轴之间垫以当兔，是一种技术改进。

③“参分其兔围”二句：兔围，谓伏兔之围。伏兔之围与当兔之围相等，皆为辀长的十分之一，即 1.44 尺。王宗涑曰：“兔，谓伏兔也。伏兔与辀当兔大小齐等。”颈，辀颈，即辀前端稍细下置衡木的部位。伏兔之围三分去一，则颈围为 0.96 尺。

④“五分其颈围”二句：颈围，指辀前端和衡相联结部位。踵，指舆下辀后端、上承轸木的联结部位。郑《注》曰：“踵，后承轸者也。”此轸谓舆底木方框后边横木。颈围 0.96 尺，五分去一，则为 0.768 尺。王宗涑曰：“辀自当兔以前渐杀（缩小）其下，至于缚衡之颈，圆周得九寸六分，杀之极也。……辀自当兔以后，渐杀其下及旁侧，以至于踵，则围得七寸六分八厘，为正方形，……此杀之极也。”即谓以当兔为分界线，部件尺寸皆逐渐缩小。

【译文】

将左、右两轸木之间的宽度分为五等分，以一等分作为轴的围长。将辀长分为十等分，以一等分作为当兔的围长。将当兔的围长分为三等分，去掉一等分，以其中的二等分作为辀颈的围长。将辀颈的围长分为五等分，去一等分，以其中的四等分作为辀踵的围长。

5. 凡揉辀[1]，欲其孙而无弧深[2]。

【注释】

①揉辀：按，辀自车軓之前曲向上而呈弧形，故需烤煣之。

②欲其孙而无弧深：孙，通“逊”，顺。郑《注》曰：“顺理也。”此谓烤煣辀木时，要顺应木材的纹理而不要太过扭曲。弧，本义木弓，此谓弯曲如弓。

【译文】

凡是用火烤煣辀木，要顺着木材的纹理而不要使弯曲的弧度太深。

6. 今夫大车之辕挚[1]，其登又难[2]；既克其登，其覆车也必易[3]。此无故，唯辕直且无桡也[4]。是故大车平地，既节轩挚之任[5]，及其登阤，不伏其辕，必缢其牛[6]。此无故，唯辕直且无桡也。故登阤者，倍任者也[7]，犹能以登；及其下阤也，不援其邸[8]，必缮其牛后[9]。此无故，唯辕直且无桡也。

【注释】

①大车之辕挚：大车，载货物的直辕牛车。挚，义同“輖”，低。郑《注》曰：“大车，牛车也。挚，輖也。”輖(zhōu)，《广雅·释诂》曰：“低也。”按，大车直辕，较之小车辀的向上曲仰则甚低。

②其登又难：登，上坡。郑《注》曰："上阪也。"此谓大车的辕平直而低沉，牛拉上坡就困难。

③覆车也必易：覆，倾覆，翻转。

④唯辕直且无桡也：桡，弯曲。此谓辕平直没有弯曲的弧度，辕的一端联接箱底，如果没有弧度，上坡时车箱后倾角度过大，辕必上仰，车上所载货物重心后移，就易翻车。

⑤节轩挚之任：节，《弓人》郑《注》曰："犹适也。"轩挚，即轩轾，指车辕的高低。车舆前高后低、前轻后重为轩，前低后高、前重后轻为轾。《诗经·小雅·六月》曰："戎车既安，如轾如轩。"轩，本指车顶前高仰，引申为高起。任，载重。此谓大车载重要重心适中，前后轻重、高低匀衡，车辕保持平衡。

⑥"及其登陁"三句：陁(tuó)，山坡，斜坡。伏，压伏。缢，勒。按，大车上坡时，重心后移，故赶车人必须"伏其辕"，以保持车辕前后平衡，否则因为车辕上扬，就会悬缢牛颈。

⑦倍任：加倍于任重之力。

⑧援其邸：援，拉，牵引。《诗经·大雅·皇矣》曰："以尔钩援，与尔临冲。"《说文》曰："引也。"邸，是"軧"的借字，车的尾部。《说文》曰："大车后也。"

⑨必緧(qiū)其牛后：緧，拴系在牛马臀部的革带。王宗涑曰："緧以生革缕，般牛尾之下，引而前至背上，与系轭之革缕相接续。"此谓大车下坡时，如不拉住车尾，革带就要勒住牛的后身。刘道广等指出：后世人力、畜力拖车为了解决上坡、下坡、平地的车辆重心问题，在车厢板底两侧设有三个放置轴的凹槽。前后两凹槽改变重心位置，中间为重心平衡处，以此调节拉车力量的大小。(参见刘道广等《图证〈考工记〉》，第56页)

【译文】

如今大车因用的是直辕，所以前头的辕较低，上坡就感到很困难；

就是能够爬上坡去，也很容易造成翻车。这没有别的原因，只是因为辕平直而不向上弯曲罢了。因此大车行走在平地上时，车辕能够通过调节平衡适于任载，可是等到爬坡时，如果不向下伏压车辕，由于车的后部太重，就势必会悬勒牛脖子。这没有别的原因，只是因为辕直而不向上弯曲罢了。因此牛在大车爬坡时，虽然要用加倍的力气，但总算还能够爬得上去；等到下坡时，如果不拉住大车的尾部以降低车速，牛后的革带就一定会兜勒牛的臀部。这没有别的原因，只是因为辕直而不向上弯曲罢了。

7. 是故辀欲颀典①。辀深则折，浅则负②。辀注则利准，利准则久，和则安③。

【注释】

①颀(kěn)典：坚韧。郑《注》曰："坚韧貌。郑司农云：'颀读为恳，典读为殄。驷车之辕，率尺所一缚，恳典似谓此也。'"

②浅则负：此谓如果辀当軓前向上弯曲的弧度过小(浅)，则辀必低，辀就可能磨压马的股部(即所谓负)。然辀本在两马之间，不当马背，郑珍曰："路有高下险易，即马股有横侧退却。"故马身如侧向内，辀就可能磨压马股。

③"辀注则利准"三句：注，谓弯曲弧度适中(如同注星的弧度)。郑《注》曰："注则利，谓辀之揉者形如注星，则利也。准则久，谓辀之在舆下者平如准，则能久也。和则安，注与准者和，人乘之则安。"一说，江永曰："不深不浅，行如水注。"按，当时常用天上星象来说明地上的事物。注通"咮"，星宿名，柳宿的别称。《左传》曰："咮为鹑火。"《石氏星经》曰："柳八星，在鬼东南，曲垂似柳。"注星(柳宿)主体呈弧形，经文《辀人》作者借用注星的弧度来描绘曲辕的形状。出土文物有与经文此节相合者。如1990年山

东淄博市淄河店二号战国早期墓出土了22辆独辀马车，其中轻车最多。如第20号车，其“辀通长317厘米……舆前45厘米处逐渐向上昂起，至130厘米处由扁圆变为圆柱状……辀近顶部时高昂并向后反卷”（山东省文物考古研究所《山东淄博市临淄区淄河店二号战国墓》，《考古》2000年第10期）。利准，江永曰：“便利而安耳。”准，水平，平稳。一说，郑《注》、黄侃皆以为第二个“利准”当为衍文（黄侃《黄侃手批白文十三经》，上海古籍出版社，2008年，第121页）。译文姑从经文原文。

【译文】

因此辀要木质很坚韧。如果辀弯曲的弧度过深就会经不起用力而折断，弧度过浅就会倚负而磨压马的股部。辀的弯曲弧度适中平直如同注星的弧度般适中，就会使车的行驶便利而又平稳，便利而平稳就能经久耐用，辀的曲直搭配调和适宜，人乘车就感到安稳。

8. 辀欲弧而无折①，经而无绝②。进则与马谋，退则与人谋③，终日驰骋，左不楗④；行数千里，马不契需⑤；终岁御，衣衽不敝⑥：此唯辀之和也。劝登马力⑦，马力既竭，辀犹能一取焉⑧。良辀环灛⑨，自伏兔不至轨七寸⑩，轨中有灛，谓之国辀⑪。

【注释】

①无折：按，《注疏》本原脱“无”字，据阮校补。

②经：与上文“孙”同义，顺着木的纹理。郑《注》：“亦谓顺理也。”

③“进则与马谋”二句：谋，谋议。郑《注》曰：“言进退之易，与人马之意相应。”此谓辀合度，则车前进时似乎与马商议好一般自如，车后退时似乎与驾者商议好一般，极言车进退得心应手。

④左不楗：左，据郑《注》，谓御者立于车左。楗，假借作“券”，即“倦”的古字。郑《注》曰：“券，今‘倦’也。”骞倦、行走困难之状。按，古代战车上乘员三人：御者在左，战斗的武士在右，中间是主将。驾辕的四匹马中，靠里侧的两匹称为服马，靠外侧的两匹称为骖马。两骖之中，左骖距离御者最近，对于行车意图反应最迅速，出力最大，故最受重视。

⑤契需：马因伤蹄而怯懦畏行。契，开，开坼。此谓马蹄受伤开裂。段玉裁《汉读考》引毛公曰：“开也。”需，懦弱。《说文》“偄”下段《注》以为是“耎”字之讹，而“耎”通“偄”。偄（ruǎn），《说文》曰：“弱也。”不耎，段玉裁《汉读考》曰：“不怯偄道里悠远也。”

⑥衣衽不敝：衽，裳。郑《注》曰：“谓裳也。”孙诒让曰：“凡御者立于舆内近前，行时，唯裳前幅下际，与横直材（按，即轓）相摩拂，易于破敝，故郑通以裳为释。”

⑦劝登马力：劝，辅助，帮助。《广雅·释诂》曰：“助也。”登，戴震曰：“犹进也，加也。”郑《注》曰：“辀和劝马用力。”

⑧“马力既竭”二句：一取，进一步。此谓好的辀有助于马力的发挥，马的力气用尽了，车子还会因惯性和摩擦力小的缘故而再前进几步。王宗涑曰：“马行欲止，是其力竭也。然以辀注之故，不得遽止，犹必能行数步，此之谓一取。”按，物理学上的惯性定律认为：任何物体在不受外力作用时，都保持原有的运动状态不变，即原来静止的继续静止，原来运动的继续作匀速直线运动。这种物体固有的运动属性称为“惯性”。意大利科学伽利略（1564—1642）在解释真空中的抛物路径时，已掌握了这一定律，但未明确概括出来。英国科学家牛顿（1642—1727）将其表述为：“任何物体，都保持其静止状态，或匀速直线运动状态，除非施加外力使其改变这种状态。”此即史称牛顿第一运动定律的惯性定律。闻人军认为，《考工记》此节应是我国古籍中关于惯性

现象的最早的明确记录。

⑨环灂(jiào):环形的漆纹。灂,据贾《疏》,指漆。《集韵·笑韵》曰:"车辕漆也。"一说,纹理。程瑶田《创物记》曰:"谓纹理。有筋胶之被乃有灂。"按,辀"自伏兔不至轨七寸"(详下文)处有筋胶之被,即缠以筋,涂以胶,再以漆饰,则漆形成环形的漆纹。

⑩自伏兔不至轨七寸:轨,《注疏》本原误作"轨",据阮校改,下文"轨"字亦然。这句指环灂所在的位置。按,郑《注》曰:"伏兔至轨,盖如式深,兵车乘车,式深尺四寸三分之二,灂不至轨七寸,则是半有灂也。"则伏兔辖车轴,在舆下左右轨的正中,伏兔长1.46尺强,同于当兔之长,是即隧深(舆纵深)的三分之一,则伏兔距前轨、后轸亦各1.46尺强,环灂即处在伏兔之前而不到前轨约七寸处。

⑪"轨中有灂"二句:郑《注》曰:"辀有筋胶之被,用力均者则灂远。"灂远,谓环灂能长久保持而不至磨灭。国辀,国内第一流的辀。据孙诒让说,辀如果曲直调和,就受力均匀,辀在舆下的部分就不会随意活动,环灂部分就不会因与舆的底板磨擦而致磨损;轨内能长久保持环灂而不磨灭,也说明辀曲直调和,故称之为国辀。刘道广等解释说:"伏兔是车轴上结合当兔(榫)的卯眼,自伏兔至辀向上弯曲部分和车厢底部是水平的,此处的髹漆若完好,说明辀和车厢的底部结合适度,摩擦系数最小,所以髹漆能保持完好。"(《图证〈考工记〉》,第58页)

【译文】

辀要煣得有一定的弧度而不致弯度大到折断,要顺着辀木材的纹理煣曲而不使纹理受破坏断绝。如果车輈的弯曲与平直部分搭配恰当,想使车前进时同马想前进的意思相应,想使车后退时又能符合人的意思而后退,前进和后退都能随心所欲;即令整天奔跑不息,站在车左边的御者也不会感到疲倦;即令行驶几千里,马也不会因为马蹄开裂受伤而畏惧走路;即令一年到头驾车驰驱,车夫衣下的裳也不会磨破:这只是因为轵的曲直调和搭配恰当的缘故啊。轵的曲直调和搭配恰当就能助马用力前进,即使马力已经用尽想停下来,轵还能因为惯性促使马继续前进好几步。好的轵上漆饰的环形纹,在伏兔的前边、不到前軓约七寸的地方,前軓内能保持这漆饰的环形纹始终完好不被底板磨灭,达到这样高质量的轵,就可称之为国轵。

9. 轸之方也,以象地也。盖之圜也,以象天也。轮辐三十,以象日月也①。盖弓二十有八,以象星也②。龙旂九斿,以象大火也③。鸟旟七斿,以象鹑火也④。熊旗六斿,以象伐也⑤。龟蛇四斿,以象营室也⑥。弧旌枉矢,以象弧也⑦。

【注释】

①"轮辐三十"二句:郑《注》曰:"日月三十日而合宿。"按,每隔二十九日、三十日(现代测得为29.53日),月球运行到地球和太阳之间,和太阳同时出没,即所谓合宿。《注》云三十日,举其大数。按,早期木轮是整块圆木制成的,无辐,称为"辁"。车轮装辐条,是一种技术进步,既可减轻车轮自重,也可使其具有较大的转动惯量。我国古代独辀车的辐,商代已有安装二十六根的,春秋时有安装二十八根或更多的。春秋战国之交的文物遗存,可以验证"轮辐三十"的说法。如,1988年山西太原金胜村发掘的大型车马坑,其中三辆车的车轮辐条数为三十(山西省考古研究所、太原市文物管理委员会《太原金胜村251号春秋大墓及车马坑发掘简报》,《文物》1989年第9期)。1990年山东省在临淄齐陵镇发掘一座战国墓,清理出车轮46个,其中车辐数最少的20根,但以26根及30根的居多(山东省文物考古研究所《山东淄博市

临淄区淄河店二号战国墓》,《考古》2000年第10期)。传世文献中,《老子》"三十辐共一毂",也与此节叙述相符。

②"弓二十有八"二句:星,谓二十八宿,亦称二十八星、二十八舍。按,先秦天文学家将赤道附近的天区划分为二十八个区域,每区选择一个星官作为观测的标志,称为二十八宿。由考察月球在天空的位置,可以间接推定太阳的位置;由太阳在二十八宿的位置,可以推定一年的季节。古代中国、印度、阿拉伯均有二十八宿的概念。有学者以为,其源头在中国。文物发现中,有类似例证。如1978年湖北随县战国初年曾侯乙墓出土的漆箱盖上,围绕北斗的"斗"字,绘有一圈二十八宿的名称。两端配有苍龙、白虎。这是战国初期我国二十八宿及四象(古代用来表示天空东、北、西、南四个方向的星象,即东方苍龙,北方玄武,西方白虎,南方朱雀)的较早资料,"证明二十八宿确是起源于中国,最迟在公元前五世纪已出现了"(夏鼐《从宣化辽墓的星图论二十八宿和黄道十二宫》,《考古学报》1976年第2期;文物编辑委员会编《文物考古工作三十年》,文物出版社,1979年,第300页)。1987年在河南濮阳西水坡仰韶文化遗址中,发现第45号墓主人东侧用蚌壳摆塑着龙形图案,西侧是虎形图案(濮阳市文物管理委员会《河南濮阳西水坡遗址发掘报告》,《文物》1988年第3期),这一发现将四象中青龙白虎观念的起源提早到六千多年前。则二十八宿的创始当远早于战国初期。

③"龙旂九斿"二句:龙旂,即《春官·巾车》所谓大旂,是一种画有交龙徽号的旗,为金路所建。斿(liú),旗的正幅旁的饰物。一般等级越高,斿数越多。一说,此节五种旗帜与季节有关,斿数也应与季节有关(陈久金《〈考工记〉中的天文学知识》,《中国科技典籍国际会议论文集》,大象出版社,1998年)。大火,大火星,二十八宿东方苍龙七宿中的心宿二,附近尾宿有星九颗,与九斿之

数相应。一说，古代大火曾专指心宿，后来大火扩充为指房、心两宿。房宿四星，其北面有钩、钤两星，加上心宿三星，一共亦为九颗星，龙旂九斿，对应的正是这九颗星（王健民《〈周礼〉二十八星辨》，《中国天文学史文集》第三集，科学出版社，1984年）

④“鸟旟七斿”二句：鸟旟，即《春官·巾车》所谓大赤，是一种画有隼鸟徽号的旗，为象路所建。鹑火，鹑火星，二十八宿南方朱鸟七宿中的柳宿，东南有星七颗，与七斿之数相应。

⑤“熊旗六斿”二句：熊旗，即《春官·巾车》所谓大白，是一种画有熊虎徽号的旗，为革路所建。以象伐。伐，星名，二十八宿西方白虎七宿中的参宿的附座有星三颗，合参中三大亮星共六星。郑《注》曰：“伐属白虎宿，与参连体而六星。”按，参宿共有星七颗，古人常说参宿是三星（指其中最亮的三颗星），此三星的四角还有四星。但最亮的三星下方，还有三颗小星，亦合称伐星。如果仅把伐星的三星同上面最亮的三星合计则是六星，此六星亦通名之为伐，即郑《注》所谓“（伐）与参连体而六星”。

⑥“龟蛇四斿”二句：龟蛇，《太平御览》卷七十二引《考工记》作“龟旐四斿”，据王引之校，经文“龟蛇”当作“龟旐”。按，龟旐即《春官·巾车》所谓大麾，是一种画有龟蛇徽号的旗，为木路所建。营室，星名，即二十八宿北方玄武七宿中的室宿，有星二颗；其东边是北方玄武七宿中的壁宿，亦有星二颗；早期曾将室与壁的四颗星合称为营室，与四斿之数相应。

⑦“弧旌枉矢”二句：弧旌，指绘有弓矢图像的军旗，以象征天讨。上“弧”字，指弧弓，竹制，弓形，用以张旗的正幅（即緣），悬之于杆。枉矢，矢名，利火射，结火射敌如流星（参见《夏官·司弓矢》第4节注）。《史记·天官书》：“枉矢，类大流星，蛇行而仓（苍）黑，望之如有毛羽然。”则枉矢星是路径弯曲呈蛇行状的流星。据《注》《疏》，谓画枉矢于緣上。下“弧”字，星名，指弧星，即弧矢

星，又名天弓，简称弧，有星九颗，属井宿，位于天狼星东南。其八星连线似张弓，外有一星像矢，正对天狼星，如射天狼状。《史记·天官书》："下有四星曰弧。"《正义》曰："弧九星，在狼东南，天之弓也。以伐叛怀远，又主备贼盗之知奸邪者。"《宋史·天文志》曰："弧矢九星在狼东南，天弓也。"弧旌有弓有矢，故象弧。

【译文】

轸做成方形，以象征大地。盖做成圆形，以象征上天。轮辐有三十根，以象征日月三十日就合宿一次。盖弓有二十八根，以象征天上的二十八宿。龙旂上缀有九斿，以象征大火星的九星。鸟旟上缀有七斿，以象征鹑火星的七星。熊旗上缀有六斿，以象征参宿中伐星的六星。龟旐上缀有四斿，以象征营室与东壁连成的四星。弧旌上饰有枉矢，以象征形如张弓发矢的弧星。

四　筑氏

1. 攻金之工①，筑氏执下齐②，冶氏执上齐，凫氏为声③，栗氏为量④，段氏为镈器⑤，桃氏为刃⑥。金有六齐⑦：六分其金而锡居一，谓之钟鼎之齐⑧；五分其金而锡居一，谓之斧斤之齐；四分其金而锡居一，谓之戈戟之齐；参分其金而锡居一，谓之大刃之齐；五分其金而锡居二，谓之削杀矢之齐⑨；金锡半，谓之鉴燧之齐⑩。

【注释】

①金：含义不确定，或指金属，或指合金，或指铜，当随上下文解之。

②筑氏执下齐：筑氏，及下冶氏、凫氏、栗氏、段氏、桃氏，皆详其职文。齐(jì)，古同"剂"，谓合金的配制剂量、比例，此指铜锡合金中二者的比例。按，冶铸青铜时，先要调剂，即根据所铸造器具

的不同要求，配调铜、锡、铅等金属的适当比例。根据青铜合金中铜锡比例的不同，可分为上齐、下齐两大类：锡（包括铅）有占六分之一、五分之一、四分之一、三分之一、五分之二、二分之一六种比例。据贾《疏》，锡（包括铅）占的比例较小（占六分之一至四分之一）者为上齐，锡（包括铅）占的比例较大（占三分之一至二分之一）者为下齐。

③凫氏为声：凫氏制作乐器。声，指乐器。郑《注》曰："钟、錞于之属。"按，錞于即金錞，属鼓人所掌四金之一（参见《地官·鼓人》第1节注及第2节注）。据《注》《疏》，凫氏所掌属上齐。

④栗氏为量：栗氏制作量器。量，谓量器。郑《注》曰："豆、区、鬴也。"据《注》《疏》，栗氏所掌属上齐。

⑤段氏为镈器：段氏制作镈器。镈器，泛指金属农器。郑《注》曰："田器钱、镈之属。"按，段氏职文已阙。据《注》《疏》，段氏所掌亦属上齐。

⑥桃氏为刃：刃，刀、剑等大锋刃类兵器。郑《注》曰："大刃刀、剑之属。"孙诒让曰："其锋剸在兵中为最大，故谓之大刃。"据《注》《疏》，桃氏所掌属下齐。

⑦金有六齐：谓各种青铜器具的原料的六种配制比例。按，闻人军评价说："这六种配比是从商周的冶金实践中逐渐总结出来的经验归纳，是公认的世界上最早的关于青铜合金成分比例的系统著录。由于受当时科学技术水平和生产条件的制约，影响东周青铜器物合金成分比例的因素较多，《考工记》作者用如此简洁的文字做了较合理的概括，优于简单的定性讨论，实属难能可贵。"（《考工记译注》，第41页）

⑧"六分其金"二句：六分，六等分。金，谓铜锡合金，其中铜占六分之五，锡占六分之一，此种合金适于制造钟鼎，故称之为"钟鼎之齐"。一说，指红铜，即紫铜。姑从前说。下文义放此。钟鼎之

齐，按，《考工记》规定钟鼎类的含锡（包括铅）量约为百分之十四点三。现代科学研究表明，这一总结具有高度的科学性。其也为诸多考古文物的发现所证实。

⑨削杀：削，书刀。详下节。杀，详下《冶氏》。

⑩鉴燧之齐：鉴，即用以取得明水于月的铜镜。燧，即阳燧，用以取得明火于日的铜制凹透镜。（参见《夏官·司烜氏》第1节）。郑《注》曰："取水火于日月之器也。鉴亦镜也。"按，《考工记》未论何氏制作鉴燧。从配剂和器物分类角度推测，制作鉴燧的工匠可能是筑氏。

【译文】

用合金制造器物的工匠，筑氏掌治下齐，冶氏掌治上齐，凫氏用合金制作乐器，栗氏用合金制作量器，段氏用合金制作农具，桃氏用合金制作刀剑等长刃的兵器。铜锡合金有六种配制的比例：把合金分为六等分而锡占六分之一的，叫做钟鼎之齐；把合金分为五等分而锡占五分之一的，叫做斧斤之齐；把合金分为四等分而锡占四分之一的，叫做戈戟之齐；把合金分为三等分而锡占三分之一的，叫做大刃之齐；把合金分为五等分而锡占五分之二的，叫做削杀矢之齐；铜锡各占一半的，叫做鉴燧之齐。

2. 筑氏为削①，长尺，博寸，合六而成规②。欲新而无穷，敝尽而无恶③。

【注释】

①筑氏为削：筑氏，制作书刀的工匠。筑，捶打。削，刊削简札所用的书刀。郑《注》曰："今之书刀。"据1957年河南信阳长台关一号楚墓出土的实物看，削是一种有柄而微弯的两刃小刀。

②合六而成规：将六个一尺长的削合起来围成一个圆周。规，圆

形，圆周。按，这是一种实用的角度和曲率表示法，称分规法，即通过对应的圆心角的大小来表示削的曲率。据经文，弧形削的弧度当为六十度。又，中国古代天文家因太阳的视运动大约每三百六十五又四分之一天绕地球一周，划分一周天为三百六十五又四分之一度。此思想当与《考工记》"合几而成规"的思想一脉相承。

③敝尽而无恶：敝，坏，磨损，破损。无恶，没有瑕疵。郑《注》曰："刃也，脊也，其金如一，虽至敝尽，无瑕恶也。"

【译文】

筑氏制作削，削长一尺，宽一寸，六把削可以合成一个圆周。削要造得永远像新磨过的一样锋利，即使刀刃磨损殆尽，材质依然如故，也没有缺损变形等毛病。

五　冶氏

1. 冶氏为杀矢①，刃长寸②，围寸，铤十之③，重三垸④。

【注释】

①冶氏为杀矢：冶氏，负责制造杀矢、戈、戟等的工匠。杀矢，一种箭名。《夏官·司弓矢》曰："用诸近射、田猎。"郑《注》曰："用诸田猎之矢也。"

②刃长寸：刃，是镞前端用于射杀的部分，即今所谓箭头。按，此文与《考工记·矢人》文同，彼处郑《注》以为"寸"上脱"二"字，此处亦当如此，郑玄盖偶疏（参见《考工记·矢人》第3节注）。译文从郑氏说。

③"围寸"二句：围，指刃下端阔大的部分。铤（dìng），此谓箭头后部插入箭杆中的部分。十之，指寸的十倍，即一尺。按，早期铤较短，随着弓箭制作技术的进步，铤有加长的趋势。如1956年湖

南长沙紫檀铺战国墓出土的三棱形铜镞，全长21.5厘米，铤长19.5厘米，与《考工记》记载相合。（湖南省文物管理委员会《湖南长沙紫檀铺战国墓清理简报》，《考古通讯》，1957年第1期）

④三垸(huán)：垸，通“锾”。锾，重量单位。戴震曰：“垸音丸。十一铢二十五分铢之十三。”按，《说文·金部》段注曰：“锾，当为十一铢二十五分铢之十三。”即11.52铢、按楚制每斤250克推算则为7.5克，三垸则34.56铢、22.5克。《小尔雅·广衡》说“二十四铢曰两”，则三垸为1.44两。

【译文】

冶氏制作杀矢，矢刃长二寸，矢最阔处围长一寸，箭头后部插入箭杆的铤长十寸，箭头的重量为三垸。

2. 戈广二寸①，内倍之②，胡三之，援四之③。已倨则不入④，已句则不决⑤，长内则折前，短内则不疾⑥，是故倨句外博⑦。重三锊⑧。

【注释】

①戈广二寸：戈，是一种可用以横击勾挽或啄刺的上古兵器，由内、胡、援三部分构成。按，戈略呈一“丁”字形，其横出直刺向前的部分为援，援上下皆有刃，用于勾啄；与援相背接柄的部分称内，内上有孔，贯绳拴系于木柄以固戈；援下曲而下垂的部分称胡。商戈无胡，西周始有短胡及中胡戈出现。春秋以中胡多穿戈为主，春秋战国之际至战国前期以长胡多穿戈为主。战国中后期，戈形有发展，援、胡、内三者皆有利刃，杀伤力更强。二寸，是指内、胡、援三部分皆各宽二寸。

②内倍之：内，古同“枘”。枘，戈的金属榫头，是戈穿入木柄(即柲)中的部分。按，倍之，谓内长倍于其宽，为四寸。下文“三之”、

“四之”、“五之”义放此。

③“胡三之”二句：胡，是戈之直刺向前部分（即援）之下曲而下垂部位，向援的一侧有刃，向内的一侧有孔，亦用以贯绳拴系于木柄。援，戈之直刺向前部分。基部是柲。戈在安上长柄后，如人伸出手臂去援引（拉引）东西，故名。

④已倨则不入：已倨，谓援太向上仰，援与胡之间的角度太大。已，太。倨，侈大。此指戈刃曲折处过大成钝角状。按，援与胡之间当稍大于直角，如大得太多，则为已倨。已倨则不便啄击，称不入。

⑤已句则不决：已句，谓援与胡之间角度太小，虽能啄伤人，但援的锋刃则不能割断所击处，故曰不决。句（钩），收敛。指戈曲折处过小成锐角状。决，犹断。

⑥“长内则折前”二句：如内加长加固，援就变成了薄弱环节，容易折断；如内太短，与戈装配欠牢固，使用时就不称手，攻势欠猛。长内，内过长。折前，即折断援。前，郑《注》曰：“谓援也。”程瑶田曰：“内长则重，而援转轻，……故易掉折，亦啄而不能入也。内短则轻，而不足以为援助，故入之而不疾也。”

⑦倨句外博：犹言（最适用的）角度是略大于直角。倨句，角度的锐钝大小。此谓援、胡形成的角度。外博，向外扩大。此指戈刃的援微外斜出。按，由援与胡形成的适用角度，应略大于九十度直角。程瑶田《创物记》曰：“外博云者，不中矩之云也。”又曰：“倨句外博者，外博于矩也。”孙诒让曰：“此经说制器曲折形势，凡侈者曰倨，敛者曰句。”

⑧三锊（lüè）：锊，重量单位。据郑《注》，一锊重六又三分之二两，三锊则为二十两（古代一斤十六两），即一斤四两。按，闻人军以为，一锊约 104.2 克；按齐制每斤 198.4 克推算，一锊约合今 82.7 克。

【译文】

戈宽二寸，内的长度比宽加一倍即四寸，胡的长度是宽的三倍即六寸，援的长度是宽的四倍即八寸。援如果太向上仰就不便于啄击，援如果太向下勾就不能割断创处而致敌死命，内如果太长就容易使援折断，内如果太短就使援啄击不迅捷，所以应使援与胡之间的角度稍向外张，以略大于九十度为宜。戈的重量是三锊。

3. 戟广寸有半寸[1]，内三之，胡四之，援五之，倨句中矩[2]，与刺重三锊。

【注释】

①戟：上古兵器。是戈、矛（即刺）两种兵器的组合体，略似“十”字形。其顶端直刃部分名刺，即矛；其下横刃部分则为援、胡、内，即戈。故戟既可直刺，又可横啄。按，考古发现使人们对戟有了更准确的认识。西周戈、矛全体合用，《考工记》时代戈、矛分铸联装（参见1951年河南辉县赵固出土戟、1978年湖北随县出土三戈戟），战国中后期，戈、矛变形加左角右巨（jù）。合二、三矛为一体而无矛者，亦称戟。（闻人军《考工记译注》，第46、47页）

②倨句中矩：援、胡之间的角度等于直角。

【译文】

戟宽一寸半，内的长度是宽的三倍即四寸半，胡的长度是宽的四倍即六寸，援的长度是宽的五倍即七寸半，刺、胡与援、内纵横相交恰为九十度直角，援、胡、内与刺共重三锊。

六　桃氏

1. 桃氏为剑[1]。腊广二寸有半寸[2]，两从半之。以其腊广为之茎围[3]，长倍之[4]。中其茎，设其后[5]。参分其腊广，去一以为首广[6]，而围之。

【注释】

①桃氏为剑：桃氏，负责制造刀剑的工匠。剑，古代兵器名。属短兵器。顶端有锋，两面有刃，剑身中央隆起者称脊，脊两旁至刃如坡者称从，后有短柄。按，剑的形制，可参孙机《汉代物质文化资料图说》第154、155页、刘道广等《图证〈考工记〉》第61、62页及闻人军《考工记译注》第47页相关图形。

②腊：谓剑的两刃之间脊与两从合为一面。

③茎：据程瑶田《创物记》，指剑柄中间手握处。

④长倍之：剑柄长度是腊广的二倍。

⑤"中其茎"二句：中其茎，郑《注》曰："谓从中以却稍大之也。后大则于把易制。"即将剑柄的后半截逐渐加粗，以便握持。后，指剑茎上便于握持的环形凸起（箍）。剑柄上还缠有丝麻织品，以便握持。钱玄据《创物记》说："以木柄夹于茎外者，曰夹；夹上缠以绳，谓之后，'后'通'缑'。"（《三礼通论》第216页）闻人军说："东周剑柄上有的有箍，有的无箍。有箍的剑柄上一般为双箍，单箍或三箍的较少见。"（《考工记译注》，第47页）

⑥"参分其腊广"二句：谓以腊广的三分之二作为剑首的直径。首，谓剑首，剑茎的圆盘状尾部。首广，指首的直径。按，腊广二寸半，三分去一，则为1.666寸。以圆周率3.1416乘之，则首的围长为5.2358寸。

【译文】

桃氏制作剑，剑的腊宽是二寸半，两从的宽度各占两刃间宽度的一半。以腊的宽度作为茎的围长，茎的长度则比茎的围长增加一倍。在茎的中间部分，设置用绳缠的凸起的后。把腊的宽度分成三等分，去掉一等分，以其中的二等分作为剑首的直径，而据此制作圆形剑首的围长。

2. 身长五其茎长[1]，重九锊[2]，谓之上制[3]，上士服之[4]；身长四其茎长，重七锊，谓之中制，中士服之；身长三其茎长，重五锊，谓之下制，下士服之。

【注释】

①身长五其茎长：身长，即指剑的腊长。按，据上文，茎长五寸，五倍之则为二尺五寸。下文中、下二制则分别长二尺、一尺五寸。

②九锊：按，一锊为六又三分之二两（参见《冶氏》第2节），九锊则为六十两，合三斤十二两。下文中、下二制则分别重二斤十四又三分之二两、二斤一又三分之一两。

③上制：规格之一，上等规格的。下文"中制"、"下制"亦仿之。

④上士：此处及下文中士、下士，指身材大小各异的勇士。士，郑《注》曰："人各以其形貌大小带之。此士谓国勇力之士，能用五兵者也。"

【译文】

剑的身长是剑茎长的五倍，其重九锊，称为上制剑，供身材高大的勇士佩用；剑的身长是剑茎长的四倍，其重七锊，称为中制剑，供中等身材的勇士佩用；剑的身长是剑茎长的三倍，其重五锊，称为下制剑，供身材较矮的勇士佩用。

七　凫氏

1. 凫氏为钟[1]。两栾谓之铣[2]，铣间谓之于[3]，于上谓之鼓[4]，鼓上谓之钲[5]，钲上谓之舞[6]，舞上谓之甬[7]，甬上谓之衡[8]。钟县谓之旋，旋虫谓之干[9]。钟带谓之篆[10]，篆间谓之枚，枚谓之景[11]。于上之攠谓之隧[12]。

【注释】

①凫氏为钟：凫氏，掌管铸钟、鼎的工匠。钟，古代乐器，被视为众乐之首。商周钟呈合瓦式扁圆形，悬挂在筍虡（即乐器架）上，叩击发声。成套演奏的一组钟称为编钟。

②两栾谓之铣（xiǎn）：两栾，钟口的两个角。按，钟为合瓦式扁圆形，钟口的两角称栾（luán），又称铣。孙诒让曰："栾者，小而锐之貌。《说文·山部》云：'峦，山小而锐者。'钟两角亦小而锐谓之栾，犹山小而锐谓之峦矣。"

③铣间谓之于：于，钟口两角之间的钟唇。按，铣的最下端即为钟口之两角，呈两锐角形。杜子春云："铣，钟口两角。"

④于上谓之鼓：鼓，于上供撞击的钟体部位。按，钟体有两个侧面，每一侧面被分作上下两部分，下边供撞击处即鼓。程瑶田《创物记》曰："于上为钟体下段击处，故谓之鼓。"

⑤鼓上谓之钲（zhēng）：钲，鼓上供撞击的一截钟体。《创物记》曰："鼓上为钟体之上段正面也，谓之钲。"

⑥钲上谓之舞：舞，钟体的顶部，椭圆形。《创物记》曰："钲上为钟顶，覆之如庑（屋顶），故谓之舞。"

⑦甬：铸在钟顶上的柄。按，钟柄、钟体皆下大上小。

⑧衡：甬（钟柄）上端的圆形平面。

⑨"钟县谓之旋"二句：旋，钟柄上纽中用以悬钟的铜环（因环可在纽中旋转，故名），亦名钟县（悬）。旋虫，甬下部约占甬长三分之一处用作装饰的兽形钟纽，亦名干。虫，谓野兽。王引之曰："干之为言犹管也。"按，因旋在甬的下部且偏在一边，故悬钟时钟体倾斜。

⑩钟带谓之篆：钟带，指钲上的纹饰区，纵三条，横四条，十字交叉分成十二方格，又名篆。《创物记》曰："钲体正方，中有界，纵三横四，为钟带，篆起（隆起），故谓之篆。篆之设于钲也，交午（即交错）为之，中舍扁方空者六。空设三枚，三六十八枚，故两钲凡三十六枚。枚之上下左右皆有篆，故曰'篆间谓之枚'也。"按，枚（参下注）状如乳头，故称钟乳。

⑪"篆间谓之枚"二句：枚，即篆间突起的钟乳，又名景。《创物记》曰："枚，隆起有光，故又谓之景。"按，枚既是一种装饰物，其存在又构成了分音频小单元的负载，对高频部分音波起到加速衰减的作用，使音色更加优美。

⑫攠（mí）谓之隧：攠，磨错，磨损。此指钟体上因撞击而磨损发光的部位，又称遂。隧，据俞樾校，当作"遂"。阮校曰："'遂'是古字，《说文》无'隧'字。隧乃后世俗字耳。"郑《注》曰："所击之处攠弊也。隧在鼓中，窒而生光，有似夫隧（日光下取火用的铜凹镜，鼓上攠与之相似）。"按，钟腔内从钟口延伸至钲部下缘处呈突起状的为音脊，呈凹状的为遂，二者是钟准确发出两个乐音的关键部位，皆供磨错调音之用。音脊、遂分别与第一基频、第二基频的节线位置相吻合。当正鼓部（内侧有遂）受敲击处于波腹时，侧鼓部就处于波节，反之亦然。遂和音脊厚度直接关系到两组振动系统的刚度和质量分布，对第一、第二基频的高低起着决定性影响。

【译文】

凫氏制作钟。钟口两角的两栾叫做铣，两铣之间的钟口边沿叫做于，于上敲击的钟体部位叫做鼓，鼓上边的钟体部位叫做钲，钲上边的钟顶部分叫做舞，舞上边的钟柄叫做甬，甬顶端的平面叫做衡。设在甬下部用于悬挂钟的圆环形钟悬叫做旋，半圆形饰有兽形的旋虫叫做干。钲上隆起的钟带纹饰叫做篆，篆之间钟乳状隆起物叫做枚，枚也叫做景。于上面因撞击呈凹坑而生光的部位叫做遂。

2. 十分其铣，去二以为钲①。以其钲为之铣间②，去二分以为之鼓间③。以其鼓间为之舞修，去二分以为舞广④。以其钲之长为之甬长⑤，以其甬长为之围⑥。参分其围，去一以为衡围⑦。参分其甬长，二在上，一在下，以设其旋⑧。

【注释】

①“十分其铣”二句：此铣指钟体的长度。去二，去掉二分。程瑶田《创物记》曰：“以十分之铣去二得八，为钟体上段之钲，所去之二在下段为鼓也。”

②以其钲为之铣间：铣间，两铣之间，即钟口两角之间的距离。此为扁圆形钟口的横径即大径，长八分。钟非正圆，故有大小径之分。

③去二分以为之鼓间：鼓间，指两鼓之间的距离，即钟口的小径。按，铣间大径八分，去二分，则鼓间小径为六分。

④“以其鼓间为之舞修”二句：舞修，钟顶的长度，即钟顶大径，长六分。舞广，钟顶的宽度，即钟顶小径，长四分。按，舞为椭圆形，故有长(修)、宽(广)。

⑤以其钲之长为之甬长：甬长，钟柄的长度。甬长等于钲长，即八分。

⑥以其甬长为之围：围，周长。据《创物记》说，甬体上小下大，此处以甬长所为之围，是指甬体大端(即下端甬、舞交际处)之围而言。甬长八分，故甬大端围长亦八分。

⑦“参分其围”二句：衡围，衡的周长，即甬体上端(即小端)之围。甬围六分，衡围是其三分之二，即五又三分之一分。

⑧“参分其甬长”四句：此谓三分甬长（长八分），二分（长五又三分之一分）在上，一分（长二又三分之二分）在下，旋当设置在此三分之一分际处。旋，钟环。参见上节注⑨。

【译文】

把铣的长度分为十等分，去掉二等分，其余的八分就是钲的长度。以钲的长度作为两铣之间的距离，再将两铣之间的长度去掉二分，其余的六分就是两鼓之间的距离。以两鼓之间的距离作为舞的长度，再去掉二分，还剩四分就是舞的宽度。以钟体上钲的长度作为甬的长度，又以甬的长度作为甬的大端围长。将甬的大端围长分为三等分，去掉一等分，其余二等分就是衡的围长。将甬长分为三等分，其中二等分在上，一等分在下，就在上下两段衔接处来设置旋。

3. 薄厚之所震动，清浊之所由出①，侈弇之所由兴②，有说。钟已厚则石，已薄则播③，侈则柞，弇则郁④，长甬则震⑤。是故大钟十分其鼓间，以其一为之厚。小钟十分其钲间⑥，以其一为之厚。钟大而短，则其声疾而短闻。钟小而长，则其声舒而远闻⑦。为遂⑧，六分其厚，以其一为之深而圜之。

【注释】

①“薄厚之所震动”二句：薄厚，指钟壁薄厚。清浊，清，音调高昂。浊，音调低沉。按，钟的发声，实质上是一种弯曲板的板震动。对于假想中厚度均匀的椭圆截椎形的钟，钟体震动频率随着厚度的增加而增高，所以钟体越厚，频率越高，即音清；钟体越薄，频率越低，即音浊。而现实中的钟，其震动发声则受到铣长、钟体厚度的影响而发生各类变化。故钟的理想音色，应对应于铣长与钟体壁厚的最佳组合。

②侈弇(yǎn)之所由兴:侈,大,宽大。弇,狭小,窄。按,依据弹性力学原理,若钟口趋于侈大,则弯曲刚度变小;若钟口趋于弇狭,则如同附设加固环,使弯曲刚度增大。弯曲刚度的变化又会影响到振动频率。钟口的侈大、弇狭还会改变钟体质量分布,并对钟体振幅、衰减、辐射功率,进而对声频产生进一步影响。故钟的声频与钟口的侈弇密切相关。

③"钟已厚则石"二句:钟已厚则石,即《春官·典同》"厚声石"。彼处郑《注》曰:"钟大厚则如石,叩之无声。"即谓钟壁过厚,振幅、声强过小,声音不宜发出。石,声如击石。已,太。已薄则播,即《典同》"薄声甄"。播,分散。即谓钟壁过薄,振幅、声强过大,且钟体几何形状过分改变,导致基频上方各个分音发生频谱变化,音色变劣,或发出不协调的特殊音色,钟声虽响而有摇荡之感,且因音频较低,传播时衰减较少,音传较远。

④"侈则柞"二句:侈则柞,即《典同》"侈声筰"。柞,声大而外传。郑《注》曰:"柞,读为'咋咋然'之咋,声大外也。"弇则郁,即《典同》"弇声郁"。郁,声小而压抑。郑《注》曰:"声不舒扬。"按,造成这一现象的原因有三:第一,如果钟口侈大,弯曲刚度变小,其等效厚度变小,振幅、声强增大,且频率降低,传播时衰变减少;第二,在振速相同的前提下,振动活塞的辐射功率与面积成正比,钟口与其类似,张得越开,辐射功率就越大;第三,钟口如果较大,声波在钟腔内由于内摩擦作用而引起的衰减也较小。如果钟口弇狭,情况则与此相反。(闻人军《〈考工记〉中声学知识的数理诠释》,《杭州大学学报(自然科学版)》1982年第4期)

⑤长甬则震:震,声波有震颤。郑《注》曰:"钟掉则声不正。"贾《疏》曰:"甬长,县之不得所,则钟掉,故声不正。"声不正,盖即俗语跑调。按,甬长有一定的比例(参见上节注⑤),超过此比例则为过长。甬钟振动模式的激光全息图表明:第二基频的振动已波及

舞部，故甬部对振动有影响。（曾侯乙编钟研究复制组《曾侯乙编钟的结构和声学特性》）根据振动理论，钟柄等效于一端钳定、一端自由的棒。若钟柄过长，其振幅太大，则必将对钟壳体的振动造成不适当的干扰，而导致音色不正、发颤。如果在甬内保留铸造时的泥芯，则可起到某种阻尼作用，因此有利于加速侧鼓音的衰减，从而改善钟的音响效果。

⑥钲间：鼓上钲与舞相接处两钲间的距离，即舞广。

⑦“钟大而短”四句：此谓如果钟体大而短，则振动发音传播过程结束较早，因而钟声急疾消竭，传播距离不远；如果钟体小而长，节线变宽、下移，则振动的消逝过程较长，因而发声舒缓难息，传播距离自然很远。按，钟体主要由钲部和鼓部组成，它们构成了合瓦形共振腔，振动时腔内形成驻波。撞击正鼓部或侧鼓部时，该处成为振源，然后波及钟体各部位而发声。钟体振动导致钟口、钲部发生形变，并会发出多个频率，成为复合音。其中高频部分消逝较快。就其振动的形变特征而言，在大单元按照基频振动的同时，伴随着小单元的高频振动形变。这种复合振动形变的消逝，首先从小单元的高频振动开始，并逐渐形成比较单一的按基频的振动方式，接着从钲部开始，节线逐渐下移变宽，直至钟口，最后振动停止。（林瑞、王玉柱等《曾侯乙编钟结构的探讨》，《江汉考古》1981 年第 1 期）

⑧遂：即“隧”的古字，即“攈谓之隧”之“隧”，指鼓上备撞击处。

【译文】

钟壁的或厚或薄所产生的震动，发出的钟声或清或浊所由产生的原因，钟口的或宽或窄所由制定的根据，这其中都是可以解释的。如果钟壁厚，就会像敲击石头一样声音不易发出，如果钟壁太薄，发出的声音就会响亮而飘忽播散，如果钟口偏宽大，发出的声音就过于迫促而有喧哗之感，如果钟口偏窄小，发出的声音就抑郁回旋难以播扬，如果钟甬过长，发出的声音就颤动摇摆。因此，大钟把其钟口两鼓之间的距离分成十等分，用它的一等分作为钟壁的厚度。小钟把其钟顶两钲之间的距离分成十等分，用它的一等分作为钟壁的厚度。钟体宽大而短小，就导致发出的声音急疾消竭而短暂无余音。钟体细小而狭长，就会导致发出的声音舒缓难息而传播悠远。制作备撞击的隧时，把钟壁的厚度分成六等分，用一等分作为隧凹下去的圆坑深度而做成圆弧形。

八 栗氏

1. 栗氏为量①，改煎金锡则不秏②，不秏然后权之③，权之然后准之④，准之然后量之⑤。

【注释】

①栗氏：负责铸造升、豆、区、釜等量器的工匠。

②改煎金锡则不秏(hào)：改煎，反复冶炼。改，更也，此谓更番、反复。煎，此谓冶炼。不秏，谓杂质除净后原料不再减耗。秏，耗的本字。

③权之：用天平称重量。权，称量。郑《注》曰："谓称分之也。"按，金锡需按一定比例搭配，故需称量之，即此所谓权之。

④准之：校算，测量。郑《注》曰："准，击平正之。又当齐大小。"江永曰："'准'字古文作'水'。或是先以方器贮水令满，定其重，乃入金若锡于水，水溢，取出金锡，再权(称)其水，视其所灭之斤两与分寸，可得金锡大小之比例。后人算金银之法如此，疑古人亦用此法。"戴震曰："以合度之方器承水，置金其中，则金之方积可计，而其体之轻重大小可合而齐，此准之法也。"闻人军以为："'准之'并非单一的工艺操作，它包括从称重以后到浇铸之前的一段工序，其中最重要的是浇铸前须用水平法校正铸范，也要测体积、求密度。"

⑤量之：闻人军以为："'量之'并非单一的工艺操作，它包括从'准之'以后到成品鬴之前的一段工序，其中包括浇铸工艺，但最重要的是检验校测容积是否符合设计要求。"

【译文】

栗氏铸造量器，铸造前先要反复冶炼铜锡使之精纯而不再有杂质可损耗为止，不再有杂质可损耗然后称量铸造量器所需铜锡的重量，称量后浸入水中测知体积大小，体积确定后再将铜锡熔汁注入模具中铸造量器。

2. 量之以为鬴①，深尺，内方尺而圜其外②，其实一鬴。其臀一寸，其实一豆③。其耳三寸④，其实一升。重一钧⑤，其声中黄钟之宫⑥。概而不税⑦。其铭曰："时文思索⑧，允臻其极⑨。嘉量既成⑩，以观四国⑪。永启厥后，兹器维则。"

【注释】

①鬴(fǔ)：量器名，也是容量单位，六斗四升为鬴。郑《注》曰："以其容为之名也：四升曰豆，四豆曰区，四区曰鬴。鬴，六斗四升也。"

②内方尺而圜其外：容纳一立方尺，外表为圆形。内，古"纳"字，容纳。郑《注》曰："方尺，积千寸。……圜其外者，为之唇。"孙诒让曰："鬴为圆形，口大而底小。"

③"其臀一寸"二句：臀，同"臀"，指鬴的底部，为四方框足，高一寸。实，容量。豆，古代量器名，也是容量单位。四升为一豆，四豆为一区(瓯)，四区为一鬴，十鬴为一钟。按，鬴为圈底，将鬴倒置，其底框足内容积为一豆(四升)。

④其耳三寸：耳，鬴口两侧的把手，中空，一耳容积一升。郑《注》

曰："耳在旁，可举也。"三寸，指耳深三寸。

⑤一钧：钧，重量单位。三十斤为一钧。郑《注》曰："三十斤。"

⑥其声中黄钟之宫：黄钟之宫，黄钟为十二律之首，宫为五声之首，用黄钟律来定宫声的音高曰黄钟宫。黄钟，郑《注》曰："应律之首。"按，1957年在河南信阳出土了十三口春秋末期编钟，其第四口编钟的频率为726.88赫兹，很可能这就是当时黄钟之宫的音频高度（缪天瑞《律学》，人民音乐出版社，1983年第2版，第100、111页）。考古资料与《考工记》经文表明，至迟在春秋战国之际，中国已存在精确的音高标准的概念，并将之运用于音乐与律度量衡制度之中去。

⑦概而不税：意谓刮平鬴口，勿使有高出鬴口水平的情况。概，量黍粟等粮食时用以刮平量器口沿的木条。税，戴震以为，通"脱"，脱落。一说，郑司农等注为税收。按，戴氏强调此标准的准确性。姑从其说。

⑧时文思索：此句及下五句是韵语，韵脚"极"、国"、则"，属上古音职部。时，是也，此也。郑《注》曰："时，是也。……言是文德之君，求思可以为民立法者，而作此量。"

⑨允臻：允，信用。臻，达到，极，最高境界。郑《注》曰："允，信也。臻，罕也。"

⑩嘉量：古代标准量器。嘉量包括律、度量、衡等四种标准。按，本节对嘉量的描述，是现存关于战国中期以前嘉量形制的唯一记载。

⑩观：出示。

【译文】

所铸造的量器为鬴，深一尺，可容纳一立方尺而口缘呈圆形，它的容积即为一鬴。鬴的底部框足深一寸，底部的容积为一豆。鬴两侧的耳深三寸，耳的容积为一升。鬴的重量是一钧。敲击鬴所发出的声音与黄钟律的宫声相符。用概推平鬴中所盛的米粟而不让粮食脱落。鬴上刻写的铭文说:“这位有文德的君王思求为民众确立度量的法则而铸造了这鬴,用以达到最高的信用。优良的标准量器已经铸造成功,用以颁示四方各国供人们使用。永远传给你们的子孙后代,把这量器作为遵守的准则。”

3. 凡铸金之状[①],金与锡黑浊之气竭,黄白次之;黄白之气竭,青白次之;青白之气竭,青气次之,然后可铸也。

【注释】

①凡铸金之状:按,此节针对所有攻金之工,探讨如何掌握冶铸火候。文中提及各种颜色的“气”,是加热时由于蒸发、分解、化合等作用而生成的火焰和烟气。开始加热时,附着于矿物的碳氢化合物燃烧产生黑浊气体。随着温度升高,氧化物、硫化铜及某些金属会发出各种颜色的火焰、烟气。青铜合金熔炼时的焰色,主要取决于铜的黄色、绿色谱线,锡的黄色、蓝色谱线,铅的紫色谱线及黑体辐射的橙红色背景。各种原子焰色混合的结果是,随着炉温的升高,炉火逐渐由黄色向绿色过渡,铜的绿色所占比重越来越大。当炉温达到1200℃以上,铜的青焰将占绝对优势,看起来全是青色,则“炉火纯青”的火候已到,标志着精炼成功,可以浇筑器具了。这种原始的火焰观察法,是近代光测高温术的滥觞。至今其仍是准确判断冶铸火候的有效辅助手段。

【译文】

凡是观察冶铸金属的状态,被冶炼的铜和锡因为杂质而产生的黑浊的气体销尽后,接着会产生黄白色的气体;黄白色的气体销尽后,接着会产生青白色的气体;青白色的气体销尽后,接着会产生青色的气体,青色的气体销尽了,标志着精炼成功,然后就可以铸造器物了。

九 段氏[1](阙)

【注释】

①段氏:按,原文已阙。据“攻金之工”节“段氏为镈器”,段氏负责制造金属农具。

一〇 函人

1. 函人为甲[1]。犀甲七属[2],兕甲六属,合甲五属[3]。犀甲寿百年[4],兕甲寿二百年,合甲寿三百年。

【注释】

①函人为甲:函人,用革制作铠甲的工匠。函,铠甲。甲,护身的战服,材质有皮革、金属片两种,本书指皮革质的甲。按,殷商时期皮甲是整片型的,后来发明了连缀大小不同的革片制成的皮甲,穿着便利,防护性能好。春秋战国时期风行车战,皮甲胄亦大量使用。

②犀甲七属:犀,及下文兕,皆兽名。用它们的皮做的甲衣,分别名之为犀甲、兕甲。属(zhǔ),连接,连缀。《说文》曰:“连也。”七属,甲的上衣、下裳(即上旅、下旅)均由七札甲片连缀而成。郑《注》曰:“谓上旅、下旅札续之数也。革坚者札长。”按,甲衣用甲片连缀而成,甲片是皮革裁成的方形或三角形,甲片的一片谓之一札。其连缀之法,皆下札交压于上札之下,如鳞片然,经连缀后一片谓之一属。犀甲的上衣、下裳皆由七札相续连而成,故曰七属。

③合甲五属:合甲,削去残留在皮革表皮内侧的肉质部分,取两张表皮叠合数层而制成的甲,是甲中最坚韧者。因合甲坚韧,甲片

在连缀时可不必重叠过多，则甲片间距加长，即郑《注》所谓“革坚者札长”，所需连属的甲片也相应减少，五属即可。江永曰：“犀甲、兕甲皆单而不合，合甲则一甲有两甲之力，费多工多而价重。”按，牛皮革的生胶质纤维分为恒温层和网状层两部分，平滑的恒温层较为坚牢、耐磨。合甲的两面皆为恒温层，故十分坚牢。近期考古发掘所得的春秋战国时期的皮甲实物，时代较晚者多为合甲。

④寿：使用年限。

【译文】

函人制作甲衣。犀甲的上衣、下裳都是由七片甲片连缀而成，兕甲的上衣、下裳都是用六片甲片连缀而成，合甲的上衣、下裳都是用五片甲片连缀而成。犀甲可以使用一百年，兕甲可以使用二百年，合甲可以使用三百年。

2. 凡为甲，必先为容①，然后制革。权其上旅与其下旅②，而重若一。以其长为之围③。

【注释】

①容：模型与模具。一说，贾《疏》指人体的大小高低。姑从前说。按，设计甲胄要先做出与实体等大的模型，采用样板下料，每种甲片制造成形都有个体模型及专用模具。（中国社会科学院考古研究所技术室《试论东周时代皮甲胄的制作技术》，《考古》1984年第12期）

②权其上旅与其下旅：权，衡量，称量。上旅，谓腰以上，此指甲的上衣。下旅，谓腰以下，此指甲的下裳。郑司农曰：“上旅谓要以上，下旅谓要以下。”按，要，同“腰”。旅，通“膂”。本义脊骨。

③以其长：以甲的长度。甲长，是上旅加下旅的长度。

【译文】

凡是制作甲衣，一定要首先量度人的体形而设计出模型，然后裁制革片。称量甲衣的上旅和下旅的革片，而二者的重量要务必相等。用甲衣的长度作为甲的腰围长度。

3. 凡甲，锻不挚则不坚[①]，已敝则桡[②]。凡察革之道：视其钻空，欲其窓也[③]；视其里，欲其易也[④]；视其朕，欲其直也[⑤]；橐之，欲其约也[⑥]；举而视之，欲其丰也[⑦]；衣之，欲其无齘也[⑧]。视其钻空而窓，则革坚也；视其里而易，则材更也[⑨]；视其朕而直，则制善也；橐之而约，则周也[⑩]；举之而丰，则明也[⑪]。衣之无齘，则变也[⑫]。

【注释】

①锻不挚则不坚：制作时锻治不周到，甲衣就不坚固。锻，锻治，以锤捶击。挚，精致，周到，周遍。此外有异说，可备参考：孙诒让曰："谓椎击皮革使纯孰也。"又曰："《论语·雍也》皇《疏》云：'质，实也。'锻不挚，亦谓锻之不实，故不坚也。"后德俊则认为，"锻革"就是指用模具压制甲片。"挚"即是指皮革经模压后定型，甲片的中部呈凸起或呈弧形，否则甲片的防护能力就不大，即"不坚"（后德俊《楚文物与〈考工记〉的对照研究》，《中国科技史料》1996年第1期）。

②已敝则桡：已，谓锻治过分。敝，谓革理受损伤。桡，曲，起翘，不平整。

③"视其钻空"二句：钻空，穿线连缀革片的孔眼。窓（wǎn）：孔眼很小的样子。郑司农曰："小孔貌。"

④"视其里"二句：里，指皮甲内面。易，修治平滑、细致。

⑤“视其朕”二句：朕，皮甲缝合处，衣缝。江永曰：“谓甲之缝也。”直，指皮甲连缀缝针脚笔直，无弯曲。

⑥“櫜之”二句：櫜(gāo)，盛甲衣或弓箭的袋子。约，少，小。又有屈曲义。此指宜于收放、体积小。《楚辞·招魂》：“土伯九约。”《注》：“约，屈也。……其身九屈。”

⑦丰：大，丰满。此谓甲衣有光耀，使人看起来似乎很宽大丰满。

⑧欲其无齗(xiè)：无齗，此谓革片不互相磨擦，则穿时贴身合体。王聘珍曰：“谓札叶(甲片)不欲相磨切，如人之怒而切齿也。”齗，本义牙齿相磨切，引申为物体相接处参差不密合。

⑨更：此谓好，优良。郑司农曰：“善也。”

⑩周：郑《注》曰：“密致也。”

⑪明：郑《注》曰：“有光耀。”

⑫变：此谓革甲缝合紧密无空隙，则穿甲者行动变换自如、合体便利。郑司农曰：“随人身便利。”

【译文】

凡甲衣，如果皮革锻治不细致周到，甲衣就不坚固，而如果锻治过分致使革理损伤，就会使甲衣易于曲折不平而不强韧。凡观察甲衣质量好坏的的方法：看看甲片上为穿丝绳连缀甲片钻的孔眼，孔眼要小；看看甲片的内面，要刮治得平整而光滑；看看甲衣的缝，要上下对得很直；把它卷起装进袋子里，要体积小；把它举起而展开来看看，要显得宽大丰满；穿到身上试试，要甲片间不相互磨切。看到甲片上的钻孔很小，就知道甲衣很坚固；看到甲片的内面平整而光滑，就知道甲衣的材料优良；看到甲衣上的缝笔直，就知道做工精良；卷起来装进袋子体积小，就知道缝制精致紧密；举起来展开显得宽大丰满，甲表就一定很有光彩；穿到身上甲片不相互磨切，穿甲者就能行动自如合体便利。

一一 鲍人

1. 鲍人之事[1]，望而视之，欲其荼白也[2]；进而握之，欲其柔而滑也；卷而抟之，欲其无迤也[3]；视其著，欲其浅也[4]；察其线，欲其藏也。革欲其荼白而疾浣之，则坚[5]；欲其柔滑而腥脂之，则需[6]；引而信之，欲其直也[7]。信之而直，则取材正也[8]；信之而枉，则是一方缓、一方急也[9]。若苟一方缓、一方急，则及其用之也，必自其急者先裂。若苟自急者先裂，则是以博为帴也[10]。卷而抟之而不迤，则厚薄序也[11]；视其著而浅，则革信也[12]；察其线而藏，则虽敝不甐[13]。

【注释】

①鲍人之事：鲍人，负责制革的工匠。事，据贾《疏》，谓鞣制皮革。按，未经物理、化学鞣制的生皮，干燥后特别硬，但遇水软化，且易腐烂。经过一系列物理、化学加工，鞣皮剂与生皮中的蛋白质纤维结合固定，就使得动物皮变成具有多种性能、优点的革。鞣革即为将生皮加工成革的工艺过程。

②荼白：与茅草的花一样白。荼，茅草、芦之类所开的白花。夏天开花者称白茅，秋天开花者称菅茅。

③“卷而抟之”二句：抟，《注疏》本原误作“搏”，据阮校改。抟，本指把散碎物捏聚成团。此处卷束、卷紧义。迤，斜出。

④“视其著”二句：此谓把一片皮革缝合到另一张皮革上，要尽量伸张皮革使变薄，则缝合处就浅而不厚。著，两革边缘的缝合处。郑司农曰：“谓郭韦革之札入韦革，浅缘其边也。”郭，通“廓”，张也。江永曰：“言缝合两皮相著之处，欲浅狭。”

⑤“革欲其荼白”二句：浣，洗涤。按，制革生产必须经过准备、鞣制、整理三个过程。准备工序，要将生皮或干板皮洗清、浸水，以除去泥沙污物。刮去附在皮上的油脂、烂肉，浸泡在石灰水中让皮上的生胶纤维适当膨胀。除去表皮、鬃毛，使得皮面洁白而富

有弹性。用酸类来中和渗入皮里的碱性石灰水。但入水太久，则会损伤皮革的坚韧性，要快速洗涤。故曰“革欲其荼白而疾浣之”。鞣制工序，是将矿物质与生皮放在一起，不断翻动，使鞣料渗透进生皮，与皮的蛋白质纤维结合固定，变成一种不溶于水的物质，故曰“则坚”。整理过程，即对鞣制好的皮革稍事整理，上油、鞣软，以备使用。

⑥“欲其柔滑”二句：腛(wò)，厚。郑司农曰：“谓厚脂之，韦革柔需(软)。”需，当作“耎”。耎，同“软”，柔软。按，此指制革生产的整理工序中上油、鞣软环节。经过整理，革就具有弹性、丰满、柔软、延展、抗水、透气及吸湿等性能，粒面细致平滑而清晰，色调、光泽均一而美观。(诸炳生《日用皮革制品：生产·选择·保养》，上海科学技术文献出版社，1987年，第13页)。古人未曾明了整个工艺过程中的物理、化学原理，但却凭经验准确掌握了有效工艺的应用过程。

⑦“引而信之”二句：据王引之校，这两句当置于上文“进而握之，欲其柔而滑也”之下，抄写者错乱于此。按，王说是。译文姑仍其旧。信，通“伸”，伸展，拉伸。

⑧取材正：裁取革片齐正。孙诒让曰：“谓革裁断之成札，腠理齐正而不邪绝。”

⑨“信之而枉”三句：枉，不直。缓，松弛。急，用力紧促，紧逼。

⑩以博为幾(jiǎn)：幾，狭窄。一说，王引之、段玉裁均以为是“浅”的通借字。孙诒让曰：“革札以广为贵，若有坼裂，则广者反成狭矣。”按，皮革拆裂了，必须拆开剪裁，则是把宽的革片当作狭窄的用了，反而造成浪费。

⑪序：均匀。郑《注》曰：“舒也，谓其革均也。”

⑫革信：信，通“伸”。郑《注》曰：“无缩缓。”按，伸，据《广雅·释诂》，有展、直义，谓皮革伸展平直；皮革伸展平直，说明其没有伸

缩变形，故曰“无缩缓”。

⑬“察其线而藏”二句：甐(lìn)，损坏，破敝。此谓损坏皮革中的缝线。郑《注》曰：“缝缕没藏于韦革中，则虽敝，缕不伤也。”

【译文】

鲍人揉治皮革的事，从远处整体看那皮革，要求它颜色像茅、芦开的花那样洁白；走到近处用手去握捏，要求它要使人感觉很柔软而顺滑；把它紧紧卷起来，要求皮面齐正而两边不歪斜旁出；看看皮革上两张皮革压边缝合处，要求它又浅又窄；细看那缝合处的针脚线，要求它隐藏而不外露。皮革要求它颜色要像茅、芦开的花那样洁白、富有弹性，洗涤时就要很快捷，渗进鞣料，而不使入水时间过长，那样就会很坚韧；要使皮革柔滑、润泽而涂上一层厚厚的油脂，那样就会很柔软；拉伸而展开的皮革，要求它皮面很平直。伸展开以后皮面很平直，那就说明所裁取革材的纹理很齐正；伸展开以后皮革歪斜而不平直，那就必定因为拉伸时用力一边松缓、一边紧促。如果拉伸皮革时用力一边松缓、一边紧促，等到使用皮革的时候，必定会从紧促的部位先发生断裂。如果从紧促的部位先发生断裂，而不得不剪除，那就是把宽阔的皮革当作狭窄的皮条来使用了，反而造成浪费。将皮革卷紧而皮面不歪斜，就说明其厚薄均匀；看到皮革的压边缝合处又浅又窄，皮革就不易伸缩变形；细看到皮革上的针脚缝线隐藏而不外露，那么皮革即使用坏了缝线也不会有损伤。

一二　韗人

1. 韗人为皋陶①，长六尺有六寸②，左右端广六寸，中尺③，厚三寸④，穹者三之一⑤，上三正⑥。

【注释】

①韗(yùn)人为皋陶：韗人，负责造皮鼓的工匠。《说文》曰：“攻皮治

鼓工也。”孙诒让曰:“此工主治革以冒鼓,又兼为鼓木。”鼓木,谓鼓的木框。皋陶,鼓框,鼓的木框。郑司农曰:“鼓木也。”一说,程瑶田认为即《鼓人》中的晋鼓。按,皋陶可能得名于原始土鼓的陶土鼓框。其后疑有脱文。

②长六尺六寸:长,此处指鼓框的屈折长度。按,鼓之形,腹大而两头较小,因此鼓身有曲折,六尺六寸即指鼓身的曲折之长度。

③左右端广六寸,中尺:左右端,指组成鼓身的每块木板的两端。中,指每块木板中段的隆起部分。郑司农曰:“谓鼓木一判(片)者,其两端广六寸,而其中央广尺也,如此乃得有腹。”据易祓说,一个完整的鼓身是由二十块木板拼合成,每块木板两头宽六寸,则其围一丈二尺,是鼓面直径为四尺(按,实为3.8197尺);中段宽一尺,则鼓腹围长二丈,是腹径为六尺零六又三分之二寸(按,实为6.3662尺)。

④厚三寸:据孙诒让说,构成鼓身的木板,中段厚,两头渐薄,中段隆起部分的厚度是三寸。

⑤穹者三之一:此指鼓腹突起如穹隆的部分比两端鼓面的直径所高出的比例。穹,穹窿形鼓腹之高。郑《注》曰:“穹隆者居鼓面三分之一。”按,鼓面直径为3.8197尺,其三分之一则为1.2732尺,则鼓腹直径为6.3662尺。

⑥上三正:此谓组成鼓身的二十块木板,每块都曲为三折,分别为穹及两端部分。正,平直,平正。郑《注》曰:“正,直也。参(三)直者,穹上一直,两端又直,各居二尺二寸,不弧曲也。”按,鼓板长度是六尺六寸,三折各占三分之一,即为二尺二寸,并且每段皆平直而曲处不作弧形。

【译文】

辉人制作皋陶,……,构成鼓身的二十块木板每块长度是六尺六寸,左右两端宽度是六寸,中段宽度是一尺,板厚三寸,中段鼓腹隆起部

分比两端鼓面直径高出三分之一，构成鼓框上的每块木板都平分成板面平直的三段。

2. 鼓长八尺，鼓四尺，中围加三之一[①]，谓之鼖鼓[②]。

【注释】

①中围加三之一：郑《注》曰："加于面之围以三分之一也。面四尺，其围十二尺（实为 12.5664 尺），加以三分一，四尺（实为 4.1888 尺），则中围十六尺（实为 16.7552 尺），径五尺三寸三分寸之一也（即 5.3333 尺）。今亦合二十版，则版穹六寸三分寸之二耳。"按，杨天宇以为，此鼓中段直径为 5.3333 尺，减去鼓面直径 4 尺，余 1.3333 尺，除以 2，则穹隆部分高出鼓面直径 6.6666 寸。

②鼖（fén）鼓：古代军中所用的大鼓。参见《地官·鼓人》第 2 节注。

【译文】

鼓长八尺，鼓面的直径是四尺，鼓身中段鼓腹部分的围长比鼓面的围长增加三分之一，叫做鼖鼓。

3. 为皋鼓[①]，长寻有四尺[②]，鼓四尺，倨句磬折[③]。

【注释】

①皋鼓：孙诒让以为即鼛鼓，用于指挥劳役的鼓。《地官·鼓人》："以鼛鼓鼓役事"。皋，通"鼛"。

②寻有四尺：寻，八尺。寻有四尺，则为一丈二尺。

③倨句磬折：皋鼓的鼓腹向两端弯曲成钝角，大小等于一磬折（合 151 度 52 分 30 秒，此闻人军说）。倨句，即弯曲义。磬折，谓弯曲如磬（古代曲尺状乐器）的角度。

【译文】

制作皋鼓，鼓长一寻零四尺，鼓面的直径是四尺，构成鼓框的每块木板为两折，中段鼓腹部分向两端弯曲成一磬折的钝角形。

4. 凡冒鼓[1]，必以启蛰之日[2]。良鼓瑕如积环[3]。

【注释】

①冒鼓：用皮革蒙鼓面。冒，蒙，覆盖。

②启蛰：节气名，据郑《注》，为正月中气。按，启蛰即惊蛰，为二十四节气之一，今历在雨水后，为二月节；西汉以前在雨水前，为正月中气。《汉书·律历志》曰："惊蛰，今曰雨水；……雨水，今曰惊蛰。"依照现行公历，每年3月6日前后太阳到达黄经345度时为惊蛰。

③瑕如积环：瑕，痕迹，此指鼓皮漆过后绷紧显出的环状痕纹。贾《疏》曰："瑕与环皆谓漆之文理。"林希逸曰："瑕者，痕也。积环者，鼓皮既漆，其皮鞔(mán)急，则文理累累如环之积。"按，鼓皮先漆而后鞔于鼓，因鞔时皮革绷紧而四周用力均匀，而漆无伸缩性，故鼓面就显出环状漆痕。

【译文】

凡是蒙鼓皮，一定要在启蛰那天。制作精良的鼓，鼓皮上的漆痕如同堆积的一圈圈环状痕纹。

5. 鼓大而短，则其声疾而短闻；鼓小而长，则其声舒而远闻[1]。

【注释】

①"鼓大而短"四句：疾，急速。短闻，短促，传播不远。舒，舒缓。

远闻，声音传播远。按，鼓的发声机制是：鼓的两端是周边固定的圆形薄膜，中间是柱形空气共振腔。一段皮面受击打后，经过空气柱的耦合，两端皮面交替振动，不断发声。空气柱愈长，耦合愈松；空气柱愈短，耦合愈紧。大而短的鼓，空气柱较短，耦合较紧，阻尼大，损耗多，故鼓面振动的衰减较快；鼓愈短，鼓内声波每秒往复反射次数愈多，声频愈高而急促，声波的频率愈高，在空气中传播时愈易被吸收，衰减也较快。因此，一定范围内会则出现"鼓大而短，则其声疾而短闻"现象。反之，会出现"鼓小而长，则其声舒而远闻"现象。（闻人军《〈考工记〉中声学知识的数理诠释》，《杭州大学学报（自然科学版）》1982年第4期）

【译文】

如果鼓面宽大而鼓身短小，发出的声音就高昂而急促，传播不远；如果鼓面小而鼓身狭长，发出的声音就低沉而舒缓，传播较远。

一二　韦氏（阙）

【注释】

①按，原文已阙。"韦"，由生皮加工成的柔软熟皮（皮革），可制衣服、靺鞨。韦氏是五种治皮工匠之一，负责制造鞣熟的韦革。

一四　裘氏（阙）

【注释】

①按，原文已阙。《说文·裘部》曰："裘，皮衣也，从衣求声。"按，古代的裘，毛在外表，皮在里面。裘氏是五种治皮工匠之一，可能负责制造毛绒外翻的裘皮服装。

一五　画缋

1. 画缋之事，杂五色[1]。东方谓之青，南方谓之赤，西方谓之白，北方谓之黑，天谓之玄，地谓之黄②。青与白相次也，赤与黑相次也，玄与黄相次也③。青与赤谓之文，赤与白谓之章，白与黑谓之黼，黑与青谓之黻，五采备谓之绣④。

【注释】

①“画缋之事”二句：画缋，负责设色、施彩、绘画、刺绣的工匠。缋（huì），古同“绘”，将各种颜色按一定要求搭配起来。《说文》：“绘，会五采绣也。”《小尔雅·广训》：“杂彩曰绘。”杂，纷陈。五色，即下文东南西北天地六种方色：青、赤、白、黑、黄。天色玄，北方色黑，据贾《疏》，“天玄与北方黑，二者大同小异”，微异而同属一色，故云五色。按，依据《考工记》开篇三十工的分工，画缋应为五个设色之工中的两个工种。疑此处有脱文、错简。此节涉及早期五行观念，反映了阴阳五行学说与科学技术、工艺美术的相互影响、渗透。

②“东方谓之青”六句：郑《注》曰：“此言画缋六色所象。”玄，深青黑色。

③“青与白相次也”三句：此三句说绘画布色的次序。次，次序，呼应。郑《注》曰：“此言……布采之第次。”此处布采，即着色，画色彩；第次，即次第，顺序。

④“青与赤谓之文”五句：此五句是说下裳刺绣的色彩搭配次序。章，本义指纺织品的纹理，引申为花纹，纹章。此特指赤白相间的文彩。黼，古代礼服上绣或绘的黑白相间的斧形纹饰。黻，古代礼服上绣或绘的黑青相间的弓形纹饰。绣，经绘画而使五彩俱备。《说文》曰：“五采备也。”一说，刺绣。

【译文】

绘画的事，就是调配五色以形成种种图案。象征东方叫做青色，象征南方叫做赤色，象征西方叫做白色，象征北方叫做黑色，象征天叫做玄色，象征地叫做黄色。着色的次序是：青与白两种颜色顺次排列，赤与黑两种颜色顺次排列，玄与黄两种颜色顺次排列。刺绣用色的次序是：青色与赤色相搭配叫做文，赤色与白色相搭配叫做章，白色与黑色相搭配叫做黼，黑色与青色相搭配叫做黻，五种颜色齐备叫做绣。

2. 土以黄，其象方①。天时变②。火以圜③，山以章④，水以龙⑤，鸟、兽、蛇⑥。杂四时五色之位以章之⑦，谓之巧。凡画缋之事，后素功⑧。

【注释】

①“土以黄”二句：象，外形，形象。方，正方。

②天时变：画天的色彩随季节变化。郑司农曰：“谓画天随四时色。”按，即春天画天用青色，夏天画天用赤色，秋天画天同白色，冬天画天用黑色。《尔雅·释天》曰：“春为青阳，夏为朱明，秋为白藏，冬为玄英。”即所谓四时之色。

③火以圜：大火星画成半环形。一说，火指燃烧之火。圜，圆形。郑《注》曰：“形如半环然，在裳（谓画火于裳）。”按，出土文物中有“火以圜”画法的实例。如湖北随县曾侯乙墓出土的绘有二十八宿星象的漆箱盖上，有一个E形图案，当为大火星的象征（庞朴《“火历”三探》，《文史哲》1984年第1期）。

④山以章：章，同“獐”，兽名。郑《注》曰：“章，读为‘獐’，獐，山物（兽）也。在衣。”一说，孙诒让曰：“此‘章’即上文‘赤与白谓之章’……画山者，其色以赤白，以示别异也。”即画山用青白相间之色。姑从郑氏说。按，将“章”、“獐”联系起来，有出土文献实物依据。闻人军认为，獐为山物（野兽），它的犬齿状似山峰，故画山可以獐牙作为象征，这或者当是“山以章（獐）”的真正含义。此点可从考古文物中找到根据。如20世纪60年代在山东莒县

陵阳河大汶口文化遗址出土的陶尊上有类似的象形纹样，诸城前寨遗址出土的同样纹饰上还涂有红色（山东省文管处、济南市博物馆《大汶口》，文物出版社 1974 年，第 117、118 页）。新石器时期山东大汶口文化的居民有一种獐崇拜现象，其对獐牙尤其感兴趣。“在一些早、中期的墓葬中死者指骨近处发现獐牙或一种有骨柄和从两侧嵌入獐牙的被称为獐牙勾形器的物件。……死者手持獐牙的习俗一直延续到晚期。”（中国社会科学院考古研究所编《新中国的考古发现和研究》，文物出版社，1984 年，第 94 页）对圆日、獐牙（山峰形）等笔画图案的组合符号的含义，有多种解释：或以为此类表号纹样，正是《考工记》“火以圜，山以章”的渊源（《考工记译注》，第 70 页）；或释为太阳、云气和山峰，意即“旦”字（于省吾《关于古文字研究的若干问题》，《文物》1973 年第 2 期）；或释为太阳、火和山，即“炅”字，亦即“热”字。（唐兰《从大汶口文化的陶器文字看我国最早文化的年代》，《光明日报》1977 年 7 月 14 日）；或释为日、月和火（大火星），意为“三辰”（庞朴《“火历”三探》）；或释为“男女性结合的象征”，下、中部的符号是“象征男根的山纹与变形的突出阴蒂的女阴组合在一起”（赵国华《生殖崇拜文化略论》，《中国社会科学》1988 年第 1 期）

⑤水以龙：郑《注》曰：“在衣。”按，龙的起源，众说纷纭。或以为是原始宗教、巫术、天文学及原始气功内景感受的产物；或以为龙的原型是蛇、鳄、蟒、猪等动物；或以为龙的原型是虹，龙是原始社会人们因生产的需要而对星象观察的想象物（胡昌健《论中国龙神虎神的起源——兼论濮阳龙虎和墓主人》，《中国文物报》1988 年 6 月 24 日）

⑥鸟、兽、蛇：郑《注》曰：“所谓华虫也。在衣。”

⑦杂四时五色之位以章之：此谓须按照四时五色的位置灵活调配，以使色彩、图案鲜明。杂，交杂，混杂。章，郑《注》曰：“明也。”四

时五色，四时皆配其色，孙诒让据《礼记·月令》所记以为即象征四季的青、赤、白、黑，加上附于季夏（六月）的黄色，共五色。一说，“东方谓之青，南方谓之赤，西方谓之白，北方谓之黑，天谓之玄（黑），地谓之黄”，亦是五色。位，此谓着色的部位。

⑧后素功：最后再着白色。素，白色，因其易被其他颜色污染，故最后着白色。郑《注》曰：“素，白采也。后布之，为其易渍污也。”刘道广说：“在描画了形象之后，必须用白色修整轮廓，才能使形象清晰明确。……最后用白色再修整轮廓，才算完成。”（《“绘事后素”的审美意义》，《学术月刊》，1985年第6期）一说，朱熹等释“后素”为“后于素”，“谓先以粉地为质，而后施五采。”功，当作“功作”，即工作。按，《论语·八佾》亦论及“绘事后素”：“子夏问曰：‘巧笑倩兮，美目盼兮，素以为绚兮，何谓也？’子曰：‘绘事后素。’曰：‘礼后乎？’子曰：‘启予者商也，始可与言《诗》已矣。’”对此，学者观点不一，或肯定朱熹之“本质之素”说，或肯定“粉白之素。”（高尚榘《论语歧解辑录》，中华书局，2011年，第98—100页）张言梦说：“古人用几乎同样的措辞，描述了绘事中两种完全相反的工序，导致歧义，引发争论，也在所难免。画前打素底，与敷彩已毕最后填涂白色，都是可行的，主要是看用在什么场合。”（张言梦《汉至清代〈考工记〉研究和注释史述论稿》，南京师范大学，2005年博士论文）

【译文】

画土地就用黄色，它的形象画成四方形象征地方。画天要随着四季时令变化选用不同颜色。画大火星就用圆弧形作为象征，画山就用獐的犬齿作为象征，画水就用龙作为象征，还有画鸟、兽、蛇等等。能恰当调配象征四季的五色的着色部位以使画面色彩鲜明，就叫做技巧巧妙。凡是画缋的事情，必须先上彩色，最后才画白色，以衬托画面，使形象清晰。

一六　钟氏

1. 钟氏染羽[1]，以朱湛丹秫三月[2]，而炽之[3]，淳而渍之[4]。

【注释】

①钟氏染羽：钟氏，负责为羽、丝、帛、布染色的工匠。羽，鸟的羽毛，据郑《注》，主要用于装饰旌旗、盔帽和王后的车子。

②以朱湛丹秫：朱，即朱砂，又称丹砂、辰砂，可以染赤。一说，赵匡华等认为，“朱”即朱草，是一种用以染红的茜草类植物；“丹秫”即旦粟，是丹砂的别名（赵匡华、周嘉华《中国科学技术史·化学卷》，科学出版社，1998年，第628页）。湛，通“渐”，浸泡。郑司农曰：“渍也。”秫，即丹秫，有黏性的红高粱。《说文·禾部》：“稷之黏者。”郑司农说是“赤粟”。程瑶田曰：“北方谓之高粱，或谓之红粱。”李时珍《本草纲目·谷部》曰：“秫，即粱米、粟米之黏者。”按，朱砂化学成分为硫化汞，朱红色，是炼汞的最主要原料，也可制颜料。青海乐都柳湾原始社会墓地男尸下撒有朱砂，表明我国在新石器时代中晚期已经发现和开始利用朱砂（青海省文物管理处考古队、北京大学历史系考古专业《青海乐都柳湾原始社会墓葬第一次发掘的初步收获》，《文物》1976年第1期）。采用朱砂染色的织物，在近期楚墓发掘中多有发现（后德俊《楚文物与〈考工记〉的对照研究》，《中国科技史料》1996年第1期）。关于钟氏“以朱湛丹秫”的涵义，争议较多，主要有两说：一说，陈维稷等以为，是用矿物颜料直接涂于被染物品上进行染色的“石染法”（陈维稷主编《中国纺织科学技术史（古代部分）》，科学出版社，1984年版，第84页）；另一说，朱冰认为，整个染羽过程是以朱草为染体、丹砂为间接媒染剂浸染

的“草染法”，刘明玉赞同朱冰说（刘明玉《〈考工记〉服饰染色工艺研究——试论“钟氏染羽”》，《武汉理工大学学报（社会科学版）》2007年第1期）。

③炽：通“饎”。用火炊炽，蒸煮。饎，《方言》卷七作“糒”，曰：“自河以北，赵魏之间，火熟曰烂，气熟曰糒。”

④淳而渍之：淳，淋，浇灌。渍，浸染。郑《注》曰：“淳，沃也。以炊下汤沃其炽，烝（蒸）之以渍羽。渍，犹染也。”孙诒让曰：“郑意盖谓炊者，以箅隔水炊之，水气上蒸而下于汤，炊毕，遂以所炊之汤，复沃所炊之朱秫，并蒸之使浓厚，乃可染也。”按，即用蒸丹秫的水，浇在丹秫上，然后再蒸，这样水就变少而颜色变浓，就可用以染羽了。此节丹秫的淀粉经过蒸煮，转化为浆糊，充当了增加颜料、纤维之间亲和力的粘合剂。

【译文】

钟氏负责为羽毛染色，将朱砂和丹秫放一起用水浸泡三个月，而后放到笼上用火加热蒸煮，再用蒸丹秫的汤汁浇渍被蒸的丹秫并再蒸，而后就可以用浓度达到要求的蒸丹秫的浓液来染羽毛了。

2. 三入为纁①，五入为緅②，七入为缁③。

【注释】

①纁：浅红色。《说文·系部》：“浅绛也。”按，凡染黑色，先染纁色。

②緅（zōu）：深青透红的颜色（如今天广西、贵州瑶族的“亮布”色）。郑《注》曰：“如爵头色也。”按，“爵”通“雀”，雀头色，即一种微赤而黑的颜色。

③缁：黑色。按，此节的染色过程，是以茜草或紫草作红色染料，以明矾或矾石做媒染剂，交替媒染，随着媒染次数增加而颜色逐渐变深变黑的过程。可看作后世“植物染料铁盐媒染法”的滥觞。

【译文】

羽毛三次放入染汁中浸染就成为纁色，五次放入染汁中浸染就成为缁色，七次放入染汁中浸染就成为入缁色。

一七　筐人[1](阙)

【注释】

①筐人：可能是加工丝枲布帛的印花工匠，为施色的五种工匠之一。原文阙，职事无考。按，1979年江苏贵溪仙岩的春秋战国崖墓中出土了双面印花苎麻织物，证实了春秋战国之际，我国已有印花生产工艺；出土的两块刮浆板，表明当时用于画绘、印花的颜料溶液中，已加入浆料作为增稠剂。(江西省历史博物馆、贵溪县文化馆《江西贵溪崖墓发掘简报》，《文物》1980年第11期)

一八　幎氏

1. 幎氏湅丝[1]，以涗水沤其丝七日[2]，去地尺暴之[3]，昼暴诸日，夜宿诸井[4]，七日七夜，是谓水湅[5]。

【注释】

①幎氏湅丝：幎氏，负责湅丝帛的工匠。《说文·巾部》："幎，设色之工，治丝湅者，……读若荒。"湅(liàn)，谓练丝，即漂染丝、麻等天然纤维之前，除去共生物及杂质的精练过程，能将生丝、帛煮制得软熟洁白。按，有灰湅、水湅二法。

②以涗水沤其丝七日：涗(shuì)水，混和有草木灰汁的温水。郑《注》"故书'涗'作'湄'。"郑司农曰："湄水，温水也。"沤，长时间浸渍。按，涗水含有氢氧化钾(KOH)，呈碱性，有助于丝胶在其中水解、溶解。灰水练丝即进行丝帛脱胶精练。

③去地尺暴之：去地尺，高于地面一尺。暴，在日光下晒。按，此为利用日光脱胶的漂白工艺。丝放置在高于地面一尺处，因此高度附近湿度较适于日光脱胶漂白。

④宿诸井：郑《注》曰："县(悬)井中。"孙诒让曰："县而渐之于水，经宿也。"

⑤水湅：按，水练时日光曝晒与水浸脱胶交替进行，每夜将丝悬挂在井水中央，丝能充分与水接触，有利于白天光化分解的产物溶解到井水中去，洗练效果非常均匀。井水中可能滋生能分泌蛋白分解酶的微生物，亦有助于练丝效果。"七日七夜"，则是当时生产实践中总结出来的合理经验数据。此节应是我国练丝工艺的最早记载。

【译文】

幌氏湅丝时，先把丝放在混有草木灰汁的温水中浸泡七天，然后在离地面一尺悬挂起来，在阳光下曝晒，这叫做灰湅，每日白天将丝在阳光下曝晒，夜晚将丝悬浸在井水中过夜，这样经过七天七夜，就叫做水湅。

2. 湅帛，以栏为灰①，渥淳其帛②，实诸泽器③，淫之以蜃④。清其灰而盝之，而挥之⑤，而沃之，而盝之，而涂之，而宿之，明日沃而盝之⑥，昼暴诸日，夜宿诸井，七日七夜，是谓水湅⑦。

【注释】

①栏(liàn)：即"楝"，楝树，亦称苦楝。李时珍《本草纲目》卷三十五引罗愿《尔雅翼》曰："楝叶可以练物，故谓之楝。"灰，指楝叶灰。按，楝叶灰水是钾溶液，呈碱性，渗透性好，故楝叶是传统的练丝

原料。

②渥淳其帛：渥淳，即浸透、浇透。戴震曰："渥淳者，以栏木之灰，取沉(汁)厚沃之也。"渥，久渍。《诗经·邶风·简兮》《毛传》曰："厚渍也。"淳，淋，浇灌，《说文·水部》："渌也。"按，丝胶在楝叶灰碱性浓液中溶解度较大，将帛浇透浸透，可使得丝胶充分膨润、溶解。

③实诸泽器：泽器，内壁光滑的容器。郑司农曰："谓滑泽之器。"按，"实诸泽器"至"明日沃而盝之"九句，即"灰涑"过程。蚌壳灰水是钙盐溶液，呈碱性，这一工艺过程是在丝胶充分膨润、溶解后，使用大量较稀的碱液将丝胶洗下来。因为丝胶膨化，会妨碍碱液进一步渗透，故帛的精练比丝更难达到均匀，容易出现丝胶洗练不均的问题。经文此节提出反复浸泡、脱水、振动，有助于织物比较均匀地与碱液接触；要求容器内壁光滑，以避免擦伤丝绸。这些措施都保证了精练质量。

④涇之以蜃：涂上一层蜃灰。涇，浸涇，浸渍。郑《注》曰："薄粉之，令帛白。"薄粉，即以粉附着，涂粉。蜃，蛤，蚌壳。蛤火烧成炭，捣而成灰，可涂布帛使白。

⑤"清其灰而盝之"二句：盝(lù)，滤去水分，犹言拧干。《尔雅·释诂》曰："涸竭也。"挥，振动，谓振去帛上的细灰。戴震曰："每日之朝，置水于泽器中，以澄蜃灰，乃取帛出，盝之，挥之。"

⑥明日沃而盝之：沃，浇水。郑《注》曰："朝更沃，至夕盝之。又更沃，至旦盝(漉)之。亦七日，如沤丝也。"

⑦水涑：按，水练帛亦是日光曝晒与水浸脱胶交替进行。将丝帛挂在溶液中进行精练，称为"挂练法"。有时可将灰练、水练两种工艺结合使用，则水练就兼具精练与精练后水洗的双重作用。"昼暴诸日，夜宿诸井"则成为碱练丝、酶练丝、日光脱胶的综合过程(陈维稷主编《中国纺织科学技术史(古代部分)》，科学出版社，

1984年，第71、72页）。

【译文】

涑帛时，用楝树叶烧灰和水搅拌成楝叶灰汁，将帛浇透、浸透，盛放进光滑的容器中，再将一层蚌壳灰涂在帛上。早晨在清水中清洗帛上的蚌壳灰而滤去水分晾干，振落细灰，再厚浇楝灰水，再清洗、滤去水分晾干，然后再涂上一层蚌壳灰，这样放在光滑的容器中过夜；第二天再用灰汁浇灌，夜晚，再清洗滤去水分晾干。这样一连经过七天七夜，叫做灰涑。白天在阳光下曝晒，晚上悬浸在井水中过夜，这样一连经过七天七夜，叫做水涑。

一九　玉人

1. 玉人之事①：镇圭尺有二寸，天子守之②；命圭九寸，谓之桓圭③，公守之；命圭七寸，谓之信圭④，侯守之；命圭七寸，谓之躬圭⑤，伯守之⑥。

【注释】

①玉人：以玉制作圭璧等礼器的工匠。

②“镇圭尺有二寸”两句：镇圭，古代朝聘所用的信物，天子所执守。圭，玉器名，扁平长条形，下端平直，上端呈等腰三角形。参见《春官·大宗伯》第10节注。守，执守，执掌。

③“命圭九寸”二句：命圭，天子在册命礼仪中授给诸侯、大臣的玉圭。象征被册命者的身份地位，也是被册命者的符信（孙庆伟《出土资料所见的西周礼仪用玉》，《南方文物》2007年第1期）。孙诒让曰：“谓诸侯初封及嗣位来朝时，王命以爵，即赐以圭。”按，命圭按等级不同分为桓圭、信圭、躬圭等种类。桓圭，公的瑞玉。

④信圭：侯的瑞玉。

⑤躬圭：伯的瑞玉。

⑥伯守之：按，伯之下未言子、男，文不具也。郑《注》曰："子守谷璧，男守蒲璧，不言之者，阙耳。"

【译文】

玉人雕琢玉器的事：镇圭长一尺二寸，由天子执守；命圭长九寸，叫做桓圭，由公执守；命圭长七寸，叫做信圭，由侯执守；命圭长七寸，叫做躬圭，由伯执守。

2. 天子执冒①，四寸，以朝诸侯。天子用全②，上公用龙，侯用瓒，伯用将③。继子男执皮帛④。

【注释】

①冒：通"瑁"，天子所执用以冒合诸侯之圭的玉器，用以核对其下端（刻有三角形缺口）与圭之上端是否符合，长四寸。郑《注》曰："名玉曰冒者，言德能覆盖天下也。"《说文·玉部》曰："瑁，诸侯执圭朝天子，天子执玉以冒之。"

②天子用全：及以下三句，讲玉饰的用玉规格。全，纯色的玉，无杂质。郑《注》曰："纯玉也。"

③"上公用龙"三句：龙，及瓒、将，郑《注》曰："皆杂名也。"即皆为杂有石而不纯之玉名。龙，通"尨"，杂色的玉石。《说文·玉部》曰："瓒，三玉二石也。礼：天子用全，纯玉也；上公用駹，四玉一石；侯用瓒；伯用埒，玉石半相埒也。"四玉一石，此指玉的成分，五分之四是玉，五分之一是石。瓒，据《说文》，玉在瓒中占五分之三，是比尨低一档的杂色玉石。将，当作"埒"。埒，相等，相同。此谓玉、石比例相同的玉。

④继子男执皮帛：继子男，郑《注》曰："谓公之孤也。见礼次子男，

贽用束帛，而以豹皮表之为饰。”《秋官·大行人》曰：“凡大国之孤，执皮帛以继小国之君。”继，相继，接着。按，上公九命，得置孤卿一人，四命，朝天子位在小国之君（子男）之后，故称“继子男”。皮帛，是孤见天子所拿的挚（礼物）（参见《春官·大宗伯》第11节注）。“继子男执皮帛”六字盖错简于此，其前疑有脱文。孙诒让曰：“以《大宗伯》、《典命》两经证之，疑此文当次前三等命圭之后（即当续于第1节之后），因上阙子男执璧之文，而误移于此。经备记五等瑞玉，因及孤之挚耳。”《大宗伯》曰：“孤执皮帛。”《典命》曰：“则以皮帛继子男。”孙说是。

【译文】

天子所执的瑁，长四寸见方，用以接见来朝觐的诸侯以核对命圭。玉饰的用玉规格是：天子使用纯玉，上公使用石占四分之一的龙，侯使用石占五分之二的瓒，伯使用石占一半的埒。……朝见天子时，上公的孤位次排在子、男之后，拿着豹皮裹饰的束帛作为见面礼。

3. 天子圭中必①。四圭尺有二寸，以祀天②。大圭长三尺，杼上，终葵首③，天子服之④。土圭尺有五寸，以致日，以土地⑤。祼圭尺有二寸，有瓒⑥，以祀庙。琬圭九寸而缫，以象德⑦。琰圭九寸，判规⑧，以除慝，以易行⑨。

【注释】

①中必：必，假借作“縪”（bì），组也，即丝带，此指系圭的丝带，因系于圭的中央当腰处，故称中必。郑《注》曰：“谓以组约其中央，为执之以备失队（坠）。”

②“四圭尺有二寸”二句：各长尺二寸的四个圭，底部相对，中间隔以一璧，作为祀天之器（那志良《周礼考工记玉人新注》，台湾《大

陆杂志》第29卷第1期,1964年7月)。四圭,玉器名,即《春官·典瑞》所谓"四圭有邸"(参见彼处第3节注)。戴震曰:"一邸而四圭,邸为璧,在中央,圭各长一尺二寸,在四面。"邸,根本,此指位于中央的璧。

③"大圭长三尺"三句:大圭,亦名珽,是天子插于腰间的玉笏。这是一种特大的圭,长三尺,宽三寸。形如一圭的上端又横一长方形的短玉,作为圭首,略似椎头形(参见《典瑞》第2节注)。杼(zhù),杀,削减,削薄。郑《注》曰:"杼,綮(shā)也。"谓此大圭的上端与圭首相接处的两边宽度各向里削减,故曰杼上。终葵首,即首如椎头。郑《注》曰:"终葵,椎也。为椎于其杼上,明无所屈也。"齐地方言,称椎为终葵。

④天子服之:即《典瑞》所谓"王晋大圭",彼处郑司农《注》曰:"谓插于绅带之间。"服,佩用。

⑤"土圭"三句:土圭,玉名,是与表(高八尺)配合以测量地面表影之长的标准玉板,长一尺五寸,宽、厚及顶端与桓圭同。尺有五寸,按,《地官·大司徒》:"日至之景(影),尺有五寸,谓之地中。"意谓夏至正午影长一尺五寸的地方就是大地的中心。《玉人》此处长一尺五寸的土圭,正是测量地中的标准器。致日,测量日影。土地,测量土地。土,通"度",度量,测量。参见《地官·大司徒》第7节注、《春官·典瑞》第4节注。按,英国科学史家李约瑟说:"采用土圭制度目的,在于克服原始度量衡制的混乱……在某种意义上说,它似乎就是现代铂制米原器之类量具的先声。"(李约瑟《中国科学技术史》中译本第四卷第一分册,科学出版社,1975年,第266页)

⑥"祼圭"二句:祼圭,是指用做瓒柄的圭,而以圭为柄的勺即名圭瓒,用于宗庙祭祀时舀取郁鬯以行祼礼。瓒,即古代祼祭时舀取郁鬯的玉勺。以圭为柄称圭瓒,以璋为柄称璋瓒,统称"玉瓒"。

郑《注》曰："瓒如盘，其柄用圭，有流前注。"瓒的前端有一便于倒出郁鬯的前突的小口，叫流。按，近年震旦博物馆入藏两件战国玉瓒，证明先秦时期确实有玉瓒存在（孙庆伟《周代祼礼的新证据——介绍震旦艺术博物馆新藏的两件战国玉瓒》，《文物》2005年第1期）。

⑦"琬圭"二句：琬圭，是一端或两端浑圆无棱角的圭，用于天子使臣传达王命以赏赐有德诸侯时所持，故曰"以象德"。郑《注》曰："诸侯有德，王命赐之，使者执琬圭以致命焉。"其可能得名于《尚书·顾命》"弘璧琬琰"（夏鼐《商代玉器的分类、定名和用途》，《考古》1983年第5期）。缫，即缫藉，与玉大小相称的垫板，其外面画饰有色彩（参见《春官·典瑞》第2节注）。

⑧"琰圭"二句：琰（yǎn）圭，一种顶端三角形而两边向内凹作弧形的玉，长九寸，用于讨伐有恶行的诸侯时所执。判规，即谓顶端两边凹作弧形。判，半也。规之判，即为弧形。此外有异说：孙诒让释"规"为"瑑饰"即雕刻的凸纹；吴大澂《古玉图考》认为"其制上半作半月形"，那志良赞同吴说（《周礼考工记玉人图释》，那志良《古玉论文集》，台北"国立"故宫博物院，1983年出版）；或以为"盖言琰圭剡下，使圭首判离而成两脚规状也。"（蒋大沂《古玉兵杂考》，《中国文化研究汇刊》第2卷，1942年）

⑨"以除慝"二句：慝，邪恶，过失。郑《注》曰："诸侯有为不义，使者征之，执以为瑞节也。除慝，诛恶逆也。易行，去烦苛。"易，改变，变易。

【译文】

天子所执的圭中部要系上丝带。四圭的每一圭长一尺一寸，用以祭祀天。大圭长三尺，上端两侧向里宽度逐渐削减，而首部呈方椎形，天子插在腰间。土圭长一尺五寸，用以测量日影，计算夏至日期，度量土地。祼圭长一尺二寸，其前端有酌酒的勺，用以祭祀宗庙。琬圭长九寸而有彩色的垫板，使者执持以传达王命，赏赐给诸侯用以象征有德行。琰圭长九寸，其顶端尖角两侧向内凹作半规的弧形，下端刻有凸起的纹饰，用以作为奉王命诛逆除恶的凭证，以改易诸侯酷虐的恶行。

4. 璧羡度尺，好三寸，以为度①。圭璧五寸②，以祀日、月、星、辰③。璧、琮九寸④，诸侯以享天子⑤。谷圭七寸，天子以聘女⑥。

【注释】

①“璧羡度尺”三句：璧羡，指璧的外径。璧，平圆形中央有圆孔的玉器，是贵族朝聘、祭祀、丧葬用的礼器，亦为装饰品。羡，长。郑司农曰：“羡，径也。”璧的直径长一尺，可用作一尺的标准。好，璧中央的圆孔。度，标准。

②圭璧：一种特殊的玉器，形如从璧上伸出一圭，古代诸侯祭祀、朝会时用作符信（参见《春官·典瑞》第3节注）。一说，夏鼐以为当指圭、璧两物（夏鼐《商代玉器的分类、定名和用途》，《考古》1983年第5期）。

③星、辰：参见《春官·大宗伯》第2节注。

④璧、琮九寸，诸侯以享天子：琮，中为圆筒、外周四方的玉器。参见《春官·大宗伯》第12节注。九寸，是指璧的直径和琮外方之边长。诸侯，据孙诒让说，此处指上公。按，早期玉琮多刻有纹饰，殷商以后，多不刻纹饰。关于玉琮的涵义，异说纷纭：张光直以为琮兼具天（圆）地（方）特征，“是天地贯通的象征，也便是贯通天地的一项手段或法器。”（张光直《谈“琮”及其在中国古史上的意义》，《文物与考古论集》，文物出版社，1986年，第254页）；林巳奈夫以为琮是玉做的“主”，是宗庙中祭祀时请神明祖先的灵降临凭依之物；邓淑蘋以为琮在典礼中套于圆形木柱的上端，

用作神祇或祖先的象征；邓氏后又提出圆璧应平放在直立的方琮之上端，璧象征天圆，琮象征地方（邓淑蘋《由“绝地天通”到“沟通天地”》，《故宫文物》第六卷第七期，1988年10月）。

⑤诸侯以享天子：享，进献，供献。

⑥“谷圭”二句：谷圭，一种刻饰有谷状纹饰的圭，长七寸，用于讲和或聘女所执（参见《春官·典瑞》第4节注）。谷，善。聘女，参见《地官·媒氏》第2节注。

【译文】

璧的直径长为一尺，中央的圆孔直径三寸，用作一尺的长度标准。璧上伸出一圭的圭璧直径五寸，用以祭祀日、月、星、辰。璧的直径九寸，琮的边长九寸，是诸侯朝见时用以供献天子的。谷圭长七寸，天子用以向将迎娶的女方行聘礼。

5. 大璋、中璋九寸①，边璋七寸②，射四寸③，厚寸，黄金勺④，青金外⑤，朱中⑥，鼻寸⑦，衡四寸⑧，有缫⑨。天子以巡守，宗祝以前马⑩。大璋亦如之，诸侯以聘女⑪。

【注释】

①大璋、中璋：璋，半圭为璋。圭头两边削角，璋则一边削角。按，大、中璋之别，据郑《注》，主要在纹饰：大璋纹饰较繁，中璋纹饰较简；大璋用于王巡守时祭祀所经过的大山川，中璋则用于祭祀中山川。闻人军则认为，凡是条形片状其首不符合圭之形制者，均可归入璋类。

②边璋：璋中最小者，据郑《注》，只有“半文饰”（仅一面有纹饰），王巡守时用于祭祀所经过的小山川。

③射：即指边璋前端锐出的尖角部分。郑《注》曰：“琰出者也。”孙诒让曰：“琰与剡同。”剡，削尖，锐利。唐忠海等认为：“璋的‘射’

分两种情况：有歧首的‘璋’的‘射’指‘璋’之长尖顶至叉口处（歧）的区间，无歧首的‘璋’则指璋端斜出之角。”（唐忠海、王少华《“射”之名实考》，《汉语史研究集刊》第八辑，巴蜀书社，2005年12月）

④黄金勺：黄金，黄铜。勺，即瓒，以璋为柄，则为璋瓒。

⑤青金：铅。《说文》曰：“铅，青金也。”一说，将绿松石饰于金属勺外。

⑥朱中：内髹红漆。

⑦鼻：勺前端锐出以倾倒液体的部分，又称流。郑《注》曰：“勺流也。”据孙诒让说，此流与祼圭不同，祼圭之流在前端（参见第3节注），此流则在勺之旁。

⑧衡：瓒勺体部分的直径。郑《注》曰：“谓勺径。”

⑨缫：垫板。参见本篇第3节注。

⑩“天子以巡守”二句：天子以巡守，天子巡守途中要祭祀山川，而祭祀从行祼礼开始，故须用三璋舀香酒灌地降神。宗祝，据孙诒让说，此指大祝，掌祈祷之官。前马，祭祀山川用马，杀马之前，先执瓒酌酒浇地，即行祼祭礼。马，用作牺牲的马，此谓黄驹。《夏官·校人》：“凡将事于山川，则饰黄驹。”郑《注》曰：“其祈沈以马，宗祝亦执勺以先之。”祈沈以马，谓用马祭山川。孙诒让说，祈通“庋”。庋，藏也，引申为埋，故祈沈即《春官·大宗伯》所谓“貍沈”，谓埋牲于山或沈牲于水以祭祀山川。执勺以先，即谓在杀马埋沈前先用璋瓒舀郁鬯以行祼祭礼。

⑪“大璋亦如之”二句：前人多以为此二句应置于上节“谷圭七寸，天子以聘女”之末。如江永曰：“当承‘谷圭七寸，天子以聘女’之下。天子用谷圭七寸，谦也；诸侯用大璋七寸，谓上公七寸，亦谦也。”译文姑仍其旧。按，圭是最贵重的符信，故多为对地位尊贵者或地位尊贵者本身所执用。使用璋的身份较低，或对身份较

低者所用(张光裕《金文中册命之典》,《香港中文大学中国文化研究所学报》第十卷下册,1979年)。“谷圭七寸,天子以聘女”、“大璋亦如之,诸侯以聘女”,则用大璋。此四句当编连,江永说可信。译文姑仍其旧。

【译文】

大璋、中璋长九寸,边璋长七寸,其上端(削尖锐出的)射长四寸,厚一寸,璋瓒的前端安有黄铜勺,勺外涂有铅,勺内髹以朱红漆,勺前端的瓒鼻长一寸,勺体部分直径四寸,有垫板。天子用以巡守天下时祭祀所经过的山川,由大祝在杀马祭祀山川之前先使用璋瓒来行祼祭礼。诸侯的长七寸的大璋也如同天子的谷圭一样,用以向要迎娶的女方行聘礼。

6. 瑑圭、璋八寸①,璧琮八寸,以覜聘②。牙璋、中璋七寸③,射二寸④,厚寸,以起军旅,以治兵守。驵琮五寸,宗后以为权⑤。大琮十有二寸,射四寸,厚寸⑥,是谓内镇,宗后守之⑦。驵琮七寸,鼻寸有半寸⑧,天子以为权。两圭五寸有邸⑨,以祀地,以旅四望⑩。瑑琮八寸⑪,诸侯以享夫人。案十有二寸⑫,枣、栗,十有二列⑬,诸侯纯九⑭,大夫纯五,夫人以劳诸侯⑮。璋邸射,素功⑯,以祀山川,以致稍饩⑰。

【注释】

①瑑圭、璋八寸:瑑(zhuàn),此谓玉器上雕刻的隆起纹饰。郑《注》曰:“文饰也。”瑑圭,即刻有隆起纹饰的圭。瑑璋、瑑璧、瑑琮,可类推。

②覜聘:皆为聘问。众多诸侯的大夫定期来聘,叫覜,天子不定期有事而特地前来,叫聘。郑《注》曰:“覜,视也。聘,问也。众来曰覜,特来曰聘。”详《春官·大宗伯》第6节注。《左传·昭公五

年》曰:“朝聘有圭,享觐有璋。”

③牙璋、中璋:牙璋,古代用作发兵符信的璋,其顶端锐出部分(即射)的斜边琢成钼牙(锯齿)状。郑《注》曰:“二璋皆有钼牙之饰于琰侧。先言牙璋,有文饰也。”一说,那志良以为,中璋在此可能是衍文。二璋的长度都是七寸,同于边璋,其区别在于牙璋有纹饰,中璋则无。沈括《梦溪笔谈》卷三曰:“牙璋,判合之器也。当于合处为牙,如今之合契。牙璋,牡契也。以起军旅,则其牝宜在军中,即虎符之法也。”按,论者或以为,牙璋与三代墓葬中发现的“玉柄形器”有关,是由大汶口文化的“獐牙勾形器”演化而来的(王永波《牙璋新解》,《考古与文物》1988年第1期)。

④射二寸:短于边璋之射一半(参见上节)。

⑤“驵琮五寸”二句:驵琮,系有丝带(即组)的琮,是用作砝码的玉器。驵,通“组”,丝带。郑《注》曰:“驵,读为‘组’。以组系之,因名焉。”一说,驵琮是扁矮而刻有纹饰的琮。宗后,王后。林希逸曰:“尊后也,即王后也。”权,此指天平的砝码,后世演变为秤锤。郑司农曰:“以为称锤。”按,凡琮皆有鼻,可以组穿系,此处未言鼻,省文也。

⑥“大琮十有二寸”三句:大琮,贾《疏》曰:“对上驵琮五寸为大也。”十有二寸,琮直径八寸,两旁各增射二寸,即十有二寸。按,各地出土之玉琮数量甚多,均为内圆外方之形,此所谓射,盖指圆外方形突出之四角。射四寸,盖指角的顶端与中间圆筒的距离。此琮边长十二寸,根据毕氏定理可以算得其对角线为16.9706寸,除去两角之长8寸,则此琮内的圆筒直径为8.9706寸。厚寸,当指圆筒周周四方形的厚度。今出土所见玉琮,当中的圆筒皆高出于四周,有的圆筒的高度还远大于边长(参见钱玄《三礼通论》,第254页)。

⑦“是谓内镇”二句:内镇,按,天子治外政,有镇圭;王后治内政,有

大琮。大琮相当于天子的镇圭，平时由王后执守，故称内镇。郑《注》曰："如王之镇圭也。"

⑧鼻：是琮上系组之鼻纽，穿绳以便悬挂，系之以为权。

⑨两圭五寸有邸：即《春官·典瑞》"两圭有邸"。戴震曰："两圭盖琮为之邸，故文在此。"按，两圭以琮为邸，即从同一琮的相对两边各雕琢出一圭，各长二寸半。邸，通"底"，此指中央的琮。

⑩旅四望：旅，祭祀名。四望，四方。参见《春官·大宗伯》第16节注。

⑪瑑琮：雕饰有凸纹的玉琮。

⑫案：据郑《注》，谓玉饰的几案类食器，有足，用以盛放食物。《说文》曰："几属。"据戴震说，长方形，四边略高，四角有腿。按，1957年河南信阳出土了楚国漆案，高23厘米，长99厘米，宽43.2厘米。可参考。

⑬枣、栗，十有二列：据郑《注》，枣栗盛在簋中，簋放在案上，每案各有枣一簋、栗一簋，十二张玉案并排陈列，这是为夏、商二王的后裔所陈放之数。

⑭纯：皆，都。此指一双，一对。因两两并列陈放，故曰纯。郑《注》曰："犹皆也。"

⑮夫人：谓天子夫人。

⑯璋邸射，素功：璋邸射，一种玉名，即从琮的一边琢出一璋，璋以琮为其邸。邸，根底，此谓琮。郑《注》曰："邸射，剡而出也。"射，此谓琮的锐角。素功，无雕饰之花纹。郑司农曰："无瑑饰也。"

⑰以致稍饩：谓向宾客赠送粮草，执此器以致辞。稍，禀食，官府发配的粮食。饩，饔饩，熟食与生牲。

【译文】

刻有隆起纹饰的圭和璋长八寸，刻有隆起纹饰的璧的直径和琮的边长八寸，以上四玉是诸侯向王行覲礼、聘礼用的。牙璋、中璋长七寸，其上端锐出削尖的射长二寸，厚度都是一寸，用以调派军队，用以调动守卫的军队。驵琮边长五寸，鼻上系有丝带，王后用作秤锤。内宫的大琮边长十二寸，四角牙状的射各长四寸，厚一寸，这样的大琮叫做内镇，由王后执守。驵琮边长七寸，系丝带的琮鼻纽长一寸半，天子用作秤锤。长五寸而以中央的琮为本伸出的两圭，底部相向，用以祭祀地，并用以祭祀四方的名山大川。刻有隆起纹饰的琮的边长八寸，是诸侯相互朝聘时用以进献给所朝聘国君的夫人的。玉饰的案高一尺二寸，案上陈放着枣、栗，对于来朝的夏、商二王的后裔用十二张玉案排成列，对于来朝的诸侯都用九张玉案排成列，对于来朝的大夫都用五张玉案排成列，这是天子夫人用以慰劳诸侯等的规格。以琮为本而锐出一璋的璋邸射这种玉器，没有任何纹饰，用以祭祀山川，并用作给宾客赠送粮草时拿着它致辞的瑞玉。

二〇　椈人[1]（阙）

【注释】

①椈人：即栉人。负责琢磨的五种工匠之一。其原文已阙。椈，同“栉”，梳篦的总称。按，古代梳篦的原材料包括木、玉、骨、角、牙等，椈人就以此类材料琢磨制作成梳篦。

二一　雕人[1]（阙）

【注释】

①雕人：负责琢磨的五种工匠之一。盖以雕琢骨角等为业。其原文已阙。《经典释文》曰：“雕，本亦作彫。”《说文·彡部》曰：“彫，琢文也，从彡周声。”

二二 磬氏

1. 磬氏为磬[1]，倨句一矩有半[2]。其博为一[3]，股为二，鼓为三。参分其股博，去一以为鼓博；参分其鼓博，以其一为之厚。已上则摩其旁[4]，已下则摩其耑[5]。

【注释】

①磬氏为磬：磬氏，以制磬为业的工匠，琢磨的五个工种之一。磬，石质打击乐器，形状似矩。也有以玉、金属制作的。磬悬挂时，股部上翘，鼓部下垂(详下)。演奏时敲击鼓部。按，原始石磬系打制而成，我国至迟在龙山文化晚期(距今四千余年)已有原始石磬。商代的特磬往往经过琢磨，做工精美，并出现编磬。磬面光洁度对发声的灵敏度与鲜明性等有直接影响。湖北省复制曾侯乙墓编磬的专家认为，磬的琢磨工序不仅是美观的需要，而且可以改善音响效果(湖北省博物馆、中国科学院武汉物理研究所《战国曾侯乙编磬的复原及相关问题的研究》，《文物》1984年第5期)。

②倨句一矩有半：倨句，角度，此谓股与鼓之间的顶角。一矩即一个直角是90度，一矩有半即135度。按，磬以绳悬挂，在上者为股，是悬挂的倾斜部分，较阔而短，在下者为鼓，是用于敲击的垂直部分，较狭而长。股与鼓相交成135度的钝角，即倨句之度。考古发现与出土的东周编磬中，已发现许多磬的倨句在135度左右，且以齐文化区的较多。如1982—1983年间，山东临淄齐都镇韶院农民所上交的篆铭“乐堂”二字的黑石质磬，其倨句为135度。该磬出土于齐故城郭遗址中，可能是东周齐国乐府所用的乐器(张龙海《临淄韶院村出土铭文石磬》，《管子学刊》1988年

第3期)。

③其博为一:假设股宽是一。博,宽度,此谓股宽。此以股宽作为一个基准数,以便说明股、鼓的长宽比例。

④已上则摩其旁:已上,谓声音太清,即频率太高。已,太。郑《注》曰:"大(太)上,声清也。薄而广则浊。"摩其旁,将股与鼓的两边磨薄,相对就显得宽了。旁,谓磬的两面。按,磬制成后需要调音,才能符合设计的要求。磬的发音机制是弹性板的横振动。发生频率随着磬形厚度的增加而升高,随着面积的增加而降低。若频率偏高,则打磨两旁,使磬变薄,以降低频率。

⑤已下则摩其耑(duān):已下,此谓磬声浊粗,即频率太低。摩其耑,将股的上端与鼓的下端磨短。磨短后声音就可变清。郑《注》曰:"大下,声浊也。短而厚则清。"耑,同"端",指磬上下两端,即股之上、鼓之下。按,据磬的发声原理,若磬声频率过低,通过打磨端部,可减少振动面积,导致频率升高。考古发现的实物中,磬的股博、鼓博或弧边上亦有打磨的痕迹。可见磨旁与磨端的结合,确实可以调整磬的声高与发音效果。

【译文】

磬氏制作磬,磬的股、鼓弯曲的夹角度数为一矩半即一百三十五度。假设股的宽度作为基准数一,则股的长度为二,鼓的长度为三。将股的宽度三等分,去掉一等分,以剩下的二等分作为鼓的宽度;将鼓的宽度三等分,用其中一等分作为磬的厚度。磬制成后,如果发出的声音太清细,频率太高,就琢磨它的两旁使变得较薄以调音,如果发出的声音太浊粗,频率太低,就琢磨它的两端使变得较短以调音。

二三　矢人

1. 矢人为矢[①]。鍭矢参分,茀矢参分,一在前,二在后[②]。兵矢、田矢五分[③],二在前,三在后。杀矢七分[④],三在前，四在后。

【注释】

①矢人：以造箭为业的工匠。箭由镞头、杆、羽、括等部分组成。一是刃，即金属箭头，长二寸；二是笴，即木质的箭杆，一般的长度为三尺。

②“鍭矢参分”四句：鍭(hóu)矢，一种箭头较重、宜于近射、力锐中深、杀伤力强的矢。茀(bó)矢，郑《注》说，据《夏官·司弓矢》，当为杀矢。按，鍭矢、杀矢皆用于近射，其镞尤重，故重心依前(参见《司弓矢》第4节)。参分，一在前，二在后，即谓此二矢重心所在。

③兵矢、田矢：据郑《注》，兵矢，谓枉矢、絜矢，是两种可以结火而射的矢，用于守城、车战。田矢，用于打猎弋射的矢。郑《注》谓即矰矢，是一种系丝绳于箭末、用于田猎弋射飞鸟的矢(参见同上)。兵矢、田矢，镞皆稍轻，故箭杆重心稍后移。

④杀矢：一种箭头较重而尖锐、杀伤力强的矢，用途与鍭矢相类。按，郑《注》据《司弓矢》说，当为茀矢。按，茀矢也是一种可结绳而射的矢，其镞又稍轻，故箭杆重心又稍后移(参见同上)。

【译文】

矢人制作矢。把鍭矢的箭杆长度分为三等分，把杀矢的箭杆长度分为三等分，一等分在前，二等分在后，则前后重量相等。把兵矢、田矢的箭杆长度分为五等分，二等分在前，三等分在后，则前后重量相等。把茀矢的箭杆长度分为七等分，三等分在前，四等分在后，则前后重量相等。

2. 参分其长而杀其一[①]。五分其长而羽其一[②]，以其笴厚为之羽深[③]。水之以辨其阴阳[④]，夹其阴阳以设其比[⑤]，夹其比以设其羽。参分其羽以设其刃⑥，则虽有疾风，亦弗之能惮矣⑦。

【注释】

①参分其长而杀其一：长，谓箭杆的长度。杀，减杀，削减。郑《注》曰："矢稿长三尺，杀其前一尺，令趣镞也。"这是为了安镞而将前一尺由后向前逐渐削细。按，镞由刃、铤两部分构成：箭头叫刃，刃后插入矢杆的部分叫铤。只有把杆的前端削细，才能在安镞后得与其后的箭杆粗细相同。

②五分其长而羽其一：箭杆长三尺，其五分之一是六寸。即在箭杆末端的六寸处插羽毛。郑《注》曰："羽者六寸。"《释名·释兵》云："矢，其旁有羽，如鸟羽也。鸟须羽而飞，矢须羽而前也。"

③以其笴厚为之羽深：笴厚，箭杆的厚度。笴，箭杆。郑《注》曰："笴，读为'稿'，谓矢干，古文假借字。厚之数未闻。"羽深，箭羽进入箭杆的深度。

④水之以辨其阴阳：阴阳，箭杆的阴面和阳面。按，凡木皆有阴阳两面，竹材向日部分为阳，偏坚重；背日部分为阴，偏疏轻。浮于水，阴面在上，阳面在下。可据此把箭杆浮于水面以辨别阴阳。

⑤比：亦名括，是矢末末端扣弦处所刻的一道凹槽。庄存与曰："比，今人谓之扣，所以扣弦也。"

⑥参分其羽以设其刃：按，羽长六寸，三分之则为二寸，是镞刃为二寸。刃，箭镞，箭头。按，商代大量使用有脊双翼式青铜箭镞。战国时期，镞的形式种类繁多(包括双翼形、三棱形等，部分有倒刺)，铤部趋长。

⑦"则虽有疾风"二句：惮，掉，摇摆。按，风对箭行方向是一种干扰因素，箭羽大小适当、装置得法的箭，是一个简单的有负反馈的稳定控制系统。垂直的箭羽有横向稳定的作用：当箭飞速前进

时，如因侧风干扰，使得头部偏向左方（或右方）；箭矢由于惯性作用，仍沿着原先的方向前进，于是迎面而来的空气阻力有了垂直于箭羽的分力，此分力反过来使箭羽向左（或向右），箭镞随之向右（或向左）转，抵消了侧风对方向性的影响。同理，水平设置的箭羽有纵向稳定的作用。垂直箭羽与水平箭羽的配合，使得箭能够保持良好的方向性，准确抵达目标。

【译文】

把箭杆的长度分为三等分而把前面的一等分自后向前逐渐削细以便安镞。把箭杆的长度分为五等分而设羽的部分在箭杆后部占一等分，以箭杆的厚度作为羽毛插进箭杆的深度。把箭杆浮于水面以辨别出它的上阴面和下阳面，夹在阴阳分界处的两边开口子设箭括，夹在箭括的两边上下、左右对称设置羽毛。把羽的长度分为三等分而以一等分作为设置镞刃的长度，那么即使有迅疾的风也不会摇摆而偏离方向。

3. 刃长寸①，围寸，铤十之②，重三垸③。

【注释】

①刃长寸：按，上节云“参分其羽以设其刃”，是刃长二寸可知，而此处言“刃长寸”，与上文不合，故郑《注》以为“寸”上脱“二”字。译文姑依经文原文。

②“围寸”二句：围寸，孙诒让曰：“此专指镞本之圆在稿外者言之。”铤十之，是铤长一尺。

③三垸：垸，通“锾”，重量单位，重 11.52 铢，三垸则为 34.56 铢，合 1.44 两（参见《考工记·冶氏》第 1 节注）。

【译文】

刃长一寸，刃最宽阔处围长一寸，铤的长度是围长的十倍即一尺，镞重三垸。

4. 前弱则俯[1]，后弱则翔[2]，中弱则纡[3]，中强则扬[4]；羽丰则迟，羽杀则趮[5]。是故夹而摇之，以视其丰杀之节也[6]，桡之以视其鸿杀之称也[7]。

【注释】

①前弱则俯：及以下三句，据郑《注》，此言箭杆弱不符合要求带来的弊病。俯，俯下，低下。郑《注》又曰："俛，低也。……纡，曲也。扬，飞也。"弱，柔弱易桡曲。《说文·彡部》曰："弱，桡也，上象桡曲，彡象毛氂桡弱也。"按，《考工记》所载箭杆的强弱，与即现代射箭术中 Spine（箭杆桡度）的概念相当。Spine 强的箭杆，表现刚强，桡度小，经文此节称为箭杆"强"；Spine 弱的箭杆，表现柔韧，桡度大，经文此节称为箭杆"弱"。箭杆的 Spine 与弓的配合十分重要。开弓至满弦，撒放时，箭杆在弓弦的压力下弯曲变形；离弦后，由于箭杆的弹性作用，它将反复拱曲，蛇行式前进。"前弱则俯"，此谓如果箭杆前部偏弱，易于桡曲，撒放时箭杆前部的弯曲较大，撒放离弦后，前部振动较强，阻力增大，箭行迟缓，则飞行轨道较正常情况为低。

②后弱则翔：翔，程瑶田《创物记》曰："前高。"按，此谓如果箭杆后弱，则撒放时后部弯曲较大。撒放离弦后，箭杆后部振动较为厉害，振动能量的一部分将转化为帮助箭矢前进的动力，前行速度较正常情况为快，故将偏离正常轨道而高翔。

③中弱则纡：纡，屈曲，弯曲。按，如果箭杆中弱，在弓弦压力作用下，箭杆过分弯曲。撒放后，由于箭杆本身的反弹作用强，箭杆将绕过中心线，偏离正常轨道向右侧飞出。

④中强则扬：强，刚强不易桡曲。按，如果箭杆中强，即中部刚强，不易桡曲，则弓弦受到的压力和随之而来的形变就较大。由于它对箭杆的反作用力较强，撒放后，箭杆将绕过中心线，偏离正

常轨道向左侧飞出(闻人军《〈考工记〉中的流体力学知识》,《自然科学史研究》1984年第1期)。

⑤"羽丰则迟"二句:这两句说羽毛偏多偏少之病。郑《注》曰:"丰,大也。趮(同"躁"),旁掉也。"又《说文》曰:"趮,疾也。"丰,大。迟,迟缓,速度低。杀,此指箭羽过少。趮,摇晃,偏斜。按,依据空气动力学知识,箭矢所受的摩擦阻力、压差阻力和诱导阻力,均与箭羽的大小有关。若箭羽过大,则阻力增加,使得飞行速度降低。若箭羽过少或零落不齐,箭的横向或纵向稳定性差,飞行时就容易偏斜。

⑥丰杀之节:节,关键点。此谓最佳点。《考工记·弓人》郑《注》曰:"节,犹适也。"

⑦桡之以视其鸿杀之称也:鸿杀,此谓粗细。鸿,大。杀,小。称,相称,恰当。按,此为用实验的方法检验箭杆的粗细与强弱程度,与现代测量箭杆Spine的原理、方法完全一致。

【译文】

如果箭杆前端较柔弱箭行轨道较正常情况为低而会向下栽,如果箭杆后端较柔弱箭行轨道较正常情况为高而会向上扬,如果箭杆中部较柔弱箭的飞行线路就纡曲而偏侧,如果箭杆中部刚强而两头弱箭飞行时就会飘忽不定倾斜而出;箭羽过大箭飞行速度就会减慢,箭羽过少或零落不齐箭飞行就摇摆偏斜。因此箭造成以后,要用手指夹着箭矢的比部上下摇动它,以检验箭羽的大小是否合乎要求,桡曲箭杆以观察其各部分强弱粗细是否匀称。

5. 凡相笴①,欲生而抟②,同抟欲重,同重节欲疏,同疏欲栗③。

【注释】

①相：相看，选择。郑《注》曰："犹择也。"

②生而抟：生，天生的。抟，圆。郑《注》曰："生，谓无瑕蠹也。抟，读如'抟黍'之'抟'，谓圜也。"贾《疏》曰："无瑕谓无异色，无蠹谓无蠹孔也。"

③欲栗：郑司农曰："欲其色如栗也。"栗，谓栗木，落叶乔木，木质地坚实，纹理细直。戴震曰："坚实之色。"

【译文】

凡是选择箭杆之材，要挑选天生即是浑圆的，同样浑圆的要挑选致密较重的，同样致密较重的要挑选木材节间长节目稀疏的，同样节目稀疏的要挑选颜色如栗色的。

二四　陶人

1. 陶人为甗[1]，实二鬴[2]，厚半寸，唇寸[3]。盆，实二鬴，厚半寸，唇寸。甑[4]，实二鬴，厚半寸，唇寸，七穿。鬲，实五觳[5]，厚半寸，唇寸。庾[6]，实二觳，厚半寸，唇寸。

【注释】

①陶人：以制造陶器为业的工匠。甗(yǎn)，古代的陶制或青铜炊器，上部是透底的甑，可以蒸食物；下部为鬲(参见注⑤)，可以煮，上下部之间有带孔的箅相隔。也有上下部分开的。

②鬴：古代量器名。一鬴等于六斗四升。参见《考工记·栗氏》第2节注。

③唇：器物口缘部。此指甗口的边缘。唇比壁厚。

④甑(zèng)：古代陶制蒸食炊器，底部有七个小孔，即下文所谓"七穿"，可置于鬲上蒸物。

⑤鬲(lì),实五觳(hú):鬲,古代陶制炊器,形状似鼎而三足空心,圆口,可用以煮水或煮食物。觳,量器名,亦是容量单位。容量一斗二升。郑《注》曰:"受斗二升。"

⑥庾:瓦器,如瓮之类。容量二斗四升。

【译文】

陶人制作甗,容量为二鬴,即一斛二斗八升,壁厚半寸,口缘厚度是一寸。盆,容量也是二鬴,壁厚半寸,口缘厚度是一寸。甑,容量也是二鬴,壁厚半寸,口缘厚度是一寸,底部有七个小孔。鬲,容量为是五觳,壁厚半寸,口缘厚度是一寸。庾,容量是二觳,壁厚半寸,口缘厚度是一寸。

二五　旊人

1. 旊人为簋[①],实一觳,崇尺,厚半寸,唇寸。豆[②],实三而成觳[③],崇尺。

【注释】

①旊(fǎng)人为簋:旊人,以制陶为业的工匠,可能分工制作原始瓷器。旊,捏塑黏土(陶土、瓷土或高岭土)烧制成陶器或原始瓷器。《说文·瓦部》:"旊,周家搏埴之工也。"按,我国在商代或更早已经发明釉陶或原始瓷器,春秋战国之际原始瓷器已经比较普遍(汪庆正《中国陶瓷史研究中若干问题的探索》,《上海博物馆集刊——建馆三十年特辑(总第二期)》,上海古籍出版社,1983年)簋,是古代祭祀、宴飨时放盛煮熟的黍、稷、稻、粱等饭食的器具,其形有方有圆,圆者居多,圈足,有盖和两耳,用陶瓷或青铜制成。此指陶簋。

②豆:古代祭祀、宴飨时盛放肉食的器皿,亦是量器,形似高脚盘,多有盖。用陶瓷、青铜或木头制成。此指陶豆。郑《注》曰:"实

四升。”故下文曰“实三而成觳”。

③实三而成觳：三豆的容量加起来等于一觳。一觳一斗二升，则豆容四升。

【译文】

旊人制作簋，其容量为一觳，高度为一尺，壁厚半寸，口缘厚度为一寸。豆，三豆为一觳，则豆容量为四升，高度为一尺。

2. 凡陶、旊之事，髻、垦、薜、暴不入市①。器中胥②，豆中县③，胥崇四尺，方四寸。

【注释】

①髻、垦、薜、暴：髻，此指形状歪斜。一说，通“刖”，谓断足缺腿。垦，谓有跌打损伤。薜，破裂。暴，鼓疙瘩，表面坟起不坚致。郑《注》曰：“髻，读为‘跀(yuè)’。垦，顿伤也。薜，破裂也。暴，坟起不坚致也。”段玉裁《汉读考》曰：“易‘髻’为‘跀’，谓器之折足者也。”顿伤，孙诒让曰：“犹言损伤。”

②器中胥(chuǎn)：器，泛指甗、盆、甑、鬲、庾、簋、豆诸器。胥，是在用均(制陶坯的转轮)制作陶坯时，量度陶坯高度和厚度的器具，据孙诒让说，是长方形的范式，用来检验器坯有无邪曲。下文曰“胥崇四尺，方四寸”，则胥是一根高四尺、横截面为四平方寸的木柱，量度陶坯，使其高度不超过四尺，厚度不超过四寸。据郑《注》，器高于此，则陶范难容纳；厚于此，则难烧熟。

③豆中县：孙诒让曰：“瓦器惟豆有柄(即指豆的高脚)，尤贵其直，故别出之。”

【译文】

凡是陶人、旊人制作的器物，如果有形状歪斜、损伤、破裂或表面凸凹不平的，就不拿到市场中去出售。所制的各种陶器，其高度、厚度要符合胝的要求，豆的柄要很直而符合垂线的要求，胝高四尺，横断面四寸见方。

二六　梓人

1. 梓人为筍虡[1]。天下之大兽五：脂者、膏者、臝者、羽者、鳞者[2]。宗庙之事，脂者、膏者以为牲，臝者、羽者、鳞者以为筍虡，外骨，内骨，却行，仄行，连行，纡行[3]，以脰鸣者[4]，以注鸣者[5]，以旁鸣者[6]，以翼鸣者[7]，以股鸣者[8]，以胸鸣者[9]，谓之小虫之属，以为雕琢[10]。

【注释】

①梓人为筍虡：梓人，工匠名。梓木是优良木材，可制造器物。筍虡，古代悬挂钟、磬等乐器的支架，两旁立柱为虡，中央的横木为筍。参见《春官·典庸器》注。按，张舜徽说："今边陲乡僻乐器之虡，其上多刻为龙虎及他兽状，其下则刻兽足以为之跗，盖古之遗制也。"筍虡采用了多重动物以及人类造型，这种器物的制作，既涉及古人的生物分类思想，又体现了当时人们的设计艺术与装饰理论。

②"天下之大兽五"句：脂者，兽类的一部分，可能指有角的家畜与野兽，如牛、羊、麋鹿等。《说文·肉部》曰："戴角者脂。"膏者，兽类的一部分，可能指无角的家畜与野兽，如猪、熊等。《说文·肉部》曰："无角者膏。"郑《注》曰："脂，牛羊属。膏，豕属。臝者，谓虎豹貔螭，为兽浅毛者之属。羽，鸟属。"臝者，此指自然界的人类（苟萃华《"臝"非兽类辨》，《科学史集刊》第五期，科学出版社，1963年）。臝，同"裸"。貔螭（píchī），皆猛兽名。按，1978年湖北随县曾侯乙墓出土了六具筍虡铜人（湖北省博物馆《随县曾侯

乙墓》,《文物》1979年第7期),可见《考工记》此节"羸属"确实是指人类。羽者,鸟类。鳞者,此处当特指龙。《地官·大司徒》曰:"二曰川泽,其动物宜鳞物。"郑注曰:"鳞物,鱼龙之属。"《梓人》下文对鳞属有具体描述,曰:"小首而长,抟身而鸿,若是者谓之鳞属,以为筍。凡攫杀援噬之类,必深其爪,出其目,作其鳞之而。"郑《注》"鳞属"下曰:"鳞,龙蛇之属。"按,大兽五类,皆属于现代动物分类学上的脊椎动物。

③"外骨"至"纡行":外骨,有坚硬甲壳的动物,如龟。内骨,鳖属。因其鳖甲四周有软骨裙边,故称。郑《注》以鳖为内骨,贾《疏》有异议,曰:"龟、鳖皆外骨,但此经外骨、内骨相对,以鳖外有肉,缘为内骨也。"姑从郑氏说。却行,退行,倒退走路。据郑《注》,蟦衍(即蚰蜒)能两头行,即却行。却,退。仄行,侧行,横行,侧身走路。连行,同类连贯而行。纡行,迂曲而行。如蛇类。郑《注》曰:"外骨,龟属。内骨,鳖(鳖)属。却行,蟦衍之属。仄行,蟹属。连行,鱼属。纡行,蛇属。"按,此处所记六类动物,皆不能鸣者。

④脰(dòu)鸣:指蛙类。脰,脖颈。

⑤注鸣:指蜥蜴类。注,通"咮(zhòu)",鸟嘴。郑玄认为蟋蟀之类是用嘴来叫,孙诒让据《说文》改为蝾螈,即蜥蜴。姑从孙氏说。

⑥旁鸣:指蝉类。旁,通"膀"。谓腹侧。

⑦翼鸣;指金钟子(又名"发皇")之类,其翼在甲里,其鸣实因翼的振动而发声,故曰翼鸣。

⑧股鸣:蚂蚱类,能以翅膀振动发音,古人误以为能用两股相摩擦而发音。股,大腿,后足脚节。

⑨胸鸣:郑《注》曰:"荣原属。"孙诒让说即灵龟,曰:"凡龟属,肋骨咸与外甲相属,不能张翕,故其鸣似出胸间。"按,自"以脰鸣者"至此,亦六类动物,皆能鸣者。

⑩以为雕琢：雕琢，雕刻，雕饰。郑《注》曰："刻画祭器，博庶物也。"按，祭器为青铜质地。则此节所述皆为木工制作木范，木范翻出砂箱成阴模，再浇入青铜融液，铸造成形。上述各类小虫之类，都是（木范）雕刻纹饰的题材。

【译文】

梓人制作筍虡。天下的大禽兽分五类：脂类（如牛羊），膏类（如猪），裸类（如人类），羽类（即鸟类），鳞类（如龙蛇）。宗庙祭祀，用脂类、膏类的兽作为牺牲，用裸类、羽类、鳞类的兽的形象以雕饰筍虡。骨长在体外的（如乌龟），骨长在体内的（如老鳖），可以倒行的（如蚰蜒），横行的（如螃蟹），鱼贯而行的（如鱼类），弯曲而行的（如蛇类），用脖颈发声的（如青蛙），用嘴发声的（如蝾螈），用腹侧部鸣叫的（如蝉），用翅膀振动发声的（如蚂蚱），用腿节摩擦发声的（如螽斯），用胸部发声的（如灵龟），这些都叫做小的昆虫类，用它们的形象作为祭器上的雕饰造型。

2. 厚唇，弇口①，出目，短耳，大胸，燿后②，大体，短脰，若是者谓之羸属，恒有力而不能走，其声大而宏。有力而不能走，则于任重宜；大声而宏，则于钟宜：若是者以为钟虡，是故击其所县，而由其虡鸣③。

【注释】

①弇：深。《吕氏春秋·仲冬纪》："君子斋戒处必弇"，高《注》曰："深邃也。"

②燿：细小貌。郑《注》曰："读为'哨'，顷小也。"孙诒让说，"顷"与"倾"同，顷小，即"邪杀而小"义。

③"是故击其所县"二句：由，通"犹"，若，好像。郑《注》曰："若也。"按，从造型艺术的角度考虑，以声音宏大的羸类制作钟虡，配合

声音宏大的钟，可以使装饰所体现的形象之美与乐器演奏所体现的声音之美互相对应，造成“击其所县，而由其虡鸣”的联想。这样，既使得雕饰更有生气，又使得钟声更加形象化，增加了整个造型艺术作品的感染力。湖北随县曾侯乙墓出土的钟虡铜人，就可谓这一美学思想的生动体现。

【译文】

厚唇，深口，眼睛突出，耳朵短小，胸部阔大，后身渐小，身体庞大，颈项短粗，像这样的动物就叫做裸类，这类动物总是威武有力而不能疾跑，发出的声音大而洪亮。威武有力而不能疾跑，就适宜于负重；声音大而洪亮，就适宜与钟搭配：如果用像这类动物的形象作为钟虡上的雕饰，因此当撞击筍虡上所悬挂的钟时，就会感到声音好像是由钟虡上雕饰的裸类动物所发出来一样。

3. 锐喙，决吻[①]，数目[②]，顩脰[③]，小体，骞腹[④]，若是者谓之羽属，恒无力而轻，其声清阳而远闻[⑤]。无力而轻，则于任轻宜；其声清阳而远闻，于磬宜：若是者以为磬虡[⑥]，故击其所县，而由其虡鸣。

【注释】

①锐喙，决吻：决吻，张口。决，打开。孙诒让曰：“《文选·甘泉赋》李《注》云：‘决，亦开也。’谓口锐利而唇开张也。”

②数目：细目。数，细小。孙诒让引《毛诗·释文》曰：“数，细也。”

③顩(qiān)：长颈貌。郑《注》曰：“长脰貌。”一说，孙诒让曰：“与肩通。”姑从郑说。

④骞腹：腹部收缩。骞，亏损，低陷。《诗经·小雅·天保》“不骞不崩”，《毛传》曰：“骞，亏也。”

⑤其声清阳而远闻：清阳，即清扬。声音清越悠扬。阳，通“扬”。《太平御览》卷五七五引《淮南子》曰：“近之则钟音亮，远之则磬音彰。”注：“磬，石也，音清明，远闻而彰著。”远闻，传播悠远。

⑥“故击其所县”二句：按，以“其声清阳而远闻”的羽类作为磬虡的雕饰，配合声音清阳的磬，可使视觉欣赏与听觉欣赏互为补充，增加了整个造型艺术作品的感染力。

【译文】

嘴巴尖锐，嘴唇张开，眼睛细小，脖颈修长，身体小巧，腹部收缩，像这样的动物叫做羽类，羽类动物无力而动作轻捷，其鸣声清越悠扬而传播悠远。既然无力而动作轻捷，就适宜于负载较轻的物品；鸣声清越悠扬而传播悠远，就适宜与磬声搭配：用像这类动物的形象用作磬虡上的雕饰，因此当敲击笱虡上所悬挂的磬时，而会感到好像声音是由磬虡上雕饰的羽类动物发出来的。

4. 小首而长，抟身而鸿[1]，若是者谓之鳞属，以为筍。

【注释】

①抟身而鸿：抟，本义把东西揉弄成球形。此指浑圆。郑《注》曰：“圜也。”鸿，释为“佣”，均等，均匀。一说，俞樾以为，鸿通“鸡”，本指鸟身肥大，此指抟身亦很肥大。

【译文】

小头而长身，身体浑圆而前后均匀，像这样的动物叫做鳞类，用这种动物形象作为钟筍、磬筍上的雕饰。

5. 凡攫杀援噬之类[1]，必深其爪[2]，出其目，作其鳞之而[3]。深其爪，出其目，作其鳞之而，则于视必拨尔而怒[4]。

苟拨尔而怒，则于任重宜，且其匪色⑤，必似鸣矣。爪不深，目不出，鳞之而不作，则必颓尔如委矣⑥。苟颓尔如委，则加任焉，则必如将废措⑦，其匪色必似不鸣矣。

【注释】

①攫杀援噬之类：攫杀，抓住即杀。援噬，捉住即吃。援，援持，执持。贾《疏》曰："云'攫杀'者，攫著则杀之。'援噬'者，援揽则噬之。"

②深：郑《注》曰："犹藏也。"

③作其鳞之而：作，竖立，振起。之，与。而，颊毛。王引之曰："而，颊毛也。之，犹与也。'作其鳞之而'，谓起其鳞与其颊毛也。若龙有鳞，虎有须，皆象其形，使之上起耳。"

④则于视必拨尔而怒：视，看，观察。拨尔，形容强盛、雄壮、振奋的状态。拨，通"发"，发扬，振奋，勃发。一说，怒貌。刘沅曰："拨，拔起貌。怒，谓张其鬐鬣。"怒，旺盛状。按，刘道广等说："'拨尔而怒'句乃是形容纹饰题材造型应具有强盛奋发的视觉感受。"（刘道广、许旸、卿尚东《图证〈考工记〉》，第17页）

⑤匪：通"斐"，色彩鲜明，有文采。郑《注》曰："采貌也。"

⑥颓尔如委：颓废，委靡不振。

⑦措：废置，舍弃。引申为委顿，困乏。郑《注》曰："犹顿也。"

【译文】

凡是在筍虡上雕刻善于捕杀抓咬的猛兽，一定要深藏它的脚爪，突出它的眼睛，挺立起它的鳞片与颊毛。深藏它的脚爪，突出它的眼睛，挺立起它的鳞片与颊毛，这看上去就令人感觉到刚健振奋。假如能够给人刚健振奋的感觉，这类动物就适宜于负重，而且从它所涂饰的色彩来看，也一定像是能够发出宏大的鸣叫声。如果雕刻时脚爪不深藏，眼睛不突出，鳞片与颊毛没有挺立起来，那么看起来就显得颓丧委靡。假如显得颓丧委靡，那么加给它重负，就一定如同将要把重物舍弃扔掉，而它即令有彩色的描绘，也一定像是不能发出宏大声音的样子。

6. 梓人为饮器[①]，勺一升[②]，爵一升[③]，觚三升[④]。献以爵而酬以觚，一献而三酬，则一豆矣[⑤]。食一豆肉，饮一豆酒，中人之食也。凡试梓饮器，乡衡而实不尽，梓师罪之[⑥]。

【注释】

①梓人为饮器：饮器，指青铜饮食器，亦为礼器。按，梓人本是攻木之工，不承担浇筑青铜器的责任，但青铜器浇筑前必先制模，故可知此节所述或当是指梓人制作青铜饮食器的木模具。

②勺：木制或铜制舀酒器，一般是短圆筒形，旁有柄。

③爵：古代饮酒器，圆形或方形，平底或凸底，有鋬(pàn)，器口一侧有长流嘴(倒酒槽)，另一侧有尾，中为盛酒的杯，器口上有二柱、一柱或无柱，下有三个高尖足，容一升，总体略似雀形。按，此爵为木制。

④觚：郑《注》说，是“觯”字之误。觯(zhì)，古代青铜饮酒器，圆形或扁圆形，似尊而小，侈口，束颈，深圆腹，有圈足，有的有盖，容三升。按，此觯为木制。

⑤“一献而三酬”二句：此谓用容一升之爵献一次，用容三升之觯酬一次，“一献而三酬”等于一升加三升，即四升，合一豆。故刘敞曰：“献以一升，酬以三升，并而计之为四升。四升为豆。豆虽非饮器，其计数则然。”一说，以觯酬三次，“一献而三酬”等于一升加上三乘三升，即十升，合一豆，姑“豆当为斗”。姑从刘敞说。

⑥“乡衡而实不尽”二句：乡，通“向”。衡，此指眉。实不尽，所容酒水尚有余沥。古人饮酒之礼，必立饮，饮酒时举爵而倾之，倾至爵上的两柱向眉，头不仰而酒自尽，此类爵就符合标准；如爵中

剩有酒，就不合要求。程瑶田《创物记》曰："衡皆指眉言。乡衡者，饮酒之礼，必立而饮之。……试举古铜爵饮之，爵之两柱适至于眉，首不昂而实自尽。衡指眉言，两柱向之，故得谓之乡衡也。由是观之，两柱盖节饮酒之容，而验梓人之巧拙也。"梓师，梓人之长。按，此节讨论产品质量检验制度。梓人是负责管理制器的工匠。梓师是梓人的上司，属于级别较高的工官。假如产品检验不合格，梓师就要加罪于梓人。这一处罚制度，与《考工记》"轮人"、"庐人"节"谓之国工"、"辀人"节"谓之国辀"等表彰制度一起，共同构成了当时颇有特色的工艺加工领域奖惩制度。

【译文】

梓人制作饮酒的器具，勺容一升，爵容一升，觯容三升。主人向宾客献酒时用爵而进酬酒用觯，献酒用一升的爵而酬酒用三升的觯，加起来就等于一豆了。吃一豆肉，饮一豆酒，这是胃口中等的普通人的食量。凡是检验梓人制作的饮酒器具是否合格，可以拿爵试饮，如果爵上的两柱指向眉毛而酒还没能饮尽，就表明不合格，梓师就要加罪于制作此爵器的梓人。

7. 梓人为侯，广与崇方[1]，参分其广而鹄居一焉[2]。上两个，与其身三，下两个半之[3]。上纲与下纲出舌寻，縜寸焉[4]。

【注释】

①"梓人为侯"二句：侯，箭靶，以兽皮、皮革或布制成。广与崇方，侯中宽与高相等成正方形。方，郑《注》曰："崇，高也。方犹等也。高广等者，谓侯中也。"

②参分其广而鹄居一焉：鹄，在侯中之中。鹄的大小，为侯中的三

分之一。鵠中还有正，正中有质，质即靶心（参见《天官·司裘》第3节注）。

③“上两个”三句：个，又叫舌，射侯上方左、右两旁张出的布制附件，可固定射侯。身，即躬。按，侯中的上下两边各镶有一幅布，布幅宽二尺二寸，分别叫做上躬、下躬，其长为侯中的二倍；上躬之上、下躬之下又各镶有一幅布，分别叫做上个、下个，上个是上躬长的二倍，下个则是下躬长的一倍半。因为上下个各长出于上下躬，犹如两舌，故称之为左右舌、两个、左右个。贾《疏》云：“上两个居二分，身居一分，故云‘上两个与其身三’。”下两个长出的部分为九尺，仅为上两个长出部分一丈八尺的一半，故云“下两个半之”，贾《疏》云：“谓半其出者也”。

④“上纲与下纲”二句：纲，大绳，粗绳。緼（yún），是舌两端穿系纲绳以固定射侯的圈扣。緼上所系的绳即纲。上舌、下舌两端的纲分别叫做上纲、下纲，上下纲将上下舌拴系在射侯两侧的立柱（名为植）上而将射侯张起。出舌寻，比舌长出八尺。

【译文】

梓人制作射侯。侯中的宽度与高度相等成正方形，把侯中的宽度分成三等分而鵠宽占三分之一。如以躬的长度为一，上两个则为二，与躬合而为三，下两个长出于躬的伸出部分是上两个所伸出部分的一半。上边的纲绳与下边的纲各长出于舌八尺，穿系纲绳的圈扣直径是一寸。

8. 张皮侯而栖鵠①，则春以功②。张五采之侯③，则远国属④。张兽侯⑤，则王以息燕⑥。

【注释】

①张皮侯而栖鵠：皮侯，侯本是布做的，而天子所射三侯皆用虎豹等兽皮装饰侯中之两侧，故称皮侯。栖鵠，侯中的鵠缀上兽皮以

代替布，如同鸟落到靶心。贾《疏》曰："各以其皮为鹄，名此为鹄者，缀于中央，似鸟之栖。"

②春以功：谓春天行大射礼，以比较诸侯群臣的射功，而选拔可以参加祭祀者。戴震曰："四时之祭，始于春，故举春以该焉。功，事也。"金鹗曰："春以功，盖谓大射在春。"孙诒让曰："以功者，凡射以中为功。"

③张五采之侯：为举行宾射（天子与来朝诸侯即宾举行的射礼）而张五采之侯。五采之侯，指鹄与正画作朱、白、苍、黄、黑等五彩的射侯。《夏官·射人》郑《注》曰："五采之侯，即五正之侯也。正之言正也，射者内志正，则能中焉。画五正之侯，中朱，次白，次苍，次黄，玄居外。……其外之广，皆居侯中叁分之一，中二尺。""梓人为侯"节郑《注》曰："五彩者，内（指正）朱，白次之，苍次之，黄次之，黑次之。其侯之饰，又以五采画云气焉。"

④远国属：远国，即指畿外来朝的诸侯国。贾《疏》曰："对畿内诸侯为远国。"属，犹朝会。

⑤张兽侯：为举行燕射或乡射张设画有兽形或以兽皮装饰的侯。按，王用熊侯，诸侯用麋侯，即用熊皮或麋皮饰侯中的两侧，鹄则是布的；大夫、士的兽侯则全用布而不饰皮，但画兽形于侯中的两侧边，大夫画虎豹，士画鹿豕。

⑥息燕：燕饮。息，燕射前的燕饮。燕，通"宴"。孙诒让引敖继公曰："息，疑饮燕之别名。"又曰："燕者，先行燕礼（即燕饮酒礼）而射，即所谓燕射也。"

【译文】

张设皮侯而在中央设置鹄，春季用于行大射礼比较诸侯群臣的射功而选拔参加祭祀者。张设五彩的侯，用于王与远方来朝诸侯朝会举行宾射礼。张设兽侯，用于王与诸侯、群臣宴饮时举行燕射礼。

9. 祭侯之礼[1]，以酒脯醢[2]，其辞曰："惟若宁侯[3]，毋或若女不宁侯[4]，不属于王所[5]。故抗而射女[6]。强饮强食，诒女曾孙诸侯百福[7]。"

【注释】

①祭侯之礼：按，射礼完毕，要对射侯行祭礼（参见《仪礼·乡射礼》）。此处侯，名义是射箭的侯，实际谐音诸侯。

②脯醢：脯，肉干。醢，酱类。

③若宁侯：此谓祭祀那些先世安顺有功之侯。若，汝，你们。宁侯，安顺而有功德的侯。郑《注》曰："若，犹女也。宁，安也。谓先有功德，其鬼有神。"按，射侯之名，取义于射诸侯之不安、不朝者。《白虎通》卷二《乡射》曰："所以名为侯何？明诸侯有不朝者，则射之。"

④毋或若女不宁侯：郑《注》曰："或，有也。若，如也。"不宁侯，孙诒让曰："不安顺之诸侯。"

⑤不属于王所：王所，王之居所。包括王都与盟会地。属，犹言朝会。郑《注》曰："犹朝会也。"

⑥抗：郑《注》曰："举也，张也。"按，所抗者，射侯也，用以象征不安顺的诸侯。

⑦诒女曾孙诸侯百福：郑《注》曰："诒，遗也。曾孙诸侯，谓女后世为诸侯者。"

【译文】

祭祀射侯之礼，用酒和脯醢作祭品，祭祀辞说："只有你们这些安顺而有功德的诸侯可以树为榜样，不要像有的不安顺的诸侯，他们不到王之居所来朝会，因此张举射侯而射他们。你们这些安顺有功德的诸侯，尽情地饮酒进食吧，遗留给你们后代世世做诸侯的子孙无穷无尽的福分。"

二七 庐人

1. 庐人为庐器[1]。戈柲六尺有六寸[2]，殳长寻有四尺[3]，车戟常[4]，酋矛常有四尺[5]，夷矛三寻[6]。

【注释】

①庐人为庐器：庐人，以制造兵器的柄为业的工匠。庐器，指戈、戟等古代长兵器的柄（参见《考工记·总叙》第3节注）。庐，通“簬”，兵器的柄。

②戈柲六尺有六寸：按，此戈柲长度，是通指戈的刃长及其柄长。以下四种兵器长度皆仿此。贾《疏》曰：“凡此经所云柄之长短，皆通刃为尺数而言。”

③殳长寻有四尺：殳，一种竹木制一段有棱的杖类兵器，用于刺击、敲击，无金属刃。寻有四尺，一丈二尺。按，湖北随县曾侯乙墓出土的殳顶端、中段已有金属尖锐棱角，辨明兵器在不断改进，选取材料也有变化。

④常：谓一丈六尺（参见《考工记·总叙》第8节注）。

⑤酋矛常有四尺：酋矛，较短之矛。酋，通“遒”，近，短。酋矛长二丈，夷矛长二丈四尺。

⑥夷矛三寻：夷矛，即长矛。夷，孙诒让说，夷之义为平，引申为长义。三寻，二丈四尺。

【译文】

庐人制作长兵器的柄。戈柄长六尺六寸，殳长一寻零四尺即一丈二尺，车上所执之戟长一常即一丈六尺，酋矛长一常零四尺，夷矛长三寻即二丈四尺。

2. 凡兵无过三其身[1]，过三其身，弗能用也而无已，又以害人。故攻国之兵欲短，守国之兵欲长[2]。攻国之人众，行地远，食饮饥，且涉山林之阻，是故兵欲短；守国人之寡，食饮饱，行地不远，且不涉山林之阻，是故兵欲长。

【注释】

①三其身：身，人的身长，据郑《注》，人身高八尺，即一寻，三其身则二丈四尺。

②“故攻国之兵”二句：按，此两句与下文几句，皆从攻守双方的实际情况出发，探讨了兵器长短的选用原则，是实际战争经验的正确总结。可与传世兵法比观。如《司马法·天子之义》曰：“长兵以卫，短兵以守。太长则难犯，太短则不及。”

【译文】

凡是兵器的长度不要超过人身高的三倍，如果超过人身高的三倍，非但不能使用以杀敌，反而还会危害使用兵器的人。因此进攻他国的兵器要短一些，守卫本国的兵器要长一些。进攻他国所需的人员众多，行路远，饮食缺乏，而且还要跋涉山林险阻，因此使用的兵器要短一些；守卫本国的所需人员较少，饮食供应充足，行路不远，而且不需要跋涉山林险阻，因此使用的兵器要长一些。

3. 凡兵，句兵欲无弹[1]，刺兵欲无蜎[2]，是故句兵椑[3]，刺兵抟[4]。

【注释】

①句兵欲无弹：此谓勾兵的刃必须固定牢固，不可稍有活动而致使其刃变动角度，否则就不能准确勾击。句兵，戈、戟之类有援、可

以勾击的兵器。程瑶田曰:“戈戟所以谓之句兵者,其用横击,故《庐人职》又变言‘击兵’也。”“戈戟谓之句兵,又谓之击兵,其用主于横击。”郑《注》曰:“戈、戟属。”弹,转动,转圈。郑司农曰:“谓掉也。”《说文·手部》曰:“掉,摇也。”

②刺兵欲无蜎(yuān):刺兵,矛类等可以直刺的兵器。程瑶田曰:“矛所以谓之刺兵者,其用直刺。”郑《注》曰:“矛属。”蜎,桡曲,弯曲。郑司农曰:“谓桡也。”按,刺兵用于直刺,柄弯曲则妨碍向前用力。

③椑(pí):椭圆,扁圆。据郑《注》曰:“隋(椭)圜也。”贾《疏》曰:“谓侧方而去楞(棱)是也。”

④抟:圆形,正圆。郑《注》曰:“圜也。”按,圆形截面之手柄能使直刺类兵器各方向的横向约束相同,强度与刚度相等(老亮《中国古代材料力学史》,国防科技大学出版社,1990年,第145页)。故不易弯曲,便于攻击敌方。

【译文】

凡是兵器,勾击的勾兵兵刃柄不可转动,直刺的刺兵的兵刃柄不可弯折,因此勾击的勾兵的柄都要是椭圆形的,直刺的刺兵的柄都要是正圆形的。

4. 击兵同强①,举围欲细②,细则校③;刺兵同强,举围欲重④,重欲傅人⑤,傅人则密⑥,是故侵之。

【注释】

①击兵同强:击兵,据郑《注》,谓勾兵及殳等击杀敌人的武器。按,戈、戟皆有横刃(即援),可啄击敌人,故亦称击兵。同强,前后及中央同样坚劲、刚强。贾《疏》曰:“谓本末及中央皆同坚劲。”

②举围:柄上手握持之处的周长。举,郑《注》曰:“谓手所操。”

③细则校：校，疾速。郑《注》曰："校，疾也。"孙诒让曰："细则操之坚(握得牢)，任力多(用得上劲)，故击之疾也。"一说，校，通"绞"，牢固。

④重：指手握处。按，"重"在此兼有大义，孙诒让曰："手所操处，稍大之则重。"

⑤重欲傅人：郑司农曰："谓矛柄之大者在人手中者。"傅，接近，迫近。郑《注》曰："近也。"

⑥密：盖谓准确命中目标。郑《注》曰："审也，正也。"又曰："操重以刺则正。"

【译文】

勾击的击兵的柄从上到下各部位要同样坚劲，手握处直径要稍细，手握处稍细攻击敌人时就迅疾；直刺的刺兵的柄上下各部位要同样坚劲，手握处的直径要稍粗重，手握处稍粗重就能以咄咄之势迫近敌人，迫近敌人就能准确刺中，因此才能够杀伤敌人。

5. 凡为殳，五分其长，以其一为之被而围之①；参分其围，去一以为晋围②；五分其晋围，去一以为首围③。凡为酋矛④，参分其长，二在前，一在后而围之；五分其围，去一以为晋围⑤；参分其晋围，去一以为刺围⑥。

【注释】

①"凡为殳"三句：被，谓柄的手握之处。按，殳长寻有四尺，即一丈二尺，五分之，其一则为2.4尺。被而围之，郑《注》曰："被，把中也。围之，圜之也。"把，谓手握处。把中，即手握处的中部，此用"被"指代整个手握处。

②"参分其围"二句：晋围，即鐏围。晋，用同"鐏"，矛戟等末端的圆

锥形金属套。郑司农曰:“谓矛、戟下铜鐏也。”鐏(zūn),是套在矛、戟等长兵器末端圆锥形的金属套,可插入地中,此处指殳鐏。按,程瑶田考证,殳的手握处围长九寸,三分去一则为六寸,是为晋的围长。

③“五分其晋围”二句:首围,谓殳柄上端之围。首,谓殳用以击敌的上端。按,殳的晋围六寸,五分去一则为4.8寸,是为殳的首围。

④酋矛:按,酋矛长常有四尺,即二丈。

⑤“五分其围”二句:五分其围,酋矛之围与殳围同长,均为九寸。其五分之一是一寸八分。晋围,酋矛的晋围当是7.2寸。孙诒让曰:“酋矛围与殳同。”

⑥“参分其晋围”二句:刺围,谓兵器柄上端与锋刃相接处的周长。刺,锋刃。孙诒让曰:“谓矛刃本与矜相含之圜銎。”按,銎,矛刃下口安柄(矜)处。酋矛的晋围7.2寸,三分去一则为4.8寸,是为酋矛的刺围。

【译文】

凡是制作殳柄,先把殳的长度分为五等分,用一等分的长度作为手握处的长度而制成正圆形;把殳的手握处的柄围长分为三等分,去掉一等分以其中二等分作为末端铜鐏的围长;把末端铜鐏的围长分为五等分,去掉一等分以其中四等分作为首部的围长。凡制作酋矛柄,把它的长度分为三等分,二等分在前端,一等分在后端作为手握处而制成正圆形;把酋矛的围长分为五等分,去掉一等分以其中四等分作为它的末端铜鐏的围长;把酋矛末端铜鐏的围长分为三等分,去掉一等分以其中二等分作为刺处的围长。

6. 凡试庐事,置而摇之,以视其蜎也;灸诸墙,以视其桡之均也;横而摇之,以视其劲也①。六建既备②,车不反复③,

谓之国工。

【注释】

①“凡试庐事”七句：试，测验，检测。置，通“植”，树立，直立。郑《注》曰：“犹树也。”蜎（yuān），弯曲，桡曲。灸诸墙，支撑在两墙之间。灸，抵，撑，拄。郑《注》曰：“犹柱也。以柱两墙之间，挽而内之，本末胜负可知。”程瑶田曰：“如为庐三寻，择两墙间函（容）二丈者，屈庐而拄诸墙，令桡，而因以观所桡两端，初无胜负（谓桡曲程度相同）则均也。”按，此节讨论了测试庐器质量的三种科学方法：树立在地上摇动，为固定一端；撑在两墙之间，为固定两端；横握中部摇动，为固定中点。虽然皆为依靠手感把握品质，没有量化指标，但较为实用。至今在材料力学试验中，仍用这些方法来测试棒状体的机械性能。

②六建：指树立在车上的五种兵器（即戈、戟、殳、酋矛、夷矛）和旌旗。戴震曰：“当为五兵与旌旗。”建，谓树立。

③车不反复：反复，翻覆，倾动，倾倒。郑《注》曰：“犹轩輖也。”按，轩輖，犹轩轾，此谓车子前后忽高忽低，即所谓反复。戴震曰：“六建动摇，则车行反复，矜柲（长兵器的柄）不强故也。”

【译文】

凡是要检验庐人所制作的长兵器的柄的质量，树立在地上摇动它，以观察它桡曲程度如何；将柄撑在两墙之间，以观察它弯曲程度是否均匀；将柄平放横握中部摇动它，以观察它强韧度如何。树立在车上的五种兵器和旌旗都已安插齐备，车快速行驶时不给人以摇摆倾动的感觉，达到这样技术的庐人就可以称作国工。

二八　匠人

1. 匠人建国①，水地以县②，置槷以县，视以景③。为规，识日出之景与日入之景④，昼参诸日中之景，夜考之极星，以正朝夕⑤。

【注释】

①匠人建国：匠人，工匠名。孙诒让曰："匠人盖木工而兼识版筑营造之法，故建国、营国、沟洫诸事，皆掌之也。"国，城邑，都城。

②水地以县：水地，以原始的水平仪测定地平。郑《注》曰："于四角立植（标杆，柱），而县（悬）以水，望其高下，高下既定，乃为位而平地。"据郑《注》，当先在地的四角立标杆，然后"县以水"以测地之高下。测量地平是为了平出一块地以便测日影。县，悬线，下端悬有重物自由下垂的绳子，方向垂直于地面。又称线坠、铅垂线、垂球。按，凡是测景之地与建筑物基址，都要求水平。古人盖从"水静则平"得到启发，发明了"水地"法。商代已有以水平定地平之法。学者指出，"癸"字甲骨文中作"[illegible]"形，象以水测平之水沟体系。"其测平之法为先挖直交之两条干沟成×形，再在沟之两端挖直交之小沟，遂成形，灌水其中，即可测地面之水平。故癸字本义即为'测度水平'，为'揆'字初义。故《说文》训：'癸，冬时水土平，可揆度也。象水从四方流入地中之形。'"（温少峰、袁庭栋《殷墟卜辞研究——科学技术篇》，四川省社会科学院出版社，1983年，第25页）从考古发现看，二十世纪二三十年代殷墟考古的第十三次发掘中，也曾经发现据推测是泥水匠用水测平的干沟与枝沟（李亚农《殷代社会生活》，载《欣然斋史论集》，上海人民出版社，1962年，第548—549页）。可见，商人已经掌握了以水定地平的原理。此节所载周代"水地以悬"法比商代的癸形水沟进步，可能是一种原始的水准仪。《隋书·天文志》讨论北魏永兴四年（412）晁崇、斛兰主持制造的"太史候部铁仪"的形制，云："南北柱曲抱双规，东西柱直立，下有十字水平，以植四

柱，十字以上，以龟负双规”。则“十字水平”应是底座上的十字形沟，灌上水以后用作底座的水平校正器。闻人军认为，《考工记》原始水准仪上承殷商十字水沟之遗制，下开铁制浑仪十字水平仪之先例，很可能也是一种“十字水平仪”。

③“置槷以县”二句：槷（niè），据郑《注》，通“臬”，表，标杆，古代立在地上测量日影用的竹木标杆（或石柱），一般高八尺。此标杆必须垂直于地面，故立柱之法，据贾《疏》说，是在标杆的四角及四面悬绳，即所谓“置槷以县”，所悬之绳皆附于杆，就说明标杆垂直，就可据以测日影了，以便进而确定四方方向。景，同“影”。

④“为规”二句：为规，画圆，江永说，即以所树臬为圆心画圆。规，圆。识，记，标志，画上记号。识日出之景与日入之景，此谓记测东西方向之法。日出时，臬影投向西而略偏北（因中国在赤道北），与圆相交，在相交处做一记号，即“识日出之景”；日落时臬影投向东而略偏北，与圆相交，在相交处做一记号，即“识日入之景”。然后将圆上两个相交点连成一条直线，再过圆心（即树臬处）作一条直线与之平行，此直线两端便指向正东西方向。

⑤“昼参诸日中之景”三句：日中之景，按，日中之影最短，可测出正南正北。郑《注》曰：“日中之景，最短者也。极星，谓北辰。”正，检验，验证，测定。按，中国在赤道北，故日中的臬影不仅最短，且指向正北方，与南北方向线重合，由此便可确定正南北方向。极星，即北极星，或称北辰，位在正北，从地球上看其位置几乎不变，故夜间参考北极星，亦可辨别确定正南北方向。正朝夕，即定东西方向线。朝夕，东为朝，西为夕，也包括南北。贾《疏》曰：“即东西也。”按，据日出与日入之影已测定东西方向，则南北亦定。参考日中之影及北极星，是为进一步确定南北方向，南北既定，则东西亦定。

【译文】

匠人建造都城，应用立柱悬水法测量出地平，设置垂直的标杆，以悬绳校直，用以观察日影辨别方向。以所树标杆为圆心画一个圆，分别记下来日出、日落时标杆在圆上的杆影，这样来确定东西方向。白天参考正中午时的杆影，夜里考察北极星的方位，以此方法来测定正东西和正南北的方向。

2. 匠人营国，方九里，旁三门①。国中九经、九纬②，经涂九轨③。左祖，右社④；面朝，后市⑤。市、朝一夫⑥。

【注释】

①“匠人营国”三句：营国，营建城邑。按，此应包括建置城池、宫室、宗庙、社稷，并规划国城周围之野。《考工记》王城规划是井田规划概念派生的产物，其规划方法也借鉴了井田制。这套井田方格网系统的规划方法，后世得到了继承、发展，成为我国古代城市规划的传统方法（贺业钜《考工记营国制度研究》，中国建筑工业出版社，1985 年，第 42 页）。一说，由于《考工记》此节的规划与已发掘、发现的两周时期都城布局不一致，有学者认为，《匠人营国》的规划应是按照西汉长安城的布局附会而成的（李锋《〈考工记〉成书时期管窥》，《郑州大学学报》1999 年第 2 期）。方九里，谓八十一平方里，这是王都的规模。旁三门，一边三门，四边则十二门。

②九经、九纬：九经，九条横贯南北的大道。九纬，九条横贯东西的大道。贾《疏》曰：“南北之道为经，东西之道为纬。”

③经涂九轨：郑《注》曰：“经纬之涂（途），皆容方（并排）九轨。轨谓辙广，乘车六尺六寸，旁加七寸，凡八尺，是为辙广。九轨积七十二尺，则此涂十二步也。”轨，可作道路宽度的计量单位。一轨等

于八尺。钱玄曰:“以周尺合今23厘米计算,古都城中大路宽为16.5米。”(《三礼通论》第157页)

④左祖,右社:即《小宗伯》“右社稷,左宗庙。”祖,祖庙。社,祭祀土地神(社)之所。

⑤面朝,后市:面,前。朝,路寝在路门内,其前有三朝:外朝、治朝、燕朝。孙诒让曰:“谓路寝之前,北宫之后也。”北宫,谓王后之六宫,在王宫最北边,其后东西向并列三市:大市居中,朝市居东,夕市居西。一说,贺业钜以为,此“朝”字指外朝(贺业钜《〈考工记〉营国制度研究》,中国建筑工业出版社,1985年,第24页)。

⑥市、朝一夫:夫,成年男子,此指面积单位,一个成年男子所受之地,等于长宽各百步的正方形的面积,计一百亩。一步六尺,百步为六十丈,方百步则为3600平方丈。

【译文】

匠人营建都城,全城面积九里见方,都城的四边每边有三个城门。都城内有九条南北大道、九条东西大道,每条大道宽度都是九轨即可容九辆车并行。王宫的路门外左边是宗庙,右边是社稷坛;王宫的路寝前面是三朝,北宫的后面是三市。每个市和每个朝面积都是一百步见方。

3. 夏后氏世室①,堂修二七②,广四修一③。五室④,三四步,四三尺⑤。九阶⑥。四旁两夹窗⑦。白盛⑧。门堂三之二⑨,室三之一⑩。

【注释】

①夏后氏世室:夏后氏,此指夏朝。世室,郑《注》曰:“宗庙也。”孙诒让说,是夏朝的明堂。此外有异说:据王国维说,此夏代的世室,既可作为宗庙,也可作为路寝、燕寝。三者都是四堂五室结构。而杨鸿勋则认为,“世室”即“太(大)室”,也即“大房间”或

“大房子”之意(杨鸿勋《建筑考古学论文集》,文物出版社,1987年,第109页)。

②堂修二七:修,谓南北的长度。郑《注》曰:“南北之深也。夏度以步。”按,一步六尺,七步则4.2丈。二七,据郑玄说,夏代用步作为度量长度的单位。二七即十四步。一步合六尺。二,俞樾《群经平议》以为,“二”字衍。《隋书·宇文恺传》载宇文恺《明堂议》已考订之。译文姑从经文原文。

③广四修一:即修为一、广为四,广四倍于修;修七步,则广二十八步。

④五室:据郑《注》,五室在堂上,其一室在正中央,另四室在中央之室的四隅。

⑤三四步,四三尺:三四步,四室在中央之室的四隅,每两室之间空有方四步之堂,则四方每一方皆纵横各有三个方四步。四步,指堂上五室各方四步。四三尺,每室四周皆有墙,自东而西有四墙,每墙厚三尺,则共四个三尺。

⑥九阶:据郑《注》,堂南面有三个台阶,其他三面各有二个台阶,共为九阶。

⑦四旁两夹窗:窗,郑《注》曰:“每室四户八窗。”按,堂上五室,每室四面的正中都开有门,门两旁各开一窗,将门夹在中间,故曰“四旁两夹窗”。一说,王国维曰:“每堂各有两夹,而四堂分居四旁,此所谓‘四旁两夹’也。”

⑧白盛:蜃灰。此谓以白色蜃灰粉刷墙壁,以饰成宫室。郑《注》曰:“蜃(大蛤)灰也。盛之言成也,以蜃灰垩墙,所以饰成宫室。”

⑨门堂三之二:门堂,门两侧之堂。即门塾之堂。郑《注》曰:“门侧之堂,取数于正堂。”按,世室的四面有围墙,每墙的正中开有一门,每门两侧建有屋,叫做塾。塾被墙分隔为内外两部分,称为内塾、外塾。内、外塾皆前为堂,后为室,叫做外堂、外室,内堂、

内室。这内、外堂就叫做门堂。是每门两侧凡四堂，四门则总为十六堂。门堂的大小，为世室正堂的三分之二。一说，石璋如将此句断句为："门，堂三之二"。

⑩室三之一：室，即指门塾之内外室，其深、宽为正堂的三分之一。按，古代宫室之制，前堂后室。

【译文】

夏后氏的世室，正堂前后深两个七步，宽是进深的四倍为二十八步。堂上四角和中央分布有五个室，每室四步见方，每边都有三个四步见方空间；每边都有四道墙，每道墙厚三尺，每边都有四个厚三尺空间。堂的四面有九层台阶。每室的四方各开一门，每门两旁有两窗相夹。用蛤灰把墙壁涂饰成白色。门侧之堂的进深占正堂的三分之二，堂后室的进深占正堂的三分之一。

4. 殷人重屋①，堂修七寻②，堂崇三尺，四阿重屋③。

【注释】

①重屋：孙诒让说，是殷代的明堂，其建筑的形制为重屋式。

②堂修七寻：此就一堂之深而言，一寻八尺，七寻则5.6丈。

③四阿重屋：一般释为重檐庑殿顶。在商代的甲骨文、周代铜器、汉画像石与明器中均有所反映。1960年在河南偃师二里头夏商之际的文化遗址中发掘出一座殿堂的基址，夯土台基的中部是一座进深三间、面阔八间、四面出檐的殿堂（中国科学院考古研究所二里头工作队《河南偃师二里头早商宫殿遗址发掘简报》，《考古》1974年第4期）。重檐庑殿后来称为我国宫殿建筑中最高等级的屋顶型式。此外有异说。一说，不少学者认为"亚"字为古代一种特殊礼制建筑之形象。有学者认为，"四阿""乃指其平面形状如四出式的亚字之形，表示的是殷人氏族宗庙的平面

结构，是殷人重要礼制建筑所采用的制度。所以，‘四阿’、‘四亚’互训，并非后世注礼者所说的四注式屋顶。……玄鸟之宫，是殷人的图腾之宫……二室相错之形，故《考工记》中‘重屋’乃为重室之意，指亚形的透视之状，是对殷人祖先神宫的形构解释，与‘四阿’反映的是同一概念。”（曹春萍《“四阿重屋”探究》，《华中建筑》1996年第1期）。二说，四阿，四注屋，即四面有霤下注之屋。郑《注》曰：“若今四注（按《注疏》本原误作“柱”，据阮校改）屋。”重屋，谓屋上又起一屋，上圆下方。孙诒让曰：“重屋谓屋有二重。下为四阿者，方屋也。其上重者，则圆屋也。圆屋以覆中央之五室，而盖以茅；方屋以覆外出四堂，而盖以瓦。”王国维曰：“堂后四室相对于内，中央有太室，是为五室。太室之上，为圆屋以覆之，而出于四屋之上，是为重屋。”

【译文】

殷人的重屋，堂南北进深七寻，堂基高度是三尺，重檐庑殿顶。

5. 周人明堂①，度九尺之筵②，东西九筵，南北七筵③，堂崇一筵，五室，凡室二筵④。

【注释】

①周人明堂：明堂，古代天子宣明政教的地方，凡是朝会及祭祀、庆赏、选士、养老、教学等大典，皆在此举行。郑《注》曰：“明堂者，明政教之堂。……此三者（指夏、殷、周），或举宗庙（指夏的世室），或举王寝（指殷的重屋），或举明堂，互言之，以明其制同。”按，考古发现中曾有类似建筑遗存。如，二十世纪五十年代后在汉长安的南郊发现了十几处礼制建筑的遗址，据考证可能是王莽所建立的九座宗庙及明堂、辟雍建筑。它们应是《考工记》等三代建筑模式影响下的仿古建筑物（孙大章《中国古代建筑史

话》,中国建筑工业出版社,1987年,第40页)但应不是真正的三代礼制建筑。二十世纪七十年代初山东临淄郎家庄发掘了一座春秋战国之际的齐国殉人墓,出土了一件圆形漆器,上面描绘有带斗拱但两两相对的房屋四座,每座各三间。学者认为可能就是明堂图(曹春萍《"四阿重屋"探究》,《华中建筑》1996年第1期)。

②筵:铺于下层垫底的竹席,长九尺。可作长度单位。周的长度单位,一筵九尺。按,席子的使用在商代以前就已经开始了,这可从甲骨文中的"席"字字形看出。商代早期以蹲踞与箕踞较为普遍,晚商跪坐更为流行。入周以后,席地而坐(跪坐)发展成为"礼"的重要组成部分(崔咏雪《中国家具史——坐具篇》,台湾明文书局,1986年,第12页)。除了凭几、屏风(扆)、衣架(椸)之外,筵席是当时最重要的家具,还是宫室建筑的基本度量单位。筵通常较大,比较粗糙,用它垫底可以隔离地面的湿气。筵上所蹈藉之席,往往是较软的草席或薄竹片所编的竹席(簟)。

③"东西九筵"二句:这是明堂四堂的南堂的大小,其他三堂皆仿此。

④凡室二筵:按,此处以长九尺的筵作计量单位。孙诒让曰:"此经于周制止举堂室,实则九阶、四旁两夹窗、白盛之制,当与夏世室同;四阿、重屋之制,当与殷重屋同。经不具详者,蒙上文而省也。"

【译文】

周人的明堂,以长九尺的筵作为单位来量度,东西宽度是九筵,南北进深七筵,堂基高度是一筵,共有五室,每室长、宽皆为二筵。

6. 室中度以几[1],堂上度以筵,宫中度以寻,野度以步,涂度以轨.

【注释】

①室中度以几:度,度量,测量。几,凭几,小桌子,设于座侧,以便依凭。亦作度量单位。即《春官·司几筵》之几,彼处贾《疏》曰:"凡几之长短,阮谌云几长五尺,高二尺,广二尺;马融以为长三尺。"戴震云:"马融以为几长三尺,六之而合二筵与?"按,湖北随县曾侯乙墓出土的漆几长六十点二厘米,合于三尺之数。

【译文】

室中的距离用几为单位来度量,堂上的距离用筵为单位来度量,宫中的距离用寻为单位来度量,野地的距离用步为单位来度量,道路的距离用车轨为单位来度量。

7. 庙门容大扃七个①,闱门容小扃参个②,路门不容乘车之五个③,应门二彻参个④。

【注释】

①庙门容大扃七个:庙门,谓大庙(宗庙)南向之大门。大扃七个,郑《注》曰:"大扃,牛鼎(煮牛牲用的鼎)之扃,长三尺。每扃为一个,七个二丈一尺。"扃,即贯通鼎上两耳、用以抬鼎的横木。

②闱门容小扃参个:闱门,庙中小门。郑《注》曰:"庙中之门曰闱。"所谓庙中之门,谓庙中旁出之小门。小扃,长二尺之扃。郑《注》曰:"鲜鼎之扃,长二尺。参个六尺。"按,鲜(xiāng)鼎,即煮牛肉羹的鼎。

③路门不容乘车之五个:路门,路寝(正寝)的门,寝宫区的总门。路门外为朝,内为寝宫。参见上文"面朝后市"注。郑《注》曰:

"大寝之门。"大寝即路寝，大寝之门即路门，为王五门之第五门。不容乘车之五个，郑《注》曰："乘车广六尺六寸，五个三丈三尺。"金鹗曰："《记》谓不容乘车之五个，则是四个有余、五个不足之文。"且以为路门宽三丈。

④应门二彻参个：应门，正朝的朝门，即王宫的正门，南向。郑《注》曰："正门谓之应门，谓朝门也。"按，应门为王五门之第四门，应门之内即治朝，亦即正朝，故谓应门为朝门。二彻参个，二彻，即二辙，即二轨。郑《注》曰："二彻之内八尺，三个二丈四尺。"按，彻即轨，二彻之内即二彻之间，轨宽八尺，故二彻之间为八尺。

【译文】

庙门的宽度可容下七个大扃，闱门的宽度可容下三个小扃，路门的宽度容不下即稍窄于并排的五辆乘车，应门的宽度为三轨即可容下并排的三辆乘车。

8. 内有九室①，九嫔居之②。外有九室③，九卿朝焉④。九分其国以为九分⑤，九卿治之。

【注释】

①内有九室：内，郑《注》曰："路寝之里也。"九室，天子六寝，一个路寝在前，五个燕寝在后，统在路门之内。此九室为九嫔所居，则当在王后之宫，故又在天子燕寝之后。

②九嫔：王之妾，地位仅次于夫人，佐后治理宫中事务。《礼记·昏义》曰："古者天子后立六宫、三夫人、九嫔、二十七世妇、八十一御妻，以听天下之内治，以明章妇顺，故天下内和而家理。"本书《天官》设立"九嫔"一职。

③外有九室：郑《注》曰："外，路门之表也。九室，如今朝堂诸曹治事处。"

④九卿：高级官员，指六卿三孤。郑《注》曰："六卿三孤为九卿。"六卿，即冢宰、大司徒、大宗伯、大司马、大司寇、大司空；三孤，即少师、少傅、少保。《礼记·昏义》曰："古者……天子立六官、三公、九卿、二十七大夫、八十一元士，以听天下之外治，以明章天下之男教，故外和而国治。"先秦九卿的分工未详。秦朝的九卿为：奉常、郎中令、卫尉、太仆、廷尉、典客、宗正、治粟内史、少府。西汉的九卿为：太常、光禄勋、卫尉、太仆、廷尉、大鸿胪、宗正、大司农、少府。可参考。

⑤九分其国：宫城占井字形中间的一分，王城其余部分占宫城周围的八分。郑《注》："分国之职也。"

【译文】

路寝之内有九室，九嫔居住在那里。路门之外有九室，九卿在那里处理政事。宫城占王城的九分之一，把国家的职事划分为九个方面，分别由九卿来负责治理。

9. 王宫门阿之制五雉①，宫隅之制七雉②，城隅之制九雉。经涂九轨③，环涂七轨④，野涂五轨⑤。门阿之制，以为都城之制⑥。宫隅之制，以为诸侯之城制⑦。环涂以为诸侯经涂，野涂以为都经涂。

【注释】

①门阿之制五雉：门阿之制，此指宫城城门的屋脊标高。门，谓门屋，即覆于门上之屋。阿，郑《注》曰："栋也。"即门屋的中脊，引申为屋脊。雉，长三丈、高一丈的版筑墙壁。此处为度量单位，长三丈、高一丈为一雉。郑《注》曰："雉长三丈，高一丈。度高以高，度广以广。"意谓雉既可量长度，亦可量高度。计量长度时，

一雉为三丈；计量高度时，一雉为一丈。此处是量高度，五雉即高五丈。

②宫隅：及下文城隅，亦作“浮思”、“罘罳”、“罘思”，指宫墙四角的小角楼，上面有孔，形似网，用以守望与防御。郑《注》曰：“谓角浮思也。”戴震曰：“门台谓之宫隅，城台谓之城隅。”孙诒让曰：“凡古宫、城四隅皆阙然而高，……宫隅、城隅皆在四角。”

③经涂九轨：轨宽八尺，九轨则 7.2 丈。按，此处未言东西大道，贾《疏》曰：“不言纬者，以与经同。”

④环涂：沿王城的环形大道。杜子春曰：“谓环城之道。”涂，道路。

⑤野涂：城郭外的道路。

⑥“门阿之制”二句：这是记畿内诸侯的城制。都，王宗室子弟、公卿、大夫所封的采邑。其地在距王都四百里至五百里之“畺地”（参见《地官·载师》第 2 节及其注）。城，孙诒让曰：“即城隅，不言隅者，蒙上文省。”故郑《注》曰：“其城隅高五丈。”

⑦“宫隅之制”二句：此记畿外诸侯的城制。郑《注》曰：“诸侯，畿以外也。其城隅制高七丈。”

【译文】

王宫门阿的规制高度是五雉，宫墙四角角楼浮思的规制高度是七雉，城墙四角浮思规制高度是九雉。王城内横贯南北、东西的大道宽九轨，环城大道宽七轨，城郭外野地的大道宽五轨。用王宫门阿的规制高度五雉，作为公和王子弟所封采邑城四角角楼浮思高度的标准。用王宫宫墙四角角楼浮思的规制高度七雉，作为诸侯都城四角角楼浮思高度的标准。用王都内环城大道的宽度七雉，作为诸侯都城中南北主干道宽度的标准；用王城郭外野地大道的规制宽度五雉，作为公和王子弟所封采邑城中南北主干道宽度的标准。

10. 匠人为沟洫①。耜广五寸②，二耜为耦③，一耦之伐，广尺、深尺谓之畎④。田首倍之⑤，广二尺、深二尺谓之遂。九夫为井⑥，井间广四尺、深四尺谓之沟。方十里为成，成间广八尺、深八尺谓之洫。方百里为同，同间广二寻、深二仞谓之浍⑦，专达于川⑧。各载其名。

【注释】

①沟洫：此指田间沟渠。

②耜(sì)：原始翻土农具耒耜的下端，形状像铁锹、铧。曲柄的起土农器，耜头为青铜制或铁制，是一种前端为尖刃的扁状器，耜头后面安有曲形木柄。

③二耜为耦：此谓下端分歧的耒，两歧各加一个金属套冠即成耜耦，其宽度为一尺(李则鸣《耦耕新探》，《中国史研究》1985年第1期)。此外有异说：或以为，是两人并肩，各执一耜，共耕一尺之地，郑《注》曰："两人并发之。"或以为，是一人耕地，一人碎土摩田；或以为，是在耜的柄上系绳，一人把耜推入土中，另一人相向而立，用力拉绳掘土；或以为，古代的耜即为犁头，耦耕即一人扶犁，另一人在前面拉犁。译文姑从李则鸣说。

④畎(quǎn)：田间小沟。

⑤田首：田亩起始一端。

⑥井：在井田制中，九夫所治田为井，方一平方里，即三百步。郑《注》曰："井者，方一里，九夫所治之田。"

⑦同间广二寻、深二仞谓之浍：仞，长度单位。八尺曰仞，与寻同。《说文·人部》曰："仞，伸臂一寻，八尺。"金鹗曰："仞字从人，明是以人身为度。"浍，田间排水渠。

⑧专达于川：郑《注》曰："达，犹至也，谓浍直至于川。"

【译文】

匠人挖掘沟渠。耜头宽五寸，二耜为耦，一耦所掘土成的沟，宽一尺、深一尺的小水道叫做畎。在一夫之田地起首端挖掘的沟渠宽和深比这畎加一倍，宽二尺、深二尺叫做遂。九夫共耕的田为一井之田，井与井之间挖掘的宽四尺、深四尺的水道叫做沟。十里见方的土地叫做一成，成与成之间挖掘的宽八尺、深八尺的水道叫做洫。百里见方的土地叫做同，同与同之间挖掘的宽二寻、深二仞的水道叫做浍，浍中的水直接流入大川。各种沟渠水道的来龙去脉及其名称都分别有所记载。

11. 凡天下之地势，两山之间必有川焉，大川之上必有涂焉。凡沟逆地阞[1]，谓之不行[2]；水属不理孙[3]，谓之不行。梢沟三十里而广倍[4]。凡行奠水，磬折以参伍[5]。欲为渊，则句于矩[6]。凡沟必因水势，防必因地势。善沟者水漱之[7]，善防者水淫之[8]。凡为防，广与崇方，其杀参分去一[9]。大防外杀[10]。

【注释】

①地阞(lè)：地脉。阞，郑《注》曰："谓脉理。"按，脉理，此指大地的起伏形势及山川走向。

②不行：水不流畅，横逆决溢。

③水属不理孙(xùn)：属，通"注"，注入，流入，注集。郑《注》曰："属，读为'注'。"理孙，据王引之说，理、孙皆顺义。孙，通"逊"，顺。

④梢沟三十里而广倍：梢沟，梢形排水沟，由近及远，随着排水量的增加，逐渐增宽。江永曰："梢，谓挖地为沟也。下流纳水多，故三十里宜倍于上流之广，其广当以渐而增也。"

⑤"凡行奠(tíng)水"二句：行奠水，奠水，停滞不流的水。奠，通"停"。郑司农曰："'奠'，读为'停'，谓行停水。"磬折以参(sān)

伍，此指一种泄水建筑物的形状。类似现代的实用剖面堰中的折线形剖面堰，结构简单，施工容易，泄水能力较好，适用于农村小型水利工程（闻人军《〈考工记〉中的流体力学知识》，《自然科学史研究》1984年第1期）。此外有异说，一说，认为在垂直面上呈磬形。如认为渠道进口处"要做成类似石磬的样子，堰形要有150°左右的夹角，而其横段与折段的长度应是三比五"（武汉水利电力学院、水利水电科学研究院《中国水利史稿》编写组《中国水利史稿（上册）》，水利电力出版社，1979年，第108页）。二说，认为是在水平面上呈磬折形。如郑司农曰："行停水，沟形当如磬，直行三，折行五，以引水者疾焉。"程瑶田曰："记言行奠水之曲折，当如磬折之倨句。三五者，言不一，其磬折无定数也。"于嘉芳认为，"凡行奠水，磬折以参伍。欲为渊，则句于矩"，"都是指在水平面上水渠应该具有的曲折度。""'参伍'即'三五'就是参宿、昴宿。查参宿七星，左侧纵列三星的角度为155度左右，右侧纵列三星的角度为145度左右，都与'磬折'的角度151度比较接近。"（于嘉芳《"磬折以参伍"新解——兼论齐国农田灌溉和水利工程》，《管子学刊》2000年第2期）磬折，曲折也。参伍，此是交互错杂义。行奠水要"如磬折以参伍"，是为了顺地势高下曲折疏导之。

⑥"欲为渊"二句：句（gōu）于矩，弯度大于九十度。郑《注》曰："大曲则流转，流转则其下成渊。"按，大曲，谓弯曲度过大，以至于"句于矩"（超过90度）。流转，即回旋，回旋则自然成渊。有论者指出，"渊"，相当于现代水利渠道中的跌水。陡峻地区的引水渠，用跌水连接渠道，集中落差，可防止渠道受到严重冲刷。跌水的落水墙做成垂直式，较为简单，可减少工程量（武汉水利电力学院、水利水电科学研究院《中国水利史稿》编写组《中国水利史稿（上册）》，水利电力出版社，1979年，第108页）

⑦漱：被水冲刷、剥蚀。《说文·水部》曰："水荡口也。"孙诒让曰："引申为凡水荡物之称。"

⑧淫之：淫，通"廞"，淤积，淤塞。郑司农曰："'淫'，读为'廞'(xīn)，谓水淤泥土，留著助之为厚。"

⑨"凡为防"三句：广与崇方，郑《注》曰："方，犹等也。"贾《疏》曰："假令堤高丈二尺，下基亦广丈二尺。"广，堤顶。一说，指堤底。

⑩大防外杀：外杀，据江永说，是减小堤外一面的厚度。杀，消减，减小。郑《注》曰："又薄其上，厚其下。"即大堤防下基要更增宽，其外杀比例当增大，使堤防横截面呈一不等腰梯形：外侧的斜边长，内侧的斜边短，如此则可承受更大的河水压力。

【译文】

凡是天下的地势，两山之间必定有河流，大河流岸上必定有道路。凡是开挖沟渠违逆地的脉理，叫做水流不行导致决口；水的流注不顺畅，也叫水流不行。所开挖的沟渠下流三十里而其宽度就要增加一倍。凡是疏导停滞的死水，所开挖渠道要顺地势顶角呈磬折形，角的两边之比为三比五。如果想使流水蓄积成深渊，就要使水渠的弯曲度大于直角九十度。凡是开沟一定要顺水的流势，凡是修筑堤防一定要顺着地势。善于开沟渠的人能借助水势冲荡堤岸的障碍物而保持通畅，善于修筑堤防的人能利用流水淤积的泥土使堤防加厚。凡是建造堤防，要使其上顶的宽度与堤防的高度相等，而其上顶的宽度比下基要逐渐减少三分之一。较高大的堤防因下基增厚而只在外侧向上减薄其宽度。

12. 凡沟防，必一日先深之以为式，里为式，然后可以傅众力①。

【注释】

①"必一日先深之"三句：此谓在施工之前，要根据对生产率的评估

预测，做好总体规划。深，泛指挖渠筑堤的进度。式，即额定的工作量，此指参照标准。郑《注》曰："程人功也。"孙诒让引李藉《音义》曰："课程也。"傅众力，调配人力施工。傅，通"附"、"敷"，施加，布陈。江永曰："以一日之功，筑凿几何，又以一里之地计，几何日，几何人力，则可依附此而计用几何众力也。"一说，解释"式"为断面样板，全句解释为，凡是修筑沟渠堤防，"必需在开工前先做好断面样板，每隔一里就有一个样板（"式"），这样在开工后，大量的人力就可以同时动手。这既可以保证断面尺寸，提高施工质量，又可以充分使用人力。"（武汉水利电力学院、水利水电科学研究院《中国水利史稿》编写组《中国水利史稿（上册）》，水利电力出版社，1979年，第113页）

【译文】

凡是挖掘沟渠、筑造堤防，一定要先用数人确定一天试作的进度并以之作为每天的工作量参照标准，再计算出完成一里工程所需要的人数、工作天数，然后可依此计算调配整个工程总共需用的人力数。

13. 凡任①，索约大汲其版，谓之无任②。

【注释】

①任：担当，承担，支撑。此指受力的绳索。孙诒让曰："筑土缩版，必用绳索，故云任。"此指夯土版筑，用板束土支撑。按，古代筑墙用所谓"版筑"法，即用夹版相夹立作模，两端用绳索、木桩固定，然后在两版之间填土，以杵夯实，分层夯筑。考古发现多处版筑法建筑的遗迹。如，1977年河南嵩山南麓登封告成王城岗遗址发现了东西骈列的两个小型城堡的夯土墙基。据夯层中出土的木炭测定其年代距今4010加减85年（树轮校正为4415加减140年），约相当或稍早于夏朝开国的年代（文物编辑委员会

《文物考古工作三十年》,文物出版社,1979年,第274页)。河南偃师二里头遗址的上层曾发现了一处规模宏大的宫殿建筑基址,这是一个大型夯土台基(中国科学院考古研究所二里头工作队《河南偃师二里头早商宫殿遗址发掘简报》,《考古》1974年第4期)。1955年以来河南郑州发现的商代前期城墙遗址,周长达6960米,全用夯土分层版筑而成,夯层薄,夯窝密,质地相当坚硬(河南博物馆等《郑州商城遗址发掘报告》,《文物资料丛刊》,文物出版社,1977年)。夯土技术的出现,是古代建筑技术的一大进步。春秋战国时期,夯土技术继续广泛应用于筑城与堤坝工程。《考工记》此节所记版筑夯土技术,当是砖墙出现以前,人们长期积累的夯土技术的经验总结。

②"索约大汲其版"二句:索,绳。约,束。大汲,郑《注》曰:"汲,引也。筑防若墙者,以绳缩其版,大引之,言版桡也。版桡,筑之则鼓,土不坚矣。"按,如果绳束得过紧,以至于夯土时夹版被撑弯而鼓出泥土,所筑的土就不坚实,其结果同没有用绳束版一样,故曰"谓之无任"。

【译文】

凡是用绳束版筑筑墙,如果绳把夹版勒得太紧,或者受力不均,致使夹版变形、受损,其结果就跟没有用绳束版一样,难以发挥支撑承压的功能。

14. 葺屋参分,瓦屋四分①。囷、窌、仓、城,逆墙,六分②。堂涂十有二分③。窦其崇三尺④。墙厚三尺,崇三之⑤。

【注释】

①"葺屋参分"二句:葺(qì),本指用茅草覆盖房屋,此指茅草为顶的

屋。贾《疏》曰:“草屋宜峻于瓦屋。……假令南北丈二尺,草屋三分取四尺为峻,瓦屋四分取三尺为峻也。”峻谓屋顶之高。瓦屋,以陶瓦为顶的屋。按,考古发现的最早的瓦,当出现在西周早中期。如,1976年在陕西岐山、扶风两县周原一带,发现了两处西周建筑遗址。岐山京当乡凤雏村发现一组大型西周建筑基地,在房屋堆积中发现了少量的瓦,瓦型较大,可能仅用于茅草屋顶的脊部与天沟。时代稍晚的扶风法门乡召陈村西周建筑基址群,则发现许多各种型式的板瓦与筒瓦,均有瓦钉,其中还有半瓦当、背饰黼黻纹的中、小型筒瓦等(杨鸿勋《西周岐邑建筑遗址初步考察》、陕西周原考古队《扶风召陈西周建筑群基址发掘简报》,均见《文物》1981年第3期)。周原考古队推测,瓦的发明当在西周初期或稍早。西周中期是瓦的发展时期。春秋时代,瓦逐渐普遍使用。战国时代,瓦的型式更加丰富,纹饰更加精美。

②囷、窌、仓、城,逆墙,六分:囷(qūn),圆形的粮仓。郑《注》曰:“圜仓。”窌(jiào),地窖。郑《注》曰:“穿地曰窌。”按,窌在地下,而亦有墙者,贾《疏》曰:“虽入地,口宜宽,则牢固也。”仓,指方形的粮仓。按,我国至迟在商代已用仓廪贮存谷物。逆墙,截面呈梯形的墙,下大上小。郑《注》曰:“逆,犹却也。……六分其高,却一分以为杀。”却,谓减杀。郑《注》本义当谓顶部减杀墙高的六分之一。学者对郑《注》有不同理解。如孙诒让曰:“此城有逆墙者,即所谓女墙也。……逆墙六分城高,以一分为之。假令城高九雉,则以上一丈五尺却为逆墙。囷、窌、仓逆墙放(仿)此。”意即上端六分之一部分筑成逆墙。姑从郑玄原意。六分,此指墙顶端厚度减杀为墙高的六分之一。

③堂涂十有二分:堂涂(途),指堂下东、西阶前的引路。十有二分,郑《注》曰:“分其督旁之修,以一分为峻也。”按,堂途中间高而两

旁低，中高的部分就叫做督。督的高度，为两旁宽度的十二分之一。

④窦：宫中的下水道，阴沟。郑《注》曰："宫中水道。"

⑤"墙厚三尺"二句：此是记宫墙的厚度与高度的比例是三比一。郑《注》曰："高厚以是为率，足以相胜。"

【译文】

草屋屋顶的高度是屋前后进深的三分之一，瓦屋屋顶的高度是屋前后进深的四分之一。圆形粮仓、地窖、方形粮仓、城墙，它们的墙上端厚度渐减为墙高的六分之一，筑成逆墙。堂下阶前的路中间比两边高出的尺寸是路中央至路边宽度的十二分之一。宫中的下水道深三尺。宫墙的厚度、高度比例是：墙厚三尺，墙高为墙厚的三倍即九尺。

二九　车人

1. 车人之事①，半矩谓之宣②，一宣有半谓之欘③，一欘有半谓之柯④，一柯有半谓之磬折⑤。

【注释】

①车人：制造牛车（双辕）的工匠。兼制耒。

②半矩谓之宣：矩，工匠量直角的曲尺，亦作角度单位，即今90度的直角。半矩则为45度的锐角，称为"宣"，也是角度单位。

③一宣有半谓之欘（zhú）：一宣有半，即今67.5度的夹角。欘，斧、锄等自然弯曲的把。锄等与柄间有锐角，此处借用为角度单位，即今67.5度。《说文·木部》曰："斫也，齐谓之鎡錤（锄）。一曰斤柄，性自曲者。从木属声。"

④一欘有半谓之柯：一欘有半，即今101.25度的钝角。柯，本义斧柄。斧与柄间有钝角，此处借为角度单位，即今101.25度。《说文·木部》曰："斧柄也。从木可声。"按，《注疏》本"之"上脱"谓"

字，以上下文例之，此处亦当曰“谓之柯”，他本亦皆有“谓”字。

⑤一柯有半谓之磬折：一柯有半，即今151.875度的钝角。磬折，本义磬的顶角（鼓上边与股上边所夹之角），此处借用为角度单位，即指151.875度的钝角。按，此处所记磬折之度与《磬氏》略异（参见彼处注）。春秋后期以前，编磬形制尚未定型。春秋末期，逐渐趋于规范化，磬的顶角约为一百五十余度，故被定为角度单位。《考工记》此节矩、宣、欘、柯、磬折等，作为当时工程建设上实用的一套角度定义，大约形成于春秋末期。当时已经有了表示抽象的角的概念的专有名词，有了一些用作技术规范的特定角度。战国时期，磬折等角度定义曾广泛流传，并在早期工程技术中发挥了一定作用。考古工作者发现了大量磬折型编磬，可以作为这套实用角度定义流传之广的例证（闻人军《“磬折”的起源与演变》，《杭州大学学报（自然科学版）》1986年第2期；关增建《〈考工记〉角度概念刍议》，《自然辩证法通讯》2000年第4期）。

【译文】

车人制作器物的事，直角的一半叫做宣，一宣半的夹角叫做欘，一欘半的夹角叫做柯，一柯半的角度叫作磬折。

2. 车人为耒①，庇长尺有一寸②，中直者三尺有三寸③，上句者二尺有二寸④。自其庇缘其外，以至于首，以弦其内，六尺有六寸，与步相中也⑤。坚地欲直庇，柔地欲句庇⑥。直庇则利推，句庇则利发。倨句磬折，谓之中地⑦。

【注释】

①耒：此指翻土农具耒耜的曲木柄。其下端与耜相连。

②庇(cì):耒下端安耜头的一段曲木,单齿或分叉成两齿、三齿。

③中直者:及下文"上句者",程瑶田《磬折古义》曰:"耒木三折。"按,耒木三折,中间一段直木最长,下端折向前为庇以安耜头,上端折向后谓之首,为人手所扶持处。

④上句者:上端的弯曲部分。

⑤"自其"五句:步,长度单位,一步六尺。一说,《礼记·王制》曰:"古者以周尺八尺为步。"按,耒木三折,其上下两折角方向相反,略似一"∫"形,耒木两端(从首端到庇端)的直线距离即所谓弦,可视为一条虚拟的直线纵贯于"∫"形的耒木之中,此弦即所谓内,而如"∫"的耒木本身则为外。耒木的实际长度为六尺六寸,其弦则为六尺,恰为一步,即所谓"与步相中"。

⑥"坚地欲直庇"二句:直庇,谓庇是直的,即庇与耒的中直部分间无弯度,庇与耒的中直部分在一条直线上。句庇,谓庇是弯的,即庇与耒的中直部分间有角度。

⑦"倨句磬折"二句:倨句磬折,谓庇与中间直木之间的夹角为一磬折,即一柯有半(151.875度)。一说,庇本身曲折成磬折状(李崇州《试探〈考工记〉中"耒"的形制》,《农业考古》1995年第3期)。中地,此指利推利发,坚柔之地皆适用。戴震曰:"中地,谓无不宜也。宜坚不宜柔,宜柔不宜坚,为不中地;利推不利发,利发不利推,为不中地。"按,直庇阻力小,下推之力集中,所以容易推进入土。挖掘泥土时,向后下方压耒柄,庇部向前上方起土。向上的分力句庇大于直庇,故句庇有利于挖掘泥土。夹角一磬折是一种经验数据,这种形式的耒的性能介于直庇耒与句庇耒之间,能够兼顾各方面的要求,故其适应性亦较强。

【译文】

车人制作耒,其下端的庇长一尺一寸,中间直的部分长三尺三寸,上端向后弯曲的部分长二尺二寸。从下面庇端沿着曲折的耒木往上量，而量到首端，以两端之内的直线距离为弦，长六尺六寸的耒木，而弦的长度正好与一步的长度相等。坚硬的土地适宜用直庇的耜，柔软的土地适宜用庇弯曲的耜。直庇利于推耜入土，弯曲的庇利于将土翻起，如果庇弯曲的角度为一磬折，称之为适宜于任何种类的土地。

3. 车人为车①。柯长三尺②，博三寸，厚一寸有半。五分其长，以其一为之首③。

【注释】

①车人为车：此指牛拉的载货车，即大车、柏车、羊车。孙诒让曰："此车人所为三车（谓大车、柏车、羊车），皆牛车，与轮人、舆人、辀人所为驷马车不同。其制粗略，故轮、舆及辕以一工为之。"

②柯：伐木斧头之柄，长三尺，此处用作长度单位。

③"五分其长"二句：首，谓斧头，此指斧头之刃的宽度。柯长三尺，五分之一则为六寸。

【译文】

车人制造牛拉的货车。柯长三尺，宽三寸，厚一寸半，把柯长分为五等分，用其中一等分的长度作为斧刃的宽度。

4. 毂长半柯，其围一柯有半①。辐长一柯有半，其博三寸，厚三之一。渠三柯者三②。行泽者欲短毂，行山者欲长毂；短毂则利，长毂则安③。行泽者反辇④，行山者仄辇⑤；反辇则易⑥，仄辇则完⑦。六分其轮崇，以其一为之牙围⑧。

【注释】

①"毂长半柯"二句：毂长半柯，则为一尺五寸。其围一柯有半，则

为四尺五寸，除以圆周率，则毂径为 1.4324 尺，约等于毂长。按，此下说的是大车。郑《注》曰："大车，平地载任之车。"

②渠三柯者三：渠，车辋，大车的轮牙。今云轮圈。郑《注》曰："谓罔也。"王宗涑曰："'罔'即'辋'之省。"按，罔即轮牙。三柯，九尺；又三之，则二丈七尺，是为轮牙的周长，其直径则为 8.5943 尺。

③"短毂则利"二句：按，这些经验总结符合力学原理。车在泥泞的泽地行驶时，车轮与地面间的滚动摩阻较大，采用短毂可以减少轴与轮毂间的接触面与摩擦力，有利于灵活地转动。车在崎岖不平的山地上行驶时，经常颠簸，车箱是通过轴与毂再靠轮子支撑的，长毂的支撑面较大，能增加它的稳定性。

④反辐：辐，通"煣"，揉制车轮。即将二或三条直木用火烤，用力揉为弧形，然后拼接成轮圈。辐亦指轮圈。反辐，将用作轮圈的圆木一劈为二，使树心部分（心材）朝向轮圈外周，靠近树皮的部分（边材）在轮圈内周。王宗涑曰："谓揉木为车辋，反阴为阳，使木向阴者在着地一面也。"郑司农以为通过反辐，木的向阴面质地较软，行于泽地可少黏泥。按，木材各部位的结构与机械性能不一样，心材较重，质地坚硬；边材松软，含水分较多，抗腐蚀性能低于心材。反辐的车轮，心材在外，表面细腻、光滑，不易为泽泥所粘，且不易腐烂。

⑤仄辐：侧辐。制作车圈时，心材、边材同时朝外揉出车轮。王宗涑曰："谓车辋着地，阴阳各半也。"按，行山路之轮圈，接触沙石，对耐磨性要求较高。通过仄辐，郑《注》曰："为（山路）沙石破碎之，欲得表里相依坚刃（韧）。"即谓仄辐可表里相依、刚柔相济，既坚韧，又耐磨。

⑥易：表面细腻、光滑。孙诒让曰："易、滑义同。""则泥不黏而行利"。

⑦完：完固，坚韧，耐磨。

⑧“六分其轮崇”二句：轮崇，轮高，轮子的直径。大车轮高九尺。按，轮崇 8.5943 尺（见注②），六分之一则为 1.4324 尺，是为牙围。

【译文】

大车毂长一尺五寸，车毂围长四尺五寸。车辐长四尺五寸，辐宽三寸，厚是宽的三分之一即一寸。轮牙用三条长三柯的木条糅合而成，周长是二丈七尺。在沼泽地行驶的车子车毂要短一些，在山地行驶毂要长一些；短毂转动利落，长毂比较安稳。在泽地行驶的车子，煣制轮牙要反煣，即心材朝外，边材在内，在山地行驶的车子，煣制轮牙要要侧煣，即心材、边材同时朝外；煣制轮牙使心材朝外就细腻、光滑而不易黏泥，煣制轮牙使心材、边材同时朝外就能保持坚韧耐磨而不易损坏。将轮的高度分为六等分，用其中一等分作为轮牙截面的围长。

5. 柏车毂长一柯[①]，其围二柯，其辐一柯，其渠二柯者三[②]。五分其轮崇，以其一为之牙围[③]。

【注释】

①柏车：据郑《注》，行驶于山地的大车。轮高六尺，其车箱迫近地面。

②渠二柯者三：即一丈八尺。则轮径为 5.7296 尺。

③“五分其轮崇”二句：即将 5.7296 尺五分之，为 1.1459 尺，是为牙围。牙围，轮牙的截面周长。

【译文】

柏车的车毂长三尺，其毂的围长六尺，其辐条长三尺，其轮牙用三条长二柯的木条揉合而成，即周长一丈八尺，将轮的高度分为五等分，用其中一等分的长度作为轮牙的围长。

6. 大车崇三柯[①],绠寸[②],牝服二柯有参分柯之二[③]。羊车二柯有参分柯之一[④]。柏车二柯[⑤]。

【注释】

①大车崇三柯:大车,郑《注》曰:"平地任载之车。"按,大车之轮崇(即直径)实为8.5943尺(见第4节注②),此处说三柯,即九尺,举成数也。

②绠:牙上榫眼外侧留出的牙边(参见《考工记·轮人》第2节注)。

③牝服二柯有参分柯之二:牝服,车箱左右两侧的护板。郑《注》曰:"长八尺,谓较也。"较是车箱两旁上之横木(参见《舆人》第2节注)。孙诒让曰:"马车、牛车皆有左右两较,但马车较左右出式(轼)而高,牛车较卑,无较式之别,是之谓平较,平较谓之牝服,较高者为牡,则平者为牝矣。"二柯为六尺,又加三分之二柯,则为八尺,是为牝服之长。此外有异说:一说,郑司农曰:"牝服,谓车箱。"二说,陈奂曰:"牝即牛。服者,负之假借字。大车重载,牛负之,故谓之牝服。"三说,闻人军以为,牝服当为牛车之一种,其形制比大车略小。驾母牛、公牛皆可。四说,钱宝琮以为,牝服是架母牛之车(钱宝琮《钱宝琮诗词六首》,《中国科技史料》1982年第2期)。

④羊车二柯有参分柯之一:羊车,车人所造三车之一。钱宝琮以为,羊车是架羊之车(钱宝琮《钱宝琮诗词六首》,《中国科技史料》1982年第2期)。羊,祥,善。此外有异说:一说,杨天宇以为,羊车亦为牛拉载货车之一种,形制已不可考。郑《注》曰:"羊,善也。善车,若今定张车。"《释名·释车》曰:"羊车:羊,祥也;祥,善也。善饰之车,今犊车是也。"二说,闻人军以为,羊车是一种较轻巧的比牝服小一号的车,可乘坐。按,汉代画像石有

羊车形象，可参考。如1964年山东省滕县大郭村出土汉画像石，刻有牛车与羊车，上层为西王母、伏羲、女娲、九尾狐、羽人、玉兔等天界画像，下层有牛、羊车各一乘，车上各乘坐二人。羊车之羊形象夸张、生动（朱存明《汉代墓室画像的象征主义研究》，《民族艺术》2003年第1期）。柯有参分柯之一，二柯六尺，又加三分之一柯，则为七尺，是为羊车牝服之长度。

⑤柏车二柯：王宗涑曰："柏车牝服最短，盖以山险难行而少其任载也。然则任载之车分为三等，亦量地之易险而利其用尔。易野用大车，险野用柏车，易险半者用羊车，而任载多少亦随地之易险而殊，故牝服有长短也。"

【译文】

大车轮高是九尺，牙边向外偏出的轮绠宽一寸，牝服是八尺。羊车的牝服是七尺。柏车的牝服是六尺。

7. 凡为辕①，三其轮崇。参分其长，二在前，一在后，以凿其钩②。彻广六尺③，鬲长六尺④。

【注释】

①辕：是指牛车（包括上述三种牛车）的两直辕。

②"参分其长"四句：凿其钩，江永曰："凿钩，谓辕当轴处凿半月形以衔轴。轴上亦稍凿之，令其相钩著不脱。"钩，指钩心，是在辕朝下的一面上所开半圆形的槽，可置于车轴上以辖轴。按，两辕木的后段伸在车箱下，与车箱上的牝服相应，而钩则开在当辕木后段三分之一处。以大车为例，其轮高九尺（见上节），辕长是轮高的三倍，为二丈七尺，钩则开在辕后段九尺处。王宗涑曰："牝服立辕上，半在钩前，半在钩后。大车牝服深八尺，则辕出牝服前者一丈四尺，出牝服后者五尺。"又说，这出于牝服后的五尺，

即所谓軝，故《说文》曰："軝，大车后也。"大车的前辕和后軝之所以这样长，是为增加任载用。

③彻广六尺：彻，通"辙"，即轨。六尺，当为"八尺"。按，《匠人》郑《注》说轨宽八尺（参见彼处第2节注），江永《周礼疑义举要》卷七曰："大车之轮，必出于箱外，其间又须有空处容轮转，彻广安能与鬲长同数？彻广'六尺'，当是'八尺'之误。"戴震曰："辕值牝服下，鬲在两辕之间。鬲长车广盖等。大车轂长尺五寸，中其轂置辐。辐内六寸，辐广三寸，綆寸。凡一尺六尺之箱，旁加一尺（两旁共二尺），彻广八尺明矣。古者，涂镀以轨，轨皆宜八尺。田车之轮卑于兵车乘车三寸。牛车之制，觕于四马车，轨八尺则同也，故曰车同轨。"郑珍亦持此说，是。

④鬲长六尺：鬲，通"轭"，是车辕前端驾在牛脖颈上的曲木。

【译文】

凡是制作牛车的车辕，其辕长是轮高的三倍。将车辕长分为三等分，二等分在前，一等分在后，以在此分界处凿出衔住车轴的半月形钩。两轮之间的轨宽八尺，轭长六尺。

三〇　弓人

1. 弓人为弓①，取六材必以其时②。六材既聚，巧者和之③。干也者④，以为远也；角也者，以为疾也；筋也者，以为深也⑤；胶也者，以为和也；丝也者，以为固也⑥；漆也者⑦，以为受霜露也。

【注释】

①弓人为弓：弓人，以制弓为业的工匠。按，闻人军指出，我国发明弓箭的历史可以上溯到三万年以前的旧石器时代晚期。《考工

记》时代，制弓技术已经相当发达。本节所载的复合弓由多种材料制成。弓身用坚韧的木材（或竹材）与牛角做骨干，木干用一整条，牛角则两段相接。木干煣曲后弦侧用胶粘上牛角，另一侧则用胶粘筋，铺置弓干。两段牛角之间互相咬合，缠筋胶粘。弓外用丝缠绕后，髹漆为防护层。弓弦用蚕丝制成，胡地则用牛筋丝制弦。

②取六材必以其时：六材，即下文所记干、角、筋、胶、丝、漆等六种制弓原材料。必以其时，取干在冬天，取角在秋天，取丝、取漆在夏天。取筋、胶时间不详。郑《注》曰："取干以冬，取角以秋，丝、漆以夏。胶、筋未闻。"

③和之：谓按一定的法度加工组合。

④干：指弓干，木制，又叫弓体。弓体两端叫做箫，中间两个内弯部分叫做隈。正中间手握部分叫做敝、柎。

⑤"角也者"四句：按，角附着在干里侧，筋附着在干外侧，皆用以帮助弓干发力。角，戴震说，在干之里。筋，戴震说，在干之表。

⑥"胶也者"四句：和，合也。按，丝用以缠束弓身，然后涂胶，使附着牢固。

⑦漆：指生物漆，俗称大漆、中国漆。漆液白色，遇空气氧化渐渐发暗至黑，耐强酸强碱。

【译文】

弓人制作弓，在获取六材时必须要依照季节。六材都已经齐备以后，由能工巧匠将它们加工组合而成为弓。弓干，是用以射得远的；角，是用以射得速度快的；筋，是用以射得深的；胶，是用以使弓身粘合紧密的；丝，是用以将弓身缠得结实牢固的；漆，是用以使弓身能经受霜露侵蚀的。

2. 凡取干之道七：柘为上，檍次之[①]，檿桑次之[②]，橘次之，木瓜次之③，荆次之④，竹为下⑤。凡相干，欲赤黑而阳声⑥：赤黑则乡心，阳声则远根⑦。凡析干，射远者用埶，射深者用直⑧。居干之道⑨，菑栗不迤，则弓不发⑩。

【注释】

①“柘为上”二句：柘，桑属落叶灌木或乔木，干疏直，材质坚韧致密，可制良弓。《太平御览》卷九五八引《风俗通》曰：“柘材为弓，弹而放快。”檍(yì)：木名，又名土橿(jiāng)、杻，俗称万年木，木材坚韧，多曲少直，可做弓弩等。

②檿(yǎn)桑：木名，桑属。又叫檿、山桑、柞树。叶可饲蚕，木材坚劲，可制弓弩、车辕。《国语·郑语》曰：“檿弧(弓)箕服(箙，箭袋)。”可见檿确实可做干材。

③木瓜：木名，也称楙(mào)，落叶灌木或小乔木，果实可食用、入药。《本草纲目》卷三十引《广志》曰：“(木瓜)枝一尺有百二十节，可为杖。”

④荆：落叶灌木。有一种牡荆枝径坚韧，可作棰杖等。《说文·艸部》曰：“楚木也。从艸，刑声。”

⑤竹为下：竹，《说文·竹部》曰：“竻，大竹也……可为干。”按，此节将竹列为最次的弓材，但采用复合多层的办法，并经过特殊的加工处理，竹材也可制造良工。当时楚国就因地制宜，制造出大量竹弓(杨泓《中国古兵器论丛(增订本)》，文物出版社，1985年，第203—205页)。

⑥阳声：清阳之声。阳，通“扬”。郑《注》曰：“犹清也。”

⑦“赤黑则乡心”二句：乡心，向心，此指心材。乡，通“向”，接近。孙诒让曰：“木近心则坚韧，故宜为弓干也。”远根，谓所取木材的部位远离树根。郑《注》曰：“木之类，近根者奴(木理纠结不顺)。”远根则木理条顺，制成弓干能受力均匀，是为良材。按，弓

材要选用心材。心材颜色浓于边材；木材中春秋生长部分，色淡而组织较粗疏，夏天生长部分，色浓而组织致密。故选择干材要颜色赤黑，而又远离树根者，含水分较少，富有弹性，敲击时发出清阳之声。综合运用观色、听声等方法，可以选取出组织致密、细腻、光滑、富于弹性、水分较少的良材来作弓才。

⑧“凡析干”三句：析干，剖制弓干。用埶，谓利用木的曲势。郑司农曰：“假令木性自曲，则当反其曲以为弓。”此谓假设木料本身弯曲，那就让它向相反方向弯曲，利用它的反弹力量把箭射远。反其曲则可增强干的弹射力。射深者用直，郑《注》曰：“直则可厚，厚则力多。”此谓射深宜用直材，直材可使弓干剖制得厚一些，弓干厚，则力度大，故可射深。按，根据现代射箭术的研究，箭的初速、方向性与弓高（弓体中点至弓弦的距离）之间存在着一定的函数关系。在一定范围内，弓高值越大，箭行的方向性随着弓高的增加而增加。由于弓体逆木的曲势，薄而弯的弓，弓高值较大，则箭行的方向性较好，利于射中远处的目标。因此，倘若使用弓体厚直强劲的弓，箭的初速较高，动能较大，则利于射深（闻人军《〈考工记〉中的流体力学知识》，《自然科学史研究》1984年第1期）。

⑨居：处理，加工。孙诒让曰：“犹言处置也。”

⑩“菑栗不迆”二句：菑栗，锯开，用锯剖析。菑，剖析。戴震曰：“析也。今方俗语犹然。”栗，通“裂”，裂开。一说，段玉裁《汉读考》曰：“栗则干木也。”不迆，不斜行损伤木理。发，假借作“拨”，扭曲变形。郑司农曰：“谓以锯副（pì，剖开，裂开）析干。”《说文》曰：“副，判也。”王引之曰：“当读为‘拨’，拨者，枉也。言析干不邪行绝理（锯断木材的纹理），则弓不至于枉戾也。”一说，贾《疏》曰：“以锯剖析弓干之时，不邪迆失理。”

【译文】

选取干材的质量标准分七等：柘木为上等，檍木次一等，檿桑又次一等，橘木又次一等，木瓜木又次一等，荆木又次一等，竹子是最次的。凡是选择干材，要首选颜色赤黑而且敲击时声音清扬的：颜色赤黑就表明它靠近树心而木质坚韧，声音清扬就表明它远离树根而木理条顺。凡是剖制弓干，如果想要射得远些就要反向利用干材的自然弯曲形势，如果想要射得深些就要用厚直的木材。处理干材的方法，剖析干材时锯不要斜锯以防损伤纹理，制作成的弓就不会扭曲变形。

3. 凡相角，秋杀者厚，春杀者薄；稚牛之角直而泽，老牛之角绻而昔①；疢疾险中②，瘠牛之角无泽。角欲青白而丰末。夫角之末蹙于脑而休于气③，是故柔，柔故欲其势也④，白也者，势之征也。夫角之中恒当弓之畏⑤，畏也者必桡，桡故欲其坚也，青也者，坚之征也。夫角之末远于脑而不休于气，是故脆，脆故欲其柔也，丰末也者，柔之征也⑥。角长二尺有五寸，三色不失理⑦，谓之牛戴牛⑧。

【注释】

①绻(zhěn)而昔：绻，扭转，弯曲，纠结。江永曰："辟戾不直也。"一说，绻(tiǎn)，纹理粗糙无光泽。昔，通"错"，干燥粗糙。俞樾曰："《说文·日部》：'昔，干肉也。'绻而昔者，绻而干也。"

②疢疾险中：疢(chèn)疾，郑《注》释之为"久病"，曰："牛有久病则角里伤。"疢，疾病。《说文·疒部》曰："热病也。"引申为凡病之称。险，污陷，孙诒让曰："角中污陷而不实。"污陷犹言洼陷。

③夫角之末蹙于脑而休于气：末，当作"本"。按，此句与下"夫角之末远于脑而不休于气"相对为文，"远于脑"为角之末，则此"蹙于

脑”必为角之本。贾《疏》引述此经文亦曰“言角之本近于脑”，可见唐以前尚不误。孙诒让《正义》本亦作“本”。蹙(cù)，接近，迫近。郑《注》：“近也。”休，通“煦”，温暖，温热。郑《注》曰：“读为‘煦’。”段玉裁《汉读考》曰：“煦，烝也。”孙诒让曰：“谓角本近脑，脑气易烝(蒸)及之，故多柔韧。”

④柔故欲其势也：势，自曲之势。郑司农曰：“欲其形之自曲，反以为弓。”

⑤畏：通“隈”。指弓末与弓干中央之间的两个弯曲处。按，弓的两端叫做箫，也叫弭；弓的中央手握之处叫做弣；箫、弣之间弯曲处即隈，又叫渊，左右各一。

⑥“丰末者”二句：郑《注》曰：“末之大者，脑气及煦之。”末，指牛角末，角顶端。

⑦三色不失理：三色，谓根部发白，中段发青，末梢丰满。郑《注》曰：“本白，中青，末丰。”孙诒让曰：“末丰非色，亦言色者，从文便也。”不失理，谓无瑕疵。孙诒让曰：“角长则易有瑕疵，而能兼有三色，故可贵也。”理，谓角的纹理。按，挑选角的时候要善于抓住主要矛盾，从关键角度进行选择。角的根部较柔软，其白色者有曲势，利于逆角的曲势附弓；角的中段色青者，较为坚韧，利于附贴桡曲的弓隈；角的尖端较脆，其丰满者，相对较为柔韧；角长二尺五寸，则是制作上等弓的最佳长度。

⑧牛戴牛：谓好的牛角价值贵重，等同于一条牛的价值，故等于牛头上又戴着一头牛。郑司农曰：“角直(值)一牛。”戴，顶着，生长着。

【译文】

凡是挑选牛角，秋季宰杀的牛其角厚实，春季宰杀的牛其角单薄；小牛的角纹理平直而有光泽，老牛的角纹理扭曲粗糙而干燥不润泽；久病的牛其角里就会受伤而洼陷不实，瘦瘠的牛其角没有光泽。牛角要颜色青白而末端粗大丰满的。牛角的根部由于离牛脑近而受脑气的蒸润，因此比较柔韧，柔韧因此要有自然弯曲之势以便反以为弓，而根部颜色发白，正是自然弯曲之势的征验。牛角的中段常附贴在弓隈处，弓隈处在弓干张弛时必定弯曲，要随之弯曲因此要牛角坚韧些，颜色发青，就是坚韧的征验。牛角的末端由于远离牛脑而不受脑气的蒸润，因此偏脆，偏脆因此要它柔韧些，而角的末端粗大丰满，正是柔韧的征验。如果角长达到二尺五寸，兼有根部发白、中段发青、末梢丰大而纹理无瑕疵，那就叫做牛头上又生长着一对牛角，价值等同于一头牛。

4. 凡相胶，欲朱色而昔①。昔也者，深瑕而泽，绉而抟廉②。鹿胶青白③，马胶赤白，牛胶火赤，鼠胶黑，鱼胶饵④，犀胶黄。凡昵之类不能方⑤。

【注释】

①昔：此指胶“深瑕而泽，绉而抟廉”，有光泽的胶原纤维交错纠结。一说，干燥粗糙（参见上节注①）。

②“深瑕而泽”二句：瑕，裂痕，罅隙。绉，此谓纹理，贾《疏》曰：“谓有绉理。”抟廉，棱纹成束。郑《注》曰：“抟，圜也。廉，瑕严利也。”孙诒让曰：“谓胶裂痕有廉棱峻利也。”抟，束，捆。廉，谓裂痕的棱角。

③鹿胶：及下文马胶、牛胶、鼠胶、鱼胶、犀胶，郑《注》曰：“皆谓煮用其皮，或用角。”孙诒让曰：“用皮谓马、鼠，角谓鹿、牛、犀也。鱼胶用膘，郑不言者，文略。”

④饵：牲畜的筋腱。此谓色如筋腱。郑《注》曰：“色如饵。”孙诒让曰：“饵之色盖白而微黄，鱼膘之色似之则佳也。”

⑤凡昵之类不能方：昵，假借作“腻”，黏，脂膏，油脂。方，比。谓相比方，等同。郑司农曰：“胶善戾。”段玉裁《汉读考》以为“戾”乃“丽”之误，谓胶善附丽。附丽即黏附义。按，胶是用动物的皮、

角、肠或膘等熬成的粘性物质。动物的胶原组织是以胶原纤维为主的结缔组织，胶原纤维由胶原蛋白组成，遇热膨胀溶化即成动物胶。在胶原组织中，胶原纤维成束状，有的排列整齐致密，有的互相交叉，参差排列。此节所讨论的相胶法，应是长期实践、观察的经验总结。

【译文】

凡是挑选胶时，要首选红色而且交错纠结的。胶原纤维交错纠结的胶，裂痕深而且带有光泽，裂成的纹理呈圆形而聚集棱纹成束。鹿角熬制的胶呈青白色，马皮熬制的胶呈赤白色，牛角熬制的胶呈火红色，鼠皮熬制的胶呈黑色，鱼鳔熬制的胶色如筋腱白中透黄，犀角熬制的胶呈黄色。凡是黏附类的东西黏性都不能同这些胶相比。

5. 凡相筋①，欲小简而长②，大结而泽。小简而长，大结而泽，则其为兽必剽③，以为弓，则岂异于其兽？筋欲敝之敝④，漆欲测⑤，丝欲沈⑥。

【注释】

①筋：孙诒让曰："谓牛马及麋鹿之筋。"

②小简：筋丝。简，筋条。郑《注》曰："读如'简札'之'简'，谓筋条也。"吕调阳曰："筋之条欲小而长，其端之结则欲大而泽。"

③剽：疾速，轻捷。郑《注》曰："疾也。"一说，钱玄等以为，剽，通"慓"，快疾。又通"骠"，骠悍。二义相兼。

④筋欲敝之敝：敝，谓捶打劳敝，即捶打熟。郑司农曰："嚼之当熟。"孙诒让曰："凡椎打筋谓之嚼，盖汉人常语。"按，《天工开物·弧矢》曰："凡牛脊梁每只生筋一方条，约重三十两。杀取晒干，复浸水中，析破如苎麻丝。……以之铺护弓干。"筋要析破成丝再用，筋丝要长而强劲，筋束要滋而润泽。对于弓的强弱，筋

起着极为重要的作用。《梦溪笔谈》卷十八曰:“弓有六善:一者往体少而劲……凡弓往体少(弓体外桡少)则易张而寿,但患其不劲;欲其劲者,妙在治筋。凡筋生长一尺,干则减半,以胶汤濡而梳之,复长一尺,然后用,则筋力已尽,无复伸弛。”此谓治筋要充分劳敝,接触筋中原有的不利的“筋力”,避免不必要的伸展性。以为制造劲弓奠定基础。

⑤测:清澈。此谓漆清见底。郑《注》曰:“犹清也。”

⑥丝欲沈:沈,沉入水中。郑《注》曰:“如在水中时色。”贾《疏》曰:“据干燥时,色还如在水涑之色。”

【译文】

凡是选择筋时,要首选小筋丝成条而长的,筋端的筋束要滋大而润泽。小筋丝成条而长,筋端的筋束滋大而润泽,产生这种筋的野兽一定行动迅疾,用它的筋来制作弓,用这些筋造弓,射出的箭难道会同野兽的迅疾有不同吗?治筋要充分劳敝,捶打得极熟而无复伸弛,漆要清,丝要像在水里煮练时的颜色一样。

6. 得此六材之全①,然后可以为良。

【注释】

①六材:参见第1节。

【译文】

能够做到这六种弓材都俱备,然后才可以制作出优良的弓。

7. 凡为弓,冬析干而春液角①,夏治筋,秋合三材②,寒奠体,冰析濡③。冬析干则易④,春液角则合⑤,夏治筋则不烦⑥,秋合三材则合⑦,寒奠体则张不流⑧,冰析濡则审环⑨,

春被弦，则一年之事⑩。

【注释】

①春液角：液，浸渍。郝敬曰："谓以此水渍角，必于春。"

②三材：郑《注》曰："胶、丝、漆。"

③"寒奠体"二句：奠体，固定弓干的往体与来体。往体，谓弓体向外弯；来体，谓弓体向里弯。奠，固定。郑《注》曰："奠，读为'定'。至冬胶坚，内之檠中，定往来体。"檠(qíng)，竹制的辅正弓干的器具。体，弓体的外桡内向。此谓寒冬纳弓体于正弓的弓檠(弓匣)之内，以纠正、固定弓体的外桡与内向等各部分弯曲的弧度。冰析瀵，据孙诒让说，此谓严冬极寒时张弛弓体，分析弓漆，看其是否粘合牢固。冰，谓隆冬大寒时。瀵，谓漆纹(参见《辀人》第8节注)。析瀵，即分析漆瀵(纹)看其是否剥落。

④易：江永曰："言其易治。"

⑤合：通"洽"。浸润，和柔。郑《注》曰："读为'洽'。"段玉裁《汉读考》曰："洽者，和柔之意。"

⑥烦：郑《注》曰："乱。"

⑦合：郑《注》曰："坚密也。"

⑧张不流：张，《说文》曰："施弓弦也。"流，弓体走样变移。郑《注》曰："犹移也。"

⑨审环：审，审定，审视。郑《注》曰："犹定。"环，谓环形漆纹。按，弓体外缠以丝绳，而后施以漆，则自然显出环形的漆纹。

⑩"春被弦"二句：被弦，安装弦。一年之事，郑《注》曰："期岁乃可用。"按，制作弓，自前一年的冬季析干，到第二年春季浸渍角，夏季治筋，秋合三材，冬季奠体、析瀵、再到下一年春被弦，是整整经过一年，然后可用。为保证弓的质量，经文此节规定了一系列严格的工序要求，各种工序要选定合适的季节。《古列女传·辩通传·晋弓工妻》曰："当平公之时，使其夫为弓，三年乃成。"据

现代学者1942年对成都长兴弓铺的调查，从材料制备到做出成品，一张弓的制作周期是三年，头尾共四年。可谓对古代制弓经验的传承。（谭且冏《成都弓箭制作调查报告》，《历史语言研究所集刊》第23本，1951年，台北版）。

【译文】

凡是制作弓，宜于在冬季剖析干材而春季用水煮治角，夏季治理筋，到了秋季再用胶、漆、丝三种材料将干、角、筋组合起来。冬寒季节借助檠固定弓体，隆冬结冰时将弓反覆张弛以检验漆纹是否剥落。冬季剖析干材就光滑密致而比较容易治理好，春季煮治牛角就较易使角浸润和柔，夏季治理筋就不会纠结紊乱，秋季再用胶、漆、丝组合干、角、筋三种材料就坚固而严密，冬寒季节借助檠固定弓体张弦时就不变形走样；隆冬结冰时节检验漆纹就较易确定漆纹是否形成环形，到来年春季再安上弦，就是整整一年的事情了，这也才算把弓制成。

8. 析干必伦[1]，析角无邪，斫目必荼[2]。斫目不荼，则及其大修也，筋代之受病[3]。夫目也者必强，强者在内而摩其筋，夫筋之所由幨[4]，恒由此作，故角三液而干再液[5]。厚其帤则木坚，薄其帤则需[6]，是故厚其液而节其帤[7]。约之不皆约[8]，疏数必侔[9]。斫挚必中[10]，胶之必均[11]。斫挚不中，胶之不均，则及其大修也，角代之受病[12]。夫怀胶于内而摩其角，夫角之所由挫，恒由此作。

【注释】

①伦：顺也，郑《注》曰："顺其理也。"

②斫目必荼：目，节目，节疤，枝干交接不平处。荼，同"舒"，舒缓，缓慢。郑司农曰："荼，读为'舒'，舒，徐也。目，干节目。"

③“则及其大修也”二句：修，长久。郑《注》曰：“犹久也。”按，遇到节疤，如果不徐徐砍斫，节疤处就不能平整，弓干受力就不均匀，久之必使干外的筋代受其伤：或被节疤磨损，或多受力而失韧性。

④幨(chān)：发皱，翘起。郑《注》曰：“绝起也。”按，绝，谓筋的里层纹理磨断；起，谓筋的表层鼓起而不附于干，如车帷然，故谓之幨。

⑤角三液而干再液：三液，与下文“再液”皆多次、反复整治义。目的是要让干的匀致与角相称。郝敬曰：“液，用水火煮治之。角三液，木再液，则调和可用。”按，木材越干燥，则其制品变形性越小，能经久耐用。因此在用材前要设法除去水分，以达到稍低于当地相对湿度为宜。如任其自然风干，则常需数月甚至数年之久。为了缩短风干时间，可将木材浸入水中，使其所含的树脂溶解；然后取出，放在空气中风干。这一方法称为“水浸风干法”，可以有效缩短干燥时间，减少木材的变异性，保持器物性能稳定。

⑥“厚其帤则木坚”二句：此谓衬木过厚则弓干过硬，过薄则弓干过软，当厚薄适宜。帤(rú)，弓干内侧正中的衬木，可调节弓干的强弱。郑司农曰：“帤谓弓中裨。”《说文·衣部》曰：“裨，接益也。从衣卑声。”孙诒让曰：“弓中即当挺臂，在两隈之间，于弓干为正中，较之两隈须微强，故于干间别以薄木以副益之。贾疏云：造弓之法，弓干虽用整木，仍于干上裨之，仍得调适也。”需，段玉裁《汉读考》以为当作“耎”，“耎”通“偃”，柔软，软弱。

⑦厚其液而节其帤：郑《注》曰：“厚，犹多也。节，犹适也。”江永曰：“厚其液，即上文‘干再液’也。再液干犹必节其帤，不厚不薄，乃无太坚太需(耎)之病也。”

⑧约之不皆约：约，《说文·丝部》曰：“缠束也。”贾《疏》曰：“约谓以

丝胶横缠之，今之弓犹然。不皆约，谓不次比为之。”

⑨疏数必侔：疏密一定要均匀。数，密。侔，相等，均等。郑《注》曰：“侔，犹均也。”贾《疏》曰：“约之多少，须稀疏必均也。”

⑩斫挚必中：削治弓干要精致、周到、均匀。中，与下文“均”皆厚薄均匀义。郑《注》曰：“挚之言致也。中，犹均也。”

⑪胶之必均：《梦溪笔谈》卷十八曰：“弓有六善：……三者久射力不屈，四者寒暑力一……凡弓初射与天寒，则劲强而难挽；射久天暑则弱而不胜矢，此胶之为病也。凡胶欲薄而筋力尽，强弱任筋而不任胶，此所以射久力不屈，寒暑力一也。”故用胶要匀薄，以粘牢为度。如果用胶不均匀，还会擦伤角。

⑫角代之受病：郑《注》曰：“干不均则角蹴折也。”按，蹴有踩踏之义，此作磨损义。折，谓折断。

【译文】

剖析干材必定要顺着木的纹理，剖析牛角时也一定要顺着纹理不要歪斜，砍斫干材上的节疤时必须要徐缓齐平。如果砍斫节疤不徐缓齐平，等到弓干使用时间长了，缠在弓干外的筋就会代干受到损坏。木节节疤必定是坚硬的，坚硬的东西在里面就会不断摩擦附在它外面的筋，筋之所以鼓起裂坼而不附干，常常就是这个原因引起的。因此角要经过三次煮治而干要经过两次煮治。弓干中部的衬木过厚了就导致干木过于坚硬，衬木过薄就导致弓干过于软弱，因此弓干要反复多次加衬木使厚薄适中。弓干与衬木相附之处要缠束丝绳，而其他地方不必如此缠束，缠束的疏密必须均匀。弓干的砍削要非常精致周到而且厚薄必须均匀，施胶也必须厚薄均匀。如果砍削弓干不精致周到厚薄不均匀，施胶不均匀，等到弓使用时间长了，角就会代干而受到损坏。胶会在里面不断磨损角，角之所以折断，常常就是这个原因引起的。

9. 凡居角，长者以次需[①]，恒角而短，是谓逆桡[②]，引之则纵，释之则不校[3]。恒角而达，辟如终绁，非弓之利也[4]。今夫茭解中有变焉[5]，故校；于挺臂中有柎焉，故剽[6]。恒角而达，引如终绁，非弓之利。

【注释】

①“凡居角”二句：居角，处理角材。次需：到达弯曲柔弱的弓隈处。次，至，及。需，亦当作“耎”（参见上节注⑥），此指弓隈处（参见第3节注⑤），因为弓隈处力度较弱，故称。

②“恒角而短”二句：恒角，角的全长。恒，通“揯”、“亘”。亘，竟，终，穷尽。郑《注》曰：“读为‘揯’。揯（gèn），竟也。”逆桡，反方向弯曲。孙诒让曰：“恒角而短者，谓角短不能达隈干之尽处，势必将长其箫角，揉曲之，以接于隈角（按，孙氏以为附于弓干各部分的角相互间要紧密衔接，隈角短则必长箫角以接之），则箫强而隈之力不足以自持，引之（谓拉弓），则隈端之角将随箫而起。凡弓隈句（勾）向内为顺，今隈弱为箫强所牵，则句势反趋外，是逆桡也。”

③“引之则纵”二句：纵，此作缓慢无力。《说文·糸部》曰：“缓也。”因“逆桡”而弓隈处力减弱，故拉弓缓而无力。拉弓无力，射出的箭自然不能疾，故“释之不校”。校，疾速，快疾。郑《注》曰：“疾也。”

④“恒角而达”三句：达，长，此指弓材过长。辟，《注疏》本原作“譬”，据阮校改，然在此义同譬。郑《注》曰：“达，谓长于渊（即隈）干，若达于箫头。”终，始终。绁，动词，缚系（汪少华《从〈考工记〉看汉语大字典的释义失误》，《传统文化与现代化》1997年第3期）。《说文》曰：“系也。”郑《注》曰：“绁弓柲。”柲（bì），即檠，固定、保护弓体的弓匣，竹、木制，形状如弓，弓去弦不用时，缚在弓匣里以防损伤。戴震曰：“柲，以竹为之，弓弛则绁（系）之于弓里，

张则去之。角长过渊接，引弦送矢俱不利，故曰‘辟如终绁’，又曰‘引如终绁’。”按，角的长短要搭配适当。长的放在弓隈处，短的放在箫（弓的末端）部，后者称弭（mǐ）。如果弓隈之角的长度不足，如孙诒让所说的，就势必需要“长其箫角，揉曲之，以接于隈角，则箫强而隈之力不足以自持，引之，则隈端之角将随箫而起。凡弓隈，句向内为顺，今隈弱为箫强所牵，则句势反趋外，是逆桡也”。如此，开弓时势必缓而无力，蓄积的能量少，撒放后箭就不能疾飞。如果隈角太长，到达箫头，隈、箫之角相接处势必外移，开弓时隈力与箫相牵而张弛不便，送矢也不快疾，好像把弓存放在弓匣里，无从发挥弓的特殊设计带来的弹力。

⑤今夫茭解中有变焉：今，假设连词，一事说毕，另说一事时的用语。夫，句中语气助词，不译。茭（jiāo）解中，指弓之隈角与箫角相衔接处。戴震曰：“角长至渊干，与居箫之短者相接，所谓渊接，是谓茭解中。”茭，指弓干隈与箫的相接处，此处较细，故名。按，此部位十分重要，是弓的弹性机制的关键所在。上文论及隈角太短或过长，迫使此关键部位移动带来的弊端；此处又指出茭解中有“变”，故射出的箭快疾。变，谓弓隈、弓箫用力不同带来的形变与弹力。郑《注》曰：“谓箫、臂用力异。”臂，弓干除两端之箫，通谓之臂。用力异，谓用力方向不同。孙诒让曰：“凡弓，箫直而外向，臂桡而内向，是用力异也。”

⑥“于挺臂中”二句：挺臂，即直臂，弓把，即弓干中央的手握处。郑《注》曰：“挺，直也。柎，侧骨。剽，亦疾也。”柎，即弣（弓把中部手握之处），因弓柎两侧贴附有骨片以增强弓体的弹力，故又称侧骨为柎。按，柎能使复合弓在不改变弓高的情况下，增强其“厚直”之势，提高箭的初速。

【译文】

凡是处理角材，角长的安置在弓隈处而短的安置在弓箫。隈角过短，就会受箫角的影响而向相反方向弯曲，这就叫做反向弯曲即逆桡，这样拉弓就缓慢无力，射出的箭就不能疾行。隈角过长甚或直达于箫头，那就譬如把弓始终缚系在弓匣中一样，影响引弦射箭，无从发挥威力，并不是对弓有利啊。弓的隈角与箫角交接处有形变和弹力，能使弓臂、弓箫用力方向不同，因此射出去的箭能快疾；在弓把处两侧贴嵌有骨片，因此射出去的箭能快疾。如果隈角过长甚或直达于箫，影响引弦射箭，拉弓时就如同弓始终缚系在弓匣中一样，那并不是对弓有利。

10. 挢干欲孰于火而无羸[1]，挢角欲孰于火而无燂[2]，引筋欲尽而无伤其力，煮胶欲孰而水火相得[3]，然则居旱亦不动，居湿亦不动。

【注释】

①挢干欲孰于火而无羸：挢，通“矫”，此谓用火矫煣木、角。羸，过度。郑《注》曰：“过孰也。”孰（熟），此谓掌握火候的标准。

②燂（xún）：烤烂。郑《注》曰：“炙烂也。”

③煮胶欲孰而水火相得：此谓煮胶应以熟为度，掌握火候恰到好处。按，动物胶多由胶原及其部分水解产物所组成，基本上是线型高分子化合物。煮胶时，随着胶汁浓度的增大，对网状结构的形成有利，使得胶汁黏度增大，可以据此判断煮胶火候是否适宜。北魏贾思勰《齐民要术·煮胶》曰：“候皮烂熟，以匕沥汁，看末后一珠，微有黏势，胶便熟矣。为过伤火，令胶焦。”当是对经文“煮胶欲孰而水火相得”的补充说明（闻人军《说火候》，香港《大公报》“中华文化”第廿九期，1985年9月26日）。

【译文】

用火矫煣弓干要掌握好火候恰到好处而不要过熟，用火矫煣角要掌握火候恰到好处而不要烤烂，拉筋要引尽筋力而又不要拉断纹理损伤它的弹力，加水煮胶要以熟为度而掌握火候恰到好处，这样制成的弓就能放在干燥的地方不变形，放在潮湿的地方也不变形。

11. 苟有贱工[1]，必因角、干之湿以为之柔，善者在外，动者在内[2]，虽善于外，必动于内，虽善亦弗可以为良矣[3]。

【注释】

①贱工：此指不负责任的工匠。

②“善者在外”二句：外，指外观，外表。动者，变数，不稳定因素。

③虽善亦弗可以为良矣：即使外表很好，但也不可能成为良弓了。按，角要经过三次浸治，干要经过两次浸治。此后还要风干或烘干，才能用火煣曲。经过如此处理，配合其他措施，复合弓才能经受寒暑燥湿的变化而永不变形。假使在角、干的津液尚未透干时就煣曲加工，制成的弓虽有其表，但内在质量很差，一经脱水，就要干缩变形。《天工开物·弧矢》曰：“凡造弓初成坯后，安置室中梁阁上，地面勿离火意。促者旬日，多者两月，透干其津液，然后取下磨光，重加筋、胶与漆，则其弓良甚。货弓之家不能俟日足者，则他日解释之，患因之。”可见，偷工减料做不出良弓。

【译文】

假如有不负责任的的工匠，必然会趁着牛角、弓干潮湿尚未干透易煣时就进行煣制，这样只图外表好看，而内里却隐藏着变形的因素，即使能做到外表好看，但内部迟早必然发生变形桡减，即使外表再好也不可能成为良弓了。

12. 凡为弓，方其峻而高其柎[1]，长其畏而薄其敝[2]，宛之无已，应[3]。

【注释】

①方其峻而高其柎：方，方整。峻，即箫，弓两端固定弦的高隆有棱角之处。使弦绷得很紧。郑《注》曰："谓箫也。"柎，此指在弓臂正中而向内高出于两侧贴附的骨片。戴震曰："挺臂中有柎，柎向弦，宜高而薄之，以便握持。高下厚薄，互为横纵之辞也。"

②长其畏而薄其敝：长其畏，隈角要长。畏，弓隈。按，隈角往往担心其不够长，经文云"恒角而短，是谓逆桡，引之则纵，释之则不校"，故希望隈角要长。敝，通"蔽"，即角在弓把内侧与干相附的部分。郑司农曰："读为'蔽塞'之'蔽'，谓弓人所握持者。"按，蔽亦角，贴附在弓把之外以蔽内。孙诒让曰："敝与柎同处，但敝蔽柎之外，干既高，则表角不宜过厚，故欲薄。盖隈干耎而角长，柎干高而角薄，皆欲剂其强弱之平也。"弓把内侧除有干之外，还有帮、高的柎等，应当甚厚，故薄其敝角以调剂之。

③"宛之"二句：宛，弯曲，引申为引拉。郑《注》曰："宛，谓引之也。引之不休止，常应弦，言不罢需(耎)也。"应，应弦，不疲软。

【译文】

凡是制作弓，弓两端架弦的峻要方而弓中的柎要高突，弓的隈角要长而蔽角要薄，这样制成的弓，即使是多次拉引不停歇，弓势也都能与弓弦缓急相应而不会疲软无力。

13. 下柎之弓，末应将兴①。为柎而发，必动于杀②。弓而羽杀，末应将发③。

【注释】

①"下柎之弓"二句：下柎(弣)，柎角不高，低下。按，上节云"高其柎"，是弓弣处当高，当高而不高，故曰"下柎"。郑《注》曰："末，犹箫也。兴，犹动也，发(拨)也。弓柎卑，箫应弦则柎将动。"末，

谓弓末端的箫。兴，动，伤动。按，弓弭处之所以要高，是因为它当弓臂之中，受力大，高之则可增其强度。如果弓弭不高，则力弱，拉弦时箫一受力，弭就应之而动，无力撑住弓隈，射出的箭也就不可能有力。

②“为柎而发”二句：发，假借作“拔”，枉曲，扭曲变形。孙诒让曰：“亦当读为‘拔’，谓枉戾也。”杀，弭、隈角相交接处。郑《注》曰：“接中。”接中义同第9节“茭解中”，指两角相接处。第9节指箫角、隈角交接处，此则指弭、隈角交接处。戴震曰：“言因柎以致伤动者，其病必在角（指隈角）、柎（指弭角）相接之处。”

③“弓而羽杀”二句：羽杀，此谓弓隈与弓柎（弓把）相接之缝松动而力不相贯。羽，通“扈”，缓，松缓。郑《注》曰：“羽，读为‘扈’，扈，缓也。接中动则缓，缓，萧应弦，则角干将发（拔）。”孙诒让曰：“言畏、柎相接处一动，则接缝宽缓，而力不相贯，箫应弦时，弓体之角干皆随之而拔枉也。”一说，《说文》所录“羽”、“弱”古体相近，“羽”可能是“弱”的讹变。

【译文】

弓弭太低下的弓，弭力弱，箫一应弦承受拉力弭就将扭曲变形。作为弭而扭曲变形，必然会使弭角与隈角交接处伤动。作为弓而弭角与隈角交接处松动宽缓、力不相贯，箫若一应弦承受拉力，弓体上的角与干都将随之扭曲变形。

14. 弓有六材焉，维干强之①，张如流水②；维体防之③，引之中参④；维角萑之⑤，欲宛而无负弦⑥，引之如环⑦，释之无失体⑧，如环。

【注释】

①维：以，因。

②张如流水：谓干不仅强有力，而且调制得好，因此张弓顺如流水。张，引弓，拉弓。《说文·弓部》曰："张，敝弓弦也。从弓长声。"段玉裁《说文解字注》曰："敝，各本作施，今正。敝，敷也。"《说文·弓部》曰："引，开弓也。"段玉裁《说文解字注》曰："开下曰张也。是门可曰张，弓可曰张，相为转注也。施弦于弓曰张，钩弦使满以竟矢之长亦曰张，是谓之引。"按，段玉裁指出，对于弓而言，"张"有二义：一是施弦于弓，二是引弓。此处"张如流水"之"张"，当为引弓义。《梦溪笔谈》卷十八曰："予伯兄善射，自能为弓。其弓有六善：一者往体少而劲……六者一张便正。弓往体少则易张而寿，但患其不劲；欲其劲者，妙在治筋……弓所以为正者，材也。相材之法视其理，其理不因矫揉而直中绳，则张而不跛。"(《元刊梦溪笔谈》，文物出版社，1975年)《考工记·弓人》曰："析干必伦，析角无邪。"皆谓剖析弓干与牛角都要顺其纹理，不能歪斜。如此则可"张如流水"、"一张便正"。

③维体防之：防，谓防止弓体变形。郑《注》曰："体，谓内(纳)之于檠中，定其体。"定其体，即第7节所谓"寒奠体"。

④引之中参：谓拉弓满弦时，弦的中点距离弓臂三尺。参，通"三"。此谓三尺。郑《注》曰："谓体定张之，弦居一尺，引之又二尺。"贾《疏》曰："矢长三尺，须满故也"。此谓定体后，弦与弓臂间应有一尺距离，而拉满弓时，则应有三尺距离。

⑤堂(chēng)：同"掌(撑)"。支撑，撑持。

⑥宛而无负弦：宛，拉弓，拉引。负弦，谓角与弦斜背。负，背。郑《注》曰："负弦，辟戾也。"孙诒让曰："辟戾，谓角与弦邪背也。"按，弓干上所贴附的角，与弦正相对，若角辟戾而邪曲，则不能与弦正相对，即所谓负弦。

⑦引之如环：按，《天工开物·弧矢》曰："凡弓两弰系弧处，或切最厚牛皮，或削柔木如小棋子，钉粘角端，名曰垫弦，义同琴轸(琴上

转动弦线的轴垫)。放弦归返时,雄力向内,得此而抗止,不然则受损也。"上文"维角觉之",盖谓在角端粘有垫弦等物,以便引弓时角与弦不斜背,满弦时形如满月,而且释弦返归时,缓冲放箭回弹力,以免损伤弓体。

⑧失体:失去本来的形体。此指弓体变形。

【译文】

弓有六种材料。其中的弓干,要使它强有力,而拉弓时得心应手顺如流水;要用弓檠使弓体固定而防止其变形,去掉弓檠引弓满弦时弦中点与弓臂之间符合三尺的标准距离;角要能支撑住弓干弓隈以增加强度,以期拉弦时不发生角与弦斜背的情况;引弓拉满时弓体弯曲如环形,松手放箭后弓体不变形走样,仍弯曲如环形。

15. 材美,工巧,为之时,谓之参均①;角不胜干,干不胜筋②,谓之参均;量其力有三均③;均者三,谓之九和。九和之弓,角与干权④。筋三侔⑤,胶三钟⑥,丝三邸⑦,漆三斛⑧,上工以有余,下工以不足。

【注释】

①"为之时"二句:为之时,指制作时间适合天时。参均,盖谓材、工、时三者配合均匀。

②"角不胜干"二句:不胜,相称,相得。郑《注》曰:"无负也。"孙诒让曰:"谓与角无负弦义同(参见上节注⑥)。角与干,干与筋,并相得均一,不相胜害,则自无辟戾也。"

③量其力有三均:量其力,谓衡量弓的拉力。三均,此谓量力的三次结果都符合要求。郑《注》曰:"量其力又参均者,谓若干胜一石,加角而胜二石,被筋而胜三石,引之中三尺。假令弓力胜三

石，引之中三尺，弛其弦以绳缓擐(huàn，拴，系)之，每加物一石，则张一尺。”即解开丝弦而另以绳子代弦缓著弓末架弦处即弓箫处，上面用钩子钩住绳弦，下面在弓腰悬挂重物。逐渐添加重物，绳弦则张得更开：加上一石(一百二十斤)的重量，弓当张开一尺；再加一石，又当张一尺；加上三石，则弓张三尺：这样三次都符合要求，就叫做三均，所测量的弓即为三石力的弓。《天工开物·弧矢》曰：“凡试弓力，足踏弦就地，秤钩搭挂弓腰，弦满之时，推移秤锤所压，则知多少。”按，《考工记》时代，应已有天平，尚无杆秤。《弓人》测试弓力的这一过程，实际上是一种弹性力学试验。弦满三尺之时，所悬重物的重量即是弓力的大小。从“量其力有三均”看，“量其力”的试验应该有三次，可见《考工记》作者已认为所得结果具有某种可重复操作性。物理学理论上，英国人胡克1660年发现而1676年发表的胡克定律认为：物体受力时，如其应力在弹性极限范围内，则应力与应变成正比关系。《弓人》所载的试验比胡克定律所依据的弹簧试验早两千余年，虽然叙述简略而十分可贵。汉代郑玄的注，则较为具体地论说了测量过程。有学者由此认为，郑玄最早记述了力与变形的正比关系，即发现了弹性定律(老亮《中国古代材料力学史》，国防科技大学出版社，1991年，第20页)

④角与干权：角与弓干大致等重。权，平等，齐平。此谓对应、相称。郑《注》曰：“权，平也。”戴震曰：“权之使无胜负。”按，《天工开物·弧矢》曰：“其初造料分两，则上力挽强者，角与竹片削就时，约重七两。”据《中国古代度量衡图集》，明代每两合36.4克，七两为254.8克，明代弓角、干的重量约当此数。《考工记》时代强弓的角、干之重，大约与明代类似。

⑤侔：通“桦”，据孙诒让引吕贤基考证，为量器名，亦为计量单位。其容量今已不明。

⑥三锊(lüè):锊重六又三分之二两,三锊则一斤四两(参见《冶氏》第2节注)。郑《注》曰:"锊,锾也。"戴震《考工记图》曰:"锊,当作'锾'。"

⑦邸:量器名,其容量今已不明。郑《注》曰:"轻重未闻。"一说,戴震曰:"邸,收丝之器。"

⑧斛(yǔ):量器名。《天工开物·弧矢》曰:"其初造料分两,则上力挽强者,角与竹片削就时,约重七两。筋与胶、漆与缠约丝绳,约重八钱。此其大略。中力减十分之一、二,下力减十分之二、三也。"中国国家博物馆所藏战国铜量,容积为5.4毫升,铭文意谓是一又二分之一斛强。(国家计量总局等主编《中国古代度量衡图集》,文物出版社,1984年,第57页)则每斛约合今3.6毫升略少些。一说,戴震曰:"斛,挹漆之器。"

【译文】

材料优良,工艺精巧,制作适时,这叫做三均;角与干相称,干与筋相称,叫做三均;垂重测量弓的拉力也有三均;三个三均,叫做九和。符合九和标准的弓所用材料的数量是:角与弓干大致等重。筋用三侔,胶用三锊,丝用三邸,漆用三斛,使用这些材料制弓,上等工匠用之有剩余,下等工匠用之不足。

16. 为天子之弓,合九而成规[①];为诸侯之弓,合七而成规;大夫之弓,合五而成规;士之弓,合三而成规。

【注释】

①合九而成规:按字面意思为合九张弓而成一个圆。实指每张弓弧度是一个圆周的九分之一(即今四十度)。下文"合七而成规"、"合五而成规"、"合三而成规"皆放此。按,选用的干材质越优良,弓的弯曲度越小。

【译文】

制作天子的弓，合九张弓而成一个圆，即每张弓的弧度是一个圆周的九分之一；制作诸侯的弓，合七张弓而成一个圆，即每张弓的弧度是一个圆周的七分之一；大夫的弓，合五张弓而成一个圆；士的弓，合三张弓而成一个圆，即每张弓的弧度是一个圆周的三分之一。

17. 弓长六尺有六寸，谓之上制，上士服之①；弓长六尺有三寸，谓之中制，中士服之②；弓长六尺，谓之下制，下士服之③。

【注释】

①上士：身材高大的士。郑《注》曰："人各以其形貌大小服此弓。"

②中士：身材中等的士。

③下士：身材较矮的士。

【译文】

弓长六尺六寸，称为上制弓，由身材高大的士使用；弓长六尺三寸，称为中制弓，由身材中等的士使用；弓长六尺，称为下制弓，由身材较矮的士使用。

18. 凡为弓，各因其君之躬志虑血气①。丰肉而短，宽缓以荼②，若是者为之危弓③，危弓为之安矢④。骨直以立，忿势以奔⑤，若是者为之安弓，安弓为之危矢。其人安，其弓安，其矢安，则莫能以速中，且不深。其人危，其弓危，其矢危，则莫能以愿中⑥。

【注释】

①各因其君之躬志虑血气：意谓弓的制作不仅要看人的身材，还当因人的情性而异。君，泛指用弓的人。躬，指人的身体、体形。志虑，指人的情性等主观因素。郑《注》曰："又随其人之情性。"血气，体质的血性。

②"丰肉而短"二句：荼(shū)，同"舒"，徐，舒缓，缓慢。(参见第8节注②)

③若是者为之危弓：危弓，急疾的弓。危，及下文奔，意皆为疾速。郑《注》曰："危、奔，犹疾也。"又曰："言损赢济不足。"按，"宽缓以荼"，是舒缓有余(即所谓赢)而迅疾不足，故以危(疾)弓济之。盖谓需刚柔相济。下文义皆放此。

④安：江永曰："柔缓者为安。"

⑤"骨直以立"二句：骨直以立，刚强果毅。骨直，骨干挺直。郑《注》曰："谓强毅。"立，立即，迅速。忿势，谓性情急躁、暴躁。忿，同"愤"。

⑥"其人安"至"则莫能以愿中"：愿，谨慎，稳当。郑《注》曰："悫(què)也。"《说文·心部》曰："悫，谨也。"按，此节从运动心理学的角度，探讨了人、弓、矢、的等四者组成的系统中，前三者的最优与最劣的搭配方式。人、弓、矢的组合共有八种方式。"人安"者，用"危弓"与"安矢"；"人危"者，用"安弓"与"危矢"，此为最佳的两种搭配方式。因为三个因素可以互相补偿。"其人安，其弓安，其矢安"与"其人危，其弓危，其矢危"，是最劣的两种搭配方式。在此两种情况下，箭的Spine(箭杆桡度)都不易与弓的特性协调一致。人若宽缓疏迟，再用软弓，柔缓的箭，箭行的初速必定小，箭行迟缓，不易命中目标；由于动能小，即使射中了也无力深入。反之，强毅果敢的射手，用强劲的弓和剽疾的箭，箭的蛇行距离势必过长，甚至达到目的地犹未恢复常态，当然也难以稳

稳地射中目标。《弓人》总结的这些经验，对于现代射箭运动的心理素质训练以及弓矢的选择，仍有一定的参考价值（闻人军《〈考工记〉中的流体力学知识》）。

【译文】

凡是制作弓，还要各自根据使用者的形态、意志、血气性情而定。体形胖而矮，性情宽缓而举止舒迟，这样的人要为他制作剽疾强劲的弓，剽疾强劲的弓则要配以柔缓的箭。刚毅而敏捷，秉性暴躁而行动迅疾，这样的人要为他制作柔软的弓，柔缓的弓则要配以剽疾的箭。如果射手的性情宽缓而举止舒迟，再加上他用的弓也柔软，用的箭也柔缓，射出的箭就不能疾速地射中目标，而且即使射中也不能射深。如果射手刚毅而敏捷，性情急躁，再加上他用的弓也剽疾强劲，箭也急疾，射出的箭蛇行距离过长，就不能稳稳地射中目标。

19. 往体多，来体寡①，谓之夹、臾之属②，利射侯与弋③。往体寡，来体多，谓之王弓之属④，利射革与质⑤。往体、来体若一，谓之唐弓之属⑥，利射深。

【注释】

①“往体多”二句：按，闻人军以为：“往体，可理解为弓弛弦时弓体外桡的体势，来体，可理解为弓张弦时弓体内向的弓高和曲势。”此外有异说：一说，贾《疏》曰：“若王弧之弓，往体寡，来体多，弛之乃有五寸，张之一尺五寸。夹、庾之弓，往体多，来体寡者，弛之一尺五寸，张之得五寸。唐弓、大弓，往来体若一者，弛之一尺，张之亦一尺。”则贾氏认为往体指弛弦之形，来体指张弦之形。林希逸《考工记解》赞同贾氏说而明确之曰：“往者弛也”，“来者张也”。孙诒让亦倾向于往来两体指弛张之形，曰：“往体，谓弓体外桡；来体，谓弓体内向。凡弓必兼往来两体，而后有张

弛之用，但以往来之多少为强弱之差。”二说，钱玄等认为：“往体，指弓两端向外反桡的弯曲度。来体，弓体中间向内的弯曲度。”“往体，弓体两端向外翘。来体，弓体中段向内弯。”（钱玄、钱兴奇、王华宝、谢秉洪注译《周礼》，岳麓书社，2001年，第294、443页）三说，杨天宇认为：“往体，谓弓体外曲；来体，谓弓体内向。案弓体当两隈处略曲向外，而当弓把（即弣）处略曲向内，即所谓往来之体。”（杨天宇《周礼译注》，上海古籍出版社，2004年，第691页）译文姑从闻人军说。

②夹、臾：即夹、庾，即《司弓矢》所谓夹弓、庾弓，是“合五而成规”的两种较弱的弓。

③射侯与弋：即《司弓矢》所谓“射豻侯、鸟兽”：豻侯侯道五十步，为侯道之最近者，射鸟兽亦非远射，故皆以较弱之弓射之。弋，即弋射，用系有绳索的箭矢射飞鸟。

④王弓：即第16节所谓天子之弓，是“合九而成规”的弓，弓中之最强者。

⑤利射革与质：即《司弓矢》所谓“射甲革、椹质”。革，干盾。质，此指椹木箭靶。按，自“往体多”至“利射革与质”，闻人军认为有错简，而将其句序调整为：“往体多，来体寡，谓之王弓之属，利射革与质。往体寡，来体多，谓之夹、臾之属，利射侯与弋。”其依据有：据沈括《梦溪笔谈》卷十八：“予伯兄善射，自能为弓。其弓有六善：一者往体少而劲……凡弓往体少则易张而寿，但患其不劲。”往体少，来体多的弓，是容易披弦和引弓的弱弓，而非强弓，则夹臾之属应为“往体寡，来体多”的弓；据《夏官·司弓矢》曰：“司弓矢掌六弓、四弩、八矢之法，辨其名物，而掌其守藏，与其出入。中春献弓弩，中秋献矢箙。及其颁之，王弓、弧弓以授射甲革、椹质者，夹弓、庾弓以授射豻侯、鸟兽者，唐弓、大弓以授学射者、使者、劳者。”其六弓次第，正与校正后的《弓人》此节诸弓次

序一致。闻氏并从句义上解释说，王弓之类，材质优良，弓体厚直，弓高小，来体寡，(往体多，)箭的初速较高，力劲利于射坚。夹弓、臾弓之类，来体多，(往体寡，)即弓高较大，曲率也较大，箭行的方向性较好，利于射侯与弋射鸟兽。(闻人军《〈梦溪笔谈〉"弓有六善"考》，《杭州大学学报》1984年第4期；闻人军《考工记译注》，第149—150页)闻氏说可从。惟译文句序姑从原文，而将闻氏调序后的语句译文放入"〈〉"中以示区别。

⑥唐弓：是"合七而成规"的弓，强弱程度适中。按，此类弓张弦时弓体外桡的与内向的相等，弓体也较为厚直，箭的初速较高，易于射深。

【译文】

弓弛弦时弓体外桡的多，而弓张弦时弓体内向的少，称为夹弓、臾弓之类的弓，利于射豻侯和弋射飞鸟〈称为王弓之类的弓，利于射革甲和椹板〉。弓弓弛弦时弓体外桡的少，而弓张弦时弓体内向的多，称为王弓之类的弓，利于射革甲和椹板〈称为夹弓、臾弓之类的弓，利于射豻侯和弋射飞鸟〉。弓体外桡与内向相等的，称为唐弓之类的弓，利于射深。

20. 大和无�①，其次筋、角皆有漒而深②，其次有漒而疏③，其次角无漒④。合漒若背手文⑤。角环漒，牛筋蕡漒，麋筋斥蠖漒⑥。

【注释】

①大和无漒：大和，谓九和之弓。贾《疏》曰："谓九和之弓(参见第15节)，以其六材俱善，尤良，故无漆漒也。"漒，谓漆纹。按，由于胎骨及漆层经常不断地涨缩，漆器会因年久而出现裂痕，即断纹。漆弓经过多次弹射，断纹的出现较一般的漆器要早得多，但

最好的大和之弓则能在较长时间内都不会产生断纹。

②筋、角皆有漦而深：深，此指内侧，中央部位。郑《注》曰："深，谓漦在中央，两边无也。"孙诒让曰："弓筋在表而角在里，中央谓表里之中皆有漦。两边无者，弓侧也。"盖谓漆纹深藏在筋、角的内侧，即贴着弓干的一面上，表面看不出来。

③有漦而疏：按，明黄成《髹饰录》曰："断纹，髹器历年愈久而断纹愈生……凡揩光牢固者多疏断，稀漆脆虚者多细断，且易浮起。"此节列筋角有漆痕而稀疏者为第三等，可见前两等涂漆质量较高。

④其次角无漦：此谓角之中即隈里无漆痕，其他部位则有漆痕。贾《疏》曰："谓隈里无漦，箫头及背有之。"

⑤合漦若背手文：合漦，弓的表里漆痕。郑《注》曰："弓表里漦合处，若人合手背，文相应。"程瑶田《创物记》曰："合手掌，空缝有疏密，惟手背之缝间不容发，弓合处似之，言纹密也。"按，弓的表里由于胎质、纹理、漆层薄厚、使用条件等诸多因素不同，往往会产生不同的断纹。两部分之间的过渡，就如同人之手背手心间的纹理一样，最为自然，这也是涂漆质量较高的标志之一。

⑥"角环漦"三句：蕡，麻籽，表面有斑纹。郑《注》曰："枲实也。"麋，麋鹿，又称"四不像"，我国特有的一种大型鹿科动物。《列女传·辩通传·晋弓之妻》曰："荆麋之筋……天下之妙选也。"斥蠖(huò)，即尺蠖，是尺蠖蛾的幼虫，一种形体细长、屈伸而行的小青虫。郑《注》曰："斥蠖，屈虫也。"按，漆痕是"出于人工而成于天工者"(黄成《髹饰录·尚古》)，故有各种各样的形状，"环漦"、"蕡漦"、"斥蠖漦"皆因其形似而得名。

【译文】

最优良的九和之弓没有漆痕，其次筋、角中央有漆痕而深藏在内侧，两侧则没有；又其次筋、角的表面都有漆痕而较稀疏，又其次仅角之中当隈里处没有漆痕，其他地方都有。弓侧表里漆痕相合处就像人两手背相合一样纹理相应。角上的漆痕呈环状，牛筋上的漆痕像是麻籽纹，麋筋上的漆痕像是尺蠖形。

21. 和弓击摩[①]。覆之而角至，谓之句弓[②]；覆之而干至，谓之侯弓[③]；覆之而筋至，谓之深弓[④]。

【注释】

①和弓击摩：和，谓调试。击，谓拂拭。郑《注》曰："和，犹调也。击，拂也。将用弓，必先调之，拂之，摩之。"据孙诒让说，调，谓调试弓的强弱。拂，谓去尘。摩，谓察弓有无瑕畔。

②"覆之而角至"二句：覆，观察，审察。至，善，优良，达到要求。郑《注》曰："覆，犹察也，谓用（因）射而察之。至，犹善也，但角善，则矢虽疾而不能远。"按，角善，谓只有角优良，而筋、干则质次。贾《疏》曰："弓有六材，角、干、筋用力多，特言之。若三者全善，则为尤良，若一善者为敝，二善者为次。"句弓，只有角优良，干、筋皆质次的弓。郑《注》曰："句于三体，材敝恶，不用之弓也。"据孙诒让说，三体，谓合九、合七、合五而成规的三种弓，句（勾）于这三种弓，则谓合三而成规之弓，因弯曲弧度过大，弓体太弱而不能用。故句弓是质量差的弊弓。

③侯弓：谓夹弓、臾弓等适宜射侯的弓。郑《注》曰："射侯之弓。"按，侯弓的角、干均优良，但筋质次，放箭时方向性好，可以远射，但不够强劲，适宜射侯。

④深弓：谓角、干、筋三者皆优、可以射深的弓。按，《弓人》开端曰："弓人为弓，取六材必以其时。六材既聚，巧者和之。干也者，以为远也；角也者，以为疾也；筋也者，以为深也。"郑《注》曰："射深之弓也。……矢既疾而远又深。"据贾《疏》，此指唐弓、大弓及王

弓、弧弓之类可以射深的优质弓。

【译文】

使用之前，先要调试弓，要拂去弓表的灰尘，通体抚摸检查弓体是否有毛病。调试弓体的形状与强弱，察看它是否适宜使用。审察弓体而只有角优良的，叫做不堪使用的勾弓；审察弓体不仅角优良而干也优良的，叫做侯弓；审察弓体不仅角、干优良而且筋也优良的，叫做深弓。

主要征引书目

郑　玄　贾公彦《周礼注疏》(中华书局影印清阮元《十三经注疏》本)

孙诒让《周礼正义》(点校本,中华书局1987年版)

朱　申《周礼句解》(文渊阁《四库全书》本,以下简称《四库》本)

俞　樾《群经平议》(《清经解续编》本,以下简称《续经解》本,上海书店1988年版)

姜兆锡《周礼辑义》(《续修四库全书》本,以下简称《续四库》本,上海古籍出版社2002年版)

沈梦兰《周礼学》(《续四库》本)

方　苞《周礼析疑》(简称《析疑》,《续四库》本)

蒋载康《周官心解》(《续四库》本)

郝　敬《周礼完解》(《续四库》本)

王引之《经义述闻》(《清经解》本,以下简称《经解》本,上海古籍出版社2002年版)

于　鬯《续周礼日记》(《续四库》本)

王昭禹《周礼详解》(《四库》本)

毛应龙《周官集解》(《四库》本)

李光坡《周礼述注》(《四库》本)

允禄等《钦定周官义疏》(简称《义疏》,《四库》本)
江　永《周礼疑义举要》(《经解》本)
段玉裁《说文解字注》(上海古籍出版社 1981 年版)
金　榜《礼笺》(《经解》本)
刘　敞《七经小传》(《四库》本)
叶　时《礼经会元》(《四库》本)
惠士奇《礼说》(《经解》本)
沈　彤《周官禄田考》(《续经解》本)
李调元《周礼摘笺》(《续四库》本)
王安石《周官新义》(《四库》本)
黄　度《周礼说》(《续四库》本)
方　苞《周官集注》(简称《集注》,《四库》本)
曾　钊《周礼注疏小笺》(《续经解》本)
段玉裁《周礼汉读考》(简称《汉读考》,《经解》本)
刘　沅《周官恒解》(《续四库》本)
黄以周《礼书通故》(《续四库》本)
孙诒让《十三经注疏校记》(简称《校记》,齐鲁书社 1983 年版)
凌廷堪《礼经释例》(简称《释例》,《经解》本)
敖继公《仪礼集说》(《库》本)
孔广林《周官臆测》(简称《臆测》,《续库》本)
无名氏《周官集说》(简称《集说》,《四库》本)
程瑶田《九谷考》(《经解》本)
秦蕙田《五礼通考》(简称《通考》,《四库》本)
胡培翚《仪礼正义》(简称《正义》,《续经解》本)
王应电《周礼传》(《四库》本)
李钟伦《周礼纂训》(《四库》本)

庄存与《周官说补》(《续经解》本)
陈　澔《礼记集说》(简称《集说》,上海古籍出版社 1987 年影印世界书局本)
王志长《周礼注疏删翼》(《四库》本)
官献瑶《石谿读周官》(《续四库》本)
吕飞鹏《周礼补注》(《续四库》本)
金　鹗《求古录礼说》(《续经解》本)
扬　雄《方言》(《四库》本)
易　祓《周官总义》(《四库》本)
聂崇义《三礼图集注》(简称聂氏《三礼图》,《四库》本)
任大椿《弁服释例》(《经解》本)
郑伯谦《太平经国书》(《四库》本)
刘青芝《周礼质疑》(《续四库》本)
朱　熹《朱子语类》(点校本,中华书局 1986 年版)
丁　晏《周礼释注》(《续四库》本)
柯尚迁《周礼全经释原》(《四库》本)
钱　玄《三礼通论》(简称《通论》,南京师范大学出版社 1996 年版)
杜　佑《通典》(《十通》本,浙江古籍出版社 1988 年版)
刘　绩《三礼图》(《四库》本)
张　参《五经文字》(《四库》本)
马承源《中国青铜器》(上海古籍出版社 1988 年版)
戴　震《考工记图》(《经解》本)
程瑶田《磬折古义》(简称《古义》,《经解》本)
王与之《周官订义》(《四库》本)
孔广森《礼学卮言》(简称《卮言》,《经解》本)
胡匡衷《仪礼释官》(《经解》本)

陈祥道《礼书》(《四库》本)
黄以周《礼说》(《续四库》本)
崔灵恩《三礼义宗》(《黄氏逸书考》本)
徐养原《周官故书考》(《经解》本)
段玉裁《释拜》(见《经韵楼集》,《经解》本)
杨天宇《周礼译注》(上海古籍出版社 2004 年版)
林希逸《鬳斋考工记解》(《四库》本)
阮　元《考工记车制图解》(简称《图解》,《经解》本)
王宗涑《考工记考辨》(《续经解》本)
黄　侃《黄侃手批白文十三经》(上海古籍出版社 2008 年第 2 版)
刘道广、许旸、卿尚东《图证〈考工记〉:新注、新译及其设计学意义》(东南大学出版社 2012 年版)
闻人军《考工记译注》(上海古籍出版社 2008 年版)
孙　机《汉代物质文化资料图说(增订本)》(上海古籍出版社 2011 年版)
李　惇《群经识小》(《经解》本)
程瑶田《考工创物小记》(简称《创物记》,《经解》本)
郑　珍《轮舆私笺》(《续经解》本)
王聘珍《周礼学》(《续四库》本)
钱　坫《车制考》(《续经解》本)
吕调阳《考工记考》(《续四库》本)

中华经典名著
全本全注全译丛书
（已出书目）

周易
尚书
诗经
周礼
仪礼
礼记
左传
春秋公羊传
春秋穀梁传
孝经·忠经
论语·大学·中庸
尔雅
孟子
春秋繁露
说文解字
释名
国语
晏子春秋
穆天子传
战国策
史记
吴越春秋
越绝书
华阳国志
水经注
洛阳伽蓝记
大唐西域记
史通
贞观政要
东京梦华录
唐才子传
廉吏传
徐霞客游记
读通鉴论
宋论
文史通义

老子
道德经
鹖冠子
黄帝四经·关尹子·尸子
孙子兵法
墨子
管子
孔子家语
吴子·司马法
商君书
慎子·太白阴经
列子
鬼谷子
庄子
公孙龙子(外三种)
荀子
六韬
吕氏春秋
韩非子
山海经
黄帝内经
素书
新书
淮南子
九章算术(附海岛算经)
新序
说苑
列仙传
盐铁论
法言
方言
潜夫论
政论·昌言
风俗通义
申鉴·中论
太平经
伤寒论
周易参同契
人物志
博物志
抱朴子内篇
抱朴子外篇
西京杂记
神仙传
搜神记
拾遗记
世说新语
弘明集
齐民要术
刘子
颜氏家训
中说

帝范·臣轨·庭训格言
坛经
大慈恩寺三藏法师传
茶经·续茶经
玄怪录·续玄怪录
酉阳杂俎
化书·无能子
梦溪笔谈
北山酒经(外二种)
容斋随笔
近思录
传习录
焚书
菜根谭
增广贤文
呻吟语
了凡四训
龙文鞭影
长物志
天工开物
溪山琴况·琴声十六法
温疫论
明夷待访录·破邪论
陶庵梦忆
西湖梦寻
幼学琼林
笠翁对韵
声律启蒙
老老恒言
随园食单
阅微草堂笔记
格言联璧
曾国藩家书
曾国藩家训
劝学篇
楚辞
文心雕龙
文选
玉台新咏
词品
闲情偶寄
古文观止
聊斋志异
唐宋八大家文钞
浮生六记
三字经·百家姓·千字文·弟子规·千家诗
经史百家杂钞